CONTRATOS
EMPRESARIAIS

O GEN | Grupo Editorial Nacional – maior plataforma editorial brasileira no segmento científico, técnico e profissional – publica conteúdos nas áreas de concursos, ciências jurídicas, humanas, exatas, da saúde e sociais aplicadas, além de prover serviços direcionados à educação continuada.

As editoras que integram o GEN, das mais respeitadas no mercado editorial, construíram catálogos inigualáveis, com obras decisivas para a formação acadêmica e o aperfeiçoamento de várias gerações de profissionais e estudantes, tendo se tornado sinônimo de qualidade e seriedade.

A missão do GEN e dos núcleos de conteúdo que o compõem é prover a melhor informação científica e distribuí-la de maneira flexível e conveniente, a preços justos, gerando benefícios e servindo a autores, docentes, livreiros, funcionários, colaboradores e acionistas.

Nosso comportamento ético incondicional e nossa responsabilidade social e ambiental são reforçados pela natureza educacional de nossa atividade e dão sustentabilidade ao crescimento contínuo e à rentabilidade do grupo.

IVO
WAISBERG

MARCELO BARBOSA
SACRAMONE

CONTRATOS
EMPRESARIAIS

- Os autores deste livro e a editora empenharam seus melhores esforços para assegurar que as informações e os procedimentos apresentados no texto estejam em acordo com os padrões aceitos à época da publicação, *e todos os dados foram atualizados pelos autores até a data do fechamento do livro.* Entretanto, tendo em conta a evolução das ciências, as atualizações legislativas, as mudanças regulamentares governamentais e o constante fluxo de novas informações sobre os temas que constam do livro, recomendamos enfaticamente que os leitores consultem sempre outras fontes fidedignas, de modo a se certificarem de que as informações contidas no texto estão corretas e de que não houve alterações nas recomendações ou na legislação regulamentadora.

- Data do fechamento do livro: 27/03/2025

- Os autores e a editora se empenharam para citar adequadamente e dar o devido crédito a todos os detentores de direitos autorais de qualquer material utilizado neste livro, dispondo-se a possíveis acertos posteriores caso, inadvertida e involuntariamente, a identificação de algum deles tenha sido omitida.

- Direitos exclusivos para a língua portuguesa
  Copyright ©2025 by
  Saraiva Jur, um selo da SRV Editora Ltda.
  Uma editora integrante do GEN | Grupo Editorial Nacional
  Travessa do Ouvidor, 11
  Rio de Janeiro – RJ – 20040-040

- Atendimento ao cliente: https://www.editoradodireito.com.br/contato

- Reservados todos os direitos. É proibida a duplicação ou reprodução deste volume, no todo ou em parte, em quaisquer formas ou por quaisquer meios (eletrônico, mecânico, gravação, fotocópia, distribuição pela Internet ou outros), sem permissão, por escrito, da **SRV Editora Ltda.**

- Capa: Lais Soriano
  Diagramação: Adriana Aguiar

- **DADOS INTERNACIONAIS DE CATALOGAÇÃO NA PUBLICAÇÃO (CIP)**
  VAGNER RODOLFO DA SILVA – CRB-8/9410

W143c   Waisberg, Ivo
  Contratos Empresariais / Ivo Waisberg, Marcelo Sacramone. – 1. ed. – Rio de Janeiro :
       Saraiva Jur, 2025.
  384 p.

  ISBN 978-85-5362-393-8 (Impresso)

  1. Direito. 2. Direito empresarial. 3. Contratos Empresariais I. Sacramone, Marcelo.
  II. Título.

	CDD 346.07
2025-1554	CDU 347.7

Índices para catálogo sistemático:
1. Direito empresarial   346.07
2. Direito empresarial   347.7

Sumário

PARTE GERAL

Capítulo I
CONCEITO GERAL DE CONTRATO

1. Conceito de contrato	3
2. Breve evolução da teoria contratual	4
2.1. O Estado liberal	4
2.2. O voluntarismo	8
3. Conceito de contrato	10
4. Classificação dos contratos	13
4.1. Bilaterais, unilaterais ou plurilaterais	13
4.2. Contratos onerosos e gratuitos	15
4.3. Contratos consensuais e reais	16
4.4. Contratos solenes e não solenes	16
4.5. Contratos principais e acessórios	17
4.6. Contratos instantâneos e de duração	18
4.7. Contratos típicos e atípicos	18
4.8. Contratos pessoais ou *intuitu personae* e contratos impessoais	18
4.9. Contratos paritários e de adesão	19
4.10. Contratos definitivos e preliminares	20

Capítulo 2
AUTONOMIA DO DIREITO EMPRESARIAL E ESPECIFICIDADE DOS CONTRATOS EMPRESARIAIS

1. A evolução dos contratos	21
2. Autonomia do direito empresarial	21
3. A unificação do direito privado	24
4. A extensão do conceito de empresário	29
5. Os princípios do direito comercial	32
5.1. Princípio da livre-iniciativa	32
5.2. Princípio da livre concorrência	34
5.3. Princípio da função social da empresa	35

Capítulo 3
CONTRATO EMPRESARIAL

1. O conceito de contrato empresarial.. 38

    1.1. Critério subjetivo.. 39

    1.2. Critério objetivo 40

2. Distinção do contrato empresarial.. 41

3. Classificação dos contratos empresariais 43

    3.1. Quanto à tipicidade... 43

    3.2. Quanto à vinculação das partes... 44

    3.3. Quanto à abrangência do objeto.. 45

    3.4. Quanto ao grau de ligação... 45

    3.5. Quanto ao tempo da execução: contratos instantâneos e de duração 47

    3.6. Quanto ao grau de completude do regramento: contratos completos e incompletos... 48

    3.7. Quanto ao interesse principal da parte no contrato: contratos de prestação e contratos de relação.. 48

    3.8. Quanto ao tipo de negociação que lhes dá origem: contratos de adesão e contratos negociados.. 49

    3.9. Quanto ao grau de poder econômico das partes 50

Capítulo 4
PRINCÍPIOS GERAIS DO DIREITO CONTRATUAL

1. Princípios dos contratos... 51

2. A decadência do Estado liberal e o Estado social 52

3. Os princípios modernos do direito contratual 54

    3.1. Autonomia privada/autonomia da vontade....................................... 54

    3.2. *Pacta sunt servanda* 55

    3.3. Consensualismo 56

    3.4. Relatividade dos efeitos do contrato.. 57

    3.5. Boa-fé objetiva 58

    3.6. Justiça contratual ou equilíbrio contratual 60

    3.7. Função social do contrato 62

Capítulo 5
PRINCÍPIOS DOS CONTRATOS EMPRESARIAIS

1. Princípios dos contratos empresariais.. 65

    1.1. Autonomia privada ampla 65

    1.2. A função social como desenvolvimento da atividade econômica........................ 66

    1.3. Intervenção mínima 67

2. Fontes do contrato empresarial 68

    2.1. Fontes internacionais.. 70

Sumário

VII

3. Interpretação do contrato empresarial.. 71

    3.1. Interpretação objetiva e subjetiva 73

    3.2. Usos e costumes 75

    3.3. Sentido econômico da operação.. 76

    3.4. Interpretação em favor daquele que não redigiu o contrato 78

PARTE ESPECIAL

Capítulo 1
CONTRATO DE COMPRA E VENDA

1. Origem do contrato 81

2. Conceito 82

3. Compra e venda e venda empresarial e civil.. 83

4. Classificação.. 84

    4.1. Consensual... 84

    4.2. Bilateral.. 84

    4.3. Sinalagmático 85

    4.4. Comutativo 85

    4.5. Oneroso 86

    4.6. De execução instantânea ou duradoura 86

    4.7. De forma não solene 86

5. Elementos 86

    5.1. Consentimento... 87

    5.2. A coisa 87

    5.3. O preço... 89

6. Partes.. 91

    6.1. Venda por ascendente a descendente 91

    6.2. Pessoas impedidas... 92

    6.3. Venda de parte em condomínio indivisível/alienação de quinhão em coisa comum..... 93

    6.4. Cônjuge 94

7. Modalidades 95

    7.1. À vista e a prazo.. 95

    7.2. A termo ou a futuro 95

    7.3. Sob amostras, protótipos ou modelos 96

    7.4. Venda condicionada 97

    7.5. Compra e venda *ad corpus* e *ad mensuram* 98

    7.6. Compra e venda sob consignação ou contrato estimatório 99

    7.7. Venda sobre documentos 100

    7.8. Compras e vendas complexas: contrato de fornecimento 101

VIII   *Contratos Empresariais*

8. Cláusulas especiais 101

    8.1. Cláusula de retrovenda 101

    8.2. Venda a contento e a sujeita à prova 104

    8.3. Cláusula de preferência ou preempção 105

    8.4. Cláusula de reserva de domínio 106

9. Obrigações das partes 108

10. Compra e venda do estabelecimento empresarial 110

    10.1. O estabelecimento empresarial 111

    10.2. Importância econômica do estabelecimento empresarial 113

    10.3. Operação econômica do trespasse 113

    10.4. Eficácia perante terceiros 115

    10.5. O trespasse e a falência 116

    10.6. Responsabilidade do adquirente 116

    10.7. Regra da não concorrência 117

    10.8. Sub-rogação legal 118

    10.9. Cessão do crédito 119

Capítulo 2
CONTRATOS DE COLABORAÇÃO

1. Definição 120

2. Classificação 121

3. Contrato de agência, distribuição ou representação comercial 121

    3.1. A previsão dos contratos de agência e distribuição no Código Civil 124

    3.2. Características e classificação 125

        3.2.1. Exclusividade de território e do agenciamento 126

    3.3. Obrigações das partes 127

    3.4. Remuneração do representante 128

    3.5. Tempo, rescisão e extinção do contrato 128

    3.6. Renovação do contrato 129

4. Contrato de concessão mercantil 130

    4.1. Conceito e legislação aplicável 130

    4.2. Características do contrato 131

    4.3. Direitos e deveres do concedente e do distribuidor 132

    4.4. Prazo, rescisão contratual e indenização 133

5. Contrato de comissão mercantil 135

    5.1. Características do contrato de comissão mercantil 135

    5.2. Obrigações e direito das partes 136

    5.3. Rescisão do contrato 137

6. Contrato de mandato mercantil 138

    6.1. Objeto do contrato de mandato 139

Sumário

IX

6.2. Partes 141

6.3. Interesse protegido 142

6.4. Representação 143

6.5. Obrigações do mandante e do mandatário 143

6.6. Espécies de contratos de mandato 146

6.7. Substabelecimento 148

6.8. Extinção do contrato de mandato 148

Capítulo 3
CONTRATO DE FRANQUIA

1. Histórico 151

2. Importância econômica 152

3. Operação econômica 152

4. Conceito 153

5. Vantagens e desvantagens para as partes 155

6. Natureza jurídica e classificação do contrato de franquia 156

7. Previsões contratuais 160

8. Tipos de franquia 163

9. As partes 165

10. Obrigações das partes 165

11. Circular de Oferta de Franquia (COF) 166

12. Transferência de tecnologia 169

13. A eventual configuração de relação de consumo entre o franqueador e o consumidor final do franqueado 169

14. Aplicação da cláusula de não concorrência após o término do contrato de franquia 171

15. Aplicação da cláusula de não utilização do *know-how* e confidencialidade após o término do contrato de franquia 172

16. A arbitragem e o contrato de franquia 173

Capítulo 4
CONTRATO DE *KNOW-HOW*

1. Definição 174

2. Características 175

3. Diferenças e semelhanças entre *know-how* e outras figuras 176

Capítulo 5
CONTRATOS BANCÁRIOS

1. Introdução histórica sobre a atividade bancária 177

2. Disciplina jurídica 178

3. Dos contratos bancários 180

4. Encargos nos contratos bancários	182
4.1. Correção monetária	182
4.2. Juros	183
4.3. Capitalização	185
4.4. Comissão de permanência	185
4.5. Multa contratual	186
5. Garantias	187
5.1. Garantias pessoais	190
5.2. Garantias reais	192
6. Contratos bancários em espécie	196
6.1. Depósito bancário	196
6.1.1. Conceito e elementos	196
6.1.2. Modalidades	198
6.1.3. Certificados de Depósito Bancário (CDBs) e Recibos de Depósito Bancário (RDBs)	199
6.1.4. Extinção do contrato	200
6.2. Contrato de conta-corrente bancária	201
6.2.1. Definição	201
6.2.2. Modalidades	202
6.2.3. Extinção do contrato de conta-corrente bancária	203
6.3. Mútuo bancário	204
6.3.1. Definição	204
6.3.2. A operação do mútuo	204
6.3.3. Partes envolvidas no contrato de mútuo bancário	205
6.3.4. Modalidades	206
6.3.5. Vencimento e restituição antecipada	206
6.3.6. Cédula de Crédito Bancário (CCB)	207
6.4. Desconto e redesconto bancário	209
6.4.1. Desconto bancário	209
6.4.2. Natureza	210
6.4.3. Classificação	211
6.4.4. Diferenças entre o desconto bancário e figuras afins	212
6.4.5. Redesconto bancário	213
6.5. Abertura de crédito	214
6.5.1. Definição	214
6.5.2. Natureza e classificação	215
6.5.3. Modalidades de abertura de crédito	216
6.5.4. Obrigações das partes	217
6.5.5. Extinção do contrato	218

Sumário   XI

6.6. Cartão de crédito 218

    6.6.1. Definição 218

    6.6.2. Arranjo de pagamento 218

        6.6.2.1. Emissor 221

        6.6.2.2. Credenciadora 222

        6.6.2.3. Bandeira 223

    6.6.3. Fim do contrato de cartão de crédito 223

6.7. Vendor e compror 224

    6.7.1. Vendor 224

    6.7.2. Compror 225

Capítulo 6
ARRENDAMENTO MERCANTIL OU *LEASING*

1. Histórico 226

2. Importância econômica 226

3. Conceito e natureza jurídica 227

4. Bens que podem ser objeto de *leasing* 230

5. Tipos de arrendamento mercantil e respectivas operações econômicas 231

    5.1. Arrendamento mercantil financeiro 231

        5.1.1. Valor residual garantido (VRG) 232

        5.1.2. Arrendamento mercantil operacional 234

        5.1.3. *Leaseback* ou *leasing* de retorno ou, ainda, *sale and leaseback* 235

        5.1.4. *Self leasing* 235

6. *Dummy corporation* 235

7. Partes 236

    7.1. Como arrendadores 236

    7.2. Como arrendatários 236

    7.3. Como vendedor 236

8. Obrigações dos contratantes 237

9. Disposições essenciais do contrato 237

10. Cessão e contrato de arrendamento mercantil 238

11. Inadimplemento 239

12. Tratamento na recuperação judicial, extrajudicial e falência 240

13. Discussão tributária 241

Capítulo 7
FACTORING

1. Histórico 242

2. Operação econômica e importância 242

3. Conceito 244

4. Partes, obrigações e direitos... 246

    4.1. Das partes.. 246

    4.2. Das obrigações e dos direitos 248

        4.2.1. A falta de responsabilidade do faturizado pelo inadimplemento do título 248

5. Classificação.. 250

6. Cláusulas.. 252

7. Extinção do contrato de *factoring* 252

Capítulo 8
CONTRATO DE ALIENAÇÃO E CESSÃO FIDUCIÁRIA EM GARANTIA

1. Negócios fiduciários 254

2. Conceito e objeto do contrato 255

3. Legislação aplicável e características comuns 257

4. Elementos do contrato de alienação fiduciária em garantia 257

5. Diferenciação de outros negócios de garantia 260

6. Modalidades e elementos constitutivos.. 261

    6.1. Alienação fiduciária em garantia de coisas móveis infungíveis........................ 261

    6.2. Alienação fiduciária em garantia de imóveis... 264

        6.2.1. Locação de imóvel alienado fiduciariamente 269

    6.3. Alienação fiduciária em garantia de bem móvel fungível e direitos...................... 270

7. Direitos e obrigações das partes contratantes 272

Capítulo 9
ACORDO DE ACIONISTAS

1. Conceito 275

2. Natureza do acordo de acionistas 276

3. Espécies de acordo de acionistas 277

4. Partes legítimas.. 278

5. Eficácia 279

6. Cumprimento das obrigações previstas no acordo...................................... 280

7. Vinculação dos administradores e o interesse social 284

8. A cessão das ações e a vinculação do terceiro adquirente aos termos do acordo.... 285

9. Extinção do acordo de acionista 286

    9.1. Acordo de acionista por prazo determinado 287

    9.2. Acordo de acionista por prazo indeterminado 288

Capítulo 10
CONTRATO DE SEGURO

1. Retrospectiva histórica 290

2. Princípios do direito do seguro 291

Sumário XIII

3. Conceito	293
4. Disciplina legal	296
5. Formação	296
6. O Sistema Nacional de Seguros Privados	297
7. Resseguro	298
8. Cosseguro e multiplicidade de seguros	301
9. Retrocessão	302
10. Sociedades seguradoras	303
11. Corretores de seguro	303
12. Classificação	305
13. Espécies	308
13.1. Seguros de danos	312
13.2. Seguros de pessoas	318
13.2.1. Tipos fundamentais do seguro de vida	321
13.3. Seguro de saúde e assistência à saúde	324
14. Elementos	327
14.1. Interesse	327
14.2. Prêmio	328
14.3. Risco	329
14.4. Partes do contrato de seguro	331
14.5. Indenização ou pagamento do capital segurado	338
15. Franquia	340
16. Instrumentos do contrato de seguro	340
16.1. Proposta de seguro	340
16.2. Cobertura provisória	343
16.3. Apólice do contrato de seguro	343
16.4. Regulação de sinistro	345
17. Extinção do contrato	346
18. Prescrição	347
Referências	349

PARTE GERAL

Capítulo 1
CONCEITO GERAL DE CONTRATO

1. CONCEITO DE CONTRATO

O conceito de contrato evoluiu ao longo dos séculos. Sua caracterização era influenciada pelas diversas ideologias existentes[1], que moldaram não apenas seus limites como a própria possibilidade de intervenção do Estado na vontade das partes.

Por mais que ainda se procure evitar o estudo do direito de forma interdisciplinar, resquício do positivismo exacerbado, não há como deixar de analisá-lo à luz das realidades sociais e econômicas. O direito não nasce em si mesmo, mas sim como decorrência daquela realidade que busca enquadrar normativamente com a finalidade de estabilizar as expectativas sociais[2].

Orlando Gomes e Antunes Varela já apontaram a íntima ligação estrutural e funcional entre direito e economia e, principalmente, os efeitos das alterações econômicas no direito obrigacional, em especial, no contrato.

Os autores identificam que "aquele *direito privado* que fizera do *contrato* o instrumento por excelência da vida econômica e a expressão insubstituível da *autonomia privada*, e, da *propriedade*, um direito natural do homem sobre o qual se apoiaria a vida econômica da sociedade e dele próprio, não mais existe onde já se implantou a nova economia coordenada e dirigida pelo Estado. Ele se fragmenta e cede terreno ao *direito econômico*"[3].

Ainda nesse sentido, ele "compreende as normas relativas às relações econômicas, estejam no corpo do Código Civil, do Código Comercial ou em leis especiais, sejam de direito privado ou público"[4].

Nesse aspecto, as relações entre o direito e a economia se evidenciam na medida em que o instituto jurídico é relacionado com seu substrato econômico e social. Para os autores, "as transformações ocorridas no *background* econômico determinam a modificação do instituto jurídico, seja em suas normas constitutivas, seja na sua aplicação mediante processo de interpretação que procura ajustá-lo à função social que lhe cabe desempenhar"[5].

---

[1] "Insista-se em que o direito é um nível do todo social; ele será, sempre, fruto de determinada cultura (o direito não são somente as leis!)" (GRAU, Eros Roberto; FORGIONI, Paula. *O Estado, a empresa e o contrato*. São Paulo: Malheiros, 2005, p. 12).

[2] "Visto abstratamente, o direito tem a ver com os custos sociais da vinculação temporal de expectativas. Visto concretamente, trata-se da função de estabilização de expectativas normativas pela regulação de suas generalizações temporais, objetivas e sociais. O direito torna possível saber quais expectativas encontrarão aprovação social e quais não. Havendo essa certeza de expectativas, podem-se encarar as decepções da vida cotidiana com maior serenidade, ou ao menos se tem a segurança de não cair em descrédito em relação a suas expectativas" (LUHMANN, Niklas. *O direito da sociedade*. Tradução: Saulo Krieger; tradução das citações em latim: Alexandre Agnolon. São Paulo: Martins Fontes, 2016, p. 104. *E-book*).

[3] GOMES, Orlando; VARELA, Antunes. *Direito econômico*. São Paulo: Saraiva, 1977, p. 23.

[4] GOMES, Orlando; VARELA, Antunes. *Direito econômico*. São Paulo: Saraiva, 1977, p. 23-24.

[5] GOMES, Orlando; VARELA, Antunes. *Direito econômico*. São Paulo: Saraiva, 1977, p. 15.

2. BREVE EVOLUÇÃO DA TEORIA CONTRATUAL

O estudo do contrato, como conhecemos hoje, e de suas tipologias pressupõe, ainda que em linhas gerais, uma análise do conceito clássico do contrato. Tal conceito, como sabemos, está intimamente ligado à noção do Estado liberal.

Antes do surgimento do referido Estado, nas sociedades do antigo regime, vigoravam os vínculos de *status*. As relações entre os homens eram governadas pela posição ocupada por cada qual na comunidade, categoria ou ordem. Tratava-se de um regime baseado nos resíduos feudais e nos privilégios das corporações de ofício[6].

De acordo com Henry Summer Maine[7], o desenvolvimento da sociedade é um desenvolvimento do *status* ao contrato. Em suas palavras, "*we may say that the movement of the progressive societies has hitherto been a movement from Status to Contract*"[8].

Pela "lei de Maine", nas sociedades antigas, o *status* do indivíduo derivava de sua posição na comunidade. Na sociedade moderna, por seu turno, o indivíduo é conhecido pelas suas escolhas, iniciativa individual e vontade autônoma, "que encontra precisamente no contrato o seu símbolo e o seu instrumento de atuação"[9].

2.1. O Estado liberal

Conforme narra Dalmo de Abreu Dallari, os séculos XVII e XVIII presenciaram o surgimento da burguesia e da expansão comercial. Nesse sentido, aquela realidade que ainda estava eivada de absolutismo, mercantilismo e privilégios da nobreza começou a ser enfrentada pela classe que surgia[10]. Nesse cenário de expansão das relações econômicas, era necessário conferir segurança e certeza às transações financeiras, bem como tornar facilitado o empreendimento comercial por meio de regras claras e duráveis[11].

O século XIX e boa parte do século XX foram marcados pela predominância da ideologia liberal, refletida nas esferas política, econômica e jurídica. Tal ideologia, ao lado do racionalismo, exaltava os valores fundamentais da pessoa humana, bem como se opunha aos arbítrios. Não à toa, "do ponto de vista político, a Constituição, definindo limites e regras para o exercício do poder político, passou a ser referida como garantia contra o absolutismo e o exercício arbitrário do po-

---

[6] ROPPO, Enzo. *O contrato*. Coimbra: Almedina, 2009, p. 28.

[7] MAINE, Henry Summer. *Ancient law*: its connection with early history of society, and its relation to modern ideas. London: [*S.n.*], 1906.

[8] MAINE, Henry Summer. *Ancient law*: its connection with early history of society, and its relation to modern ideas. London: [*S.n.*], 1906, p. 170.

[9] ROPPO, Enzo. *O contrato*. Coimbra: Almedina, 2009, p. 26.

[10] "Os séculos XVII e XVIII foram marcados pela ascensão política da burguesia, tendo por consequência a afirmação de novos padrões de organização política, superando o absolutismo e eliminando os privilégios da nobreza. A acumulação de fatores históricos, inclusive a definição de aspirações humanistas externada em séculos anteriores, deu a base política, econômica e social para que se desencadeassem os movimentos de rebelião e renovação que podem ser caracterizados como revoluções burguesas. Entre os fatores acumulados podem-se incluir as lutas contra a negação ou incerteza dos direitos e a insegurança dos que não compartilhavam do poder político e que, praticamente indefesos, ficavam sujeitos a interferências arbitrárias em suas atividades pessoais, em sua vida familiar, no exercício de seus ofícios e profissões, na manutenção e no uso de seu patrimônio e no desenvolvimento de suas atividades econômicas e financeiras. Esses fatores ganharam enorme importância com a extraordinária expansão das relações comerciais, impulsionada pelo desenvolvimento das navegações e facilitada pela acumulação de capitais, de comerciantes e banqueiros, em locais que não estavam sujeitos ao controle e às restrições impostas pela igreja católica" (DALLARI, Dalmo de Abreu. *A constituição na vida dos povos*: da Idade Média ao século XXI. 2. ed. São Paulo: Saraiva, 2013, p. 99-100).

[11] DALLARI, Dalmo de Abreu. *A constituição na vida dos povos*: da Idade Média ao século XXI. 2. ed. São Paulo: Saraiva, 2013, p. 100.

Capítulo 1 • Conceito geral de contrato

der pelo rei ou pela nobreza, razão pela qual foi incorporada ao aparato indispensável do Estado liberal burguês"[12].

No período, as posições sociais passam a ser conquistadas pelas iniciativas individuais e pela vontade dos próprios indivíduos, as quais se instrumentalizam precisamente no contrato[13].

Da Revolução Francesa, a sociedade liberal passa a legitimar tanto a tomada de poder pela burguesia quanto as relações a partir do contrato. Este seria expressão da vontade espontânea e consciente dos contratantes, que o celebravam conforme os respectivos interesses individuais e num ambiente de recíproca igualdade perante a lei[14].

Na França, como resposta ao estrangulamento do comércio pela excessiva regulamentação estatal, surge aquela que é considerada a primeira escola de pensamento econômico, a fisiocracia. Aponta Huberman[15] a naturalidade do fato de que o surgimento dessa escola se desse nesse país, pois foi na França que o nível de esmagamento da atividade comercial imposta pelo mercantilismo atingiu patamares máximos, gerando uma reação radical no sentido do afastamento do Estado.

Foi com a escola fisiocrata que se lançaram os fundamentos da ciência econômica. Procurou-se assentar o direito de propriedade sobre a utilidade social e exaltar a liberdade econômica[16] e surgiu, então, a consagrada máxima do *laissez-faire* (numa tradução livre, "deixe-nos em paz"), atribuída ao comerciante Gournay[17], como revolta contra o excesso de regulamentação e que, mais tarde, identificou o liberalismo[18].

O *slogan* liberal deixa bem clara, de imediato, a mensagem da classe burguesa ao Estado, isto é, que o Estado limite-se ao necessário, sem invadir a liberdade dos cidadãos de regularem suas vidas.

Mas foi com Adam Smith e a publicação da obra *A riqueza das nações* (*An inquiry into the nature and cause of the wealth of nations*), em 1776, que o liberalismo econômico tomou o fôlego definitivo.

Smith, com o brilhantismo que caracterizou sua obra, cunhou o pensamento que foi basilar para o liberalismo, quando expôs sua teoria de que a busca de todos pelo interesse particular ou pessoal atenderia indiretamente ao interesse social.

Nesse sentido, Hugon, em obra já citada, disse que: "dirigindo esta indústria – a doméstica – de modo a obter produtos do máximo valor possível, o indivíduo visa apenas ao próprio lucro; aí, como em muitos outros casos, é levado por mão invisível à consecução de um objetivo que de modo algum entrava em seus cálculos (...). Ao buscar a satisfação do seu interesse particular o indivíduo atende frequentemente ao interesse da sociedade de modo muito mais eficaz do que se pretendesse realmente defendê-lo".

Aí está a famosa mão invisível (*invisible hand*), aquela que faz com que os esforços egoísticos dos indivíduos revertam em benefícios para a sociedade.

Mas se em termos econômicos o liberalismo tinha progredido, ao menos teoricamente, podendo já fundamentar sua prática como meio de atingir o bem comum, era necessário que a classe que o defendia, a burguesia, alcançasse o poder político, o que não ocorreria no Estado absoluto.

---

[12] DALLARI, Dalmo de Abreu. *A constituição na vida dos povos*: da Idade Média ao século XXI. 2. ed. São Paulo: Saraiva, 2013, p. 101.

[13] ROPPO, Enzo. *O contrato*. Coimbra: Almedina, 2009, p. 26.

[14] ROPPO, Enzo. *O contrato*. Coimbra: Almedina, 2009, p. 28.

[15] HUBERMAN, Leo. *História da riqueza do homem*. 21. ed. Tradução: Waltensir Dutra. Rio de Janeiro: LTC, [s.d.], p. 137.

[16] HUGON, Paul. *História das doutrinas econômicas*. 14. ed. São Paulo: Atlas, 1989, p. 99.

[17] HUBERMAN, Leo. *História da riqueza do homem*. 21. ed. Tradução: Waltensir Dutra. Rio de Janeiro: LTC, [s.d.], p. 138.

[18] O *slogan* completo seria *laissez faire, laissez passer*, que, segundo Fábio Nusdeo (*Curso de economia*: introdução ao direito econômico. São Paulo: Revista dos Tribunais, 1997), seria de autoria de Du Pont de Nemours.

Novamente nos valeremos do exemplo francês para ilustrarmos esse ponto, preparando já o caminho para nos reportarmos, mais adiante, à razão pela qual o contrato clássico é, em direito continental, em sua origem, sempre ligado ao Código Napoleônico.

Ao final do século XVIII, a França tinha 25 milhões de habitantes, sendo 130 mil pertencentes ao clero (primeiro estado), 140 mil pertencentes à nobreza (segundo estado) e os demais, ao povo (terceiro estado). Obviamente, existiam diferenças dentro deste último segmento. Aproximadamente 250 mil habitantes compunham a chamada burguesia, que vivia em condições melhores que os demais, mas sem privilégios estamentais. Da parcela restante, 2,5 milhões eram artesãos de pequenas cidades e 22 milhões eram camponeses[19].

Esses camponeses já não eram, em sua maioria, servos, como à época do feudalismo, mas estavam sedentos por terras ao mesmo tempo em que estavam oprimidos por uma carga tributária excessiva. Junto com o restante do terceiro estado, pagavam as regalias dos estados privilegiados. Os camponeses já haviam se revoltado antes e até obtido sucesso em algumas de suas reivindicações, mas, para a libertação total, precisavam de liderança, que veio da burguesia.

Por sua vez, a classe burguesa, em progresso constante, necessitava derrubar seus algozes, para não ser esmagada por eles. Para poder pôr em prática o liberalismo econômico que a favorecia, precisava "deitar fora o apertado gibão feudal e substituí-lo pelo folgado paletó capitalista"[20]. Faltava à burguesia, como já apontamos, o poder político e a legitimação (legalização) de seus ideais liberais. Tinha riqueza, mas não tinha poder, mesmo tendo o Estado como seu devedor. A crise se agravou e o caos se implantou. Veio, então, a Revolução Francesa.

Não é preciso dizer que foi a burguesia quem mais se beneficiou da revolução, quem realmente conseguiu "ser alguma coisa", no célebre postulado de Sieyés[21], e obteve para si o poder político.

A ascensão ao poder político pela classe burguesa destronou o *ancien régime* e permitiu o desenvolvimento livre da atividade econômica pelos particulares[22]. Mas a revolução não havia sido feita somente em nome da burguesia e, sim, de todo o terceiro estado. "Liberdade e Igualdade" foi o lema dos revolucionários.

Todo sistema econômico e político necessita, inexoravelmente, de um sistema jurídico que o legitime e o regulamente. Segundo Fábio Nusdeo[23], no caso do liberalismo, essa fundamentação jurídica se deu em duas frentes: a do movimento constitucional e a da codificação do direito privado.

Para o progresso da economia de mercado era preciso enfraquecer o Estado e proteger-se contra suas eventuais interferências, o que foi feito no movimento constitucional por meio da outorga de direitos fundamentais (direitos em regra contra o Estado) e da adoção do princípio da separação dos poderes.

Com isso impedia-se, entre outras coisas, a interferência do Estado na economia. Essas constituições, chamadas constituições-garantia, eram omissas, entretanto, no tocante à ordem econômica. Na verdade, como bem observa o mesmo autor[24], essa omissão é lógica, pois, na visão liberal clássica (a mão invisível de Adam Smith), existia uma "ordem natural" a regular as relações econômicas.

---

[19] HUBERMAN, Leo. *História da riqueza do homem*. 21. ed. Tradução: Waltensir Dutra. Rio de Janeiro: LTC, [s.d.], p. 144 *et seq.*

[20] HUBERMAN, Leo. *História da riqueza do homem*. 21. ed. Tradução: Waltensir Dutra. Rio de Janeiro: LTC, [s.d.], p. 149.

[21] Emmanuel Joseph Sieyés, um dos líderes do terceiro estado na revolução, em sua obra *Qu'est-ce que le tiers* état? (na tradução brasileira, *A constituinte burguesa*), inicia com as seguintes questões: (1) O que é o terceiro estado? – Tudo; (2) O que tem sido, até agora, na ordem política? – Nada; (3) O que ele pede? – Ser alguma coisa.

[22] CAVALLI, Cássio Machado. *Direito comercial*: passado, presente e futuro. Rio de Janeiro: Elsevier; FGV, 2012, p. 35-36.

[23] NUSDEO, Fábio. *Curso de economia*: introdução ao direito econômico. São Paulo: Revista dos Tribunais, 1997, p. 149 *et seq.*

[24] NUSDEO, Fábio. *Curso de economia*: introdução ao direito econômico. São Paulo: Revista dos Tribunais, 1997, p. 151.

Se antes o poder político controlava o poder econômico, agora se tem a inversão, e é este que dirige aquele[25].

O afastamento do Estado da atividade dos particulares exacerbou, nesse mesmo período, a divisão clássica romana entre o direito público e o direito privado, que é, também, um dos fundamentos jurídicos do liberalismo.

Isso porque, como ensina Cabral de Moncada, "ao direito público enquanto interesse geral não competia intervir na esfera privada da atividade econômica, pois que os interesses da coletividade eram realizados espontaneamente através do livre jogo da iniciativa e do risco individuais, permeáveis tão só ao direito privado comum e comercial"[26].

Assim, o rigorismo na dicotomia direito público/direito privado como forma de afastar o direito público (interferência estatal) da atividade econômica é uma das consequências da adoção da economia liberal e, juridicamente, um de seus fundamentos.

No entanto, o direito privado foi, de certa forma, estatizado[27]. De fato, o Código Napoleônico de 1804 (*Code Civil*) surge como forma de garantir as liberdades jurídicas frente ao Estado e, no caso do Código francês, como meio particular de se precaver contra futuras intromissões de poder público por meio do judiciário.

A inflexibilidade imposta ao juiz no cumprimento da lei culminou com uma elevação positivista e a escola da exegese. A codificação do direito privado, portanto, também serviu de suporte ao liberalismo.

Assim, com a codificação do direito privado e o florescimento do positivismo, houve um suporte às ideias liberais já mencionadas, porquanto a classe burguesa encontrou, nesse cenário normativo de certa segurança e certeza, espaço para seu desenvolvimento.

À primeira vista, a referida estatização do direito privado ocorrida com a codificação pode parecer paradoxal com o vigor do dogma da autonomia da vontade, mas, como bem ressaltou Evaristo de Moraes Filho[28], na medida em que somente a lei é apta a proibir ou ordenar condutas aos particulares, estes permanecem livres para se orientarem como desejarem nos negócios entre eles, respeitados apenas os limites legais.

Na visão de Scaff[29], a sociedade burguesa liberal é firmada, no âmbito jurídico, sob alguns princípios que permitiram seu desenvolvimento.

O primeiro é o princípio da legalidade, pelo qual se cria o parlamento para legislar de forma geral e abstrata, evitando, assim, a criação de privilégios.

O segundo princípio é o da separação dos poderes para evitar a concentração das funções do Estado nas mãos de um único ente, como ocorria no absolutismo.

O terceiro princípio é o do voto censitário, que permitia a seleção daqueles que elegeriam o parlamento, e assim deixava fora do sistema a grande maioria, fazendo com que apenas a classe dominante fosse representada.

O quarto princípio é o da liberdade contratual, o *laissez faire, laissez passer*, que determinava que aos particulares era dado o direito de contratarem livremente, sem a ingerência do Estado. A livre relação dos particulares faria com que as relações se estabelecessem da melhor

---

[25] BONAVIDES, Paulo. *Do Estado liberal ao Estado social*. 6. ed. rev. e ampl. São Paulo: Malheiros, 1996, p. 55.

[26] CABRAL DE MONCADA, Luis S. *Direito econômico*. 2. ed. Coimbra: Editora Coimbra, 1988, p. 16.

[27] SCAFF, Fernando Facury. *Responsabilidade civil do Estado intervencionista*. São Paulo: Saraiva, 1990, p. 24.

[28] MORAES FILHO, Evaristo de. *Sucessão nas obrigações e teoria da empresa*. Rio de Janeiro: Forense, 1960. v. 1, p. 210.

[29] SCAFF, Fernando Facury. *Responsabilidade civil do Estado intervencionista*. São Paulo: Saraiva, 1990, p. 26 *et seq.*

forma possível, em termos econômicos. O mercado passava a ser o centro do sistema, onde os homens livres e iguais tinham liberdade de contratar gerando o equilíbrio por meio da "mão invisível".

O quinto princípio é o da propriedade privada dos meios de produção e o fator de trabalho, que visava possibilitar, pois, que os homens fossem proprietários das mercadorias que seriam trocadas. Mas nem todos podem ser proprietários de um meio de produção. Aqueles que não o possuem, têm, ainda, alguma coisa para permutar, isto é, a sua força de trabalho.

Não é difícil notar que o valor prestigiado pela ideologia liberal era o do individualismo. Privilegiava-se o indivíduo frente à coletividade, até mesmo por se entender que a busca pelo indivíduo do seu lucro pessoal acabaria por levá-lo a produzir, também, benefício para a coletividade (*invisible hand*).

Essa é a premissa do liberalismo econômico, de cunho individualista: do livre relacionamento entre os indivíduos surgirá o desenvolvimento social. Mas como esses indivíduos se inter-relacionarão? Como farão as trocas comerciais na busca pelo seu interesse egoístico? Qual instrumento viabilizará a operacionalização desse pensamento econômico?

A resposta para essas indagações iria se corporificar, sem sombra de dúvida, no contrato.

2.2. O voluntarismo

Do ponto de vista jurídico, o pensamento liberal e filosoficamente individualista refletiu no voluntarismo.

Num momento histórico em que o indivíduo foi colocado como valor central e que o Estado permanece afastado da intromissão na relação dos particulares e no qual o valor da liberdade era primordial, a única força motriz capaz de justificar a obrigação de alguém, nesse contexto, era sua própria vontade.

É tão grande o valor atribuído à vontade, que nunca é demais relembrar que a teoria justificadora do Estado, fruto do iluminismo, é a teoria contratualista, de Rousseau e Locke. Isto é, o próprio direito deriva da vontade dos indivíduos que acordaram em abdicar de parte de sua liberdade para viver em sociedade[30].

Nesse contexto, a vontade passa a ser considerada a pedra angular do direito privado, em especial da relação contratual. É ela, e não as disposições legais, que legitima a relação obrigacional[31].

Como destaca Orlando Gomes, "o individualismo atribuíra à vontade individual a função de causa primeira do direito, assim público como privado. O comércio jurídico deveria repousar no contrato, entendendo-se não somente que toda obrigação, implicando restrição à liberdade individual, teria de provir de um ato de vontade do devedor, como, também, que os resultados desse ato

---

[30] Obviamente que não cabe no bojo desta obra maiores comentários ao intrincado tema da origem da sociedade, o que demandaria grande número de páginas, razão pela qual pedimos desculpas pela simplificação apresentada. Como observa Cláudia Lima Marques: "O contrato não obriga porque assim estabeleceu o direito, é o direito que vale porque deriva de um contrato" (*Contratos no Código de Defesa do Consumidor*: o novo regime das relações contratuais. 3. ed. rev., atual. e ampl. São Paulo: Revista dos Tribunais, 1999, p. 42).

[31] MARQUES, Cláudia Lima. *Contratos no Código de Defesa do Consumidor*: o novo regime das relações contratuais. 3. ed. rev., atual. e ampl. São Paulo: Revista dos Tribunais, 1999, p. 44. Confira-se, ainda, a lição de ROCHA, Sílvio Luís Ferreira da. *A oferta no Código de Defesa do Consumidor*. São Paulo: Lemos, 1997, p. 28: "Atribuiuse à vontade individual a função de causa primeira do direito privado. Neste, o comércio jurídico cresceu amparado na noção de contrato, entendendo que toda obrigação, por implicar restrição à liberdade individual, teria de provir de um ato de vontade do devedor, e, além disso, que todos os resultados desse ato eram justos: *qui dit contractuel dit juste*".

Capítulo 1 • Conceito geral de contrato

eram necessariamente justos. Instituiu-se, em suma, como pedra angular do direito privado o *dogma da autonomia da vontade*"[32].

Com efeito, a função do direito passa a ser, primordialmente, a de dar condições para que a liberdade dos indivíduos, expressa em suas manifestações de vontade, pudesse ser exercida integralmente, possibilitando a maximização das relações entre eles, o que ocorre no mercado. No campo contratual, as leis deveriam proteger a vontade das partes e sua realização, como bem ponderou Cláudia Lima Marques[33].

A ideologia individualista e o liberalismo econômico alçaram, então, a vontade ao ápice das matizes jurídicas e o contrato, como espécie do gênero negocial, transformou-se no instrumento por excelência das relações comerciais. Passou a reinar absoluto, nesse momento, o dogma da autonomia da vontade.

Filosoficamente, a autonomia da vontade encontra seu suporte notadamente na obra de Kant[34]. Em capítulo dedicado à análise do voluntarismo jurídico em meio à magistral obra escrita há muito por Orlando Gomes[35], o saudoso mestre discorre sobre as teorias que procuraram explicar o primado da vontade, que teve seu apogeu no século XIX.

Foram os pandectistas do direito alemão que mais se debruçaram sobre esse tema. A primeira teoria, ensina Orlando Gomes, foi a "teoria da vontade" (*Willenstheorie*), defendida, entre outros, por Savigny e Windscheid[36]. De acordo com os adeptos dessa teoria, dois seriam os elementos do negócio jurídico: a vontade interna e a declaração de vontade.

Explica Orlando Gomes que, para a teoria da vontade, em caso de não haver identidade entre a vontade interna e a declaração, deve-se prestigiar a primeira. É a vontade interna a força criadora dos efeitos dos negócios jurídicos.

Para amortecer os efeitos desse papel primordial dado à vontade interna, surgiu a "teoria da declaração" (*Erklarungstheorie*), atribuída a Liebe e desenvolvida por Bulow[37]. Em oposição à teoria da vontade, entendem os partidários da teoria da declaração que é a declaração de vontade que deve prevalecer em confronto com a vontade interna em caso de divergência. Pouco importa esta última, "que não chega a ser nem mesmo elemento componente do negócio jurídico"[38].

Como observa Gomes, a teoria da declaração configura uma primeira abertura na autonomia da vontade, ainda que sem abandonar o voluntarismo[39].

Nesse quadro individualista de prevalência da vontade como fonte geradora de direitos é que o contrato clássico ganhou sua forma e seus princípios. Foi do dogma da autonomia da vontade que os princípios contratuais clássicos afloraram.

---

[32] GOMES, Orlando. *Transformações gerais do direito das obrigações*. São Paulo: Revista dos Tribunais, 1967, p. 10.

[33] MARQUES, Cláudia Lima. *Contratos no Código de Defesa do Consumidor*: o novo regime das relações contratuais. 3. ed. rev., atual. e ampl. São Paulo: Revista dos Tribunais, 1999, p. 37.

[34] Sobre a autonomia da vontade como manifestação da liberdade fundamental ao homem, ver SALGADO, Joaquim Carlos. *A ideia da justiça em Kant*. 2. ed. Belo Horizonte: UFMG, 1995, p. 243 *et seq.*

[35] GOMES, Orlando. *Transformações gerais do direito das obrigações*. São Paulo: Revista dos Tribunais, 1967, p. 10 *et seq.*

[36] Esta a colocação de Windscheid: "Ció che nella dichiarazione é indicato come voluto, puà, per avventura non esserlo. La dichiarazione fa capo a cio, che un certo effetto giuridico si avveri; ma questo avveramento non e voluto. Chi afferma una siffatta scissione fra la volontà e la dichiarazione deve provaria; una volta accertata tale scissione, la dichiarazione non produce l'effetto giuridico indicato come voluto. Tale e il principio" (WINDSCHEID, Bernardo. *Diritto delle pandette*. Tradução: Cario Fadda e Paolo Emílio Bensa. Torino: Unione Topográfica, 1925, p. 235).

[37] GOMES, Orlando. *Transformações gerais do direito das obrigações*. São Paulo: Revista dos Tribunais, 1967, p. 13.

[38] GOMES, Orlando. *Transformações gerais do direito das obrigações*. São Paulo: Revista dos Tribunais, 1967 (citando Liebe).

[39] GOMES, Orlando. *Transformações gerais do direito das obrigações*. São Paulo: Revista dos Tribunais, 1967.

3. CONCEITO DE CONTRATO

O contrato deve ser entendido como uma instituição sem a qual as sociedades e economias, como hoje conhecidas, não teriam surgido. É um instituto que atravessa todas as diferentes áreas do direito[40].

O contrato, enquanto encontro de vontades, representa instrumento essencial do convívio em sociedade, especialmente na seara econômica[41]. Não à toa, para Roppo, "dentro de um sistema capitalista avançado parece ser o contrato, e já não a propriedade, o instrumento fundamental de gestão dos recursos e de propulsão da economia"[42].

À luz do liberalismo econômico, concebeu-se a nova visão do contrato no início do século XIX baseada na ideologia individualista. O contrato foi caracterizado pela vertente liberal como forma de valorização do indivíduo e de sua liberdade frente ao Estado. Não mais a imposição legal, mas o consenso e a vontade individual tornam-se as principais fontes de obrigações.

O princípio da liberdade propugnado pela revolução caracterizava o contrato como o exercício de uma soberania individual, da plena autonomia do indivíduo tanto na conclusão quanto no seu conteúdo. Impede-se sua imposição aos sujeitos contra sua vontade ou as restrições à liberdade contratual pelo Estado legislador ou a interferência na livre escolha dos contratantes pelos tribunais[43].

A igualdade formal dos contratantes perante a lei assegurava que as convenções não fossem viciadas diante das diferenças de poderes ou prerrogativas dos contratantes, ou seja, garantia que houvesse nas celebrações a justiça e a proteção do melhor interesse dos contratantes.

Nas palavras de Roppo, "liberdade de contratar e igualdade formal das partes eram, portanto, os pilares – que se completavam reciprocamente – sobre os quais se formava a asserção peremptória, segundo a qual dizer 'contratual' equivale a dizer 'justo' (*qui dit contractuel dit juste*)"[44].

Essa principiologia liberal foi consagrada pelo Código Civil Francês de 21 de março de 1804, o Código Napoleônico.

O contrato era inserido dentro de uma categoria mais geral, a de negócio jurídico, que se caracteriza como "uma declaração de vontade dirigida a produzir efeitos jurídicos"[45]. O negócio jurídico, conforme Francesco Messineo, "consiste in quella speciale figura di atto giuridico, che si dichiarazione di volontà (...) una dichiarazione di volontà (private), dirette ala produzione di effetti giuridici"[46].

Na visão de Junqueira de Azevedo, "*in concreto*, negócio jurídico é todo fato jurídico consistente em declaração de vontade, a que o ordenamento jurídico atribui os efeitos designados como queridos, respeitados os pressupostos de existência, validade e eficácia impostos pela norma jurídica que sobre ele incide"[47].

---

[40] "O contrato constitui não apenas uma das mais importantes invenções do espírito humano e jurídico, como verdadeiramente uma instituição sem a qual as sociedades e economias modernas não seriam pensáveis, ou, pelo menos, não seriam como hoje as conhecemos. Não surpreende assim que se trate de um instituto que atravessa de lés a lés o ordenamento jurídico" (ANTUNES, José Engrácia. *Direito dos contratos comerciais*. Coimbra: Almedina, 2015, p. 19).

[41] TOMAZETTE, Marlon. *Contratos empresariais*. São Paulo: JusPodivm, 2022, p. 29.

[42] ROPPO, Enzo. *O contrato*. Coimbra: Almedina, 2009, p. 66.

[43] ROPPO, Enzo. *O contrato*. Coimbra: Almedina, 2009, p. 32-33.

[44] ROPPO, Enzo. *O contrato*. Coimbra: Almedina, 2009, p. 35.

[45] ROPPO, Enzo. *O contrato*. Coimbra: Almedina, 2009, p. 49.

[46] MESSINEO, Francesco. *Manuale di diritto civile e commerciale*. [S.l.]: Giuffrè, 1957. v. I, p. 460.

[47] AZEVEDO, Antônio Junqueira de. *Negócio jurídico*: existência, validade e eficácia. 4. ed. São Paulo: Saraiva, 2002, p. 16.

Capítulo 1 • Conceito geral de contrato

Muito orientado pelo direito alemão, consubstanciado pelo *Bürgerliches Gesetzbuch* (BGB), o contrato como subespécie da categoria maior que é o negócio jurídico foi consagrado pelo Código Civil de 1916 e, atualmente, pelo Código Civil de 2002.

Ao analisar a influência do direito estrangeiro no Código Civil de 1916, Ruy Rosado afirma que este "recebeu o influxo do direito germânico em mais de uma passagem, principalmente ao contemplar uma parte geral, inexistente no Código de 1804, e ao adotar a ideia do negócio jurídico, e não a dos atos jurídicos, conforme é da tradição francesa"[48]. O direito comparado foi essencial para conceituar a disciplina do direito civil nacional[49], inclusive quanto ao direito obrigacional e contratual.

Como a vontade é concebida como a origem precípua das obrigações e direitos, a disciplina contratual passa a envolver não apenas a regulação do consenso entre as partes, mas a própria produção dos efeitos desses negócios jurídicos. A abstração do acordo de vontades não é mais suficiente à disciplina jurídica, que passa também à análise do conteúdo do negócio para a produção de seus efeitos.

Com o Estado tendo um papel de interventor excepcional, a vontade humana seria a fonte direta e principal do nascimento de obrigações. O contrato é obrigatório porque fora desejado pelas partes. Suas limitações são impostas apenas com base no interesse público, de modo a garantir a todos os contratantes a livre vinculação por sua própria vontade.

Nesse sentido, conforme Joaquim de Sousa Ribeiro, "sendo a liberdade contratual o princípio retor da ordem dos contratados, o desafio que se lhe coloca é o de dar satisfação às exigências normativas próprias de cada um daqueles planos contratuais, a saber, servir de instrumento à autorrealização dos contraentes"[50].

Por essa concepção, define-se o contrato como negócio jurídico bilateral ou plurilateral, acordo de vontades com o objetivo de criar, modificar ou extinguir uma obrigação e o direito subjetivo correlato dos contratantes[51]. Essa definição é consagrada no art. 1.321 do Código Civil Italiano, que determina que "o contrato é o acordo de duas ou mais partes para constituir, regular ou extinguir entre elas uma relação jurídica patrimonial", bem como no Código Civil Francês, que o definiu, em seu art. 1.101, como a convenção pela qual uma ou mais pessoas se obrigam para com as demais a dar, fazer ou não fazer alguma coisa.

Por essa concepção que considera não apenas o momento estrutural mas também o conteúdo do contrato para a produção de seus efeitos, há negócio jurídico bilateral cujas declarações de vontade são convergentes, mas com interesses antagônicos[52]. Esse conflito de interesses é imanente ao instituto e decorre do fato de as partes possuírem posições opostas. Ambas se obrigam reciprocamente e tornam-se titulares de direitos subjetivos na medida da obrigação da contraparte, de modo

---

[48] AGUIAR JUNIOR, Ruy Rosado de. Os contratos nos Códigos Civis francês e brasileiro. *Revista CEJ*, São Paulo, n. 9, p. 6, mar. 2023. Disponível em: https://revistacej.cjf.jus.br/cej/index.php/revcej/article/view/642. Acesso em: 29 dez. 2023.

[49] Em estudo realizado por Pontes de Miranda, "das aproximadamente 1.929 fontes do Código Civil, ao direito anterior pertencem 479, à doutrina já vigente antes do Código Civil, 272; e ao Esboço de Teixeira de Freitas, 189. Isto quer dizer: e, tudo que se alterou, foi o Esboço a fonte principal. Dos códigos o que quantitativamente mais concorreu foi o Code Civil, 172, menos por si do que pela expressão moderna que dera a regras romanas. Em seguida, o português, 83, o italiano, 72, os Projetos alemães, 66, o Privatrechtliches Gesetsbuch für den Kanton Zürich, 67, o espanhol, 32, a Lei suíça de 1881, 31, o Código Civil argentino, 17, o direito romano (diretamente), 19, o B.G.B austríaco, 7, o Código Civil chileno, o mexicano, 4, o uruguaio, 2, o peruano, 2, e outros" (MIRANDA, Pontes de. *Fontes e evolução do direito civil brasileiro*. Rio de Janeiro: [S.n.], 1928. v. CCXIV, p. 119).

[50] RIBEIRO, Joaquim de Sousa. *O problema do contrato*: as cláusulas contratuais gerais e o princípio da liberdade contratual. Coimbra: Almedina, 1999, p. 12.

[51] GOMES, Orlando. *Contratos*. 24. ed. Rio de Janeiro: Forense, 2001, p. 13.

[52] FERRO-LUZZI, Paolo. *I contratti associativi*. Milano: Giuffrè, 1976, p. 69.

que a maior onerosidade de uma obrigação implica a satisfação do maior interesse da parte contratante. Não há confusão com o negócio jurídico unilateral, em que não há conflito de interesse de partes contratantes opostas. Ainda que haja mais de um sujeito, a ausência de conflito de interesses não forma o negócio jurídico bilateral, mas eventual ato complexo ou coletivo[53].

Esse conflito de interesses é esclarecido por Carlos Alberto da Mota Pinto. Para o autor, "nos contratos ou negócios bilaterais há duas ou mais declarações de vontade, de conteúdo oposto, mas convergente, ajustando-se na sua comum pretensão de produzir resultado jurídico unitário, embora com um significado para cada parte. Há assim a oferta ou proposta e a aceitação, que se conciliam num consenso. É o caso paradigmático da compra e venda"[54].

A despeito dos interesses contrapostos dos contratantes, a conversão das declarações de vontades faz-se, com a celebração do contrato, pelo consenso das partes quanto ao atendimento do fim comum[55]. Esse ajuste ou convergência das declarações de partes opostas é feito pelo encontro da proposta de uma das partes com a aceitação da outra[56].

No mesmo sentido, Junqueira de Azevedo escreve que "num contrato, por exemplo, não há, como às vezes se diz, duas ou mais declarações de vontade; há, nele, mais de uma vontade e mais de uma manifestação de vontade, mas essas manifestações unificam-se à visão social de *uma só declaração*, que juridicamente será um só fato jurídico"[57].

Na lição de Antunes Varella, "o contrato é essencialmente um *acordo* vinculado de vontades opostas, mas harmonizáveis entre si. O seu elemento fundamental é o *mútuo consenso*. Se as declarações de vontade das partes, apesar de opostas, não se ajustam uma à outra, não há contrato, porque falta o mútuo consentimento. Não há nesse caso o *cum-trahere* a que alude etimologicamente o vocábulo *contrato*"[58].

Parte da doutrina, mais tradicional, assentava a necessidade de patrimonialidade para sua caracterização. Para essa concepção, a prestação deveria ser suscetível de avaliação pecuniária. Nesse aspecto, "oltre che per la sua struttura bilaterale o plurilaterale il contratto si caratterizza anche per la sua *patrimonialità*. Il contratto è un negozio patrimoniale in quanto ha per oggetto rapporti suscettibili di valutazione economica. Un accordo diretto a costituire, regolare o estinguere un raporto giuridico non patrimoniale (si pensi, ad es., al matrimonio) esula quindi dalla nozione di contratto pur rientrando nella categoria del negozio giuridico"[59].

Não há, no Código Civil brasileiro de 2002, entretanto, a exigência do requisito. Tal como no direito português, ainda que a maior parte dos vínculos jurídicos tenha essa natureza, exige-se apenas que a prestação corresponda a um interesse do credor e que seja protegida pelo ordenamento jurídico[60].

No que se refere aos elementos essenciais do contrato, Tomazette explica que eles são aqueles inerentes a qualquer negócio jurídico: elemento subjetivo, objetivo e formal[61]. O primeiro elemento

---

[53] "Il contrato è, precisamente, un negozio giuridico *bilaterale o plurilaterale*, in quanto si perfeziona con il consenso di due o più parti. Esso si distingue, quindi, rispetto al negozio unilaterale, il quale si perfeziona con la sola manifestazione di volontà dell'autore dell'atto, senza che occorra l'altrui accettazione (es.: il testamento)" (MASSIMO, Bianca. *Diritto civile 3*: il contratto. 2. ed. Milão: Giuffrè, 2015, p. 2).

[54] MOTA PINTO, Carlos Alberto da. *Teoria geral do direito civil*. 4. ed. Coimbra: Editora Coimbra, 2005, p. 385.

[55] FORGIONI, Paula A. *Contratos empresariais*: teoria geral e aplicação. 4. ed. rev., atual. e ampl. [S.l.]: [S.n.], 2019, p. 21.

[56] VARELA, Antunes. *Das obrigações em geral*. 13. reimpr. 10. ed. de 2000, rev. e atual. Coimbra: Almedina, 2016. v. 1, p. 216.

[57] AZEVEDO, Antônio Junqueira de. *Negócio jurídico*: existência, validade e eficácia. 4. ed. São Paulo: Saraiva, 2002, p. 18.

[58] VARELA, Antunes. *Das obrigações em geral*. 13. reimpr. 10. ed. de 2000, rev. e atual. Coimbra: Almedina, 2016. v. 1, p. 216.

[59] MASSIMO, Bianca. *Diritto civile 3*: il contratto. 2. ed. Milão: Giuffrè, 2015, p. 2-3.

[60] COSTA, Mário Júlio de Almeida. Direito das obrigações. 7. ed. rev. Coimbra: Almedina, 1999, p. 80.

[61] TOMAZETTE, Marlon. *Contratos empresariais*. São Paulo: JusPodivm, 2022, p. 35.

Capítulo 1 • Conceito geral de contrato

diz respeito ao encontro de vontades emanadas por pessoas capazes, dotadas de legitimidade e isentas de vícios. O segundo elemento se trata do objeto do contrato, o qual deve ser lícito, possível, determinado ou determinável. Por fim, o último elemento consigna a forma prescrita ou não defesa em lei.

A partir de 2003, a disciplina geral do contrato passou a ter como fonte formal legislativa o Código Civil. Independentemente das pessoas que o celebraram e da atividade na qual estão inseridos, o Código Civil passou a regular, em sua parte geral dos contratos, a formação, validade, formas, bem como os princípios gerais aplicáveis às diversas contratações"[62].

4. CLASSIFICAÇÃO DOS CONTRATOS

Segundo Orlando Gomes, "os contratos agrupam-se em diversas categorias, suscetíveis, isoladamente, de subordinação a regras idênticas ou afins. Daí a utilidade de sua classificação"[63].

Pela divisão proposta, pode-se classificar os contratos da seguinte maneira: (i) bilaterais ou unilaterais; (ii) onerosos e gratuitos, subdividindo-se aqueles em comutativos e aleatórios; (iii) consensuais e reais; (iv) solenes e não solenes; (v) principais e acessórios; (vi) instantâneos e de duração; (vii) de execução imediata e de execução diferida; (viii) típicos e atípicos; (ix) pessoais ou *intuitu personae* e impessoais; (x) civis e mercantis; (xi) individuais e coletivos; (xii) causais e abstratos.

4.1. Bilaterais, unilaterais ou plurilaterais

Todos os contratos, como já explicado, são negócios jurídicos bilaterais, porque necessárias duas partes para que seja celebrado[64]. Não obstante, alguns contratos produzem obrigações recíprocas, enquanto outros criam obrigações apenas para uma das partes[65]. "A bilateralidade – prestação, contraprestação – faz ser bilateral o contrato; as o ser bilateral o contrato não implica que todas as dívidas e obrigações dele que se irradiam sejam bilaterais"[66]. Nesse sentido, a classificação agora exposta não diz respeito ao número de pessoas envolvidas, mas ao número de partes vinculadas às obrigações contratuais.

Unilateral é o contrato que origina obrigação para uma das partes exclusivamente, enquanto a outra não se obriga. Assim, uma das partes ocupa a posição de credor e, a outra, de devedor. Em outros termos, "o negócio jurídico bilateral com eficácia só unilateral, ou o é porque só um dos lados (contraente) adquire crédito, pretensão ou ação (*e.g.*, mútuo, promessa de doação); ou o é, porque o crédito, pretensão ou ação de um contraente não equivale ao crédito, pretensão ou ação do outro (*e.g.*, mandato, depósito gratuito, comodato)"[67].

Por sua vez, nos contratos bilaterais, "as duas partes ocupam, simultaneamente, a dupla posição de credor e devedor"[68]. Sendo assim, ambos têm obrigações e deveres em relação ao outro.

---

[62] SACRAMONE, Marcelo Barbosa. *Manual de direito empresarial*. 4. ed. São Paulo: SaraivaJur, 2023, p. 513.

[63] GOMES, Orlando. *Contratos*. 28. ed. Rio de Janeiro: Forense, 2022, p. 103.

[64] TOMAZETTE, Marlon. *Contratos empresariais*. São Paulo: JusPodivm, 2022, p. 42.

[65] GOMES, Orlando. *Contratos*. 28. ed. Rio de Janeiro: Forense, 2022, p. 103.

[66] MIRANDA, Pontes de. *Direito das obrigações*: consequências do inadimplemento, exceções de contrato não adimplido, ou adimplido insatisfatoriamente, e de inseguridade... Atual. por Ruy Rosado de Aguiar Jr. e Nelson Nery Jr. São Paulo: Revista dos Tribunais, 2012, p. 206.

[67] MIRANDA, Pontes de. Tratado de direito privado: negócios jurídicos. Representação. Forma. Conteúdo. Prova. atual. por Marcon Bernardes de Mello e Marcos Ehnhardt Jr. São Paulo: Revista dos Tribunais, 2012, p. 281.

[68] GOMES, Orlando. *Contratos*. 28. ed. Rio de Janeiro: Forense, 2022, p. 104.

Os contratos bilaterais são aqueles em que, segundo Pontes de Miranda, "cada um dos figurantes assume o dever de prestar para que outro ou outros lhe contraprestem"[69]. Nessa lógica, a contraprestação é a prestação que o(s) outro(s) figurante(s) precisa(m) realizar.

Os contratos bilaterais comportam subclassificações. Na lição de Fábio Ulhoa Coelho[70], os contratos bilaterais podem ser divididos em sinalagmáticos ou díspares. O primeiro se refere aos contratos nos quais as obrigações assumidas são equivalentes (obrigações recíprocas). "Nesses contratos, uma obrigação é a causa, a razão de ser, o pressuposto da outra, verificando-se interdependência essencial entre as prestações"[71]. Vale dizer que o sinalagma pode ser quanto à estrutura, à construção do negócio jurídico e, também, quanto à eficácia (sinalagma funcional)[72]. Por sua vez, os díspares referem-se àqueles em que não há equivalência. Como uma categoria intermediária, Gomes vislumbra a possibilidade de um contrato bilateral imperfeito. Essa classe pode ser explicada na hipótese em que, originariamente, apenas uma parte se obriga (unilateral), mas, no curso da execução, surge obrigação para a parte que tinha apenas direitos. Segundo conclui, nessa hipótese, o contrato não deixa de ser unilateral, porque a obrigação superveniente surge de forma acidental, o que explica sua subordinação ao regime dos contratos unilaterais[73].

Diferentemente dos contratos unilaterais e bilaterais, também se pode apontar os contratos plurilaterais ou associativos[74]. Nestes, o negócio jurídico é celebrado não apenas entre duas partes contratantes, necessariamente. Nos contratos plurilaterais ou associativos, como ocorre com os atos constitutivos das sociedades, ainda que os interesses das partes sejam opostos em alguma medida, como em relação aos direitos e deveres, como na fixação dos dividendos ou na avaliação dos bens para a integralização do capital, os contratantes têm predominantemente um interesse convergente justamente na constituição da sociedade e desenvolvimento de uma atividade ulterior.

O contrato plurilateral caracteriza-se como um contrato instrumental, que não esgota sua finalidade em si mesmo, mas é instrumento para a constituição da sociedade e desenvolvimento de uma atividade posterior. Sua celebração pode ser realizada por dois ou mais contratantes e o contrato produz efeitos e obriga a todos. Diante das contratações recíprocas entre todos os agentes, a invalidade da contratação de um específico contratante não afeta a validade do contrato como um todo ou a adesão dos demais contratantes.

Conforme Pontes de Miranda, nos negócios plurilaterais, não há o intercâmbio de prestações presente nos contratos bilaterais. Assim, para o autor, "a conceituação dos contratos bilaterais como se compreendessem os negócios jurídicos de intercâmbio e as sociedades, uma vez que cada figurante somente promete a sua prestação porque o outro prometeu a sua, ou os outros prometeram as suas, é de repelir-se (…) A despeito de algumas regras jurídicas até certo ponto coincidirem, o que

---

[69] MIRANDA, Pontes de. *Direito das obrigações*: consequências do inadimplemento, exceções de contrato não adimplido, ou adimplido insatisfatoriamente, e de inseguridade… Atual. por Ruy Rosado de Aguiar Jr. e Nelson Nery Jr. São Paulo: Revista dos Tribunais, 2012, p. 205.

[70] COELHO, Fábio Ulhoa. Curso de direito civil. 5. ed. São Paulo: Saraiva, 2012. v. 3, p. 56.

[71] GOMES, Orlando. *Contratos*. 28. ed. Rio de Janeiro: Forense, 2022, p. 104.

[72] MIRANDA, Pontes de. *Direito das obrigações*: consequências do inadimplemento, exceções de contrato não adimplido, ou adimplido insatisfatoriamente, e de inseguridade… Atual. por Ruy Rosado de Aguiar Jr. e Nelson Nery Jr. São Paulo: Revista dos Tribunais, 2012, p. 205.

[73] GOMES, Orlando. *Contratos*. 28. ed. Rio de Janeiro: Forense, 2022, p. 104.

[74] Sobre a caracterização dos contratos plurilaterais: "O primeiro característico que devemos ressaltar é aquele da possível participação de mais de duas partes, assumindo todas (e, portanto, mais de duas) quer direitos, quer obrigações. Este característico é tão conhecido e evidente, quando se levam em conta as sociedades e as associações, que não tem necessidade de ser ulteriormente ilustrado" (ASCARELLI, Tullio. *O contrato plurilateral*: problemas das sociedades anônimas e direito comparado. 2. ed. São Paulo: Saraiva, 1969, p. 266).

Capítulo 1 • Conceito geral de contrato

se há de assentar, de início, é que regras jurídicas atinentes aos contratos bilaterais, contratos de intercâmbio, não apanham os contratos plurilaterais"[75].

4.2. Contratos onerosos e gratuitos

Tal classificação leva em consideração não as obrigações de cada parte, mas as vantagens e sacrifícios advindos da relação contratual.

Os contratos gratuitos ou benéficos são aqueles em que apenas uma das partes é onerada, conferindo vantagem à outra parte sem que haja contraprestação[76]. Assim, gratuitos são os negócios jurídicos em que não há uma contraprestação e, segundo melhor doutrina, a contraprestação determina a onerosidade: "quem presta sem que outrem contrapreste, ou prometa contraprestar, aliena a título gratuito"[77].

Os contratos onerosos são aqueles que trazem vantagens para ambas as partes, porque ambas sofrem um sacrifício patrimonial, correspondente a um proveito esperado[78]. Maria Helena Diniz esclarece que, geralmente, os contratos onerosos são bilaterais e, os gratuitos, unilaterais[79]. Adverte, entretanto, que nem sempre isso ocorrerá, pois pode haver um contrato que seja unilateral e oneroso: o mútuo sujeito a pagamento de juros, uma vez que, além da obrigação de restituir a quantia mutuada (unilateral), haverá o pagamento de juros (oneroso).

Por sua vez, os contratos onerosos podem ser subdivididos em comutativos e aleatórios.

Os contratos comutativos são aqueles em que a prestação e a contraprestação são definidas previamente, por ocasião da celebração do contrato[80]. Nas palavras de Orlando Gomes, "a relação entre vantagem e sacrifício é subjetivamente equivalente, havendo certeza quanto às prestações"[81].

Por seu turno, nos contratos aleatórios, há incerteza para as partes acerca da vantagem esperada[82]. Tal aleatoriedade pode ser consequência da natureza do contrato ou da vontade das partes. Como expõe Gomes, os contratos aleatórios podem ser assim caracterizados em razão de as prestações serem incertas por se referirem a coisas futuras, cujo risco de inexistência ou de sua quantidade é assumido pelo contratante; ou se referirem a coisas existentes, mas expostas a riscos assumidos pelo adquirente; ou relacionados a fatos que poderão ou não ocorrer[83].

Convém evidenciar que não se deve confundir os negócios jurídicos bilaterais aleatórios com os negócios jurídicos em que a prestação depende de algum fato[84].

---

[75] MIRANDA, Pontes de. *Direito das obrigações*: negócios jurídicos bilaterais e negócios jurídicos plurilaterais... Atual. por Cláudia Lima Marques e Bruno Miragem. São Paulo: Revista dos Tribunais, 2012, p. 284.

[76] DINIZ, Maria Helena. *Curso de direito civil brasileiro*: teoria das obrigações contratuais e extracontratuais. 38. ed. São Paulo: SaraivaJur, 2022, p. 38.

[77] MIRANDA, Pontes de. *Direito das obrigações*: negócios jurídicos bilaterais e negócios jurídicos plurilaterais... Atual. por Cláudia Lima Marques e Bruno Miragem. São Paulo: Revista dos Tribunais, 2012, p. 506.

[78] DINIZ, Maria Helena. *Curso de direito civil brasileiro*: teoria das obrigações contratuais e extracontratuais. 38. ed. São Paulo: SaraivaJur, 2022, p. 38.

[79] DINIZ, Maria Helena. *Curso de direito civil brasileiro*: teoria das obrigações contratuais e extracontratuais. 38. ed. São Paulo: SaraivaJur, 2022, p. 38.

[80] TOMAZETTE, Marlon. *Contratos empresariais*. São Paulo: JusPodivm, 2022, p. 49.

[81] GOMES, Orlando. *Contratos*. 28. ed. Rio de Janeiro: Forense, 2022, p. 106.

[82] GOMES, Orlando. *Contratos*. 28. ed. Rio de Janeiro: Forense, 2022, p. 106.

[83] GOMES, Orlando. *Contratos*. 28. ed. Rio de Janeiro: Forense, 2022, p. 107.

[84] MIRANDA, Pontes de. *Direito das obrigações*: negócios jurídicos bilaterais e negócios jurídicos plurilaterais... Atual. por Cláudia Lima Marques e Bruno Miragem. São Paulo: Revista dos Tribunais, 2012, p. 512.

4.3. Contratos consensuais e reais

A presente classificação leva em consideração o modo de formação dos contratos, que podem ser consensuais ou reais.

Como negócio jurídico bilateral, o contrato, em regra, é consensual. Para seu aperfeiçoamento, basta a manifestação de vontade do oblato com a aceitação da proposta do proponente. A transferência da coisa ou do serviço é cumprimento da prestação e não exigência para a existência do contrato.

Os contratos reais, entretanto, são os contratos que apenas se tornam perfeitos com a entrega da coisa. Nesse tipo de contrato, as declarações convergentes de vontades não têm a força de estabelecer o vínculo contratual[85]. São exemplos do referido contrato o mútuo[86] e o comodato[87], em que os contratos apenas se consideram existentes com a entrega da coisa ao mutuário ou ao comodatário.

Com base em Pontes de Miranda, é de se atentar ao seguinte. Primeiramente, não se justifica o argumento de que os contratos reais limitam a liberdade contratual. Segundo o autor, observando a letra da lei sobre o comodato, o depósito e o mútuo (contratos reais), "não se pode pôr de lado a letra das leis a ponto de se interpretarem as regras jurídicas sobre contratos reais como se não existissem"[88].

Ademais, para o direito romano, a consensualidade não bastava para que surgissem do negócio jurídico dívidas e obrigações, ressalvadas hipóteses de contratos não formais, como a compra e venda, locação etc. Nesse sentido: "Os demais contratos só vinculavam se obedeciam a determinada forma (contratos formais) e se estava incluído pacto de tradição (contratos reais)"[89].

4.4. Contratos solenes e não solenes

Conforme o inciso III do art. 104 do CC, a validade do negócio jurídico requer forma prescrita ou não defesa em lei[90]. Uma vez fundado o direito na liberdade de forma, os contratos, normalmente, se concluem pelo simples consentimento das partes, independentemente do modo. Nesse sentido, sua validade ocorre independentemente da forma, a menos que prescrita ou defesa em lei. Trata-se dos contratos não solenes os quais são dotados de forma livre.

Com o intuito de conferir maior segurança às transações comerciais, a lei exige que alguns contratos sigam formalidades específicas[91]. Solene é o contrato que exige forma especial para ser celebrado. No que se refere à forma especial, pode-se defini-la como "forma sem a qual não valeria o ato jurídico"[92].

---

[85] DINIZ, Maria Helena. *Curso de direito civil brasileiro*: teoria das obrigações contratuais e extracontratuais. 38. ed. São Paulo: SaraivaJur, 2022, p. 42.

[86] CC, art. 586: o mútuo é o empréstimo de coisas fungíveis. O mutuário é obrigado a restituir ao mutuante o que dele recebeu em coisa do mesmo gênero, qualidade e quantidade.

[87] CC, art. 579: o comodato é o empréstimo gratuito de coisas não fungíveis. Perfaz-se com a tradição do objeto.

[88] MIRANDA, Pontes de. *Direito das obrigações*: consequências do inadimplemento, exceções de contrato não adimplido, ou adimplido insatisfatoriamente, e de inseguridade... Atual. por Ruy Rosado de Aguiar Jr. e Nelson Nery Jr. São Paulo: Revista dos Tribunais, 2012, p. 443.

[89] MIRANDA, Pontes de. *Direito das obrigações*: consequências do inadimplemento, exceções de contrato não adimplido, ou adimplido insatisfatoriamente, e de inseguridade... Atual. por Ruy Rosado de Aguiar Jr. e Nelson Nery Jr. São Paulo: Revista dos Tribunais, 2012, p. 443.

[90] CC, art. 104: "A validade do negócio jurídico requer: III – forma prescrita ou não defesa em lei".

[91] GOMES, Orlando. *Contratos*. 28. ed. Rio de Janeiro: Forense, 2022, p. 109.

[92] MIRANDA, Pontes de. *Tratado de direito privado*: negócios jurídicos. Representação. Forma. Conteúdo. Prova. atual. por Marcon Bernardes de Mello e Marcos Ehnhardt Jr. São Paulo: Revista dos Tribunais, 2012, p. 451.

Capítulo 1 • Conceito geral de contrato

Sobre esses contratos típicos, pode-se citar exemplos que exigem escritura pública, como a hipótese de compra e venda de imóvel com valor superior a trinta vezes o salário mínimo, insculpida no art. 108, e o pacto antenupcial, do art. 1.653[93]. É possível, ainda, distinguir a formalidade da solenidade: solene é aquele contrato que exige escritura pública, enquanto formal é aquele que exige forma escrita. No contrato solene, a ausência da forma o deixará eivado de nulidade[94].

Convém notar que as partes, dentro do seu espaço de autonomia privada, podem determinar que um contrato seja formal. Tal movimento não tornará o contrato solene, mas a inobservância da regra acordada invalidará o contrato. Ademais, sendo o contrato solene aquele com exigências legais, as partes não poderão contratar contra o previsto na lei[95].

Por fim, convém evidenciar que "as regras jurídicas sobre a forma não podem ser ignoradas: quem as ignora, não se escusa pela ignorância, de modo que não se lhe há de admitir a boa-fé, nem o que invoca a nulidade do ato jurídico, em que figure, age contra a boa-fé nos negócios; nem há qualquer dever moral, menos ainda dever sem obrigação, em que se cumpra o ato jurídico com vício de forma"[96].

4.5. Contratos principais e acessórios

Contratos principais são aqueles que existem por si sós. São autônomos, independentes, possuindo existência própria[97]. Por seu turno, acessórios são aqueles que dependem da existência de outros.

Nota-se que o contrato acessório não tem autonomia. Sendo assim, importante reconhecer a diferença dessa classificação uma vez que, nula a obrigação principal, o contrato acessório desaparecerá, não sendo o contrário verdadeiro[98].

É justamente o caráter acessório e dependente que permite justificar a contaminação entre duas obrigações ou contratos que, em essência, não se confundem. Sendo um contrato dependente de outro, a invalidade do principal necessariamente conduzirá a invalidade do contrato acessório[99].

A classificação demonstra ser dotada de grande relevância prática. O contrato acessório pode ser utilizado como preparação para outro contrato, como o mandato (seu caráter de acessório dependerá do caso concreto)[100]. Porém, é comum que os contratos acessórios possuam a função de garantia para uma obrigação principal, como é o caso do penhor, hipoteca e caução[101].

Não há dúvida de que os direitos de garantia devem ser classificados como acessórios, tendo em vista que dependem da existência de uma relação principal cuja eficácia buscam assegurar[102]. Nesses

---

[93] RIZZARDO, Arnaldo. *Contratos*. 20. ed. Rio de Janeiro: Forense, 2022, p. 74.

[94] VENOSA, Sílvio de Salvo. *Direito civil*: contratos. 23. ed. Barueri: Atlas, 2023, p. 80.

[95] VENOSA, Sílvio de Salvo. *Direito civil*: contratos. 23. ed. Barueri: Atlas, 2023, p. 80.

[96] MIRANDA, Pontes de. Tratado de direito privado: negócios jurídicos. Representação. Forma. Conteúdo. Prova. Atual. por Marcon Bernardes de Mello e Marcos Ehnhardt Jr. São Paulo: Revista dos Tribunais, 2012, p. 445.

[97] GOMES, Orlando. *Contratos*. 28. ed. Rio de Janeiro: Forense, 2022, p. 110.

[98] VENOSA, Sílvio de Salvo. *Direito civil*: contratos. 23. ed. Barueri: Atlas, 2023, p. 81.

[99] É o que demonstra o art. 184 do CC: "Respeitada a intenção das partes, a invalidade parcial de um negócio jurídico não o prejudicará na parte válida, se esta for separável; a invalidade da obrigação principal implica a das obrigações acessórias, mas a destas não induz a da obrigação principal".

[100] VENOSA, Sílvio de Salvo. *Direito civil*: contratos. 23. ed. Barueri: Atlas, 2023, p. 81.

[101] VENOSA, Sílvio de Salvo. *Direito civil*: contratos. 23. ed. Barueri: Atlas, 2023, p. 81.

[102] É o que se pode inferir, expressamente, quanto às garantias reais. Pelo art. 1.419 do CC: "Nas dívidas garantidas por penhor, anticrese ou hipoteca, o bem dado em garantia fica sujeito, por vínculo real, ao cumprimento da obrigação".

casos, é possível verificar o caráter subsidiário do contrato de garantia. É o caso, por exemplo, do contrato de fiança[103].

De todo modo, reitere-se que, extinto o negócio jurídico de direito obrigacional por qualquer dos meios legalmente previstos, os direitos reais de garantia, como contratos acessórios, também perdem a existência[104].

4.6. Contratos instantâneos e de duração

Para essa classificação, é considerado o tempo de execução. Instantâneos ou de execução única são "os contratos cujas prestações podem ser realizadas em um só instante"[105].

Como uma subdivisão dos contratos instantâneos, Gomes estabelece que eles podem ser de execução imediata ou diferida. O primeiro ocorre quando a execução for feita logo após a conclusão do contrato. O segundo, quando a execução for prorrogada para outro momento[106].

Os contratos de duração são aqueles em que a execução não pode ser realizada num único instante. Podem ser de execução periódica (realizada de tempos em tempos) ou continuada (prestação única, mas ininterrupta)[107].

4.7. Contratos típicos e atípicos

Os contratos típicos, ou nominados, são aqueles positivados, que encontram na lei alguma previsão sobre eles[108]. Nesse sentido, "inserem-se numa figura que tem disciplina legal, pois recebem da ordem jurídica uma regulamentação"[109].

Por sua vez, contratos atípicos ou inominados são aqueles que não possuem regulamentação específica, ou seja, não possuem normas que tratam especificamente deles[110]. "Os negócios jurídicos atípicos, bilaterais ou plurilaterais, são aqueles que não pedem ser insertos em contrato típico, ou em uniões de contratos típicos"[111].

4.8. Contratos pessoais ou *intuitu personae* e contratos impessoais

Quando as partes, no contrato, não especificam, a pessoa que cumprirá o contrato é irrelevante para o credor, desde que haja o adimplemento, qualquer um deve realizá-lo[112]. Sem embargo, há situações em que a pessoa do contratado é fundamental. Os contratos pessoais são aqueles em que a qualidade pessoal de um dos contratantes é determinante para o contrato[113]. Assim, será impessoal o contrato no qual a pessoa contratante é indiferente para sua conclusão.

---

[103] CC, art. 818: "Pelo contrato de fiança, uma pessoa garante satisfazer ao credor uma obrigação assumida pelo devedor, caso este não a cumpra".

[104] FARIAS, Cristiano; ROSENVALD, Nelson. *Curso de direito civil*: contratos. 5. ed. São Paulo: Atlas, 2015, p. 258.

[105] GOMES, Orlando. *Contratos*. 28. ed. Rio de Janeiro: Forense, 2022, p. 111.

[106] TOMAZETTE, Marlon. *Contratos empresariais*. São Paulo: JusPodivm, 2022, p. 50.

[107] TOMAZETTE, Marlon. *Contratos empresariais*. São Paulo: JusPodivm, 2022, p. 50.

[108] RIZZARDO, Arnaldo. *Contratos*. 20. ed. Rio de Janeiro: Forense, 2022, p 73.

[109] DINIZ, Maria Helena. *Curso de direito civil brasileiro*: teoria das obrigações contratuais e extracontratuais. 38. ed. São Paulo: SaraivaJur, 2022, p. 42.

[110] TOMAZETTE, Marlon. *Contratos empresariais*. São Paulo: JusPodivm, 2022, p. 40.

[111] MIRANDA, Pontes de. *Direito das obrigações*: negócios jurídicos bilaterais e negócios jurídicos plurilaterais... Atual. por Cláudia Lima Marques e Bruno Miragem. São Paulo: Revista dos Tribunais, 2012, p. 505.

[112] VENOSA, Sílvio de Salvo. *Direito civil*: contratos. 23. ed. Barueri: Atlas, 2023, p. 84.

[113] TOMAZETTE, Marlon. *Contratos empresariais*. São Paulo: JusPodivm, 2022, p. 51.

Capítulo 1 • Conceito geral de contrato

Para Gomes, "em contraposição aos contratos nos quais é indiferente a pessoa com quem se contrata, os que se realizam *intuitu personae* podem ser denominados contratos pessoais. Geralmente, originam uma obrigação de fazer, cujo objeto é um serviço infungível, isto é, que não pode ser executado por outra pessoa, ou porque só aquela seja capaz de prestá-lo, ou porque à outra parte interessa que seja executado tão somente por ela"[114].

É o caso, por exemplo, do contrato de franquia, em que a atuação das partes é essencial para a eficiência do negócio. É o que defende Alexandre David: "É consenso entre os operadores da *franchising* que o perfil do franqueado é fundamental para o sucesso do negócio. Assim, uma pessoa que não admita trabalhar à noite ou aos fins de semana não terá o perfil desejado para trabalhar em pizzarias e restaurantes, quando o expressivo volume de vendas ocorre nesses períodos. Insistir no negócio à revelia desse perfil certamente acarretará o insucesso do negócio, ou não tardará para ocorrer o seu repasse (trespasse). Em razão disso, nasce uma das principais características da *franchising* e do contrato de franquia: o caráter personalíssimo, ou *intuitu personae*"[115].

Com isso, resta clara a relevância prática da referida distinção, inclusive quanto à substituição da pessoa do devedor e a extinção dos contratos. Sobre isso, conclui Venosa: "nos contratos pessoais, é inadmissível a substituição da pessoa do devedor e a impossibilidade ou negativa do cumprimento de sua parte extinguirá a obrigação, substituindo-se por indenização por perdas e danos se houver culpa"[116].

4.9. Contratos paritários e de adesão

Os contratos paritários são aqueles em que, entre as partes, existe uma igualdade de condições para a negociação do contrato. Já os de adesão, produtos da economia massificada, são aqueles caracterizados por uma elaboração prévia unilateral e por sua oferta geral e uniforme[117].

Os contratos de adesão, por serem produto de uma elaboração prévia, "excluem a possibilidade de qualquer debate e transigência entre as partes, uma vez que um dos contratantes se limita a aceitar as cláusulas e condições previamente redigidas e impressas pelo outro (RT, 795:234, 519:163; JB, 158:263), aderindo a uma situação contratual já definida em todos os seus termos. Esses contratos ficam, portanto, ao arbítrio exclusivo de uma das partes – o policitante –, pois o oblato não pode discutir ou modificar o teor do contrato ou as suas cláusulas"[118].

Desse raciocínio extrai-se que o "elemento essencial do contrato de adesão, portanto, é a ausência de uma fase pré-negocial decisiva, a falta de um debate prévio das cláusulas contratuais e, sim, a sua predisposição unilateral, restando ao outro parceiro a mera alternativa de aceitar ou rejeitar o contrato, não podendo modificá-lo de maneira relevante"[119].

Pode-se dizer que são características do contrato de adesão (1) a pré-elaboração unilateral, (2) a oferta uniforme e geral e (3) o consentimento por simples adesão à vontade emanada pela parte contratual economicamente mais forte[120].

---

[114] GOMES, Orlando. *Contratos*. 28. ed. Rio de Janeiro: Forense, 2022, p. 114.

[115] SANTOS, Alexandre David. *Comentários à nova Lei de Franquia*. 2. ed. São Paulo: Almedina, 2023, p. 220-221.

[116] VENOSA, Sílvio de Salvo. *Direito civil*: contratos. 23. ed. Barueri: Atlas, 2023, p. 84.

[117] TOMAZETTE, Marlon. *Contratos empresariais*. São Paulo: JusPodivm, 2022, p. 53.

[118] DINIZ, Maria Helena. *Curso de direito civil brasileiro*: teoria das obrigações contratuais e extracontratuais. 38. ed. São Paulo: SaraivaJur, 2022, p. 41.

[119] MIRANDA, Pontes de. *Direito das obrigações*: negócios jurídicos bilaterais e negócios jurídicos plurilaterais... Atual. por Cláudia Lima Marques e Bruno Miragem. São Paulo: Revista dos Tribunais, 2012, p. 109.

[120] MIRANDA, Pontes de. *Direito das obrigações*: negócios jurídicos bilaterais e negócios jurídicos plurilaterais... Atual. por Cláudia Lima Marques e Bruno Miragem. São Paulo: Revista dos Tribunais, 2012, p. 109.

4.10. Contratos definitivos e preliminares

O contrato preliminar é aquele realizado em função da celebração posterior de outro contrato (definitivo). Sendo assim, os contratos preliminares são aqueles realizados como promessas de contratos futuros[121]. Contudo, é pertinente compreender que não é apenas o caráter preliminar do contrato que faz dele pré-contrato. Como mesmo alerta Pontes de Miranda: "O direito brasileiro sempre teve pré-contratos (*Vorverträge*). Apenas, aqui como alhures, faltava o nome, que não poderia ser, em boa terminologia, o de contratos preliminares, pois nem sempre a preliminaridade de um contrato o faz pré-contrato"[122].

A bem verdade, a caracterização como contrato preliminar se refere à obrigação de contrair um contrato futuro. É nesse sentido que esclarece Bulgarelli: "Distingue-se, portanto, o contrato preliminar do contrato definitivo (ou principal) posto que naquele a obrigação é de concluir este, que consagra uma prestação substancial; exemplo: como preliminar, pode-se ter um compromisso ou promessa de venda, e o definitivo, será o contrato de venda"[123].

Diversos são os exemplos práticos da atividade empresarial que podem se utilizar dos contratos preliminares. É o caso, *v.g.*, da fusão, incorporação e aquisição de sociedades, além da aquisição de estabelecimentos empresariais, o que já foi há muito solidificado pela doutrina tradicional[124].

---

[121] TOMAZETTE, Marlon. *Contratos empresariais*. São Paulo: JusPodivm, 2022, p. 54.

[122] MIRANDA, Pontes de. *Direito das obrigações*: mútuo, mútuo a risco... Atual. por Bruno Miragem. São Paulo: Revista dos Tribunais, 2012, p. 89.

[123] BULGARELLI, Waldirio. *Contratos mercantis*. 11. ed. São Paulo: Atlas, 1999, p. 114.

[124] Cf. BULGARELLI, Waldirio. *Comentários à Lei das Sociedades Anônimas*. São Paulo: Saraiva, 1978. v. 4; BARRETO FILHO, Oscar. *Teoria do estabelecimento comercial*: fundo de comércio ou fazenda mercantil. 2. ed. São Paulo: Saraiva, 1988, 1965.

Capítulo 2
AUTONOMIA DO DIREITO EMPRESARIAL E ESPECIFICIDADE DOS CONTRATOS EMPRESARIAIS

1. A EVOLUÇÃO DOS CONTRATOS

A evolução do direito e, consequentemente, do direito comercial acompanha as mudanças oriundas do Estado e da economia. A compreensão da evolução histórica do direito comercial[1] permite compreender seus principais institutos, dentre eles os contratos empresariais.

Paula Forgioni, nessa evolução histórica, traça três cismas das categorias contratuais para a consolidação dos contratos empresariais[2]: o primeiro cisma foi responsável por fazer nascer a dicotomia entre direito civil e comercial; o segundo cisma faz surgir os contratos trabalhistas como categoria autônoma; o terceiro, por fim, diz respeito à proteção aos consumidores.

As especificações contratuais versam justamente sobre as características peculiares das partes. Como aponta, "todos esses cismas e rearranjos são realizados [pelo direito] em torno do *status* das partes. Os contratos mercantis despregam-se do direito comum porque deles participa um comerciante; os trabalhistas, porque envolvem empregado e os consumeristas porque na relação há consumidor"[3].

Por isso, ainda que submetido o direito privado a uma fonte formal única, a particularidade dos contratos empresariais impõe princípios e interpretações diversas, o que é reflexo da própria manutenção da autonomia do direito empresarial como ciência.

2. AUTONOMIA DO DIREITO EMPRESARIAL

Na grande maioria dos cursos de direito comercial, como os de Waldemar Ferreira[4], Carvalho de Mendonça[5], Rubens Requião[6], Fran Martins[7], Fábio Ulhoa Coelho[8], Haroldo Verçosa[9], entre outros, existe um capítulo, ou subcapítulo ou ao menos alguma análise, para discutir a autonomia do ramo de direito ou de alguma forma explicar essa problemática.

Curiosamente, em manuais de outros ramos do direito, como o tributário, o penal ou o administrativo, essa discussão simplesmente não existe ou tem muito menos destaque.

ASCARELLI, Tullio. *Corso di diritto commerciale*: introduzione e teoria dell'impresa. 3. ed. Milano: Giuffrè, 1962. Apud FORGIONI, Paula A. *Contratos empresariais*: teoria geral e aplicação. 5. ed. São Paulo: Thomson Reuters Brasil, 2020, p. 39.

FORGIONI, Paula A. *Contratos empresariais*: teoria geral e aplicação. 5. ed. São Paulo: Thomson Reuters Brasil, 2020, p. 39.

FORGIONI, Paula A. *Contratos empresariais*: teoria geral e aplicação. 5. ed. São Paulo: Thomson Reuters Brasil, 2020, p. 39.

FERREIRA, Waldemar Martins. *Instituições de direito comercial*. 3. ed. São Paulo: Freitas Bastos, 1951, p. 56 e s.

MENDONÇA, José Xavier Carvalho de. *Tratado de direito comercial brasileiro*. atual. por Ricardo Negrão. São Paulo: Bookseller, 2000. v. 1, t. 1, p. 23 e s.

REQUIÃO, Rubens. *Curso de direito comercial*. atual. por Rubens Edmundo Requião. 25. ed. São Paulo: Saraiva, 2003. v. 1, p. 18 s.

MARTINS, Fran. *Curso de direito comercial*. 22. ed. Rio de Janeiro: Forense, 1998, p. 19 e s.

COELHO, Fábio Ulhoa. *Curso de direito comercial*: direito de empresa. 16. ed. São Paulo: Saraiva, 2012. v. 1, p. 43 e s.

VERÇOSA, Haroldo Malheiros Duclerc. *Curso de direito comercial*. 2. ed. São Paulo: Malheiros, 2008, p. 87 e s.

Em interessante trabalho sobre o tema, Paulo Roberto Arnoldi enumerou partidários das correntes contra e a favor da autonomia substancial e/ou formal do direito comercial, listando mais de 40 autores comercialistas e civilistas, como Clóvis Beviláqua, Oscar Barreto, Eduardo Espínola, Spencer Wampré, Câmara Leal, Trajano de Miranda Valverde, Darcy Miranda, Waldirio Bulgarelli, Miguel Reale, Orlando Gomes, Rubens Limongi França, Octávio Mendes, João Eunápio Borges, Pontes de Miranda, entre outros[10]. Como podemos observar, o tema da dicotomia do direito privado recebeu a atenção de muitos dos grandes autores desde meados do século XIX até o século XXI.

Fábio Ulhoa Coelho[11] já apontou com exatidão ter o direito comercial autonomia, tanto por possuir independência didática como pelas disposições da própria Constituição Federal, que assim se expressa em seu art. 22, I.

Ousa-se até a inverter a causa e o efeito. O direito comercial não é autônomo por ser ensinado em uma cátedra própria, é ensinado assim por ser autônomo. E também não é autônomo por ser assim considerado na Constituição Federal, que assim o considera porque já era autônomo quando de sua promulgação.

A autonomia do direito comercial é uma realidade histórica. O direito comercial preencheu uma importante função no progresso dos meios de produção e dessa importância surge tanto sua autonomia quanto a discussão sobre a unificação, ponto bem observado por Ascarelli[12].

A dicotomia do direito privado, como afirmou Requião, é uma decorrência de sua história[13]. O direito mercantil emergiu da necessidade, dos usos e costumes, aparecendo inicialmente no sul da Europa. Não surgiu como direito excepcional, mas sim como ramo autônomo, com regras "de si mesmas bastantes"[14].

Historicamente, o direito comercial surgiu da necessidade de uma disciplina mais célere e condizente com a dinâmica necessária aos mercadores. Com o aumento da atividade comercial na transição entre a Alta e a Baixa Idade Média, decorrente do fim das invasões bárbaras e da criação das cidades, as regras do direito romano não atendiam de forma eficaz a nova classe social que teria surgido, a burguesia. O direito romano e o direito canônico, assentados na proteção do devedor, na proibição da usura e no formalismo, eram incompatíveis com a demanda das trocas.

A burguesia passa a se associar para se proteger diante da ausência do poder estatal centralizado. Os comerciantes se reúnem em organizações de classe, as *corporações de ofício* (século XII), e estabelecem regras para resolver os conflitos entre os membros. São os estatutos das corporações de ofício, baseados nos *costumes da prática mercantil*, e a interpretação dessas práticas pelos cônsules, cujos tribunais consulares somente tinham competência para resolver disputas entre os comerciantes, que constituíram o germe do direito comercial[15].

---

[10] Paulo Robert. São Paulo: Jalovi, 1989, p. 54-86.

[11] COELHO, Fábio Ulhoa. *Curso de direito comercial*: direito de empresa. 16. ed. São Paulo: Saraiva, 2012. v. 1, p. 43.

[12] ASCARELLI, Tullio. *Panorama do direito comercial*. São Paulo: Saraiva, 1947, p. 16. O autor afirma ser o direito comercial uma "categoria histórica" (p. 380).

[13] REQUIÃO, Rubens. *Curso de direito comercial*. atual. por Rubens Edmundo Requião. 25. ed. São Paulo: Saraiva, 2003. v. 1, p. 18

[14] FERREIRA, Waldemar Martins. *Instituições de direito comercial*. 3. ed. São Paulo: Freitas Bastos, 1951, p. 57. E prossegue o autor "Direito especial, no sentido de ser peculiar aos profissionais do comércio sim. Mas direito autônomo, com matéria própria, conteúdo específico, institutos peculiares e princípios gerais inconfundíveis".

[15] FORGIONI, Paula A. *A evolução do direito comercial brasileiro*: da mercancia ao mercado. 2. ed. São Paulo: Revista dos Tribunais 2012, p. 34-35.

Capítulo 2 • Autonomia do direito empresarial e especificidade dos contratos empresariais   23

Desde essa *primeira fase subjetivista*, em que o direito comercial não passava de um direito de classe, cujas regras aplicavam-se apenas aos comerciantes nas corporações de ofício inscritos, o direito comercial é o ramo do direito que se desenvolveu e deu suporte ao meio de produção capitalista.

O surgimento de uma subárea do direito privado voltada inicialmente para viabilizar a relação entre os comerciantes foi mais tarde estendido para regular os agentes econômicos de produção, incluindo a indústria, por meio do surgimento dos atos de comércio.

Com o surgimento do liberalismo e o fortalecimento do Estado nacional, as regras estatutárias das corporações mostraram-se limitadoras e já não comportavam a amplitude comercial, assim como os tribunais consulares não mais se restringiam à apreciação dos conflitos entre os comerciantes inscritos. Os ideais da Revolução Francesa, contrários aos privilégios de classe, permitiram a substituição de um direito que incidia em relação à qualidade da pessoa, para um direito relacionado à natureza do ato praticado.

O Código Comercial Francês de 1807 consagra essa fase objetiva do direito comercial. Substituem-se os tribunais consulares pelo tribunais do comércio, cuja competência seria para apreciar todos os "atos de comércio", independentemente da pessoa que os praticasse[16].

Ainda que inicialmente ligados ao transporte marítimo e ao comércio bancário, sempre relacionados ao conceito de mercado, esse ramo do direito foi criando figuras que, com o tempo, passaram a ser usadas também no direito civil, por exemplo o contrato de seguro, ou, nas palavras de Ascarelli, "institutos que, posteriormente, passaram para este, alcançando uma aplicação geral"[17].

Suas características decorrem da necessidade encontrada pela nova classe comercial de dar segurança à mobilização do crédito, uniformizar conceitos para o comércio internacional e acompanhar a velocidade de uma economia baseada na circulação do crédito e na produção e consumo em massa.

A relação do direito comercial com o crédito é umbilical[18]. Carvalho de Mendonça já apontava ser o direito comercial mais adaptado às exigências contemporâneas, por ser "o grande protetor do crédito, que, sabemos todos, se irradia pela atividade mercantil"[19].

A área de contato cada vez maior com o direito civil não decorreu de uma falta de autonomia, mas do simples fato de que, com a prevalência do capitalismo, características que eram peculiares às relações comerciais passaram a ser generalizadas para outras relações. Esclarecendo de forma mais direta, com a Revolução Industrial e a massificação das relações, inclusive as de consumo, o crédito passou a ser elemento necessário não somente ao comércio e à indústria, mas também ao cidadão comum, consumidor por natureza[20].

O surgimento do direito do consumidor foi, na verdade, uma resposta ao fato incontestável de que a dinâmica do direito mercantil já se alastrava para relações várias que atingiam também os não comerciantes. Como os consumidores passaram a depender de crédito e de uma infindável quantidade

---

[6] ASCARELLI, Tullio. *Panorama do direito comercial*. São Paulo: Saraiva, 1947, p. 20.

[17] ASCARELLI, Tullio. *Panorama do direito comercial*. São Paulo: Saraiva, 1947, p. 27. Explica ainda o autor: "O direito comercial, no decurso da sua evolução histórica, continuamente amplia seu campo de aplicação" (p. 34).

[8] ASCARELLI, Tullio. *Panorama do direito comercial*. São Paulo: Saraiva, 1947, p. 30. Também Requião aponta o reforço do crédito como razão do direito comercial (REQUIÃO, Rubens. *Curso de direito comercial*. atual. por Rubens Edmundo Requião. 25. ed. São Paulo: Saraiva, 2003. v. 1, p. 18).

[9] MENDONÇA, José Xavier Carvalho de. *Tratado de direito comercial brasileiro*. atual. por Ricardo Negrão. São Paulo: Bookseller, 2000. v. 1, t. 1, p. 34. Diz ainda o autor: "O que se nota no direito comercial é um aparelho de energia bem pronunciado, visando garantir, com a segurança do crédito, o desenvolvimento dos negócios" (p. 35).

[20] Como disse Rocco, o progressivo desenvolvimento da vida econômica justifica o alargamento da esfera de ação do direito comercial (ROCCO, Alfredo. *Princípios de direito comercial*. Tradução: Ricardo Rodrigues Gama. Campinas: LZN, 2003, p. 82).

de relações de compra e venda ou prestação de serviços, a tutela dessa específica relação jurídica se fez necessária. Paula Forgioni aponta o aparecimento e progresso do direito do consumidor como uma causa do ressurgimento do direito mercantil e de uma nova dicotomia, agora sim entre o direito mercantil e o consumerista[21].

Para Forgioni, a consolidação do direito do consumidor causou a redescoberta dos contratos mercantis. Efetivamente, essa nova dicotomia jogou luzes outra vez sobre a especificidade das relações empresariais. Mas estamos diante de um fenômeno de retroalimentação sistêmica. O avanço do capitalismo e da empresa faz com que o direito do consumidor surja e jogue novas luzes no campo contratual do direito mercantil. Esse fato confirma o que defendemos: a histórica autonomia do direito comercial jamais deixou de existir, tanto que o avanço do seu objeto de estudo, a empresa, como fenômeno de mercado, gerou novos ramos que com ele rivalizam e se harmonizam, dentro desse grande emaranhado supostamente sistêmico.

Disso decorreu que várias características do direito mercantil que viabilizam sua velocidade e segurança foram absorvidas também por outros ramos do direito, em especial o direito civil. Por isso a ocorrência da comercialização do direito civil[22]. Um exemplo: a prevalência da boa-fé, princípio hoje alçado ao centro do direito civil nas searas obrigacional e contratual, teve sua gênese no direito comercial. Não é o direito comercial que invade a vida, é o comércio, a indústria, o consumo que o fazem. Ou, como disse Waldemar Ferreira, "o tono econômico, que em tudo se insinua"[23].

3. A UNIFICAÇÃO DO DIREITO PRIVADO

No Brasil, a proposta de unificação do direito privado era antiga, tendo origem em Teixeira de Freitas, que, em meio a sua missão de refazer o Código Civil, no que ficou conhecido com seu esboço, acabou por concluir que não fazia sentido, com sua honestidade intelectual incontestável, escrever um código sem dar a ele uma parte geral que servisse tanto ao direito civil quanto comercial, o que chamou de "Código Geral". Esse diploma conteria todas as definições necessárias, missão que no seu ver a doutrina não cumpria. Sobre sua visão do direito comercial, vale a pena transcrever suas palavras em carta ao governo em 1867:

> Não há tipo para essa arbitrária separação de leis, a que se deu o nome de direito comercial ou código comercial; pois que todos atos da vida jurídica, excetuados os benéficos, podem ser comerciais ou não comerciais (...). Entretanto, a inércia das legislações, ao inverso do progressivo desenvolvimento das relações jurídicas, formou lentamente um grande depósito de usos, costumes e doutrinas, que passaram a ser leis de exceção e que de leis passaram a ser códigos, com seus tribunais de jurisdição restrita e improrrogável. Eis a história do direito comercial! Eis a falsificada instrução jurídica e aturdidos os espíritos com a frívola anatomia dos atos até extrair-lhes das entranhas o delicado critério[24]!

---

[21] FORGIONI, Paula A. *A evolução do direito comercial brasileiro*: da mercancia ao mercado. São Paulo: Revista dos Tribunais, 2009, p. 138 e s.

[22] Com essa expressão não se quer diminuir o direito civil ou retirar suas características, mas simplesmente atestar que a sociedade de consumo e industrial trouxe às relações civis a necessidade de se adaptar a novos tempos e a uma nova velocidade, características às quais o direito mercantil já estava adaptado e, portanto, muito desse direito começou a ser utilizado nas relações obrigacionais civis. Maria Helena Diniz, analisando a inserção do direito de empresa no Código Civil de 2002, contesta essa expressão afirmando que "não se deu, no nosso entendimento, uma comercialização do direito civil, nem um civilismo do direito comercial" (DINIZ, Maria Helena. *Curso de direito civil brasileiro*: direito de empresa. São Paulo: Saraiva, 2008. v. 8, p. 4).

[23] FERREIRA, Waldemar Martins. *Instituições de direito comercial*. 3. ed. São Paulo: Freitas Bastos, 1951, p. 81.

[24] Apud FERREIRA, Waldemar Martins. *Instituições de direito comercial*. 3. ed. São Paulo: Freitas Bastos, 1951, p. 66.

Capítulo 2 • Autonomia do direito empresarial e especificidade dos contratos empresariais

Sua vontade expressa de conceber um código unificador do direito privado acabou recusada pelo governo imperial em 1872 e acarretou a rescisão de seu contrato. Outros projetos, como o de Inglez de Souza em 1911, e o Código das Obrigações de Orozimbo Nonato, Filadelfo Azevedo e Hannemann Guimarães também fracassaram nesse sentido[25], perdurando esse insucesso até a promulgação do Código Civil de 2002, que resultou na inclusão de parte do direito comercial no Código Civil. E o legislador brasileiro foi além da tentativa de unificação do direito obrigacional, propondo-se a implementar decisão política do Código italiano de 1942.

Curioso notar que a real discussão sobre a autonomia do direito comercial tem origem entre os próprios comercialistas. Com efeito, seu principal defensor originariamente foi Vivante, apontando a desnecessidade de se manter a separação entre o direito civil e o comercial, na célebre aula inaugural na Universidade de Bolonha em 1882, repassada em seu tratado de direito comercial. Discorreu Vivante: "Nem a ciência nem a lei lograram distinguir com nitidez a linha de separação entre os dois campos, do direito civil e do direito comercial, separação artificiosa contra a qual se rebela a unidade essencial da vida econômica"[26], para concluir que as causas históricas do direito comercial não mais existiam e que a unificação era possível, citando com justificativa o direito romano, que não conhecia a referida diferenciação.

Evidentemente, o genial comercialista estava errado quanto a duas de suas premissas: primeiro, as causas históricas não estavam ausentes, e sim ainda mais presentes. O capitalismo levou as necessidades e características para outras áreas do direito, mas colocou ainda em maior evidência o direito comercial. Segundo, a menção a Roma é descabida, pois não se tratava de um império capitalista. O direito comercial foi efetivamente a resposta do comércio e da gênese capitalista à falta de estrutura do direito romano para o desenvolvimento do novo modelo de produção. Em outras palavras, Roma não conhecer a divisão entre direito civil e direito mercantil não é um argumento contrário à autonomia do direito comercial, mas favorável, pois evidentemente Roma não conheceu o capitalismo ou o crédito como conhecemos hoje.

O próprio Vivante, após severas críticas de Rocco[27] e quando incumbido pelo governo italiano em 1919 de propor mudanças à legislação comercial italiana, retratou-se, e afirmou a impossibilidade de realizar tal unificação, alegando: "Antes de pôr mãos à obra, não deixou a comissão de examinar a oportunidade de fundir o Código Civil e o Código de Comércio em código único. Existiam nela tenazes propugnadores dessa fusão, os quais se capacitaram de que, por se acharem ressecados, muitos ramos do direito civil poderiam mutilar-se e se livraria o Código de Comércio de sua embaraçante armadura profissional; e acreditavam que, em seguida, se poderia formar uma teoria geral das obrigações, mais fresca e mais capaz de dominar todo o direito privado. Mas o estado de maturidade dos dois ramos do direito é muito diverso. Se se devesse esperar que o estudo da teoria geral das obrigações e o dos contratos amadurecesse contemporaneamente, ter-se-ia que renunciar à reforma do Código de Comércio: a diversa velocidade com que se elabora o conteúdo dos dois códigos provavelmente oporia sempre grande obstáculo para unificá-los. Por isso o projeto deixou intacto o conteúdo dos dois códigos"[28]. Como afirmou Waldemar Ferreira, Vivante teve de

---

[25] Para uma narrativa histórica dos projetos de unificação do direito obrigacional e privado, ver DELGADO, Mário Luiz. O direito de empresa e a unificação do direito privado. Premissas para superação da autonomia científica do "direito comercial". *In:* DELGADO, Mário Luiz (coord.). *Novo Código Civil:* questões controvertidas – direito de empresa. São Paulo: Método, 2010. v. 9.

[26] Apud ARNOLDI, op. cit., p. 47.

[27] Uma boa narrativa da querela entre Vivante e Rocco pode ser lida em VERÇOSA, Haroldo Malheiros Duclerc. *Curso de direito comercial.* 2. ed. São Paulo: Malheiros, 2008, p. 88-97.

[28] Apud FERREIRA, Waldemar Martins. *Instituições de direito comercial.* 3. ed. São Paulo: Freitas Bastos, 1951, p. 75-76.

26 *Parte Geral*

renunciar à tese que defendeu na juventude, pois tal teoria teve de se render à história e autonomia do direito mercantil[29].

Aliás, mesmo no Brasil, após a revogação de grande parte das matérias tratadas no Código Comercial e a inclusão no Código Civil do direito de empresa, com a unificação do direito privado, não houve substancial defesa do fim da autonomia substancial do direito comercial.

Civilistas, como Maria Helena Diniz[30], são claros ao afirmar a manutenção da autonomia do direito mercantil. O próprio Sylvio Marcondes pontuou que essa autonomia não era afetada. Marcondes foi expresso ao afirmar que os negócios jurídicos típicos da vida comercial passaram a "constituir uma rotina de todos"[31], mencionando a comercialização do direito civil e o civilismo do direito comercial. Porém, mais importante, reconhece, mesmo diante da inclusão da atividade negocial no Código Civil, a autonomia do direito comercial: "A discutida dicotomia daquele ramo do direito não constitui embaraços à fórmula da unificação. *As razões da famosa retratação deVivante continuam válidas como substrato metodológico e econômico da especialização técnica e científica do direito mercantil*. Mas nem por isso excluem a coordenação unitária de atos jurídicos concernentes ao fenômeno econômico. Fonte sistemática de institutos adequados ao desenvolvimento deste, *o direito comercial pode conviver com o direito civil num código unificado*, tal como vive o direito penal, nas leis de repressão aos delitos comerciais, como o direito judiciário nos processos peculiares à atividade mercantil, como o direito administrativo na fortuna do mar. Um código não necessita ser polêmico para regular, na unidade de um direito objetivo, as diversificações de faculdades subjetivas"[32]. Como se vê, mesmo para os elaboradores do Código Civil de 2002, não há real discussão sobre a autonomia substancial do direito comercial.

Uma das defesas veementes da inexistência de autonomia substancial para o direito comercial veio da obra monográfica de Philomeno da Costa[33], na qual o autor conclui, após longa e profunda análise do tema, que a referida autonomia não encontraria justificativa.

Philomeno, talvez na obra mais específica sobre o tema na bibliografia brasileira, conclui, entre outros pontos, mas principalmente, que as características peculiares ao direito comercial (simplicidade, tutela do crédito, velocidade, onerosidade e outras) não teriam caráter exclusivo ou privativo[34]. Ainda que lhe fosse dada razão, se o argumento fosse válido, o mesmo poderia se dizer do direito civil e de outros ramos do direito, pois a boa-fé objetiva ou a aplicação de princípios gerais de direito, presentes no Código Civil, estão presentes em outras searas também.

Para o autor, uma vez que as causas da autonomia do direito comercial variam com o tempo, isso provaria a inconsistência da sua base e, portanto, sua inexistência. Novamente tal argumento não pode convencer, pois as alterações na vida empresarial, acompanhadas pelo direito comercial, são a prova de sua subsistência e flexibilidade. Mais que isso, são a evidência de sua melhor adequação à vida moderna.

---

[29] FERREIRA, Waldemar Martins. *Instituições de direito comercial*. 3. ed. São Paulo: Freitas Bastos, 1951, p. 76.

[30] Diz a autora: "Consequentemente, não houve perda da autonomia do 'direito comercial', que regerá a atividade empresarial as sociedades empresárias, a partir das normas do Código Civil, dos preceitos não revogados do Código Comercial de 1850 e d legislação comercial específica". E mais à frente: "o Código Civil é a lei básica e não global do direito privado" (DINIZ, Mari Helena. *Curso de direito civil brasileiro*: direito de empresa. São Paulo: Saraiva, 2008. v. 8, p. 4).

[31] MARCONDES, Sylvio. *Questões de direito mercantil*. São Paulo: Saraiva, 1977, p. 29.

[32] MARCONDES, Sylvio. *Questões de direito mercantil*. São Paulo: Saraiva, 1977, p. 28.

[33] COSTA, Philomeno Joaquim da. *Autonomia do Direito Comercial*. São Paulo: [S.n.], 1956.

[34] COSTA, Philomeno Joaquim da. *Autonomia do Direito Comercial*. São Paulo: [S.n.], 1956, p. 339-344.

Capítulo 2 • Autonomia do direito empresarial e especificidade dos contratos empresariais

Por fim, sugeria a supressão do Código Comercial, para unificar toda sua matéria no Código Civil na parte de obrigações preferentemente. Aqui, com a devida vênia, resta configurada a confusão entre a unificação sistemática do direito obrigacional (como o Código suíço) com qualquer unificação de direito privado e fim do direito comercial. O que ocorreria com os institutos da falência? Sociedades anônimas? Direito marítimo? Novamente, embora muito bem fundamentada, a crítica não se sustenta.

Outra defesa da inexistência de autonomia do direito comercial mais recente foi feita por Mário Delgado[35]. Para esse autor, a autonomia do direito comercial foi "forjada pela história" em razão de um particularismo jurídico da classe comerciante, que não mais se justificaria. O autor combate as supostas características do direito comercial (simplicidade, internacionalidade, celeridade, elasticidade e onerosidade) afirmando, no geral, que todas poderiam ser aplicáveis a outros ramos do direito. Aqui, a crítica não se justifica, pois: (i) o fato de serem ou não aplicáveis a outros ramos não acarretaria a falta de autonomia; e (ii) as características do direito civil, também aplicáveis a outros ramos do direito, tornaria também este, então, um ramo não autônomo. Mais que isso, efetivamente, o argumento demonstra que o que ocorreu é uma aceitação pelo direito civil, em decorrência do modo de vida capitalista, de características inicialmente típicas do direito comercial, o que não torna nenhum dos dois ramos inexistentes. Para Delgado, enfim, o direito comercial e o direito do consumidor seriam apenas variações de temas do direito civil.

O maior exemplo da suposta unificação do direito privado no sistema romano-germânico foi o Código Civil italiano de 1942. Aqui, com honestidade, comete-se uma impropriedade histórica. A ideia da unificação já havia sido abandonada por Vivante e a decisão de abolir o Código Comercial e unificar o direito privado no novo Código Civil foi política[36].

O governo fascista decidiu juntar o direito do trabalho e o direito comercial no Código Civil de modo a mostrar que não havia uma lei protetiva da burguesia em detrimento dos trabalhadores e de superação dos ditames da economia liberal. Tanto é assim que não só o direito do trabalho passou a integrar esse código, como as próprias matérias comerciais foram incluídas no título sobre o direito laboral (Livro Quinto – *Del Lavoro*). Não houve aqui uma decisão técnica, mas política, que, visivelmente, fracassou na intenção de uniformizar o direito comercial e civil, pois toda autonomia substancial do direito comercial continua na Itália. Como observou Fábio Ulhoa Coelho, o argumento irrespondível da autonomia do direito comercial mesmo após a unificação legislativa do direito privado é que, passados 60 anos da unificação na Itália e da adoção da teoria da empresa, os currículos das faculdades italianas continuam prevendo a cadeira do direito comercial, de forma autônoma[37]. Mesmo no Código italiano, vários institutos de direito comercial ficaram fora do diploma civil, como a falência.

Vale notar, ainda, que o outro diploma comumente citado em defesa da unificação é o Código Suíço das Obrigações, datado de 1881. Esse código não influiu nem mesmo na Suíça em retirar a autonomia do direito comercial, apenas uniformizou o direito obrigacional, comum ao direito civil e mercantil. Seu exemplo foi seguido no início do século XX pela Turquia, Líbano e Polônia, mas em nenhuma dessas jurisdições deixou de existir o direito comercial[38]. Como apontaremos

---

[5] DELGADO, Mário Luiz. O direito de empresa e a unificação do direito privado. Premissas para superação da autonomia científica do "direito comercial". *In*: DELGADO, Mário Luiz (coord.). *Novo Código Civil*: questões controvertidas – direito de empresa. São Paulo: Método, 2010. v. 9.

[6] FERREIRA, Waldemar Martins. *Instituições de direito comercial*. 3. ed. São Paulo: Freitas Bastos, 1951, p. 76.

[7] COELHO, Fábio Ulhoa. *Curso de direito comercial*: direito de empresa. 16. ed. São Paulo: Saraiva, 2012. v. 1, p 44.

[8] FERREIRA, Waldemar Martins. *Instituições de direito comercial*. 3. ed. São Paulo: Freitas Bastos, 1951, p. 77-78.

mais adiante, a discussão da unificação obrigacional não se confunde com a controvérsia da autonomia do direito mercantil.

A existência de pontos em comum com o direito civil na seara obrigacional é completamente insuficiente para alegar qualquer dúvida sobre a autonomia do direito comercial. Em primeiro lugar, não existe área do direito completamente autônoma. Todas as áreas se relacionam, existindo um complexo emaranhado de microssistemas[39]. Foi a constatação dessa realidade de ramos especializados conexos que fez Irti[40] propagar a ideia de descodificação, mesmo que ela não se tenha realizado inteiramente. Como afirmou Waldemar Ferreira, "a interdependência de todos os ramos da ciência jurídica é manifesta, a autonomia de cada qual tem que ser entendida à luz dos princípios de relatividade e interpenetração dos fatos e das normas sociais"[41]. Em razão da ligação entre os dois ramos, da necessidade de se dominar institutos de direito civil, Carvalho de Mendonça já asseverou, com razão, que "não é possível ser comercialista sem conhecer a fundo o direito civil"[42].

A bem da verdade, o direito comum nesse passo seria o direito obrigacional[43], não exatamente o direito civil, existindo uma teoria geral das obrigações, aplicáveis ao direito civil, comercial e outros. Forgioni narra a dificuldade da doutrina brasileira em separar no direito obrigacional os contratos comerciais dos civis[44]. Mas essa inquestionável uniformização obrigacional não significa o fim da autonomia do direito comercial. Ela é simplesmente o surgimento de regras comuns que podem ser excepcionadas por um ramo ou por outro quando pertinente tal diferenciação.

O direito administrativo usa as noções obrigacionais do direito civil para os contratos administrativos, qualificando-as no que peculiar. Da mesma forma o direito do consumidor, que possui em seu microssistema normas sobre oferta, contratos e responsabilidade civil, tem como base de todas essas noções os preceitos civis, qualificados para a realidade consumerista. Efetivamente, vários ramos do direito bebem das águas de conceitos de outras áreas para desenvolvê-los com as suas necessidades. O conceito de bem público do direito administrativo ou de obrigação acessória fornecido pelo direito tributário tem como base o direito civil. O instituto do estabelecimento empresarial serve de base ao direito tributário e trabalhista em questões de sucessão ou responsabilidade. A própria noção de desconsideração da personalidade jurídica, utilizada com frequência em legislações consumeristas, ambientais e trabalhistas, ainda que de forma bastante deturpada, é um conceito societário, isto é, comercial.

A alteração de foco dos atos de comércio para a empresa, incorporada legislativamente no Brasil em 2002, mas já muito anterior na doutrina[45], em nada alterou esse cenário. Pelo contrário, a mudança de foco é fruto da extensão dos efeitos do direito comercial e não de uma decadência ou de qualquer restrição de sua autonomia. A massificação e o progresso capitalista fizeram crescer a importância do crédito e das características antes aplicadas à categoria comerciante. A inclusão da in-

---

[39] Ou como afirmou Maria Helena Diniz, um polissistema de legislações de direito privado (DINIZ, Maria Helena. *Curso de direito civil brasileiro*: direito de empresa. São Paulo: Saraiva, 2008. v. 8, p. 4).

[40] IRTI, Natalino. *La edad de la descodificación*. Tradução: Luis Rojo Ajuria. Barcelona: Jose Maria Bosh Editor, 1992.

[41] FERREIRA, Waldemar Martins. *Instituições de direito comercial*. 3. ed. São Paulo: Freitas Bastos, 1951, p. 60.

[42] MENDONÇA, José Xavier Carvalho de. *Tratado de direito comercial brasileiro*. atual. por Ricardo Negrão. São Paulo: Bookseller 2000. v. 1, t. 1, p. 39.

[43] FERREIRA, Waldemar Martins. *Instituições de direito comercial*. 3. ed. São Paulo: Freitas Bastos, 1951, p. 60-62.

[44] FORGIONI, Paula A. *A evolução do direito comercial brasileiro*: da mercancia ao mercado. São Paulo: Revista dos Tribunais, 2009 p. 141-147.

[45] FORGIONI, Paula A. *A evolução do direito comercial brasileiro*: da mercancia ao mercado. São Paulo: Revista dos Tribunais, 2009. p. 103. Afirma a autora: "O novo Código Civil apenas consolidou o que se tinha por óbvio: o direito comercial é o direito da empresas ou, ao menos, delas tira sua unidade".

dústria, a comercialização de setores antes considerados civis, como a construção imobiliária, e a inegável característica empresarial da nova economia agroindustrial, campo tradicionalmente retirado dos efeitos mercantis, comprovam a necessária ampliação da aplicação do direito comercial.

A elevação da empresa e do mercado ao centro do direito comercial amplia seus horizontes, não os reduz nem os extingue. A troca dos atos de comércio pela empresa, do comerciante pelo empresário, mostra o avanço do direito comercial, não seu ocaso. O correto seria afirmar que, a partir desse prisma, o que deixa de fazer sentido é não aplicar o direito comercial a setores econômicos de mercado como a prestação de serviço, a atividade imobiliária ou a agroindustrial. Todos esses setores, quando desenvolvidos por empresas, econômica e juridicamente conceituadas, devem estar sujeitos a regras do direito empresarial. E apenas o agronegócio pode ainda não estar dependendo da opção do empreendedor. Faculdade essa que, segundo Sylvio Marcondes, pode ser explicada na medida em que, como a ideia de tratar o empresário rural como empresário é "nova", "para implantá-la na imensidão do nosso território e diversidade de nossa gente, achou-se importante deixá-la em termos facultativos. O que, aliás, não é invenção do Projeto: é o sistema do Código Comercial alemão, onde se admite que empresas não comerciais, mas organizadas como empresas, possam ser consideradas comerciais, se inscritas no registro competente"[46].

Insista-se, com o avanço capitalista e o foco na empresa, o direito mercantil passou a ser mais autônomo e mais fundamental. Não pode haver dúvida de que o direito comercial é ramo substancialmente autônomo do direito e que as relações jurídicas celebradas entre os empresários, ainda que disciplinadas por mesma legislação, exigem interpretação distinta e particular.

4. A EXTENSÃO DO CONCEITO DE EMPRESÁRIO

Pelo Código Civil de 2002, a empresa foi concebida como uma *fattispecie* jurídica para aplicar-lhe, e às suas relações jurídicas, disciplina particular. A empresa foi, pelo redator do projeto quanto a esse livro, Sylvio Marcondes, "erigida no Código em categoria jurídica diferenciada, sujeita a um regime legal distinto, no que concerne, desde a capacidade para a sua prática, até o sistema de validade e de efeitos jurídicos que presidem o seu exercício"[47].

Ainda que tenha ocorrido a unificação formal no Código, como decorrente da comercialização do direito civil e do civilismo do direito comercial – pois os negócios jurídicos da vida comercial passaram a "constituir uma rotina de todos"[48] –, assegurou-se a autonomia do direito empresarial diante de sua dinâmica mais célere, do processo indutivo da confecção de suas normas, de sua onerosidade e tutela do crédito.

A prática reiterada dos atos negociais, entretanto, de forma organizada e estável, por um único sujeito, com uma finalidade unitária, cria uma série de relações interdependentes que transformaria esse conjunto de atos coordenados em uma atividade. "Atividade que se manifesta economicamente na empresa e se exprime juridicamente na titularidade do empresário e no modo ou nas condições de seu exercício"[49]. É justamente essa transformação do conjunto de atos em atividade, diante da coordenação por um agente, que, realizada profissionalmente e de forma reiterada, exigiria disciplina jurídica peculiar, que transcenderia a regulação comum, obrigacional, dos atos individualizados.

---

[6] MARCONDES, Sylvio. *Questões de direito mercantil*. São Paulo: Saraiva, 1977, p. 12.

[7] LEÃES, Luiz Gastão Paes de Barros. A disciplina do direito de empresa no novo Código Civil Brasileiro. *RDM*, v. 128, p. 12, 2002.

[8] MARCONDES, Sylvio. *Questões de direito mercantil*. São Paulo: Saraiva, 1977, p. 29.

[9] MARCONDES, Sylvio. *Problemas de direito mercantil*. São Paulo: Max Limonad, 1970, p. 136.

Caracteriza-se a empresa, em seu aspecto econômico, como organização de trabalho para produzir ou fazer circular bens ou serviços e em que um fator de produção submete-se às direções e ao poder autoritário e organizador do empregador, sem reger-se mais pelo sistema de preços do mercado[50]. No âmbito jurídico, foi caracterizada como um fenômeno poliédrico, cuja definição não poderia ser traduzida juridicamente por apenas uma perspectiva[51]. Dessa forma, poderia ser apresentada por quatro perfis diversos, complementares, todos consagrados no Código Civil, como o perfil subjetivo, qualificando a empresa como o empresário (ex.: art. 931 do CC); o perfil funcional, a empresa enquanto atividade empresarial (ex.: arts. 974, 1.085, 1.155, 1.172, 1.178 e 1.184 do CC); o perfil patrimonial ou objetivo, a empresa como estabelecimento (ex.: art. 978 do CC); e o perfil corporativo, a empresa como uma organização (ex.: art. 966, parágrafo único, do CC)[52].

Pela definição, independentemente do perfil, impôs-se o desempenho de atividade econômica, que se caracteriza pela criação de riqueza por meio da produção ou circulação de bens ou serviços a serem comercializados no mercado com o objetivo de lucro.

Segundo Sylvio Marcondes, essa lucratividade era resultado de sua própria definição econômica: "indubitavelmente, na concepção de empresa comercial, um substrato econômico, consistente na organização dos fatores da produção, realizada pelo empresário, no sentido da atividade empreendedora, visando à obtenção de lucro e correndo o risco correspondente"[53].

Além da lucratividade, o desenvolvimento da atividade econômica deverá ser realizado com caráter profissional. Os atos devem ser desempenhados de forma reiterada. Seu exercício profissional, outrossim, pressupõe o domínio das informações necessárias para a produção ou circulação dos produtos ou serviços, o conhecimento do mercado em que atua, a qualidade dos produtos que disponibiliza[54].

Além de econômica e profissional, a atividade deve ser organizada. O agente econômico deve organizar os diversos fatores de produção para o exercício da atividade. Isso não significa a necessidade de concurso do trabalho de empregados, mas a organização dos diversos fatores de produção, o que pode ser feito de forma totalmente automatizada[55].

Essa definição de empresário para o desempenho da atividade econômica, organizada e profissional assegurava a ele disciplina peculiar e diferenciada. Diante da relevância social de sua atividade, foi imposta a ele a obrigação de escrituração dos livros comerciais, mas conferido também os benefícios da possibilidade de ação renovatória para a proteção do ponto comercial e de superar a crise econômico-financeira por meio da falência e da recuperação judicial ou extrajudicial[56].

---

[50] COASE, Ronald. The nature of the firm. *In: The firm, the market and the law*. Chicago: The University of Chicago Press, 1990, p. 39-40.

[51] Para Sylvio Marcondes, "é de concluir-se pela inexistência de componentes jurídicos que, combinados aos dados econômicos, formem um conceito genérico de empresa: ou, considerada a constância do substrato econômico, pela inexistência de um conceito de empresa como categoria jurídica" (MARCONDES, Sylvio. *Problemas de direito mercantil*. São Paulo: Max Limonad, 1970, p. 40).

[52] ASQUINI, Alberto. *Profili dell'impresa*. Tradução: Fábio Konder Comparado. *Revista de Direito Mercantil*, n. 104, p. 109-126.

[53] MARCONDES, Sylvio. *Problemas de direito mercantil*. São Paulo: Max Limonad, 1970, p. 39.

[54] "O empresário não negocia esporadicamente ou em atos isolados, mas desempenha, com perícia, frequente atividade de trocas econômicas, com caracterização de uma habitualidade que permite reconhecer uma categoria jurídica com direitos e obrigações que lhe são peculiares e decorrem justamente dessa frequência" (DINIZ, Gustavo Saad. *Curso de direito comercial*. São Paulo: Atlas, 2019, p. 73).

[55] VERÇOSA, Haroldo Malheiros Duclerc. *Curso de direito comercial*. 2. ed. São Paulo: Malheiros, 2008. v. I, p. 134.

[56] FORGIONI, Paula A. *A evolução do direito comercial brasileiro*: da mercancia ao mercado. 2. ed. São Paulo: Revista dos Tribunais, 2012, p. 73.

Consagrado pelo Código Civil, esse perfil subjetivo da empresa, e relacionado ao empresário, não mais se conforma à realidade, notadamente como forma de se restringir o âmbito dos contratos empresariais.

O desenvolvimento de atividades econômicas, profissionais e de forma organizada por agentes econômicos excluídos do conceito de empresário em nada se diferenciaria externamente de relações jurídicas celebradas por agentes econômicos não empresários.

Nesse aspecto, a associação não seria empresária, pois sua atividade principal não seria a obtenção de fins lucrativos para a distribuição entre os associados[57]. Contudo, nada impediria o desempenho de atividade econômica, profissional e organizada, seja principal ou acessória, como forma de implementar os interesses dos próprios associados.

Para Fábio Ulhoa Coelho, "religiosos podem prestar serviços educacionais (numa escola ou universidade) sem visar especificamente o lucro. É evidente que, no capitalismo, nenhuma atividade econômica se mantém sem alguma lucratividade e, por isso, o valor total das mensalidades deve superar o das despesas também nesses estabelecimentos educacionais. Mas a escola ou universidade religiosas podem ter objetivos não lucrativos, como a difusão de valores ou criação de postos de emprego para os seus sacerdotes. Neste caso, o lucro é meio e não fim da atividade econômica"[58].

Da mesma forma uma fundação, que, ainda que somente possa constituir-se para a finalidade de assistência social, cultura, educação, saúde, segurança alimentar, defesa do meio ambiente, pesquisa científica, cidadania ou atividades religiosas, nos termos do art. 62 do CC, poderá desenvolver atividade econômica, profissional e organizada, com o fim de alcançar seus respectivos objetivos.

Também foram excluídos do conceito de empresário os profissionais intelectuais, nos termos do parágrafo único do art. 966 do CC. A justificativa era a de que "o esforço criador se implanta na própria mente do autor, de onde resultam, exclusiva e diretamente, o bem ou o serviço, sem interferência exterior de fatores de produção"[59]. Tais profissionais, entretanto, desempenham atividade econômica, profissional e organizada, voltada à produção ou circulação de bens ou serviços.

Independentemente da estruturação interna do agente econômico, o exercício profissional de atividade econômica organizada para a produção ou a circulação de bens ou de serviços exige regulação peculiar. O desempenho reiterado dos atos com determinada finalidade lucrativa e de forma organizada imputa disciplina jurídica dos direitos e obrigações diferenciada aos sujeitos, independentemente de figurarem como empresários ou sociedades empresárias.

O exercício profissional pressupõe o domínio das informações para a prática reiterada dos atos. Há conhecimento pleno do mercado em que a atividade é desempenhada, da qualidade dos produtos ou serviços que são disponibilizados e dos negócios jurídicos que são de maneira repetida celebrados.

A lucratividade, como fim, pressupõe que toda essa informação, juntamente com os fatores de produção, seja organizada para que a celebração dos diversos negócios jurídicos possa produzir resultados financeiros positivos para o agente. As informações sobre os produtos e sobre o mercado são acrescidas das informações sobre os próprios negócios jurídicos reiteradamente celebrados e como forma de obtenção de lucro pelos agentes.

A extensão do conceito de empresário a exigir disciplina peculiar foi consagrada pelo Tribunal de Justiça Europeu ao determinar que "no processo de edificação do conceito de empresa, o Tribunal de Justiça europeu levou em consideração aspectos econômicos e funcionais, estabele-

---

[57] MARCONDES, Sylvio. *Problemas de direito mercantil*. São Paulo: Max Limonad, 1970, p. 143.

[58] COELHO, Fábio Ulhoa. *Manual de direito comercial*. São Paulo: Revista dos Tribunais, 2016, Cap. 1. *E-book.*

[59] MARCONDES, Sylvio. *Problemas de direito mercantil*. São Paulo: Max Limonad, 1970, p. 141.

cendo que sua definição compreende 'qualquer ente que exercite uma atividade econômica, independentemente de seu *status* jurídico e das suas formas de financiamento'"[60].

Ainda que consagrado pelo Código Civil e *fattispecie* a ensejar tratamento peculiar, o conceito de empresário parece superado e deveria ser ampliado, pelo legislador, aos agentes econômicos que explorem a atividade empresarial, independentemente de sua conformação jurídica.

5. OS PRINCÍPIOS DO DIREITO COMERCIAL

Sendo uma categoria própria, dotada de dinâmica peculiar, não seria desarrazoado afirmar que o direito comercial possui um sistema principiológico próprio, o que, também, colabora para afirmar sua autonomia. Não obstante a unificação formal da legislação sobre o direito privado, esses princípios orientam e particularizam a aplicação dos diversos institutos jurídicos às relações empresariais[61].

Miguel Reale explica que "os princípios gerais de direito põem-se, dessarte, como as bases teóricas ou as razões lógicas do ordenamento jurídico, que deles recebe o seu sentido ético, a sua medida racional e a sua força vital ou histórica. A vida do direito é elemento essencial do diálogo da história"[62]. Transplantando para a realidade do direito empresarial, é acertado dizer que os princípios que conferem suas bases teóricas e/ou razões lógicas devem ser compreendidos para que as relações comerciais sejam interpretadas de acordo com a especificidade que lhes são próprias.

Além de relevante à atividade interpretativa, convém anotar que o art. 4º da LINDB traz os princípios como instrumento que o juiz dispõe para julgar em caso de lei omissa. Em seus termos: "Art. 4º Quando a lei for omissa, o juiz decidirá o caso de acordo com a analogia, os costumes e os princípios gerais de direito". Dessa maneira, conceituar e compreender esses princípios é atividade imprescindível na execução efetiva do direito empresarial.

Antes de esmiuçar cada princípio, evidencia-se que, quanto à abrangência, os princípios podem ser gerais ou especiais. Os gerais são aqueles princípios aplicáveis às relações jurídicas empresariais, quaisquer que elas sejam. Os especiais, por sua vez, são aqueles aplicáveis a determinados setores do direito empresarial, como os relativos aos contratos empresariais.

Se os especiais deverão ser apreciados no item próprio, dentre os gerais figuram (i) princípio da livre-iniciativa, (ii) da livre concorrência, (iii) da função social da empresa e da (iv) intervenção mínima nos contratos[63].

5.1. Princípio da livre-iniciativa

O ordenamento jurídico brasileiro reconhece explicitamente o princípio da livre-iniciativa. Ele está insculpido como princípio fundamental da República no art. 1º, IV[64], e, mais especificamente, da Ordem Econômica, no art. 170, *caput*, da CF, em que se determina que "a ordem econômica,

---

[60] FORGIONI, Paula A. *A evolução do direito comercial brasileiro*: da mercancia ao mercado. 2. ed. São Paulo: Revista dos Tribunais, 2012, p. 63.

[61] SACRAMONE, Marcelo Barbosa. *Manual de direito empresarial*. 4. ed. São Paulo: SaraivaJur, 2023, p. 23.

[62] REALE, Miguel. *Lições preliminares de direito*. 27. ed. São Paulo: Saraiva, 2002, p. 317.

[63] SACRAMONE, Marcelo Barbosa. *Manual de direito empresarial*. 4. ed. São Paulo: SaraivaJur, 2023, p. 23.

[64] CF, art. 1º: "A República Federativa do Brasil, formada pela união indissolúvel dos Estados e Municípios e do Distrito Federal, constitui-se em Estado Democrático de Direito e tem como fundamentos: (...) IV — os valores sociais do trabalho e da livre-iniciativa".

Capítulo 2 • Autonomia do direito empresarial e especificidade dos contratos empresariais

fundada na valorização do trabalho humano e na livre-iniciativa, tem por fim assegurar a todos existência digna, conforme os ditames da justiça social, observados os seguintes princípios [etc.]"[65].

Trata-se de desdobramento necessário do direito de liberdade. O princípio assegura a liberdade do indivíduo de realizar todos os atos que lhe sejam convenientes, a menos que restrito por lei[66].

Segundo Ulhoa Coelho, trata-se de princípio "inerente ao modo de produção capitalista, em que os bens ou serviços de que necessitam ou querem as pessoas são fornecidos quase que exclusivamente por empresas privadas"[67].

O princípio da livre-iniciativa possui dois vetores: freio à intervenção do Estado na economia e coibição de determinadas práticas empresariais[68]. O primeiro desses vetores importa, principalmente, ao direito público e restringe a atuação estatal a atividades excepcionais. O segundo vetor confere a possibilidade aos particulares de empreenderem e assegura que não serão impedidos de tal prática, desde que não haja a afronta às normas cogentes. Segundo Eros Grau, "intervenção" diz respeito à atuação estatal em área de titularidade do setor privado[69].

Dentre as múltiplas faces da livre-iniciativa, figura a liberdade de iniciativa econômica, cujo titular é a empresa. Esta é caracterizada pela "faculdade de criar e explorar uma atividade econômica a título privado"[70]. Ao indivíduo, por esse princípio, assegurar-se-ia a liberdade de exploração da atividade empresarial.

Ademais, o princípio compreende não apenas a liberdade de realizar qualquer negócio jurídico sem a restrição estatal, como o de exigir como preço qualquer montante que os agentes entendam convenientes para a entrega de um produto ou prestação de um serviço. Sem prejuízo do exposto, tal princípio não sustenta – nem mesmo em sua origem – uma visão de liberdade absoluta de atividade econômica. Historicamente, como explica Eros Grau, "a visão de um Estado inteiramente omisso, no liberalismo, em relação à iniciativa econômica privada, é expressão pura e exclusiva de um tipo ideal. Pois medidas de polícia já eram, neste estágio, quando o princípio tinha o sentido de assegurar a defesa dos agentes econômicos contra o Estado e contra as corporações, a eles impostas"[71].

Nesse aspecto, transparece a vertente do fim lucrativo. Sobre esse, sustenta Comparato, ao versar sobre as sociedades anônimas, que "no regime capitalista, o que se espera e exige delas é, apenas, a eficiência lucrativa, admitindo-se que, em busca do lucro, o sistema empresarial como um todo exerça a tarefa necessária de produzir ou distribuir bens e de prestar serviços no espaço de um mercado concorrencial"[72].

Caracterizado o empresário, pelo art. 966 do CC, como aquele que desenvolve atividade econômica organizada e profissional, voltada à produção ou circulação de bens ou serviços ao mercado, a liberdade econômica é fundamental para o desenvolvimento da atividade que o empresário julgar conveniente. É também pressuposto da atividade empresarial sua finalidade lucrativa e como forma de o empresário explorá-la profissionalmente.

---

[65] SACRAMONE, Marcelo Barbosa. *Manual de direito empresarial*. 4. ed. São Paulo: SaraivaJur, 2023, p. 23.

[66] GRAU, Eros Roberto. *A ordem econômica na Constituição de 1988*. São Paulo: Malheiros, 2015, p. 245 e s.

[67] COELHO, Fábio Ulhoa. *Curso de direito comercial*: direito de empresa – empresa e estabelecimento; títulos de crédito. 24. ed. rev. e atual. São Paulo: Thomson Reuters Brasil, 2021. v. 1, p. 66.

[68] COELHO, Fábio Ulhoa. *Curso de direito comercial*: direito de empresa – empresa e estabelecimento; títulos de crédito. 24. ed. rev. e atual. São Paulo: Thomson Reuters Brasil, 2021. v. 1, p. 66.

[69] GRAU, Eros Roberto. *A ordem econômica na Constituição de 1988*. São Paulo: Malheiros, 2015, p. 91.

[70] GRAU, Eros Roberto. *A ordem econômica na Constituição de 1988*. São Paulo: Malheiros, 2015, p. 246.

[71] GRAU, Eros Roberto. *A ordem econômica na Constituição de 1988*. São Paulo: Malheiros, 2015, p. 205.

[72] COMPARATO, Fábio Konder. Estado, empresa e função social. *Revista dos Tribunais*, ano 85, v. 732, p. 45, 1996.

Por fim, comentamos que o sentido aqui extraído diz respeito ao escopo da empresa, mas que tal princípio adquire maior amplitude, uma vez que a livre-iniciativa é expressão de liberdade titulada não apenas pela empresa, mas também pelo trabalho[73].

5.2. Princípio da livre concorrência

A livre concorrência foi prevista como princípio geral da atividade econômica (art. 170, IV[74]), uma vez que, por ela "assegura-se a proteção aos interesses diversos relacionados à atividade empresarial por meio do sistema de preços"[75]. Nesse sentido, tal princípio garante o fornecimento de produtos e/ou serviços com qualidade crescente e preços decrescentes[76].

Para Paula Forgioni, o livre mercado, a prática do comércio e da indústria, só existem a partir da livre concorrência. "Livre mercado significa poder conquistar novos consumidores, praticando o comércio e a indústria como bem aprouver ao agente econômico. E tudo isso não é possível sem que haja a livre concorrência"[77].

Observando essa lógica, entende-se que a regra básica da competição entre empresas decorre do princípio da livre concorrência, o qual implica a premiação das decisões acertadas (que geram lucro) e a penalização das equivocadas (que geram prejuízo) por meio do sistema de preços. Assim, tendo como base essa noção, é possível dizer que essa regra não pode ser neutralizada por nenhuma norma jurídica, para que todos aproveitem os resultados esperados de um mercado com a concorrência livre[78].

Sem embargo, com o objetivo de uma livre concorrência saudável, são vedadas determinadas práticas que poderão impedir o desenvolvimento de um mercado concorrencial, inclusive por normas constitucionais[79]. São proibidas, por ferirem o presente princípio, a concorrência desleal e o abuso de poder econômico. "Enquanto os atos de concorrência desleal prejudicam determinado concorrente do agente econômico, os atos de abuso de poder econômico atingem o mercado como um todo e são disciplinados pela Lei n. 12.529/2011"[80].

Sobre a questão do abuso do poder econômico, Eros Grau descreve posição interessante. Para o autor, de um lado, a concorrência livre somente poderia ter lugar em condições de mercado em que o poder econômico não se manifestasse. Todavia, a própria Constituição reconhece esse poder, uma vez que veda o "abuso de poder econômico". Ele conclui, nesse sentido, que o não reconhecimento

---

[73] Indicamos ao leitor, para aprofundar no tema: GRAU, Eros Roberto. *A ordem econômica na Constituição de 1988*. São Paulo: Malheiros, 2015, p. 207.

[74] CF, art. 170: "A ordem econômica, fundada na valorização do trabalho humano e na livre-iniciativa, tem por fim assegurar a todos existência digna, conforme os ditames da justiça social, observados os seguintes princípios (...) IV – livre concorrência".

[75] SACRAMONE, Marcelo Barbosa. *Manual de direito empresarial*. 4. ed. São Paulo: SaraivaJur, 2023, p. 23.

[76] COELHO, Fábio Ulhoa. *Curso de direito comercial*: direito de empresa – empresa e estabelecimento; títulos de crédito. 24. ed. rev. e atual. São Paulo: Thomson Reuters Brasil, 2021. v. 1, p. 70.

[77] FORGIONI, Paula A. *Os fundamentos do antitruste*. 7. ed. São Paulo: Revista dos Tribunais, 2014, p. 61.

[78] COELHO, Fábio Ulhoa. *Curso de direito comercial*: direito de empresa – empresa e estabelecimento; títulos de crédito. 24. ed. rev. e atual. São Paulo: Thomson Reuters Brasil, 2021. v. 1, p. 72.

[79] CF, art. 173, § 4º: "A lei reprimirá o abuso do poder econômico que vise à dominação dos mercados, à eliminação da concorrência e ao aumento arbitrário dos lucros". Nesse sentido, como ressalta Forgioni: "Quer dizer, tudo aquilo que possa embaraçar ou de qualquer modo impedir o livre exercício da concorrência é ofensivo à Constituição. Bem por isso, essa mesma Constituição, no § 4º do art. 173, dispõe que 'a lei reprimirá o abuso do poder econômico que vise à dominação dos mercados, à eliminação da concorrência e ao aumento arbitrário de lucros'" (FORGIONI, Paula A. *Os fundamentos do antitruste*. 7. ed. São Paulo: Revista dos Tribunais, 2014, p. 138).

[80] SACRAMONE, Marcelo Barbosa. *Manual de direito empresarial*. 4. ed. São Paulo: SaraivaJur, 2023, p. 24.

Capítulo 2 • Autonomia do direito empresarial e especificidade dos contratos empresariais

do abuso de poder não o extinguiria da realidade, mas que, mesmo assim, "soa estranha a consagração principiológica"[81].

Ainda nesse espectro, Eros Grau reafirma ser estranha a consagração do princípio, uma vez que, segundo ele, o próprio texto constitucional o confronta. Assim, "a *livre concorrência*, no sentido que lhe é atribuído – 'livre jogo das forças de mercado, na disputa de clientela' – supõe desigualdade ao final da competição, a partir, porém, de um quadro de igualdade jurídico-formal. Essa igualdade, contudo, é reiteradamente recusada, bastando, para que se o confirme, considerar as disposições contidas no art. 170, IX, no art. 179 e nos §§ 1º e 2º do art. 171"[82].

Assim, o autor anota que, em verdade, não há oposição entre o princípio da livre concorrência e o da repressão aos abusos do poder econômico. Não obstante, na realidade, o poder econômico é a regra, e não a exceção. Sendo assim, a noção de um mercado organizado em função do consumidor é frustrada. Por isso "a ordem privada, que o confronta, é determinada por manifestações que se imaginava fossem patológicas, convertidas, porém, na dinâmica de sua realidade, em um elemento próprio à sua constituição natural"[83].

5.3. Princípio da função social da empresa

A discussão acerca do princípio da função social da empresa repousa no surgimento da função social do próprio direito de propriedade.

O direito de propriedade foi consagrado como liberdade pública, para coibir o arbítrio governamental. De absoluto e irrestrito, historicamente houve o reconhecimento de que a mera garantia de liberdade do indivíduo perante o Estado não seria suficiente para lhe assegurar as necessidades mínimas à dignidade.

No início do século XX, com a pioneira positivação da Constituição de Weimar de 1919, asseguraram-se os direitos sociais e econômicos. Concebeu-se que o Estado de bem-estar social deveria restringir as liberdades dos próprios indivíduos. Não mais apenas ao Estado, mas a todos os indivíduos seria imposta a responsabilidade pela existência digna e pelo bem-estar dos outros[84].

Nesse contexto, a propriedade deixa de ser concebida pela universalidade de bens da família, como era na realidade germânica medieval[85], para se caracterizar como social[86]. Os bens passam a não garantir apenas a subsistência de seus titulares, mas a assumir funções produtivas e que passam a interferir na esfera jurídica de terceiros.

Passa-se a distinguir os bens de consumo dos bens de produção. Estes são inseridos no processo produtivo e não têm a função esgotada na mera fruição. Eles passam a produzir efeitos sobre diversas pessoas relacionadas a essa atividade e, de poder sobre uma coisa, passam a revelar o poder sobre o comportamento de diversas pessoas.

Por essa razão, a Constituição Federal brasileira apregoou a função social da propriedade. No art. 170 da CF, determinou-se: "Art. 170. A ordem econômica, fundada na valorização do trabalho

---

[81] GRAU, Eros Roberto. *A ordem econômica na Constituição de 1988*. São Paulo: Malheiros, 2015, p. 206.

[82] GRAU, Eros Roberto. *A ordem econômica na Constituição de 1988*. São Paulo: Malheiros, 2015, p. 206.

[83] GRAU, Eros Roberto. *A ordem econômica na Constituição de 1988*. São Paulo: Malheiros, 2015, p. 207.

[84] DEL NERO, João Alberto Schützer. O significado jurídico da expressão "função social da propriedade". *Revista da Faculdade de Direito de São Bernardo do Campo*, n. 3, p. 81, 1997.

[85] RENNER, Karl. *Gli istituti del diritto privato e la loro funzione sociale*: un contributo alla critica del diritto civile. Tradução: Cornelia Mittendorfer. Bologna: Il Mulino, 1981, p. 69.

[86] RENNER, Karl. *Gli istituti del diritto privato e la loro funzione sociale*: un contributo alla critica del diritto civile. Tradução: Cornelia Mittendorfer. Bologna: Il Mulino, 1981, p. 69.

humano e na livre-iniciativa, tem por fim assegurar a todos existência digna, conforme os ditames da justiça social, observados os seguintes princípios: (...) função social da propriedade".

Conforme Comparato, "o substantivo *functio*, na língua matriz, é derivado do verbo depoente *fungor (functus sum, fungi)*, cujo significado primigênio é de cumprir algo, ou desempenhar-se de um dever ou uma tarefa"[87].

Por sua vez, o adjetivo social se refere a um interesse coletivo. O "fim social é o objetivo de uma sociedade, encerrado na somatória de atos que constituirão a razão de sua composição; é, portanto, o bem social, que pode abranger o útil, a necessidade social e o equilíbrio de interesses etc."[88].

Dessa forma, a função social da propriedade emerge como "o dever do proprietário de exercer o seu direito de propriedade de modo a satisfazer determinados interesses da sociedade"[89].

No contexto da função social da propriedade, inseriu-se a função social da empresa. Se os bens de produção são integrantes do estabelecimento empresarial, organizados pelo empresário visando ao desenvolvimento de uma atividade lucrativa de produção ou circulação de mercadorias ou serviços, a empresa deveria também ser desenvolvida em atenção à sua função social.

A função social da empresa não fora consagrada diretamente no Código Civil de 2002. A despeito da omissão do Livro "Do Direito de Empresa" no Código, diversos outros consagraram o instituto da função social.

O art. 421 do Livro "Do Direito das Obrigações" determina que "a liberdade de contratar será exercida em razão e nos limites da função social do contrato". Por seu turno, no art. 1.228, parágrafo único, do CC, determina-se que "o direito da propriedade deve ser exercido em consonância com as finalidades econômicas e sociais e de modo que sejam preservados, de conformidade com o estabelecido em lei especial, a flora, a fauna, as belezas naturais, o equilíbrio ecológico e o patrimônio histórico e artístico, bem como evitada a poluição do ar e das águas".

A origem das sociedades no contrato e o direito de propriedade sobre os bens de produção, que integram o estabelecimento empresarial, implicam que a função social da empresa acaba por ser consagrada indiretamente pelo Código Civil. Essa interpretação exige a aplicação da função social para todas as relações jurídicas celebradas no âmbito da atividade empresarial.

A função social no contexto do direito empresarial, entretanto, exige interpretação cuidadosa para não afetar a produção dos efeitos que se pretendia justamente proteger. Ela deve ser interpretada para o atendimento das finalidades sociais e das exigências do bem comum, o que motiva, inclusive, a aplicação da lei pelo juiz. Nos termos do art. 5º do Decreto-lei n. 4.657/42 (LINDB), "na aplicação da lei, o juiz atenderá aos fins sociais a que ela se dirige e às exigências do bem comum". Se a função social deve ser considerada na interpretação dos institutos, sua aplicação deverá ser conforme as peculiaridades do direito empresarial.

Ao contrário de outros ramos do direito, como o consumerista e o trabalhista, a função social dos institutos empresariais não promove a necessária proteção à parte economicamente mais vulnerável, a socialização dos lucros e a compensação proporcional das perdas[90]. Notadamente entre empresários, pressupõe-se, pelo contrário, o equilíbrio entre os contratantes, a simetria de informações, o risco no desenvolvimento da atividade e a busca pelo lucro nas contratações.

---

[87] COMPARATO, Fábio Konder. Estado, empresa e função social. *Revista dos Tribunais*, ano 85, v. 732, p. 40, 1996.

[88] DINIZ, Maria Helena. *Lei de Introdução às Normas do Direito Brasileiro interpretada*. 19. ed. São Paulo: Saraiva, 2017, p. 187.

[89] SZTERLING, Fernando. *A função social da empresa no direito societário*. Dissertação (mestrado em Direito Comercial) – Faculdade de Direito da Universidade de São Paulo, São Paulo, 2003, p. 45.

[90] No sentido da função social do contrato como característica de um solidarismo social e que envolveria uma justiça distributiva, GODOY, Cláudio Luiz Bueno de. *Função social do contrato*. 4. ed. São Paulo: Saraiva, 2012, p. 142 e s.

O desenvolvimento dessa atividade econômica no mercado, pelo empresário, implica que os diversos contratos empresariais possuem uma função econômica. Essa é justamente a satisfação de determinada necessidade das partes contratantes[91].

Por meio de maior previsibilidade e segurança das diversas relações jurídicas celebradas, assegura-se aos diversos contratantes a legítima expectativa do resultado contratado e a satisfação da respectiva necessidade. Permite-se, assim, a criação de um ambiente ordenado em que essas relações jurídicas se desenvolvam para a satisfação das respectivas necessidades, com a maior circulação de riquezas, disponibilização de produtos, redução dos custos de transação: o mercado[92].

A função social no direito empresarial deve ser interpretada justamente como o atendimento às regras que assegurem o melhor funcionamento possível desse mercado e não afrontem as normas cogentes. É só a partir dele que as relações jurídicas empresariais poderão ser desenvolvidas, empregos poderão ser gerados, tributos serão recolhidos, o que assegurará benefícios a todos os demais interessados no desenvolvimento da atividade empresarial.

Dessa maneira, "a empresa cumpre a função social ao gerar empregos, tributos e riqueza, ao contribuir para o desenvolvimento econômico, social e cultural da comunidade em que atua, de sua região ou do país, ao adotar práticas empresariais sustentáveis visando à proteção do meio ambiente e ao respeitar os direitos dos consumidores, desde que com estrita obediência às leis a que se encontra sujeita"[93].

Nesse ponto, importante distinguir a função social da função individual. Conforme Eros Grau, enquanto a propriedade dotada de função individual encontra justificação na garantia de que o indivíduo possa prover sua subsistência e de sua família, na propriedade dotada de função social a justificação reside nos seus fins, serviços e sua função[94]. Até mesmo atrelada à sua origem, a função social da empresa está ligada ao reconhecimento de deveres externos da empresa[95]. Por isso, é este princípio norteador da regulação externa da empresa, influindo em áreas díspares como direito antitruste, direito do consumidor e direito ambiental[96].

Assim, reconhecendo a função social como a ponte entre o interior e o exterior da empresa, verifica-se que esse princípio está atrelado diretamente com o escopo econômico da própria empresa, uma vez que as tomadas de atitude poderão acarretar lucros ou prejuízos – por exemplo, o descumprimento de deveres ambientais.

A função social dos institutos empresais deverá atender, assim, à redução dos custos de transação, à boa-fé dos agentes, aos usos e costumes, à necessidade de segurança e previsibilidade, à simetria informacional, e a todos os demais pressupostos de fortalecimento do funcionamento do sistema do mercado.

---

[91] FORGIONI, Paula. *Teoria geral dos contratos empresariais*. São Paulo: Revista dos Tribunais, 2009, p. 60.

[92] O mercado é definido por Natalino Irti, como o conjunto de regras que permitem aos agentes econômicos prever os comportamentos dos contratantes e orientar seus próprios atos com base nessa previsão (Concetto giuridico di mercato e doveri di solidarietà. *In*: IRTI, Natalino. *L'ordine giuridico del mercato*. 4. ed. Roma: Laterza, 2001, p. 81).

[93] COELHO, Fábio Ulhoa. *Curso de direito comercial*: direito de empresa – empresa e estabelecimento; títulos de crédito. 24. ed. rev. e atual. São Paulo: Thomson Reuters Brasil, 2021. v. 1, p. 73.

[94] GRAU, Eros Roberto. *A ordem econômica na Constituição de 1988*. São Paulo: Malheiros, 2015, p. 244.

[95] COMPARATO, Fábio Konder. *O poder de controle na sociedade anônima*. 6. ed. Rio de Janeiro: Forense, 2014, p. 111.

[96] COMPARATO, Fábio Konder. *O poder de controle na sociedade anônima*. 6. ed. Rio de Janeiro: Forense, 2014, p. 111.

Capítulo 3
CONTRATO EMPRESARIAL

1. O CONCEITO DE CONTRATO EMPRESARIAL

Diante da unificação do direito obrigacional com o Código Civil de 2002, tornou-se controversa no Brasil a existência da distinção entre contratos civis e comerciais.

Ainda que o Código Civil de 2002 tenha unificado sob uma fonte legislativa comum, os contratos empresariais não perdem sua peculiaridade perante os demais contratos. A dinamicidade da atividade econômica, desenvolvida profissionalmente e de forma organizada, implica a consideração de princípios outros em sua interpretação e aplicação aos contratos empresariais, que asseguram sua peculiaridade em face dos demais[1].

Essa particularidade não é sustentada apenas frente ao direito brasileiro. Nas legislações europeias onde também fora eliminada a distinção formal entre contratos civis e comerciais, a categoria dos contratos comerciais continua preservada. Na Itália, por exemplo, mesmo diante da unificação do direito privado italiano em 1942, os contratos comerciais nunca deixaram de existir[2]. "Mesmo nos ordenamentos *anglo-saxônicos*, que jamais conheceram tal distinção, os contratos já chegaram a ser reputados como 'o elemento central do direito comercial'"[3].

Fábio Ulhoa Coelho afirma que os contratos privados no direito brasileiro (excetuados os contratos de trabalho) eram divididos entre comerciais e civis até 1991, quando entrou em vigor o Código de Defesa do Consumidor, passando a ser tripartite essa distinção, pois a ela foram agregados os contratos de consumo[4]. Ricardo Negrão reconhece que a unificação do direito obrigacional não significa o abandono da autonomia do direito empresarial e que não há como tratar igualmente contratos firmados entre empresários e entre pessoas comuns[5]. A existência da distinção entre contratos comerciais e civis após o Código Civil de 2002 é também expressamente reconhecida por Haroldo Verçosa, que divide os contratos entre civis, comerciais e do consumidor[6].

Decerto, qualquer tipo de classificação científica não deve ser tomada como certa ou errada, mas sob o ângulo de ser útil ou inútil. Nesse aspecto, a classificação dos contratos entre comerciais e civis ainda tem respaldo e utilidade diante da peculiaridade de alguns princípios e interpretações somente aos contratos empresariais imputáveis. A esses dois tipos seriam somados ainda como categorias distintas os contratos do consumidor, de trabalho e os contratos de direito administrativo.

---

[1] SACRAMONE, Marcelo Barbosa. *Manual de direito empresarial*. 2. ed. São Paulo: Saraiva Educação, 2021, p. 523.

[2] ANTUNES, José Engrácia. *Direito dos contratos comerciais*. 4. reimpr. da ed. 2009. Coimbra: Almedina, 2015, p. 23.

[3] ANTUNES, José Engrácia. *Direito dos contratos comerciais*. 4. reimpr. da ed. 2009. Coimbra: Almedina, 2015, p. 23-24.

[4] COELHO, Fábio Ulhoa. *Curso de direito comercial*: direito de empresa. 14. ed. São Paulo: Saraiva, 2016. v. 3, p. 34-38.

[5] NEGRÃO, Ricardo. *Manual de direito comercial e de empresa*. 2. ed. São Paulo: Saraiva, 2011. v. 2, p. 224-225.

[6] VERÇOSA, Haroldo Malheiros Duclerc. *Contratos mercantis e a teoria geral dos contratos*: o Código Civil de 2002 e a crise do contrato. São Paulo: Quartier Latin, 2010, p. 24-25. Aponta o autor, ainda, que os contratos civis são usados por empresários, assim como agentes não empresários recorrem a contratos historicamente mercantis (VERÇOSA, Haroldo Malheiros Duclerc. *Contratos mercantis e a teoria geral dos contratos*: o Código Civil de 2002 e a crise do contrato. São Paulo: Quartier Latin, 2010, p. 25-26).

Capítulo 3 • Contrato empresarial

De acordo com Forgioni[7], os contratos empresariais possuem diretrizes próprias, por exemplo: possuem finalidade lucrativa, função econômica e estão em um ambiente institucional empresarial. Por esse motivo, os contratos comerciais são distintos dos demais. Outrossim, a autora ainda afirma que "todos esses cismas e rearranjos são realizados (pelo direito) em torno do *status* das partes. Os contratos mercantis despregam-se do direito comum porque deles participa um *comerciante*; os trabalhistas, porque envolvem *empregado* e os consumeristas porque na relação há *consumidor*"[8].

Com efeito, a unificação das regras gerais de obrigações e contratos no Código Civil significa apenas que todos os contratos estão sujeitos às diretrizes para formação, validade e forma estabelecidas na parte geral de contratos, assim como a alguns princípios gerais, como a boa-fé objetiva ou a função social, que são aplicáveis, da forma supletiva, a todos eles, respeitadas as peculiaridades de cada um. A unificação das obrigações, portanto, não significou o fim da distinção entre contratos civis e comerciais diante da distinção dos princípios para sua aplicação e interpretação[9].

Engrácia Antunes, após apontar o declínio da clássica conceituação dos contratos comerciais centrada na figura dos atos de comércio ou na subjetividade da parte, concluiu pela existência da qualificação de contratos comerciais ou de empresas[10]. Conceitua esse autor o contrato comercial como "os contratos que são celebrados pelo empresário no âmbito da sua atividade empresarial: a intervenção de um empresário no contrato (designadamente, como uma das partes contratantes) e a pertinência desse contrato à constituição, organização ou exercício da respectiva atividade empresarial, são assim os elementos caracterizadores ou qualificadores da comercialidade de um contrato"[11].

A definição do contrato empresarial, nesse aspecto, deve ser realizada com base em dois critérios, o subjetivo e o objetivo.

1.1. Critério subjetivo

Tradicionalmente, os contratos comerciais são definidos como aqueles praticados por empresários entre si[12]. O desenvolvimento de uma atividade econômica, organizada e de forma profissional voltada à produção ou circulação de bens ou serviços torna os referidos instrumentos celebrados no âmbito da referida atividade pelos empresários entre si como distintos dos demais.

Forgioni já apontou que a diferenciação para os demais contratos é justamente a intenção de lucro de ambas as partes: "Identificamos os contratos empresariais como aqueles em que ambos (ou

---

[7] FORGIONI, Paula Andrea. *Teoria geral dos contratos empresariais*. São Paulo: Revista dos Tribunais, 2009, p. 55 e s.

[8] FORGIONI, Paula Andrea. *Teoria geral dos contratos empresariais*. São Paulo: Revista dos Tribunais, 2009, p. 54.

[9] Nesse sentido, Verçosa leciona: "Havendo sido feita a unificação do direito das obrigações no ordenamento jurídico brasileiro, na esteira do que já ocorreu anteriormente em outros países, avultando de importância para nós o direito italiano, nem por isso teria deixado de existir uma clara separação entre contratos civis e mercantis, já que o direito comercial manteve a sua autonomia perante o Direito Civil" (VERÇOSA, Haroldo Malheiros Duclerc. *Contratos mercantis e a teoria geral dos contratos*: o Código Civil de 2002 e a crise do contrato. São Paulo: Quartier Latin, 2010, p. 29). É de se notar, no entanto, que o autor, ao final da obra ora citada, afirma que os contratos empresariais foram colocados na mesma roupagem dos civis, sem perceber o legislador o equívoco que incorria pelas diferenças existentes entre ambos. Critica, também, a opção legislativa do Código Civil, mencionando ser o antigo Código Comercial mais eficiente no atendimento às necessidades do empresário. Aponta, com isso, o que chama de crise do contrato, uma "infecção generalizada nos contratos mercantis" (VERÇOSA, Haroldo Malheiros Duclerc. *Contratos mercantis e a teoria geral dos contratos*: o Código Civil de 2002 e a crise do contrato. São Paulo: Quartier Latin, 2010, p. 345-348). Efetivamente, não podemos deixar de concordar com a crítica ao modo como tentou o legislador unificar as obrigações no Código Civil de 2002. E esse equívoco faz ser ainda mais importante a função de interpretação, tendo a consciência das diferenças das relações civis e comerciais, utilizando-se o ferramental adequado para o exame e interpretação dos contratos comerciais.

[10] ANTUNES, José Engrácia. *Direito dos contratos comerciais*. Coimbra: Almedina, 2012, p. 40.

[11] ANTUNES, José Engrácia. *Direito dos contratos comerciais*. Coimbra: Almedina, 2012, p. 40.

[12] ANTUNES, José Engrácia. *Direito dos contratos comerciais*. Coimbra: Almedina, 2012, p. 24.

todos) os polos da relação têm sua atividade movida pela busca do lucro. É preciso reconhecer: esse fato imprime viés totalmente peculiar aos negócios jurídicos entre empresários"[13].

A característica da busca do lucro por ambas as partes é sem dúvida um traço determinante dos contratos comerciais. No entanto, a autora também aponta a necessidade da subjetivação do conceito ao afirmar que o vínculo jurídico deve se estabelecer entre empresas[14]. Nesse aspecto, bom notar que Forgioni se refere a empresas no lugar de empresários, um avanço com o qual concordamos.

Decerto, a lucratividade pretendida profissionalmente pelos contratantes e que torna peculiar todo o instrumento contratual não é condição exclusiva dos empresários. Os demais agentes econômicos, mesmo que não empresários, poderão praticar atividade econômica profissional e organizada, voltada à produção e circulação de bens ou serviços. Ainda que não distribuam dividendos, como as associações, ou se forem profissionais intelectuais ou rurais, referidos agentes econômicos exploram a empresa e podem, no âmbito desta, convencionarem contratos entre si. Pela peculiaridade, tais contratos também devem ser considerados contratos empresariais.

A utilização do conceito de empresa, assim, em vez de empresário, amplia a abrangência da qualificação subjetiva para a caracterização do contrato mercantil. Todos os contratos celebrados por agentes econômicos no âmbito de uma atividade empresarial, a princípio, seriam considerados contratos empresariais.

Embora pertinente a diferenciação dos contratos celebrados no âmbito das empresas, essa definição não é completa. Por um lado, corretamente, esse conceito afasta da mercantilização contratos celebrados por empresários fora de sua atividade, não tendo a qualidade da parte como único fator de categorização. Assim, evidentemente, quando dois empresários celebram a venda de uma residência de um para o outro, o contrato é civil embora as partes sejam empresárias.

No entanto, o fato de a qualificação subjetiva exigir dois agentes econômicos restringe a conceituação e acaba por não abarcar, como veremos, alguns contratos nitidamente empresariais.

Nesse aspecto, mesmo a inserção dos contratos praticados no âmbito de empresas não seria capaz de englobar todas as situações passíveis de serem classificadas como mercantis contratualmente. Existem contratos que são mercantis pela essência de seu escopo e ambiente de celebração, ainda que as partes não sejam necessariamente empresárias ou nem mesmo empresas.

1.2. Critério objetivo

O ponto que se coloca é se um contrato celebrado entre um empresário e um não empresário ou até entre dois não empresários pode ser considerado mercantil.

Um exemplo dessas situações pode ser encontrado no ambiente societário, podendo ser aplicado o raciocínio tanto para os contratos sociais de sociedades empresárias como para contratos parassociais, tal qual o acordo de acionistas e cotistas ou pactos laterais para instituição de preferência para aquisição de participação societária, opções de compra e venda, *tag along* ou *drag along*.

Em todos esses casos, as partes celebrantes podem não ser empresárias ou o contrato pode não ser celebrado no âmbito de uma atividade empresarial. Podem ser apenas sócios da sociedade empre-

---

[13] FORGIONI, Paula Andrea. *Teoria geral dos contratos empresariais*. São Paulo: Revista dos Tribunais, 2009, p. 29.

[14] "Outrora, do ponto de vista subjetivo, a presença de uma única empresa (ou comerciante) na relação bastava para atribuir comercialidade ao contrato; hoje essa qualificação requer que o vínculo jurídico seja estabelecido exclusivamente entre empresas" (FORGIONI, Paula Andrea. *Teoria geral dos contratos empresariais*. São Paulo: Revista dos Tribunais, 2009, p. 30).

sária que em si não se qualificam como empresários ou empresa[15]. O objeto do contrato, isto é, a participação na sociedade empresária é um objeto por natureza mercantil, visando por definição à busca do lucro.

A classificação de qualquer dos contratos listados *supra* como comercial parece evidente. Trata--se de uma relação de investimento visando ao lucro de todas as partes. Ao comprar ações ou cotas ou simplesmente detê-las, as partes estão participando da seara empresarial pelo lado do empresariado. E, assim sendo, não pode ter outra característica o contrato que versa sobre a constituição da sociedade ou pactos sobre as participações que não a empresarial[16]. Sobre a compra e venda de participações sociais, por exemplo, Engrácia Antunes já apontou, com acerto, ser esse tipo de contrato especificamente um contrato "naturalmente empresarial"[17].

Outro exemplo de contrato mercantil em que ao menos uma das partes não é empresária está nos contratos relativos a investimentos, como aqueles que ocorrem no mercado de capitais, envolvendo investidores pessoas físicas e corretoras, bolsas de valores e outros agentes. O objetivo final de lucro é claro e não permite outra classificação que não seja a mercantil, mesmo que uma das partes não seja empresária. Mas o intuito do contrato é indiscutivelmente mercantil. Vale notar que Menezes Cordeiro já esclareceu a importância de analisar a essência dos contratos para averiguar sua classificação como comercial, mesmo no tocante a contratos mistos, isto é, que possuem parte do escopo comercial e parte não[18].

Assim, a definição de contrato comercial não pode ter como elemento central apenas a questão subjetiva, ou seja, ser baseada unicamente na característica da parte. Isto é, nem o fato de as partes serem todas empresárias e de celebrarem os contratos no âmbito da empresa torna o contrato comercial, nem o fato de não serem afasta a possível natureza mercantil. A classificação, em adendo ao caráter subjetivo, deve levar em conta também seu escopo.

Nesse sentido, além de contratos celebrados por agentes econômicos no âmbito de uma atividade empresarial, também podem ser caracterizados como empresariais, excepcionalmente, contratos em virtude de seu próprio objeto. Alguns contratos são tipicamente empresariais, por disciplinarem uma relação jurídica empresarial e o intuito lucrativo das partes.

Dessa forma, o contrato empresarial pode ser definido como aquele celebrado entre empresários ou agentes econômicos no bojo de suas atividades empresariais entre si, bem como por aqueles tipicamente empresariais, assim entendidos todos os contratos com objetivo mediato ou imediato de lucro de ambas as partes na celebração, mediante a assunção de riscos alocados contratualmente.

2. DISTINÇÃO DO CONTRATO EMPRESARIAL

Conceituado o teor dos contratos empresariais, é necessário realizar uma devida distinção entre eles e os demais, que estao na figura dos contratos administrativos, trabalhistas, consumeristas e civis.

---

[15] Nesse ponto, caberia perguntar se a simples condição de sócio de uma sociedade empresarial seria capaz de qualificar tal sócio como empresa. Caso a resposta seja positiva, o conceito de Forgioni captaria tal situação. Entendemos, no entanto, não ser, pois a condição de sócio pode fazer parte de uma atividade organizada, mas não é ela, em si, uma atividade dessa natureza.

[16] Evidentemente, o direito não despreza as diferenças entre o acionista controlador e o minoritário, ou entre o investidor qualificado e o pequeno investidor. Tanto o direito societário traz regras sobre a proteção do acionista minoritário quanto a regulação de mercado de capitais protege o investidor não qualificado, tentando mantê-lo informado ou destinando alguns investimentos mais sofisticados apenas para determinados tipos de investidor. Contudo, essa proteção ou diferenciação se dá dentro do direito societário ou da regulação de mercado. Os contratos celebrados com esse escopo são sempre comerciais, pois a operação tem como objeto exatamente um valor mobiliário. Sua essência é, portanto, mercantil.

[17] ANTUNES, José Engrácia. *Direito dos contratos comerciais*. Coimbra: Almedina, 2012, p. 45.

[18] Salientamos, ainda, que, num contrato misto que possua disposições de várias ordens, se no seu centro constar uma essencialidade mercantil, comercial será o contrato (ver CORDEIRO, Antônio Menezes. *Direito comercial*. 3. ed. Coimbra: Almedina, 2012, p. 537).

Nesse aspecto, os contratos administrativos não se confundem com os empresariais. Segundo Tomazette, os contratos administrativos representam instrumentos cuja finalidade é a viabilização da consecução das funções do Estado. Tais funções estão diretamente conectadas com o "interesse público". Por isso, os contratos administrativos são regulados pelo direito público, norteados por um regime jurídico próprio que almeja satisfazer o interesso público[19].

Já os contratos de trabalho são disciplinados pelo art. 442 da CLT, que os define como "contrato individual de trabalho é o acordo tácito ou expresso, correspondente à relação de emprego". A título de esclarecer o mandamento do artigo, convém evidenciar que a "relação de emprego trata do trabalho subordinado do empregado em relação ao empregador"[20].

Sobre o contrato de trabalho, ademais, sua conceituação é decorrente da própria definição de empregado e empregador. Nesse sentido, o art. 2º considera empregadora "a empresa, individual ou coletiva, que, assumindo os riscos da atividade econômica, admite, assalaria e dirige a prestação pessoal de serviço". O art. 3º, por sua vez, diz ser "empregado toda pessoa física que prestar serviços de natureza não eventual a empregador, sob a dependência deste e mediante salário".

O contrato empresarial tampouco se identifica com o contrato de consumo. O que diferencia o contrato de consumo dos demais é a presença do consumidor.

Nos termos do art. 2º do CDC, esse é caracterizado como toda pessoa física ou jurídica que adquire ou utiliza produto ou serviço como destinatário final.

O conceito de destinatário final é complexo, e coube à doutrina especificá-lo. Com isso, chegou-se a um consenso de que o destinatário final não é aquele que, apenas, é o último na cadeia de consumo, mas também que não utilize determinado bem ou serviço para o lucro, repasse ou transmissão onerosa[21].

É o que Cláudia Lima Marques resume nas expressões destinatário *fático* e *econômico*. Nesse sentido: "Destinatário final é aquele destinatário fático e econômico do bem ou serviço, seja ele pessoa jurídica ou física. Logo, segundo esta interpretação teleológica, não basta ser destinatário fático do produto, retirá-lo da cadeia de produção, levá-lo para o escritório ou residência – é necessário ser destinatário final econômico do bem, não adquiri-lo para revenda, não adquiri-lo para uso profissional, pois o bem seria novamente um instrumento de produção cujo preço será incluído no preço final do profissional que o adquiriu"[22].

Com isso, ainda que o contrato tenha sido celebrado por empresários, o contrato não será empresarial e será considerado contrato de consumo, com a aplicação de toda a legislação consumerista protetiva, se o contrato não tiver sido celebrado por uma das partes com o objetivo de inserir o objeto da prestação na sua atividade de fornecimento de bens ou de produção de serviços.

É o que também enumeram Flávio Tartuce e Daniel Neves: "A título de exemplo, pode-se citar o caso de um empresário bem-sucedido. Caso esse empresário adquira um bem de produção para sua empresa, não poderá ser enquadrado como destinatário final do produto, não sendo um consumidor vulnerável. Entretanto, adquirindo um bem para uso próprio e dele não retirando lucro, será consumidor, havendo a presunção absoluta de sua vulnerabilidade"[23].

---

[19] TOMAZETTE, Marlon. *Contratos empresariais*. São Paulo: JusPodivm, 2022, p. 56.

[20] MARTINS, Sergio Pinto. *Direito do trabalho*. 39. ed. São Paulo: SaraivaJur, 2023, p. 69. *E-book*.

[21] TARTUCE, Flávio. *Manual de direito do consumidor*: direito material e processual. 6. ed. São Paulo: Método, 2017, p. 59.

[22] MARQUES, Cláudia; BENJAMIN, Antônio; MIRAGEM, Bruno. *Comentários ao Código de Defesa do Consumidor*. 4. ed. São Paulo: Revista dos Tribunais, 2013, p. 113.

[23] TARTUCE, Flávio. *Manual de direito do consumidor*: direito material e processual. 6. ed. São Paulo: Método, 2017, p. 34.

Capítulo 3 • Contrato empresarial

Por fim, os contratos civis possuem característica residual, ou seja, são aqueles que não estão enquadrados nas categorias *supra* (empresariais, administrativos, trabalhistas e consumeristas)[24].

3. CLASSIFICAÇÃO DOS CONTRATOS EMPRESARIAIS

Os contratos empresariais podem ser classificados de diversas formas. Ricardo Negrão aponta que muitos são os critérios utilizados pela doutrina para classificar os contratos[25]. Para Antunes, "a classificação ou ordenação tipológica dos contratos comerciais, constituindo um empreendimento quase tão antigo quanto o próprio direito comercial, representa uma tarefa particularmente complexa, em virtude de vários fatores"[26].

Em geral, as doutrinas podem classificar os instrumentos contratuais quanto: (i) aos efeitos; (ii) à forma; (iii) às partes contratantes; (iv) ao objeto; (v) ao tempo de execução; (vi) à tipicidade; dentre outros. Waldirio Bulgarelli, de forma mais difundida, agrupa os contratos empresariais em: a) bilaterais (ou sinalagmáticos) ou unilaterais; b) onerosos (subdivididos em comutativos e aleatórios) e gratuitos; c) consensuais e reais; d) solenes e não solenes; e) principais e acessórios; f) instantâneos e de duração; g) de execução imediata e de execução diferida; h) típicos e atípicos; i) pessoais (*intuitu personae*) e impessoais; j) civis e mercantis; k) individuais e coletivos; l) causais e abstratos[27].

Paula Forgioni[28], em precisa redação, classifica os contratos empresariais conforme os critérios de: (i) grau de vinculação futura das partes (contratos imediatos, híbridos e societários); (ii) grau de positivação (contratos típicos, atípicos e socialmente típicos); (iii) abrangência do objeto (contrato-quadro e contrato-satélite); (iv) grau de ligação de contratos celebrados entre as mesmas partes (contratos coligados e contratos independentes); (v) grau de complexidade (contratos complexos e simples); (vi) grau de completude do regramento contratual (contratos completos e incompletos); (vii) interesse principal das partes no contrato (contratos de prestação e contratos de relação); (viii) tipo de negociação que lhes dá origem (contratos de adesão e contratos negociados); (ix) grau de poder econômico das partes (contratos paritários e contratos em que há situação de dependência econômica); e (x) existência de ligação a contratos celebrados entre terceiros (contratos isolados e contratos em rede).

Sem prejuízo de demais especificações, é possível construir classificações quanto à (i) tipicidade; (ii) o grau de vinculação entre as partes; (iii) abrangência do objeto; independência.

3.1. Quanto à tipicidade

Os contratos podem ser típicos ou atípicos. Os contratos típicos são aqueles disciplinados diretamente pelo ordenamento jurídico. Os atípicos, por seu turno, não foram positivados pelo legislador.

Para Forgioni, os contratos podem ser ainda socialmente típicos, embora não legalmente disciplinados pelo ordenamento jurídico. Socialmente típicos são os contratos que se apresentam consolidados pela prática reiterada do mercado. A despeito da falta de disciplina legal, são reconhecidos

---

[24] TOMAZETTE, Marlon. *Contratos empresariais*. São Paulo: JusPodivm, 2022, p. 78.

[25] NEGRÃO, Ricardo. *Curso de direito comercial e de empresa*: títulos de crédito e contratos empresariais. 9. ed. São Paulo: Saraiva Educação, 2020. v. 2, p. 253.

[26] ANTUNES, José Engrácia. *Direito dos contratos comerciais*. Coimbra: Almedina, 2012, p. 41.

[27] BULGARELLI, Waldirio. *Contratos mercantis*. 11. ed. São Paulo: Atlas, 1999, p. 80.

[28] FORGIONI, Paula A. *Contratos empresariais*: teoria geral e aplicação. 5. ed. rev., atual. e ampl. São Paulo: Thomson Reuters Brasil, 2020, p. 47.

pelos agentes econômicos, doutrina e jurisprudência[29]. Com isso, estando os contratos atípicos, ou mesmo os socialmente típicos, fora da legislação vigente, reger-se-ão pelo que foi celebrado entre as partes, nas balizas da autonomia privada. Os usos e costumes, que compõem o tipo social do contrato, são úteis na interpretação de cláusulas do instrumento contratual[30].

Para Orlando Gomes, os contratos atípicos dividem-se em contratos atípicos propriamente ditos e mistos. Os contratos atípicos seriam inteiramente originais. Os contratos mistos compõem-se de prestações típicas de outros contratos, combinados de forma diversa pelas partes[31]. Novamente, para Bulgarelli, "os contratos atípicos são constituídos por elementos originais ou resultantes da fusão de elementos característicos de outros contratos – resultam, em consequência, em certas combinações, em que ressaltam os contratos chamados mistos, que aliam a tipicidade à atipicidade, ou seja, conjugam e mesclam elementos de contratos típicos, com elementos de contratos atípicos"[32].

Há discussão, nos casos dos contratos mistos, em relação à disciplina legal que será a ele aplicável. Existe corrente que defende que deve ser aplicado a cada parte do contrato sua regra específica. Outra, que, por ser indivisível, deve-se buscar aplicar a norma mais condizente com a unidade orgânica que foi produzida pela absorção dos elementos contratuais[33].

De todo modo, não há como se esquivar do cumprimento das regras gerais do direito contratual. Por isso, independentemente da classificação que o contrato venha a ter quanto à sua taxatividade, as regras aplicáveis deverão ser as que compõem o ordenamento jurídico privado, em cotejo com os princípios, usos e costumes do direito empresarial, e das normas particulares aplicáveis aos tipos específicos dos contratos.

3.2. Quanto à vinculação das partes

Quanto ao grau de integração entre empresas, os contratos podem ser classificados como imediatos (*spot*), híbridos (contratos de colaboração) e societários conforme a intensidade da relação contratual entre as partes[34]. Tal classificação leva em consideração o condicionamento, pós-celebração do contrato, do comportamento futuro dos agentes.

Com menor intensidade de vinculação, apresentam-se os contratos de intercâmbio (os contratos de execução instantânea), enquanto com maior intensidade estão os contratos de estruturas hierárquicas (sociedades). Entre ambos, figura a classe dos contratos híbridos, caracterizados pelos contratos de colaboração.

Como aponta Forgioni, quanto menor o grau de vinculação futura, menor será o controle de atividade da outra parte. Quanto maior o grau de integração entre as partes, maior será a integração entre as empresas e o nível de previsibilidade da operação econômica[35].

Da mesma forma, os contratos societários, ou a ele equiparados, irão convergir na existência de interesses, vinculando-se em prol de um interesse comum, de maneira que, quando uma parte sofre

---

[29] FORGIONI, Paula A. *Contratos empresariais*: teoria geral e aplicação. 5. ed. rev., atual. e ampl. São Paulo: Thomson Reuters Brasil, 2020, p. 51.

[30] COELHO, Fábio Ulhoa. *Curso de direito civil*. 5. ed. São Paulo: Saraiva, 2012. p. 133.

[31] GOMES, Orlando. *Contratos*. 28. ed. Rio de Janeiro: Forense, 2009, p. 120-121.

[32] BULGARELLI, Waldirio. *Contratos mercantis*. 11. ed. São Paulo: Atlas, 1999, p. 88.

[33] GOMES, Orlando. *Contratos*. Rio de Janeiro: Forense, 2009, p. 124.

[34] FORGIONI, Paula A. *Contratos empresariais*: teoria geral e aplicação. 5. ed. rev., atual. e ampl. São Paulo: Thomson Reuters Brasil, 2020, p. 48.

[35] FORGIONI, Paula A. *Contratos empresariais*: teoria geral e aplicação. 5. ed. rev., atual. e ampl. São Paulo: Thomson Reuters Brasil, 2020, p. 49.

Capítulo 3 • Contrato empresarial

prejuízo, todos os demais o suportam também. É o caso, *v.g.*, dos contratos de sociedade propriamente ditos e, em certo grau, dos contratos de franquia, onde ambas as partes, por mais que possuam interesses diversos, anseiam pelo sucesso do negócio celebrado[36].

3.3. Quanto à abrangência do objeto

A validade de todo e qualquer negócio jurídico requer que o objeto seja lícito, possível, determinado ou determinável (art. 104, II, do CC).

Entretanto, a abrangência do objeto contratual poderá variar de acordo com o que restar acordado entre as partes. Os contratos poderão meramente delimitar aspectos gerais que serão especificados por novos contratos pelas partes, em que se adota forma similar ao que se identifica como *pré-contratos comerciais* (*Vorverträge*)[37].

Trata-se do contrato-quadro ou contrato guarda-chuva, cujo objetivo é conter as linhas norteadoras e gerais do negócio ou os princípios que devem orientar os contratos específicos[38].

Os contratos-satélites, por seu turno, são os contratos que delimitam ou especificam as regras gerais previstas nos contratos gerais. Isto é, tratam de abrangência ainda maior quanto ao seu objeto, e em menor grau de especificidade.

A classificação é útil para que possa compreender e identificar os efeitos que um determinado negócio jurídico pode afetar. Nesse mesmo sentido é a classificação dos contratos em relação ao seu grau de ligação.

3.4. Quanto ao grau de ligação

Alguns tipos de contratos existem sem a necessidade de outros, de forma independente. Por outro lado, há aqueles que necessitam de outros contratos para existirem ou cujos efeitos somente poderão ser compreendidos mediante a análise de diversos contratos que se inter-relacionam; são os contratos que precisam de um "contexto composto por diversos pactos"[39].

Nos dizeres de Ulhoa Coelho, "para que dois contratos se conectem como coligados, um deles deve ser a causa do outro. Quer dizer, pelo menos um dos negócios contratuais celebrados entre duas ou mais partes deve sua existência exclusivamente ao acordo alcançado no outro. Se não há interesse autônomo em cada um dos contratos celebrados ou em pelo menos um deles, opera-se a coligação"[40]. Ainda, para Gomes, "os contratos coligados são queridos pelas partes con-

---

[36] NEVES, Thiago. *Contratos mercantis*. São Paulo: Atlas, 2013. p. 224-225.

[37] Cf. SCHIMIDT, Karsten. *Handelsrecht*, 597. Köln: Carl Heymanns, 1999. Em adendo, acerca dos contratos preliminares, § 936, ABGB: "Als Hauptgrund einen Vorvertrag abzuschließen ist zu nennen, dass dem beabsichtigten Hauptvertrag noch rechtliche und/oder tatsächliche Hindernisse im Wege stehen; etwa der Abschlussreife des Hauptvertrags längere Vorbereitungsarbeiten vorausgehen können oder ganz einfach die Zeit für den Abschluss des Hauptvertrags ängere Vorbereitungsarbeiten vorausgehen können oder ganz einfach die Zeit für den Abschluss des Hauptvertrags (aus anderen Gründen) noch nicht reif ist, weil zB die 'Entwicklung' noch zu sehr im Fluss ist" (Online Lehrbuch Zivilrecht, C. Der Vorvertrag: § 936. Disponível em: https://www.uibk.ac.at/zivilrecht/buch/kap6_0.xml?section=3;section-view=true. Acesso em: 24 fev. 2024). Em tradução livre: "A principal razão para a celebração de um contrato preliminar é que ainda existem obstáculos legais e/ou reais à celebração do contrato principal pretendido. Por exemplo, o contrato principal pode estar pronto para conclusão através de trabalhos preparatórios mais longos ou simplesmente o momento para a celebração do contrato principal ainda não está maduro (por outras razões) porque, por exemplo, o 'desenvolvimento' ainda está muito em fluxo."

[38] FORGIONI, Paula A. *Contratos empresariais*: teoria geral e aplicação. 5. ed. rev., atual. e ampl. São Paulo: Thomson Reuters Brasil, 2020, p. 55.

[39] FORGIONI, Paula A. *Contratos empresariais*: teoria geral e aplicação. 5. ed. rev., atual. e ampl. São Paulo: Thomson Reuters Brasil, 2020, p. 57.

[40] COELHO, Fábio Ulhoa. *Curso de direito civil*: contratos. 5. ed. São Paulo: Saraiva, 2012, p. 163.

tratantes como um todo. Um depende do outro de tal modo que cada qual, isoladamente, seria desinteressante"[41].

Nesses casos, é imperioso notar que os contratos acessórios serão, necessariamente, contratos coligados, tendo em vista a dependência que possuem para com o contrato principal. É o caso, por exemplo, de muitos contratos de garantia, que dependem da existência do negócio que fez nascer a obrigação a que se garante[42].

Também podem ser reconhecidos como coligados, a depender da vinculação dos objetos de ambos os contratos, aqueles celebrados em deliberações assembleares e os acordos de acionistas. Isso pois, a depender do interesse dos sócios e das negociações traçadas em ambos, seus objetos serão evidentemente dependentes entre si[43].

A coligação pode se dar de forma necessária ou voluntária, e poderá se classificar quanto à sua reciprocidade, sendo unilateral ou não. Ainda, há a figura dos contratos recíprocos, que ocorrem quando as mesmas partes celebram dois contratos em relação de dependência mútua, no sentido de que a execução de um depende da execução do outro[44].

Os contratos coligados prestam para desenvolver verdadeira rede contratual, em que seus objetos buscam o atingimento de um fim comum, conservando a independência formal de cada instrumento. Para Hugo Tubone, "a estrutura híbrida, como já, brevemente, referido, não fica restrita a apenas um contrato e pode abranger também um complexo de contratos firmados, entre as mesmas partes, em prol de um empreendimento comum (*complexe contractuel-coopération*)"[45]. Essas redes, geralmente com fim empreendedor, tornam imperioso que os contratos coligados estejam bem delimitados dentro da disciplina do direito empresarial[46].

Paula Forgioni traz a noção de contratos em redes e isolados. Aqueles estão associados a "um conjunto de contratos unidos por um escopo comum"[47]. Na rede, deve haver uma ação coordenada, mesmo que seja uma realidade de contratos autônomos e individuais. Para a caracterização dos contratos em rede, os diversos contratos são estabelecidos entre o contratante e os contratados e buscam uma única operação econômica, ainda que em uma pluralidade de contratos distintos entre si[48].

Ainda que não haja relacionamento jurídico direto entre os contratados entre si, em função dos contratos há interdependência econômica dos contratos e dos membros entre si. A produção de efeitos dos contratos depende da maior cooperação entre os diversos contratados, os quais compartilham de um propósito comum. Ademais, a estrutura de governança estabelecida nos contratos permite que haja o compartilhamento de informações e o controle pelos próprios contratados.

---

[41] GOMES, Orlando. *Contratos*. 28. ed. Rio de Janeiro: Forense, 2009, p. 121.

[42] Cf. BITTAR FILHO, Carlos Alberto. A classificação dos contratos no direito brasileiro vigente. *Brasília*, ano 39, n. 154, p. 11 e s., abr./jun. 2002.

[43] COELHO, Fábio Ulhoa. *Curso de direito civil*: contratos. 5. ed. São Paulo: Saraiva, 2012, p. 164.

[44] BULGARELLI, Waldirio. *Contratos mercantis*. 11. ed. São Paulo: Atlas, 1999, p. 91.

[45] YAMASHITA, Hugo Tubone. *A análise dos arranjos híbridos de contratação*: a expressão do fenômeno cooperativo entre o mercado e a hierarquia. Tese (doutorado em Direito) – Faculdade de Direito da Universidade de São Paulo, São Paulo, 2020, p. 94.

[46] Cf. MEZZALIRA, Samuel. *Conexão contratual no direito civil brasileiro*. Dissertação (mestrado em Direito) – Faculdade de Direito da Universidade de São Paulo, São Paulo, 2011.

[47] FORGIONI, Paula A. *Contratos empresariais*: teoria geral e aplicação. 5. ed. rev., atual. e ampl. São Paulo: Thomson Reuters Brasil, 2020, p. 70.

[48] Cf. YAMASHITA, Hugo Tubone. *A análise dos arranjos híbridos de contratação*: a expressão do fenômeno cooperativo entre o mercado e a hierarquia. Tese (doutorado em Direito) – Faculdade de Direito da Universidade de São Paulo, São Paulo, 2020, p. 95 e s.

Rizzardo tece importante distinção entre a classificação dos contratos coligados e mistos. Os contratos mistos, como supracitado, são aqueles redigidos com a junção de diferentes formas contratuais. Há, nessa classificação, unidade em um único instrumento contratual. Para o autor: "Nos contratos coligados, não surge a unidade em uma única figura. Eles simplesmente se formam da união de outras espécies, mas permanecendo estas autônomas quanto aos seus efeitos. Falta-lhes a unidade intrínseca, mas transparece uma dependência recíproca, às vezes imposta pela lei, configurando-se, então, como necessária, o que se verifica no transporte aéreo e no seguro de passageiros. Outras formas existem nas quais a dependência é determinada pela vontade das partes"[49].

3.5. Quanto ao tempo da execução: contratos instantâneos e de duração

Nem todos os contratos empresariais são executados de maneira instantânea, mediante um único ato de celebração. Os contratos reais, por exemplo, exigem uma multiplicidade de atos para que atinja sua última finalidade, bem como o contrato de *factoring*, locação e representação comercial. Contudo, os contratos de compra e venda, embora com prazo, se cumprem por uma só prestação, em determinado momento estipulado, ainda que mediante execução diferida.

Orlando Gomes adverte que "somente há contratos de duração por sua própria natureza. Se as partes renunciam à possibilidade da execução única, dividindo as prestações no tempo, o contrato não é de execução continuada[50]. Essa é a razão pela qual um pagamento em parcelas não desnatura a caracterização de contrato instantâneo do instrumento contratual da compra e venda.

Com isso, os contratos instantâneos podem ser subclassificados como de execução imediata, isto é, executados no momento da constituição do instrumento contratual, ou diferida, quando essa execução se dá em momento posterior. Já quanto aos demais contratos, contínuos, ou de duração, estes poderão ser agrupados em periódicos, ou seja, quando as obrigações de pelo menos uma das partes é parcelada no tempo, ou permanentes, em que "uma das partes põe à disposição da outra, enquanto vigora o contrato, uma garantia ou serviço"[51].

Paula Forgioni traz classificação que corrobora os contratos de execução instantânea e de duração. Para a autora, existem contratos simples e complexos, e um dos *indutores* que distinguisse ambos os instrumentos contratuais é a duração da relação[52].

Há diversas consequências práticas para a classificação dos contratos quanto à sua execução no tempo. *A priori*, a teoria da onerosidade excessiva não deve se aplicar aos contratos de execução instantânea, salvo nos casos em que sua execução seja diferida. A imprevisibilidade é risco que correm as partes que celebram contratos sucessivos, ou de duração[53].

Outra aplicação prática a que a doutrina e a jurisprudência devem se atentar é a irretroatividade dos dispositivos legais, máxima inquestionável na prática empresarial[54]. Caso se trate de contrato de

---

[49] RIZZARDO, Arnaldo. *Contratos*. 15. ed. Rio de Janeiro: Forense, 2015, p. 123-124.

[50] GOMES, Orlando. *Contratos*. 28. ed. Rio de Janeiro: Forense, 2009, p. 94.

[51] COELHO, Fábio. *Curso de direito civil*: contratos. 5. ed. São Paulo: Saraiva, 2012, p. 95 e s.

[52] Para a autora, a complexidade dos contratos pode variar conforme o fator da duração da relação, também interligado com "iteração da contratação; valores das prestações e contraprestações; grau de ingerência de uma parte das prestações devidas pela outra; magnitude dos prejuízos decorrentes do eventual insucesso da operação; e quantidade de pessoas envolvidas na execução do contrato" (FORGIONI, Paula A. *Contratos empresariais*: teoria geral e aplicação. 5. ed. rev., atual. e ampl. São Paulo: Thomson Reuters Brasil, 2020, p. 60).

[53] Cf. MESSINEO, Francesco. *Dottrina generale del contratto*. 3. ed. Milão: Giuffrè, 1948; RIZZARDO, Arnaldo. *Contratos*. 15. ed. Rio de Janeiro: Forense, 2015, p. 125.

[54] CF, art. 5º, XXXVI: "A lei não prejudicará o direito adquirido, o ato jurídico perfeito e a coisa julgada". Em adendo, LINDB, art. 6º: "A lei em vigor terá efeito imediato e geral, respeitados o ato jurídico perfeito, o direito adquirido e a coisa julgada".

duração, as partes podem estabelecer quais regimes jurídicos deverão incidir no cumprimento de suas prestações. Caso contrário, havendo sucessão de leis em que a mais nova alteraria o regime contratual das partes, entende-se deva prevalecer a incidência da legislação vigente ao tempo do contrato. É também possível classificar os contratos quanto ao seu grau de completude do regramento[55].

3.6. Quanto ao grau de completude do regramento: contratos completos e incompletos

Contratos incompletos podem ser compreendidos como aqueles cujas variáveis ou hipóteses que possam afetar seus efeitos não foram previstas contratualmente. Seja em relação aos custos para a referida previsão, seja decorrente de impossibilidade fática, o contrato pode conter lacunas que exigem a aplicação de regras gerais para seu preenchimento ou normas para sua interpretação.

Na verdade, por força da teoria econômica, os contratos são sempre incompletos, já que é impossível pressupor todos os acontecimentos ou eventos que poderão ocorrer, em especial no futuro[56]. "Não se consegue e não se quer prever tudo nos instrumentos contratuais"[57], o que é explicado a partir de custos de transação e da sua volatilidade, bem como dos custos para realização de um contrato mais próximo do completo[58].

Com isso, os contratos incompletos são aqueles cujo desempenho e execução abrem margem para alterações, perdas e ganhos não positivados, em face da precariedade informacional e da desejada flexibilidade que os agentes contraentes possuíam à época da sua celebração. Os contratos completos, em contrapartida, seriam aqueles "capazes de especificar, em tese, todas as características físicas de uma transação, como data, localização, preço e quantidades, para cada estado da natureza futuro"[59].

A classificação possui relevância prática, em especial quanto à aplicabilidade da teoria da onerosidade excessiva. Caso um contrato seja incompleto, a teoria da imprevisão ou onerosidade excessiva não parece constituir método adequado para identificar esses contratos, isto é, não demonstram ser formas eficazes de superar a incompletude contratual sem ter de renegociar ou discutir o contrato *ab initio*[60].

3.7. Quanto ao interesse principal da parte no contrato: contratos de prestação e contratos de relação

MacNeil construiu uma distinção entre *discrete exchanges* e *relational contracts*[61]. Um contrato "discreto" ou de prestação é uma transação de curta duração, que envolve interação pessoal limitada e bens mensuráveis. "In a purely discrete transaction, there is nothing that binds the parties together

---

[55] Cf. CAMINHA, Uinie; LIMA, Juliana Cardoso. Contrato incompleto: uma perspectiva entre direito e economia para contratos de longo termo. *Revista Direito GV*, v. 10, n. 1, p. 155-200, jan./jun. 2014.

[56] PINHEIRO, Armando Castelar; SADDI, Jairo. *Direito, economia e mercados*. Rio de Janeiro: Elsevier, 2005, p. 117.

[57] FORGIONI, Paula A. *Contratos empresariais*: teoria geral e aplicação. 5. ed. rev., atual. e ampl. São Paulo: Thomson Reuters Brasil, 2020, p. 61.

[58] CAMINHA, Uinie; LIMA, Juliana Cardoso. Contrato incompleto: uma perspectiva entre direito e economia para contratos de longo termo. *Revista Direito GV*, v. 10, n. 1, p. 163, jan./jun. 2014.

[59] CATEB, Alexandre Bueno; GALLO, José Alberto Albeny. *Breves considerações sobre a teoria dos contratos incompletos*. UC Berkeley, 2007. Disponível em: https://escholarship.org/uc/item/1bw6c8s9. Acesso em: 25 fev. 2024.

[60] Cf. PINHEIRO, Armando Castelar; SADDI, Jairo. *Direito, economia e mercados*. Rio de Janeiro: Elsevier, 2005, p. 115 e s.

[61] "Ian Macneil is the contracts scholar most responsible for the concept of relational contract". GUDEL, Paul J. *Relational contract theory and the concept of exchange*. Buffalo Law Review, v. 46, n. 763, p. 764, 1998.

Capítulo 3 • Contrato empresarial

or connects them with each other, except this fully articulated planning for a single, mutually beneficial exchange"[62].

Por outro lado, o contrato "relacional" é caracterizado por uma longa relação, com envolvimento pessoal das partes e certa dificuldade de mensurar a troca. "It follows that planning for relational contracts is often tentative rather than entirely binding and often involves not simply the substance of the exchange, as in discrete transactions, but also planning of structures and processes to govern the relation in the future"[63].

A classificação é relevante para demonstrar que certos instrumentos contratuais atribuem maior relevância para os agentes contratantes em relação ao objeto contratado. É o que refletem os contratos *intuitu personae*, como os contratos de sociedade (o que é refletido pelo *affectio societatis*) e os contratos de franquia. Quanto aos contratos de prestação, tais quais os contratos impessoais, a celebração envolve-se ao objeto do sinalagma, e não dos polos contratuais. Em regra, é o caso dos contratos de compra e venda, desde que o contratante revele capacidade de adquirir e apresente meios para cumprir a obrigação acordada[64].

3.8. Quanto ao tipo de negociação que lhes dá origem: contratos de adesão e contratos negociados

Os contratos negociados representam a ideia geral do contrato: um negócio jurídico bilateral, onde há o encontro da vontade entre as partes que livremente deverão celebrar o contrato.

O contrato de adesão, por seu turno, é aquele em que não há uma negociação das partes. O contrato já fora preestabelecido por uma das partes e apenas é aceito ou tem a possibilidade de negociação limitada pela parte aderente.

Quanto ao contrato de adesão, especificamente na seara do contrato empresarial, pode-se dizer que esse tipo de contrato é importante na criação de redes contratuais na medida em que o integrante da rede apenas adere ao já posto pela empresa "principal"[65].

A classificação é, principalmente, relevante na seara consumerista, ao passo que o Código de Defesa do Consumidor estabelece diversas exigências para a validade dos contratos de adesão celebrados em relações de consumo[66]. Dentre essas, pode-se citar a necessidade de a cláusula resolutória possuir alternativa (art. 54, § 1º, do CDC) e o tamanho da fonte não ser inferior ao corpo doze, de modo a facilitar sua compreensão pelo consumidor (art. 54, § 3º, do CDC).

Também, em comentários ao Código Civil, Caio Mário relembra que "em contratos de adesão celebrados no âmbito de relações paritárias, consideram-se nulas, nos termos do art. 424, as cláusulas que estipulem a renúncia antecipada do aderente a direito resultante da natureza do negócio, dentre as quais se insere a renúncia à garantia por vícios redibitórios"[67]. Contratos bancários, de cartão de crédito e, por vezes, de prestação de serviços, podem ser conceituados como contratos de adesão[68].

---

[62] GUDEL, Paul J. *Relational contract theory and the concept of exchange. Buffalo Law Review*, v. 46, n. 763, p. 764, 1998.

[63] GUDEL, Paul J. *Relational contract theory and the concept of exchange. Buffalo Law Review*, v. 46, n. 763, p. 765, 1998.

[64] RIZZARDO, Arnaldo. *Contratos*. 15. ed. Rio de Janeiro: Forense, 2015, p. 131.

[65] FORGIONI, Paula A. *Contratos empresariais*: teoria geral e aplicação. 5. ed. rev., atual. e ampl. São Paulo: Thomson Reuters Brasil, 2020, p. 66.

[66] O Código de Defesa do Consumidor conceitua os contratos de adesão como aquele cujas cláusulas tenham sido aprovadas pela autoridade competente ou estabelecidas unilateralmente pelo fornecedor de produtos ou serviços, sem que o consumidor possa discutir ou modificar substancialmente seu conteúdo (*vide* art. 54 do CDC).

[67] PEREIRA, Caio Mário. *Instituições de direito civil*. 21. ed. Rio de Janeiro: Forense, 2017. v. III, p. 39.

[68] NEVES, Thiago Ferreira Cardoso. *Contratos mercantis*. São Paulo: Atlas, 2013, p. 136.

Nos contratos de negociação, ou paritários, que representam os contratos empresariais complexos, essas exigências são afastadas, tendo em vista a equiparação das partes, a possibilidade de negociação e o conhecimento da integralidade do contrato. É o caso da locação empresarial, dos contratos de sociedade e dos sinalagmas celebrados em deliberações assembleares, em que a exteriorização dos contratantes é considerada na redação contratual, sem submissão às condições preestabelecidas[69].

3.9. Quanto ao grau de poder econômico das partes

O surgimento do liberalismo econômico trouxe consigo a noção de voluntarismo, o que propiciou o aparecimento da noção de que as partes, sendo igualmente livres, "vinculam-se apenas na medida de sua vontade"[70]. Com a evolução do direito e das novas relações, pôde-se perceber o reconhecimento de que, em alguns contratos, uma das partes, por ser hipossuficiente, deve ser protegida.

No direito comercial, via de regra, não se vislumbra uma hipossuficiência por parte da empresa e as relações jurídicas celebradas são naturalmente isonômicas, envolvendo partes conscientes, profissionais e que fazem das contratações o desenvolvimento da respectiva atividade.

Não obstante, em algumas relações, poderá ocorrer dependência econômica de uma parte em relação à outra, o que poderá tornar a relação assimétrica[71].

Os contratos paritários fazem referência às relações equilibradas, por empresários conscientes e cujo risco da contratação foi efetivamente mensurado. São a regra do direito empresarial, como é o caso dos contratos de sociedade, salvo quando há manifesta disparidade no controle da sociedade. Os contratos não paritários são aqueles que, ainda que celebrados entre empresários, denotam grau de dependência econômica de uma parte em relação à outra.

Nos contratos de franquia, por exemplo, por mais que não haja subordinação que poderia ensejar vínculo empregatício, é certo que o franqueador detém poder econômico superior ao franqueado. Isso possui o efeito prático de tornar a autonomia contratual *relativa*, como mesmo ministra Fran Martins, ao esclarecer que "existem contratos de franquia que fazem com que o franqueado só pratique determinados atos com autorização expressa do franqueador – propaganda local ou regional, apresentação dos produtos, disposição dos mesmos nos estabelecimentos, escrita especial, fornecimento diário, semanal ou mensal de informes sobre o movimento financeiro do franqueado, até mesmo o uso de uniformes padronizados pelos vendedores do franqueado ou o depósito do apurado das vendas em um determinado estabelecimento bancário, aprovado pelo franqueador".

Importante notar que a Lei da Liberdade Econômica passou a reconhecer a existência de contratos paritários e não paritários. Nesse sentido, o art. 3º determina que "são direitos de toda pessoa, natural ou jurídica, essenciais para o desenvolvimento e o crescimento econômicos do País, observado o disposto no parágrafo único do art. 170 da Constituição Federal: (...) VIII – ter a garantia de que os negócios jurídicos empresariais paritários serão objeto de livre estipulação das partes pactuantes, de forma a aplicar todas as regras de direito empresarial apenas de maneira subsidiária ao avençado, exceto normas de ordem pública".

---

[69] Em mesmo sentido: LÔBO, Paulo. *Direito civil*: contratos. 4. ed. São Paulo: Saraiva, 2018, p. 85 e s.

[70] FORGIONI, Paula A. *Contratos empresariais*: teoria geral e aplicação. 5. ed. rev., atual. e ampl. São Paulo: Thomson Reuters Brasil, 2020, p. 67.

[71] FORGIONI, Paula A. *Contratos empresariais*: teoria geral e aplicação. 5. ed. rev., atual. e ampl. São Paulo: Thomson Reuters Brasil, 2020, p. 67.

Capítulo 4
PRINCÍPIOS GERAIS DO DIREITO CONTRATUAL

1. PRINCÍPIOS DOS CONTRATOS

Fernando Noronha, em monumental obra visando à análise dos atuais princípios contratuais[1], apontou como existentes quatro princípios na teoria clássica, dando especial relevância a dois, em particular.

O primeiro princípio é o da *liberdade contratual*, visto pelo citado autor como uma somatória das liberdades de contratar ou não contratar, escolher a outra parte, determinar o contrato, negociar seu conteúdo e adotar a forma desejada[2].

O segundo princípio é o da *obrigatoriedade das convenções*, também chamado "vinculatividade do contrato" ou "intangibilidade", que consiste na impossibilidade tanto de as partes alterarem o pactuado como de o Judiciário rever o contrato.

Mais dois princípios são comumente, ainda, citados na conceituação tradicional segundo Noronha: o primeiro deles é o do *efeito relativo entre as partes*, isto é, o contrato que não pode beneficiar nem prejudicar terceiros, os efeitos jurídicos não atingem a estes; e o segundo é o do *consensualismo*, ou seja, o de que as partes se vinculam pela manifestação da vontade, independentemente de qualquer formalidade.

Como teremos a oportunidade de ver mais adiante de forma sucinta, não são esses mais os princípios norteadores dos contratos, embora sejam aplicáveis, ainda hoje, de forma limitada.

E isso pela simples razão de que não vivemos mais no Estado liberal e sob o dogma da absoluta autonomia da vontade, a despeito de boa parte da doutrina ainda se manter fiel à clássica conceituação do contrato[3].

---

[1] NORONHA, Fernando. *O direito dos contratos e seus princípios fundamentais (autonomia privada, boa-fé, justiça contratual)*. São Paulo: Saraiva, 1994, p. 41 *et seq*.

[2] NORONHA, Fernando. *O direito dos contratos e seus princípios fundamentais (autonomia privada, boa-fé, justiça contratual)*. São Paulo: Saraiva, 1994, p. 42. É a mesma a definição, em suma, de Cláudia Lima Marques, na obra já citada, p. 45: "A liberdade contratual significa, então, a liberdade de contratar ou de se abster de contratar, liberdade de escolher o seu parceiro, de ficar o conteúdo e os limites das obrigações que quer assumir, liberdade de poder exprimir a sua vontade na forma que desejar, contando sempre com a proteção do direito".

Na obra de Noronha (*O direito dos contratos e seus princípios fundamentais (autonomia privada, boa-fé, justiça contratual)*. São Paulo: Saraiva, 1994, p. 44 *et seq*.), o autor faz uma análise dos principais compêndios e manuais e constata que uns mais outros menos, todos continuam tratando o contrato sob a mesma principiologia liberal de outros tempos. O mesmo fenômeno é apontado por Ronaldo Porto Macedo Júnior, que vê duas explicações para isso: primeiro, a estrutura judicial e cultura jurídica dominante favorecem esse domínio, pois tendem a ser conservadoras; e segundo, o modo liberal de ver os contratos retira sua força da capacidade e adequação de legitimar o exercício do poder por meio do direito. Finalizando: "Em outras palavras, o sistema contratual liberal mantém sua hegemonia na medida que oferece elementos para a ampliação da legitimidade do exercício do poder organizado em termos de dominação burocrática racional formal e também mediante mecanismos de dominação tradicional" (MACEDO JÚNIOR, Ronaldo Porto. *Contratos relacionais e defesa do consumidor*. São Paulo: Revista dos Tribunais, [s.d.], p. 48). Sobre esse tema, cabe ressaltar que já na década de sessenta Orlando Gomes (GOMES, Orlando. *Contratos*. 28. ed. Rio de Janeiro: Forense, 2009, p. 6) alertava para a insistência dos juristas acadêmicos em tentar reduzir os fatos novos, que para eles eram monstruosidades jurídicas, aos conceitos tradicionais. Diz o autor que essa tentativa, no entanto, apenas avivava a incompatibilidade.

2. A DECADÊNCIA DO ESTADO LIBERAL E O ESTADO SOCIAL

Depois de mais de um século de liberalismo, parece ter ficado patente que, embora o progresso do mercado tenha trazido benefícios para alguns, e até certo ponto desenvolvimento econômico, a "mão invisível" não foi suficiente.

A economia liberal e o voluntarismo não somente não propiciaram a satisfação do interesse geral, como seus postulados, juntamente com o desenvolvimento do comércio e, principalmente, a Revolução Industrial, ensejaram o surgimento de uma realidade desigual, opressora, acobertada pelo conformismo da justiça formal[4].

A Revolução Industrial gerou uma situação extremamente desigual entre os donos dos meios de produção e a classe proletária; desigualdade essa legitimada no campo jurídico pelo dogma da autonomia da vontade. Na Inglaterra, berço da revolução, a consequência foi a do agravamento da divisão entre ricos e pobres (ficando aqueles cada vez mais ricos e estes cada vez mais pobres). Huberman chega a ilustrar a situação com a afirmação de que se um marciano chegasse à Inglaterra naquele momento, pensaria serem todos loucos, pois muitos trabalhavam durante horas e à noite voltavam para casa, buracos que "não serviam nem para porcos"; e poucos, que nem sequer haviam sujado as mãos, faziam as leis e recolhiam-se em suntuosas mansões[5].

Dalmo de Abreu Dallari[6] bem ponderou que embora o Estado liberal houvesse proporcionado alguns benefícios inicialmente, a despreocupação com a igualdade material e o ultraindividualismo geraram uma situação de privilégio para alguns em detrimento dos demais, ainda que sob a veste da igualdade e justiça formais. O surgimento do proletariado e a insustentável situação criada fizeram com que, no século XX, o intervencionismo estatal fosse inevitável.

A sobrevalorização da vontade e do contrato fez com que ao direito coubesse, apenas, proteger essa vontade formalmente considerada, de forma alienada da eventual realidade concreta existente. O direito restou desinteressado pela concreção da situação dos contratantes[7].

---

[4] Como bem observa Ronaldo Porto Macedo Jr., "a justiça passa a ser entendida essencialmente como respeito ao acordo firmado e o interesse público passa a ser identificado à defesa da ordem liberal e aos princípios da mínima intervenção" (MACEDO JÚNIOR, Ronaldo Porto. *Contratos relacionais e defesa do consumidor*. São Paulo: Revista dos Tribunais, [s.d.], p. 45).

[5] HUBERMAN, Leo. *História da riqueza do homem*. 21. ed. Tradução: Waltensir Dutra. Rio de Janeiro: LTC, [s.d.], p. 176. O que será que pensaria o mesmo marciano no Brasil de hoje?

[6] DALLARI, Dalmo de Abreu. *Elementos de teoria geral do Estado*. 20. ed. São Paulo: Saraiva, 1998, p. 277-278. A precisão das palavras do autor faz com que a transcrição, embora longa, seja recomendável: "O Estado liberal, com um mínimo de interferência na vida social, trouxe, de início, alguns inegáveis benefícios: houve um progresso econômico acentuado, criando-se as condições para a Revolução Industrial: o indivíduo foi valorizado, despertando-se a consciência para a importância da liberdade humana; desenvolveram-se as técnicas de poder, surgindo e impondo-se a ideia do poder legal em lugar do poder pessoal. Mas, em sentido contrário. O Estado liberal criou as condições para sua própria superação. Em primeiro lugar, a valorização do indivíduo chegou ao ultraindividualismo que ignorou a natureza associativa do homem e deu margem a um comportamento egoísta, altamente vantajoso para os mais hábeis, mais audaciosos, ou menos escrupulosos. Ao lado disso, a concepção individualista da liberdade, impedindo o Estado de proteger os menos afortunados, foi a causa de uma crescente injustiça social, pois, concedendo-se a todos o direito de ser livre, não se assegurava a ninguém o poder de ser livre. Na verdade, sob pretexto de valorização do indivíduo e proteção da liberdade, o que se assegurou foi uma situação de privilégio para os que eram economicamente fortes. E, como acontece sempre que os valores econômicos são colocados acima de todos os demais, homens medíocres, sem nenhuma formação humanística e apenas preocupados com o rápido aumento de suas riquezas, passaram a ter o domínio da sociedade. (...) Uma outra consequência grave que dele derivou foi a formação do proletariado. Ocorrendo a formação de grandes aglomerados urbanos, como decorrência direta da Revolução Industrial, havia excesso de oferta de mão de obra, o que estimulava a manutenção de péssimas condições de trabalho, com ínfima remuneração. Entretanto, a burguesia, que despontara para a vida política como força revolucionária, transformara-se em conservadora e não admitia que o Estado interferisse para alterar a situação estabelecida e corrigir as injustiças sociais. Foi isso que estimulou, já no século XIX, os movimentos socialistas e, nas primeiras décadas do século XX, um surto intervencionista que já não poderia ser contido".

[7] CABRAL DE MONCADA, Luis S. *Direito econômico*. 2. ed. Coimbra: Editora Coimbra, 1988, p. 20.

Capítulo 4 • Princípios gerais do direito contratual

Esse "desinteresse" pela situação real das partes fez com que o direito, no Estado liberal, fosse buscar uma igualdade e justiça meramente formais. Celebrado um contrato em que as vontades não estivessem viciadas (erro, dolo, coação), então, o que se decidiu é justo[8].

Conforme diz Bonavides, "como a igualdade em que se arrima o liberalismo é apenas formal, e encobre na realidade, sob seu manto de abstração, um mundo de desigualdades de fato"[9]. E como também recordou Fernando Noronha[10]: "manifestamente, o culto pela liberdade estava levando a consequências inadmissíveis. A liberdade sem freios estava esmagando outros valores humanos tão importantes quanto ela própria. O protesto do Padre Lacordaire ressoava nas consciências: *'Entre le fort et le faible c'est la liberté Qui opprime et la loi Qui affranchit'* ('entre o forte e o fraco, é a liberdade que oprime e a lei que liberta')".

O apego à igualdade formal encobriu a imensa desigualdade material inerente à realidade do Estado liberal. Assim, fruto da crise do liberalismo e da sua ineficácia, o século XX assiste ao advento do Estado social, de cunho intervencionista, atuante no campo econômico, agente de realizações e responsável por conduzir e harmonizar as operações econômicas[11]. Em outras palavras, o Estado resolve "dar uma mãozinha" à *invisible hand* para perseguir os fins sociais.

No âmbito constitucional, é marcante a promulgação da Constituição de Weimar na Alemanha em 1919 que possuía caráter social e que, além de não se limitar às funções mínimas das Constituições, garantia e trazia tanto normas programáticas[12] como uma seção específica sobre a Ordem Econômica[13]. Ressalte-se que, apesar de ser um marco relevante, a Carta de 1919 não foi a primeira a trazer uma regulamentação específica do tema social e econômico. Antes dela, tais temas haviam sido tratados nas Constituições mexicana de fevereiro de 1917 e russa de outubro do mesmo ano. No entanto, foi a de Weimar a mais destacada[14].

No Brasil, a influência da Constituição de Weimar se fez sentir na Constituição de 1934, da qual constou o Título XII: "Da Ordem Econômica e Social".

O direito passa, assim, após o liberalismo, por um processo de socialização, *anti-individualista*[15]. No mundo contratual, como bem observa Bessone, tornou-se evidente que era imperiosa a necessidade de que fossem criados mecanismos protetivos para aqueles que se encontravam em situação mais fraca e para a predominância dos interesses sociais[16]. Surge, daí, o fenômeno do dirigismo contratual.

O intervencionismo desloca o papel do Estado, que deixa de ser um mero garantidor da ordem formal para ser um agente buscando as finalidades sociais. Para isso, regula as atividades negociais, preocupando-se com "os efeitos perversos gerados pela isonomia formal [que] acabava por consagrar o predomínio da parte economicamente mais forte sobre a mais fraca"[17].

---

[8] Daí a velha máxima liberal: "Quem diz contrato, diz justo".

[9] BONAVIDES, Paulo. *Do Estado liberal ao Estado social*. 6. ed. rev. e ampl. São Paulo: Malheiros, 1996, p. 61.

[10] NORONHA, Fernando. *O direito dos contratos e seus princípios fundamentais (autonomia privada, boa-fé, justiça contratual)*. São Paulo: Saraiva, 1991, p. 66.

[11] CABRAL DE MONCADA, Luis S. *Direito económico*. 2. ed. Coimbra: Editora Coimbra, 1988, p. 23.

[12] Por exemplo, o art. 163, pelo qual o Estado deveria prover a cada alemão um trabalho.

[13] Seção V – Da Vida Econômica.

[14] GUEDES, Marco Aurélio Peri. *Estado e ordem econômica e social*: a experiência constitucional da República de Weimar e a Constituição brasileira de 1934. Rio de Janeiro: Renovar, 1998, p. 59.

[15] GOMES, Orlando. Aspectos jurídicos do dirigismo econômico. *In*: GOMES, Orlando; VARELLA, Antunes. *Direito econômico*. São Paulo: Saraiva, 1977, p. 55.

[16] ANDRADE, Darcy Bessone de Oliveira. *Do contrato*: teoria geral. 3. ed. Rio de Janeiro: Forense, 1987, p. 44.

[17] TEPEDINO, Gustavo. *As relações de consumo e a nova teoria contratual*: temas de direito civil. Rio de Janeiro: Renovar, 1999, 201.

Dessa forma, o Estado passa a intervir nas relações contratuais para proteger a parte mais fraca. Não se acredita mais que a igualdade formal é suficiente para a obtenção da justiça[18].

Se a socialização do direito e a intervenção do Estado na economia e nas relações contratuais alteraram a configuração do contrato, há um outro fator que foi progredindo durante todo o século XX e cuja influência na teoria contratual também é marcante: a massificação das relações contratuais. Esse fator, por sua vez, é consequência da massificação da sociedade após o advento da Revolução Industrial e, mais recentemente, tecnológica[19].

Com o advento do Estado social, do intervencionismo estatal e da massificação, os princípios contratuais não podem permanecer os mesmos do contrato classicamente conhecido (advindo do liberalismo), pois sua fonte, como apontamos anteriormente, era a do dogma da autonomia da vontade, que se mostrou fonte de injustiças flagrantes.

Assim, o contrato hoje não segue as mesmas linhas, sendo aplicáveis limitadamente os princípios tradicionais.

3. OS PRINCÍPIOS MODERNOS DO DIREITO CONTRATUAL

Embora não haja consenso doutrinário quanto a quais são os princípios informadores dos contratos, há unanimidade em ao menos indicar como tais os princípios da autonomia da vontade, do consensualismo, da força obrigatória e da relatividade dos efeitos do contrato. Com a promulgação do Código Civil de 2002, a esses princípios clássicos podem ser somados os princípios da boa-fé objetiva, do equilíbrio econômico e da função social do contrato[20].

3.1. Autonomia privada/autonomia da vontade

Mais do que um princípio de direito contratual, a autonomia privada, no dizer de Larenz, é um dos princípios fundamentais do direito privado, pois é somente em razão dela que pode o homem decidir livremente suas relações e assumir por si a responsabilidade afirmando-se como pessoa[21]. Nesse aspecto, para Bianca, a autonomia privada pode ser tida até mesmo como direito fundamental da pessoa[22].

---

[18] Na lição de PERLINGIERI, Pietro. *Perfis de direito civil*. 3. ed. rev. e ampl. Tradução: Maria Cristina de Cicco. Rio de Janeiro: Renovar, 1997, p. 227: "Se se deixasse a possibilidade de autorregulamentação aos sujeitos interessados, provavelmente o resultado seria oposto, no sentido de que seria mais favorável ao contraente forte: o legislador intervém para estabelecer uma desigualdade de tratamento a favor do contraente mais frágil com a intenção de colocar os sujeitos em um plano de igualdade substancial de direito".

[19] Ensina NORONHA, Fernando. *O direito dos contratos e seus princípios fundamentais (autonomia privada, boa-fé, justiça contratual)*. São Paulo: Saraiva, 1994, p. 71: "A grande resultante de tais fenômenos foi a massificação da sociedade. Realmente, se existe uma palavra que possa sintetizar tudo o que aconteceu, e ainda esclarecer o sentido de tão profundas transformações havidas, tanto políticas quanto jurídicas, inclusive no âmbito que aqui interessa, que são os contratos, tal palavra é massificação".

[20] NEGRÃO, Ricardo. *Curso de direito comercial e de empresa*: títulos de crédito e contratos empresariais. 10. ed. São Paulo: Saraiva Educação, 2021. v. 2, p. 223-224.

[21] LARENZ, Karl. *Derecho civil*: parte general. Tradução: Miguel Izquierdo e Macias Picaeva. Madrid: Editoriales de Derecho Reunidas, 1978, p. 55 Na íntegra: "La posibilidad, ofrecida y asegurada a los particulares por el ordenamiento jurídico, de regular sus relaciones mutuas dentro de determinados límites por medio de negocios jurídicos, en especial mediante contratos, recibe la denominación de 'autonomía privada'. El hombre que vive en frecuente comunicación con otros la necesita para poder decidir libremente en los asuntos que le afectan directamente, para poder configurarlos bajo propria responsabilidad. Pues solament cuando está en condiciones para ello puede promocionarse y afirmarse como persona. La autonomía privada que corresponde todo ciudadano mayor de edad es, por ello, uno de los principios capitales y fundamentales del derecho privado".

[22] BIANCA, Cesare Massimo. *Diritto civile*: il contratto. Milano: Giuffrè, 1998, p. 31.

Capítulo 4 • Princípios gerais do direito contratual

À vontade não se dá mais o mesmo destaque que se lhe atribuía na época do liberalismo, em que figurava como absoluta e única forma de imputar obrigações aos sujeitos. As transformações do liberalismo causam a alteração do conceito de autonomia privada, que confere, a partir de então, liberdade aos indivíduos para protegerem seus interesses e se vincularem[23].

Essa autonomia privada, para Noronha, consiste na "liberdade de as pessoas regularem através de contratos, ou mesmo de negócios jurídicos unilaterais, quando possíveis, os seus interesses, em especial quanto à produção e distribuição de bens e serviços"[24]. Já Orlando Gomes a conceitua como "poder atribuído à vontade individual de partejar relações jurídicas concretas, admitidas, previstas, reguladas *in abstrato* na lei"[25].

Pode-se dizer que a autonomia privada é a esfera de competência outorgada legalmente ao particular dentro da qual pode ele regulamentar suas relações por meio de negócios jurídicos. Com efeito, essa esfera pode ser maior ou menor dependendo do assunto e da relevância social da relação jurídica regulamentada.

Há negócios hoje em dia em que a autonomia privada se restringe à sua aceitação ou não, uma vez que seu conteúdo já está previamente regulamentado pelo Estado. De toda forma, dentro do molde limitado pelo Estado por normas de ordem pública, o princípio assegura o autorregramento da vontade. Os indivíduos poderão, com o conhecimento dos efeitos dos respectivos atos, negociar seus direitos e obrigações, se entenderem que é conveniente aos respectivos interesses, e desde que desejem se vincular.

A imputação de obrigações aos indivíduos somente poderá ser determinada pela lei conforme a proteção do interesse público ou mediante a vinculação voluntária dos indivíduos.

3.2. *Pacta sunt servanda*

A livre manifestação da vontade para a tutela dos respectivos interesses vincula os contratantes aos direitos subjetivos e obrigações convencionados. Pela adstrição aos termos contratados, o *pacta sunt servanda* assegura que as partes não poderão, sem a autorização da parte adversa, unilateralmente se liberarem das obrigações contratuais sem seu cumprimento. Seu descumprimento permite a imposição pela parte adversa da reparação de perdas e danos pelo inadimplemento.

O princípio decorre do exercício da autonomia privada dos contratantes para se obrigarem em determinado cenário, ocasião em que sopesarão os riscos das referidas prestações. Nesse aspecto, poderá ocorrer a alteração das circunstâncias fáticas se as prestações contratadas se protraírem no tempo, o que alteraria o risco contratado pelas partes e, portanto, deveria mitigar essa vinculação aos seus termos.

Como destaca Fradera, "desde há muitos anos, o princípio reitor dos contratos, *pacta sunt servanda*, de origem canonista, inscrito nos códigos liberais dos séculos XIX e XX, inclusive no brasileiro de 1916, sofreu lenta e progressiva mitigação, sob o pretexto de ser imperiosa uma revisão desta concepção liberal, para evitar injustiças"[26].

---

[23] PRATA, Ana. *A tutela constitucional da autonomia privada*. Coimbra: Almedina, 1982, p. 25.

[24] NORONHA, Fernando. *O direito dos contratos e seus princípios fundamentais (autonomia privada, boa-fé, justiça contratual)*. São Paulo: Saraiva, 1994, p. 115.

[25] GOMES, Orlando. Autonomia privada e negócio jurídico. *Novos temas de direito civil*. Rio de Janeiro: Forense, 1983, p. 81.

[26] FRADERA, Véra Jacob. Art. 7º: Liberdade contratual e a função social do contrato: art. 421 do Código Civil. *In*: MARQUES NETO, Floriano Peixoto; RODRIGUES JR., Otavio Luiz; LEONARDO, Rodrigo Xavier (coord.). *Comentários à Lei de Liberdade Econômica*: Lei n. 13.874/2019. São Paulo: Thomson Reuters Brasil, 2019, p. 299.

56 — Parte Geral

Passou-se a preconizar que a vinculação contratual circunscreve-se às obrigações contratadas nas circunstâncias apresentadas no momento da contratação. Trata-se da cláusula *rebus sic stantibus*, prevista no art. 478 do CC. Isso porque a vontade apenas obrigaria diante de determinado cenário fático sobre o qual foi verificado o interesse pela parte para se vincular.

Pelo dispositivo legal referido, notadamente nos contratos de execução continuada ou diferida, a prestação de uma das partes poderá se tornar excessivamente onerosa, com extrema vantagem para a outra, em virtude de acontecimentos extraordinários e imprevisíveis. Nessa hipótese, a parte poderá requerer sua resolução justamente para cessar sua vinculação aos termos cujas circunstâncias foram alteradas[27].

A força obrigatória da convenção somente prevalece enquanto as condições fáticas do momento da contratação estiverem presentes. Fatos imprevisíveis e que alterem as prestações de modo a gerar onerosidade excessiva a uma das partes permitirão ao contratante requerer a resolução do contrato ou o réu poderá evitá-la com a modificação equitativa das condições do contrato.

Entretanto, como se apreciará nos princípios peculiares aos contratos empresariais, a alteração das circunstâncias fáticas a exigir a intervenção estatal e a revisão dos contratos deve ser absolutamente excepcional. Como os contratos empresariais são presumidos como paritários e simétricos, as partes poderão estabelecer os parâmetros objetivos para a interpretação das cláusulas negociais, assim como os pressupostos de revisão ou de resolução. A falta de previsão contratual, entretanto, permitirá a intervenção estatal apenas de forma excepcional, sob pena de comprometer a alocação de riscos definida pelas próprias partes na relação jurídica contratada.

3.3. Consensualismo

Como dito anteriormente, os princípios contratuais tradicionais são aplicados de forma limitada pelo direito privado moderno. O consensualismo é um deles.

Na antiguidade, o formalismo era característica essencial aos contratos. Estes possuíam, como regra, formalidades para serem concluídos, como a presença de testemunhas ou a prática de alguma solenidade, como a realização por instrumentos públicos, a pronunciação de fórmulas etc.

No direito privado moderno, a formalidade é excepcional, ao contrário do que ocorre nos contratos reais, que exigem para existir não apenas o consenso das partes, mas a entrega da coisa[28].

A celebração dos contratos empresariais, assim, geralmente, não está sujeita à forma especial, motivo pelo qual as partes podem exteriorizar suas vontades por qualquer via juridicamente relevante[29].

A dinâmica das relações e a necessidade de os agentes econômicos satisfazerem com rapidez as próprias necessidades fizeram com que exigências formais para a celebração dos contratos fossem absolutamente excepcionais e restritas à proteção de interesses de terceiros.

Nesse ponto, José Engrácia Antunes aponta que o movimento do formalismo, como contraponto ao consensualismo, pode ter seus fundamentos na segurança jurídica das trocas comerciais, na proteção da parte contrária (como é o caso nos contratos celebrados entre empresários e consumidores ou entre grandes e pequenos empresários) e na publicidade externa com o fim de tutelar interesses de terceiros (como no caso de contrato de sociedade)[30].

---

[27] SACRAMONE, Marcelo Barbosa. *Manual de direito empresarial*. 2. ed. São Paulo: Saraiva Educação, 2021, p. 525.

[28] NEGRÃO, Ricardo. *Curso de direito comercial e de empresa*: títulos de crédito e contratos empresariais. 10. ed. São Paulo: Saraiva Educação, 2021. v. 2, p. 236.

[29] ANTUNES, José Engrácia. *Direito dos contratos comerciais*. Coimbra: Almedina, 2009, p. 156.

[30] ANTUNES, José Engrácia. *Direito dos contratos comerciais*. Coimbra: Almedina, 2009, p. 158.

Capítulo 4 • Princípios gerais do direito contratual

Tomazette, por exemplo, evidenciando a simplicidade das formas como um princípio do direito empresarial, alega que "a velocidade das relações econômicas modernas não permite que o formalismo esteja presente nas relações de massa, que são a maioria no âmbito do direito empresarial. A velocidade da economia moderna impõe uma disciplina mais célere dos negócios, com a proteção da boafé. As formas devem ser mais simples, de modo a atender às necessidades da atividade empresarial"[31].

Diferentemente, Caio Mário explica que o consensualismo, predominante em todo o século XIX e presente no século XX, atualmente, sofreu uma redução de seu escopo em razão da "necessidade de ordenar certas regras de segurança, no propósito de garantir as partes contratantes, contra as facilidades que a aplicação demasiado ampla do princípio de consensualismo vinha difundindo. E engendrou então certas exigências materiais, que podem ser subordinadas ao tema do formalismo, as quais abalam a generalização exagerada do consensualismo"[32]. Até por isso, no ramo civil, é possível perceber a classificação que difere os contratos em reais, consensuais e formais.

Diante do exposto, percebe-se que as relações puramente civis e empresariais guardam diferenças no que se refere ao consensualismo. Por um lado, no âmbito das relações civis, o consensualismo precisou ser mitigado para proteger as partes em relações possivelmente assimétricas. Ao seu turno, a dinâmica natural do direito empresarial carece que o formalismo seja a exceção, uma vez que se contrário fosse as trocas mercantis ver-se-iam engessadas.

3.4. Relatividade dos efeitos do contrato

O princípio da relatividade dos contratos exige que os efeitos por eles produzidos possam afetar apenas as partes contratantes. Terceiros que não tenham manifestado voluntariamente o interesse em se vincular à obrigação contratada não podem ter seus direitos afetados pela relação jurídica.

Arnaldo Rizzardo entende que esse princípio, por caracterizar lei entre as partes (e apenas entre elas), limita tanto a intervenção de terceiro quanto a atividade legislativa do Estado, "em face da impossibilidade de uma lei nova incidir retroativamente sobre contrato regularmente celebrado por constituir ato jurídico perfeito"[33].

Essa concepção tradicional do contrato, entretanto, vem sendo mitigada pela função social dos contratos e a nova perspectiva de que os contratos produzem efeitos, ainda que indiretamente, sobre a esfera de terceiros estranhos ao contrato, os quais poderão ser afetados pela relação jurídica convencionada.

Até por isso, Caio Mário entende que esse princípio permite exceções, "devendo ser posto de lado em consideração à função social do contrato para atender aos valores sociais inaugurados pela nova ordem constitucional, buscando a primazia dos valores existenciais e solidaristas àqueles de caráter patrimonial e individualista"[34]. Citam-se, como exemplo, os casos dos herdeiros, do consumidor por equiparação e da tutela externa do crédito.

O enunciado 21 da Jornada de Direito Civil, por exemplo, prevê que "a função social do contrato, prevista no art. 421 do CC, constitui cláusula geral a impor a revisão do princípio da relatividade dos efeitos do contrato em relação a terceiros, implicando a tutela externa do crédito"[35].

---

[31] TOMAZETTE, Marlon. *Curso de direito empresarial*: teoria geral e direito societário. São Paulo: SaraivaJur, 2024. v. 1, p. 29. *E-book*.

[32] PEREIRA, Caio Mário da S. *Instituições de direito civil*: contratos. Rio de Janeiro: Forense, 2024. v. III, p. 38. *E-book*.

[33] RIZZARDO, Arnaldo. *Contratos*. Rio de Janeiro: Forense, 2023, p. 23. *E-book*.

[34] PEREIRA, Caio Mário da S. *Instituições de direito civil*: contratos. Rio de Janeiro: Forense, 2024. v. III, p. 35. *E-book*.

[35] Disponível em: https://www.cjf.jus.br/enunciados/enunciado/667. Acesso em: 03 maio 2024.

58
Parte Geral

Nesse aspecto, embora a promessa de fato de terceiro exija a concordância do terceiro para se obrigar (art. 439 do CC), possível a estipulação em favor de terceiro (art. 436 do CC), que assegura a esse o direito de exigir o cumprimento da obrigação que não foi por ele convencionada, mas ocorreu em seu benefício[36].

Aplica-se também esse raciocínio ao direito empresarial uma vez que o imperativo dele é nova a ordem constitucional, como quis Caio Mário citado *supra*. Em outros termos, o argumento da dinâmica das trocas comerciais não afasta a mitigação da relatividade porque essa mitigação também se vale para proteger outros agentes do mercado além das partes do contrato. Não se nega que esse movimento se apresenta como exceção, mas também não se advoga sua inexistência.

3.5. Boa-fé objetiva

Com a alteração do perfil do contrato, foi alçado à condição de pilar da teoria contratual outro princípio que sempre esteve latente. Trata-se do princípio da boa-fé.

O Código Civil de 1916, fruto da ideologia liberal individualista, praticamente não fez menção à boa-fé no livro das obrigações. Muitas vezes, o código menciona a boa-fé em outras searas, a maioria delas no Livro II, sobre o direito das coisas. Essa boa-fé, no entanto, é a boa-fé subjetiva, antônimo de má-fé, referente ao elemento psicológico[37].

A boa-fé a que nos referimos como princípio do direito contratual, e seu princípio central, é a boa-fé objetiva, regra de conduta definida como "dever de agir de acordo com determinados padrões, socialmente recomendados, de correção, lisura, honestidade, para (…) não frustrar a confiança legítima da outra parte"[38].

Judith Martins-Costa entende ser difícil a definição da boa-fé objetiva. De acordo com a autora, "a locução 'boa-fé' é uma expressão semanticamente vaga ou aberta e, por isso, carecedora de concretização, sendo a tarefa de concretizar sempre, e necessariamente, contextual (…). O conteúdo específico da boa-fé, em cada caso, está indissoluvelmente ligado às circunstâncias, aos 'fatores vitais' determinantes do contexto da sua aplicação. Por isso é impossível apresentar uma definição apriorista e bem-acabada do 'que seja' a boa-fé objetiva"[39].

O conceito genérico pode ser aproximado de uma obrigação de agir conforme a legítima expectativa da parte adversa. É o comportamento probo esperado para permitir a utilidade do negócio jurídico celebrado. É esse dever de probidade do contratante que molda toda a relação jurídica e impõe sua interpretação, sua integração e a análise da correção de condutas contratuais dos agentes, antes, durante e após a execução dos contratos[40].

A boa-fé subjetiva não se confunde com a boa-fé objetiva. "Enquanto a boa-fé subjetiva se caracteriza pela ignorância do agente, o princípio contratual da boa-fé objetiva exige que o contratante aja

---

[36] NEGRÃO, Ricardo. *Curso de direito comercial e de empresa*: títulos de crédito e contratos empresariais. 10. ed. São Paulo: Saraiva Educação, 2021. v. 2, p. 236.

[37] Isto não quer dizer que a boa-fé não seja aplicável às obrigações no atual sistema, pois ela é, acima de tudo, um princípio geral de direito. Curioso notar que o esboço de Teixeira de Freitas, arts. 517 a 520, fazia menção expressa à boa-fé nos atos jurídicos. No entanto, nos parece que se referia à boa-fé subjetiva. O projeto do Código das Obrigações de 1965 já referindo-se à declaração de vontade nos negócios jurídicos, no art. 23, determinava a interpretação segundo a boa-fé. O Projeto de Código Civil também determina que os contratantes devem agir de boa-fé na conclusão e execução dos contratos.

[38] NORONHA, Fernando. *O direito dos contratos e seus princípios fundamentais (autonomia privada, boa-fé, justiça contratual)*. São Paulo: Saraiva, 1994, p. 136.

[39] MARTINS-COSTA, Judith. *A boa-fé no direito privado*: critérios para a sua aplicação 2. ed. São Paulo: Saraiva Educação, 2018. p. 43.

[40] MARTINS-COSTA, Judith. *A boa-fé no direito privado*: critérios para a sua aplicação 2. ed. São Paulo: Saraiva Educação, 2018. p. 44-45.

Capítulo 4 • Princípios gerais do direito contratual

conforme a legítima expectativa da parte contrária e como forma de não frustrar a confiança depositada. Nos termos do art. 422 do Código Civil, "os contratantes são obrigados a guardar, assim na conclusão do contrato, como em sua execução, os princípios de probidade e boa-fé"[41].

A boa-fé objetiva tem como uma de suas metas tutelar a confiança da outra parte. Assim, a contrariedade à boa-fé, mesmo que sem culpa, pode gerar o dever de indenizar. Pelo princípio da boa-fé, portanto, as partes devem agir de forma a não desmerecer a confiança legitimamente depositada pela outra parte.

A boa-fé objetiva não é inovação do Código Civil de 2002. O Código Comercial de 1850 já assegurava, à época, em seu art. 131, que o contrato deveria ser interpretado conforme o legitimamente esperado pelas partes. "A inteligência simples e adequada, que for mais conforme à boa-fé, e ao verdadeiro espírito e natureza do contrato, deverá sempre prevalecer à rigorosa e restrita significação das palavras" (art. 131)[42].

Segundo Humberto Theodoro Júnior, mesmo anteriormente a esse período já se reconhecia a boa-fé em sua vertente objetiva. "Com efeito, não é correto afirmar que o direito pretérito não reverenciava a boa-fé objetiva, tendo em vista que, em análise última, finca raízes em singelo adágio advindo do direito romano, segundo o qual *honeste vivere, alterum non laedere, suum cuique tribuere* (viver honestamente, não causar dano a outrem e dar a cada um o que é seu)"[43].

O dever de agir de boa-fé existe não somente na execução do contrato, mas também na sua formação (responsabilidade extracontratual) e, por vezes, mesmo após seu cumprimento ou extinção de qualquer forma (como, *v.g.*, o dever de sigilo).

A relação obrigacional, especialmente a contratual, é dinâmica e deve ser analisada não somente em determinado momento, mas em toda sua "vida útil" e, às vezes, até mesmo depois disso. O que precisamos ter em mente é que um contrato não significa, apenas, direito e dever à prestação "principal", mas também o fato de que aquele que é titular de uma relação contratual está obrigado pelos deveres secundários, ou de conduta e é, também, credor desses mesmos deveres.

Em sua formação, a parte deverá corresponder à expectativa da parte adversa, com, por exemplo, a obrigação de prestar todas as informações essenciais sobre o objeto da negociação. Em um segundo momento, durante o cumprimento do contrato, a boa-fé objetiva tem função de interpretação das cláusulas dúbias e de integração do contrato, com obrigações não expressas das partes contratantes. São exemplos desses efeitos contratuais a *surrectio* (comportamento da parte que cria direito à parte adversa), a *supressio* (comportamento da parte que suprime determinados direitos próprios) e a obrigação dos contratantes de facilitar e não criar impedimentos ao cumprimento das prestações pela parte adversa. Mesmo após a fase de cumprimento, a boa-fé objetiva exige dos contratantes comportamentos de modo a não impedir o aproveitamento das prestações ou a não produção dos efeitos dos contratos, como o dever de manter sigilo do contrato.

A boa-fé contratual pode ser decomposta em três funções[44]: de interpretação, de integração e de controle. Embora as funções de integração e de controle possam ser derrogadas pelas partes,

---

[1] SACRAMONE, Marcelo Barbosa. *Manual de direito empresarial*. 2. ed. São Paulo: Saraiva Educação, 2021, p. 525.

[2] THEODORO JÚNIOR, Humberto. *O contrato e sua função social*. 4. ed. rev., atual. e ampl. Rio de Janeiro: Forense, 2014, p. 205.

[3] THEODORO JÚNIOR, Humberto. *O contrato e sua função social*. 4. ed. rev., atual. e ampl. Rio de Janeiro: Forense, 2014, p. 205.

[4] NORONHA, Fernando. *O direito dos contratos e seus princípios fundamentais (autonomia privada, boa-fé, justiça contratual)*. São Paulo: Saraiva, 1994, p. 151.

asseveram Bianca que a norma de interpretação segundo a boa-fé deve ser considerada de ordem pública, tamanha sua relevância[45].

A primeira função é a de interpretação. Nesta, a boa-fé objetiva determina que as partes devem proceder para descobrir o sentido das estipulações dúbias. Segundo o autor, essa regra se desdobra em duas. A primeira reza que o contrato deve ser interpretado de acordo com seu sentido objetivo, a menos que o destinatário conheça a vontade real do declarante ou devesse conhecê-la. A segunda impõe que, no caso de dúvida quanto ao sentido objetivo, deve prevalecer o sentido que a boa-fé indicar como o mais razoável[46].

A segunda função é de integração. Ela complementa os deveres de conduta, ainda que não expressos na lei, e exige que os comportamentos sejam seguidos pela parte para justamente permitir que os efeitos pretendidos na convenção sejam produzidos.

Por fim, a função de controle. Ela determina os limites do direito que o credor tem a faculdade de exercer contra o devedor.

Todas essas funções apontadas são vitais para o desenvolvimento da relação contratual moderna. A importância da boa-fé é tão grande que Cláudia Lima Marques afirma que sua imposição como princípio geral modifica visão estática da relação contratual, substituindo-a por uma relação obrigacional de caráter dinâmico[47].

A releitura da teoria contratual tem ligação com essa visão dinâmica da relação obrigacional. A lição sobre o dinamismo da relação obrigacional foi passada com maestria por Larenz. Ensina o autor que não obstante a distinção entre as relações obrigacionais das demais relações jurídicas se dê no "significado primário do dever de prestação", a relação obrigacional não se esgota aí. Qualquer que seja a relação obrigacional, existirá sempre o dever de cumprir com fidelidade e lealdade a obrigação assumida, sem defraudar a confiança da outra parte, isto é, "cumprir a obrigação segundo a boa-fé"[48]. Aos deveres que ultrapassam o dever da prestação, resultantes para as partes ou do pactuado ou da natureza da obrigação e do cumprimento do princípio da boa-fé, denomina o autor "deveres laterais de conduta".

Como princípio de ordem pública, a parte lesada deverá apenas demonstrar a existência de sua violação. Nos casos sob seu exame, ao magistrado caberá a aplicação do princípio da boa-fé objetiva, inclusive sem provocação da parte, de ofício, como forma de reordenar o contrato para que este possa atingir aos objetivos preconizados pelas partes no momento da contratação[49].

Nesses termos, é a conclusão n. 363 da IV Jornada de Direito Civil: "art. 422: os princípios da probidade e da confiança são de ordem pública, sendo obrigação da parte lesada apenas demonstrar a existência da violação"; cabe ao juiz sua aplicação, mesmo de ofício".

3.6. Justiça contratual ou equilíbrio contratual

Como terceiro princípio fundamental do contrato desponta o equilíbrio contratual ou justiça contratual.

---

[45] BIANCA, Cesare Massimo. *Diritto civile*: il contratto. Milano: Giuffrè, 1998, p. 386.

[46] NORONHA, Fernando. *O direito dos contratos e seus princípios fundamentais (autonomia privada, boa-fé, justiça contratual)*. São Paulo: Saraiva, 1994, p. 152.

[47] MARQUES, Cláudia Lima. *Contratos no Código de Defesa do Consumidor*: o novo regime das relações contratuais. 8. ed. rev., atual. e ampl. São Paulo: Revista dos Tribunais, 2016, p. 110.

[48] LARENZ, Karl. *Derecho de obligaciones*. Tradução: Jaime Santos Briz. Madrid: Revista de Derecho Privado, [s.d.]. t. 1, p. 20-21.

[49] NEGRÃO, Ricardo. *Curso de direito comercial e de empresa*: títulos de crédito e contratos empresariais. 10. ed. São Paulo: Saraiva Educação, 2021. v. 2, p. 231.

Capítulo 4 • Princípios gerais do direito contratual

É muito comum a afirmação de que a justiça é o ideal do direito (é realmente, intuitivo). No entanto, no momento de definir o que seria justiça, chega-se a uma indagação com muitas respostas. No *Digesto de Justiniano* ela foi definida como "a vontade constante e perpétua de dar a cada um o que é seu"[50]. E muitas outras foram as definições[51].

Como princípio contratual, no entanto, a definição de "justiça contratual" é mais simples. Para Noronha, é uma modalidade de justiça comutativa que implica o equilíbrio das prestações dos direitos e obrigações das partes no contrato comutativo[52].

É certo que se trata de justiça substancial, e não apenas de justiça formal (isto é, igualdade de oportunidade, traduzida no livre consentimento formalmente considerado). A justiça substancial busca o efetivo equilíbrio das partes contratantes, em relação ao conteúdo do contrato e sua execução.

E esse equilíbrio não diz respeito à questão subjetiva, isto é, ao fato de a parte entender estar o contrato equilibrado, mas sim à questão objetiva, que consiste na equivalência da prestação e contraprestação e igual distribuição dos riscos, de acordo com a natureza do contrato.

Como pudemos ver, então, a teoria contratual deve ser, e já vem sendo, revista em razão da nova realidade econômica e social. O fim do liberalismo trouxe a necessidade de adaptação do direito e, em especial, do direito obrigacional. E se a adaptação foi lenta, de início, pois o velho contrato ainda respondia às necessidades, de certa maneira, a progressão do fenômeno da massificação econômica fez com que a velocidade dessa adaptação aumentasse frente à necessidade de o direito responder à nova realidade social. O contrato não pode mais ser visto sob a ótica individualista e voluntarista, devendo ser integrado ao direito social, como um instituto que possui uma função social fundamental.

Essa justiça contratual é promovida pelo equilíbrio material das prestações sempre que houver uma disparidade. São exemplos de formas a garantir esse equilíbrio os institutos da lesão, da onerosidade excessiva e da revisão contratual. "Por esses dois instrumentos – revisão e revogação em casos de lesão e de onerosidade excessiva – alcança-se o equilíbrio contratual, quando demonstrados casos de *premente necessidade ou inexperiência* (CC, art. 157) ou a ocorrência de *acontecimentos extraordinários e imprevisíveis* (CC, art. 478). (...) Outro método de abordagem dessa matéria considera o instituto da revisão (ou revogação) por onerosidade excessiva como moderador do princípio da força obrigatória e o da lesão, subproduto do princípio da boa-fé objetiva. Esse método despreza o equilíbrio econômico como fundamental dos contratos, incluindo sua compreensão nos dois outros – o da força obrigatória e o da boa-fé objetiva"[53].

Entretanto, essa justiça contratual deve ser bem compreendida nos contratos empresariais, sob pena de subverter os riscos contratados pelos agentes econômicos.

Nos contratos empresariais, esse equilíbrio das prestações é presumido. As partes celebrantes desenvolvem atividade econômica de forma habitual e celebram os contratos reiteradamente. Por desenvolvê-los de forma profissional, são conscientes de todos os riscos da contratação e de que esta seria conveniente à satisfação dos respectivos interesses.

---

[0] "Iustitia est constans et perpetua voluntas ius suum cuique tribuendi", Livro I, D.1.1.10 pr. MADEIRA, Hélcio Maciel França. *Digesto de Justiniano*, Livro 1, ed. bilíngue. São Paulo: Revista dos Tribunais, 2000.

[1] O estudo da definição de justiça através do tempo mostra que cada autor e época chegaram a uma conclusão. Hobbes a via como ordem" no *Leviatã*; nas encíclicas papais ela aparece como *caritas*; Perelman vislumbra seis diferentes sentidos de justiça e assim por diante, desde Aristóteles, passando por Rousseau, Kant, Hegel, as definições variam. Não é possível nesta obra aprofundarmos o tema, mas é inquestionável a dificuldade de definir o que seja a justiça.

[2] MADEIRA, Hélcio Maciel França. *Digesto de Justiniano*, Livro 1, ed. bilíngue. São Paulo: Revista dos Tribunais, 2000, p. 215.

[3] NEGRÃO, Ricardo. *Curso de direito comercial e de empresa*: títulos de crédito e contratos empresariais. 10. ed. São Paulo: Saraiva Educação, 2021. v. 2, p. 236.

62 *Parte Geral*

Nesse aspecto, destacou a Lei de Liberdade Econômica o art. 421-A. Segundo o dispositivo legal, presumem-se paritários e simétricos os contratos. A presunção, entretanto, é *juris tantum* e admite prova em contrário. O afastamento da presunção exige elementos concretos, pois a alocação de riscos definida pelas partes deve ser respeitada, de modo que a intervenção judicial por revisão contratual é absolutamente excepcional e limitada.

Apenas nas situações em que demonstrado que o contrato não possa ser considerado paritário e simétrico, a regulação pelas partes como expressa da autonomia privada poderia ser mitigada pela revisão judicial em favor de um tratamento isonômico dos contratantes[54].

3.7. Função social do contrato

O art. 421 do CC determinou que os contratos celebrados, sejam entre empresários ou não, deverão atender sua função social. Pela disposição da lei, "a liberdade contratual será exercida nos limites da função social do contrato".

A função social era interpretada em conformidade ao princípio da justiça contratual e como forma de superar a concepção absoluta do primado da autonomia da vontade dos contratantes, em vigor no Código Civil anterior. No Código Civil de 1916, vigorava ainda a concepção liberal do contrato, em que a vontade dos contratantes deveria prevalecer de forma absoluta. No Código Civil de 2002, a função social dos contratos exigiu que a vontade dos contratantes deveria ser resguardada, mas desde que não prejudicasse os interesses sociais que na contratação estariam envolvidos. Pela redação original do Código Civil de 2002, entendia-se que o código "passou a adotar uma concepção mais intervencionista no direito privado, alterando a concepção anteriormente adotada a esse respeito, porquanto certas esferas deste mundo eram tidas, até o seu advento, como imunes à interferência do poder público"[55].

Miguel Reale, ao fornecer a visão geral do Código Civil, expôs a alteração da mentalidade até então existente e baseada numa cultura fundamentalmente agrária, onde predominava a população rural e não a urbana. Com a mudança na dinâmica brasileira, o Código Civil de 2002 deveria refletir essas alterações na sociedade civil. Nesse contexto, o contrato deve desempenhar uma função social[56], como reflexo da aplicação do princípio da eticidade.

O princípio da eticidade teria como base o valor da pessoa humana como fonte de todos os valores. Para sua proteção, se concebia uma função mais criadora e interveniente por parte da justiça[57].

A função social exige que o bem objeto do direito de propriedade seja empregado em determinado objetivo. Segundo nos traz Comparato, na língua latina, o substantivo *functio* é derivado do verbo depoente *fungor*, cujo significado é o de cumprir algo, ou desempenhar-se de um dever ou de

---

[54] RODRIGUEZ JR., Otavio; LEONARDO, Rodrigo Xavier; PRADO, Augusto Cézar Lukascheck. A liberdade contratual e a função social do contrato: alteração do art. 421-A do Código Civil: art. 7º. *In:* MARQUES NETO, Floriano Peixoto; RODRIGUES JR., Otavio Luiz; LEONARDO, Rodrigo Xavier (coord.). *Comentários à Lei da Liberdade Econômica:* Lei n. 13.874/2019. São Paulo: Thomson Reuters Brasil, 2019.

[55] FRADERA, Véra Jacob. Art. 7º: Liberdade contratual e a função social do contrato: art. 421 do Código Civil. *In:* MARQUES NETO, Floriano Peixoto; RODRIGUES JR., Otavio Luiz; LEONARDO, Rodrigo Xavier (coord.). *Comentários à Lei de Liberdade Econômica:* Lei n. 13.874/2019. São Paulo: Thomson Reuters Brasil, 2019, p. 294-295.

[56] REALE, Miguel. Visão geral do Projeto de Código Civil. *In:* CNJ; CEJ; TRF3. *Comentários sobre o projeto do Código Civil brasileiro.* Brasília: CJF, 2002, p. 12.

[57] REALE, Miguel. Visão geral do Projeto de Código Civil. *In:* CNJ; CEJ; TRF3. *Comentários sobre o projeto do Código Civil brasileiro.* Brasília: CJF, 2002, p. 16.

Capítulo 4 • Princípios gerais do direito contratual

uma tarefa[58]. Função "significa um poder, mais especificamente, o poder de dar ao objeto da propriedade destino determinado, de vinculá-lo a certo objetivo".

Por outro lado, o adjetivo *social* restringe esse fim a um interesse coletivo e não a qualquer interesse de julgamento do proprietário[59]. A função social dos contratos emerge, assim, como o dever dos contratantes de exercerem seus direitos de modo a satisfazer determinados interesses da sociedade[60].

A origem do princípio da função social do contrato deriva da função social da propriedade e da própria concepção do Estado de bem-estar social. A deterioração do quadro social decorrente da abstenção do Estado em virtude do liberalismo econômico, nos primeiros anos do século XX, exigiu que se restringissem os direitos subjetivos individuais e se responsabilizasse cada indivíduo pela existência digna e pelo bem-estar dos outros[61].

A função social da propriedade e, posteriormente, dos contratos surgiu no âmbito desses direitos econômicos e sociais. Com a interferência de terceiros na relação de propriedade, o domínio sobre o bem rapidamente projeta-se como direito de direção e fiscalização das atividades exercidas, como o trabalho dos operários com a utilização de máquinas. É nesse sentido que a propriedade influencia diretamente no bem-estar da comunidade e exige o controle.

Nas palavras de Del Nero, o direito de propriedade "é contido em nome do interesse geral, despedaçado em favor dos usuários da coisa, atacado por todos os lados, e, portanto, destrona-se o proprietário, que deixa de ser o que parecia – monarca absoluto e inviolável – segundo a Declaração de 1789 e o Código de Napoleão. A decadência da propriedade ocorre em todos os aspectos; mas não só da propriedade, senão também do contrato e da responsabilidade por danos – as duas outras colunas da ordem liberal e individualista do século XIX"[62].

Como instrumentos primordiais de circulação de riqueza, os contratos também se submetem a essa função social. A liberdade de contratar assegura a proteção dos interesses comuns dos contratantes, mas é restrita ao atendimento concomitante dos interesses da sociedade.

Nelson Rosenvald diferencia a função social interna e a função social externa do contrato. Na função social interna, o princípio exige a consideração dos contratantes como titulares de igual dignidade e lhes impõe a cooperação durante toda a relação contratual. A função social, nessa vertente, se apresenta como limite positivo e que impede a subordinação de uma parte à outra. O adimplemento deve ocorrer "de forma mais satisfatória ao credor e menos onerosa ao devedor"[63].

Em sua vertente externa, o princípio da função social limita a liberdade contratual das partes em relação a interesses metaindividuais que podem ser afetados. Ainda que os contratantes possam livremente tutelar os próprios interesses e, diante da relatividade do contrato, de modo que os efeitos obrigacionais se restrinjam apenas aos contraentes, a relação contratual poderá afetar indiretamente também os interesses de terceiros.

---

[58] COMPARATO, Fábio Konder. Estado, empresa e função social. *Revista dos Tribunais*, ano 85, v. 732, p. 40, 1996.

[59] COMPARATO, Fábio Konder. Estado, empresa e função social. *Revista dos Tribunais*, ano 85, v. 732, p. 32, 1996.

[60] SZTERLING, Fernando. *A função social da empresa no direito societário*. Dissertação (mestrado em Direito Comercial) – Faculdade de Direito da Universidade de São Paulo, São Paulo, 2003, p. 45.

[61] DEL NERO, João Alberto Schützer. O significado jurídico da expressão "função social da propriedade". *Revista da Faculdade de Direito de São Bernardo do Campo*, n. 3, p. 81, 1997.

[62] DEL NERO, João Alberto Schützer. O significado jurídico da expressão "função social da propriedade". *Revista da Faculdade de Direito de São Bernardo do Campo*, n. 3, p. 85, 1997.

[63] ROSENVALD, Nelson. Comentários ao art. 421 do Código Civil. *In*: PELUSO, Cezar (coord.). *Código Civil comentado*. 2. ed. Barueri: Manole, 2008, p. 409.

O princípio da função social externa reconhece a produção desses efeitos sobre a sociedade a ponto de limitar a liberdade de contratar das partes. Decerto os contratantes poderão continuar a disciplinar seus próprios interesses, mas não a ponto de ferir direitos coletivos ou difusos.

Essa nova concepção introduzida pela redação original do Código Civil acabou por relativizar a vontade das partes e o próprio risco contratado. Afetou-se a segurança jurídica ao transferir ao Poder Judiciário a análise das prestações e sua adequação a essa cláusula geral[64].

Como veremos mais adiante, no entanto, na seara empresarial, embora os princípios gerais sejam válidos, são mitigados e adaptados para a interpretação dos contratos empresariais, fazendo com que outros princípios surjam e mesmo esses princípios sejam conceituados e utilizados dando ênfase às características do direito comercial e das relações mercantis.

É nesse sentido que a Lei n. 13.874/2019 conferiu uma melhor delimitação do princípio da função social do contrato para estabelecer que a função social deverá ser concebida em atenção ao papel desse contrato para o desenvolvimento do mercado e para a segurança das relações jurídicas. Nesses termos, determinou o art. 421, parágrafo único, do CC que, "nas relações contratuais privadas, prevalecerão o princípio da intervenção mínima e a excepcionalidade da revisão contratual".

A nova redação do art. 421 do CC, conferida pela Lei n. 13.874/2019, reforça a autonomia privada dos contratantes e limita as eventuais intervenções na regulação dos seus próprios interesses, de modo a assegurar a plenitude de sua livre-iniciativa[65]. No âmbito dos contratos empresariais, de modo a preservar a segurança jurídica e o risco voluntariamente alocado pelas partes, a intervenção no contrato deve ser absolutamente excepcional, sob pena de a denominada "justiça social" comprometer a dinâmica do mercado[66].

---

[64] FRADERA, Véra Jacob. Art. 7º: Liberdade contratual e a função social do contrato: art. 421 do Código Civil. *In*: MARQUES NETO, Floriano Peixoto; RODRIGUES JR., Otavio Luiz; LEONARDO, Rodrigo Xavier (coord.). *Comentários à Lei de Liberdade Econômica*: Lei n. 13.874/2019. São Paulo: Thomson Reuters Brasil, 2019, p. 295.

[65] RAMOS, Renata. Comentários ao art. 7º. O princípio da intervenção mínima contra a retórica da "função social do contrato". *In*: CRUZ, André Santa; DOMINGUES, Juliana Oliveira; GABAN, Eduardo Molan. *Lei da Liberdade Econômica*: Lei n. 13.874/2019 comentada artigo por artigo. Salvador: JusPodivm, 2020, p. 445.

[66] RAMOS, Renata. Comentários ao art. 7º. O princípio da intervenção mínima contra a retórica da "função social do contrato". *In*: CRUZ, André Santa; DOMINGUES, Juliana Oliveira; GABAN, Eduardo Molan. *Lei da Liberdade Econômica*: Lei n. 13.874/2019 comentada artigo por artigo. Salvador: JusPodivm, 2020, p. 445.

Capítulo 5
PRINCÍPIOS DOS CONTRATOS EMPRESARIAIS

1. PRINCÍPIOS DOS CONTRATOS EMPRESARIAIS

Os princípios do direito privado são aplicáveis a todos os contratos, cuja teoria geral é extraída do Código Civil.

O desempenho de atividade econômica de forma reiterada e profissional, entretanto, implica que os contratos empresariais sejam celebrados de forma habitual, por agentes econômicos que são cientes de todos os elementos dos respectivos negócios jurídicos e que, diante da análise do risco, convencionam contratos para maximizarem a satisfação dos seus respectivos interesses.

Nesse aspecto, os diversos princípios dos contratos, já referidos anteriormente, recebem particular interpretação diante da peculiaridade dos contratos empresariais.

1.1. Autonomia privada ampla

A autonomia privada é aplicável a todos os contratos de direito privado. Trata-se de "esfera de competência outorgada legalmente ao particular dentro da qual pode ele regulamentar suas relações por meio de negócios jurídicos. Com efeito, essa esfera pode ser maior ou menor dependendo do assunto e da relevância social da relação jurídica regulamentada"[1].

Suplantando o dogma da vontade, o conceito de autonomia privada deixa claro que essa liberdade é exercida dentro de limites sociais preestabelecidos[2]. Mas o grau dessa autonomia está ligado ao jogo de forças dos contratantes e ao ramo do direito. Quanto mais regulamentado e protetivo, menor essa autonomia privada. Assim, se fôssemos usar uma escala de 1 a 10, sendo 1 o menor grau de autonomia privada e 10 o maior, poderíamos dizer que no contrato de trabalho com empregado vulnerável a autonomia seria de grau 1-2, no contrato do consumidor de grau 3-4, no contrato civil de grau 5-6 e no contrato comercial de grau 7-10.

Assim, no contrato de trabalho, o grau de decisão das partes é pequeno, normalmente ligado a poucos elementos essenciais da contratação. No direito do consumidor, embora mais largo, a incidência de normas protetivas e de reequilíbrio é grande. No civil, já há um maior respeito à autonomia privada. Mas é no contrato empresarial que essa autonomia tem maior peso. E assim deve ser.

Ao contrário do direito consumerista ou do direito do trabalho, a finalidade social das normas que disciplinam as relações de direito empresarial e a função social dos próprios institutos empresariais não implicam a proteção à parte economicamente mais vulnerável da relação ou a

---

[1] WAISBERG, Ivo. Autorização prévia da cessão de contrato nos contratos de adesão. *Revista do Instituto dos Advogados de São Paulo*, ano 3, v. 6, p. 84, jul./dez. 2000. Segundo Noronha, autonomia privada seria: "liberdade de as pessoas regularem através de contratos, ou mesmo de negócios jurídicos unilaterais, quando possíveis, os seus interesses, em especial quanto à produção e distribuição de bens e serviços" (NORONHA, Fernando. *O direito dos contratos e seus princípios fundamentais*: autonomia privada, boa-fé, justiça contratual. São Paulo: Saraiva, 1994, p. 115).

[2] Sobre a evolução da teoria contratual, ver WAISBERG, Ivo. Autorização prévia da cessão de contrato nos contratos de adesão. *Revista do Instituto dos Advogados de São Paulo*, ano 3, v. 6, jul./dez. 2000.

exigência de distribuição dos resultados ou dos prejuízos de forma equânime, com a compensação proporcional na repartição dos bens ou prestações de serviços[3].

Com efeito, sendo os contratos mercantis parte fundamental da economia de mercado pautada na liberdade de iniciativa e concorrência, nada mais lógico que a autonomia das partes seja ampla, cabendo a cada uma o ônus da decisão de contratar ou não e do que definir como risco/retorno. "O princípio da autonomia da vontade é legal, especial e implícito"[4].

Isso porque a onerosidade da atividade empresária é elemento componente da própria definição do empresário, no art. 966 do CC. Essa busca pela maximização dos resultados econômicos permite que diversas características possam ser apreendidas de suas relações jurídicas. Dentre essas características, os contratos celebrados entre empresários possuem uma função econômica, que consiste na satisfação de uma determinada necessidade das partes contratantes[5]. Para os empresários, sua contratação é avaliada como a melhor alternativa a obter vantagens, em consideração a todos os demais custos de transação que precisariam incorrer para de outra forma obtê-las.

1.2. A função social como desenvolvimento da atividade econômica

Como pelo contrato os bens se deslocam às pessoas que os mais valorizam, os recursos são aproveitados de forma mais eficiente por toda a sociedade e os ativos escassos são mais bem protegidos. Outrossim, a celebração dos contratos permite a circulação de riqueza entre os agentes, não somente com o emprego dos recursos em atividades em que seriam mais valorizados, como também mediante a celebração de diversos outros contratos para a produção dos produtos ou a circulação dos serviços.

A previsibilidade e segurança das relações jurídicas celebradas garantem ao empresário a legítima expectativa de determinado resultado como pressuposto para que possa celebrar os contratos. Cria-se, para tanto, um ambiente jurídico ordenado em que esses diversos empresários poderão celebrar suas relações jurídicas entre si em busca da satisfação de suas necessidades. O conjunto dessas relações jurídicas é o mercado[6].

O bem comum, como utilidade do conjunto de cidadãos, deve nortear a interpretação de todas as regras e institutos do direito empresarial. Nesses termos, o art. 5º da Lei n. 4.657/42 determina que, na aplicação da lei, o juiz atenderá aos fins sociais a que ela se dirige e às exigências do bem comum.

Em complemento, a lei determina que essa liberdade de contratar não pode ser absoluta. Os contratos deverão respeitar os limites de sua função social, nos termos do art. 421 do CC.

Sobre essa concepção, mas quanto à função social da propriedade, esclarece Comparato que "a noção de função, no sentido em que é empregado o termo nesta matéria, significa um poder, mais especificamente, *o poder de dar ao objeto da propriedade destino determinado, de vinculá-lo a certo objetivo*. O adjetivo social mostra que esse objetivo corresponde ao interesse coletivo e não ao interesse próprio do *dominus*; o que não significa que não possa haver harmonização entre um e outro.

---

[3] No sentido da função social do contrato como característica de um solidarismo social e que envolveria uma justiça distributiva, GODOY, Cláudio Luiz Bueno de. *Função social do contrato*. 4. ed. São Paulo: Saraiva, 2012, p. 142 e s.

[4] COELHO, Fábio. *Curso de direito civil*: contratos. 5. ed. São Paulo: Saraiva, 2012, p. 49-50.

[5] FORGIONI, Paula. *Teoria geral dos contratos empresariais*. São Paulo: Revista dos Tribunais, 2009, p. 60.

[6] O mercado é definido por Natalino Irti como o conjunto de regras que permitem aos agentes econômicos prever os comportamentos dos contratantes e orientar seus próprios atos com base nessa previsão (Concetto giuridico di mercato e doveri di solidarietà. *In*: IRTI, Natalino. *L'ordine giuridico del mercato*. 4. ed. Roma: Laterza, 2001, p. 81).

Capítulo 5 • Princípios dos contratos empresariais

Mas, de qualquer modo, se se está diante de um interesse coletivo, essa função social da propriedade corresponde a um poder-dever do proprietário, sancionável pela ordem jurídica"[7].

Disso, extrai-se que a função social pressupõe, além de uma satisfação pessoal, um retorno ao coletivo, ao bem comum da sociedade. Nesse sentido, no âmago da autonomia privada de contratar, há o reflexo do atendimento dos interesses da sociedade.

Nos contratos empresariais, esse bem comum deve ser identificado, nesse ponto, como o melhor funcionamento possível desse mercado. A interpretação dos contratos empresariais deve ser realizada em atenção ao fortalecimento desse mercado. Sua consecução se caracteriza pela redução dos custos de transação, que impedem as relações entre os agentes, e pelo fortalecimento dos pressupostos de funcionamento do sistema, como os referentes à boa-fé, aos usos e costumes, à necessidade de segurança e previsibilidade para o tráfico, à prevalência da função econômica dos contratos celebrados e à correção de falhas causadas pelo próprio funcionamento do sistema[8].

1.3. Intervenção mínima

Nos contratos empresariais, o princípio da autonomia da vontade é amplo, de modo que os agentes econômicos são livres para contratar e absolutamente conscientes dos riscos que envolvem todos os elementos da contratação.

Diante do desenvolvimento da atividade empresarial e da prática reiterada de atos, dentre eles a celebração dos contratos empresariais, o agente econômico tem pleno conhecimento de todos os elementos da contratação e sopesou os riscos com os benefícios da contratação para, profissionalmente, satisfazer seus interesses pecuniários.

Diante disso, presumem-se o equilíbrio das prestações contratadas, a ampla ciência dos contratantes sobre os riscos que possam afetar as circunstâncias fáticas em que se baseou o contrato e a experiência do agente econômico.

As normas de caráter mitigador da autonomia, como aquelas referentes à onerosidade excessiva[9], revisão de contratos, função social, ainda que incidentes como a todos os outros contratos, têm seu espectro de incidência reduzido ao caráter excepcional[10]. Não se pode dizer que não se apliquem, mas sua aplicação supletiva é mais rara em razão do respeito à autonomia ampla das partes.

Isso justamente em função da paridade da contratação, simetria informacional, consciência dos riscos contratados e experiência na realização dos contratos em virtude da profissionalidade da atividade, todos presumidos nos contratos empresariais.

Corrobora essa constatação a inserção do art. 421, parágrafo único, ao CC. Pelo dispositivo legal, nas relações contratuais privadas, prevalecerão o princípio da intervenção mínima e a excepcionalidade da revisão contratual. Na lição de Renata Ramos, a nova redação do art. 421 "será tratada

---

[7] COMPARATO, Fábio Konder. Função social da propriedade dos bens de produção. *XII Congresso Nacional de Procuradores de Estado*, Salvador, 1986.

[8] FORGIONI, Paula. *Teoria geral dos contratos empresariais*. São Paulo: Revista dos Tribunais, 2009, p. 218.

[9] "O padrão de conduta que se exige dos profissionais é mais elevado. Nesse contexto, o rol de eventos 'extraordinários e imprevisíveis', capazes de conduzir a uma 'onerosidade excessiva', nos termos da lei, é também mais restrito" (PELA, Juliana Krueger. Risco e contratos empresariais: a aplicação de resolução por onerosidade excessiva. *In*: SZTAJN, Rachel; SALLES, Marcos Paulo de Almeida; TEIXEIRA, Tarcisio (coord.). *Direito empresarial*: estudos em homenagem ao professor Haroldo Malheiros Duclerc Verçosa. São Paulo: Instituto dos Advogados de São Paulo, 2015, p. 494).

[10] No caso de aplicação das leis de insolvência, por exemplo, a aplicação desses princípios pode ter seu espectro de incidência aumentado justamente em razão dos princípios de preservação da empresa e proteção aos empregos, o que, novamente, impacta tanto o grau de autonomia quanto os cânones interpretativos.

como uma tentativa de superar o paradigma dirigista dominante, ou intervencionista, e assim conferir efetividade à livre-iniciativa em um país insuficientemente capitalizado como o Brasil"[11.]

Cezar Peluso e Nelson Rosenvald comentam que, na sistemática atual, "as obrigações revelam uma função social, uma finalidade perante o corpo social. Para além da intrínseca função da circulação de riquezas, o papel das relações negociais consiste em instrumentalizar o contrato em prol das exigências maiores do ordenamento jurídico, como a justiça, a segurança, o valor social da livre-iniciativa, o bem comum e o princípio da dignidade da pessoa humana. Como é possível observar, o epicentro do contrato se desloca do poder jurígeno da vontade e do trânsito de titularidades para um conserto entre o interesse patrimonial inerente à circulação de riquezas e o interesse social, que lateralmente àquele se projeta. A função social do contrato não veio para coibir a liberdade de contratar, como induz a literalidade do art. 421, mas para legitimar a liberdade contratual"[12].

A máxima da função social, nesse sentido, é essencial para a legitimação dos contratos empresariais. Inclusive, de modo a viabilizar sua inserção no corpo social que, cada vez mais, busca atingir o bem comum por meio das celebrações contratuais[13].

2. FONTES DO CONTRATO EMPRESARIAL

As fontes do contrato empresarial podem ser agrupadas em: (a) fontes internas e (b) fontes internacionais, conforme a origem de sua produção encontre-se no Brasil ou alhures[14].

Das fontes internas, tem-se: (i) autonomia privada, (ii) leis e regulamentos e (iii) usos mercantis. Da parte das fontes internacionais, tem-se: (i) direito comercial internacional e (ii) *lex mercatoria*[15].

Dentre as fontes internas, a primeira a ser apontada é a autonomia privada.

A autonomia privada, enquanto fonte interna, é o fundamento do contrato, na medida em que é negócio jurídico bilateral e que regula os efeitos sobre as próprias partes.

O Código Civil privilegia essa posição. Consoante o art. 421 e seu parágrafo único, "a liberdade contratual será exercida nos limites da função social do contrato. Nas relações contratuais privadas, prevalecerão o princípio da intervenção mínima e a excepcionalidade da revisão contratual". Pode-se interpretar, do artigo, que, dentro das possibilidades do ordenamento pátrio, os agentes econômicos têm amplo espaço para exercer sua autonomia e se autorregular.

No âmbito das normas dispositivas e desde que não se afrontem normas cogentes, as próprias partes contratantes têm autonomia para "estabelecer o conteúdo das suas relações jurídicas, convertendo-se, por conseguinte, os direitos e as obrigações validamente constituídos ao abrigo dos acordos entre si celebrados em verdadeira *'lex inter partes'*"[16].

As leis são as fontes formais primárias do direito comercial[17].

---

[11] RAMOS, Renata. O princípio da intervenção mínima contra a retórica da "função social do contrato". In: CRUZ, André Santa; DOMINGUES, Juliana Oliveira; GABAN, Eduarda Molan (org.). *Declaração de direitos de liberdade econômica*: comentários à Lei n. 13.874/2019. Salvador: JusPodivm, 2020, p. 435.

[12] PELUSO, Cezar. *Código Civil comentado*. 12. ed. São Paulo: Manole, 2018, p. 451.

[13] TARTUCE, Flávio. *Direito civil*: teoria geral dos contratos e contratos em espécie. 12. ed. Rio de Janeiro: Forense, 2017, v. 3, p. 24-25.

[14] ANTUNES, José Engrácia. *Direito dos contratos comerciais*. Coimbra: Almedina, 2015, p. 53.

[15] ANTUNES, José Engrácia. *Direito dos contratos comerciais*. Coimbra: Almedina, 2015, p. 53-66.

[16] ANTUNES, José Engrácia. *Direito dos contratos comerciais*. Coimbra: Almedina, 2015, p. 55.

[17] ANTUNES, José Engrácia. *Direito dos contratos comerciais*. Coimbra: Almedina, 2015, p. 57.

Capítulo 5 • Princípios dos contratos empresariais

No Brasil, como regulamento básico do direito empresarial figura o Código Civil, ao estabelecer a regulação da empresa, em sua Parte Especial, Livro II, e dos títulos de crédito, em sua Parte Especial, Livro I.

Para além do Código Civil, há diversas legislações esparsas, como o Código Comercial de 1850, em sua Segunda Parte, que disciplina o comércio marítimo; a Lei n. 6.404/76, que disciplina as sociedades por ações; a Lei de Falência e Recuperações, Lei n. 11.101/2005; a Lei do Cheque, Lei n. 7.357/85, dentre diversas outras[18].

Além disso, os usos mercantis também são fonte.

Com base no art. 4º da LINDB, diante de omissão legislativa, o intérprete deverá se valer da analogia, usos e costumes e princípios gerais do direito.

Não é desarrazoado dizer que o direito mercantil é eminentemente consuetudinário. Os usos mercantis, caracterizados como "comportamentos ou práticas reiteradas no mundo dos negócios, reveladores da observância uniforme e generalizada de regras de conduta"[19], são considerados fontes importantes do contrato comercial. Não à toa, o Código Comercial estabelecia, no inciso IV do art. 131, que "o uso e prática geralmente observada no comércio nos casos da mesma natureza, e especialmente o costume do lugar onde o contrato deva ter execução, prevalecerá a qualquer inteligência em contrário que se pretenda dar às palavras".

Além disso, o Código Comercial, como presente em seu art. 130: "as palavras dos contratos e convenções mercantis devem inteiramente entender-se segundo o costume e uso recebido no comércio, e pelo mesmo modo e sentido por que os negociantes se costumam explicar, posto que entendidas de outra sorte possam significar coisa diversa".

Por sua vez, o art. 131, fazendo referência à interpretação contratual, pontua, no inciso 1º, que "a inteligência simples e adequada, que for mais conforme à boa-fé, e ao verdadeiro espírito e natureza do contrato, deverá sempre prevalecer à rigorosa e restrita significação das palavras".

Nessa linha, Bulgarelli situa o princípio da boa-fé no rol dos princípios do contrato empresarial. O autor comenta que a boa-fé deveria ser observada na conclusão do contrato, momento em que deve ser chamada de boa-fé objetiva, bem como durante a vigência e no ato da interpretação[20].

A análise da boa-fé é oportuna nesse momento, uma vez que "respeita principalmente tal princípio à interpretação do contrato, em razão das cláusulas e condições estabelecidas pelas partes"[21]. Dessarte, o princípio da boa-fé permite que afirmar que a letra fria do contrato não deve suplantar a intenção manifestada ou dela inferível[22].

Fran Martins explica que o objetivo do Código, ao situar tal comando normativo, era proteger a boa-fé das partes por ser ela princípio do Direito Comercial e característica das operações mercantis, servindo "para dar maior rapidez e segurança nos negócios"[23].

O conteúdo da boa-fé objetiva está conectado às circunstâncias, aos fatores determinantes de seu contexto e, por isso, como nos lembra Judith Martins-Costa, não é possível apresentar uma definição "apriorista e bem-acabada do 'que seja' a boa-fé objetiva"[24]. Mesmo assim, é possível dizer que agir conforme a boa-fé objetiva diz respeito às "exigências de probidade, correção e comportamento leal

---

[18] SACRAMONE, Marcelo Barbosa. *Manual de direito empresarial*. 4. ed. São Paulo: SaraivaJur, 2023, p. 25.

[19] ANTUNES, José Engrácia. *Direito dos contratos comerciais*. Coimbra: Almedina, 2015, p. 59.

[20] BULGARELLI, Waldirio. *Contratos mercantis*. 11. ed. São Paulo: Atlas, 1999, p. 66.

[21] BULGARELLI, Waldirio. *Contratos mercantis*. 11. ed. São Paulo: Atlas, 1999, p. 66.

[22] GOMES, Orlando. *Contratos*. 28. ed. Rio de Janeiro: Forense, 2022, p. 68.

[23] MARTINS, Fran. *Curso de direito comercial*: contratos e obrigações comerciais. 19. ed. Rio de Janeiro: Forense, 2019, p. 52.

[24] MARTINS-COSTA, Judith. *A boa-fé no direito privado*: critérios para a sua aplicação. 2. ed. São Paulo: Saraiva Educação, 2018, p. 43.

hábeis a viabilizar um adequado tráfico negocial, consideradas a finalidade e a utilidade do negócio em vista do qual se vinculam, vincularam, ou cogitam vincular-se"[25]. Assim, pode-se falar que a boa-fé objetiva corresponde a uma regra de conduta, um tipo de comportamento social, algo que está externo em relação ao sujeito[26].

Segundo Judith Martins-Costa, a boa-fé objetiva pode ser notada no Código Civil de 2002, com caráter geral, como "metro para a aferição da licitude no exercício de direitos derivados de negócios jurídicos (art. 187); como cânone de interpretação dos negócios (art. 113); e como cláusula geral dos contratos, servindo à sua integração (art. 422)"[27].

Paralelamente, pode-se dizer que está prevista de modo específico, por exemplo, "indicando como há de ser procedida a interpretação moduladora da eficácia de condição resolutiva aposta a um negócio de execução continuada ou periódica, (art. 128); quais são os limites para o exercício de denúncia em contratos duradouros e de execução continuada (art. 473, parágrafo único); determinando limites ao exercício jurídico do *ius variandi* em contrato de empreitada, num caso específico de *suppressio* (art. 619); impondo especiais deveres de conduta para as partes em contrato de seguro (arts. 765 e 769)"[28].

2.1. Fontes internacionais

Para além das fontes internas, o direito empresarial também é constituído por fontes internacionais.

Com a progressiva aproximação dos países[29], "assistimos hoje a uma internacionalização e globalização sem precedentes das relações jusmercantis, mormente das de índole contratual"[30].

Nesse cenário, surgem as convenções internacionais que têm o objetivo de vincular os países signatários.

Além das convenções, ainda é fonte a *lex mercatoria*.

A *lex mercatoria*, historicamente, representa uma maneira particular de criar direito. "É, na origem, o *ius mercatorum* ou *lex mercatoria*, e é tal não só porque regula a atividade dos *mercatores*, mas também, e sobretudo, porque é direito criado pelos *mercatores*, que nasce dos estatutos das corporações mercantis, dos costumes mercantis, da jurisprudência da corte dos mercadores"[31].

No cenário atual de globalização, a *lex mercatoria* se apresenta como a criação e sedimentação de normas produzidas pelos próprios empresários e aplicáveis às suas relações contratuais internacionais[32].

---

[25] MARTINS-COSTA, Judith. *A boa-fé no direito privado*: critérios para a sua aplicação. 2. ed. São Paulo: Saraiva Educação, 2018, p. 43.

[26] GOMES, Orlando. *Contratos*. 28. ed. Rio de Janeiro: Forense, 2022, p. 68.

[27] MARTINS-COSTA, Judith. A boa-fé no direito privado: critérios para a sua aplicação. 2. ed. São Paulo: Saraiva Educação, 2018, p. 45.

[28] MARTINS-COSTA, Judith. *A boa-fé no direito privado*: critérios para a sua aplicação. 2. ed. São Paulo: Saraiva Educação, 2018, p. 45.

[29] "No fim do segundo milênio da Era Cristã, vários acontecimentos de importância histórica têm transformado o cenário social da vida humana. Uma evolução tecnológica concentrada nas tecnologias da informação remodelando a base material da sociedade em ritmo acelerado. Economias por todo o mundo passaram a manter a interdependência global, apresentando uma nova forma de relação entre a economia, o Estado e a sociedade em um sistema de geometria variável" (CASTELLS, Manuel. *A sociedade em rede*. 2. ed. Tradução: Roneide Venâncio Majer. São Paulo: Paz e Terra, 1999. v. 1, p. 21).

[30] ANTUNES, José Engrácia. *Direito dos contratos comerciais*. Coimbra: Almedina, 2015, p.61.

[31] GALGANO, Francesco. Lex mercatoria. Tradução: Erasmo Valladão. *Revista de Direito Mercantil, Industrial, Econômico e Financeiro*, ano XLII, p. 224, mar. 2003.

[32] ANTUNES, José Engrácia. *Direito dos contratos comerciais*. Coimbra: Almedina, 2015, p. 64.

Essas normas, enquanto produtos do próprio mercado, representam um movimento de autor-regulação e de ambiente propício para o surgimento de relações contratuais. Conforme assevera Francesco Galgano, "é, na origem, o *ius mercatorum* ou *lex mercatoria*, e é tal não só porque regula a atividade dos *mercatores*, mas também, e sobretudo, porque é direito criado pelos *mercatores*, que nasce dos estatutos das corporações mercantis, do costume mercantil, da jurisprudência da corte dos mercadores"[33]. Ainda, o autor aponta que, na era pós-industrial, "It is the contract which now constitutes a legal change (...) The contract is taking the place of the law, even in the organization of society. Some decades ago Millibad wrote that, more than ever, people considered the state as a source of all provisions and even as a source of their happiness. Today we must say that this notion is disappearing. Society now looks after itself and tends toward self-organization"[34].

3. INTERPRETAÇÃO DO CONTRATO EMPRESARIAL

De suma importância para sua aplicação, a interpretação do contrato empresarial tem despertado pouca atenção dos legisladores[35].

No Brasil, sua disciplina é realizada por poucos dispositivos no Código Civil, o que decerto são acompanhados por normas esparsas interpretativas e relacionadas a categorias específicas de negócios jurídicos, como as normas referentes aos negócios benéficos e à renúncia e aos contratos por adesão[36].

Não obstante, se o contrato é norma para as partes que vincula e obriga suas atitudes (*pacta sunt servanda*), implementar o estudo da interpretação contratual é aperfeiçoar e assegurar a manutenção ideal do contrato.

Hans Kelsen anota que a norma funciona como esquema de interpretação. "O sentido jurídico específico, a sua particular significação jurídica, recebe-a o fato em questão por intermédio de uma norma que a ele se refere com o seu conteúdo, que lhe empresta a significação jurídica, por forma que o ato pode ser interpretado segundo esta norma"[37]. Nesse sentido, "a norma que empresta ao ato o significado de um ato jurídico (ou antijurídico) é ela própria produzida por um ato jurídico que, por seu turno, recebe a sua significação jurídica de uma outra norma"[38].

Não se almeja, aqui, equiparar indiscriminadamente o contrato com uma lei ordinária. O que se demonstra é que o contrato empresarial, na medida em que pode receber contornos complexos e delicados, exige um cuidado hermenêutico. A realidade contratual, é dizer, a letra do instrumento

---

[33] GALGANO, Francesco. Lex mercatoria. Tradução: Erasmo Valladão. *Revista de Direito Mercantil, Industrial, Econômico e Financeiro*, ano XLII, p. 221, mar. 2003.

[34] Galgano, Francesco. The new lex mercatoria. Annual Survey of International & Comparative Law. v. 2. jan. 1995. San Francisco: Golden Gate University, 1995. pp. 102/103. Em tradução livre: "É o contrato que hoje constitui as alterações legislativas (...) O contrato está tomando o lugar da lei, mesmo na organização da sociedade. Há algumas décadas, Millibad escreveu que, mais do que nunca, as pessoas consideravam o Estado como fonte de todas as provisões e até mesmo como uma fonte de sua felicidade. Hoje devemos dizer que essa noção está desaparecendo. A sociedade agora cuida de si mesma e tende a se auto-organizar.".

[35] "There is now a large economic literature on contracts and contract law, but the *interpretation* of contracts, as distinct from issues involving formation, defenses, validity, and remedies, has been rather neglected", Richard A. Posner, "The Law and Economics of Contract Interpretation," 83 Texas Law Review 1581 (2004).

[36] NITSCHKE, Guilherme Carneiro Monteiro (org.). Comentário ao artigo 113 §§ 1º e 2º do Código Civil: interpretação contratual a partir da Lei da Liberdade Econômica. In: MARTINS-COSTA, Judith; NITSCHKE, Guilherme Carneiro Monteiro. *Direito Privado na Lei da Liberdade Econômica*: comentários. São Paulo: Almedina, 2022. p. 278.

[37] KELSEN, Hans. Teoria Pura do Direito. 8ª. ed. São Paulo: Editora WMF Martins Fontes, 2009, p. 4.

[38] KELSEN, Hans. Teoria Pura do Direito. 8ª. ed. São Paulo: Editora WMF Martins Fontes, 2009, p. 4.

não existe por si só e, assim, por si só disciplina a relação formatada pelos agentes econômicos dentro das possibilidades da autonomia privada[39].

Outrossim, como já comentado, um contrato, por natureza, é incompleto. Além disso, pode conter disposições antinômicas. Maria Helena Diniz estabelece que a subsunção normativa se complica em razão de dois principais fatores: (1) falta de informação sobre os fatos do caso; e (2) indeterminação semântica dos conceitos normativos[40]. No contexto contratual, por exemplo, a lacuna normativa se faz presente de maneira frequente, o que exige, por consequência, um esforço interpretativo na solução do problema.

Do exposto, sendo a interpretação o descobrimento do sentido e alcance da norma, com a finalidade da significação dos conceitos jurídicos[41], estudar a interpretação do contrato empresarial é, dentro de uma tarefa constante, entender as disposições celebradas de acordo com o comportamento e vontade das partes.

Assim, todo contrato está sujeito à interpretação[42]. As ambiguidades normais da escrita, as percepções diferentes das partes, a necessidade comercial ou até a falta de boa-fé, elementos habituais e muitas vezes cumulados, podem levar à necessidade de interpretação contratual. E, caso isso ocorra, a interpretação passa a ser elemento de estabilização do mercado, pois ela dará o sentido ao contrato, que por sua vez é o instrumento de construção do mercado. É um ato, portanto, de suma relevância e impacto. Pensar em regras interpretativas é uma necessidade prática e não uma escolha acadêmica.

As diversas regras de interpretação contratual estão dispostas nos arts. 110 a 114 do CC.

Contudo, a despeito de sua aplicação genérica a todos os tipos contratuais, as regras interpretativas devem ser utilizadas de modo peculiar em face dos contratos empresariais. Estes são celebrados por contratantes que desenvolvem atividade econômica profissional, que realizam negócios jurídicos reiteradamente e com intuito lucrativo. Diante desse exercício profissional, referido agente econômico atua para maximizar sua utilidade individual e seus resultados econômicos por meio da celebração reiterada de contratos, cujas informações e riscos sopesou.

As regras de interpretação desse negócio jurídico, nesses termos, devem conferir previsibilidade e segurança às relações jurídicas como forma de garantir a legítima expectativa de que haverá a

---

[39] FORGIONI, Paula. *Teoria geral dos contratos empresariais*. São Paulo: Revista dos Tribunais, 2009, p. 214.

[40] DINIZ, Maria Helena. Compêndio de introdução à ciência do direito. 26. ed. São Paulo: Saraiva, 2017, p. 442-443.

[41] DINIZ, Maria Helena. Compêndio de introdução à ciência do direito. 26. ed. São Paulo: Saraiva, 2017, p. 449.

[42] Ensina Roppo: *"Muitas vezes, de facto, interpretar o contrato constitui uma verdadeira e própria necessidade, se se quiser dar ao mesmo uma actuação concreta e assim realizar, efectivamente, a operação económica que lhe corresponde. (...) É claro que situações como esta não são raras, devido ao facto de, nem sempre, as partes, ao formular o texto do regulamento contratual, empregarem expressões tão precisas, unívocas e completas como seria necessário para excluir qualquer dúvida em torno do seu significado, mas, as mais da vezes, usam palavras ou fórmulas linguísticas aproximativas, lacunosas, ambíguas, cujo real significado não é fácil de determina; até porque uma mesma expressão pode ser entendida de diferentes modos conforme o tempo, o lugar as circunstâncias nas quais o declarante a formulou e o destinatário a recebeu, e em modos também diversos, consoante o grau de cultura, das competências profissionais específicas, os particulares uso linguísticos da região e o ambiente social, ao qual pertencem declarante e destinatário da declaração. É assim compreensível que cada contraente seja tentado (consciente ou inconscientemente) a retirar, para si próprio, vantagens da ambiguidade e das incertezas que, desse modo, se criam, tentando impor a interpretação que lhe é mais favorável. Mas é, por outro lado, claro que por esta via — se nenhum dos contraentes renuncia a fazer valer a sua interpretação, ou se, de qualquer maneira, estes não acordam sobre uma interpretação comum — a operatividade do contrato, do negócio, vem a ser paralisada. E assim permanece até que uma autoridade imparcial (em regra o juiz, solicitado por um dos interessados) declare, com força vinculante para as partes, qual é o sentido a reconhecer à expressão controversa, e assim solucione o conflito surgido. Na procura do significado a atribuir ao regulamento contratual, no individualizar, em concreto, a medida e a qualidade das obrigações que respeitam a cada parte consiste justamente a operação judicial de interpretação do contrato"* (ROPPO, Enzo. *O contrato*. Tradução de Ana Coimbra e M. Januário C. Gomes. Coimbra: Edições Almedina, 2009. p. 169).

Capítulo 5 • Princípios dos contratos empresariais

vinculação pelas obrigações convencionadas, sob pena de subverter todo o risco assumido pela contratação e de prejudicar o melhor funcionamento do mercado[43].

No tocante às diretrizes interpretativas dos contratos comerciais, as partes poderão convencionar as regras de interpretação ou de integração dos negócios jurídicos. Não convencionadas, são aplicáveis as regras determinadas nos arts. 112 a 114 do CC. Vale mencionar as principais características que as diferenciam da hermenêutica do contrato civil, o que faremos a seguir[44].

3.1. Interpretação objetiva e subjetiva

É comum a distinção entre interpretação subjetiva e objetiva[45]. A primeira diz respeito à intenção comum ou vontade comum das partes[46]. A segunda abrange encontrar o sentido mais funcional e comum daquela operação econômica para esclarecer as ambiguidades ou obscuridades contratuais de forma a dar sentido mercadológico à contratação[47].

No Brasil, a teoria subjetiva consagrou-se no Código Civil de 1916, que determinava, em seu art. 85, que "nas declarações de vontade se atenderá mais à sua intenção que ao sentido literal da linguagem".

Contrapondo-se à corrente subjetivista, a teoria objetiva procurou sanar a desconfiança e imprevisibilidade que comprometiam a própria fluência das relações, mormente das relações comerciais, em decorrência de o direito tutelar um elemento interno do sujeito, sua vontade, em contraposição ao externalizado no meio social – a declaração.

Sob essa perspectiva, conceituou Betti que o negócio jurídico transparece como o "ato de autonomia privada a que o direito liga o nascimento, a modificação e a extinção das relações jurídicas entre particulares". Para o autor, a vontade "pertence unicamente ao foro interno da consciência individual. Somente na medida em que se torna reconhecível no ambiente social, seja como declaração, seja como comportamento, ela se torna um fato social, suscetível de interpretação e de avaliação pelas partes. Somente declarações ou comportamentos são entidades socialmente reconhecíveis e, portanto, próprias para constituir objeto de interpretação ou instrumento de autonomia privada (...).

---

[43] SACRAMONE, op. cit., p. 526.

[44] "É mesmo evidente que os negócios mercantis merecem tratamento interpretativo diverso daquele reservado às relações entre fornecedores e consumidores, porque estas obedecem a princípios que não podem ser aplicados aos vínculos entre empresários" (FORGIONI, Paula Andrea. A interpretação dos negócios empresariais no Novo Código Civil Brasileiro. *Revista de Direito Mercantil, Industrial, Econômico e Financeiro*. São Paulo: Malheiros Editores, v. 130, abr./jun. 2003, p. 23). E continua a autora: "Portanto, a interpretação do negócio comercial, sob o ponto de vista do mercado, não pode desconsiderar que: (i) segurança e previsibilidade são necessárias para garantir a fluência de relações de mercado; (ii) os textos normativos devem permitir adequada equação entre necessidade de segurança/previsibilidade e adaptação/flexibilização do direito; (iii) a Estado, enquanto agente implementador de políticas públicas, há de ser assegurado o poder de intervenção sobre o mercado, editando normas que estabeleçam o que é lícito e o que é ilícito; (iv) a força normativa dos usos e costumes deve ser adequada ao interesse público; (v) os usos e costumes são fonte de direito comercial; a racionalidade econômica dos agentes não pode ser desconsiderada pelo direito estatal (...)."

[45] "Dois são os principais critérios de interpretação: o critério subjetivo induz ao exame de intenção comum dos contratantes, o critério objetivo busca dar ao contrato sentido, entre os expostos em juízo pelas partes, que melhor corresponda a valores de objetiva sensatez, equidade, funcionalidade" (BOITEUX, Fernando Netto. *Contratos mercantis*. São Paulo: Dialética, 2001. p. 57).

[46] "A interpretação subjetiva é a indagação da vontade comum, ou seja, constitui a verificação da vontade real das partes contratantes – determinar o conteúdo do contrato aplicando-se o princípio de investigação da vontade real (*voluntas spectanda* – vontade verificada)" (SILVA, Américo Luis Martins da. *Contratos Comerciais*: atualizado de acordo com o novo Código Civil. Rio de Janeiro: Forense, 2004, p. 152).

[47] "A interpretação objetiva é a indagação que visa buscar o sentido concreto da intenção das partes contratantes, ou seja, é o meio de esclarecer as declarações literais contidas no contrato, cuja aplicação à realidade fática encontra-se prejudicada em virtude de serem dúbias ou ambíguas e por não ser possível identificar qual a efetiva intenção das partes contratantes. Daí dizer-se que a interpretação objetiva é uma interpretação subsidiária: somente deve ser invocada quando for impossível a aplicação do princípio de investigação da vontade real das partes contratantes" (SILVA, *op. cit.*, 2004, p. 153).

Objeto de interpretação não pode ser senão um dado objetivo, uma entidade reconhecível precisamente no ambiente social"[48].

Dessa opinião perfilhou Azevedo, para quem "a vontade não é elemento do negócio jurídico; o negócio é somente a declaração de vontade"[49]. Para o autor, "a declaração, uma vez feita, se desprende do *iter* volitivo; adquire autonomia, como a obra se solta de seu autor. É da declaração, e não da vontade, que surgem os efeitos. Tanto é assim que, mesmo quando uma das partes, em um contrato, muda de ideia, persistem os efeitos deste"[50].

O Código Comercial de 1850 consagrava a corrente objetiva em seus arts. 130 e 131. Para o ato normativo, a interpretação dos contratos e convenções mercantis deveria ser realizada através dos costumes, da boa-fé e do "verdadeiro espírito e natureza do contrato".

A boa-fé, nesse contexto, apareceria na sua vertente objetiva, relacionada a padrões de comportamento dos contratantes de determinada localidade e de certo tempo, contrapondo-se à boa-fé subjetiva, que recairia sobre os aspectos psicológicos e éticos do indivíduo, algo interior, psíquico do agente. A boa-fé objetiva, por outro lado, seria ligada aos usos e costumes, à regra de conduta desenvolvida normalmente pelo homem, o que acaba por permitir a previsibilidade e certeza do comportamento esperado do contratante, garantindo a fluência das transações no mercado.

O Código Civil de 2002, ao unificar o direito privado, estabeleceu, no art. 112, que "nas declarações de vontade se atenderá mais à intenção nelas consubstanciada do que ao sentido literal da linguagem". Pela redação do dispositivo legal, salta aos olhos a prevalência da vontade real.

Consagra-se assim a teoria subjetiva, voltada à "manifestação da vontade de cada uma das partes e não naquela comum, correspondente à natureza do negócio"[51].

Há verdadeiro retrocesso nesse ponto. "A consideração de um retorno à teoria subjetiva, calcada na intenção das partes e em detrimento de sua declaração de vontade, resultaria em insegurança jurídica e incerteza nas contratações, na medida em que poderia não permitir ao contratante saber se o que está convencionando prevaleceria"[52].

No contrato comercial, no entanto, existe certo paradoxo na utilização das interpretações objetiva e subjetiva. Caso seja clara, a subjetiva deve prevalecer, ainda que seja contrária à objetiva, por respeito à autonomia privada ampla. Caso não seja clara, entretanto, apenas a objetiva pode ser utilizada pelo intérprete, na medida em que o art. 113 do CC determina que "os negócios jurídicos devem ser interpretados conforme a boa-fé e os usos do lugar de sua celebração".

Nesse aspecto, para dar vazão à autonomia privada, a primeira fonte interpretativa é o próprio contrato e seus documentos ancilares. Apenas após buscar nele a solução, restando omisso, é que outras fontes de integração, como a boa-fé objetiva ou a vontade hipotética das partes, devem ser acionadas[53].

O intérprete deve buscar a intenção das partes nas suas declarações, seja no contrato, em contratos conexos ou em documentos negociais. Apenas das partes pode vir sua vontade e a interpretação subjetiva. Obviamente uma cláusula ou uma comunicação, ou até um ato de execução podem explicitar a vontade de outra cláusula controversa, pois o contrato deve fazer sentido.

---

[48] E. Betti, *Teoria Geral do Negócio Jurídico* (trad. Fernando Miranda), t. I, Coimbra, Coimbra Editora, 1969, p. 98.

[49] A. J. Azevedo, *Negócio Jurídico – Existência, Validade e Eficácia*, São Paulo, 1974, p. 96.

[50] A. J. Azevedo, *op. cit.*, pp. 99-100.

[51] P. Forgioni, *A Interpretação dos Negócios Empresariais no Novo Código Civil Brasileiro*, in *Revista de Direito Mercantil, Industrial, Econômico e Financeiro*, n. 130, Rio de Janeiro, Malheiros, 2003, p. 32.

[52] FORGIONI, Paula A. Teoria geral dos contratos empresariais. São Paulo: Revista dos Tribunais, 2009. p. 242-243

[53] CORDEIRO, *op. cit.*, 2012, p. 536.

Capítulo 5 • Princípios dos contratos empresariais

De forma ainda mais rigorosa que no contrato civil, portanto, o intérprete deve achar a intenção das partes e respeitá-la. E o local mais adequado para encontrar a intenção dos contratantes é, sempre, o contrato[54]. Assim, havendo dubiedade, a hermenêutica deve procurar na própria arquitetura contratual, levando em conta outras cláusulas do mesmo arcabouço contratual a melhor interpretação[55].

Na hipótese de omissão do contrato, as partes poderão livremente pactuar regras de interpretação, de preenchimento de lacunas e de integração dos negócios jurídicos diversas daquelas previstas em lei para permitir a análise de sua real intenção.

Caso não fixadas pelas partes essas balizas, a vontade das partes deverá ser buscada, na interpretação dos negócios jurídicos celebrados, através de uma interpretação objetiva resultante dos atos exteriores, sejam das partes, sejam dos demais agentes de uma determinada localidade e tempo, os quais criariam a legítima expectativa de um determinado comportamento.

Nesses termos, a Lei de Liberdade Econômica, Lei n. 13.874/2019, determinou, pela inclusão do § 1º no art. 113 do CC, que a interpretação do negócio jurídico deve lhe atribuir o sentido que: (i) for confirmado pelo comportamento das partes posterior à celebração do negócio; (ii) corresponder aos usos, costumes e práticas do mercado relativas ao tipo de negócio; (iii) corresponder à boa-fé; (iv) for mais benéfico à parte que não redigiu o dispositivo, se identificável; e (v) corresponder a qual seria a razoável negociação das partes sobre a questão discutida, inferida das demais disposições do negócio e da racionalidade econômica das partes, consideradas as informações disponíveis no momento de sua celebração.

Sobre o comportamento das partes, Fábio Ulhoa Coelho explica que o artigo optou pela noção de confirmação: "o pressuposto é o de que o sujeito não se conduz de forma diferente da que declara, servindo, assim, sua conduta de indicativo da sua intenção consubstanciada na declaração"[56]. Sendo um contrato, o autor anota que tal critério se vincula ao comportamento comum das partes: "quando uma das partes não se conforma com o comportamento da outra, não se verifica nenhum 'comportamento comum', e, deste modo, o inciso I do § 1º do art. 113 do CC é inaplicável"[57].

3.2. Usos e costumes

Por seu turno, a influência dos usos e costumes na interpretação do contrato é muito superior no contrato comercial que no civil. Havendo dúvidas, lacunas ou ambiguidades, o costume do local para o mesmo tipo de negócio passa a ser importante fonte interpretativa[58].

---

[54] Além das disposições contratuais, a conduta das partes no cumprimento da obrigação também é um importante elemento para esclarecer o que foi pactuado, pois a prática real é um fator essencial do direito de empresa.

[55] Dispunha o revogado artigo 131 do Código Comercial de 1850 (Lei n. 556, de 25 de junho de 1850), no inciso 2: "2 – as cláusulas duvidosas serão entendidas pelas que o não forem, e que as partes tiverem admitido; e as antecedentes e subsequentes, que estiverem em harmonia, explicarão as ambíguas".

[56] COELHO, Fábio Ulhoa. A interpretação dos negócios jurídicos após a lei das liberdades econômicas. In: CRUZ, André Santa; DOMINGUES, Juliana Oliveira; GABAN, Eduarda Molan (org.). *Declaração de Direitos de Liberdade Econômica*: comentários à lei 13.874/2019. Salvador: JusPodivm, 2020. p. 427.

[57] COELHO, Fábio Ulhoa. A interpretação dos negócios jurídicos após a lei das liberdades econômicas. In: CRUZ, André Santa; DOMINGUES, Juliana Oliveira; GABAN, Eduarda Molan (org.). *Declaração de Direitos de Liberdade Econômica*: comentários à lei 13.874/2019. Salvador: JusPodivm, 2020. p. 427.

[58] De certa forma, novamente, era o que constava com acerto do Código Comercial de 1850: "Art. 130. As palavras dos contratos e convenções mercantis devem inteiramente entender-se segundo o costume e uso recebido no comércio, e pelo mesmo modo e sentido por que os negociantes se costumam explicar, posto que entendidas de outra sorte possam significar coisa diversa"; bem como do inciso 4 do artigo 131, que dizia: "4 – o uso e prática geralmente observada no comércio nos casos da mesma natureza, e especialmente o costume do lugar onde o contrato deva ter execução, prevalecerá a qualquer inteligência em contrário que se

Nesse aspecto, o art. 113, § 1º, II, determinou que a interpretação do negócio jurídico deve lhe atribuir o sentido que corresponder aos usos, costumes e práticas do mercado relativas ao tipo de negócio.

Sobre isso, convém entender melhor do que se trata os usos e costumes. Diferentemente da lei, os usos e costumes não têm origem certa, o que impede de localizar sua origem certa ou prever sua formação. Ele se origina da reiteração de comportamentos, os quais se tornam legitimamente esperados[59].

Paula Forgioni, com base nas regras clássicas de interpretação inspiradas em Pothier, anota os usos e costumes na interpretação do contrato empresarial e na integração do contrato empresarial. No que se refere ao primeiro, a autora evidencia que "a objetivação social dos efeitos típicos dos acordos torna-os previamente reconhecidos e desejados pelas partes, autorizando a interpretação conforme o que costuma acontecer naquele setor da economia"[60]. Ademais, conforme escreve, "Pothier refere-se ao 'uso do país', ou seja, aos efeitos típicos esperados naquele determinado mercado, por aquele específico grupo de pessoas"[61].

Por seu turno, "os usos assumem função de integração contratual preenchendo as lacunas nas declarações das vontades"[62]. Sabe-se, também, que "todo contrato empresarial traz consigo a práxis do mercado que adere aos termos do instrumento colmatando suas eventuais lacunas"[63].

A utilização dos usos e costumes atinge os contratos comuns de mercado, de contratação setorial ou local reiterada, onde se pode achar claramente um padrão comum e respeitado e se pressupor sua incidência no silêncio contratual ou na sua ambiguidade.

Contratos não usuais não poderão utilizar essa ferramenta interpretativa. Assim, por exemplo, um contrato entre dois agentes para a constituição de uma *joint venture* não tem como utilizar usos e costumes desse tipo de empreendimento, pois as peculiaridades do caso evitam a existência de um padrão e mesmo a justa expectativa no silêncio contratual.

Do exposto, pode-se concluir que, numa relação contratual, os usos e costumes servem, de alguma maneira, como facilitadores do negócio na medida em que as partes, dentro da cultura do mercado, possuem a expectativa (que gera segurança) do que deve acontecer. Sem prejuízo, Tomazette nos recorda que "apesar da importância dos usos e costumes, é certo que a vontade declarada das partes deve prevalecer (...) o costume não pode prevalecer contra a lei, nem contra a vontade expressa das partes"[64].

3.3. Sentido econômico da operação

Como os contratos comerciais são naturalmente onerosos, qualquer obrigação assumida no bojo de um contrato comercial deve ser tida por não gratuita ou como mera liberalidade. Ainda que não se possa atribuir um preço àquela especial disposição, o fruto de transação e concessões durante uma negociação comercial faz com que todo o contrato seja tido por oneroso.

---

pretenda dar às palavras". O Código Civil traz disposição geral similar, mas que, no caso comercial, tem influência muito mais severa: "Art. 113. Os negócios jurídicos devem ser interpretados conforme a boa-fé e os usos do lugar de sua celebração".

[59] REALE, Miguel. Lições Preliminares de Direito. 27. ed. São Paulo: Saraiva, 2002, p. 156-157.

[60] FORGIONI, Paula A. Teoria geral dos contratos empresariais. São Paulo: Revista dos Tribunais, 2009. p. 247.

[61] FORGIONI, Paula A. Teoria geral dos contratos empresariais. São Paulo: Revista dos Tribunais, 2009. p. 247.

[62] FORGIONI, Paula A. Teoria geral dos contratos empresariais. São Paulo: Revista dos Tribunais, 2009. p. 247.

[63] FORGIONI, Paula A. Teoria geral dos contratos empresariais. São Paulo: Revista dos Tribunais, 2009. p. 247.

[64] TOMAZETTE, Marlon. Contratos empresariais. São Paulo: Editora JusPodivm, 2022, p.135.

Capítulo 5 • Princípios dos contratos empresariais

No caso de um direito de preferência instituído no bojo de um acordo de acionistas, por exemplo, pressupõe-se que a preferência para a aquisição de ações foi precificada pelas partes como elemento para a decisão de contratar. As partes atribuíram um valor para dar ou receber a preferência, o que pode ter tido impacto determinante na decisão de contratar. Compreender a economia do contrato, base da sua onerosidade, é fundamental para nortear a interpretação objetiva, pois, no campo comercial, de forma enfática, o contrato é a "veste jurídica de operações econômicas"[65] havidas entre as partes[66].

Ao analisar objetivamente o contrato, o intérprete deve atentar para a lógica econômica sistêmica do negócio entabulado. Assim, a alocação de riscos deve ser analisada juntamente com o retorno esperado. Preço, prazo, investimento, oportunidade, tudo deve ser ponderado.

Essa equação nem sempre se limita a preço, podendo atingir investimentos, prazos contratuais, elementos concorrenciais ou estratégicos. De certa forma, o sentido econômico é a causa contratual do contrato mercantil.

Como já dito, uma vez ultrapassada a interpretação subjetiva por não ser clara a intenção das partes, a interpretação objetiva toma lugar. Nesse momento é necessário buscar uma lógica econômica coerente para o contrato, e ferramentas como a boa-fé objetiva preconizada no art. 422[67] do CC podem ser usadas na interpretação do contrato comercial[68].

Novamente, a parte tem liberdade para assumir um grande risco desprotegido ou uma prestação desproporcional dentro de sua autonomia privada. Mas se essa vontade não surge clara, na interpretação objetiva o sentido econômico pressupõe equilíbrio e sinalagma.

O intérprete deve procurar a melhor solução do caso concreto para seguir o que foi efetivamente contratado e que faça sentido econômico nessa fase. A interpretação deve ser pela função que as cláusulas interpretadas exercem no caso concreto e pela estrutura geral do negócio efetivamente entabulado entre as partes.

Nesse aspecto, o art. 113, § 1º, V, inserido pela Lei 13.874/2019, determina que a interpretação deve corresponder a qualquer seria a razoável negociação das partes sobre a questão discutida, inferida das demais disposições do negócio e da racionalidade econômica das partes, considerando as informações disponíveis no momento de sua celebração. Outrossim, os negócios jurídicos benéficos e a renúncia interpretam-se estritamente (art. 114 do CC).

---

[65] ROPPO, *op. cit.*, 2009, p. 127: "Determinar o regulamento contratual significa, em suma, fixar e traduzir em compromissos jurídicos, os termos da operação econômica prosseguida com o contrato, definir as variáveis que no seu conjunto refletem a 'conveniência econômica' do próprio contrato. [...] isto é que o contrato mais não é que a veste jurídica de operações econômicas, o instrumento legal para o exercício de iniciativas econômicas".

[66] Obviamente que, se o elemento essencial do contrato for gratuito, como por exemplo a fiança sem custo, as regras de interpretação de negócios gratuitos vão se aplicar.

[67] "Art. 422. Os contratantes são obrigados a guardar, assim na conclusão do contrato, como em sua execução, os princípios de probidade e boa-fé". Para fazer justiça ao vetusto Código Comercial, a influência da boa-fé já estava reconhecida nos contratos comerciais nos incisos 1 e 3 do artigo 131: "1 – a inteligência simples e adequada, que for mais conforme à boa fé, e ao verdadeiro espírito e natureza do contrato, deverá sempre prevalecer à rigorosa e restrita significação das palavras; 3 – o fato dos contraentes posterior ao contrato, que tiver relação com o objeto principal, será a melhor explicação da vontade que as partes tiverem no ato da celebração do mesmo contrato; (...)"

[68] A boa-fé objetiva como elemento de interpretação e integração dos contratos já está sedimentada entre nós, não merecendo muita digressão. Sobre o assunto, ver NORONHA, *op. cit.*, 1994, p. 125-204; COSTA, Judith Martins. *A boa-fé no Direito Privado*: sistema e tópica no processo obrigacional. São Paulo: Editora Revista dos Tribunais, 1999.

3.4. Interpretação em favor daquele que não redigiu o contrato

Por fim, no antigo Código Comercial de 1850, estabelecia-se a regra de que a interpretação deveria ocorrer em benefício do devedor. Nesse sentido, o art. 131, 5, determinava que, nos casos duvidosos, que não possam resolver-se segundo as bases estabelecidas, decidir-se-á em favor do devedor.

No caso de a interpretação subjetiva, em respeito à autonomia privada ampla, não refletir como clara a vontade das partes e de a interpretação objetiva não permitir, usando os usos e costumes nem o sentido econômico do contrato, chegar a uma solução razoável, a interpretação deveria então favorecer o devedor. Era uma regra de desempate.

Sob perspectiva diversa, Fábio Ulhoa Coelho sustentava como regra de desempate a proteção ao polo mais fraco da relação. Para o autor, ainda que os contratos empresariais tenham partes que possuem a exata compreensão do alcance das obrigações convencionadas, em uma simetria informacional que as permita resguardar os respectivos interesses, "em relações contratuais assimétricas em que os contratantes não dispõem das mesmas condições (culturais, econômicas, mercadológicas, acesso às informações etc.), a lei não pode deixar de contemplar instrumentos de proteção dos legítimos interesses da parte mais fraca"[69].

No Código Civil de 2002, a Lei de Liberdade Econômica assegurou, como regra de desempate, o princípio da interpretação em favor do não subscritor das cláusulas. Estabeleceu-se a regra de que a interpretação do negócio jurídico deve atribuir o sentido que for mais benéfico à parte que não redigiu o contrato, se identificável (art. 113, § 1º, IV, do CC).

Segundo Fábio Ulhoa Coelho, esse critério, antes, apenas era aplicado aos contratos de adesão. Com a inserção da Lei de Liberdade Econômica, o parâmetro foi ampliado para todos os negócios jurídicos. Para o autor, o legislador, nesse tema, pecou com o contrato empresarial. "Ao dar importância, para fins de interpretação do contrato, saber qual parte havia redigido a cláusula em primeiro lugar, a lei força os empresários a manterem arquivadas todas as versões de minutas trocadas entre elas no curso das negociações. Isso aumenta o custo das empresas, no sentido oposto ao pretendido pela Lei de Liberdade Econômica"[70].

---

[69] COELHO, op. cit., 52-53

[70] COELHO, Fábio Ulhoa. A interpretação dos negócios jurídicos após a lei das liberdades econômicas. In: CRUZ, André Santa; DOMINGUES, Juliana Oliveira; GABAN, Eduarda Molan (org.). *Declaração de Direitos de Liberdade Econômica*: comentários à lei 13.874/2019. Salvador: JusPodivm, 2020. p. 431.

PARTE ESPECIAL

Capítulo 1
CONTRATO DE COMPRA E VENDA

1. ORIGEM DO CONTRATO

O contrato de compra e venda surgiu por ocasião do surgimento da moeda.

Na fase primitiva da civilização predominava a troca ou permuta de objetos, o que dificultava as negociações na medida em que era necessário que se encontrasse um contratante que desejasse exatamente o determinado bem disponível, assim como que possuísse o bem desejado.

Para facilitar o intercâmbio dos bens e o comércio, determinadas mercadorias passaram a ser utilizadas como padrão de troca. Dentre as primeiras mercadorias, foram utilizadas as cabeças de gado (*pecus*, da qual originou "pecúnia"), o sal (o qual originou a palavra "salário"[1]) e, posteriormente, os metais preciosos. A moeda surgiu exatamente quando os referidos metais passaram a ser cunhados com o peso[2].

Com a moeda, não era mais necessário o contrato de permuta para adquirir determinado bem. Passou a se tornar possível o contrato de compra e venda, pelo qual determinado bem era adquirido mediante o pagamento de um preço em moeda.

Da realidade do direito romano antigo, convém notar que se dava mais importância à entrega da coisa e do preço do que ao *consensus*. Nos termos de Pontes de Miranda, "na *mancipatio*, o adquirente colhia com a mão o bem, perante as testemunhas e o porta-balança (*libripens*), e pronunciava a fórmula (*Hunc ego… ex jure Quiritium meum esse aio, isque mihi emptus est(o) hoc aereque aeneaque libra*), e batia na balança com o pedaço de cobre, entregando-o ao alienante. O silêncio deste significava a conformidade com a tomada da coisa. Nenhuma alusão ao negócio jurídico bilateral consensual. Nas compras e vendas sem formalidades, havia a *traditio* e o pagamento simultâneo do preço. Não havia, portanto, o contrato consensual, de que se irradiassem dívidas e pretensões. Mais tarde, a *mancipatio* fez-se negócio jurídico, abstrato, de alienação, com o pagamento, enquanto nas compras e vendas de *contado* permanecia o negócio jurídico real"[3].

Na compra e venda, o bem objeto do contrato poderá ser uma coisa corpórea ou incorpórea, como uma propriedade industrial, intelectual, artística[4]. Pode ser também objeto do contrato de compra e venda a transferência de direitos. Nesse último caso, caracteriza-se a cessão[5].

---

[1] "Multiplicaram-se, então, os mercados, cada um com seu dinheiro específico. Quase tudo já serviu como moeda: o gado (e por isso temos em português a palavra 'pecuniário', que vem de *pecus*, que é latim e quer dizer 'gado'), o sal (e a nossa palavra 'salário' vem de sal, pois pagava-se o trabalho com sal, sal era moeda) etc. Enfim, é impossível quase imaginar algum tipo de mercadoria que, em algum momento, em algum lugar, não tenha servido de intermediário de trocas." (SINGER, Paul. *Aprender economia*. 9. ed. São Paulo: Brasiliense, 1988, p. 42.)

[2] GONÇALVES, Carlos Roberto. *Direito civil*: direito das obrigações – parte especial: contratos. 22. ed. São Paulo: Saraiva Educação, 2020, p. 77. Ver também WAISBERG, Ivo; GORNATI, Gilberto. *Direito bancário*: contratos e operações bancárias. 2. ed. São Paulo: Saraiva, 2016, p. 24 e s.

[3] PONTES DE MIRANDA, José Cavalcanti. *Direito das obrigações*: compra e venda. Troca. Contrato estimatório. Atualizado por Claudia Lima Marques. São Paulo: Revista dos Tribunais, 2012, p. 57-58.

[4] PONTES DE MIRANDA, José Cavalcanti. *Direito das obrigações*: compra e venda. Troca. Contrato estimatório. Atualizado por: Claudia Lima Marques. São Paulo: Revista dos Tribunais, 2012, p. 57 (Coleção Tratado de direito privado: parte especial, v. 39).

[5] GOMES, Orlando. *Contratos*. 28. ed. Rio de Janeiro: Forense, 2022, p. 266.

Na verdade, o que identifica o contrato não é propriamente o bem objeto, que poderá ser uma coisa ou um direito, mas sim a prestação de transmissão da propriedade contra o pagamento de um preço[6].

2. CONCEITO

Por contrato de compra e venda caracteriza-se o negócio jurídico bilateral em que uma das partes, a vendedora, obriga-se à prestação de transferência de um bem, enquanto a parte comprado-ra se obriga à prestação de pagamento de um preço em dinheiro.

O contrato de compra e venda é disciplinado no art. 481 e seguintes do CC.

Trata-se de um contrato consensual no direito brasileiro. Aperfeiçoa-se apenas pelo consenso das partes quanto à transferência do objeto ou do direito (prestação de dar) e o pagamento do preço (prestação de pagar). O cumprimento das prestações não é imprescindível à formalização do contra-to, mas versa sobre a satisfação das respectivas obrigações.

A obrigação de dar consiste na transferência propriamente do domínio de determinada coisa. A contraprestação de pagar, por seu turno, consiste no adimplemento do preço. Ambas são conse-quências do contrato de compra e venda, modos de seu cumprimento, mas não requisitos para sua conclusão[7]. Enquanto a tradição gera o direito de propriedade sobre os móveis, para os imóveis, acolheu-se o requisito do registro imobiliário como ato constitutivo, que decorreria do sistema alemão, mas não com este perfeitamente identificável[8].

Nessa toada, uma vez que a compra e venda, intrinsecamente, não transfere o domínio, o con-trato gera apenas uma obrigação de dar, que gera o adimplemento[9].

O direito francês segue caminho contrário ao direito brasileiro pois atribui caráter real ao con-trato[10], uma vez que o domínio da coisa vendida é transferido independentemente da tradição. Dessa forma, de acordo com Carlos Roberto Gonçalves, na França é usual a introdução de cláusula deno-minada *dessaisine-saisine*, a qual dispensa a entrega real e efetiva do objeto do contrato, ou seja, pode ocorrer a entrega fictícia da coisa (*tradição ficta*). A utilização dessa cláusula se tornou tão frequente que o Código Civil francês presumiu a existência dela em todos os contratos de compra e venda. No art. 1.582 do Código Napoleão[11] é possível observar que a transferência pode ser considerada em vista apenas do contrato, uma vez que ele cria o vínculo obrigacional e, simultaneamente, transfere o domínio da coisa vendida (*nudus consensus parit proprietatem*)[12].

Dessa feita, no ordenamento francês, a compra e venda é translativa da propriedade, o que signifi-ca dizer que basta o consentimento, independentemente da tradição, para aperfeiçoar o contrato[13].

---

[6] GOMES, Orlando. *Contratos*. Atualizado por Antonio Junqueira de Azevedo e Francisco p. de Crescenzo Marino. 26. ed. Rio de Janeiro: Forense, 2007, p. 266.

[7] FRANCO, Vera Helena de Mello. *Contratos*: direito civil e empresarial. 4. ed. rev., atual. e ampl. São Paulo: Revista dos Tribu-nais, 2013, p. 30.

[8] VENOSA, Sílvio de Salvo. *Direito civil*: contratos. 23. ed. Barueri: Atlas, 2023, p. 9.

[9] FRANCO, Vera Helena de Mello. *Contratos*: direito civil e empresarial. 4. ed. rev., atual. e ampl. São Paulo: Revista dos Tribu-nais, 2013, p. 30.

[10] GONÇALVES, Carlos Roberto. *Contratos e atos unilaterais*. 17. ed. São Paulo: Saraiva Educação, 2020, v. 3, p. 232 (Coleção Direito civil brasileiro).

[11] "Art. 1.582 La vente est une convention par laquelle l'un s'oblige à livrer une chose, et l'autre à la payer. Elle peut être faite par acte authentique ou sous seing privé."

[12] GONÇALVES, Carlos Roberto. *Contratos e atos unilaterais*. 17. ed. São Paulo: Saraiva, 2020, v. 3, p. 232 (Coleção Direito civil brasileiro).

[13] FRANCO, Vera Helena de Mello. *Contratos*: direito civil e empresarial. 4. ed. rev., atual. e ampl. São Paulo: Revista dos Tribu-nais, 2013, p. 30.

Capítulo 1 • Contrato de compra e venda

De modo diverso, o Código Civil brasileiro aproxima-se do sistema germânico e, principalmente, do romano, o qual era contemplado pela máxima *traditionibus et usucapionibus dominia rerum, non nudis pactis transferuntur* (a propriedade transfere-se pela tradição, e não pelo simples pacto[14]).

Conforme dispõe Sílvio Venosa, "pelo sistema brasileiro, o contrato de compra e venda por si só não transfere a propriedade. Desse modo, o vendedor obriga-se a transferir a coisa, enquanto o comprador, pagando o preço, possui direito e obrigação de recebê-la"[15].

O contrato é meramente consensual e basta para sua formalização o consenso das partes quanto à coisa e ao preço. São atribuídas a ambas as partes contratantes obrigações: ao vendedor impõe-se a obrigação de transferir a coisa. Ao comprador impõe-se a correlata obrigação de pagar o preço. Ambas essas cumprimento das prestações contratadas, mas não requisito para a formação do contrato.

3. COMPRA E VENDA E VENDA EMPRESARIAL E CIVIL

Antes da vigência do Código Civil de 2002, a compra e venda era diferenciada em civil (disciplinada pelo Código Civil de 1916) e empresarial (regida pelo Código Comercial). Dentro desse panorama, eram exigidos três requisitos para a compra e venda ser mercantil: (1) que o comprador ou vendedor fosse comerciante, ou seja, era suficiente, para atrair o Código Comercial, que apenas uma das partes fosse comerciante; (2) que o objeto do contrato fosse uma coisa móvel ou semovente, estando expressamente afastada desse cenário a compra e venda de imóveis; (3) que as coisas compradas fossem realocadas para revenda ou aluguel[16].

Com a unificação formal do direito privado, a disciplina do art. 481 do CC é aplicável tanto aos contratos de compra e venda celebrados por agentes econômicos no exercício de atividade empresarial quanto pelos demais fora do exercício da empresa[17].

A despeito dessa unificação formal, permanecem diferenças entre os contratos de compra e venda empresariais e os demais contratos de compra e venda do direito privado. "O sinal distintivo repousa no fato de serem contratos, em regra, realizados em massa, praticados entre empresários (contratos de empresa) padronizados, no mais das vezes de adesão e nos quais o bem comprado não se destina ao próprio consumo, mas a ser revendido, quer na forma original, quer na forma do produto resultante, quando se destine a fabricação de outros ou, ainda, como prelecionava a revogada norma do art. 191 do Código Civil, para locar o seu uso"[18].

Nos contratos de compra e venda celebrados por agentes econômicos no exercício da empresa, o comprador não é o usuário final do bem, consumidor. A aquisição do bem não é realizada para sua utilização, mas o bem é inserido dentro da cadeia produtiva ou de prestação de serviço do agente. É característica do contrato de compra e venda empresarial o intuito lucrativo, o qual é da essência do contrato. Excepcionalmente, ainda que como destinatário final do bem, o contrato de compra e venda será considerado empresarial se envolver determinados bens como valores mobiliários e títulos de crédito, mesmo que celebrados por não empresários, pois se presume a inten-

---

[14] VENOSA, Sílvio de Salvo. *Direito civil*: contratos em espécie. 14. ed. São Paulo: Atlas, 2014, p. 7.

[15] VENOSA, Sílvio de Salvo. *Direito civil*: contratos em espécie. 14. ed. São Paulo: Atlas, 2014, p. 6.

[16] TOMAZETTE, Marlon. *Contratos empresariais*. Salvador: JusPodivm, 2022, p. 238-239.

[17] SACRAMONE, Marcelo Barbosa. *Manual de direito empresarial*. 2. ed. São Paulo: Saraiva Educação, 2021, p. 528.

[18] FRANCO, Vera Helena de Mello. *Contratos*: direito civil e empresarial. 4. ed. rev., atual. e ampl. São Paulo: Revista dos Tribunais, 2013, p. 63.

ção de participar do risco do empreendimento ou de obter lucro, elementos característicos das relações empresariais[19].

Em tempo, é de se distinguir a compra e venda comercial daquela abrigada pelo Código de Defesa do Consumidor. "Basta lembrar que o empresário na compra e venda empresarial não adquire o bem como consumidor final, para o próprio uso ou consumo. Por outro lado, essa lei não tutela o consumo intermediário, *i.e.*, aquele em que se adquire um determinado bem para a criação de outros, como ocorre com os componentes (art. 2º da Lei n. 8.078, de 11-9-1990)"[20].

Embora as regras gerais do Código Civil se apliquem a contratos de compra e venda civis e empresariais, as regras de interpretação e as fontes de ambos são diferentes, o que pode acarretar diferentes desfechos em situações análogas dependendo da característica civil ou empresarial da compra e venda.

4. CLASSIFICAÇÃO

4.1. Consensual

Trata-se de contrato consensual. Para seu aperfeiçoamento basta o consentimento das partes contratantes sobre a coisa e sobre o preço. De acordo com Orlando Gomes, contratos consensuais são aqueles que "se tornam perfeitos e acabados por efeito exclusivo da integração das duas declarações de vontade, como a compra e venda"[21].

O contrato não exige, para sua constituição, no direito brasileiro, efeitos reais como a transferência da coisa adquirida[22]. A aquisição da propriedade somente ocorre com a tradição da coisa, se móvel, ou com o registro do título de transferência no registro de imóveis, se coisa imóvel. Trata-se de adimplemento de obrigação do contrato, não exigência para a constituição.

Sua consequência é a produção apenas de efeitos obrigacionais às partes contratantes.

4.2. Bilateral

O contrato de compra e venda se caracteriza como contrato bilateral, uma vez que impõe obrigações a ambas as partes contratantes.

Para Orlando Gomes, não há dúvida quanto à bilateralidade do contrato de compra e venda. "Do acordo de vontades nascem *obrigações recíprocas*: para o vendedor, fundamentalmente, obrigação de entregar a coisa com o ânimo de transferir-lhe a propriedade; para o *comprador*, a de pagar o preço"[23].

Nesse sentido, Pontes de Miranda explica que "o contrato de compra e venda é negócio jurídico bilateral, porque nasce de manifestações de vontade que se acordam, a do vendedor e a do comprador. Contrato, também é ele contrato bilateral, porque nascem dívidas e, em geral, deveres ao vendedor e ao comprador"[24].

---

[19] SACRAMONE, Marcelo Barbosa. *Manual de direito empresarial*. 2. ed. São Paulo: Saraiva, 2021, p. 529.

[20] FRANCO, Vera Helena de Mello. *Contratos*: direito civil e empresarial. 4. ed. rev., atual. e ampl. São Paulo: Revista dos Tribunais, 2013, p. 65.

[21] GOMES, Orlando. *Contratos*. Atualizado por Antonio Junqueira de Azevedo e Francisco p. de Crescenzo Marino. 26. ed. Rio de Janeiro: Forense, 2007, p. 90.

[22] PONTES DE MIRANDA, José Cavalcanti. *Direito das obrigações*: compra e venda. Troca. Contrato estimatório. Atualizado por Claudia Lima Marques. São Paulo: Revista dos Tribunais, 2012, p. 65.

[23] GOMES, Orlando. *Contratos*. Atualizado por Antonio Junqueira de Azevedo e Francisco p. de Crescenzo Marino. 26. ed. Rio de Janeiro: Forense, 2007, p. 266.

[24] PONTES DE MIRANDA, José Cavalcanti. *Direito das obrigações*: compra e venda. Troca. Contrato estimatório. Atualizado por Claudia Lima Marques. São Paulo: Revista dos Tribunais, 2012, p. 60.

Ao comprador é imposta a obrigação de pagamento do preço. Ao vendedor é imposta a obrigação de entrega do bem.

4.3. Sinalagmático

O contrato de compra e venda também é sinalagmático. O sinalagma exige que a prestação corresponda à contraprestação da outra parte contratante.

Diniz, em sua classificação, divide os contratos bilaterais ou plurilaterais em simples, quando se concede benefício a uma das partes e encargo à outra (doação, depósito gratuito), e sinalagmáticos, quando conferem vantagens e ônus a ambos os sujeitos, como é o caso da compra e venda[25].

Trata-se de contrato sinalagmático porque a prestação de pagamento de preço depende da obrigação de transferência da propriedade da coisa. As prestações, nesses termos, são equilibradas e dependentes.

Esse equilíbrio não é referente ao valor objetivo de cada qual, mas é aferido com base na equivalência subjetiva, perspectiva dos contratantes. As prestações são reciprocamente dependentes, de modo que uma é a causa da outra.

Sendo assim, há uma correspectividade no contrato de compra e venda, porquanto a prestação do comprador (o preço) é correspectiva à do vendedor (o bem, o objeto)[26].

4.4. Comutativo

A comutatividade é a certeza das prestações e das contraprestações das partes contratantes. É sabido o que se presta e o que se contrapresta[27]. Sua definição é contrária à aleatoriedade, ou seja, a sujeição do contrato a risco.

De acordo com Arnaldo Rizzardo, "comutativo é o contrato quando os contratantes celebram uma relação em que recebem a vantagem e prestam a obrigação, consistente em coisa certa e determinada, embora sem escapar aos riscos relativos à mesma, nem à oscilação sobre o seu valor"[28].

Se, em regra, o contrato de compra e venda é comutativo, porque a entrega da coisa é certa, assim como o pagamento do preço, considerando o princípio da autonomia da vontade, não há impedimento de que as partes convencionem que seja aleatório. Nada impede que as partes convencionem contrato no qual uma das prestações pode falhar ou em que a contraprestação seja desproporcional ao valor da prestação[29].

As partes podem convencionar a compra e venda de coisa futura, em que o adquirente pode assumir o risco de a coisa não existir (art. 458 do CC), ou de existir em quantidade menor (art. 459 do CC), ou de coisa que pode deixar de existir (art. 460 do CC)[30].

Na compra e venda mercantil, se por um lado a comutatividade é em regra uma caraterística, não se pode esquecer que as partes desfrutam de uma autonomia privada mais abrangente e, portanto, cabe a elas dosar a alocação do risco de cada uma na execução do contrato, conforme o art. 421-A, II, do CC.

---

[25] DINIZ, Maria Helena. *Curso de direito civil brasileiro*: teoria geral do direito civil. 29. ed. São Paulo: Saraiva, 2012, v. 1, p. 478.

[26] PONTES DE MIRANDA, José Cavalcanti. *Direito das obrigações*: compra e venda. Troca. Contrato estimatório. Atualizado por Claudia Lima Marques. São Paulo: Revista dos Tribunais, 2012, p. 65.

[27] PONTES DE MIRANDA, José Cavalcanti. *Direito das obrigações*: compra e venda. Troca. Contrato estimatório. Atualizado por Claudia Lima Marques. São Paulo: Revista dos Tribunais, 2012, p. 65.

[28] RIZZARDO, Arnaldo. *Contratos*. Rio de Janeiro: Forense, 2023, p. 71.

[29] GOMES, Orlando. *Contratos*. Atualizado por Antonio Junqueira de Azevedo e Francisco p. de Crescenzo Marino. 26. ed. Rio de Janeiro: Forense, 2007, p. 88.

[30] SACRAMONE, Marcelo Barbosa. *Manual de direito empresarial*. 2. ed. São Paulo: Saraiva, 2021, p. 530.

4.5. Oneroso

O contrato de compra e venda é oneroso, porque há proveito econômico para ambas as partes[31]. Essa onerosidade decorre da transferência da coisa mediante o pagamento do preço em dinheiro.

Ambas as partes contratantes têm a intenção de obter uma vantagem patrimonial, o vendedor sacrificará a coisa mediante o pagamento do preço e o comprador sacrificará o preço em dinheiro em benefício da coisa a ser recebida[32]. Assim sendo, "para o vendedor, a vantagem é o preço; para o comprador, o bem"[33].

4.6. De execução instantânea ou duradoura

O contrato pode ser de execução instantânea, em que as prestações são realizadas em um único momento, seja imediatamente à formação do contrato ou em momento posterior. Dessa forma, a solução se efetua de uma só vez e por prestação única, tendo por efeito a extinção da obrigação. Essa execução instantânea pode ser por ocasião da celebração do contrato, como na compra e venda com pagamento do preço à vista, ou diferida, em que as partes convencionam o pagamento do preço e entrega da coisa em momento posterior[34].

A prestação ou contraprestação, contudo, podem ser executadas ao longo do tempo, mediante convenção das partes. É o que ocorre com a entrega do bem por partes ou do parcelamento do preço. São esses contratos denominados contratos de *execução continuada* ou *de duração*.

4.7. De forma não solene

O contrato de compra e venda se aperfeiçoa com o consenso sobre a coisa e o preço, independentemente de qualquer forma exigida por lei.

Sua forma é, em regra, livre.

Excepcionalmente, o Código Civil exige forma solene para alguns contratos de compra e venda sob pena de invalidade. Quanto aos imóveis, por exemplo, nos termos do art. 108 do CC, não dispondo a lei em contrário, a escritura pública é essencial à validade dos negócios jurídicos que visem à constituição, transferência, modificação ou renúncia de direitos reais sobre imóveis de valor superior a trinta vezes o maior salário mínimo vigente no país.

O contrato pode ser demonstrado por quaisquer meios de prova. Qualquer que seja o valor do negócio jurídico, a prova testemunhal é admissível como subsidiária ou complementar da prova por escrito (art. 227 do CC).

5. ELEMENTOS

Três são os elementos essenciais que podem ser apontados no contrato de compra e venda: o consentimento, o preço e a coisa, ou, como dispõe Arnaldo Rizzardo, *consensus*, *res* e *pretium*[35].

---

[31] MARTINS, Fran. *Curso de direito comercial*: contratos e obrigações comerciais. 19. ed. rev., atual. e ampl. por Gustavo Saad Diniz. Rio de Janeiro: Forense, 2019, p. 77.

[32] GOMES, Orlando. *Contratos*. 28. ed. Rio de Janeiro: Forense, 2022, p. 266.

[33] PONTES DE MIRANDA, José Cavalcanti. *Direito das obrigações*: compra e venda. Troca. Contrato estimatório. Atualizado por Claudia Lima Marques. São Paulo: Revista dos Tribunais, 2012, p. 65.

[34] PEREIRA, Caio Mário da Silva. *Instituições de direito civil*: contratos. 17. ed., rev. e atual. por Caitlin Mulholland. Rio de Janeiro: Forense, 2013, v. 3, p. 62.

[35] RIZZARDO, Arnaldo. *Contratos*. 11. ed. Rio de Janeiro: Forense, 2010, p. 297.

5.1. Consentimento

Consiste no ato de vontade dos contratantes. O contrato de compra e venda se aperfeiçoa quando as partes convencionarem sobre o preço a ser pago pelo comprador e sobre a coisa a ser entregue pelo vendedor. É desnecessária qualquer transferência de bens para a formação do contrato. Nesse sentido, o art. 482 do CC determina que a compra e venda estará perfeita quando as partes acordarem no objeto e preço.

Como negócio jurídico bilateral, as declarações de ambas as partes devem ser qualificadas e não poderão sofrer vícios, sejam eles vícios de consentimento ou vícios sociais, sob pena de invalidade do negócio jurídico.

Os vícios do consentimento podem ser entendidos como todos aqueles defeitos que afetam a própria manifestação de vontade do agente de forma a não refletir sua verdadeira vontade. Sua declaração não coincide com efetivamente a vontade do agente. São eles os vícios de erro, dolo e coação.

Por seu turno, os vícios sociais não afetam propriamente a declaração de vontade. Por contrariarem a boa-fé ou a lei e por causarem prejuízos a terceiros, contaminam a validade do negócio jurídico celebrado. Nos vícios sociais, "são os resultados obtidos com a declaração da vontade que prejudicam a parte"[36]. São eles os vícios do estado de perigo, da lesão, da fraude contra credores e da simulação.

5.2. A coisa

O segundo elemento do contrato de compra e venda é a coisa.

O objeto a ser transferido pelo vendedor poderá ser coisa existente ou futura, certa ou incerta, móvel ou imóvel, corpórea ou incorpórea, fungível ou infungível, consumível ou inconsumível, própria ou de terceiro.

A coisa poderá ser existente, ou poderá vir ou não a existir, mas desde que seja possível. Isso porque o objeto impossível invalida o negócio jurídico.

Dentro das coisas futuras, presume-se o contrato de compra e venda celebrado com condição resolutiva justamente em função da existência da coisa. Trata-se de contrato existente, perfeitamente válido, que, se a coisa futura não vier a existir, será resolvido de modo a não produzir mais efeitos (art. 483 do CC).

Se o adquirente assumiu o risco de a coisa vir a existir em qualquer quantidade, deverá pagar integralmente o preço, mesmo que a coisa venha a existir em menor quantidade. Referido contrato será submetido a uma condição resolutiva consistente na existência da coisa certa, independentemente da quantidade (*emptio rei speratae*). Se a coisa não vier a existir, o alienante restituirá o preço recebido (art. 459 do CC).

Situação diversa é a em que os contratantes assumiram o risco de a coisa não existir, e não simplesmente de existir em quantidade diversa. Nessa hipótese da *emptio spei*, também chamada de venda da expectativa, o preço será devido pelo comprador integralmente, ainda que a coisa não venha a existir, desde que não tenha ocorrido dolo ou culpa do vendedor (art. 458 do CC).

Além de futuras ou atuais, podem as coisas objeto de contrato de compra e venda ser corpóreas ou incorpóreas. Dentre as incorpóreas, "assinalamos os bens intangíveis, tais como as marcas, as invenções, os modelos de utilidade e ainda, como assinala a doutrina, *direitos*, circunstâncias em que o negócio de alienação toma o nome de *cessão*"[37].

---

[36] MARTINS, Fran. *Curso de direito comercial*: contratos e obrigações comerciais. 19. ed. Rio de Janeiro: Forense, 2019, p. 112.

[37] FRANCO, Vera Helena de Mello. *Contratos*: direito civil e empresarial. 4. ed. rev., atual. e ampl. São Paulo: Revista dos Tribunais, 2013, p. 33.

Tanto podem as coisas ser também fungíveis quanto infungíveis. Fungíveis são as coisas que, por sua natureza, podem ser substituídas por outras de mesma espécie, qualidade e quantidade. As infungíveis, por seu turno, são as insubstituíveis por outras da mesma qualidade ou quantidade.

A coisa a ser alienada poderá ser própria ou de terceiro. Conhecida como venda a *non domino*, a coisa pertencente a terceiro poderá ser objeto de um contrato de compra e venda. Nessa hipótese, o vendedor deverá adquirir a coisa a ser alienada, sob pena de não se poder transferir a propriedade. Referida aquisição do bem do terceiro pelo vendedor, entretanto, assegura a transferência da propriedade ao adquirente desde o momento da tradição, desde que ele seja considerado de boa-fé (art. 1.268, § 1º, do CC).

A doutrina controverte sobre os *efeitos da alienação de coisa de terceiro*.

Os sistemas legislativos que entendem que o contrato de compra e venda é um contrato real não admitem a venda de coisa alheia[38]. É o que ocorre com o Código Civil francês que, no art. 1.599, determina que é nula a venda de coisa alheia.

Baseados na doutrina francesa e no Código Civil francês, que dispôs sobre isso expressamente no art. 1.599[39], e em detrimento de qualquer norma legal no sistema brasileiro, alguns doutrinadores consideraram sendo nulo o contrato por falta de pressuposto fático essencial. Adepto dessa teoria figura Arnaldo Rizzardo, para quem "considera-se ato inexistente a venda de coisa alheia"[40].

Para outros doutrinadores, o contrato de compra e venda a *non domino* seria anulável. Tal posição baseia-se na possibilidade de convalescimento do contrato por ocasião da aquisição do bem do terceiro. Nos termos do art. 1.268, § 1º, do CC, se o adquirente estiver de boa-fé e o alienante adquirir depois a propriedade, considera-se realizada a transferência desde o momento em que ocorreu a tradição[41].

Para Carlos Roberto Gonçalves, a venda a *non domino* seria anulável. "A eficácia da *venda de coisa alheia* depende de sua posterior revalidação pela superveniência do domínio. Se se admite a convalidação, a venda em princípio não é nula, *mas anulável*. Por outro lado, não pode ser transferida ao comprador, pelo aludido contrato, coisa que já lhe pertence"[42].

Por outro lado, no Código Civil italiano de 1942, a compra e venda a *non domino* é admitida expressamente pelo art. 1.478. No dispositivo legal, determinou-se: "se no momento do contrato a coisa vendida não era de propriedade do vendedor, este é obrigado a adquiri-la para o comprador".

Para Pontes de Miranda, a venda *a non domino* gera ineficácia. Para o autor, a compra e venda é existente e válida. "Podem ser vendidos direitos que pertencem ao vendedor e direitos alheios, daí existir e valer a compra e venda de coisa móvel ou de prédio que não pertence ao vendedor, de modo que se 'A' vende a 'B' terreno com casa, sem que esse terreno e casa lhe pertençam, a venda existiu e vale, apenas sendo ineficaz".

Caio Mário, também, sustenta a ineficácia do contrato. Para o autor, "este é originariamente ineficaz, porque parte da transmissão a outrem de um direito que o alienante não tem. Mas, se ocor-

---

[38] MARTINS, Fran. *Curso de direito comercial*: contratos e obrigações comerciais. 19. ed. rev., atual. e ampl. por Gustavo Saad Diniz. Rio de Janeiro: Forense, 2019, p. 121.

[39] "Article 1.598 La vente de la chose d'autrui est nulle: elle peut donner lieu à des dommages-intérêts lorsque l'acheteur a ignoré que la chose fût à autrui."

[40] RIZZARDO, Arnaldo. *Contratos*. 19. ed. Rio de Janeiro: Forense, 2021, p. 290.

[41] PEREIRA, Caio Mário da Silva. *Instituições de direito civil*: contratos. 17. ed., rev. e atual. por Caitlin Mulholland. Rio de Janeiro: Forense, 2013, v. 3, p. 158.

[42] GONÇALVES, Carlos Roberto. *Direito civil brasileiro*: contratos e atos unilaterais. 18. ed. São Paulo: Saraiva Educação, 2021, v. 3, p. 92.

Capítulo 1 • Contrato de compra e venda

re um fato jurídico diverso da compra a *non domino*, a venda convalesce ou revalida-se, passando de defeituosa e atacável a frutuosa e boa. Mas é preciso, para tal, que o fato novo tenha lugar (aquisição pelo alienante, ou usucapião)"[43].

A ineficácia também é defendida por Orlando Gomes. Para o autor, "uma vez, porém, que, pelo contrato, o vendedor se obriga, tão só, a transferir a propriedade da coisa, nada obsta que efetue a venda do bem que ainda lhe não pertence; se consegue adquiri-lo para fazer a entrega prometida, cumprirá especialmente a obrigação; caso contrário, a venda resolve-se em perdas e danos. A venda da coisa não é nula, nem anulável, mas simplesmente ineficaz"[44].

Pelo confronto das posições, não parece haver vício de invalidade do negócio jurídico ou qualquer ineficácia. O objeto do contrato é possível, diante da viabilidade de aquisição futura do bem. Por seu turno, não há qualquer cláusula suspensiva ou resolutiva e que poderá afetar a eficácia do contrato pela não aquisição.

É de se notar, segundo Paulo Lôbo, que, como "o contrato de compra e venda é meramente consensual e obrigacional, não tendo efeito real ou de transmissão direta da propriedade, a coisa pode ser alheia, isto é, o vendedor pode obrigar-se a transferir o que não está em seu domínio ou em sua posse. O contrato é válido, pois os objetos de cada obrigação estão presentes (prestação de dar a coisa e prestação de dar o preço). Se o vendedor não cumpre o prometido, resolve-se com o inadimplemento e suas consequências"[45].

Assim, a não aquisição da coisa do terceiro pelo alienante simplesmente implica o inadimplemento do contrato, que, entretanto, é existente, válido e eficaz. Trata-se do descumprimento de obrigação pelo alienante, o qual implicará a resolução do contrato e o pagamento das perdas e danos.

Apenas não poderão ser objeto do contrato de compra e venda os bens inalienáveis, como os bens públicos de uso comum do povo e os de uso especial enquanto conservarem sua qualificação, assim como os bens gravados voluntariamente por referida cláusula e a herança de pessoa viva (art. 426 do CC).

É dizer, o objeto do contrato deve ser coisa que está no comércio, sendo passível de alienação. Nesse sentido, mesmo sendo exceções, "há coisas que podem ser consideradas fora do comércio, como são as insuscetíveis de apropriação (ar, luz solar...), as legalmente inalienáveis (bens públicos, herança de pessoa viva...), bem como as que constituem direta irradiação da personalidade humana ou se tornam inalienáveis pela vontade humana"[46].

5.3. O preço

O terceiro elemento essencial ao contrato de compra e venda é o preço. O preço consiste na obrigação imputada ao devedor de pagamento ao vendedor em razão da obrigação de transferência de domínio da coisa adquirida.

Não havendo o elemento do preço (uma contraprestação), estar-se-ia diante de uma doação. Além disso, se houver uma contraprestação e ela não for em dinheiro, estar-se-ia diante de uma permuta[47].

---

[43] PEREIRA, Caio Mário da Silva. *Instituições de direito civil*: contratos. 25. ed. Rio de Janeiro: Forense, 2022, p. 169.

[44] GOMES, Orlando. *Contratos.* Atualizado por Antonio Junqueira de Azevedo e Francisco p. de Crescenzo Marino. 26. ed. Rio de Janeiro: Forense, 2007, p. 274.

[45] LÔBO, Paulo. *Direito civil*: contratos. 9. ed. São Paulo : SaraivaJur, 2023, v. 3, p. 98.

[46] TOMAZETTE, Marlon. *Contratos empresariais.* Salvador: JusPodivm, 2022, p, 241.

[47] TOMAZETTE, Marlon. *Contratos empresariais.* Salvador: JusPodivm, 2022, p, 241.

Salvo situações excepcionais, o preço é livremente fixado pelas partes contratantes. Os princípios da livre-iniciativa e da liberdade econômica dos indivíduos, que se manifestam na liberdade de celebração do preço, podem ser excepcionados pelo Estado em razão de políticas públicas em setores estratégicos. O Estado, excepcionalmente, pode interferir em sua fixação, seja através da fixação de valores, como o congelamento ou o tabelamento, seja através da autorização para aumento de preços, mas desde que haja justificativa na relevância social da medida[48].

O preço será fixado sempre em dinheiro, o qual pode ser representado por expressão fiduciária (letra de câmbio, cheque, nota promissória ou duplicata)[49]. Se a contraprestação do comprador for fixada em mercadoria, o contrato de compra e venda se descaracteriza para contrato de permuta.

Os pagamentos em títulos são admitidos desde que válidos. Referidos títulos poderão ser *pro soluto* ou *pro solvendo*. Nos títulos *pro soluto*, o pagamento do preço é considerado realizado no momento da tradição dos títulos. Não há, diante destes, qualquer condição suspensiva ou resolutiva sobre o respectivo pagamento.

Se os títulos forem *pro solvendo*, o preço somente será considerado pago se houver a satisfação dos referidos títulos.

O montante fixado em moeda deverá ser certo. Ainda que certo, seu montante poderá ser determinado previamente ou em razão de determinadas circunstâncias. As partes podem estabelecer um critério de cálculo com base em fatores relativos ao negócio, não sendo necessário que o preço seja aferível no momento da contratação, mas sua forma de cálculo deve estar definida para que seja determinável no momento contratualmente previsto.

Nesse aspecto, o preço poderá ser fixado pela vontade das partes, poderá também ser fixado por um terceiro a quem as partes convencionam a fixação (art. 485 do CC) ou poderá ser deixado à fixação à taxa de mercado ou de bolsa em certo e determinado dia ou lugar (art. 487 do CC). Essa fixação somente não poderá ser estabelecida exclusivamente por uma das partes, sob pena de a cláusula figurar como meramente potestativa e implicar a nulidade do contrato.

Determinada a fixação por terceiro, o preço não sofrerá alterações, a menos que demonstrados erro ou dolo[50]. Não aceita a incumbência de fixação do preço pelo terceiro ou tendo ele falecido ou ficado incapaz, o contrato ficará sem efeito, a menos que estabelecida sua substituição contratualmente[51].

Por seu turno, a fixação de preço pelo terceiro é irrevogável, a menos que haja concordância de ambas as partes. A recusa da fixação do preço pela parte apenas poderá ocorrer se tiver havido erro, dolo ou se for evidentemente contrária à equidade[52].

Embora o preço seja elemento imprescindível ao contrato de compra e venda, a falta de sua estipulação não fará o contrato ser inexistente. Nos termos do art. 488 do CC, convencionada a venda sem a fixação do preço ou de critério para sua determinação, se não houver tabelamento oficial, entende-se que as partes se sujeitaram ao preço corrente nas vendas habituais do vendedor.

---

[48] COELHO, Fábio Ulhoa. *Curso de direito comercial.* 17. ed. São Paulo: Revista dos Tribunais, 2016, v. 3, p. 69-70.

[49] PEREIRA, Caio Mário da Silva. *Instituições de direito civil*: contratos. 25. ed. Rio de Janeiro: Forense, 2022, p. 159.

[50] GOMES, Orlando. *Contratos.* Atualizado por Antonio Junqueira de Azevedo e Francisco p. de Crescenzo Marino. 26. ed. Rio de Janeiro: Forense, 2007, p. 276.

[51] GOMES, Orlando. *Contratos.* Atualizado por Antonio Junqueira de Azevedo e Francisco p. de Crescenzo Marino. 26. ed. Rio de Janeiro: Forense, 2007, p. 276.

[52] GOMES, Orlando. *Contratos.* Atualizado por Antonio Junqueira de Azevedo e Francisco p. de Crescenzo Marino. 26. ed. Rio de Janeiro: Forense, 2007, p. 276.

Para tanto, a não fixação do preço apenas permitirá a consideração de existência do contrato se o vendedor praticar reiteradamente as vendas e o objeto do contrato não possuir peculiaridades que o diferenciem das demais vendas. "Essa interpretação somente pode ser admitida nas hipóteses em que o vendedor habitualmente exerce o comércio e ainda assim o faz tendo por objeto coisas cujo preço não é fixado em razão de uma qualidade especial, ou seja, bens fungíveis por natureza. A prova da habitualidade e do preço de mercado do objeto do contrato é essencial para a aplicação desta regra legal"[53].

O preço deverá ser satisfeito, em território brasileiro, na moeda nacional. As convenções de pagamento em ouro ou em moeda estrangeira são nulas no Brasil, nos termos do art. 318 do CC, embora se possa utilizar a moeda estrangeira como mero indexador do preço, ou seja, como parâmetro para o pagamento. Nesse sentido, permite-se a convenção do contrato em moeda estrangeira, mas o pagamento do preço deverá ser realizado obrigatoriamente em moeda nacional no valor correspondente.

A possibilidade de pagamento em moeda estrangeira de obrigações exequíveis no território nacional somente é permitida, nos termos da Lei n. 14.286/2021, sob pena de nulidade: nos contratos e nos títulos se referirem ao comércio exterior de bens e serviços, ao seu financiamento e às suas garantias; nas obrigações cujo credor ou devedor seja não residente, incluídas as decorrentes de operações de crédito ou de arrendamento mercantil, exceto nos contratos de locação de imóveis situados no território nacional; na compra e venda de moeda estrangeira; na exportação indireta; nos contratos celebrados por exportadores em que a contraparte seja concessionária, permissionária, autorizatária ou arrendatária nos setores de infraestrutura; nas situações previstas na regulamentação editada pelo Conselho Monetário Nacional, quando a estipulação em moeda estrangeira puder mitigar o risco cambial ou ampliar a eficiência do negócio.

6. PARTES

No contrato de compra venda, poderão figurar como compradores ou vendedores, em regra, tanto pessoas físicas quanto pessoas jurídicas. Nos termos do art. 104, I, do CC, para a validade de negócio jurídico, é necessário que os agentes possuam capacidade.

Excepcionalmente, em virtude de circunstâncias particulares, algumas pessoas estão impedidas de celebrarem determinados contratos. São as pessoas que ocupam funções que deveriam preservar os bens, guardá-los ou aliená-los, de modo que, para evitar conflito de interesses e que obtenham vantagem indevida em detrimento daqueles cujos interesses deveriam proteger, estão impedidas de adquiri-los.

6.1. Venda por ascendente a descendente

A primeira limitação que pode ser apontada é a alienação de ascendente para descendente.

De forma a impedir que um descendente seja favorecido em detrimento da legítima dos outros por meio de uma compra e venda que, na verdade, implicasse uma alienação de coisa aquém do seu real preço, o art. 496 do CC determinou que é anulável a venda feita por ascendentes a descendentes, desde que não tenha a anuência dos demais e do cônjuge, exceto se regime da separação obrigatória.

Nesse aspecto, releva notar que a doação de bens pelos ascendentes aos descendentes não é ominada com sua anulação. Na hipótese de doação, o herdeiro deverá apresentar à colação por casião da abertura da sucessão os bens recebidos em doação e como forma de equiparar as legítimas.

PEREIRA, Caio Mário da Silva. *Instituições de direito civil*: contratos. 25. ed. Rio de Janeiro: Forense, 2022, p. 163.

Nota-se que a vedação legal se refere à venda de ascendente a descendente, o que permite dizer que não há regra proibitiva ou impedimento de venda realizada por descendente a ascendente[54].

Ademais, o ascendente não precisa ser o direto. "Também é aplicável à hipótese de parentesco em linha reta de mais de um grau, a exemplo da venda feita pelo avô ao neto. Quando se tratar de venda a descendente de grau mais distante, todos os descendentes de mesmo grau ou de grau anterior devem consentir. No exemplo da venda ao neto, todos os filhos vivos, incluindo o pai ou a mãe do comprador, seus tios e os demais netos do vendedor, devem participar do consentimento. A relação de ascendente e descendente tanto é biológica quanto socioafetiva"[55]. A anulação do negócio, pela jurisprudência, exigiu a demonstração de prejuízo e não sua mera prática. O STJ entendeu que a alienação de ascendente a descendente, desprovida de consentimento dos legitimados, é um ato jurídico passível de anulação que, para ser reconhecido, exige: "(i) a iniciativa da parte interessada; (ii) a ocorrência do fato jurídico, qual seja, a venda inquinada de inválida; (iii) a existência de relação de ascendência e descendência entre vendedor e comprador; (iv) a falta de consentimento de outros descendentes; e (v) a comprovação de simulação com o objetivo de dissimular doação ou pagamento de preço inferior ao valor de mercado"[56].

Referida demonstração de prejuízo, entretanto, é presumida pela lei e inverte a prova. Na hipótese de compra e venda, a rigor, a coisa estaria sendo alienada pelo preço de mercado, de modo que não haveria, a princípio, privilégio de um descendente comprador em detrimento dos outros herdeiros. Entretanto, como o acordo é celebrado apenas entre vendedor e comprador, a menos que haja concordância dos demais herdeiros e do cônjuge com relação ao preço, pressupõe a lei que o bem não seria vendido por preço de mercado e, portanto, sua alienação ao descendente seria uma forma de privilegiá-lo.

Como pressupõe a lei que o contrato de compra e venda seria realizado por preço aquém do mercado, e como a concordância dos demais herdeiros quanto a esse preço impediria a alegação de invalidade do contrato, se for demonstrado que o preço pago pelo herdeiro é um preço de mercado pelo bem, não poderá ser anulado o contrato por não haver prejuízo aos demais[57]. Até porque eventual anulação implicaria o retorno das partes ao *status quo ante* e, nesse sentido, a devolução do preço efetivamente pago.

Tratando-se de hipótese de anulação, a legitimidade para requerer a anulação do contrato é dos herdeiros necessários e que sofreriam eventual prejuízo. Consistem esses nos descendentes, ascendentes e no cônjuge, os quais têm direito à legítima, nos termos do art. 1.845 do CC.

À míngua do estabelecimento de qualquer prazo na lei, aplica-se, para a anulação, o prazo de dois anos a contar da data da conclusão do ato. Diante da omissão de previsão nos arts. 205 e 206 do CC, trata-se de prazo decadencial.

6.2. Pessoas impedidas

A segunda exceção consiste nas pessoas impedidas em virtude de terem consigo a guarda, gestão ou administração dos bens. A lei comina de nulidade a aquisição justamente para evitar o conflito de interesse. "O conflito se dá entre o interesse pessoal em adquirir a coisa e os deveres que têm peran

---

[54] LÔBO, Paulo. *Direito civil*: contratos. 9. ed. São Paulo: SaraivaJur, 2023, v. 3, p. 103.

[55] LÔBO, Paulo. *Direito civil*: contratos. 9. ed. São Paulo: SaraivaJur, 2023, v. 3, p. 103.

[56] STJ, REsp n. 1.679.501/GO, 3ª T., Rel. Min. Nancy Andrighi, j. 10-3-2020.

[57] No mesmo sentido, FRANCO, Vera Helena de Mello. *Contratos*: direito civil e empresarial. 4. ed. rev., atual. e ampl. São Paulo Revista dos Tribunais, 2013, p. 57.

Capítulo 1 • Contrato de compra e venda

te os titulares da coisa e a ordem pública"[58]. Ao necessitarem proteger os referidos bens que estão sob sua guarda ou administração, direta ou indireta, a possibilidade de aquisição do bem permitiria que essas pessoas oferecessem preços aquém do valor do mercado ou simplesmente desguarnecessem os interesses do vendedor a que deveriam proteger.

Nos termos do art. 497 do CC, são nulos os contratos de compra e venda em que os bens tenham sido adquiridos pelos tutores, curadores, testamenteiros e administradores. A nulidade deve ser reconhecida desde que a compra e venda tenha por objeto os bens que tenham sido justamente confiados à sua guarda ou administração, direta ou indireta.

Também são considerados impedidos os servidores públicos, em relação aos bens da pessoa jurídica que servirem ou que estejam sob sua administração direta ou indireta.

O impedimento também recai sobre os juízes, secretários de tribunais, arbitradores, peritos e outros serventuários ou auxiliares da justiça, dos bens ou direitos sobre que se litigar em tribunal, juízo ou conselho, no lugar onde servirem, ou a que se estender sua autoridade. Assim como aos leiloeiros e seus prepostos em relação aos bens de cuja venda estejam encarregados.

O impedimento é decorrente de a lei tentar evitar que referidos agentes se beneficiem de sua condição e como forma de serem favorecidos pelas negociações. Previnem-se comportamentos que possam, assim, atentar contra a probidade do exercício das referidas funções.

Referida proibição independe de o preço ter sido estipulado a valor de mercado. Ainda que não haja má-fé das partes contratantes, a proibição assegura não apenas a proteção aos interesses dos titulares, mas garante a probidade do exercício das funções públicas[59].

A alienação será considerada nula ainda que realizada por meio de hasta pública. Isso porque, mesmo que haja concorrência, evita-se que o interesse dos impedidos possa afetar a mera disponibilização da coisa para a alienação.

A nulidade estende-se também para a cessão de crédito. Mesmo que não seja propriamente uma coisa o objeto da compra e venda, mas um crédito cuja cessão por um preço se pretende, o impedimento continua a ser aplicado a todos aqueles que tinham a função de preservar os interesses do vendedor/cedente, de modo que não poderão, por via direta ou indireta, tornar-se cessionários do referido crédito.

6.3. Venda de parte em condomínio indivisível/alienação de quinhão em coisa comum

Por fim, há restrição na alienação de parte de condomínio indivisível. A restrição, entretanto, não significa invalidade.

Sendo a coisa indivisível, ou seja, que não comporta divisão por vontade das partes ou sem perder sua natureza ou comprometer seu valor, a parte do condomínio somente poderá ser alienada a terceiros se for garantido o direito de preferência de sua aquisição aos demais condôminos.

De acordo com Maria Helena Diniz, "são divisíveis os bens que puderem ser fracionados em partes homogêneas e distintas, sem alteração das qualidades essenciais do todo, sem desvalorização ou diminuição considerável de valor e sem prejuízo do uso a que se destinam"[60].

Nos termos do art. 504 do CC, o condômino de coisa indivisível deverá, por ocasião de sua alienação, dar conhecimento aos demais condôminos, que poderão exercer seu direito de preferência com o depósito do preço da alienação.

LÔBO, Paulo. *Direito civil*: contratos. 9. ed. São Paulo: SaraivaJur, 2023, v. 3, p. 104.

LÔBO, Paulo Luiz Netto. *Comentários ao Código Civil*. São Paulo: Saraiva, 2003, p. 95.

DINIZ, Maria Helena. *Curso de direito civil brasileiro*: teoria geral do direito civil. 29. ed. São Paulo: Saraiva, 2012, v. 1, p. 378.

Caso não seja cientificado, o condômino terá o prazo decadencial de 180 dias para reivindicar a coisa mediante o depósito do preço. Referido prazo inicia-se a partir do momento do conhecimento da alienação.

Na hipótese de concorrência entre os condôminos, terá privilégio o que tiver benfeitorias de maior valor ou, em sua falta, o que tiver maior quinhão. Sendo todos os quinhões iguais, a propriedade será deferida ao condômino que depositar o preço (art. 504 do CC).

Apesar de a lei fixar o prazo decadencial para exercício pelo condômino não cientificado de sua preferência no art. 504 da lei, não fixou prazo para a ciência do condômino.

Segundo Rodrigues Júnior, há duas correntes sobre a fixação desse prazo de cientificação. "(a) É livre o estabelecimento de qualquer prazo até o máximo de cento e oitenta dias. A falta de indicação do lapso seria interpretada como se houvera cominado esse mesmo número de dias; (b) o afrontante teria o direito de fixar prazo inferior ao mencionado no art. 504. Na jurisprudência, há prevalecido a tese de que não há prazo preestabelecido para que os demais condôminos exerçam o direito de preferência"[61].

Para o autor, "à falta de previsão no Código, a melhor forma de suprir a lacuna do art. 504 estaria na adoção das seguintes teses: (a) o condômino-alienante é livre para assinar um prazo de resposta aos outros coproprietários; (b) esse período deveria conferir tempo razoável à reflexão dos afrontados, assim entendido um prazo não inferior a trinta dias. O efeito da inércia dos demais condôminos é a perda do direito de preferência, que se lhes atribuiu o art. 504"[62].

Não há, diante da falta de comunicação, invalidade do contrato de compra e venda. O direito do adquirente da copropriedade indivisa fica submetido a uma condição resolutiva de não haver o depósito tempestivo, dentro do prazo decadencial, do condômino. "Enquanto não ocorrer a manifestação da preferência, o terceiro é tido como adquirente do bem e poderá exercer plenamente o domínio"[63].

6.4. Cônjuge

A compra e venda de bens entre cônjuges é regulada pelo Código Civil. Proíbe-se a alienação do bem comum ou mesmo da parte ideal do bem em comum para o cônjuge como uma forma de evitar a transferência de bem que não pertencia integralmente ao próprio vendedor, mas era de propriedade em comum com o próprio cônjuge. A lógica empregada pelo código é que não há transferência da propriedade, pressuposto da compra e venda, se o bem já pertencia ao próprio comprador.

A venda de bens particulares entre os cônjuges, entretanto, é admissível, desde que sobre o bem não haja direito meatório do consorte.

Dessa forma, dentro dos regimes de comunhão parcial e comunhão universal, não é possível que o cônjuge aliene ao outro cônjuge bem ou sua parte no bem que integre a comunhão[64], fato inclusive previsto no artigo 499 do CC, que transcreve: "é lícita a compra e venda entre cônjuges, com relação a bens excluídos da comunhão".

---

[61] RODRIGUES JR., Otavio Luiz. *Código civil comentado*: compra e venda, troca, contrato estimatório: artigos 481 a 537. Coordenado por Álvaro Villaça Azevedo. São Paulo: Atlas, 2008, v. 6, t. 1, p. 293-294.

[62] RODRIGUES JR., Otavio Luiz. *Código civil comentado*: compra e venda, troca, contrato estimatório: artigos 481 a 537. Coordenado por Álvaro Villaça Azevedo. São Paulo: Atlas, 2008, v. 6, t. 1, p. 294.

[63] RIZZARDO, Arnaldo. *Contratos*. 19. ed. Rio de Janeiro: Forense, 2021, p. 333.

[64] LÔBO, Paulo. *Direito civil*: contratos. 9. ed. São Paulo: SaraivaJur, 2023, v. 3, p. 104.

Capítulo 1 • Contrato de compra e venda

Nesse aspecto, no regime da comunhão universal de bens, como os bens presentes e futuros dos cônjuges integram a comunhão, não há a possibilidade de transmissão onerosa dos bens. Excetuam-se da regra os bens relacionados no art. 1.668 do CC, os quais foram excluídos da comunhão, como os bens doados ou herdados com a cláusula de incomunicabilidade e os sub-rogados em seu lugar e os bens gravados de fideicomisso e o direito do herdeiro fideicomissário, antes de realizada a condição suspensiva; as doações antenupciais feitas por um dos cônjuges ao outro com a cláusula de incomunicabilidade; e os bens de uso pessoal, os livros e instrumentos de profissão.

Por seu turno, na comunhão parcial, admite-se a alienação de bens entre cônjuges, se o bem objeto da compra e venda estiver excluído do regime de comunhão. Nos termos do art. 1.659 do CC, são eles, dentre outros, os bens que cada cônjuge possuir ao casar-se, e os que lhe sobrevierem, na constância do casamento, por doação ou sucessão, e os sub-rogados em seu lugar; os bens adquiridos com valores exclusivamente pertencentes a um dos cônjuges em sub-rogação dos bens particulares; e os bens de uso pessoal, os livros e instrumentos de profissão.

7. MODALIDADES

As características da atividade empresarial, regida notadamente pelo princípio da autonomia da vontade, da função social do contrato e da boa-fé objetiva, que vincula os contratantes ao comportamento legitimamente esperado, repercutem em diversas modalidades em que pode se revestir o contrato de compra e venda.

7.1. À vista e a prazo

O contrato de compra e venda poderá ter o preço pago pela mercadoria no momento da contratação ou da entrega do bem ao comprador, o que ocorre concomitantemente. Trata-se da compra e venda à vista.

Nessa modalidade, o vendedor somente é obrigado a transferir a coisa após o pagamento do preço, nos termos do art. 491 do CC. A retenção da coisa faz-se para assegurar que o preço seja efetivamente satisfeito[65].

Na compra e venda a prazo, a prestação do preço ou da mercadoria poderão ser diferidos. Ambos poderão ser convencionados para entrega ou pagamento posteriormente à celebração do contrato. O comprador pode postergar o pagamento do preço para momento posterior ao recebimento da coisa em montante total ou em parcelas. Também é a prazo a postergação da entrega da coisa, que poderá ocorrer depois do recebimento integral do preço, o que ocorre na venda mediante pagamento antecipado.

Independentemente do cumprimento ou não das prestações diferidas no tempo, o contrato é considerado concluído no momento da celebração, ou seja, do consentimento das partes sobre o preço e a coisa.

7.2. A termo ou a futuro

O contrato de compra e venda pode ser a termo ou a futuro.

Nos contratos a termo, as partes convencionam a compra ou a venda de determinado bem a ser entregue em um momento determinado do futuro e mediante o pagamento de um preço fixado por ocasião da celebração, mas que será satisfeito também apenas no futuro. Trata-se de contratos tipicamente realizados em bolsa de valores ou mercado de balcão. Nesses contratos,

---

[65] AZEVEDO, Álvaro Villaça. *Curso de direito civil*: contratos típicos e atípicos. São Paulo: Saraiva Educação, 2019, p. 37.

as prestações são simultâneas, mas diferidas no tempo. Em determinada data fixada pelas partes, as prestações são liquidadas.

O contrato é perfeito desde o momento da fixação do preço e do objeto e passa a produzir desde então todos os seus efeitos. Apenas as prestações serão executadas posteriormente, tanto a obrigação do vendedor de transferência da coisa quanto a obrigação do comprador de pagamento do preço.

Se apenas o preço for diferido para o pagamento futuro, o contrato de compra e venda se caracteriza como a crédito ou a prazo. Se, por outro lado, apenas a transferência da coisa é postergada, trata-se de compra e venda com pagamento do preço adiantado.

Se ambas as prestações ocorrerem posteriormente, entretanto, trata-se de compra e venda a termo. Como Martins esclarece, "donde ser a venda a termo uma venda *a prazo determinado para a entrega da coisa* e pagamento do preço"[66].

O contrato de compra e venda a termo interessa às partes notadamente pelo fato de ambas não se sujeitarem à variação do preço da conclusão até a entrega da coisa. Convencionado o contrato de compra e venda, a variação do preço no período até a entrega da mercadoria não afeta as partes. Se o preço da mercadoria baixar até a entrega, o comprador pagará o preço convencionado, com lucro ao vendedor. Se, por outro lado, o preço da mercadoria aumentar, haverá ganho do comprador, que pagará o preço convencionado e mais baixo.

Nos contratos futuros, a data futura para o cumprimento das prestações é estabelecida pelas partes, assim como o preço fixado pela transferência da propriedade. A diferença do contrato futuro para o contrato a termo é que no contrato futuro, embora as prestações devam ser cumpridas na data futura, os contratantes poderão liquidar a posição, tanto a comprada quanto a vendida, anteriormente à referida data e mediante o pagamento do preço futuro do bem objeto da compra e venda.

"Como se vê, essas modalidades de venda podem trazer, tanto para o comprador como para o vendedor, grandes lucros ou grandes prejuízos, dependendo da alta ou baixa dos produtos vendidos. Por isso, tais modalidades são empregadas mais entre empresários e sociedades empresárias de grandes recursos"[67].

7.3. Sob amostras, protótipos ou modelos

As compras e vendas podem ser realizadas com a apreciação do comprador diretamente sobre a coisa alienada ou poderão, nos termos do art. 484 do CC, ser realizadas à vista de amostras, protótipos ou modelos. Nessa modalidade de compra e venda, o vendedor, por ocasião da celebração do contrato, apresenta ao comprador amostras, protótipos ou modelos dos bens que serão alienados.

A título de conceituação, amostra é a "apresentação ou entrega de reprodução integral da coisa a ser vendida, em suas qualidades e características"[68]. Nesse sentido, a amostra, contendo as qualidades e características proporcionais, não será descaracterizada em razão de tamanho reduzido.

Por sua vez, protótipo é "o primeiro exemplar da coisa que se criou, ou o original, apresentando as qualidades e características essenciais da coisa final vendida, que o reproduz"[69]. Sendo o primei-

---

[66] MARTINS, Fran. *Curso de direito comercial*: contratos e obrigações comerciais. 19. ed. rev., atual. e ampl. por Gustavo Saad Diniz. Rio de Janeiro: Forense, 2019, p. 125.

[67] MARTINS, Fran. *Curso de direito comercial*: contratos e obrigações comerciais. 19. ed. rev., atual. e ampl. por Gustavo Saad Diniz. Rio de Janeiro: Forense, 2019, p. 126.

[68] LÔBO, Paulo. *Direito civil*: contratos. 9. ed. São Paulo: SaraivaJur, 2023, v. 3, p. 98.

[69] LÔBO, Paulo. *Direito civil*: contratos. 9. ed. São Paulo: SaraivaJur, 2023, v. 3, p. 98.

Capítulo 1 • Contrato de compra e venda

ro exemplar, nota-se que o protótipo pode ainda não ser o definitivo, mas ao comprador é permitido ser informado por ele.

Por fim, modelo é "desenho, foto, escultura ou imagem do que se pretende reproduzir em escala maior ou idêntica, com dados e informações necessários que permitem ao comprador confrontá-lo com a coisa recebida"[70].

Por ocasião do cumprimento do contrato, os bens a serem entregues deverão corresponder às amostras ou protótipos apresentados por ocasião da celebração. Nesse aspecto, prevalece inclusive o parâmetro da amostra ou do protótipo se houver discordância com a maneira pela qual a coisa foi descrita no contrato, em razão do parágrafo único do art. 484 do CC. Trata-se de inovação em relação ao art. 1.135 do CC de 1916, no qual não se garantia prevalência à amostra, ao protótipo ou ao modelo em caso de contradição ou diferença com a maneira pela qual se descreveu a coisa no contrato[71].

A aceitação da coisa entregue por corresponder às amostras ou protótipos não equivale a novo contrato de compra e venda ou a nova manifestação de vontade. Há simples reconhecimento de que a prestação estipulada anteriormente atendeu ao que foi celebrado diante da amostra. Por outro lado, a recusa ao recebimento do bem por desconformidade às amostras ou aos protótipos não revela falta de consentimento ao contrato, mas descumprimento contratual do vendedor por não entregar a coisa vendida com as características e qualidades convencionadas.

Se a coisa não for entregue com as qualidades indicadas na amostra, modelo ou protótipo, o comprador poderá recusar seu recebimento. O inadimplemento do vendedor permitirá que o comprador exija dele a entrega do bem com as mesmas características da amostra ou poderá ser pleiteada a resolução do contrato, sem prejuízo das perdas e danos.

Na hipótese da recusa justificada em razão de contrariedade da amostra ou modelo, quando devidamente comunicada ao vendedor, não há mora do credor. "Assim, não pode o vendedor proceder à consignação em adimplemento. Por seu turno, o comprador pode valer-se da exceção do contrato não cumprido, quando sua obrigação for exigida pelo vendedor"[72].

7.4. Venda condicionada

A compra e venda também poderá ser realizada sob condição.

A condição poderá ser suspensiva ou resolutiva.

Condição suspensiva é a que submete a eficácia do negócio jurídico ao advento de um evento futuro e incerto. A produção de seus efeitos apenas se iniciará se o fato previsto pelas partes efetivamente ocorrer (art. 125 do CC).

Exemplo de uma condição suspensiva ocorre na venda a contento. A compra e venda apenas produzirá efeitos se o comprador for satisfeito com a mercadoria entregue[73].

Na venda com a condição suspensiva, apesar de o negócio jurídico ser existente e válido, enquanto o evento futuro e incerto não ocorrer, o vendedor não terá a obrigação de entregar o bem alienado e o comprador não terá a obrigação de pagar o preço convencionado.

---

[70] LÔBO, Paulo. *Direito civil*: contratos. 9. ed. São Paulo: SaraivaJur, 2023, v. 3, p. 98.

[71] RIZZARDO, Arnaldo. *Contratos*. 19. ed. Rio de Janeiro: Forense, 2021, p. 308.

[72] LÔBO, Paulo. *Direito civil*: contratos. 9. ed. São Paulo: SaraivaJur, 2023, v. 3, p. 99.

[73] TARTUCE, Flávio. *Direito civil*: lei de introdução e parte geral. 16. ed. Rio de Janeiro: Forense, 2020, p. 443.

Enquanto o evento incerto e futuro não se realizar na condição suspensiva, o direito decorrente do contrato não se considera adquirido. Há apenas uma expectativa de direito, o qual, entretanto, poderá ser protegida pelo titular[74].

Vale ressaltar que alguns contratos empresariais complexos, especialmente na área de fusões e aquisições, têm utilizado o termo "condição precedente", numa tradução do termo inglês *condition precedent*. Tal utilização representa má técnica jurídica, pois o termo *condition* não possui no direito americano o exato significado da expressão jurídica brasileira "condição" nos termos do Código Civil. Assim, se o ato previsto não se enquadrar no conceito de direito nacional de condição (evento futuro e incerto), não poderá surtir efeito de condição, afetando o contrato.

O correto seria a redação como condição suspensiva aos eventos correspondentes na definição do art. 121 do CC e como obrigação precedente aos termos que não sejam futuros ou incertos, mas dependem exclusivamente da vontade das partes.

A condição resolutiva, por seu turno, permite que o contrato produza seus efeitos imediatamente a partir de sua celebração. O advento do efeito futuro e incerto previsto pelas partes suprimirá os efeitos do negócio jurídico.

Enquanto a condição resolutiva não se implementar, o contrato produz seus regulares efeitos e os direitos dele decorrentes podem ser livremente exercidos (art. 127 do CC).

7.5. Compra e venda *ad corpus* e *ad mensuram*

A compra e venda pode ser realizada *ad corpus* ou *ad mensuram*. A distinção é relevante diante de eventual não correspondência entre a área da coisa vendida e as dimensões efetivas do bem imóvel alienado, o que poderá ou não resultar em vício redibitório[75].

Na venda *ad corpus* o bem imóvel é alienado como coisa certa e discriminada. A compra e venda é celebrada em função do bem delimitado. Trata-se de coisa certa e determinada, cujas confrontações são evidentes. Eventual menção à área do bem é apenas enunciativa.

Diante da identificação e delimitação do bem, na venda *ad corpus* eventual descrição a menor ou a maior da área do imóvel não permitirá o complemento da área, a devolução do preço excedente ou a resolução do contrato. O comprador nada poderá reclamar a respeito de vício redibitório do referido bem em função de divergência da área efetivamente entregue do terreno, pois não foi a área o objeto do contrato, mas sim um bem imóvel efetivamente delimitado e identificado, nos termos do art. 500, § 3º, do CC.

Por outro lado, na compra e venda *ad mensuram*, o bem vendido é a área da terra e não propriamente a propriedade delimitada.

Se o bem entregue não corresponder ao montante de área objeto da convenção, o comprador poderá pleitear a complementação da área. Trata-se da *actio ex empto*. Se a complementação não for possível, poderá pretender a resolução do contrato pela *actio redhibitoria* ou a redução do preço com a aceitação da coisa, mediante a *actio aestimatoria* (art. 500 do CC).

Nesse cenário, há três alternativas ao comprador: a complementação, a resolução ou a redução do preço. "Em princípio, reconhece-se ao comprador uma ação, que é a de *complementação da área (actio ex empto)*, e não uma tríplice alternativa. Somente em caso de não ser possível, tem o adquirente a faculdade (esta, sim, alternativa) de rescindir o contrato (*actio redhibitoria*) ou pedir abatimento no preço (*actio aestimatoria*)"[76].

---

[74] BEVILÁQUA, Clóvis. *Theoria geral do direito civil*. 2. ed. Rio de Janeiro: Francisco Alves, 1929, p. 300.

[75] PEREIRA, Caio Mário da Silva. *Instituições de direito civil*: contratos. 25. ed. Rio de Janeiro: Forense, 2022, p. 169.

[76] PEREIRA, Caio Mário da Silva. *Instituições de direito civil*: contratos. 25. ed. Rio de Janeiro: Forense, 2022, p. 169.

Capítulo 1 • Contrato de compra e venda

A diferença a menor, contudo, precisa ser relevante. Nos termos do Código Civil, a diferença deve corresponder a no mínimo mais de um vigésimo (5%) da área convencionada ou presumirá a lei que a indicação da área foi meramente ilustrativa, a menos que seja demonstrado que se o comprador soubesse efetivamente da área a menor não teria a adquirido (art. 500, § 1º, do CC).

O montante de até 5% de diferença foi presumido como irrelevante para a vontade das partes, embora a presunção seja *juris tantum*, ou seja, admita prova em contrário. "Ao legislador pareceu que fração tão exígua não justifica o litígio, e a jurisprudência aconselha interpretar as cláusulas duvidosas contra o vendedor, que é quem está em melhores condições de conhecer a coisa, e, podendo esclarecer a situação sem tê-lo feito, há que suportar as consequências"[77].

Se o bem entregue possuir área maior daquela convencionada, e o vendedor demonstrar que tinha motivos para ignorar a área alienada, o comprador, de forma análoga, deverá devolver a área excedente, caso possível, ou complementar o preço (art. 500, § 2º, do CC). "Inibe-se, portanto, o enriquecimento sem causa do adquirente, desde que comprove sua boa-fé objetiva, demonstrando que só teve ciência da diferença da área depois da conclusão do negócio"[78].

As pretensões de complementação da área, abatimento do preço ou resolução do contrato terão prazo decadencial. Elas deverão ser realizadas no prazo de um ano a contar do registro do título, a menos que ocorra atraso na imissão da posse do bem, de modo que o prazo será iniciado a partir desta (art. 501 do CC).

A diferença entre a venda *ad corpus* e a venda *ad mensuram* deverá ser aferida pelo juiz diante do caso concreto e à vista do título celebrado entre as partes. Na ausência de especificação no título, a apuração deverá ser extraída dos elementos da descrição do imóvel e das declarações de vontade que permitam avaliar se o objeto do contrato foi uma coisa certa e delimitada ou uma área do imóvel.

Excepciona-se, essa regra, na compra e venda em hasta pública. Diante da ampla publicidade inerente à alienação por hasta pública, não há, nesses termos, qualquer direito à complementação da área descrita, pois eventual desconformidade da área não poderia ser oculta diante dessa publicidade.

7.6. Compra e venda sob consignação ou contrato estimatório

O contrato estimatório é modalidade do contrato de compra e venda. Consiste em contrato de compra e venda com a coisa sob consignação, ou seja, em que o vendedor recebe um bem móvel de terceiro para alienar por certo prazo.

Como escreve Pontes de Miranda, o elemento mais frequente do contrato estimatório é o intuito de alienar[79]. Nesse sentido, "quem transfere a posse do bem quer aliená-la e receber a contraprestação, fixada, pelo menos, no momento da entrega (contraprestação determinada, ou determinável, à semelhança do que se passa com o contrato de compra e venda), porém ao recebedor do bem cabe a faculdade de pagar dentro de certo prazo, ou restituir o bem, dentro de certo prazo"[80]

A entrega ou consignação da coisa não promove a tradição. Não há transferência de propriedade nesse primeiro momento. Apenas a posse direta da coisa é entregue à disponibilidade do consignatário para que este possa aliená-la no prazo convencionado.

---

[77] PEREIRA, Caio Mário da Silva. *Instituições de direito civil*: contratos. 25. ed. Rio de Janeiro: Forense, 2022, p. 170.

[78] DINIZ, Maria Helena. *Curso de direito civil brasileiro*: teoria geral do direito civil. 29. ed. São Paulo: Saraiva, 2012, v. 1, p. 413.

[79] PONTES DE MIRANDA, José Cavalcanti. *Direito das obrigações*: compra e venda. Troca. Contrato estimatório. Atualizado por Claudia Lima Marques. São Paulo: Revista dos Tribunais, 2012, p. 478.

[80] PONTES DE MIRANDA, José Cavalcanti. *Direito das obrigações*: compra e venda. Troca. Contrato estimatório. Atualizado por Claudia Lima Marques. São Paulo: Revista dos Tribunais, 2012, p. 478.

Caso não devolva o bem no prazo determinado, o vendedor deverá pagar o preço convencionado, ainda que não tenha alienado o bem. Se, por outro lado, o bem for vendido no prazo estipulado, ocorrem duas compras e vendas. A primeira ocorre entre o proprietário e o consignatário, que se torna proprietário do bem e vende a coisa, portanto, que era de sua propriedade por ter em sua pessoa se consolidado.

Nos termos da I Jornada de Direito Civil do Conselho da Justiça Federal, enunciado 32, esclarece-se que, "no contrato estimatório (art. 534), o consignante transfere ao consignatário, temporariamente, o poder de alienação da coisa consignada com opção de pagamento do preço de estima ou sua restituição ao final do prazo ajustado".

O consignatário vendedor se consolida como proprietário da coisa por ocasião de sua alienação. Logo, vende o bem que se torna de sua propriedade, em seu interesse, e responde por todos os vícios da contratação.

O bem, em segundo contrato de compra e venda, é alienado ao comprador, que paga o preço convencionado.

A utilidade do contrato estimatório é a ampla dispersão dos produtos pelo fabricante, que poderá contar com o auxílio de diversos revendedores para disponibilizar seus produtos. Os vendedores, consignatários, também possuem vantagens. Não precisarão adquirir os produtos antes de revendê-los e, caso não consigam aliená-los, poderão devolver os produtos sem adquiri-los.

Trata-se de modalidade muito utilizada no mercado editorial, como destaca Ricardo Negrão. "No mercado editorial, por exemplo, é comum que as mercadorias (livros, revistas, publicações) sejam entregues às livrarias ou bancas de jornal com a expressão na nota fiscal: "venda sob consignação ou remessa em consignação". O crédito decorrente dessa venda ocorre no momento da venda ao consumidor ou se vencido o prazo sem a devolução, o que primeiro ocorrer"[81].

A obrigação do consignatário é de restituir o bem no determinado prazo ou de pagar o preço anteriormente convencionado com o vendedor. Referido preço não se relaciona necessariamente com o preço celebrado entre o consignatário e o comprador do bem. Caso maior do que o preço anteriormente exigido do vendedor, o consignatário obterá lucro nas compras e vendas.

Caso o bem pereça sob sua guarda e dentro do termo até a devolução do bem, o consignatário responderá pela coisa, ainda que o perecimento tenha ocorrido por caso fortuito ou força maior (art. 535 do CC).

Por seu turno, o vendedor ou consignante tem a obrigação de entregar a coisa ao consignatário e de mantê-la na posse deste enquanto perdurar o termo convencionado. Caso não haja termo convencionado, o consignante somente poderá reaver a coisa se notificar previamente o consignatário a devolvê-la. Se a coisa não for devolvida nesse termo ou após a notificação, a compra e venda entre ambos se aperfeiçoa e a propriedade do bem é transmitida ao consignatário.

7.7. Venda sobre documentos

Há situações em que os produtos que são objeto de venda não estão em poder do vendedor, mas depositados em armazéns ou, no momento da venda, sendo depositados[82]. Nessas hipóteses, com o fito de garantir a eficiência dos negócios empresariais, a tradição da coisa é substituída por documentos que a representam[83].

---

[81] NEGRÃO, Ricardo. *Curso de direito comercial e de empresa*: títulos de crédito e contratos empresariais. 10. ed. São Paulo: Saraiva Educação, 2021, v. 2, p. 116.

[82] TOMAZETTE, Marlon. *Contratos empresariais*. Salvador: JusPodivm, 2022, p. 254.

[83] TOMAZETTE, Marlon. *Contratos empresariais*. Salvador: JusPodivm, 2022, p. 254.

Pela tradição do documento, ocorreria a tradição simbólica da coisa, o que representa o cumprimento da obrigação pelo vendedor.

7.8. Compras e vendas complexas: contrato de fornecimento

Trata-se de contrato de compra e venda que se desdobra em outros contratos parciais que são dependentes do contrato original[84]. Segundo Vera Helena, as modalidades mais comuns desses contratos são: "de fornecimento e de assinatura, que correspondem a um contrato de alienação de bens com ou sem fornecimento de serviços (ou de mão de obra), podendo, ou não, vir acompanhado de outras prestações: ex. periodicidade, garantias (de qualidade inclusive); fornecimento de embalagens, engradados ou vasilhames, cláusulas de exclusividade ou de fidelidade, tabelas de preços, prestação de informações ou de acessória e outras"[85].

Especificamente sobre o contrato de fornecimento, Pontes de Miranda diz que tal contrato pode ser realizado sem determinação prévia ou quantidade do que será fornecido[86]. Ainda para o autor, deve ser considerado o que, exatamente no momento do contrato de fornecimento, "seja necessário, em qualidade e em quantidade, ao outorgado, salvo cláusula explícita, ou se é de interpretar-se que se deixou margem a posteriores necessidades, a que o fornecedor haja de satisfazer"[87].

Quando se trata de prestações sucessivas, de forma periódica ou não, há contrato de compra e venda de bem genérico, que se refere a mercadorias que deverão ser prestadas espaçadamente, com prazo determinado ou posteriormente determinado[88].

Sobre os momentos das prestações, eles podem ser determinados ou sofrer determinação posterior. O preço pode ser determinado em quantia certa, conforme tabela, ou até mesmo outro critério[89].

8. CLÁUSULAS ESPECIAIS

Independentemente da modalidade do contrato de compra e venda, o princípio da autonomia da vontade assegura que as partes poderão ajustar o respectivo contrato a ser celebrado ao interesse e à necessidade de cada qual. O Código Civil previu algumas cláusulas especiais típicas, embora não essenciais, em que as partes poderão disciplinar seus interesses.

8.1. Cláusula de retrovenda

A primeira das cláusulas típicas disciplinada pelo Código Civil é a cláusula de retrovenda, regida pelos arts. 505 e seguintes do CC.

Trata-se de cláusula não essencial dos contratos de compra e venda. Uma cláusula de resolução (condição resolutiva) expressa do contrato, pelo qual o vendedor poderá garantir a si próprio o di-

---

[84] FRANCO, Vera Helena de Mello. *Contratos*: direito civil e empresarial. 1. ed. rev., atual. e ampl. São Paulo: Revista dos Tribunais, 2013, p. 76.

[85] FRANCO, Vera Helena de Mello. *Contratos*: direito civil e empresarial. 4. ed. rev., atual. e ampl. São Paulo: Revista dos Tribunais, 2013, p. 76.

[86] PONTES DE MIRANDA, José Cavalcanti. *Direito das obrigações*: compra e venda. Troca. Contrato estimatório. Atualizado por Claudia Lima Marques. São Paulo: Revista dos Tribunais, 2012, p. 381.

[87] PONTES DE MIRANDA, José Cavalcanti. *Direito das obrigações*: compra e venda. Troca. Contrato estimatório. Atualizado por Claudia Lima Marques. São Paulo: Revista dos Tribunais, 2012, p. 382.

[88] PONTES DE MIRANDA, José Cavalcanti. *Direito das obrigações*: compra e venda. Troca. Contrato estimatório. Atualizado por Claudia Lima Marques. São Paulo: Revista dos Tribunais, 2012, p. 382.

[89] PONTES DE MIRANDA, José Cavalcanti. *Direito das obrigações*: compra e venda. Troca. Contrato estimatório. Atualizado por Claudia Lima Marques. São Paulo: Revista dos Tribunais, 2012, p. 382.

reito de, durante determinado prazo, readquirir o bem alienado, com o ressarcimento do preço pago e das despesas necessárias que o comprador tenha efetuado ou que tenham sido autorizadas.

Sobre a utilidade da cláusula, Caio Mário apresenta dois pontos que se confrontam: (i) de um lado, pode-se alegar o princípio da liberdade de contratar, que "não deve ser sacrificada em razão dos inconvenientes que a retrovenda pode conter, contrabalançados pela utilidade de se franquear a recuperação do imóvel àquele que se vê compelido a aliená-lo por motivo de dificuldades transitórias"[90]; (ii) por outro, pode-se dizer que a cláusula produz uma incerteza no regime de propriedade, "como principalmente por prestar-se a mascarar empréstimos usurários que atentam contra o direito e a economia"[91].

Controverte a doutrina sobre sua natureza jurídica. Três posições doutrinárias quanto à sua natureza jurídica podem ser apresentadas. As que consideram a cláusula como um direito pessoal, como um direito real, ou *personalia in rem scripta*.

Para Orlando Gomes, a cláusula de retrovenda é direito pessoal. Ainda que a doutrina, baseada no direito alemão, sustente um direito contratual de resolução, como uma oferta de retrovenda em que a venda é realizada sob condição suspensiva, sustenta o autor que "no direito pátrio é uma *venda sob condição resolutiva potestativa*, cujo exercício não depende exclusivamente da vontade do vendedor, mas, também, de que restitua o preço e reembolse as despesas"[92].

Para Paulo Carneiro Maia, a cláusula de retrovenda seria direito real. De forma correlata à compra e venda, a cláusula de retrovenda aderiria à coisa. "Fixa-se no imóvel, que o vendedor se reservou, 'o direito de recobrar' (art. 1.140), sujeitando-o à relação entre a pessoa e a coisa"[93].

Essa natureza de direito real é fortalecida pelo argumento de que seria *erga omnes*, de modo que valeria contra o adquirente, mesmo que terceiro. Isso porque o art. 507 do CC prescreve que o direito de retrato, além de ser transmissível, poderá ser exercido contra o terceiro adquirente do bem.

Para Otávio Rodrigues Júnior, contudo, "a posição majoritária é a que concebe a retrovenda como fonte criadora de direito pessoal. Diverge-se apenas acerca de como se qualificar esse direito pessoal"[94].

Tomazette escreve que, independentemente da natureza, a retrovenda possui os seguintes requisitos: "a) compra e venda de bens e imóveis; b) cláusula especial no contrato assegurando o direito de recomprar a coisa; c) não tem a função de garantia do crédito; d) exercício pelo vendedor dentro do prazo previsto; e) restituição do preço recebido pelo comprador; f) reembolso das despesas; e g) transmissibilidade"[95].

Segundo o art. 507 do CC, a despeito da controvérsia sobre sua natureza, "o vendedor de coisa imóvel pode reservar-se o direito de recobrá-la no prazo máximo de decadência de três anos, restituindo o preço recebido e reembolsando as despesas do comprador, inclusive as que, durante o período de resgate, se efetuaram com a sua autorização escrita, ou para a realização de benfeitorias necessárias".

---

[90] PEREIRA, Caio Mário da Silva. *Instituições de direito civil*: contratos. 25. ed. Rio de Janeiro: Forense, 2022, p. 191.

[91] PEREIRA, Caio Mário da Silva. *Instituições de direito civil*: contratos. 25. ed. Rio de Janeiro: Forense, 2022, p. 191.

[92] GOMES, Orlando. *Contratos*. Atualizado por Antonio Junqueira de Azevedo e Francisco p. de Crescenzo Marino. 26. ed. Rio de Janeiro: Forense, 2007, p. 252.

[93] MAIA, Paulo Carneiro. *Da retrovenda*. São Paulo: Saraiva, 1956, p. 126-127.

[94] RODRIGUES JR., Otavio Luiz. *Código civil comentado*: compra e venda, troca, contrato estimatório: artigos 481 a 537. Coordenado por Álvaro Villaça Azevedo. São Paulo: Atlas, 2008, v. 6, t. 1, p. 308.

[95] TOMAZETTE, Marlon. *Contratos empresariais*. Salvador: JusPodivm, 2022, p. 250.

Capítulo 1 • Contrato de compra e venda

O artigo integra a omissão das partes ao regularem os respectivos interesses e convencionarem a obrigação de retrovenda do comprador, também chamada de cláusula de retrato. As partes poderão estipular, em seu contrato de compra e venda, uma cláusula resolutiva, que coloca fim aos efeitos do contrato anterior.

Pela cláusula de retrovenda, o vendedor poderá reaver a coisa alienada, com a restituição do preço anteriormente recebido, além do ressarcimento das despesas em que o comprador eventualmente incorreu.

Interessante notar, no que se refere ao prazo, que o Código Civil de 1916, em seu art. 1.141, disciplinava que o prazo deveria prevalecer mesmo contra incapazes. O Código Reale, todavia, não reproduziu essa norma. "Não obstante essa ausência de disposição expressa específica, incide o art. 208 do código, que dispõe que se aplica à decadência a regra do art. 198, I, razão por que o prazo não flui para o incapaz. O legislador privilegiou a proteção aos interesses dos incapazes em confronto com a segurança que a consolidação da compra e venda gera para ambas as partes e para o comércio jurídico"[96].

Sua aplicação é restrita aos contratos de compra e venda de imóvel e seu exercício pelo vendedor, da opção de exigir do comprador a devolução da propriedade do bem, tem prazo decadencial de até três anos a partir da celebração do contrato. Como prazo decadencial, não há interrupção ou suspensão do direito de exigir pelo vendedor.

A restrição aos imóveis decorre da proteção ao terceiro de boa-fé decorrente da necessária publicidade da cláusula. Como a transferência da propriedade móvel se faz pela tradição e, em regra, não se sujeita a qualquer registro, a possibilidade de uma cláusula de retrovenda provocaria a perda do direito de terceiro adquirente de boa-fé diante de um exercício de retrato pelo vendedor, mesmo diante de uma impossibilidade de conhecer referida limitação.

Se o direito de retrato ou reaquisição do bem alienado couber a mais de uma pessoa, qualquer delas poderá exercer o direito. O exercício por qualquer dos legitimados permitirá ao comprador intimar os demais para com ele concordarem, mas prevalecerá o direito de retrato em favor daquele que tenha efetuado o depósito, desde que integral (art. 508 do CC).

O direito de retrato é cessível *mortis causa* e poderá, inclusive, ser exercido contra o terceiro adquirente do bem, nos termos do art. 507 do CC. Esse terceiro adquirirá a propriedade do bem sob condição resolutiva.

Não poderia, contudo, o direito de retrato ser cedido por ato *inter vivos*. A impossibilidade decorreria da natureza personalíssima do referido direito, excepcionada apenas para a transmissão *mortis causa*.

Por fim, de modo a assegurar seu exercício, o direito pode ser oposto *erga omnes*. O direito de retrato poderá ser oponível em face do comprador ou mesmo dos terceiros que tenham posteriormente adquirido o bem. Caso o comprador ou o terceiro recuse as quantias, o vendedor, para exercer o direito de resgate, as depositará judicialmente. É dizer, "efetivar a consignação judicial das quantias a que aquele faz jus (restituição do preço, mais despesas, mais indenização por eventuais melhoramentos autorizados e/ou benfeitorias necessárias). O vendedor somente readquire o domínio e a posse do objeto da retrovenda com o pagamento do valor integral devido ao comprador (Código Civil, art. 506)"[97].

---

[96] PEREIRA, Caio Mário da Silva. *Instituições de direito civil*: contratos. 25. ed. Rio de Janeiro: Forense, 2022, p. 191.

[97] PEREIRA, Caio Mário da Silva. *Instituições de direito civil*: contratos. 25. ed. Rio de Janeiro: Forense, 2022, p. 194.

104   *Parte Especial*

Para o exercício desse direito de reivindicar o imóvel dos terceiros adquirentes, não há sequer a necessidade de agir contra o comprador originário, nem o contrato se resolverá em perdas e danos. A pretensão é voltada à propriedade do imóvel, cuja aquisição se subordina a uma condição resolutiva[98].

8.2. Venda a contento e a sujeita à prova

O contrato de compra e venda poderá ter seus efeitos condicionados à satisfação do adquirente com o bem alienado. Trata-se de condição suspensiva que assegura o exame da coisa entregue pelo comprador e a manifestação da concordância do comprador com a coisa entregue. Nesse contrato, o comprador possui direito potestativo; o que interessa é seu agrado pessoal, a vontade de aperfeiçoar ou não o contrato[99].

Não há forma prescrita para a declaração de concordância do comprador. Ela poderá ser expressa ou tácita. Por esta última, a concordância resultaria do comportamento do adquirente com a prática de atos incompatíveis à intenção de rejeitar o bem. Exemplo desse comportamento é o pagamento posterior do preço pela coisa entregue.

Na compra e venda sujeita à satisfação do adquirente, a entrega da coisa móvel pela tradição não transfere a propriedade do bem ao comprador. Como condição suspensiva, a transferência da propriedade somente ocorrerá com a concordância do comprador. Enquanto tal aceitação não ocorrer, a propriedade remanesce com o vendedor, o qual permanece responsável pelos riscos da coisa. Enquanto não houver a aceitação, o comprador responde como mero comodatário da coisa.

Referida aceitação ou rejeição da coisa não possui prazo determinado por lei e deverá ser convencionada pelas partes por ocasião da contratação. Em sua omissão, o vendedor deverá interpelar o comprador, judicial ou extrajudicialmente, para que exerça seu direito, sob pena de não poder rejeitar a coisa entregue após o prazo estabelecido (art. 512 do CC).

Declarada a concordância do comprador ou tendo tal concordância sido resultado de seus comportamentos de aceitá-la, a prestação do vendedor torna-se adimplida. A declaração é irrevogável.

Convém anotar que não a cláusula não é pressuposta, mas acidental. Segundo Paulo Lôbo, "são frequentes nas compras e vendas de presentes ou de certos objetos, nas quais o vendedor admite a troca, dentro de certos limites. Contudo, na venda a contento não se pode substituir a coisa, mas manifestar a aceitação ou não"[100].

Nesse mesmo sentido, não se deve confundir a venda a contento com a venda sob amostra, ou com a venda sujeita à prova (que será, a seguir, apresentada). "Na venda sob amostra a coisa comprada é equivalente à que se demonstrou, o que envolve equivalência de qualidades e quantidades; na venda a contento, a coisa comprada é a mesma que se entregou"[101].

No que toca à diferença entre a venda sujeita à prova e a contento, "a venda sujeita à prova difere da venda a contento pelo fato de não depender apenas do gosto, satisfação ou agrado do comprador. A venda sujeita à prova pode envolver certo grau de satisfação pessoal, mas o que a peculiariza é a referência a um dado objetivo, seja a qualidade pretendida, seja a adequação ao fim a que se destina a coisa, mediante experimentação, metragem, pesagem"[102].

---

[98]   MAIA, Paulo Carneiro. *Da retrovenda*. São Paulo: Saraiva, 1956, p. 127.

[99]   TOMAZETTE, Marlon. *Contratos empresariais*. Salvador: JusPodivm, 2022, p. 251.

[100] LÔBO, Paulo. *Direito civil*: contratos. 9. ed. São Paulo: SaraivaJur, 2023, v. 3, p. 110.

[101] LÔBO, Paulo. *Direito civil*: contratos. 9. ed. São Paulo: SaraivaJur, 2023, v. 3, p. 111.

[102] LÔBO, Paulo. *Direito civil*: contratos. 9. ed. São Paulo: SaraivaJur, 2023, v. 3, p. 111.

Como supracitado, também poderá ser convencionada, no contrato de compra e venda, que a venda é sujeita à prova. Da mesma forma que na compra e venda a contento, estabelece-se condição suspensiva de que a coisa tenha as qualidades asseguradas pelo vendedor e seja idônea para o fim a que se destina (art. 510 do CC).

Nesse contrato com a cláusula de sujeição à prova, como apresentado, o comprador deverá expressar sua concordância com as qualidades da coisa e sua utilidade para que o contrato seja considerado satisfeito.

Trata-se de condição suspensiva da transferência da propriedade. Esta apenas se efetiva de modo a satisfazer a prestação se o comprador manifestar sua aquiescência com a coisa.

Enquanto isso não ocorrer, nos termos do art. 511 do CC, o comprador responde como comodatário em virtude da posse da coisa. Isso porque, enquanto pendente a condição suspensiva a respeito da satisfação do comprador em relação à coisa, este tem a posse direta da coisa, mas não a propriedade. O domínio do bem somente lhe é transferido com a concordância, de modo que deverá conservar o bem como se lhe pertencesse. A título de realce, tanto na venda a contento quanto na venda sujeita à prova, até a manifestação do comprador, a coisa é entregue a título de comodato.

Dessa forma, nos termos do art. 583 do CC, ao regular o comodato, o comprador deverá, se a coisa recebida correr risco de perecimento, ainda que por caso fortuito ou força maior, não antepor a salvação dos seus próprios bens à salvação do bem vendido, sob pena de responsabilização.

A concordância com a coisa poderá ser expressa ou tácita. Se houver prazo assinalado para a concordância da coisa, o silêncio quanto à recusa da coisa no período estipulado deverá ser interpretado como aceitação.

Por seu turno, se não houver prazo assinalado para a recusa para o comprador, o vendedor terá direito de intimá-lo judicial ou extrajudicialmente para que o faça (art. 512 do CC).

8.3. Cláusula de preferência ou preempção

A preferência é um gênero do qual a preempção é uma espécie. Assim, a preempção é a preferência especificamente prevista no Código Civil como adjeta a um contrato de compra e venda[103].

As partes poderão convencionar, no contrato de compra e venda, o direito de preferência do vendedor em eventual alienação posterior da coisa pelo comprador. Trata-se de cláusula de preferência ou preempção.

Conforme Paulo Lôbo, "o direito de preferência é direito potestativo, que não existe antes da intenção do comprador de vender a coisa. Não se trata de compra e venda sob condição suspensiva. O que está suspenso é o próprio direito potestativo. O comprador não tem o dever de vender a coisa; pode nunca a vender, impedindo de irradiar-se o direito de preferência"[104].

A cláusula de preferência é um elemento acidental do contrato de compra e venda. Não há direito de o vendedor de, em eventual revenda do bem pelo comprador, ter qualquer preferência em relação aos terceiros interessados, a menos que isso seja convencionado contratualmente.

Pela cláusula contratual, o comprador assume a obrigação de fazer, caso pretenda aliená-la a terceiro ou dar a este o bem em pagamento, de oferecer o bem comprado ao vendedor, de modo que ele poderá exercer seu direito de preferência ou preempção na aquisição, se lhe convier. Não há

---

[103] Sobre o tema ver WAISBERG, Ivo. *Direito de preferência para a aquisição de ações*: conceito, natureza jurídica e interpretação. São Paulo: Quartier Latin do Brasil, 2016, p. 24 e s. e 95 e s.

[104] LÔBO, Paulo. *Direito civil*: contratos. 9. ed. São Paulo: SaraivaJur, 2023, v. 3, p. 113.

dever de venda do bem em determinado prazo, mas simplesmente o de ofertar o bem ao vendedor se o comprador intentar transferir a propriedade do bem a terceiros dentro do prazo.

A menos que estabelecido de forma diversa contratualmente, a oferta ao vendedor pelo comprador é nas mesmas condições e preço ofertado ao terceiro pela transferência de propriedade da coisa. O direito de preferência, ao não ser exercido nos termos (condições e preço) ajustados, caduca. Nesse cenário, o comprador fica desimpedido para vender o bem a terceiro. Sem embargo, em caso de a venda não ser concluída, o direito se restaura porque o prazo decadencial terá sido obstado[105].

O direito de preferência poderá ser detido por mais de um titular. Nesse aspecto, "o direito é indivisível. Se todos os titulares, dentro dos prazos legais, resolverem exercer conjuntamente o direito de preferência, deverão ratear o valor do preço encontrado ou ajustado com terceiro. Se qualquer dos titulares não exercer o direito, por qualquer razão, os demais poderão fazê-lo, sempre sob o valor global do preço"[106].

Referido direito é legalmente limitado a 180 dias na hipótese de coisa móvel e de dois anos, se imóveis. Trata-se de prazo decadencial a partir da celebração do contrato original de compra e venda, o qual não admite prorrogação pelas partes. Elas poderão, contudo, reduzi-lo à sua conveniência.

Trata-se de direito pessoal. A Súmula 488 do STF assevera que "a preferência a que se refere o art. 9º da Lei n. 3.912, de 3-7-1961, constitui direito pessoal. Sua violação resolve-se em perdas e danos".

Além de pessoal, é personalíssimo. O direito de preferência não pode ser *cedido inter vivos* nem é transferível a herdeiros por *causa mortis* (art. 520 do CC). Nos contratos empresariais, no entanto, tendo a preferência valor econômico, as partes podem definir sua transmissibilidade. A depender da natureza do contrato, deve-se presumir não ser personalíssimo mesmo que como cláusula adjeta a um contrato de compra e venda.

Seu desrespeito implica violação contratual, de modo que o adquirente estará sujeito a perdas e danos. A responsabilidade do terceiro adquirente somente ocorrerá se houver atuado de má-fé na aquisição, caso contrário responderá simplesmente o comprador originário.

A preferência desrespeitada gera a ineficácia do negócio perante o preferente caso esta seja pública ou oponível, dependendo da natureza da transação.

8.4. Cláusula de reserva de domínio

Nos contratos de compra e venda poderá ser convencionada cláusula de reserva de domínio de forma a reduzir o risco do vendedor de inadimplemento do preço pelo comprador. Trata-se de cláusula acidental nos contratos de compra e venda de coisa móvel mediante pagamento do preço a prazo.

Pela disposição do art. 521 do CC, pode o vendedor reservar para si, nas compras e vendas de coisas móveis infungíveis, a propriedade da coisa para si até que o preço esteja integralmente pago.

Referida cláusula não impede a transferência da posse direta do bem. Celebrado o contrato, ocorre o desdobramento da posse. A posse direta da coisa será transferida ao adquirente, mas a posse indireta remanescerá com o vendedor, que se conservará como proprietário do bem até o pagamento integral do preço pelo comprador. Satisfeito integralmente o preço convencionado, o domínio será transferido automaticamente ao comprador.

---

[105] LÔBO, Paulo. *Direito civil*: contratos. 9. ed. São Paulo: SaraivaJur, 2023, v. 3, p. 114.

[106] LÔBO, Paulo. *Direito civil*: contratos. 9. ed. São Paulo: SaraivaJur, 2023, v. 3, p. 114.

Percebe-se que tal reserva é uma condição suspensiva. Não é uma condição resolutiva porque o contrato apenas atingirá a plenitude dos efeitos quando integralizado o preço[107]. Nessa toada, também não representa mero termo porque falta a certeza de que a prestação será executada[108]. Outrossim, "se o pagamento da última prestação funcionasse como termo, não seria nesse momento que o comprador adquiriria o domínio da coisa vendida, mas, sim, quando lhe foi transmitida com a conclusão do contrato"[109].

A cláusula de reserva de domínio deverá ser realizada por escrito sob pena de invalidade. Na cláusula, a coisa deverá ser individualizada. Para que possa produzir efeitos perante terceiros, notadamente adquirentes de boa-fé da coisa, o contrato contendo a referida cláusula deverá ser registrado no domicílio do comprador como forma de garantir sua publicidade perante os terceiros.

Apesar de conservar com o vendedor a propriedade da coisa, a cláusula excepciona a regra do *res perit domino*, ou seja, de que os riscos da coisa são do seu titular. Nos termos do Código Civil, em seu art. 524, os riscos da coisa foram atribuídos ao comprador, mesmo até o pagamento do preço e, por consequência, enquanto a propriedade permanecer com o vendedor. A partir da transferência da posse direta ao comprador, este já se torna responsável pela coisa.

Na hipótese de o preço contratado pela coisa não ser integralmente satisfeito, o vendedor deverá constituir o comprador em mora mediante protesto do título ou interpelação judicial. A mora do comprador permitirá ao vendedor exigir o cumprimento das prestações vencidas e vincendas ou poderá, alternativamente, promover ação de busca e apreensão da coisa vendida, com a rescisão do contrato e a devolução das prestações excedentes aos custos de cobrança.

Ressalta-se que, para compra e venda com reserva de domínio, não há mais procedimento especial, o que implica a adoção do procedimento comum para as medidas necessárias[110].

Por fim, convém traçar algumas diferenças entre a reserva de domínio e outros contratos:

(a) *Contrato preliminar e reserva de domínio*: o contrato preliminar é "um acordo de vontades gerando a obrigação de celebrar, futuramente, outro contrato, definitivo, ao passo que a venda com reserva de domínio já constitui o contrato principal"[111].

(b) *Comodato e reserva de domínio*: "diverso do comodato é o pacto de reserva de domínio, que se não compadece com a ideia de remuneração, nem com aquisição da propriedade, pois que são extremos seus a gratuidade e a temporariedade do uso"[112].

(c) *Depósito e reserva de domínio*: depósito "é o contrato pelo qual uma pessoa entrega a outra uma coisa em custódia, com a obrigação de restituir-lhe quando for reclamada, e sem o direito de utilizá-la. Na reserva de domínio não se retira o uso da coisa pelo adquirente, e a obrigação de restituir originar-se-á do inadimplemento"[113].

(d) *Locação e reserva de domínio*: a locação é "cessão de uso da coisa, acompanhada da obrigação de restituí-la o locatário na sua integridade, em prazo determinado ou indeterminado, enquanto a venda sob reserva de domínio não induz mera utilização do bem, mas um negócio jurídico em que o objeto precípuo é a transmissão da propriedade"[114].

---

[107] PEREIRA, Caio Mário da Silva. *Instituições de direito civil*: contratos. 25. ed. Rio de Janeiro: Forense, 2022, p. 209.

[108] PEREIRA, Caio Mário da Silva. *Instituições de direito civil*: contratos. 25. ed. Rio de Janeiro: Forense, 2022, p. 209.

[109] GOMES, Orlando. *Contratos*. 28. ed. Rio de Janeiro: Forense, 2022, p. 297.

[110] TOMAZETTE, Marlon. Contratos empresariais. Salvador: JusPodivm, 2022, p. 251.

[111] PEREIRA, Caio Mário da Silva. *Instituições de direito civil*: contratos. 25. ed. Rio de Janeiro: Forense, 2022, p. 207.

[112] PEREIRA, Caio Mário da Silva. *Instituições de direito civil*: contratos. 25. ed. Rio de Janeiro: Forense, 2022, p. 208.

[113] PEREIRA, Caio Mário da Silva. *Instituições de direito civil*: contratos. 25. ed. Rio de Janeiro: Forense, 2022, p. 208.

[114] PEREIRA, Caio Mário da Silva. *Instituições de direito civil*: contratos. 25. ed. Rio de Janeiro: Forense, 2022, p. 207.

9. OBRIGAÇÕES DAS PARTES

As obrigações das partes são de cumprimento das respectivas prestações.

Ao vendedor cumpre a entrega do bem alienado, a qual deve ser realizada no prazo e local convencionado (art. 394 do CC). Caso o prazo não tenha sido estabelecido, o comprador poderá interpelar, judicial ou extrajudicialmente, para o cumprimento da prestação, sob pena de incorrer em mora (art. 397 do CC). Se o prazo tiver sido estabelecido em dias, é computado com a exclusão do dia do começo e inclusão do dia do vencimento, nos termos do art. 132 do CC.

A entrega da coisa deverá ser realizada da forma que convencionado pelas partes. Nos termos do art. 493 do CC, na falta de estipulação expressa, a coisa deverá ser entregue no lugar onde ela se encontrava ao tempo da venda.

O comprador não é obrigado a receber a coisa de forma diversa da convencionada, como o recebimento de partes da coisa se tiver sido estabelecido que ela seria entregue por inteiro, com determinada embalagem etc.

Nesse aspecto de garantir a qualidade e quantidade efetivas da coisa alienada, o vendedor tem obrigação de entregá-la livre de vícios.

Os vícios redibitórios são defeitos ocultos que tornam a coisa imprópria para o uso ou que lhe diminuem o valor. Tais vícios permitem ao comprador devolver a coisa entregue (ação redibitória) ou requerer a redução do preço convencionado (ação *quanti minoris*). Para tanto, o comprador tem o prazo decadencial de 30 dias se a coisa alienada for móvel e de um ano se for imóvel, a contar do recebimento da coisa ou, se já estava na posse, da alienação do bem, mas contado pela metade, e desde que referente a vício aparente. Se vício oculto ou que só puder ser conhecido posteriormente, o prazo conta-se a partir da ciência do vício, até o prazo de 180 dias no caso de móveis e de um ano para os imóveis (art. 445, *caput* e § 1º, do CC).

Deve o vendedor, ainda, assegurar ao comprador a posse pacífica da coisa, com sua livre utilização. Responderá o vendedor pela propriedade da coisa vendida, de modo que o direito de terceiro e que ameace a posse ou a propriedade da coisa transferidas para o comprador permitirá que o comprador responsabilize o vendedor pela evicção. Denunciado à lide, o vendedor deverá ressarcir o comprador, na hipótese de procedência da sentença em benefício do terceiro, de todo o preço pago, corrigido e atualizado, além de todas as perdas e danos decorrentes.

Por seu turno, o comprador tem a obrigação de realizar o pagamento do preço convencionado em moeda nacional. O pagamento em moeda estrangeira poderá ser previsto apenas como indexador de valor. Desse modo, o montante deverá ser convertido em real no momento do pagamento, salvo nas hipóteses indicadas pelo art. 13 da Lei n. 14.286/2021.

Também está obrigado a receber a coisa alienada, se entregue da forma e no prazo convencionados, sob pena de ser considerado em mora. Caso o vendedor não pretenda a resolução do contrato, com a necessária devolução do preço, preservado o direito das perdas e danos, poderá consignar judicialmente a coisa não recebida pelo comprador. A partir do momento da mora, consistente a partir da disposição da coisa no tempo, lugar e modo ajustados ou, à falta de prazo, da interpelação do comprador para retirá-la ou recebê-la, o comprador responderá pelos riscos da coisa (art. 492, § 2º, do CC).

No contrato de compra e venda, se não houver convenção em contrário das partes, as despesas de transporte e recebimento da coisa cabem ao comprador. Isso porque, à falta de convenção, a tradição da coisa vendida ocorre no lugar onde ela se encontrava ao tempo da venda, nos termos do art.

Capítulo 1 • Contrato de compra e venda

493 do CC, de modo que a alteração do local é da conveniência do comprador, que deve suportar, portanto, seus custos.

Como determina o art. 490 do CC, ao vendedor são atribuídas, na falta de convenção das partes, as despesas da tradição, exceto quanto às despesas de escritura e de registro, se necessárias. Ao vendedor são ainda atribuídas as despesas de contagem ou medição da coisa a ser entregue.

A relevância de presunção do local em que a coisa é considerada entregue decorre da alocação dos riscos de quem suportará o perecimento ou sua deterioração. Até a disponibilização da coisa pelo vendedor, os riscos se comportam conforme a regra *res perit domino*, ou seja, o vendedor será responsável pela coisa até o momento de sua entrega. A partir da disponibilização da coisa no local e no tempo convencionado, o comprador entra em mora se não ocorrer sua retirada e a este são impostos os riscos do perecimento da coisa vendida (art. 492, § 2º, do CC).

No comércio internacional, as partes comumente convencionam a atribuição de despesas e de risco da coisa. De forma a reduzir os conflitos, a Câmara de Comércio Internacional (CCI) criou os *International Comercial Terms (Incoterms)*, para representar as cláusulas típicas de atribuição de custos de entrega das mercadorias no comércio internacional.

Sua classificação foi exposta por Negrão. "Divididos em quatro grupos, os *incoterms* permitem conhecer, desde logo, as cláusulas convencionadas pelas partes, entre o mínimo de responsabilidade do vendedor pela Saída (*E, de exit*) até o máximo de obrigações pela entrega ao vendedor (*D, de delivery*). No meio-termo estão os casos de incumbência ou não pelo transporte principal (*F, de free* — sem custo ou *C, de cost*, com custo). Com exceção de quatro (FAZ, FOB, CFR e CIF), de uso no transporte marítimo ou interno, todos os demais são de uso no transporte multimodal"[115].

Inicialmente, tem-se a cláusula EXW – EX WORKS. Pela cláusula, o vendedor terá cumprida sua obrigação de entrega dos bens quando estes estiverem disponíveis ao comprador no estabelecimento do vendedor. Não há responsabilidade pela entrega das mercadorias no estabelecimento do comprador ou mesmo por carregar as mercadorias ou liberá-las para a exportação. Todo o custo do transporte é imputado ao comprador até o local do destino[116].

Por outro lado, no grupo de cláusulas D, compreendem-se a DPA (*Delivered at Place*), a DPU (*Delibered at Place Unloaded*) e a DDP (*Delivered Duty Paid*).

Pela cláusula DPA, o vendedor deverá cumprir suas obrigações com a entrega da mercadoria à disposição do comprador no local de destino do contrato. O vendedor assumirá as despesas e riscos da coisa até a entrega.

Na DPU, a entrega dos bens deverá ocorrer no local de entrega, já com a mercadoria desembarcada às custas do vendedor.

Por fim, na DDP, a entrega ocorre no local contratado e sob os riscos até o local de destino pelo vendedor. Na DDP o vendedor entrega as mercadorias livres de encargos; por sua conta correm todos os riscos e custos[117].

No grupo das cláusulas F, compreendem-se FCA (*Free Carrier*), FAS (*Free Alongside Ship*) e FOB (*Free on Board*).

---

[115] NEGRÃO, Ricardo. *Curso de direito comercial e de empresa*: títulos de crédito e contratos empresariais. 10. ed. São Paulo: Saraiva Educação, 2021, v. 2, p. 274-275.

[116] TEIXEIRA, Carla Noura. *Manual de direito internacional público e privado*. 5. ed. São Paulo: Saraiva Educação, 2020, p. 212.

[117] FRANCO, Vera Helena de Mello. *Contratos*: direito civil e empresarial. 4. ed. rev., atual. e ampl. São Paulo: Revista dos Tribunais, 2013, p. 54.

Na FCA, o vendedor deverá entregar as mercadorias aos cuidados do transportador nomeado pelo comprador no local designado, já liberados os bens para a exportação. Importante é a determinação do local para a atribuição de responsabilidade. "Se a entrega ocorre conforme as indicações recebidas inicialmente, a responsabilidade pela boa entrega é do vendedor. Se a entrega for encaminhada pelo comprador para outro local, a responsabilidade corre por sua conta"[118].

Na FAS, por seu turno, o vendedor tem a obrigação de entregar as mercadorias ao lado do navio no porto combinado e somente responde pelos custos e riscos da mercadoria até esse momento.

Na cláusula FOB, o vendedor deverá entregar as mercadorias no navio no porto de embarque designado e arcará com todas as despesas e riscos até esse momento, inclusive com todos os custos das formalidades para a exportação das mercadorias. Trata-se de cláusula exclusiva do transporte marítimo e fluvial[119].

No último grupo, das cláusulas C, compreendem-se as CFR (*Cost and Freight*), CIF (*Cost Insurance and Freight*), CPT (*Carriage Paid To*) e CIP (*Carriage and Insurance Paid To*).

Na cláusula CFR, o vendedor deve arcar com os custos e o frete necessários, despesas de exportação, para a entrega das mercadorias no navio no porto de destino designado. A partir da entrega, os custos e riscos são suportados pelo comprador. Trata-se de cláusula exclusiva do transporte marítimo e fluvial.

Na cláusula CIF, além das obrigações e riscos previstos na cláusula CFR, o vendedor deve arcar com o seguro marítimo em benefício do comprador para as perdas e danos durante o transporte das mercadorias.

Na cláusula CPT, o vendedor deverá pagar pelo frete até o local de destino determinado, de modo que os riscos de danos ou demais custos após a entrega ao transportador serão de responsabilidade do comprador. Ao vendedor cumpre a liberação das mercadorias para a exportação. Na cláusula CIP, além dessas obrigações previstas na CPT, o vendedor deverá contratar seguro da carga a favor do comprador.

10. COMPRA E VENDA DO ESTABELECIMENTO EMPRESARIAL

A compra e venda do estabelecimento empresarial é conhecida por trespasse.

Trata-se de contrato bilateral, oneroso, sinalagmático e típico[120]. "Consiste na transferência, mediante o pagamento de um preço, do direito de propriedade sobre todos os bens organizados pelo alienante para que a atividade empresarial possa ser explorada pelo adquirente"[121].

Embora não possa ser sujeito de direitos, sendo o estabelecimento empresarial uma universalidade de fato, e, por isso, receber o tratamento de um bem, ele pode ser objeto de negócios jurídicos. Além dos negócios mencionados no próprio Código Civil, como a venda, o usufruto e o arrendamento (art. 1.144), o estabelecimento pode ser objeto de outros tipos de negócios, desde que não sejam incompatíveis com sua natureza unitária e não haja vedação expressa.

---

[118] FRANCO, Vera Helena de Mello. *Contratos*: direito civil e empresarial. 4. ed. rev., atual. e ampl. São Paulo: Revista dos Tribunais, 2013, p. 52.

[119] TEIXEIRA, Carla Noura. *Manual de direito internacional público e privado*. 5. ed. São Paulo: Saraiva Educação, 2020, p. 213.

[120] Embora os arts. 1.143 e s. do Código Civil não mencionem expressamente a palavra "trespasse", eles regram parte de seu conteúdo, limitando a autonomia privada e, portanto, trazem tipicidade ao contrato de trespasse.

[121] SACRAMONE, Marcelo Barbosa. *Manual de direito empresarial*. 2. ed. São Paulo: Saraiva, 2021, p. 95.

Capítulo 1 • Contrato de compra e venda

Todo negócio que envolva o estabelecimento, em especial sua alienação, deve, no entanto, se ater às regras de validade e eficácia presentes no Código Civil.

10.1. O estabelecimento empresarial

O conceito[122] clássico da doutrina brasileira constante da obra de Oscar Barreto Filho define o estabelecimento empresarial como o "complexo de bens, materiais e imateriais, que constituem o instrumento utilizado pelo comerciante para a exploração de determinada atividade mercantil"[123].

A legislação civil positivou tal conceito no art. 1.142, ao dispor: "considera-se estabelecimento todo complexo de bens organizado, para exercício da empresa, por empresário, ou por sociedade empresária".

Com efeito, o empresário ou sociedade empresária, para exercer a atividade empresarial, necessita reunir e organizar uma série de bens. É da organização desses bens que depende a empresa, bem como nela se encontra seu valor. Os bens, organizados de forma a propiciar o exercício da atividade, são, em si, o estabelecimento.

Não se pode confundir o estabelecimento com o patrimônio do empresário, pois embora os bens de propriedade deste último que compõem o estabelecimento sejam também parte do seu patrimônio, alguns bens presentes cuja exploração integra o estabelecimento podem ser locados, isto é, o empresário possui título jurídico sobre eles, mas não a propriedade.

Em resumo, os bens que fazem parte do estabelecimento integram o patrimônio do empresário, mas o estabelecimento não se confunde com o patrimônio, pois o patrimônio pode abranger outros bens que não os utilizados diretamente para a exploração da atividade empresarial. Também não se pode ter o estabelecimento como sujeito de direitos, pois este é o empresário, não a empresa nem o estabelecimento.

O estabelecimento pode ser formado por bens corpóreos e incorpóreos. Entre os bens materiais, podem integrar o estabelecimento: móveis, maquinários, estoque, imóveis, equipamentos, veículos, matéria-prima, produtos e quaisquer outros bens móveis utilizados na realização da atividade empresarial. Tais bens podem ser de propriedade ou não da sociedade empresária (muitos de fato o são, mas também há, por exemplo, bens locados ou que são objeto de contratos de arrendamento mercantil). Esses bens estão protegidos pelo direito de propriedade.

Entre os bens imateriais, temos o ponto (que é o local onde está o estabelecimento), o título do estabelecimento, a marca, as patentes de invenção, os modelos de utilidade, os desenhos industriais, o *know-how*, o nome empresarial, entre outros. A marca, as patentes, os modelos de utilidade e os desenhos industriais estão protegidos pela Lei n. 9.279/96 (que trata da propriedade industrial); enquanto o nome é protegido pelo Código Civil (arts. 1.155 a 1.168). Já o ponto é protegido pela Lei n. 8.245/91 (Lei de Locação).

Não é necessário que um estabelecimento tenha todos os bens citados *supra*. Evidentemente que cada atividade demanda uma reunião de parte dos bens mencionados, organizados de forma a propi-

---

[122] Para um estudo mais profundo sobre o trespasse, recomendamos a leitura de BARRETO FILHO, Oscar. *Teoria do estabelecimento comercial*: fundo de comércio ou fazenda mercantil. 2. ed. São Paulo: Saraiva, 1988; COELHO, Fábio Ulhoa. *Curso de direito comercial*: direito de empresa. 17. ed. São Paulo: Saraiva, 2013, v. 1; e FÉRES, Marcelo Andrade. *Estabelecimento empresarial*: trespasse e efeitos obrigacionais. São Paulo: Saraiva, 2007.

[123] BARRETO FILHO, Oscar. *Teoria do estabelecimento comercial*: fundo de comércio ou fazenda mercantil. 2. ed. São Paulo: Saraiva, 1988, p. 75.

ciar o desenvolvimento da empresa. Assim, o que é o estabelecimento de determinado tipo de atividade é basicamente uma questão de fato a ser analisada no caso concreto.

Bens economicamente organizados possuem um valor maior que bens individualmente considerados. Em outras palavras, a organização empresarial sobre os bens gera um fato econômico, isto é, um sobrevalor, uma mais-valia, que chamamos de aviamento, *good will of trade* ou fundo de comércio[124]. O aviamento, portanto, não é um bem que compõe o estabelecimento, mas um atributo deste, um valor, que é reconhecido e protegido pelo nosso direito[125].

Como observou Barreto Filho, o conceito de aviamento é fundamental para a teoria do estabelecimento, porque reside nele um dos principais motivos da proteção que lhe é dada como objeto unitário de direito[126].

Além disso, ele é extremamente importante nos negócios jurídicos envolvendo o estabelecimento, pois as partes consideram esse *good will* no cálculo do seu preço. Por não ser um valor exato nem predeterminado, numa eventual negociação, a exata quantificação do aviamento não é objetiva e advirá da negociação das partes, que não devem separar o valor dos bens e o do aviamento, mas sim negociar o estabelecimento de forma una.

Muito se discute acerca de ser a clientela parte integrante do estabelecimento empresarial. Para que fosse considerada um elemento do estabelecimento, a clientela teria de ser tida como um bem, o que, realmente, ela não é[127]. Trata-se simplesmente de um conjunto de pessoas, os clientes da sociedade empresária.

Por isso, não existe titularidade sobre ela, tampouco pode ser objeto de um negócio jurídico autônomo. É por meio do estabelecimento empresarial ou de seus elementos individuais, como a marca, que se contratam negócios capazes de, em tese, transferir a clientela. E é por meio das normas de repressão à concorrência desleal e da não concorrência (art. 1.147 do CC) que o empresário tem sua clientela protegida dos concorrentes.

Na verdade, a clientela é um elemento do aviamento e, consequentemente, um atributo do estabelecimento. Assim, quanto maior a clientela, maior o potencial valor do aviamento e, portanto, do estabelecimento. A clientela pode ser objetiva, ligada a fatores não pessoais do estabelecimento, como a marca, por exemplo, ou subjetiva, ligada à figura do empresário, como observou Féres[128].

Portanto, o direito brasileiro acatou, na nossa visão, a teoria[129] segundo a qual o estabelecimento empresarial constitui uma universalidade de fato[130] (definida pelo art. 90 do CC). Isso

---

[124] Parte da doutrina utiliza a expressão "fundo de comércio" como sinônimo de estabelecimento. Entendemos não ser correta essa utilização, pois nos parece que o fundo de comércio equivale ao aviamento e, portanto, deve ser utilizado nesse sentido.

[125] COELHO, Fábio Ulhoa. *Curso de direito comercial*: direito de empresa. 17. ed. São Paulo: Saraiva, 2013, v. 1, p. 166.

[126] BARRETO FILHO, Oscar. *Teoria do estabelecimento comercial*: fundo de comércio ou fazenda mercantil. 2. ed. São Paulo: Saraiva, 1988, p. 169.

[127] Segundo Barreto Filho, a clientela não é um bem imaterial, mas uma situação de fato à qual se atribui um valor econômico (BARRETO FILHO, Oscar. *Teoria do estabelecimento comercial*: fundo de comércio ou fazenda mercantil. 2. ed. São Paulo: Saraiva, 1988, p 182).

[128] FÉRES, Marcelo Andrade. *Estabelecimento empresarial*: trespasse e efeitos obrigacionais. São Paulo: Saraiva, 2007, p. 38.

[129] Existem historicamente ao menos nove teorias distintas para definir a natureza jurídica do estabelecimento empresarial. Uma explicação de todas essas vertentes pode ser lida na obra de Barreto Filho (BARRETO FILHO, Oscar. *Teoria do estabelecimento comercial*: fundo de comércio ou fazenda mercantil. 2. ed. São Paulo: Saraiva, 1988, p. 77-109) e, de forma mais resumida, em Ricardo Negrão (NEGRÃO, Ricardo. *Manual de direito comercial e de empresa*: teoria geral da empresa e direito societário. São Paulo: Saraiva, 2013, v. 1, p. 90-96).

[130] Ver BARRETO FILHO, Oscar. *Teoria do estabelecimento comercial*: fundo de comércio ou fazenda mercantil. 2. ed. São Paulo:

Capítulo 1 • Contrato de compra e venda

porque o estabelecimento é composto por vários bens com características diversas, mas que contêm em si uma unidade, o que, por sua vez, faz com que ele seja tratado diversamente desses bens que o compõem.

10.2. Importância econômica do estabelecimento empresarial

Importante notar que o estabelecimento não representa somente uma parcela importante do ativo do empresário, mas também sua capacidade de gerar resultados. Em empresas que possuem um só estabelecimento, toda sua capacidade de geração de caixa depende do funcionamento dele.

E esse fator é fundamental para entender o regramento do trespasse. Quando um terceiro faz negócio com o empresário, ele baseia sua decisão em alguns fatores para analisar a capacidade do empresário de adimplir o contrato, seja entregando a mercadoria, seja prestando o serviço, seja pagando o preço. Essa capacidade financeira e operacional depende, basicamente, da atividade desenvolvida no estabelecimento empresarial.

Assim, o terceiro contratante examina se o desenvolvimento da atividade empresarial, comumente feita no estabelecimento ou a partir dele, é capaz de gerar o necessário para honrar o negócio jurídico. Tal elemento é no mais das vezes mais importante que o próprio patrimônio, que representa uma eventual garantia de pagamento já perante o inadimplemento. Ou seja, o funcionamento do estabelecimento empresarial é crucial para a capacidade do empresário de honrar seus negócios presentes e futuros.

Quando se aliena um estabelecimento, o empresário está se desfazendo ao mesmo tempo de uma parcela relevante de seu patrimônio e de um elemento essencial do seu negócio, assim como de sua capacidade de adimplemento de obrigações.

Em razão dessa lógica econômica é que as normas jurídicas que visam finalidade específica, qual seja a proteção dos credores e do mercado (arts. 1.144, 1.145 e 1.146 do CC), devem ser interpretadas em favor dos credores, caso não exista prova objetiva do cumprimento, pelos contratantes do trespasse, dos requisitos ali previstos. Isso porque são normas cogentes de finalidade protetiva. É obrigação das partes conhecer as regras do trespasse e agir diligentemente para segui-las, sendo certo que é sobre as partes do contrato, e não terceiro, que recai o ônus em caso de não cumprimento dos requisitos legais.

10.3. Operação econômica do trespasse

O efeito econômico do trespasse pode ser visto claramente se compararmos a diferença das consequências para os credores de duas situações que, com roupagem jurídica diversa, atingem o mesmo objetivo fático-econômico.

Imaginemos a sociedade XYZ, controlada pelos sócios A e B, que possui um único estabelecimento empresarial, conforme a figura 1. Consideremos que C e D desejam adquirir o estabelecimento para desenvolver a atividade empresarial.

Duas seriam suas opções jurídicas.

A primeira seria adquirir de A e B o controle de XYZ, conforme a figura 2.

Saraiva, 1988, p. 107, COELHO, Fábio Ulhoa. *Curso de direito comercial*: direito de empresa. 17. ed. São Paulo: Saraiva, 2013, v. 1, p. 168, e TOMAZETTE, Marlon. *Curso de direito empresarial*: teoria geral e direito societário. 4. ed. São Paulo: Atlas, 2012, v. 1, p. 96.

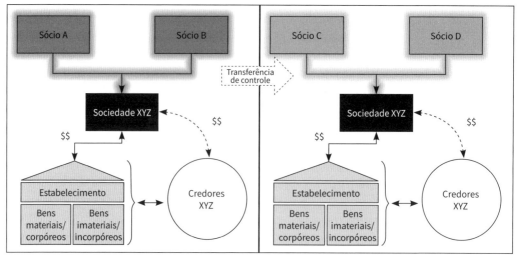

Figura 1 – Situação inicial: estabelecimento produz fluxo de caixa viabilizando pagamento – obrigações.

Figura 2 – Troca de controle com efeito neutro para credores.

Fácil notar que o efeito econômico para os credores é neutro em tese. Isso porque o estabelecimento continua a gerar fluxo de caixa para XYZ, que, por sua vez, é a devedora das obrigações todas com terceiro. Toda a decisão de fazer negócio com XYZ foi feita com base principalmente em seu patrimônio e sua capacidade de gerar riqueza para viabilizar pagamentos, ambos aspectos intactos.

Evidentemente, alguma parte que mantém relações comerciais com XYZ pode prever contratualmente a rescisão contratual ou o vencimento antecipado em razão da troca de controle, mas esta é uma questão de cunho pessoal, refletida contratualmente.

Outra opção seria adquirir o estabelecimento conforme a figura 3[131].

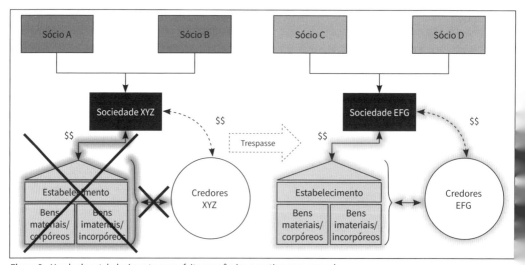

Figura 3 – Venda do estabelecimento com efeito econômico negativo para os credores.

---

[131] A figura representa a operação econômica, que culmina com o estabelecimento gerando receita para outro titular que tem obrigações com outros credores. Parte das regras de direito que regulam o trespasse é exatamente o mecanismo que permite aos credores de XYZ, sob determinados requisitos e extensão, cobrar integralmente ou parcialmente as obrigações de EFG.

Capítulo 1 • Contrato de compra e venda

Nesse caso, fica fácil visualizar o efeito negativo para os credores de XYZ, pois C e D adquiriram somente um ativo (o estabelecimento), mas a pessoa jurídica que mantém o passivo permanece XYZ, agora sem sua capacidade financeira. O estabelecimento passou a pertencer à sociedade empresária EFG, com quem os credores de XYZ não possuem relações jurídicas.

É por essa razão que o trespasse é um contrato típico e a compra e venda de participação societária não. No primeiro caso há um efeito econômico perante terceiro inerente à operação e que o legislador decidiu regular, protegendo o terceiro. No segundo caso, essa condição inerente de prejuízo a terceiro não existe, não exigindo a intervenção legal.

Por óbvio que nos casos em que a parte vendedora tem mais de um estabelecimento, o efeito econômico é menos radical, mas ainda assim existe, gerando a razoabilidade da proteção legal aos credores.

10.4. Eficácia perante terceiros

O art. 1.144 do CC[132], embora pouco utilizado, tem grande importância comercial e econômica.

A lei lista como condições de eficácia o registro e a publicação na imprensa oficial. Não são condições de validade desses negócios, mas somente de eficácia perante terceiros. A eficácia aqui é objetiva, isto é, a única forma de prová-la é por meio da comprovação do registro e da publicação realizados nos termos deste artigo.

Essa regra tem como objetivo proteger os credores, pelo já exposto sobre a importância econômica do estabelecimento. Uma vez que a existência do estabelecimento é fundamental na vida empresarial e que não há empresa sem estabelecimento, a retirada definitiva ou provisória do estabelecimento da posse ou propriedade do empresário é um fato econômico crucial, pois, insiste-se, pode retirar o valor da empresa ou seu fluxo de caixa.

Esse fator tem impacto direto nas relações comerciais e creditícias do empresário e, da mesma forma como o direito reconhece o valor do estabelecimento para o empresário ao proteger seus elementos como o ponto comercial ou o aviamento, ou, ainda, como o faz nos casos de desapropriação, também protege os credores da insolvência do empresário decorrente da alienação do estabelecimento.

O registro e a publicação são um modo de proteção dos credores, de suma relevância, pois, caso não seja dada a devida publicidade aos negócios jurídicos mencionados por meio do registro e da publicação, a ineficácia gerará um direito desses credores de perseguirem os bens componentes do estabelecimento.

Com isso, em caso de execução do alienante, arrendante ou proprietário, os bens componentes do estabelecimento, seu faturamento e até o próprio estabelecimento como objeto unitário, embora já pertencentes ao adquirente, arrendatário ou usufrutuário, podem ser alvo de constrição judicial pelos credores em razão da ineficácia do negócio por desobediência ao art. 1.144 do CC. Evidente que o adquirente, o arrendatário ou o usufrutuário terão direito de regresso, mas não poderão se furtar aos efeitos da ineficácia perante os credores.

---

[132] "Art. 1.144. O contrato que tenha por objeto a alienação, o usufruto ou arrendamento do estabelecimento, só produzirá efeitos quanto a terceiros depois de averbado à margem da inscrição do empresário, ou da sociedade empresária, no Registro Público de Empresas Mercantis, e de publicado na imprensa oficial."

Outro requisito de eficácia é a solvência do alienante ou o pagamento de todos os credores ou, ainda, a anuência destes em relação ao negócio jurídico, conforme previsão do art. 1.145 do CC[133]. Isto é, além do registro e da publicação, a eficácia da alienação do estabelecimento depende de o alienante manter bens suficientes para pagar seus credores.

Ou seja, para que a venda seja eficaz, além do registro e publicidade, o adquirente deverá provar uma de duas coisas: ou que o alienante possui bens para saldar seus débitos ou que todos os seus credores foram notificados e concordaram com a alienação de forma expressa ou tácita. Novamente aqui a intenção da norma jurídica é proteger os credores e o mercado, e nesse espírito deve ser interpretada.

Caso o negócio jurídico não seja celebrado formalmente como alienação do estabelecimento, mas a ele seja equivalente, também se aplicarão as condições de eficácia desse artigo.

10.5. O trespasse e a falência

Na hipótese de o empresário transferir seu estabelecimento a terceiro sem o consentimento de todos os credores e sem ficar com bens suficientes para solver seu passivo, poderá ter decretada sua falência, nos termos do art. 94 da Lei de Falências (Lei n. 11.101/2005).

Nesse caso, o adquirente poderá perder o estabelecimento, pois, conforme disposto no art. 129, VI, da lei falimentar, o negócio realizado nesses termos é ineficaz perante a massa falida.

10.6. Responsabilidade do adquirente

A responsabilidade do adquirente do estabelecimento no trespasse é também tratada na lei. Com efeito, devemos dividir as hipóteses de responsabilidade em duas: quando o trespasse é regular e, portanto, eficaz perante terceiros, e quando ele é irregular e, nesse caso, ineficaz perante terceiro.

Regular é o trespasse que obedece às providências dos arts. 1.144 e 1.145 do CC. Nesse caso, obedecidos os preceitos legais de proteção dos credores, a responsabilidade do adquirente fica limitada, perante esses terceiros, pelos pagamentos contabilizados, sendo que a responsabilidade das dívidas não contabilizadas continuará com o alienante.

Essa limitação não é aplicável quando o trespasse for irregular, isto é, quando não houver o registro e publicação do contrato nos termos legais e não forem notificados os credores. Nesse caso, a responsabilidade abrangerá todo e qualquer débito.

Situação especial é aquela prevista na Lei n. 11.101/2005, isto é, caso o estabelecimento seja alienado como unidade produtiva isolada no plano de recuperação judicial[134] (art. 60, parágrafo único)[135] ou seja alienado na falência (arts. 141 e 142). Nesse caso, independentemente de qualquer outro requisito, o adquirente não responde por nenhuma obrigação do alienante.

---

[133] "Art. 1.145. Se ao alienante não restarem bens suficientes para solver o seu passivo, a eficácia da alienação do estabelecimento depende do pagamento de todos os credores, ou do consentimento destes, de modo expresso ou tácito, em trinta dias a partir de sua notificação."

[134] Sobre a configuração das unidades produtivas isoladas, ver WAISBERG, Ivo. Da não sucessão pelo adquirente por dívidas trabalhistas e tributárias na aquisição de unidades produtivas isoladas perante a Lei 11.101/2005. *Revista de Direito Empresarial e Recuperacional*, n. 0, ano 1, p. 159-171, jan./mar. 2010.

[135] "Art. 60. Se o plano de recuperação judicial aprovado envolver alienação judicial de filiais ou de unidades produtivas isoladas do devedor, o juiz ordenará a sua realização, observado o disposto no art. 142 desta Lei.

Parágrafo único. O objeto da alienação estará livre de qualquer ônus e não haverá sucessão do arrematante nas obrigações do devedor, inclusive as de natureza tributária, observado o disposto no § 1º do art. 141 desta Lei."

Sedimentando esse entendimento, na I Jornada de Direito Comercial realizada pelo Conselho da Justiça Federal, foi editado o Enunciado 47: "Nas alienações realizadas nos termos do art. 60 da Lei n. 11.101/2005, não há sucessão do adquirente nas dívidas do devedor, inclusive nas de natureza tributária, trabalhista e decorrentes de acidentes de trabalho" (I Jornada de Direito Comercial, 23-24 de outubro de 2012, Brasília: Conselho da Justiça Federal, Centro de Estudos Judiciários, 2013).

Capítulo 1 • Contrato de compra e venda

Vale lembrar que as partes têm liberdade para dispor sobre a responsabilidade de cada uma no contrato de trespasse. Essas disposições, no entanto, afetam apenas as partes contratantes, sem atingir os direitos de terceiros. De qualquer forma, as partes sempre terão direito de regresso com base na sua autonomia privada manifestada em contrato entre elas.

Uma vez regular e eficaz a venda, a lei determina a solidariedade do alienante com duração de um ano contado da publicação da venda na imprensa oficial para as dívidas vencidas e a partir do vencimento de cada dívida para as vincendas. Importante destacar que essa limitação temporal da solidariedade pressupõe uma alienação regular e eficaz, ou seja, um negócio que tenha obedecido aos requisitos dos arts. 1.144 e 1.145 do CC.

Vale destacar, ainda, que, assim como no caso da alienação irregular, no caso de um negócio simulado por meio de estrutura contratual diversa da alienação, mas que acabe por transferir o estabelecimento ou criar resultado econômico similar a este, bem como no caso do trespasse de fato, as limitações do art. 1.146 não serão aplicáveis e, assim, o adquirente responderá por todas as dívidas do alienante, contabilizadas ou não, bem como a solidariedade deste último perdurará até o fim do prazo prescricional.

10.7. Regra da não concorrência

O art. 1.147[136] regra a concorrência entre o alienante e o adquirente na alienação do estabelecimento. Matéria que já suscitou muita controvérsia no passado[137], recebeu no Código Civil um regramento coerente. Importante ter em mente que a regra desse artigo só é aplicável no caso de omissão do contrato. O Código Civil deixou a decisão sobre o restabelecimento para as partes, por meio do dispositivo contratual denominado "cláusula de não concorrência" ou "de não restabelecimento". Portanto, trata-se de uma questão contratual, podendo as partes decidir pela vedação ou pela permissão, prevalecendo o que do contrato constar.

Com efeito, é indiscutível que a aquisição do estabelecimento pressupõe a intenção, às vezes fundamental, do adquirente de receber, ainda que de forma indireta, o principal atributo do estabelecimento comprado, que é a clientela (lembramos que esta não é elemento do estabelecimento e nem pode ser transacionada). Aliás, geralmente, o *good will* é calculado considerando que o estabelecimento manterá essa clientela.

Por isso, o direito protege a clientela, nesse caso, principalmente a subjetiva, ligada à figura do empresário, apesar de que, como Fábio Ulhoa Coelho bem observou, a capacidade do alienante de

---

É nesse sentido, também, a jurisprudência do STJ: AgRg no CComp 112.638/RJ, Rel. Min. João Otávio de Noronha, j. 10-8-2011; AgRg no CComp 87.263/RJ (2007/0155500-2), Rel. Min. Marco Buzzi, j. 13-8-2014; EDeclaração no CComp 2010/0223165-3, Rel. Min, João Otávio de Noronha, j. 27-4-2011; AgRg no CComp 97.732/RJ (2008/0178241-1), Rel. Min João Otávio de Noronha, j. 27-10-2010. Vale mencionar que esse art. 60 já foi objeto de ação direita de inconstitucionalidade, tendo o STF decidido pela sua constitucionalidade. Diz a ementa: "AÇÃO DIRETA DE INCONSTITUCIONALIDADE. ARTIGOS 60, PARÁGRAFO ÚNICO, 83, I E IV, c, E 141, II, DA LEI 11.101/2005. FALÊNCIA E RECUPERAÇÃO JUDICIAL. INEXISTÊNCIA DE OFENSA AOS ARTIGOS 1º, III E IV, 6º, 7º, I, E 170, DA CONSTITUIÇÃO FEDERAL de 1988. ADI JULGADA IMPROCEDENTE. I – Inexiste reserva constitucional de lei complementar para a execução dos créditos trabalhistas decorrente de falência ou recuperação judicial. II – Não há, também, inconstitucionalidade quanto à ausência de sucessão de créditos trabalhistas. III – Igualmente não existe ofensa à Constituição no tocante ao limite de conversão de créditos trabalhistas em quirografários. IV – Diploma legal que objetiva prestigiar a função social da empresa e assegurar, tanto quanto possível, a preservação dos postos de trabalho. V – Ação direta julgada improcedente" (ADI 3.934, Rel. Min. Ricardo Lewandowski, j. 27-5-2009).

[136] "Art. 1.147. Não havendo autorização expressa, o alienante do estabelecimento não pode fazer concorrência ao adquirente, nos cinco anos subsequentes à transferência.

Parágrafo único. No caso de arrendamento ou usufruto do estabelecimento, a proibição prevista neste artigo persistirá durante o prazo do contrato."

[137] Ver o caso da Companhia de Tecidos de Juta, *RT* 12/80.

118 *Parte Especial*

desviar a clientela nos dias atuais está menos ligada à relação pessoal e mais às informações que possui do mercado em que opera[138].

De qualquer forma, é intuitivo que a não concorrência do alienante é o único caminho que reflete o princípio da boa-fé objetiva, pois não se espera daquele que vende um estabelecimento que faça concorrência ao lado ao adquirente. Por essa razão, o Código Civil determina que, sendo omisso o contrato, o restabelecimento está vedado pelo prazo de cinco anos.

Vale notar, apenas, que, no caso da vedação, existe uma limitação temporal advinda do direito concorrencial, pois o Cade já sumulou que: "É lícita a estipulação de cláusula de não concorrência com prazo de até cinco anos da alienação de estabelecimento, desde que vinculada à proteção do fundo de comércio"[139]. Ou seja, o direito concorrencial contém uma presunção *juris tantum* de que vedações de não concorrência superiores a cinco anos são ilegais.

10.8. Sub-rogação legal

Para exercer sua atividade empresarial no estabelecimento e manter a unicidade organizacional que gera o aviamento, o empresário necessita, logicamente, de contratos com terceiros que viabilizem essa atividade. Tais contratos não são, *a priori*, elementos do estabelecimento e, portanto, não seriam passados automaticamente ao adquirente. Como o estabelecimento não é sujeito de direitos, os referidos contratos não estão em nome do estabelecimento, mas sim do empresário alienante.

Para cobrir essa lacuna no substrato econômico, o art. 1.148 do CC[140] prevê a sub-rogação legal (arts. 346 e 348 a 351) do adquirente nos contratos referentes à exploração do estabelecimento. Assim, por força do dispositivo em comento, o adquirente se sub-roga automaticamente nos contratos atinentes à exploração do estabelecimento. As partes do contrato de trespasse podem contratualmente definir quais contratos serão objeto de sub-rogação e quais não, de acordo com a precificação do negócio realizado.

Não há uma lista fechada de quais seriam esses contratos, podendo ser contratos de fornecimento de mercadorias ou de serviços. O que se exige é que haja um nexo entre o contrato e a atividade daquele estabelecimento[141]. A sub-rogação legal não se realiza se o contrato for de caráter pessoal. Por óbvio, sendo personalíssimo o contrato firmado com o alienante, por sua natureza não há que se falar em transferência. A regra visa proteger relações desse jaez, que são excepcionais no dia a dia empresarial.

No caso da locação, contrato primordial para o estabelecimento, muito se discutiu sobre a sub-rogação automática do adquirente. A jurisprudência mais corrente é a da não sub-rogação automática, com base no art. 13 da lei locatícia[142], conforme entendimento do STJ[143].

---

[138] COELHO, Fábio Ulhoa. *Curso de direito comercial*: direito de empresa. 17. ed. São Paulo: Saraiva, 2013, v. 1, p. 191.

[139] Súmula n. 5, publicada no *DOU* de 9-12-2009.

[140] "Art. 1.148. Salvo disposição em contrário, a transferência importa a sub-rogação do adquirente nos contratos estipulados para exploração do estabelecimento, se não tiverem caráter pessoal, podendo os terceiros rescindir o contrato em noventa dias a contar da publicação da transferência, se ocorrer justa causa, ressalvada, neste caso, a responsabilidade do alienante."

[141] TOMAZETTE, Marlon. *Curso de direito empresarial*: teoria geral e direito societário. 4. ed. São Paulo: Atlas, 2012, v. 1, p. 117.

[142] "Art. 13. A cessão da locação, a sublocação e o empréstimo do imóvel, total ou parcialmente, dependem do consentimento prévio e escrito do locador.

§ 1º Não se presume o consentimento pela simples demora do locador em manifestar formalmente a sua oposição.

§ 2º Desde que notificado por escrito pelo locatário, de ocorrência de uma das hipóteses deste artigo, o locador terá o prazo de trinta dias para manifestar formalmente a sua oposição."

[143] STJ, REsp. 1.202.077/MS (2010/0134382-4), Rel. Min. Vasco Della Giustina, j. 1º-3-2011. Ementa: "Recurso especial. Transferência do fundo de comércio. Trespasse. Contrato de locação. Art. 13. da lei n. 8.245/91. Aplicação à locação comercial. Con-

Capítulo 1 • Contrato de compra e venda

Como na vida empresarial se faz necessária uma confiança sobre a seriedade e a solvência ou condição operacional e econômica de cumprimento do contrato, dado que um inadimplemento pode prejudicar toda uma cadeia de produção, a lei permite aos terceiros contratantes que, no prazo de 90 dias, rescindam o contrato por justa causa. O conceito de justa causa é um conceito jurídico indeterminado, cabendo ao magistrado analisar o caso concreto para inferir sua ocorrência. A justa causa pode dizer respeito a uma questão pessoal, econômica ou até de conflito entre o contratante e o novo titular do estabelecimento. Uma vez rescindido o contrato, caberá o ressarcimento do terceiro contratante pelo alienante, em regra.

10.9. Cessão do crédito

Diferentemente dos contratos, os créditos passam junto com o estabelecimento ao adquirente, excepcionando a regra civil comum da cessão de crédito, que estabelece que a cessão somente se opera perante o devedor após sua notificação (art. 290). Para fins do trespasse, a publicação prevista no art. 1.144 aperfeiçoa a cessão dos créditos ao empresário adquirente.

Não obstante a regra estipulada *supra*, o dispositivo em comento, ao seu final, exonera o devedor de boa-fé que pagar ao alienante. A nosso ver, a parte final do artigo torna inócua a regra do aperfeiçoamento da alienação do estabelecimento com a publicação, pois desta decorreria não poder ser alegado o desconhecimento do negócio levado a efeito. Embora alguns autores reconheçam a justiça dessa regra diante da baixa probabilidade de checar registros e publicações[144], nosso entendimento é de que ou bem o código deveria ter mantido a obrigação de notificar o devedor nos termos do art. 290 ou não deveria ter excepcionado a regra, pois as duas atitudes são incoerentes.

Uma interpretação possível seria dar ao devedor a obrigação de provar a peculiaridade do seu caso para poder alegar a boa-fé mesmo após a publicação, mas não vemos um exemplo prático a fim de demonstrar tal situação.

---

sentimento do locador. Requisito essencial. Recurso provido. 1. Transferência do fundo de comércio. Trespasse. Efeitos: continuidade do processo produtivo; manutenção dos postos de trabalho; circulação de ativos econômicos. 2. Contrato de locação. Locador. Avaliação de características individuais do futuro inquilino. Capacidade financeira e idoneidade moral. Inspeção extensível, também, ao eventual prestador da garantia fidejussória. Natureza pessoal do contrato de locação. 3. Desenvolvimento econômico. Aspectos necessários: proteção ao direito de propriedade e a segurança jurídica. 4. Afigura-se destemperado o entendimento de que o art. 13 da Lei do Inquilinato não tenha aplicação às locações comerciais, pois, prevalecendo este posicionamento, o proprietário do imóvel estaria ao alvedrio do inquilino, já que segundo a conveniência deste, o locador se veria compelido a honrar o ajustado com pessoa diversa daquela constante do instrumento, que não rara as vezes, não possuirá as qualidades essenciais exigidas pelo dono do bem locado (capacidade financeira e idoneidade moral) para cumprir o avençado".

[144] TOMAZETTE, Marlon. *Curso de direito empresarial*: teoria geral e direito societário. 4. ed. São Paulo: Atlas, 2012, v. 1, p. 116.

Capítulo 2
CONTRATOS DE COLABORAÇÃO

1. DEFINIÇÃO

Diante da nova dinâmica instaurada a partir da Revolução Industrial, o desenvolvimento das relações comerciais passou a exigir que empresários obtivessem escala na produção e prestação de seus serviços, de modo a reduzir seus custos e alcançar preços mais competitivos. Por seu turno, a ampla produção de bens e de serviços necessitava ser disponibilizada em mercados de consumo cada vez mais variados e não acessíveis imediatamente pelos produtores e prestadores.

Para comercializar seus bens ou disponibilizar seus serviços nesses mercados de consumo ainda não acessíveis, os empresários passaram a celebrar contratos com outros empresários que permitiriam o acesso a esses novos mercados, seja por meio da intermediação dos produtos ou serviços entre os produtores e os consumidores, seja por meio da aproximação entre ambos esses polos contratantes[1].

Os contratos de colaboração caracterizam-se como gênero de contratos empresariais justamente em virtude dessa finalidade. Suas diversas espécies têm como propósito o escoamento da produção ou da prestação de serviços pelo empresário fabricante ou fornecedor aos consumidores.

Por meio do contrato de colaboração, na modalidade de aproximação, empresários colaboradores aproximam os empresários fabricantes ou fornecedores de serviços dos consumidores adquirentes dos produtos ou serviços de modo a permitir o contrato direto entre ambos de prestação de serviços ou de compra e venda de bens.

Em sua modalidade de intermediação, por outro lado, os contratos de colaboração também podem permitir que os empresários colaboradores disponibilizem diretamente referidos produtos aos consumidores, pela sua inserção na cadeia de escoamento do bem. No mundo globalizado, os contratos de colaboração ganham, inclusive, contornos internacionais[2].

Como prestação, o contrato de colaboração revela-se como um contrato de prestação de serviços. O colaborador se obriga pela prestação de escoamento da produção do fornecedor, seja por meio da intermediação através da compra para revenda, seja por meio da obtenção de negócios a serem celebrados pelo fornecedor com os consumidores diretamente. É justamente essa prestação que identifica o contrato. Para Ulhoa Coelho, "existe contrato de colaboração, assim, apenas se um dos empresários assume a obrigação contratual de ajudar a formação ou ampliação do mercado consumidor do produto fabricado ou comercializado pelo outro"[3].

Destaca-se que o contrato de colaboração não se confunde com o contrato de trabalho.

Ainda que o colaborador deva atuar no interesse do fabricante ou prestador no desenvolvimento de mercado para seus produtos ou serviços, não há subordinação hierárquica. O colaborador de

---

[1] THEODORO JR., Humberto; THEODORO DE MELLO, Adriana Mandim. *Contratos de colaboração empresarial*. Rio de Janeiro Forense, 2019, p. 1.

[2] LEHMEN, Alessandra. O contrato de agência comercial no direito internacional. Contratos empresariais. In: FRADERA, Vér Maria Jacob de; ESTEVEZ, André Fernandes; RAMOS, Ricardo Ehrensperger (coord.). *Contratos empresariais*. São Paulo: Saraiva 2015, p. 9.

[3] COELHO, Fábio Ulhoa. *Curso de direito comercial*. 17. ed. São Paulo: Revista dos Tribunais, 2016, v. 3, p. 104.

Capítulo 2 • Contratos de colaboração

verá atender as orientações do fornecedor, conforme disposto no contrato de colaboração, notadamente para não prejudicar a marca ou a imagem do fabricante ou prestador. Deverá, ainda, realizar investimentos em publicidade, atender à exclusividade de zona delimitada de atuação, também conhecida como cláusula de territorialidade, ou ter garantida a exclusividade territorial para explorar sua atividade sem a concorrência de outros colaboradores ou diretamente do fabricante.

A despeito de eventual orientação no desempenho de suas atividades, conservará sua autonomia para desenvolver sua atividade de aproximação ou de intermediação.

2. CLASSIFICAÇÃO

Em virtude da espécie de prestação do colaborador para permitir o acesso a esse mercado de consumo, os contratos de colaboração poderão ser classificados em contratos de intermediação ou de aproximação[4].

Os contratos de colaboração por intermediação são os contratos em que o empresário fabricante ou prestador de serviços contrata com empresário colaborador para permitir o escoamento da produção do fornecedor. Por meio do contrato de intermediação, o colaborador adquire a mercadoria produzida e revende-a aos consumidores.

No contrato de colaboração por intermediação, a remuneração do empresário fabricante decorre do próprio preço pago pelo colaborador na aquisição dos produtos. A remuneração do colaborador, por seu turno, não é paga pelo fornecedor. O colaborador é remunerado pela diferença do preço da revenda ao consumidor em relação ao preço da aquisição do bem.

Como espécies de contratos de colaboração por intermediação figuram a concessão mercantil e a distribuição por intermediação.

Segunda modalidade de contratos de colaboração é o contrato por aproximação. Nessa modalidade, o colaborador não adquire os produtos do fornecedor. O empresário colaborador tem como prestação a localização de interessados na aquisição dos produtos ou serviços do fabricante ou prestador, os quais contratarão com ele diretamente.

Como remuneração, o empresário colaborador recebe comissão em virtude dessa aproximação. O empresário fabricante ou prestador paga diretamente ao colaborador determinado valor em virtude dos negócios obtidos pelo colaborador e celebrados pelo fornecedor. São exemplos dos contratos de colaboração por aproximação a comissão mercantil, a distribuição por aproximação e o contrato de mandato.

De modo simplificado, na aproximação, o que se faz é promover negócios para outrem, com ou sem a obrigação de concluí-los, ao passo que, na intermediação, há revenda de produtos por conta própria[5].

3. CONTRATO DE AGÊNCIA, DISTRIBUIÇÃO OU REPRESENTAÇÃO COMERCIAL

Como primeira espécie de contrato de colaboração, pode ser apontado o contrato de agência, de distribuição ou de representação comercial.

A antiga figura da representação comercial, a qual era definida pelo art. 1º da Lei n. 4.886/65, fora substituída, pelo Código Civil de 2002, pelos contratos de agência e de distribuição.

---

[4] A classificação é de: COELHO, Fábio Ulhoa. *Curso de direito comercial.* 17. ed. São Paulo: Revista dos Tribunais, 2016, v. 3, p. 104.

[5] NEGRÃO, Ricardo. *Curso de direito comercial e de empresa*: títulos de crédito e contratos empresariais. 10. ed. São Paulo: Saraiva Educação, 2021, v. 2, p. 282.

Em sua redação, o art. 1º da Lei n. 4.886/95 determinava que "exerce a representação comercial autônoma a pessoa jurídica ou a pessoa física, sem relação de emprego, que desempenha, em caráter não eventual por conta de uma ou mais pessoas, a mediação para a realização de negócios mercantis, agenciando propostas ou pedidos, para transmiti-los aos representados, praticando ou não atos relacionados com a execução dos negócios".

Pode-se alegar, do dispositivo, que o espírito da representação é a atividade do representante para obter contratos para o representado. Nesse movimento, o vínculo jurídico, ao final, é atado entre o representado e o interessado. Por isso, o objetivo da representação é a facilitação da venda por meio de um profissional que se dedica a buscar interessados na mercadoria ofertada[6].

A disciplina da representação comercial foi substituída pelos contratos de agência e de distribuição, os quais passam a ser disciplinados pelos arts. 710 e seguintes do CC. De acordo com a definição, "pelo contrato de agência, uma pessoa assume, em caráter não eventual e sem vínculos de dependência, a obrigação de promover, à conta de outra, mediante retribuição, a realização de certos negócios, em zona determinada, caracterizando-se a distribuição quando o agente tiver à sua disposição a coisa a ser negociada". Admite, ainda, de acordo com seu parágrafo único, que o proponente confira poderes ao agente para que este o represente na conclusão dos contratos.

A comparação de ambas as definições demonstra, tanto do contrato de representação comercial quanto do contrato de agência ou de distribuição, que os tipos contratuais têm exatamente as mesmas características[7].

A justificativa para a alteração da nomenclatura pelo Código Civil é decorrente de seu intuito de unificar o direito privado. O antigo conceito de representante comercial da Lei n. 4.886/65, para tanto, não seria adequado[8].

A regulação do contrato de representação comercial pelo Código Civil, ademais, é ainda mais clara ao disciplinar a aplicação supletiva das normas legais. O Código Civil, nesse aspecto, determinou que são aplicáveis "ao contrato de agência e distribuição, *no que couber*, as regras concernentes ao mandato e à comissão e as constantes de lei especial" (art. 721 do CC).

Pela determinação da aplicação das normas legais supletivas, a Lei especial n. 4.886/85 somente será aplicada para suprir eventuais lacunas do Código Civil. Não houve propriamente revogação da referida lei. Sua aplicação, entretanto, é supletiva. Aplicam-se ao contrato de agência e de distribuição os dispositivos do Código Civil. A Lei n. 4.886/65 supre suas lacunas e fornece os demais elementos para a integração do referido contrato.

---

[6] TOMAZETTE, Marlon. *Contratos empresariais*. Salvador: JusPodivm, 2022, p. 302.

[7] Nesse sentido, Rubens Requião. Para o autor, "a Lei n. 4.886 não oferece nenhuma distinção entre as figuras do representante comercial e do agente comercial. Ao invés, confunde-as, fazendo uma sinônima da outra. É significativo que, na definição legal do representante comercial, o art. 1º use do verbo *agenciar* ('*agenciando* propostas ou pedidos'). Ora, quem agencia é, na linguagem comum, um *agente* ou *agenciador*" (REQUIÃO, Rubens. *Da representação comercial*: comentários à Lei n. 4.886, de 9 de dezembro de 1965, à Lei n. 8.420, de 8 de maio de 1992, e ao Código Civil de 2002. Rio de Janeiro: Forense, 2008, p. 47).

[8] "O Código Civil de 2002 buscou a unificação parcial do direito privado, tratando também de temas que antes eram analisados pelo direito comercial. Isso ocorreu, por exemplo, com os contratos em espécie. Diante dessa tentativa de unificação, o atual Código Civil trata de contratos empresariais, caso da comissão (arts. 693 a 709), da agência e distribuição (arts. 710 a 721) e da corretagem (arts. 722 a 729). Esses contratos eram regulamentados, parcialmente, pelo Código Comercial de 1850, dispositivo esse que foi derrogado pelo Código Civil de 2002, conforme o seu art. 2.045" (TARTUCE, Flávio. *Direito civil*: teoria geral dos contratos e contratos em espécie. Rio de Janeiro, Forense, 2021, v. 3, p. 692).

Capítulo 2 • Contratos de colaboração

Parte da doutrina, entretanto, remanesce sustentando a especialidade do contrato de representação comercial. Dos autores que vislumbram diferenças, citam-se, por exemplo, Orlando Gomes, Marlon Tomazette[9]-[10], Ricardo Negrão[11] e Paulo Nader[12].

Orlando Gomes sustenta que o contrato de representação comercial ainda prevalece em virtude da especialidade. Segundo o autor, o que justifica a manutenção de dois corpos normativos para regular o mesmo tipo contratual é a peculiaridade da agência regulada na Lei n. 4.886/65, a qual tem por objeto a promoção de negócios mercantis, de modo a constituir um *subtipo* do contrato de agência[13].

Parte contrária, entretanto, entende que há uma identidade entre contrato de agência e de representação comercial. Dentre outros, Fran Martins[14], Vera Helena de Mello Franco[15]-[16] e Arnaldo Rizzardo[17].

---

[9] "Portanto, deve-se entender que a representação comercial é específica na mediação de negócios empresariais, e a agência para outros negócios civis (agenciamento de atletas, de artistas, de modelos, *head hunters*), tendo em vista a especificidade da representação comercial" (TOMAZETTE, Marlon. *Contratos empresariais*. Salvador: JusPodivm, 2022, p. 305).

[10] "Além de distinguir da agência, o contrato de representação comercial também não se confunde com outros contratos de colaboração" (TOMAZETTE, Marlon. *Contratos empresariais*. Salvador: JusPodivm, 2022, p.306).

[11] "Afastamos, portanto, da porção doutrinária que sustenta que o contrato de representação empresarial previsto na Lei n. 4.886/65 é instituto diverso do contrato de agência e distribuição. Trata-se de modalidade específica, contida no gênero 'agência--distribuição' aplicável a negócios empresariais específicos, aos quais incidem as regras previstas no Código Civil, desde que não incompatíveis com o regime próprio instituído por aquele diploma legal.

A especificidade mostra-se presente na finalidade contratual – o contrato de representação empresarial está voltado a negócios mercantis (LRCA, art. 1º), hoje denominados 'empresariais', particularmente o de 'agendar propostas ou pedidos, para transmiti-los ao representado' – e no regramento legislativo próprio (ao qual se aplica em primeiro plano à Lei n. 4.886/65)" (NEGRÃO, Ricardo. Curso de direito comercial e de empresa: títulos de crédito e contratos empresariais. São Paulo: Saraiva Jur, 2024, v. 2, p. 120).

[12] "Sob o título Agência e Distribuição temos dois tipos de contrato. O primeiro é análogo à representação comercial e o segundo é o próprio contrato de agência, quando o contratado tem à sua disposição a coisa a ser vendida. Diz-se análogo, porque se assemelha e ao mesmo tempo é mais amplo do que a representação comercial" (NADER, Paulo. *Curso de direito civil*: contratos. 9. ed. Rio de Janeiro: Forense, 2018, v. 3, p. 390).

[13] GOMES, Orlando. *Contratos.* Atualizado por Antonio Junqueira de Azevedo e Francisco p. de Crescenzo Marino. 26. ed. Rio de Janeiro: Forense, 2007, p. 450.

[14] "Entende-se por contrato de representação comercial aquele em que uma parte se obriga, mediante remuneração, a realizar negócios, em caráter não eventual e sem vínculos de dependência, em favor de outra e em zona determinada. A parte que se obriga a agenciar propostas ou pedidos em favor da outra tem o nome de representante comercial ou agente; aquela em favor de quem os negócios são agenciados é o representado ou agenciado. O contrato de representação comercial é também chamado contrato de agência, donde representante e agente comercial terem o mesmo significado. O agente não tem a coisa a ser vendida em seu poder, apenas faz a intermediação para que o agenciado entregue posteriormente a mercadoria ao cliente" (MARTINS, Fran. *Curso de direito comercial*: contratos e obrigações comerciais. 19. ed. Rio de Janeiro: Forense, 2019, v. 3, p. 222).

[15] "Esclarece Rubens Requião que a Lei 4.886/1965 (alterada pela Lei 8.420/1992) não estabeleceu qualquer distinção entre as figuras do representante comercial autônomo e do agente comercial, utilizando as expressões representante e agente como sinônimas. A distinção também não encontrou guarida no Código Civil de 2002. Tanto em uma hipótese, quanto em outra, o representante, ou o agente (pessoa física ou jurídica) [...] assume a obrigação de promover, por conta de outrem, mediante uma certa retribuição, negócios no interesse desta (art. 710 do CC/2002)." (FRANCO, Vera Helena de Mello. *Contratos*: direito civil e empresarial. 4. ed. São Paulo: Revista dos Tribunais, 2013, p. 264-265.)

[16] "Esta, porém, não foi a orientação acatada no direito brasileiro, a qual, como comentado no início do deste capítulo após a comissão, não distinguiu bem a agência da representação comercial." (FRANCO, Vera Helena de Mello. *Contratos*: direito civil e empresarial. 4. ed. São Paulo: Revista dos Tribunais, 2013, p. 266.)

[17] "As expressões 'agência' e 'representação comercial', embora só a primeira utilizada pelo Código Civil, envolvem idêntico conteúdo, e são empregadas indistintamente com a mesma ideia, entendendo, no entanto, Rubens Requião que o nomen mais exato e tradicional é 'representação comercial'. O mesmo Código emprega os termos 'agente' para significar 'representante', e 'proponente' no sentido de 'representado'. Embora a distinção do conteúdo de 'representação', de 'representante' e de 'representado', certo que se disseminaram os termos no costume e se firmaram na cultura jurídica, não havendo, pois, inconveniente em continuar o seu uso" (RIZZARDO, Arnaldo. *Contratos*. Rio de Janeiro: Forense, 2023, p. 676).

3.1. A previsão dos contratos de agência e distribuição no Código Civil

Por seu turno, os contratos de agência e de distribuição são sinônimos entre si.

O contrato de distribuição é diferenciado do contrato de agência, segundo definição do art. 710 do CC, em virtude de a coisa estar à disposição do distribuidor para ser negociada. Conforme art. 710, "pelo contrato de agência, uma pessoa assume, em caráter não eventual e sem vínculos de dependência, a obrigação de promover, à conta de outra, mediante retribuição, a realização de certos negócios, em zona determinada, caracterizando-se a distribuição quando o agente tiver à sua disposição a coisa a ser negociada".

A disponibilidade da coisa, contudo, é irrelevante para a definição contratual. Ambos os contratos possuem a mesma característica e são submetidos à mesma disciplina jurídica. Devem, assim, ser interpretados como sinônimos[18].

Nesse sentido, corrobora a doutrina. Na lição de Humberto Theodoro Jr. e Adriana Theodoro de Mello: "não são, porém, dois contratos distintos, mas o mesmo contrato de agência no qual se pode atribuir maior ou menor soma de funções ao preposto"[19].

Decerto, a palavra "distribuição" tem no direito vários sentidos. Tem-se uma ideia genérica de distribuição como processo de colocação dos produtos no mercado. Através disso, pensa-se em contratos de distribuição como um gênero a que pertencem os mais variados negócios jurídicos, todos voltados para o objetivo final de alcançar e ampliar a clientela[20].

Em seu sentido estrito, como típico contrato de colaboração, o contrato de agência ou distribuição poderá ser de intermediação ou de aproximação, segundo classificação preconizada por Fábio Ulhoa Coelho[21].

Em sua modalidade *de aproximação*, o contrato de distribuição ou agência caracteriza-se em virtude de o distribuidor ou agente não ter a obrigação de revender os produtos adquiridos do distribuído. O distribuidor ou agente tem a obrigação apenas de promover a realização dos negócios no interesse do distribuído ou do proponente, os quais são os fornecedores dos produtos, mediante retribuição.

Em sua modalidade *por intermediação*, o distribuidor obriga-se a revender os produtos do distribuído, adquiridos anteriormente. Como a disciplina do art. 710 do CC caracteriza apenas a forma da distribuição por aproximação, o contrato de distribuição por intermediação é contrato atípico. Os direitos e obrigações estabelecidos pelas partes contratantes são totalmente regidos pelo contrato celebrado entre ambas.

Corrente minoritária entende, entretanto, que os contratos de agência ou distribuição apenas comportariam a modalidade de aproximação, justamente em virtude dessa tipicidade legal e como

---

[18] Nesse sentido, Vera Franco dispõe que "[a] distinção, também não encontrou guarida no Código Civil de 2002. Tanto em uma hipótese, quanto em outra, o representante, ou o agente (pessoa física ou jurídica), sem vínculo de subordinação, em caráter não eventual, assume a obrigação de promover, por *conta de outrem,* mediante uma certa retribuição, negócios no interesse desta (art. 710 do CC/2002). Seja agenciando pedidos ou propostas (Art. 1º da Lei 4.886/1965); seja concluindo negócios em nome do agenciado ou representado (art. 710, parágrafo único, do CC/2002 e Lei 4.886/1965). Vale dizer, em ambas se admite a representação" (FRANCO, Vera Helena de Mello. *Contratos*: direito civil e empresarial. 4. ed. rev., atual. e ampl. São Paulo: Revista dos Tribunais, 2013, p. 265). Em sentido análogo, MARTINS, Frans. *Contratos e obrigações comerciais*. 16. ed. rev. e aum. Rio de Janeiro: Forense, 2010, p. 262.

[19] THEODORO JR., Humberto; THEODORO DE MELLO, Adriana Mandim. *Contratos de colaboração empresarial*. Rio de Janeiro: Forense, 2019, p. 157.

[20] THEODORO JR., Humberto; THEODORO DE MELLO, Adriana Mandim. *Contratos de colaboração empresarial*. Rio de Janeiro: Forense, 2019, p. 157.

[21] COELHO, Fábio Ulhoa. *Curso de direito comercial*. 17. ed. São Paulo: Revista dos Tribunais, 2016, v. 3, p. 109.

Capítulo 2 • Contratos de colaboração

forma de diferenciá-los do contrato de concessão comercial, este sim baseado na revenda de mercadorias como contrato típico pelo Código Civil.

Para essa corrente, qualifica-se o contrato de agência ou distribuição apenas como aproximação: "no teor do art. 710 do Código Civil, a distribuição não é a revenda feita pelo agente. Esse nunca compra a mercadoria do preponente. É ele sempre um prestador de serviços, cuja função econômica e jurídica se localiza no terreno da captação de clientela. A distribuição que, eventualmente, lhe pode ser delegada, ainda faz parte da prestação de serviços. Ele age como depositário apenas da mercadoria do preponente, de maneira que, ao concluir a compra e venda e promover a entrega de produtos ao comprador, não age em nome próprio, mas o faz em nome e por conta da empresa que representa. Ao invés de atuar como vendedor atua como mandatário do vendedor"[22].

Se o contrato de agência ou distribuição por intermediação é atípico, haja vista que a disciplina do art. 710 do CC apenas disciplina a modalidade por aproximação, o contrato de concessão comercial fora da modalidade automotiva também o é. Dessa forma, a diferenciação entre as classificações apenas versaria sobre a aplicação de normas supletivas aos termos contratuais, o que decerto poderá ser disposto pelas partes ao definirem sua figura contratual e, portanto, admite ambas as figuras, seja por intermediação, seja por aproximação.

3.2. Características e classificação

O contrato de distribuição é um contrato consensual, bilateral, em que há a estipulação de prestação para ambos os contratantes.

Trata-se de contrato oneroso, porque há prestações e contraprestações recíprocas a ambos os contratantes. A aproximação ou intermediação realizadas são feitas mediante o pagamento de uma retribuição pecuniária[23].

O sinalagma também é característico do contrato. As prestações do fabricante ou prestador de serviço são dependentes das contraprestações dos distribuidores, os quais deverão intermediar ou aproximar o fabricante ou prestador do mercado de consumo.

O contrato de distribuição ou agência também é contrato comutativo. As prestações e contraprestações são equilibradas conforme os interesses das partes contratantes e não dependem de qualquer condição fortuita, futura e incerta.

Para sua celebração, ademais, não há qualquer exigência formal. O contrato é não solene. Não se exige forma prescrita em lei.

Pode ser caracterizado, em sua maioria, também como contrato de adesão. Considerando o interesse por parte do produtor de uma uniformidade no seu relacionamento jurídico com seus distribuidores, as cláusulas contratuais são pré-estipuladas pelo fornecedor e não admitem discussão ou alteração pelos distribuidores[24].

Trata-se, ainda, de contrato de execução continuada. A prestação das partes não é pontual. O fabricante ou prestador, assim como o distribuidor, obrigam-se a adimplir com as prestações neces-

---

[22] THEODORO JR., Humberto; THEODORO DE MELLO, Adriana Mandim. *Contratos de colaboração empresarial*. Rio de Janeiro: Forense, 2019, p. 157.

[23] NEGRÃO, Ricardo. *Curso de direito comercial e de empresa*: títulos de crédito e contratos empresariais. 10. ed. São Paulo: Saraiva Educação, 2021, v. 2, p. 287.

[24] SCHERKERKEWITZ, Iso Chaitz. *Contratos de distribuição e o novo contexto do contrato de representação comercial*. São Paulo: Revista dos Tribunais, 2011, p. 87.

sárias para a abertura do mercado de consumo para a disponibilização dos produtos e serviços. As prestações de ambas as partes são reiteradas[25].

O contrato de agência ou distribuição não exige que o distribuidor atue em nome do fabricante ou prestação do serviço, mas apenas em seu interesse. Não há poderes para atuar em nome do representado, a menos que o representado tenha outorgado procuração ao representante para fazê-lo. Tais poderes poderão ser concedidos se previstos expressamente no contrato e como forma de o agente ou distribuidor representar o proponente ou distribuído na celebração dos contratos.

3.2.1. Exclusividade de território e do agenciamento

A exclusividade pode ser caracterizada de mais de uma maneira, tanto para obrigar o distribuidor a determinadas ações quanto para obrigar o fabricante.

Na exclusividade de território, o fabricante pode ser obrigado a vender sua produção exclusivamente por intermédio do distribuidor, como também pode-se estabelecer o direito do distribuidor de ser o único a comercializar o produto distribuído em determinada área ou em relação a determinados consumidores[26]. Trata-se de limitação ao fabricante ou agenciado. Sua violação implica o pagamento de remuneração ao agente referente aos negócios celebrados em sua zona de atuação.

Na exclusividade do agenciamento, a restrição versa sobre o comportamento do distribuidor. Este pode ser contratualmente obrigado a não comercializar produtos concorrentes dos fabricados pelo fabricante, por meio de sua aquisição de terceiros. Poderá, também, ser vedado a comercializar produtos de quaisquer terceiros, mesmo que não concorrentes com aqueles objetos do contrato de distribuição, ou a comercializar apenas os produtos adquiridos de terceiros indicados pelo fabricante.

A exclusividade de território e do agenciamento são cláusulas implícitas no contrato.

Sobre a exclusividade do território, a menos que tenha sido estabelecido de forma diversa, o distribuído ou o proponente não poderão constituir mais de um agente na mesma zona de atuação. Nos termos do art. 714 do CC, salvo cláusula diversa, ainda que não tenha aproximado os negócios, desde que ele tenha sido realizado dentro de sua zona, terá o agente ou distribuidor direito à remuneração correspondente ao negócio.

Como cláusula implícita de exclusividade de agenciamento, por seu turno, o agente ou o distribuidor não poderão aproximar negócios de mesmo gênero para outros proponentes ou distribuídos (art. 711 do CC).

Nesse aspecto, a Lei n. 4.886/65 (art. 31, parágrafo único) previa que a exclusividade da representação (agência) dependia de convenção. Não podia ser presumida à falta de "ajustes expressos". Dessa forma, na falta de vedação contratual, era facultado ao representante "exercer sua atividade para mais de uma empresa e empregá-la em outros misteres ou ramos de negócios (art. 41)"[27].

Contudo, com o art. 711 do CC[28], a regra se inverteu: a agência é sempre exclusiva dentro da zona prevista no contrato, se inexistir convenção em contrário.

---

[25] GOMES, Orlando. *Contratos.* Atualizado por Antonio Junqueira de Azevedo e Francisco p. de Crescenzo Marino. 26. ed. Rio de Janeiro: Forense, 2007, p. 452.

[26] MELITO, Giancarllo. Contrato de distribuição. *In:* FERNANDES, Wanderley. *Contratos empresariais:* contratos de organização da atividade econômica. São Paulo: Saraiva, 2011, p. 233 (Série GVlaw).

[27] THEODORO JR., Humberto; THEODORO DE MELLO, Adriana Mandim. *Contratos de colaboração empresarial.* Rio de Janeiro: Forense, 2019, p. 216.

[28] Art. 711 do Código Civil: "salvo ajuste, o preponente não pode constituir, ao mesmo tempo, mais de um agente, na mesma zona, com idêntica incumbência; nem pode o agente assumir o encargo de nela tratar de negócios do mesmo gênero, à conta de outros proponentes".

Capítulo 2 • Contratos de colaboração

A falta dessa convenção não desnatura nem invalida o contrato de agência. Contudo, se as partes não a estabelecerem, vigora a exclusividade. Embora não seja elemento essencial, constitui a regra dos contratos em espécie, que, por disposição das partes, pode ser afastada.

3.3. Obrigações das partes

O contrato de agência ou distribuição se caracteriza como contrato bilateral em que a ambas as partes contratantes são imputadas prestações.

Para o agente ou distribuidor, as prestações reiteradas são, na modalidade aproximação, de aproximar os negócios no interesse do proponente ou distribuído. Na modalidade de intermediação, comprar os produtos para revendê-los diretamente aos consumidores.

Para cumprir referidas prestações, o agente ou distribuidor deverá atender as instruções recebidas; atuar com toda diligência; suportar as despesas pelo desempenho de suas obrigações, exceto convenção em contrário; e não aproximar negócios de mesmo gênero para outros proponentes ou distribuídos na mesma zona, salvo convenção diversa.

No âmbito do dever de diligência, o agente deverá prestar contas sobre o andamento dos negócios realizados e também deverá atuar para promover os produtos do representado e de modo a expandir seus negócios[29].

A despeito de ter que se submeter às instruções do fabricante, não há subordinação hierárquica no contrato de distribuição entre o fabricante e o distribuidor. O vínculo trabalhista somente poderá ser reconhecido judicialmente se ficar demonstrado que o contrato de distribuição ou agência foi subvertido e que se está diante dos requisitos caracterizadores da relação de emprego.

Podem ser imputadas obrigações acessórias ao distribuidor para o desempenho de suas prestações. O contrato de agência ou de distribuição poderá exigir determinado montante de estoque, métodos de venda a serem utilizados, padrão de organização ou de apresentação do distribuidor etc. Nesse aspecto, o contrato poderá determinar ao distribuidor cota mínima de aquisição dos produtos ou serviços ou de aproximação, assim como poderá imputar, ao fabricante, uma quantidade mínima de produtos a ser fornecido, caso solicitado pelo agente ou distribuidor.

No contrato de agência ou distribuição, pode-se imputar ao agente ou distribuidor, ademais, a obrigação de prestar assistência técnica aos consumidores em função dos produtos do fabricante, ainda que não tenham sido comercializados pelo agente ou distribuidor. Nessa hipótese, se contratualmente estabelecido, o distribuidor deverá qualificar-se e estruturar-se para a referida prestação, cujo padrão de qualidade poderá ser definido pelo próprio fabricante.

Por outro lado, a prestação do proponente ou distribuído é a remuneração do agente ou distribuidor por todos os negócios concluídos dentro da sua zona exclusiva de atuação, ainda que sem a aproximação deste ou, mesmo se os negócios não tiverem sido concluídos, se não tiverem sido por fato imputável ao proponente ou distribuído.

Deverá, ainda, entregar todos os produtos ou prestar todos os serviços objeto do agenciamento ou distribuição. O atendimento aos pedidos realizados pelo distribuidor é modo de este continuar a desenvolver sua atividade contratual para o recebimento de sua remuneração.

Ainda que a remuneração seja devida pela aproximação do negócio, e ainda que não tenham sido concluídos se por fato imputável ao proponente, a falta de satisfação dos pedidos impede que o distribuidor desempenhe sua atividade. Por essa razão, deverá ainda o proponente fornecer os

---

[29] SCHERKERKEWITZ, Iso Chaitz. *Contratos de distribuição e o novo contexto do contrato de representação comercial*. São Paulo: Revista dos Tribunais, 2011, p. 47.

128 *Parte Especial*

catálogos necessários e todas as informações imprescindíveis sobre o produto ou serviço para sua comercialização.

Cumpre ao proponente ou distribuído, ainda, indenizar o agente ou distribuidor se, sem justa causa, cessar o atendimento das propostas ou reduzi-lo a ponto de se tornar antieconômica a continuação do contrato (art. 715 do CC).

Em razão dessa colaboração, o "fabricante não pode aumentar o preço de venda ou diminuir o preço de revenda, de modo a prejudicar o lucro do distribuidor, respondendo pelas perdas e danos que causar ao distribuidor, se desse modo agir"[30].

3.4. Remuneração do representante

O contrato deverá regular a remuneração do representante, seja o valor, seja o tempo do referido pagamento. Sua disciplina contratual deverá ainda determinar se a remuneração é condicionada à efetiva celebração dos negócios e do pagamento dos valores pelo representado.

Trata-se de direito do representante e obrigação do proponente, sem a qual o contrato é descaracterizado.

Normalmente, a remuneração é convencionada sob a forma de uma comissão, que incide sobre determinado percentual do preço de venda do produto ou do serviço.

3.5. Tempo, rescisão e extinção do contrato

Os contratos de agência ou distribuição poderão ser celebrados com prazo determinado ou prazo indeterminado.

Nos contratos por prazo indeterminado, as partes poderão denunciar o contrato, embora a lei estabeleça um prazo mínimo de antecedência para que a parte adversa não seja surpreendida. Se por prazo indeterminado, nesses termos, qualquer das partes poderá rescindi-lo, mediante aviso-prévio de noventa dias.

Excetua-se do direito de denunciar a qualquer momento o contrato a hipótese de que a parte adversa tenha feito investimentos, cujo prazo de amortização ainda não tenha razoavelmente ocorrido. Se não tiver transcorrido prazo compatível com a natureza e o vulto do investimento exigido do agente, a denúncia do contrato não poderá ocorrer enquanto referido investimento não tiver sido razoavelmente satisfeito ou o prazo prévio da denúncia poderá ser dilatado para permitir a referida amortização dos investimentos (art. 720 do CC).

Independentemente da existência de culpa ou não do distribuidor ou do agente, estes terão direito à remuneração pelos negócios aproximados e serviços úteis, conforme determinado no art. 717 do CC. Terão, nos termos do art. 27, *j*, da Lei n. 4.886/65, direito à indenização devida nos termos do contrato, cujo montante não poderá ser inferior a 1/12 do total da retribuição auferida durante o tempo em que o representante exerceu a representação.

Nos contratos por prazo determinado, o código estabelece regra diversa sobre a remuneração das partes.

O contrato poderá, por prazo determinado, ser rescindido por culpa do representante/distribuidor ou do representado, ou sem culpa.

Se não houver culpa do agente ou do distribuidor na rescisão pelo preponente ou distribuído, estes terão direito à remuneração pelos negócios concluídos e também pelos pendentes, além da

---

[30] MELITO, Giancarllo. Contrato de distribuição. *In*: FERNANDES, Wanderley. *Contratos empresariais*: contratos de organização da atividade econômica. São Paulo: Saraiva, 2011, p. 224 (Série GVlaw).

indenização prevista em lei especial (art. 718 do CC). Pela lei especial, Lei n. 4.886/65, em seu art. 27, § 1º, estabelece-se, como indenização pela rescisão pelo proponente sem culpa no contrato a prazo certo, que "a indenização corresponderá à importância equivalente à média mensal da retribuição auferida até a data da rescisão, multiplicada pela metade dos meses resultantes do prazo contratual".

Assim, Ricardo Negrão explica que, no caso de dispensa sem justa causa, com base no art. 718 do CC, "o agente tem direito à remuneração sobre os negócios pendentes e às indenizações constantes da Lei n. 4.886/65, cujo valor deverá estar previsto em contrato, não podendo ser inferior a 1/12 do total da retribuição auferida durante o tempo em que exerceu a representação (art. 27, *j*). No contrato firmado com prazo determinado, a indenização corresponde à importância equivalente à média mensal da retribuição auferida até a data da rescisão, multiplicada pela metade dos meses resultantes do prazo contratual (art. 27, § 1º)"[31].

A regra é diversa se houver culpa para a rescisão. É justa causa para a rescisão pelo representante ou distribuidor, por fato imputável ao representado, a redução da atividade contrariamente ao previsto no contrato, a violação à cláusula de exclusividade, a fixação de preços abusivos ou o inadimplemento da remuneração devida e a força maior.

Por outro lado, são motivos justos de rescisão contratual por parte do representante (art. 36 da Lei n. 4.886/65) a redução de esfera de atividade do representante em desacordo com as cláusulas do contrato; a quebra, direta ou indireta, da exclusividade, se prevista no contrato; o não pagamento de sua retribuição na época devida; e a força maior.

Se houver culpa do agente ou distribuidor, eles não perderão o direito à remuneração pelos negócios aproximados. O proponente ou distribuído, apesar de ser obrigado pela remuneração em relação aos negócios concluídos, poderá exigir o pagamento de indenização em relação a eventuais perdas e danos sofridos pelos atos do agente ou distribuidor.

Nesse aspecto, o art. 32 da Lei n. 4.886/65 disciplina que o representante comercial adquire o direito às comissões quando do pagamento dos pedidos ou propostas.

Se houver motivo justo para a rescisão do contrato, o representado poderá reter comissões devidas ao representante, com o objetivo de ressarcir-se dos dados por este causados, a título de compensação.

Por fim, o contrato poderá ser extinto pela morte ou incapacidade de uma das partes, situações em que o representante terá direito à remuneração pelo trabalho desempenhado. Diante de sua característica como contrato personalíssimo, o falecimento do representante extingue o contrato. Nessa hipótese, "seus herdeiros perceberão a remuneração proporcional ao trabalho de agenciamento levado a efeito pelo *de cujus*, constituindo um crédito do espólio"[32].

3.6. Renovação do contrato

Há possibilidade de convenção de renovação do contrato findo o prazo certo anteriormente convencionado. Nessas hipóteses, as partes normalmente estabelecem prazo mínimo para que uma das partes informe a outra sobre a não intenção na renovação automática. Na hipótese de cancelamento da renovação automática, diante do fim do contrato por prazo certo anteriormente celebrado, não há indenização devida pela parte que decidiu não renová-lo.

---

[31] NEGRÃO, Ricardo. *Curso de direito comercial e de empresa*: títulos de crédito e contratos empresariais. São Paulo: SaraivaJur, 2024, v. 2, p. 123.

[32] DINIZ, Maria Helena. *Curso de direito civil brasileiro*: teoria das obrigações contratuais e extracontratuais. São Paulo: SaraivaJur, 2024, v. 3, p. 152.

Diante da colaboração imanente ao contrato e de renovação contínuas, poderá haver a criação da legítima expectativa na parte contrária de que o contrato será renovado. Na hipótese de a referida expectativa, se legítima, ser frustrada, poderá ser fixada indenização por violação da boa-fé objetiva, o que deverá ser apreciado caso a caso[33].

4. CONTRATO DE CONCESSÃO MERCANTIL

O contrato de concessão mercantil é contrato de colaboração na modalidade por intermediação.

A compra para a revenda comercial poderá envolver os mais diversos tipos de bens. Desde bebidas, remédios, alimentos até máquinas industriais, veículos automotores, etc.[34].

Com exceção da concessão de veículos automotores, trata-se de contrato atípico ao envolver os diferentes tipos de bens, justamente para permitir que, diante da dinâmica exigida à revenda do bem, as partes possam ajustar seus riscos e disciplinar seus interesses contrapostos à peculiaridade do objeto contratado.

Pelo contrato de concessão, o concessionário obriga-se a revender os produtos adquiridos do concedente. Embora se possa caracterizar uma maior ingerência do concedente na atuação do concessionário, não há distinção relevante entre o contrato de concessão e o contrato de distribuição por intermediação, também atípico, ambos regidos exclusivamente pelas disposições contratuais entre os contratantes, os quais poderão livremente dispor sobre os direitos e obrigações de cada qual.

Nesse sentido, Fábio Ulhoa Coelho esclarece que a diferença entre os contratos "não é significativa em muitos casos, e, salvo na hipótese de comercialização de veículos automotores terrestres (em que a concessão é contrato típico e obrigatório), o nome que as partes atribuem ao instrumento, a rigor, não interessa. É relevante, basicamente, o conteúdo das cláusulas pactuadas para definir-se o conjunto de obrigações que fornecedor e colaborador devem prestar um ao outro"[35].

Como exceção à regra, a concessão de veículos automotores é típica. Diante do volume de contratações e sua relevância econômica, a compra para revenda de veículos foi regulada para proteger o mercado de consumo. Além da venda ao mercado de consumo, os concessionários ficam obrigados a prestar assistência técnica, a repor peças e, por essa razão, seus investimentos merecem proteção legal para que a atividade possa continuar a ser exercida[36].

4.1. Conceito e legislação aplicável

Apenas quanto à concessão de veículos automotores de via terrestre, a concessão mercantil é típica. Sua disciplina é realizada pela Lei n. 6.729/79, Lei Renato Ferrari, seu principal defensor à época e presidente da Associação Brasileira de Revendedores de Veículos. Diante da tipicidade do contrato, na concessão de automotores de via terrestre, a relação jurídica será regulada pela Lei n. 6.729/79 e pelas disposições contratuais que não contrariem as normas imperativas por ela estabelecidas.

---

[33] SCHERKERKEWITZ, Iso Chaitz. *Contratos de distribuição e o novo contexto do contrato de representação comercial*. São Paulo: Revista dos Tribunais, 2011, p. 103.

[34] THEODORO JR., Humberto; THEODORO DE MELLO, Adriana Mandim. *Contratos de colaboração empresarial*. Rio de Janeiro: Forense, 2019, p. 328.

[35] COELHO, Fábio Ulhoa. *Curso de direito comercial*. 17. ed. São Paulo: Revista dos Tribunais, 2016, v. 3, p. 114-115.

[36] THEODORO JR., Humberto; THEODORO DE MELLO, Adriana Mandim. *Contratos de colaboração empresarial*. Rio de Janeiro: Forense, 2019, p. 328.

Capítulo 2 • Contratos de colaboração

A Lei Ferrari foi promulgada para que pudesse o concessionário ser assegurado em relação aos investimentos realizados para disponibilizar os veículos automotores do fabricante concedente. A legislação assegura determinadas condições para a realização do contrato de forma a assegurar os concessionários. Pressupôs a vulnerabilidade econômica destes em sua relação com o fabricante dos veículos automotores e seus revendedores e a grande necessidade de investimentos para poder desempenhar a atividade.

São veículos automotores de via terrestre, que exigirão que o contrato de concessão seja submisso à disciplina da Lei n. 6.729/79, os automóveis, caminhões, ônibus, tratores, motocicletas e similares. Pelo art. 2º, dentre os veículos terrestres, alguns são expressamente excluídos.

São excluídos os tratores de esteira, as motoniveladoras, as máquinas rodoviárias. Tampouco são disciplinadas pela lei a compra e revenda de implementos e bens, desde que não fabricados por empresa industrial que realiza a fabricação ou montagem de veículos automotores, dentre os quais: máquina agrícola, a colheitadeira, a debulhadora, a trilhadeira e demais aparelhos similares destinados à agricultura, automotrizes ou acionados por trator ou fonte externa; implemento agrícola, o arado, a grade, a roçadeira e demais apetrechos destinados à agricultura.

Pelo contrato de concessão, o concessionário obriga-se a comercializar os produtos do concedente, sejam veículos automotores, implementos ou componentes fabricados ou fornecidos pelo produtor, assim como a realizar a prestação e assistência técnica a esses produtos, mediante a utilização gratuita da marca e identificação do concedente. Essa distribuição pelo concessionário será realizada, sob a fiscalização do concedente, por um território delimitado de forma exclusiva e durante um período certo.

A proximidade da figura da concessão com a distribuição por intermediação é expressa no próprio dispositivo. Segundo o art. 2º, § 1º, *a*, entende-se por sinônimo o produtor ao concedente e o distribuidor ao concessionário. Sua distinção restringe-se, na figura da distribuição por intermediação, aos veículos automotores de via terrestre.

4.2. Características do contrato

Com o intuito de impor norma de ordem pública para garantir o concessionário em sua relação economicamente desigual com o concedente, a lei impôs determinadas obrigações e formalidades para proteger o concessionário de veículos automotores terrestres.

Nesse sentido, o contrato deverá ser celebrado por escrito e de forma padronizada para todos os concessionários em relação ao concedente, com identidade de encargos financeiros e prazo para o cumprimento das obrigações. A imposição de solenidade escrita assegura a plena ciência do que está contratando, assim como a obrigação de padronização dos contratos perante todos os concessionários impede que o concedente possa barganhar condições diferenciadas perante cada qual.

Ainda, o contrato deverá especificar a área demarcada para a atuação de cada concessionário, a distância mínima entre todos e a cota de veículos automotores que deverão ser adquiridos. Não apenas quanto ao objetivo, o contrato deverá especificar todas as condições relativas a requisitos financeiros impostos aos concessionários para se manterem como tal, a organização administrativa e contábil exigidas e quais as capacidades técnicas, instalações, equipamentos e mão de obra especializada exigidas do concessionário para o desempenho da concessão.

Embora o concedente possa impor instruções a serem seguidas pelo concessionário para a preservação da marca e dos interesses coletivos do concedente e da rede de distribuição, assegura-se a autonomia do concessionário no desempenho de sua comercialização. Não há subordinação hierárquica para sua caracterização como contrato de trabalho.

O concedente não poderá impor condições de subordinação econômica, jurídica ou administrativa ou estabelecer interferência na gestão dos negócios do concessionário, o qual poderá, inclusive, estabelecer livremente o preço pelos bens comercializados. O contrato deverá estabelecer simplesmente o parâmetro da organização e capacidade exigidos dos concessionários.

Dentre os elementos obrigatórios do contrato, é obrigatória delimitação de área operacional de responsabilidade do concessionário para o exercício de suas atividades, com distâncias mínimas entre estabelecimentos de concessionários da mesma rede em razão de critérios de potencial de mercado. A delimitação impede que o concessionário comercialize os bens fora da área delimitada, mas o consumidor poderá, à sua escolha, adquirir bens e serviços em qualquer concessionário.

Pela delimitação da exclusividade de zona ou território, o concedente não poderá concorrer diretamente com o concessionário, nem estabelecer novo contrato de concessão a ponto de prejudicar os concessionários já estabelecidos. De forma direta, o concedente não poderá realizar vendas ao consumidores, exceto para a administração pública ou, através da rede de distribuição, aos frotistas nas condições delimitadas pelo contrato. A concorrência por meio da contratação de nova concessão não é vedada de modo absoluto, mas se exige que o mercado de veículos novos da marca, na área delimitada e conforme as condições do contrato, justifiquem a contratação e se respeite a distância mínima entre os estabelecimentos.

A obrigatoriedade da exclusividade de zona não ocorre com a cláusula de exclusividade da distribuição. A exclusividade do concessionário quanto à comercialização de veículos novos deve estar expressa no contrato e não é presumida. As partes poderão convencionar no contrato que o concessionário não poderá comercializar veículos novos de outros fabricantes (art. 3º, § 1º, *b*, da Lei n. 6.729/79), mas a omissão permite a liberdade de atuação do concessionário.

Ressalvada a comercialização de veículo novo, se disposto contratualmente, o concessionário, pelo contrato de concessão, tem direito de comercializar implementos e componentes novos produzidos por terceiros, mercadorias de qualquer natureza que se destinem ao veículo e mesmo veículos automotores usados de qualquer outra marca, sem prejuízo de comercializar outros bens e prestar outros serviços compatíveis com a concessão.

Esses contratos de concessão, além de por escrito, terão prazo indeterminado. A indeterminação do prazo é realizada para a proteção do concessionário e de seus investimentos. Como o concessionário terá que investir recursos para a revenda dos produtos do concedente, desenvolvendo o mercado em determinada região, passa a ficar dependente do fornecimento dos veículos pelo concedente, bem como das condições por este impostas nas contratações. Para evitar que, a cada término de período, o concedente renegociasse as cláusulas contratuais e impusesse maiores ônus aos concessionários, determinou a Lei n. 6.729/79 a regra de que os contratos serão celebrados por prazo indeterminado.

4.3. Direitos e deveres do concedente e do distribuidor

Além dos direitos, a Lei n. 6.729/79 impõe obrigações aos concessionários. Os contratantes deverão estabelecer, no contrato de concessão, a cota que deverá ser adquirida pelo concessionário do concedente e, de acordo com a capacidade empresária, o desempenho de comercialização e a capacidade do mercado de sua área demarcada.

O concessionário, a partir da contratação, será obrigado à aquisição do montante determinado na cota de veículos (art. 7º), independentemente dos estoques mantidos. A cota será revista anualmente conforme a produção efetiva, a rotatividade dos estoques do concessionário e a capacidade

Capítulo 2 • Contratos de colaboração

do mercado de sua área demarcada (§ 2º do art. 7º). Independentemente da aquisição da cota de veículos, o concedente poderá exigir do concessionário manutenção de estoque proporcional à rotatividade dos produtos novos.

Com base no art. 10, § 1º, *a*, é facultado ao concessionário limitar seu estoque de veículos automotores a 65%, caminhões em particular a 30% da atribuição mensal das respectivas cotas anuais por produto diferenciado, e de tratores a 4% da cota anual de cada produto diferenciado. Conforme Tomazette, a exigência de estoque é uma faculdade do concedente e não uma obrigatoriedade do contrato[37].

Além da aquisição dos veículos novos, a concessão pode estabelecer a obrigação de compra de autopeças do fabricante. Nos termos da lei, poderá ser exigido "índice de fidelidade de compra de componentes dos veículos automotores (...), podendo a convenção de marca estabelecer percentuais de aquisição obrigatória pelos concessionários" (art. 8º da Lei n. 6.729/79).

Outrossim, o concessionário tem restrição na venda dos veículos. Somente poderá vender os veículos automotores novos diretamente a consumidores. É vedada a alienação para fins de revenda (art. 12), de forma a assegurar o controle das vendas pelo concedente. Excetuam-se as vendas ao mercado externo e as operações entre concessionárias (alíneas *a* e *b* do parágrafo único do art. 12).

Dentre as obrigações do concedente, além da disponibilização da cota de veículos contratada, não poderá subordinar o concessionário ou interferir na gestão dos seus negócios. Tampouco poderá impor condições diferenciadas dentro de sua rede.

Como direitos, o concedente não poderá vender seus veículos automotores aos consumidores. Poderá vender veículos, diretamente, apenas à administração pública e, excepcionalmente, conforme convencionado com os concessionários, a compradores especiais, como os frotistas[38].

O concessionário, por seu turno, tem o direito de receber determinada cota de produtos para a revenda, conforme sua capacidade e desempenho de sua atividade. Poderá livremente fixar o preço de venda dos bens adquiridos aos consumidores, acrescentando sua margem de lucro sobre os produtos adquiridos. Ainda que possa fixar seu preço de venda, o preço de aquisição dos bens do concedente deverá ter condição uniforme em toda a rede de distribuição dos concessionários.

4.4. Prazo, rescisão contratual e indenização

Excepcionalmente, permite-se que o primeiro contrato entre as partes tenha prazo determinado, não inferior a cinco anos, o qual se tornará automaticamente prazo indeterminado se nenhuma das partes manifestar à outra a intenção de não prorrogá-lo, antes de 180 dias do seu termo final e mediante notificação por escrito devidamente comprovada (art. 21 da Lei n. 6.729/79).

O contrato de concessão pode se encerrar de diversas formas. Nos termos do art. 22 da Lei n. 6.729/79, o contrato pode ser rescindido por acordo das partes ou força maior; pela expiração do prazo determinado, estabelecido no início da concessão, salvo se prorrogado; por iniciativa da parte inocente, em virtude de infração da lei ou do contrato.

Dessa forma, se contrato por prazo determinado, a rescisão poderá ocorrer pela sua não prorrogação, sem infração de qualquer das partes.

Caso a não prorrogação tenha sido realizada por vontade do concedente, ele será obrigado a readquirir o estoque de veículos automotores e componentes novos, estes em sua embalagem origi-

---

[37] TOMAZETTE, Marlon. *Contratos empresariais*. Salvador: JusPodivm, 2022, p. 292.

[38] NEGRÃO, Ricardo. *Curso de direito comercial e de empresa*: títulos de crédito e contratos empresariais. 9. ed. São Paulo: Saraiva Educação, 2020, v. 2, p. 297-298.

nal, pelo preço de venda à rede de distribuição, vigente na data de reaquisição, além de ter que comprar os equipamentos, máquinas, ferramental e instalações à concessão, pelo preço de mercado correspondente ao estado em que se encontrarem e cuja aquisição o concedente determinara ou dela tivera ciência por escrito sem lhe fazer oposição imediata e documentada, excluídos dessa obrigação os imóveis do concessionário.

Se, por outro lado, a não prorrogação ocorreu pela vontade do concessionário, este ficará desobrigado de realizar qualquer indenização ao concedente.

Se o contrato for rescindido durante o prazo determinado, isso somente poderá ocorrer por infração das partes. Se a rescisão tiver ocorrido por culpa do concedente, haverá o ressarcimento da mesma forma que para o contrato por prazo indeterminado, exceto que a indenização será calculada sobre o faturamento projetado até o término do contrato e, se a concessão não tiver alcançado dois anos de vigência, a projeção tomará por base o faturamento até então realizado.

Por outro lado, se a rescisão for decorrente de infração legal ou contratual realizada pelo concessionário, pagará ao concedente a indenização correspondente a 5% do valor total das mercadorias que dele tiver adquirido nos últimos quatro meses de contrato.

Ainda que de prazo indeterminado, também não cabe a resilição do contrato, ou seja, a rescisão unilateral das partes, exceto por justa causa. Rescindido o contrato, entretanto, independentemente da causa, o contratante terá prazo nunca inferior a 120 dias da data da resolução para a extinção das suas relações e o término das operações.

O contrato de concessão por prazo indeterminado somente poderá cessar por acordo das partes ou força maior; ou por iniciativa da parte inocente em virtude de infração legal ou contratual da outra parte contratante.

Caso a rescisão do contrato por prazo indeterminado ocorra por culpa do concedente, este deverá ressarcir o concessionário. Para tanto, deverá readquirir o estoque de veículos automotores, implementos e componentes novos. A aquisição não será ao preço da venda à rede de distribuição, mas pelo preço de venda ao consumidor, vigente na data da rescisão contratual. Deverá ainda comprar os equipamentos, máquinas, ferramental e instalações à concessão, pelo preço de mercado correspondente ao estado em que se encontrarem e cuja aquisição o concedente determinara ou dela tivera ciência por escrito sem lhe fazer oposição imediata e documentada, excluídos dessa obrigação os imóveis do concessionário.

Sem prejuízo dessa compra, se a rescisão do contrato por prazo indeterminado for por culpa do concedente (art. 24), este deverá pagar perdas e danos, à razão de 4% do faturamento projetado para um período correspondente à soma de uma parte fixa de 18 meses e uma variável de três meses por quinquênio de vigência da concessão. Essa projeção deve tomar por base o valor corrigido monetariamente do faturamento de bens e serviços concernentes à concessão, que o concessionário tiver realizado nos dois anos anteriores à rescisão.

A hipótese de rescisão por justa causa do concessionário, por seu turno, é regulada pelo art. 26. Segundo o dispositivo legal, se o concessionário der causa à rescisão do contrato, pagará ao concedente a indenização correspondente a 5% do valor total das mercadorias que dele tiver adquirido nos últimos quatro meses de contrato. Os valores devidos serão pagos dentro de 60 dias da data da extinção da concessão e, no caso de mora, ficarão sujeitos a correção monetária e juros legais, a partir do vencimento do débito (art. 27).

5. CONTRATO DE COMISSÃO MERCANTIL

O contrato de comissão é tratado pelos arts. 693 e seguintes do CC.

Trata-se de contrato de colaboração por aproximação, em que o comissário colaborador procura angariar negócios para o fornecedor comitente. Não há compra de produtos para a revenda aos consumidores, mas a mera aproximação para a conclusão dos negócios.

Além da aproximação, característica do contrato de comissão é a celebração de negócios pelo comissário no interesse do comitente, mas não em seu nome. Os contratos com os adquirentes são celebrados em nome do próprio comissário, sem que haja representação do comitente, embora celebrados no interesse deste.

Nesses termos, define o art. 693 do CC que "o contrato de comissão tem por objeto a aquisição ou a venda de bens pelo comissário, em seu próprio nome, à conta do comitente".

O escoamento da produção do comitente por meio do contrato de comissão é importante para garantir a isenção de responsabilidade deste perante terceiros. Como no contrato de comissão a venda dos produtos é realizada em nome do próprio comissário, apenas ele fica obrigado perante as pessoas com quem contratar. Os adquirentes não terão qualquer ação de responsabilização em face do comitente, nem este contra elas, a menos que o comissário ceda seus direitos às partes.

Embora atue em nome próprio ao comercializar os produtos, as operações são realizadas no interesse do comitente e sob o risco deste. Nesse aspecto, caso o adquirente não satisfaça o pagamento do preço pela aquisição da mercadoria do comissário, o prejuízo em relação ao inadimplemento será sofrido pelo comitente.

Da mesma força, embora o comissário responda com exclusividade em face do adquirente pelos vícios e pela evicção em relação à coisa vendida, poderá voltar-se em regresso em face do comitente.

Como o risco pela atuação do comissário continua a ser do comitente, o comissário deverá agir em conformidade com as ordens e instruções do comitente. Em sua atuação, o comissário é obrigado a agir com cuidado e diligência para evitar qualquer prejuízo ao comitente e para proporcionar o lucro que razoavelmente se poderia esperar do negócio, sob pena de ser responsável pelo prejuízo causado.

Nesse aspecto, aproxima-se o contrato de comissão da representação, pois ambos visam à tutela dos interesses do representado. Na comissão, entretanto, o comissário atua em nome próprio e se obriga diretamente perante terceiros[39].

Próximo também é o contrato de mandato. O comissário deverá seguir as instruções do comitente, para quem realiza os negócios. Obriga-se o comissário diretamente pelas obrigações contratadas com referidos terceiros[40], embora não haja a figura da representação possível no contrato de mandato, em que o mandatário agiria em nome do mandante.

5.1. Características do contrato de comissão mercantil

Trata-se de contrato oneroso, bilateral e não solene.

O contrato produz efeitos a ambas as partes, tanto o comitente quanto o comissário. Pela bilateralidade, ao comissário é imposta a prestação de realização de negócios em nome próprio e no interesse do comitente. Por seu turno, o comitente deverá remunerar o comissário e entregar os produtos por ele aproximados.

---

[39] MARTINS, Frans. *Contratos e obrigações comerciais*. 16. ed. rev. e aum. Rio de Janeiro: Forense, 2010, p. 267.

[40] MARTINS, Frans. *Contratos e obrigações comerciais*. 16. ed. rev. e aum. Rio de Janeiro: Forense, 2010, p. 279.

Os atos do comissário na realização dos negócios devem ser remunerados pelo comitente, pelo que a contratação é onerosa.

Por fim, o contrato é não solene. O contrato de comissão não exige nenhuma forma especial e poderá ser realizado tanto por escrito quanto verbalmente. A demonstração de sua existência poderá ser realizada por qualquer meio admitido em direito.

5.2. Obrigações e direito das partes

No contrato de comissão, o comissário tem a obrigação de seguir as instruções fornecidas pelo comitente.

Ainda que não represente o comitente na realização dos seus negócios, o que faz em nome próprio, atua no interesse deste. Por isso deve seguir as instruções deste para que referido interesse seja efetivamente perseguido.

Caso não tenha recebido instruções previamente ao negócio e não haja tempo possível pare recebê-las, deverá o comissário atuar como se o negócio fosse de seu próprio interesse, conforme os usos e costumes do local da celebração e de modo a gerar benefício ao comitente (art. 695 do CC)[41].

Se não houver instrução específica quanto aos prazos do negócio, o comissário poderá concedê--los conforme os usos e costumes. Se conceder prazos, entretanto, deverá comunicar imediatamente o comitente, sob pena de o negócio ser considerado realizado à vista e poder ser exigido, pelo comitente, o pagamento dos valores pelo comissário (art. 700 do CC).

Além de seguir as instruções do comitente, o comissário é obrigado à guarda e conservação dos bem do comitente. Enquanto estiverem em sua posse, o comissário deverá informar sobre quaisquer danos sofridos pelos bens, sob pena de responder pelos danos caso não tenha atuado com a diligência necessária para conservá-los e guardá-los.

Quanto às informações, o comissário deverá prestar contas ao comitente sobre a atividade desempenhada e os negócios realizados.

Perante terceiros, por seu turno, diante dos negócios celebrados em nome próprio, o comissário responderá diretamente pelas obrigações contraídas (art. 694 do CC), o que o destaca do representante que atua em nome do representado.

Ainda que possua a obrigação de cumprir as prestações perante terceiros, caso estes se tornem inadimplentes no pagamento do preço contratado, o comissário não responde pelo valor perante o comitente, a menos que tenha agido com culpa no momento da contratação.

Excepciona-se da ausência de responsabilização do comissário pelo pagamento do preço pelo terceiro a previsão da cláusula *del credere*. Prevista essa cláusula, o comissário se submete ao risco de inadimplemento do referido contrato, de modo que terá direito a uma maior remuneração pelo desempenho de sua atividade.

A cláusula *del credere* atribui a responsabilidade solidária ao comissário pelo inadimplemento das obrigações dos adquirentes dos bens em face do comitente. Em suma, na hipótese de insolvência ou inadimplemento dos adquirentes, o comissário deveria indenizar o comitente pelo pagamento do preço e, por isso, faria jus a uma maior remuneração.

Por conta da atividade desempenhada, o comissário tem direito à remuneração do comitente, a comissão. Ela decorre da aproximação dos negócios e de sua celebração pelo comissário, ainda que o preço não tenha sido satisfeito pelo adquirente dos produtos.

---

[41] MARTINS, Frans. *Contratos e obrigações comerciais*. 16. ed. rev. e aum. Rio de Janeiro: Forense, 2010, p. 281-282.

Capítulo 2 • Contratos de colaboração

A remuneração é integral pela conclusão do contrato com terceiro. Entretanto, se o contrato não puder ser concluído por motivo de força maior ou falecimento do comissário, a remuneração será ainda devida, mas proporcionalmente à atividade realizada (art. 702 do CC).

Caso não tenha sido convencionada, a comissão será devida no montante regido pelos usos e costumes do local da execução do contrato (art. 701 do CC).

Para desempenhar seus encargos, o comissário poderá pedir ao comitente fundos para arcar com as despesas necessárias. Com o fim de ser satisfeito por essas despesas, o comissário poderá reter as mercadorias do comitente se não tiverem sido fornecidos fundos suficientes para tanto. Referidos bens poderão ser também retidos para a satisfação da remuneração do comissário.

O comitente, por seu turno, além de ter a obrigação de satisfazer a comissão convencionada ao comissário e de ter que adiantar fundos para sua despesa, deverá indenizar o comissário das despesas não cobertas pelos referidos fundos.

Não responde o comitente por eventuais obrigações contraídas perante terceiros. Como o comissário contrata em nome próprio, ele responderá diretamente perante os terceiros e estes não poderão acionar diretamente o comitente em função dos negócios contratados em seu interesse.

5.3. Rescisão do contrato

Há diversas formas de rescisão do contrato de comissão mercantil.

O contrato de comissão mercantil poderá ser extinto por mútuo acordo, o distrato, hipótese em que não haverá dever de indenização[42].

De forma unilateral pelo comitente, a rescisão do contrato poderá ser com ou sem culpa. Poderá ser resultante, ainda, da falência do comitente ou do comissário, hipótese em que o contrato será rescindido a menos que verse sobre objeto diverso de atividade empresarial.

Na hipótese de rescisão do contrato, o comissário terá direito à remuneração pelos serviços úteis prestados ao comitente (art. 703 do CC), não obstante a possibilidade de ressarcimento pelos prejuízos sofridos em razão de sua atuação. A orientação desse dispositivo é de que, a "despeito da culpa do comissário pela resolução do ajuste, não se pode aproveitar o comitente de serviços úteis que lhe tenham sido prestados, sem a respectiva remuneração. Apenas que o correspondente importe poderá vir a ser compensado, respeitados os requisitos contidos nos arts. 368 e seguintes, com o montante de indenização que o comissário seja obrigado a pagar, ou de sua fixação abatido"[43].

Se a rescisão pelo comitente ocorrer sem justa causa motivada do comissário, este terá direito a ser remunerado pelos trabalhos prestados, bem como a ser ressarcido pelas perdas e danos resultantes de sua dispensa, conforme art. 705 do CC. Além disso, à luz do art. 703, sendo o comissário culpado por sua dispensa, ele ainda terá direito a ser remunerado pelos serviços prestados, sendo ressalvado ao comitente o direito de exigir dele os prejuízos sofridos.

Acreditamos que na hipótese de renúncia por parte do comissário o tratamento será o mesmo. O fundamento reside numa leitura sistemática do código: conforme o art. 709, aplicam-se, no que couber, as regras do mandato. Do capítulo do mandato, podemos extrair que: (i) o mandato poderá cessar, dentre outras causas arroladas no art. 682, por revogação ou renúncia; (ii) assim, deverá a renúncia ser comunicada ao mandante, que, se for prejudicado pela sua inoportunidade, ou pela falta de tempo, a fim de prover à substituição do procurador, será indenizado pelo manda-

---

[42] TOMAZETTE, Marlon. *Contratos empresariais*. Salvador: JusPodivm, 2022, p. 340.

[43] PELUSO, Cezar. *Código Civil comentado*: doutrina e jurisprudência: Lei n. 10.406 de 10.01.2002. Santana de Parnaíba [SP]: Manole, 2023, p. 701.

tário, salvo se este provar que não podia continuar no mandato sem prejuízo considerável, e que não lhe era dado substabelecer (art. 688). Do exposto, podemos, ao transpor para a realidade da comissão, afirmar que o comissário poderá renunciar ao contrato de comissão, devendo notificar o comitente e, a depender, justificar-se. Nessa hipótese, o comissário deverá receber a comissão do trabalho efetuado – da mesma maneira que no caso de dispensa por parte do comitente, com ou sem justa causa.

Por se tratar de contrato personalíssimo, a morte do comissário também acarreta a extinção do contrato, sendo devida pelo comitente remuneração proporcional ao trabalho realizado[44].

Aplicam-se ao contrato de comissão mercantil as regras concernentes ao contrato de mandato, em sua omissão.

6. CONTRATO DE MANDATO MERCANTIL

O contrato de mandato mercantil também é espécie de contrato de colaboração entre empresários para o escoamento da produção.

Pelo contrato de mandato, o mandatário se obriga a praticar atos ou a administrar interesses por conta do mandante. Não há a necessidade de terem sido conferidos poderes de representação pelo mandante, por meio da procuração, ao mandatário, ao contrário do que poderia aparentar de uma interpretação literal do art. 653 do CC.

Pelo art. 653 do CC, "opera-se o mandato quando alguém recebe de outrem poderes para, em seu nome, praticar atos ou administrar interesses. A procuração é o instrumento do mandato".

A despeito de ser usual a existência da representação por ocasião da celebração do contrato de mandato, o que teria motivado a confusão no legislador[45], a representação não é característica essencial do contrato.

Embora o mandato exija a prática de atos ou a administração de interesses por conta de outra pessoa, ou seja, no interesse desta, não exige que os atos sejam praticados em nome desta, por meio da atribuição de poderes de representação[46]. Nesse sentido, lição de Pontes de Miranda: "a procura, a outorga de poder de representação, é abstrata, e não se há de confundir com o mandato, que é contrato vinculativo de quem é mandante e de quem é mandatário. A procura, a dação de poder, é negócio jurídico unilateral, que se constitui pela manifestação de vontade, receptícia, do representando. A procura legitima o representante fora de qualquer relação jurídica com o dono do negócio. Por isso, se é certo que o mandato é, quase sempre, acompanhado (seguido ou precedido) da procuração, não se há de ter esse acompanhamento como essencial. O mandato pode ser sem a outorga do poder de representação"[47].

O contrato de mandato se caracteriza como mercantil se ao menos o mandante for considerado empresário e o mandatário for incumbido da prática de atos negociais por conta desse. O contrato de mandato permite o escoamento da mercadoria ao obrigar o mandatário a aproximar negócios entre o consumidor e o mandante em relação aos bens por este fabricados ou comercializados.

---

[44] TOMAZETTE, Marlon. *Contratos empresariais*. Salvador: JusPodivm, 2022, p. 340.

[45] Cf. GOMES, Orlando. *Contratos*. 24. ed. Rio de Janeiro: Forense, 2001, p. 348; GODOY, Cláudio Luiz Bueno de. *Código Civil Comentado*. 2. ed. Barueri: Manole, 2008, p. 606.

[46] O mandato sem representação é previsto, inclusive, no art. 663 do Código Civil, ao estabelecer que o mandatário que agir em seu nome ficará pessoalmente obrigado.

[47] PONTES DE MIRANDA, José Cavalcanti. *Tratado de direito privado*. 3. ed. São Paulo: Revista dos Tribunais, 1984, t. XLIII, p. 09.

Capítulo 2 • Contratos de colaboração

Com poderes de representação, o mandatário poderá celebrar referidos negócios em nome do mandante e, por tais contratos concluídos, receberá comissão. Caso não possua poderes de representação, a comissão será devida em razão da mera aproximação dos negócios.

6.1. Objeto do contrato de mandato

O contrato de mandato é bilateral, pode ser expresso ou tácito, verbal ou escrito, nos termos do art. 656 do CC.

Na hipótese do mandato mercantil, em que o mandatário trata por ofício ou profissão lucrativa do interesse do mandante, o mandato se presume oneroso, de modo que caberá ao mandatário a retribuição prevista em lei ou no contrato. Caso a remuneração não seja expressa no contrato, será estabelecida conforme os usos do lugar ou, na falta destes, por arbitramento (art. 658 do CC).

A remuneração será devida pelo mandante ao mandatário ainda que o negócio não surta o esperado efeito, a menos que o mandatário tenha agido com culpa.

Com poderes de representação, o mandatário age em nome do mandante, de modo que este último fica responsável pelas obrigações contraídas. Caso atue sem poderes de representação, o mandatário, ainda que atue no interesse do mandante, ficará obrigado pessoalmente perante o terceiro contratante.

Contudo, o risco da atividade continua a ser imputável ao mandante. A ele cabe satisfazer todas as obrigações contraídas pelo mandatário, se em conformidade com o contrato de mandato, e a adiantar a importância das despesas necessárias à execução (art. 675 do CC). Deverá, ainda, ressarcir o mandatário de todas as perdas e danos que ele sofrer com a execução do mandato, sempre que não resultem de culpa sua.

Perante o mandante, o mandatário somente será responsável se tiver atuado sem a diligência habitual na execução do mandato ou por excesso de poderes. Deverá o mandatário indenizar o mandante por qualquer prejuízo causado por culpa própria ou daquele a quem substabelecer sem autorização.

O parâmetro de culpa para a responsabilização do mandatário perante o mandante é da diligência habitual na execução do mandato, conforme art. 667 do CC, que reproduziu o art. 1.300 do CC de 1916.

Sobre esse parâmetro, parte da doutrina entende que ele se refere a um padrão habitual do específico mandatário na condução de seus negócios. Para essa primeira concepção, o dispositivo legal fixaria um parâmetro *diligentia quam suis*, de culpa *in concreto*[48]. Trata-se da necessidade de aferição da culpa conforme uma comparação de conduta do específico mandatário na condução dos seus negócios.

Corrente oposta, entretanto, sustenta que o art. 667 do CC fixa o padrão de diligência do homem médio, do *bonus pater familias*[49]. Para essa concepção, a culpa do mandatário deveria ser aferida não com base em comparação do comportamento habitual do específico agente, mas na análise da conduta do mandatário em comparação a um padrão abstrato do homem médio de determinado ambiente e época[50].

---

[48] RIZZARDO, Arnaldo. *Responsabilidade civil*. 4. ed. Rio de Janeiro: Forense, 2009, p. 9; e PONTES DE MIRANDA, José Cavalcanti. *Tratado de direito privado*. 3. ed. São Paulo: Revista dos Tribunais, 1984, t. XLIII, p. 44.

[49] GODOY, Cláudio Luiz Bueno de. *Código Civil Comentado*. 2. ed. Barueri: Manole, 2008, p. 667.

[50] COTTINO, G. *L'impossibilità sopravvenuta della prestazione e la responsabilità del debitore*. Milano: Giuffrè, 1955, p. 48.

Para Orlando Gomes, o mandatário deve empregar toda sua diligência habitual na execução do mandato, valendo-se do padrão do *bonus pater familias* (homem médio) – ou, de forma mais moderna, deve-se analisar a boa-fé objetiva na condução do contrato. Assim, para o autor, o mandatário ficará obrigado a indenizar qualquer prejuízo oriundo de sua culpa, ou daquele a quem, sem autorização, substabeleceu poderes que devia exercer pessoalmente (art. 667)[51].

Para Paulo Lôbo, o mandatário é "obrigado a gerir diligentemente os negócios a ele incumbidos, sendo responsável por culpa. Essa é a regra fundamental de conduta do mandatário, exigente de cuidado, atenção, diligência, segundo a experiência comum. Obriga-se também o mandatário a indenizar todos os prejuízos que causar ao mandante, em razão e durante a execução do mandato. Essa responsabilidade é contratual e subjetiva, não se lhe aplicando se provar que não agiu com negligência, imprudência ou imperícia"[52].

Daniel Eduardo Carnacchioni entende que "a responsabilidade civil do mandatário pelos prejuízos causados que, em regra, é subjetiva, fundada na culpa, se converterá em responsabilidade objetiva no caso de substabelecimento sem autorização do mandante"[53].

Tomazette explica que, via de regra, nos casos em que o mandatário extrapolar seus poderes, o mandante não será vinculado, salvo ratificação do ato (art. 662 do CC)[54]. Assim, ao extrapolar o poder atribuído, o mandatário responderá pessoalmente, salvo se o terceiro conhecia da extrapolação e não lhe havia sido conferida garantia de ratificação nem de responsabilidade pessoal do procurador (art. 673 do CC)[55].

O STJ, no REsp 1.079.185/MG, entendeu que "a responsabilidade do advogado na condução da defesa processual de seu cliente é de ordem contratual. Embora não responda pelo resultado, o advogado é obrigado a aplicar toda a sua diligência habitual no exercício do mandato"[56]. Nesse sentido, a relatora, no corpo de seu voto, evidencia que "em razão do vínculo obrigacional, a responsabilidade do advogado é contratual. Todavia, sua obrigação não é de resultado, mas de meio. Por isso, ao aceitar a causa, o advogado obriga-se a conduzi-la com toda a diligência, não se lhe impondo o dever de entregar um resultado certo".

Além disso, ao julgar o REsp 1.063.474/RS, fixou os Temas Repetitivos 463 e 464, pelos quais "só responde por danos materiais e morais o endossatário que recebe título de crédito por endosso-mandato e o leva a protesto se extrapola os poderes de mandatário ou em razão de ato culposo próprio, como no caso de apontamento depois da ciência acerca do pagamento anterior ou da falta de higidez da cártula"[57].

Do voto do relator, pode-se extrair que, "no endosso-mandato o endossatário não age em nome próprio, mas em nome do endossante, razão pela qual o devedor poderá opor as exceções pessoais que tiver somente contra o endossante, mas nunca contra o endossatário. Com efeito, não agindo o endossatário-mandatário em nome próprio nos atos de cobrança da cártula, a responsabilidade perante terceiros não decorre exatamente de sua condição de endossatário, mas sim da posição de mandatário do credor primitivo ou decorrente de ato culposo próprio".

---

[51] VENOSA, Sílvio de S. *Direito civil*: contratos. Rio de Janeiro: Atlas, 2024, v. 3, p. 463.

[52] LÔBO, Paulo. *Direito civil*: contratos. São Paulo: SaraivaJur, 2024, v. 3, p. 185.

[53] CARNACCHIONI, Daniel Eduardo. *Curso de direito civil*: contratos em espécie. São Paulo: Revista dos Tribunais, 2015.

[54] TOMAZETTE, Marlon. *Contratos empresariais*. Salvador: JusPodivm, 2022, p. 349.

[55] TOMAZETTE, Marlon. *Contratos empresariais*. Salvador: JusPodivm, 2022, p. 349.

[56] STJ, REsp n. 1.079.185/MG, 3ªT., Rel. Min. Nancy Andrighi. j. 11-11-2018.

[57] STJ, REsp n. 1.063.474/RS, 2ª S., Rel. Min. Luiz Felipe Salomão. j. 28-9-2011.

Capítulo 2 • Contratos de colaboração

O mandato poderá ser oneroso ou gratuito. Oneroso é aquele em que a remuneração pelo exercício do mandato foi convencionada ou é legitimamente esperada pelas partes. Gratuito é o mandato cujo contrato estabeleceu que não há previsão de remuneração pelo seu desempenho. O mandato civil presume-se gratuito na hipótese de não se estipular retribuição ou tiver por objeto atividade ou gestão que o mandatário exerce por ofício ou profissão lucrativa (art. 658 do CC). Ao seu turno, o mandato mercantil é, via de regra, oneroso[58] e, sendo oneroso, caberá ao mandatário a retribuição prevista em lei ou no contrato – no caso de omissão, será ela determinada pelos usos do lugar, ou, na falta, por arbitramento (parágrafo único do art. 658).

Historicamente, no direito romano, o mandato era exclusivamente gratuito. Fundamentava-se na amizade entre os contratantes, de modo que se entendia que a remuneração a desnaturaria[59].

Atualmente, o contrato de mandato poderá ser tanto oneroso quanto gratuito. Presume-se gratuito o contrato de mandato quando não for estipulada qualquer remuneração ao mandatário, a menos que o mandatário tenha que exercer função que seja decorrente de sua atividade profissional, nos termos do art. 658 do CC.

Ao empresário, assim, o contrato de mandato presume-se atribuído de forma onerosa. A necessidade de retribuição a ser paga pelo mandante, dessa forma, é a regra nos contratos de mandato comercial em que o mandatário desenvolve atividade profissional no âmbito do mandato[60].

6.2. Partes

O contrato de mandato é bilateral. Ele é celebrado entre o mandante e o mandatário.

Para a contratação pelo mandante, é imprescindível a plena capacidade para contratar ou a representação, se absolutamente incapaz, ou assistência, se relativamente incapaz.

Para o mandatário, todavia, a plena capacidade não é indispensável, excepcionalmente. Como esclarece Plácido e Silva, "o mandatário não é contratante nem convenciona acerca dos atos ou negócios autorizados no mandato. É simplesmente o instrumento, o *nudus minister*, utilizado pelo mandante para que se cumpram os objetivos do mandato"[61].

A justificativa é que o mandatário, ao cumprir o contrato de mandato, não se vincula. As obrigações que são por ele contraídas por meio do contrato de mandato vinculam o mandante perante terceiros. É o mandante que assume a obrigação de satisfazer o objeto do contrato celebrado pelo mandatário.

Por não assumir os negócios jurídicos celebrados, o mandatário pode ser excepcionalmente incapaz. A legitimidade possível para a celebração do contrato de mandato e para a vinculação como mandatário não é atribuída a todos os incapacitados. Nos termos do art. 666 do CC, apenas os menores púberes, maiores de 16 anos e menores de 18 não emancipados, podem ser constituídos mandatários.

Para Plácido e Silva, porém, qualquer incapacidade não seria impeditiva da aceitação do mandato pelo mandatário. Mesmo os incapazes não previstos na legislação poderiam aceitar o contrato de mandato, pois a celebração dos negócios jurídicos não permitiria que o mandatário ficasse vinculado às obrigações contraídas[62].

---

[58] GOMES, Orlando. *Contratos*. Rio de Janeiro: Forense, 2022, p. 391.

[59] PLÁCIDO E SILVA, O. J. *Tratado do mandato e prática das procurações*. 3. ed. Rio de Janeiro: Guaíra, 1959, v. I, p. 41-42.

[60] MARTINS, Frans. *Contratos e obrigações comerciais*. 16. ed. Rio de Janeiro: Forense, 2010, p. 245.

[61] PLÁCIDO E SILVA, O. J. *Tratado do mandato e prática das procurações*. 3. ed. Rio de Janeiro: Guaíra, 1959, v. I, p. 120.

[62] PLÁCIDO E SILVA, O. J. *Tratado do mandato e prática das procurações*. 3. ed. Rio de Janeiro: Guaíra, 1959, v. I, p. 122.

Entretanto, embora a obrigação contratada não recaia sobre o mandatário e vincule o mandante, ela é celebrada pelo mandatário perante terceiros. O mandatário não transmite simplesmente a vontade do mandante, mas possui autonomia na tutela dos interesses deste perante terceiros. "Ele possui uma margem de discricionariedade na sua atuação, devendo examinar a oportunidade de celebrar ou não o negócio, nas condições em que se apresenta. Portanto, o mandatário não se confunde com o núncio ou mero mensageiro, do qual apenas se exige a capacidade material de transmitir a declaração negocial de outrem"[63].

Dessa forma, a norma excepcional deve ser interpretada de forma restritiva, haja vista que, no direito brasileiro, exige-se, como regra, a plenitude de capacidade para a celebração de negócios jurídicos. Pelo dispositivo legal, somente os relativamente incapazes, menores entre 16 e 18 anos, podem ser mandatários.

6.3. Interesse protegido

Pelo contrato de mandato, o mandatário se vincula à celebração de negócios jurídicos no interesse do mandante.

Referido interesse não precisa ser exclusivo, necessariamente. Embora o contrato tenha sido celebrado para a realização dos interesses do mandante, nada impede que os interesses do mandatário ou de terceiros sejam simultaneamente tutelados juntamente com os interesses do mandante.

O mandato no interesse exclusivo do mandatário é conhecido por mandato *tua gratia*. Em função dessa proteção exclusiva, há a descaracterização do contrato de mandato e não se vinculam os contratantes entre si. Considera-se o mandato no interesse exclusivo do mandatário como mera recomendação ou conselho e não gera a necessidade de responsabilização do mandante pelo atendimento das obrigações contratadas[64].

O contrato de mandato no interesse exclusivo de mandatário e que seria descaracterizado por esse motivo não se confunde com a procuração em causa própria, ou com cláusula *in rem suam*, as quais são admitidas. Nesse caso, o representado outorga poderes ao representante para a realização do negócio de seu interesse[65].

Mas o mandato, nesse caso, não seria exclusivo ao interesse do mandatário, ainda assim. Mesmo que tenha ocorrido a outorga de poderes para a realização de negócio no interesse do mandatário, essa outorga seria feita para satisfazer um interesse do mandante, ainda que de forma mediata.

Nesse sentido, Brito Correia argumenta que a transferência de interesse através da cláusula *in rem propriam* na procuração não geraria um mandato conferido apenas no interesse do mandatário. Para o autor, o mandante teria interesse também na realização da prestação do mandatário, ainda que este último tenha interesse direto na realização do negócio[66].

---

[63] LOUREIRO, L. G. *Curso completo de direito civil*. 2. ed. São Paulo: Método, 2009, p. 542.

[64] PONTES DE MIRANDA, José Cavalcanti. *Tratado de direito privado*. 3. ed. São Paulo: Revista dos Tribunais, 1984, t. XLIII, p. 15-16. Para o autor, a responsabilidade existiria apenas se ao conselho fosse ligada a garantia, ou se é decorrente de um dever de aconselhar, o que o tornaria verdadeira prestação (PONTES DE MIRANDA, José Cavalcanti. *Tratado de direito privado*. 3. ed. São Paulo: Revista dos Tribunais, 1984, t. XLIII, p. 16).

[65] Para Gomes, a referida cláusula desnaturaria a procuração e caracterizaria verdadeiro negócio de alienação, pois o procurador em causa própria agiria em seu próprio nome e no seu próprio interesse (GOMES, Orlando. *Contratos*. Rio de Janeiro: Forense, 2022, p. 288).

[66] CORREIA, L. B. *Os administradores de sociedades anônimas*, *op. cit.*, p. 533.

6.4. Representação

O contrato de mandato não pressupõe poderes de representação. Ainda que o mandatário deva atuar por conta do mandante, ou seja, de modo a satisfazer seus interesses, o mandatário não necessariamente atua em seu nome.

O contrato de mandato estabelece a relação interna entre os contratantes apenas, com a vinculação dos direitos e obrigações entre o mandante e o mandatário. Para que o mandatário possa atuar em nome do mandante, celebrando negócios jurídicos não apenas no interesse do mandante mas em nome deste, o mandante poderá outorgar ao mandatário poderes de representação por meio da procuração. Apenas com a outorga de poderes de representação o mandatário poderá imputar ao mandante diretamente os efeitos jurídicos dos negócios jurídicos contratados, vinculando-o diretamente perante esses terceiros pelas obrigações contraídas[67].

Essa representação não é imprescindível ao contrato de mandato. O contrato de mandato poderá existir sem a representação, apenas com a regulação interna das relações entre o mandatário e o mandante.

Se o mandato pode existir sem a representação, esta também pode existir sem o mandato. Os poderes de representação são conferidos pela procuração, que é negócio jurídico unilateral "que não se vincula necessariamente ao mandato e, mais que isso, que tem existência independente da relação jurídica estabelecida entre quem o atribui e quem o recebe"[68].

A procuração é unilateral e poderá ser concedida por instrumento particular ou público. A procuração pode ser especial a um ou mais negócios, ou geral a todos os negócios do mandante.

Se em termos gerais, o representado somente conferirá poderes de administração ao mandatário. Nos termos do art. 661, § 1º, do CC, "para alienar, hipotecar, transigir ou praticar outros quaisquer atos que exorbitem da administração ordinária, depende a procuração de poderes especiais e expressos".

6.5. Obrigações do mandante e do mandatário

O mandatário tem as obrigações definidas nos arts. 667 a 674 do CC.

Ao atuar em nome e no interesse do mandante, o mandatário deverá atuar com a diligência habitual na execução do mandato. O mandatário somente será responsabilizado pelos prejuízos resultantes de culpa própria ou daquele a quem substabelecer.

A despeito de possuir autonomia para o desempenho de suas atividades, o mandatário deverá atuar conforme as instruções do mandante. O cumprimento das instruções recebidas é decorrência do próprio interesse almejado pelo contrato. Como esclarece Gomes, "o mandatário é obrigado a exercer sua atividade conforme as instruções do mandante, dadas contemporaneamente à conclusão do contrato ou no curso de sua execução"[69].

Não se confundem, entretanto, as instruções recebidas com os poderes concedidos pelo contrato do mandato. As instruções do mandante permanecem internas ao contrato de mandato e regulam

---

[67] Para Gomes, "o contrato tem a finalidade de criar essa obrigação e regular os interesses dos contratantes, formando a relação interna, mas, para que o mandatário possa cumpri-la, é preciso que o mandante lhe outorgue o poder de representação; se tem ademais, interesse em que aja em seu nome, o poder de representação tem projeção exterior, dando ao agente, nas suas relações com terceiras pessoas, legitimidade para contratar em nome do interessado, com o inerente desvio dos efeitos jurídicos para o patrimônio deste último (GOMES, Orlando. *Contratos*. Rio de Janeiro: Forense, 2022, p. 347).

[68] GOMES, Orlando. *Contratos*. Rio de Janeiro: Forense, 2022, p. 348.

[69] GOMES, Orlando. *Contratos*. Rio de Janeiro: Forense, 2022, p. 350.

apenas entre o mandante e o mandatário os atos que devem ser praticados por este último. Por essa razão, as instruções não são, em regra, oponíveis a terceiros.

Nesse aspecto, ainda que haja o desrespeito às instruções recebidas, o mandante continua vinculado perante terceiros pelas obrigações contraídas pelo mandatário. Terá, todavia, direito de ressarcimento pelos prejuízos sofridos em decorrência do descumprimento das instruções proferidas.

Nos termos do art. 679 do CC, "ainda que o mandatário contrarie as instruções do mandante, se não exceder os limites do mandato, ficará o mandante obrigado para com aqueles com quem o seu procurador contratou; mas terá contra este ação pelas perdas e danos resultantes da inobservância das instruções".

Caso inexistam instruções do mandante, permanece ao mandatário a autonomia para aferir seu melhor interesse em determinado negócio jurídico. O mandatário poderá aferir o melhor interesse do mandante e, mesmo que tenha sido proferida alguma instrução pelo mandante, diante de circunstâncias novas, desconhecidas pelo mandante anteriormente, poderá, inclusive, não atender à instrução do mandante sempre que a avaliação das novas circunstâncias importarem outro caminho para atender a melhor intenção do mandante.

Em outras palavras, o mandatário poderá se afastar das instruções do mandante apenas quando o negócio jurídico for mais favorável e gerar maior benefício a ele[70]. Se a instrução for clara, não houver circunstância nova ulterior ou que não tenha sido desconhecida pelo mandante por ocasião de sua instrução, há verdadeira ordem a ser cumprida. "E se o mandatário vai contra ela, ou a modifica, transgride o próprio mandato, visto que, neste particular, lhe compete atender, estritamente, as ordens que lhe tenham sido dadas"[71].

Além de cumprir as instruções recebidas, deverá o mandatário, ainda, prestar contas de toda a sua atividade ao mandante. Nesse âmbito, deverá informar todo o resultado de sua atividade, assim como eventuais fatos que possam ter surgido de modo a afetar os resultados ou que possam surgir.

Em virtude da administração dos negócios do mandante, de agir no interesse deste e, quando acompanhado de poderes de representação, também em nome do mandante, deverá transferir a este todas as vantagens que lhe forem resultantes. Nesse aspecto, sequer o mandatário poderá compensar eventuais prejuízos a que tiver dado causa culposamente com as vantagens dos negócios do mandante, pois os prejuízos culposos são de responsabilidade do mandatário.

Referida obrigação de transferência das vantagens ou mesmo de devolução de valores para despesas não existentes deve ser acrescida de juros, se o mandatário empregou os valores, em vez de devolvê-los, em benefício próprio[72].

O mandatário também será responsável perante terceiros se tiver atuado com excesso de mandato. Ao atuar como representante do mandante, deverá demonstrar às pessoas com quem negociar a extensão dos seus poderes, sob pena de responder pelos atos que excederem seus poderes, nos termos do art. 118 do CC. Pelos atos que extrapolarem a representação, o mandante não ficará vinculado, haja vista que o mandatário não atuava em seu nome.

Nos termos do art. 662 do CC, os atos praticados por quem não tenha mandato, ou o tenha sem poderes suficientes, são ineficazes em relação àqueles em cujo nome foram praticados, a menos que

---

[70] CARVALHO SANTOS, J. M. *Código Civil brasileiro interpretado*. 7. ed. Rio de Janeiro: Freitas Bastos, 1961, v. XVIII , p. 228-229

[71] PLÁCIDO E SILVA, O. J. *Tratado do mandato e prática das procurações*. 3. ed. Rio de Janeiro: Guaíra, 1959, v. I, p. 137.

[72] THEODORO JR., Humberto; THEODORO DE MELLO, Adriana Mandim. *Contratos de colaboração empresarial*. Rio de Janeiro Forense, 2019, p. 54.

Capítulo 2 • Contratos de colaboração

o mandante os ratifique de forma expressa ou por meio de atos inequívocos. A eventual ratificação retroagirá à data do ato praticado.

O ato que excede o mandato ou praticado por aquele que não o tem é diverso do ato praticado contrariamente aos interessante do mandante, mas nos limites do contrato. Considerado ato praticado com abuso, nos termos do art. 679 do CC, o mandante será responsabilizado perante terceiros pelos atos praticados, mas terá ação de ressarcimento por perdas e danos em face do mandatário diante dos prejuízos sofridos e da violação do contrato de mandato.

Os direitos variam conforme o que foi contratado, ou seja, derivam dos deveres impostos às partes: se o mandante se obriga a remunerar, o mandatário terá o direito de ser remunerado[73].

O mandatário terá o direito de, além de ser remunerado quando previsto contratualmente, ter satisfeitas todas as obrigações contraídas de acordo com o contrato. Poderá exigir o adiantamento de todas as despesas necessárias à execução do mandato, quando exigir, ou de ressarci-las, incluindo os juros desde a data do desembolso.

Se na execução do mandato sofrer perdas, o mandatário terá o direito de ser ressarcido por todos os prejuízos sofridos, desde que não resultem de sua culpa ou de excesso de poderes na execução do mandato.

Sem prejuízo, há um direito que se soma à prestação de reembolso que o mandante deve, qual seja, o direito de retenção do mandatário sobre a coisa de que tenha em posse em razão do mandato e pelas despesas em que incorreu[74].

Pode ainda, se disposto em instrumento, o mandatário substabelecer o mandato, delegando suas obrigações. Na hipótese em que o substabelecimento tenha sido realizado com permissão do mandante, não pode o mandatário ser responsabilizado pelos danos causados pelo substabelecido, salvo hipótese em que o mandatário tenha agido com culpa na escolha do substabelecido ou nas ordens dadas a ele.

Se o substabelecimento for realizado em contrário à proibição do mandante, responde diretamente pelos danos causados durante a gestão do substabelecido, mesmo que estes advenham de causa fortuita, salvo a exceção em que se prove a persistência da causa fortuita mesmo inexistindo o substabelecimento (art. 667, §§ 1º e 2º, do CC).

O mandatário possui o direito de agir livremente dentro dos limites do contrato de mandato e, havendo mais de um mandatário, qualquer um poderá exercer os poderes outorgados, "se não forem expressamente declarados conjuntos, nem especificamente designados para atos diferentes, ou subordinados a atos sucessivos" (art. 672 do CC). De maneira contrária, caso estes sejam declarados conjuntos, todos os atos deverão ser feitos em nome de ambos, sob pena de nulidade. Poderá, nesse caso, ser feita ratificação do termo, que retroagirá até a data do ato.

Por seu turno, como contrato bilateral, ao mandante também são impostas diversas obrigações, conforme arts. 675 e seguintes do CC.

Como principal obrigação do mandante, ele deverá cumprir as obrigações assumidas pelo mandatário, nos termos do contrato de mandato celebrado. No mandato com procuração, o mandatário celebra as obrigações em nome do mandante, de modo que este fica vinculado diretamente perante os terceiros, na conformidade do mandato conferido.

---

[73] NEGRÃO, Ricardo. *Curso de direito comercial e de empresa*. 12. ed. São Paulo: SaraivaJur, 2023, v. 2, p. 318.

[74] NEGRÃO, Ricardo. *Curso de direito comercial e de empresa*. 12. ed. São Paulo: SaraivaJur, 2023, v. 2, p. 318.

Nos termos do art. 679 do CC, desde que não exceda os limites do mandato, o mandante fica obrigado pelos atos praticados pelo mandatário em seu nome. Ainda que contrarie as instruções fornecidas pelo mandante, o mandatário vincula o mandante perante os terceiros, em face de quem fica vinculado. Em virtude de contrariar as instruções recebidas, sem prejuízo da vinculação do mandante em face do terceiro, o mandante poderá ser ressarcido dos prejuízos sofridos diretamente perante o mandatário por este ter contrariado suas instruções.

Deverá o mandante, ainda, antecipar eventuais despesas para a execução do mandato, desde que requerido pelo mandatário, ou ressarcir as que forem demonstradas. Independentemente do sucesso da atividade, o mandato é desempenhado no interesse do mandante, o qual deverá ressarcir todos os gastos incorridos pelo mandatário para seu desempenho, bem como os prejuízos sofridos pela sua execução, a menos que decorrentes da falta de diligência do mandatário ou de excesso de seus poderes.

Por essa razão, se não tiver adiantado valores para satisfazer as despesas que surgirem, o mandante deverá arcar com juros pelos valores satisfeitos pelo mandatário em seu interesse, haja vista que este ficou sem a possibilidade de utilização do seu próprio recurso.

Deve o mandante, ainda, pagar ao mandatário a remuneração convencionada para o cumprimento do contrato, se o mandato for oneroso.

Se oneroso, ao mandante cumpre o pagamento de remuneração ajustada contratualmente para o desempenho do mandato pelo mandatário, ainda que o negócio jurídico com terceiros não seja celebrado ou não produza os efeitos esperados, a menos que em decorrência de culpa do mandatário.

Além das obrigações, o mandante possui diversos direitos assegurados.

Seus direitos são correlacionados às obrigações do mandatário. Dessa forma, o mandante terá direito de ser ressarcido de qualquer prejuízo resultante de culpa do mandatário ou daquele a quem ele substabelecer, sem autorização.

Terá direito, ainda, sobre todas as vantagens provenientes do mandato, a qualquer título que seja, bem como a exigir contas da gerência do mandatário.

Em face do mandatário, desde que este tenha fundos ou créditos, o mandante terá direito ao negócio jurídico que fora celebrado pelo mandatário em nome próprio, mas que deveria ter sido no interesse do mandante. Nesse sentido, o art. 671 determina que "se o mandatário, tendo fundos ou crédito do mandante, comprar, em nome próprio, algo que devera comprar para o mandante, por ter sido expressamente designado no mandato, terá este ação para obrigá-lo à entrega da coisa comprada".

6.6. Espécies de contratos de mandato

Recapitulando o que já foi dito *supra*, o mandato poderá ser expresso ou tácito, verbal ou escrito, como quis o legislador no art. 656.

Além disso, poderá o mandato ser oneroso ou gratuito. Esse é o sentido dado pelo art. 658, porque "o mandato presume-se gratuito quando não houver sido estipulada retribuição, exceto se o seu objeto corresponder ao daqueles que o mandatário trata por ofício ou profissão lucrativa". O parágrafo único do mesmo artigo obriga o mandatário, na hipótese de contrato oneroso, a arcar com a retribuição prevista em lei ou no contrato – na omissão destes, será a remuneração determinada por usos do lugar ou, na falta dos usos, por arbitramento.

O mandato poderá ser civil ou comercial. Conforme Orlando Gomes, "classifica-se em mandato civil e mercantil conforme as obrigações do mandatário consistam, ou não, na prática de atos ou na administração de interesses comerciais. Enquanto o mandato civil se presume gratuito se não fo

Capítulo 2 • Contratos de colaboração

estipulada retribuição ou tiver por objeto atividade ou gestão que o mandatário exerce por ofício ou profissão lucrativa, o mandato mercantil é normalmente oneroso"[75].

O contrato de mandato poderá ser classificado conforme a atribuição de poderes para um ou mais negócios.

O contrato de mandato especial é o celebrado para a realização de um ou mais negócios determinados. O contrato de mandato geral ou em termos gerais, por seu turno, é o realizado para todos os negócios jurídicos no interesse do mandante[76].

O mandato geral ou em termos gerais somente confere poderes de administração, nos termos do art. 661 do CC. Nesse mandato, para que o mandatário possa alienar, hipotecar, transigir, ou praticar outros quaisquer atos que exorbitem da administração ordinária, o contrato exige procuração com poderes especiais e expressos.

Como atos de administração ordinária, pode-se conceituar como a "soma de atos comuns, usuais, frequentes, habitualmente praticados por força das próprias circunstâncias e para mantença da própria série de atividades exercidas pela pessoa"[77]. Trata-se de atos necessários para a conservação das coisas ou negócios do mandante. Os atos de disposição apenas poderão ser considerados como atos de administração ordinária se os bens fossem destinados normalmente à venda ou estivessem com perigo de deterioração[78].

No que se refere à outorga, quando forem outorgados a mais de uma pessoa, os mandatos podem ser caracterizados como "*conjuntos* (todos os mandatários têm de atuar simultaneamente), *fragmentários ou fracionários* (os mandatários são designados e atuam em atos diferentes), *sucessivos* (os mandatários são designados e atuam em atos distintos e que se sucedem no tempo) ou *solidários* (qualquer um dos mandatários pode praticar todos os atos designados, independentemente da participação dos demais comandatários)"[79].

Há, também, o mandato judicial, pelo qual o advogado atua em juízo representando seu cliente. Esse tipo de mandato (para o foro ou *ad judicia*) deve ser escrito, ressalvados os processos trabalhistas

---

[75] GOMES, Orlando. *Contratos*. Rio de Janeiro: Forense, 2022, p. 391.

[76] Para Plácido e Silva, o mandato geral é diferenciado do mandato em termos gerais. Enquanto no mandato geral são outorgados poderes para todos os negócios do mandante, exige-se que os atos necessários sejam especificados. "Os atos referentes a todos os negócios, que compõem o mandato geral, devem, assim, ser especificados no instrumento do mandato para que os possa, legitimamente, executar o mandatário." (PLÁCIDO E SILVA, O. J. *Tratado do mandato e prática das procurações*. 3. ed. Rio de Janeiro: Guaíra, 1959, v. I, p. 182).

No mandato em termos gerais, por seu turno, são concedidos poderes genéricos e o mandatário pode realizar somente atos de administração. "O mandato em termos gerais exprime o sentido de concessão de poderes genéricos, isto é, poderes não especificados ou claramente determinados. A ausência de especificação ou especialização de poderes é que caracteriza o mandato em termos gerais, enquanto a especificação ou indicação de todos os negócios assinala a qualidade do mandato geral ou de poderes gerais" (PLÁCIDO E SILVA, O. J. *Tratado do mandato e prática das procurações*. 3. ed. Rio de Janeiro: Guaíra, 1959, v. I, p. 183).

[77] PLÁCIDO E SILVA, O. J. *Tratado do mandato e prática das procurações*. 3. ed. Rio de Janeiro: Guaíra, 1959, v. I, p. 219.

[78] GODOY, Cláudio Luiz Bueno de. *Código Civil Comentado*. 2. ed. Barueri: Manole, 2008, p. 661. Para Plácido e Silva, "o mandato para administração ordinária, portanto, é aquele que se passa a outrem para que administre bens ou interesses, todos eles ou parte deles, com o mesmo zelo, com o mesmo cuidado com que os administraria o próprio dono, praticando os atos e tomando as medidas necessárias à conservação e integridade das coisas a si confiadas, ou realizando os negócios que se mostrem pertinentes ou próprios à execução e cumprimento das funções cometidas pelo mandante ao mandatário. Por esse motivo, em certas situações, atos que não se praticariam normalmente, sem poder especial, podem estar compreendidos nos poderes de administração. É o que já anotamos em relação a determinados atos de disposição, que podem ser legitimamente praticados pela autoridade de uma mandato de administração. Tudo depende, portanto, da espécie de função que lhe é outorgada pelo mandato administrativo" (PLÁCIDO E SILVA, O. J. *Tratado do mandato e prática das procurações*. 3. ed. Rio de Janeiro: Guaíra, 1959, v. I, p. 219-220).

[79] GAGLIANO, Pablo S.; PAMPLONA FILHO, Rodolfo Mário Veiga. *Novo curso de direito civil*: contratos. São Paulo: SaraivaJur, 2024, v. 4, p. 214.

e criminais, hipóteses em que basta a simples indicação do advogado em audiência. Outra hipótese de dispensa da procuração ocorre quando o juiz nomeia defensor[80]. Ao lado do mandato judicial, tem-se o extrajudicial, caracterizado de forma negativa, isto é, pelo mandato que não é judicial. Assim, o mandado judicial "destina-se a obrigar o advogado a agir em juízo. A ação do mandatário fora desse âmbito resulta do mandato extrajudicial"[81].

6.7. Substabelecimento

O substabelecimento compreende a possibilidade de o mandatário outorgar a outro mandatário, integral ou parcialmente, os poderes de representação por ele recebidos do mandante. O substabelecimento não é a atribuição dos poderes recebidos pelo mandato, mas apenas a atribuição dos poderes de representação recebidos por meio da procuração[82].

O mandatário, ao substabelecer, poderá reservar para si os poderes recebidos ou transferi-los integralmente a terceiro e sem remanescer com poderes.

O substabelecimento poderá ser realizado mediante instrumento público ou particular. Ainda que a procuração tenha sido conferida por instrumento público, o substabelecimento poderá ser realizado por ato particular sem prejuízo de qualquer validade.

Se expressamente autorizado a conferir substabelecimento, o mandatário apenas responderá se tiver agido com culpa na escolha do terceiro a quem conferiu o substabelecimento ou nas instruções a este conferidas.

No silêncio do mandante ao outorgar a procuração ao mandatário, este poderá livremente substabelecer para terceiros. Nessa situação, entretanto, responderá o mandatário em face do mandante se o terceiro a quem o substabelecimento for conferido agir culposamente na execução do mandato.

Se o mandante tiver expressamente proibido o substabelecimento por ocasião da outorga da procuração, o mandante não será obrigado perante terceiros por qualquer ato do substabelecido, a menos que ratifique os atos praticados, expressa ou tacitamente.

Nessa hipótese, o mandatário responderá por todo o prejuízo resultante do ato praticado pelo mandatário, ainda se não tiver atuado com culpa, a menos que demonstre que o prejuízo teria ocorrido mesmo se não houvesse ocorrido o substabelecimento.

6.8. Extinção do contrato de mandato

O contrato de mandato será extinto pela revogação ou pela renúncia; pela morte ou interdição de uma das partes; pela mudança de estado que inabilite o mandante a conferir os poderes ou o mandatário para os exercer; pela falência e término do prazo contratado.

Pela primeira forma de extinção, há extinção voluntária do contrato de mandato. O contrato poderá ser extinto pela revogação ou pela renúncia. A revogação é forma de extinção do contrato pelo mandante, enquanto a renúncia é expressa pelo mandatário. Ambas independem da concordância da parte contrária ou de qualquer justa causa para exonerarem quaisquer delas do contrato[83].

---

[80] VENOSA, Sílvio de S. *Direito civil*: contratos. Rio de Janeiro: Atlas, 2024, v. 3, p. 473.

[81] GOMES, Orlando. *Contratos*. Rio de Janeiro: Forense, 2022, p. 391.

[82] PONTES DE MIRANDA, José Cavalcanti. *Tratado de direito privado*. 3. ed. São Paulo: Revista dos Tribunais, 1984, t. XLIII, p. 165. Em sentido contrário, Plácido e Silva: "entende-se substabelecimento como o ato pelo qual o mandatário, que se obrigou ao desempenho de um mandato, encarrega uma outra pessoa para que o execute, transferindo-lhe, assim, os poderes que lhe são conferidos, e lhe cometendo o encargo que lhe cabia cumprir" (PLÁCIDO E SILVA, O. J. *Tratado do mandato e prática das procurações*. 3. ed. Rio de Janeiro: Guaíra, 1959, v. I, p. 493).

[83] NEGRÃO, Ricardo. *Curso de direito comercial e de empresa*: títulos de crédito e contratos empresariais. 9. ed. São Paulo: Saraiva Educação, 2020, v. 2, p. 335.

Capítulo 2 • Contratos de colaboração

O contrato de mandato é, em regra, revogável. Isso porque a fundamentação de sua celebração é o atendimento dos interesses do mandante. Se não houver mais confiança deste no mandatário para a tutela de seus interesses, o contrato deve ser extinto por meio da revogação.

Pelo mandante, a revogação poderá ser expressa e decorrente de uma declaração de vontade de que o mandatário não tem mais os poderes que lhe foram anteriormente conferidos. Não há necessidade de qualquer justificação para sua realização.

Poderá também ser tácita. Esta consiste num comportamento do mandante que resulte em sua intenção de não outorgar mais poderes ao mandatário. Exemplo desse comportamento é a constituição de nova procuração a terceiro para a realização do mesmo negócio.

A revogação deverá ser pública. Até que o mandatário seja comunicado da revogação de seus poderes, os atos por ele praticados obrigam o mandante. Mesmo que ele seja comunicado, se a revogação não for de conhecimento de terceiros, o mandato obriga o representado ao cumprimento das obrigações contratadas pelo mandatário, ainda que possa se ressarcir do prejuízo perante o mandatário.

A rigor, a revogabilidade do mandato é *ad nutum*, depende somente da vontade do mandante e não lhe gera qualquer responsabilidade. Se o mandato for oneroso, entretanto, caso a revogação ocorra independentemente de justa causa consistente em comportamento culposo do mandatário, o mandante será obrigado a ressarcir o mandatário pelos prejuízos resultantes da revogação[84].

Nada impede, entretanto, que o mandato seja irrevogável. Desde que ambos acordem no contrato que a revogação ou renúncia não possa ocorrer, ambas as partes permanecem por ele obrigadas. Se houver cláusula de irrevogabilidade, o mandato poderá ser revogável pelo mandante, em virtude da natureza do contrato. Entretanto, o mandante responderá por todas as perdas e danos que resultar ao mandatário[85].

Também será considerado irrevogável o mandato cuja procuração for conferida em causa própria, de modo que o mandatário atue para tutelar o respectivo interesse, ou naqueles em que o mandato for uma condição de um contrato ou modo de atribuição de poderes para o cumprimento de contratos anteriores, haja vista que os referidos contratos são irrevogáveis[86]. Nessa hipótese, ao contrário da cláusula de irrevogabilidade, a revogação será eficaz e não produzirá efeitos meramente indenizatórios.

A renúncia, por seu turno, é a extinção do contrato de mandato por declaração de vontade do mandatário. Ela exige a comunicação ao mandante, embora prescinda de sua concordância ou aceitação. A mera ciência do mandante faz com que a renúncia produza efeitos imediatos, com a desoneração dos encargos ao mandatário. De modo semelhante à revogação, não há necessidade de aviso-prévio ou justa causa para fundamentá-la.

A renúncia do mandatário, entretanto, poderá gerar a obrigação de indenizar o mandante pelos prejuízos gerados, desde que não justificada e caso a renúncia seja realizada sem tempo suficiente para a nomeação de novo mandatário para a realização de ato ou de modo a impedir a realização de

---

[84] PLÁCIDO E SILVA, O. J. *Tratado do mandato e prática das procurações. op. cit.*, v. II, p. 233; GODOY, Cláudio Luiz Bueno de. *Código Civil Comentado*. 2. ed. Barueri: Manole, 2008, p. 636. Para o autor, "não pode nem deve, assim, ser a revogação arbitrária, embora seja uma faculdade do mandante. Deve a este assistir um justo motivo para despedir o seu mandatário, sem o que lhe caberá pagar a remuneração devida e ressarcir os gastos e prejuízos sofridos" (PLÁCIDO E SILVA, O. J. *Tratado do mandato e prática das procurações. op. cit.*, v. II, p. 236).

[85] GODOY, Cláudio Luiz Bueno de. *Código Civil Comentado*. 2. ed. Barueri: Manole, 2008, p. 639.

[86] PONTES DE MIRANDA, José Cavalcanti. *Tratado de direito privado*. 3. ed. São Paulo: Revista dos Tribunais, 1984, t. XLIII, p. 86.

ato pelo mandante[87]. Por justificativa a evitar a indenização compreende-se a demonstração de que não se poderia continuar a executar o mandato sem prejuízo considerável ao mandatário ou a terceiro.

O mandato também poderá ser extinto pela morte dos contratantes. Tanto a morte do mandante quanto a morte do mandatário extinguem o vínculo contratual, em regra. Excepcionalmente, se o mandato contiver cláusula "por conta própria" (*in rem suam*), o falecimento do mandatário obriga seus herdeiros a continuar os negócios pendentes.

Assim como a morte, a incapacidade ou inabilitação de um dos contratantes extingue o contrato de mandato.

Excepcionalmente, diante da morte ou incapacidade do mandante, o mandatário poderá continuar a desempenhar o mandato se imprescindível para terminar o negócio pendente e se for necessário para preservá-lo (art. 674 do CC).

A falência encerra o contrato de mandato se o mandante for decretado falido, a menos que o mandato conferido foi para a prestação de serviços jurídicos e como uma forma de proteger o falido até que o administrador judicial possa efetivamente representar a massa falida.

Se a falência recair sobre o mandatário, o contrato será extinto se relacionado à atividade empresarial. Ao ser decretado falido, o mandatário perderá o livre poder de administração dos bens, de modo que não poderá realizar atividades em benefício do terceiro mandante, a menos que não tenham qualquer relação com a atividade empresarial do qual se tornou inapto.

Por fim, decorrido o prazo contratado ou concluído o negócio almejado, o contrato de mandato também é extinto.

---

[87] GODOY, Cláudio Luiz Bueno de. *Código Civil Comentado*. 2. ed. Barueri: Manole, 2008, p. 644.

Capítulo 3
CONTRATO DE FRANQUIA

1. HISTÓRICO

O surgimento do contrato de franquia foi uma exigência econômica.

A partir da Revolução Industrial, o aumento da produção, a partir de então em larga escala, obrigava os comerciantes a ampliarem os mercados de consumo para seus produtos e não mais se restringirem às vendas locais.

A primeira companhia a utilizar o instituto da franquia, ou *franchising*, foi a companhia estadunidense *Singer Sewing Machine Company* no final do século XIX, visando ampliar sua rede de distribuição sem utilizar capital próprio para tanto. Assim, reuniu diversos agentes pelo país, fornecendo-lhes a marca, os produtos e o *know-how* em relação à venda e manutenção dos produtos. Seguindo essa iniciativa, várias outras companhias passaram a adotar o instituto, que acabou se mostrando muito bem-sucedido.

Após o fim da Segunda Guerra[1], houve um grande crescimento das franquias nos Estados Unidos. Além de muitos ex-combatentes terem retornado ao país desempregados e sem experiência e encontrarem nas franquias uma oportunidade de fundar um negócio próprio, sem a necessidade de criar um novo produto ou novas técnicas de serviços, o aumento das franquias, nos EUA, pode ser explicado pelo desenvolvimento da mídia por meio da televisão, o aumento de viagens dentro do país e o aumento de renda das famílias[2].

No Brasil, Sister aponta que o surgimento do contrato de franquia é recente. Ele teria começado a ser implantado no País na década de 1960, por meio da exploração das atividades de ensino Yázigi e CCAA e, posteriormente, da década seguinte, pelas marcas Ellus, Água de Cheiro e O Boticário[3], ainda que parte da doutrina aponte a primeira utilização com os calçados Stella, em 1910[4], quando um fabricante de calçados decidiu ampliar os negócios escolhendo representantes em outras localidades que fariam investimentos com seus próprios recursos, mas utilizariam a marca e a tecnologia desse fabricante.

A franquia foi disciplinada no Brasil pela primeira vez somente em 1994, por meio da Lei n. 8.955/94, que foi revogada, em 2019, pela Lei n. 13.966, ou Lei de Franquia, atualmente vigente.

MARTINS, Fran. *Curso de direito comercial*: contratos e obrigações comerciais. 19. ed. Rio de Janeiro: Forense, 2019, p. 384.

MATHEWSON, G. F; WINTER, R. A. The Economics of Franchise Contract. *The Journal of Law & Economics* 28, n. 3, 1985, p. 504.

SISTER, Tatiana Dratovsky. *Contratos de franquia*: origem, evolução legislativa e controvérsias. São Paulo: Almedina, 2020, p. 18.

"Aponta Ana Cláudia Redecker (2002:31) que, no Brasil, o pioneiro em franquia empresarial foi Arthur de Almeida Sampaio, fabricante de calçados, que, em 1910, utilizou-se de práticas que redundariam no que hoje se conhece como franquia. Escolheu seis representantes comerciais que fariam investimentos próprios em seus negócios, onde era instalada a placa 'Calçados Stella', sendo, com isso, se antecipado à padronização visual atual. A mesma autora observa que a adoção da franquia no nosso país foi uma forma de vencer a carência de recursos para atender com maior eficiência o crescimento de setores de produção e consumo" VENOSA, Sílvio de S. *Direito civil*: contratos. Rio de Janeiro: Atlas, 2024, v. 3, p. 707).

2. IMPORTÂNCIA ECONÔMICA

Apesar de Fábio Konder Comparato, em artigo publicado em 1975[5], ter sustentado que a franquia corria o risco de cair no desinteresse devido à inutilidade técnica de suas fórmulas negociais e seu caráter abusivo, os negócios envolvendo o instituto vêm crescendo substancialmente no Brasil, sendo de grande relevância para a economia brasileira[6].

Sua grande utilidade decorre, justamente, de permitir que o empresário possa ampliar sua rede de distribuição sem ter que necessariamente aumentar o número interno de colaboradores ou funcionários, bem como de possibilitar a empresário sem experiência ou informação em determinado negócio que possa se beneficiar de uma imagem empresarial já consolidada e de experiência construída por terceiro ao longo dos anos de sua exploração econômica[7]. Assim, "a razão do sucesso encontra-se na eficiência do sistema, que beneficia igualmente franqueador e franqueados"[8].

A franquia permite que o franqueador mantenha uma posição no mercado, aumentando sua zona de distribuição, preservando a qualidade e a forma do produto apresentado. Consequentemente, como os produtos e/ou serviços são apresentados por um nome ou marca, os consumidores se familiarizam com o oferecido, reconhecendo-o. Por isso, é a franquia um meio pelo qual o franqueador consegue desenvolver seu negócio, aumentando sua rede, o volume da atividade e o lucro[9].

Aliás, a franquia se torna possível por ser marca devidamente registrada e de conhecimento e aceitação pelo público, em razão de sua qualidade, preço etc.[10].

Mesmo com os impactos sofridos em razão da pandemia de covid-19, conforme dados da Associação Brasileira de *Franchising* (ABF), o setor vem reagindo e se recuperando, tendo sido observado um crescimento de 10,7% em seu faturamento de 2020 para 2021, aproximando os valores verificados em 2021 daqueles registados em 2019, no período pré-pandêmico[11].

3. OPERAÇÃO ECONÔMICA

Como exposto anteriormente, a franquia configura uma alternativa ao empresário que quer expandir seu negócio sem investir muitos recursos ou imobilizá-los. O empresário deixa de produzir ou vender seu produto ou prestar determinado serviço diretamente ao consumidor, fazendo-o por meio de terceiros autorizados a explorar o negócio em nome próprio, a quem concede o direito de utilizar sua marca, de produzir ou vender seu produto, de prestar seu serviço.

Referida operação é decorrente da própria nomenclatura. *Franchising* é um termo derivado do francês *franc*, cujo significado reside na "transferência de um direito, outorga de um privilégio ou concessão exclusiva"[12].

---

[5] COMPARATO, Fábio Konder. Franquia e concessão de venda no Brasil: da consagração ao repúdio? *Revista de Direito Mercantil Industrial, Econômico e Financeiro*, v. 18, ano 14, São Paulo, p. 53-65, 1975.

[6] Segundo dados obtidos no sítio da Associação Brasileira de Franchising: www.abf.com.br/numeros-do-franchising/. Acesso em: 12 maio 2022.

[7] TOMAZETTE, Marlon. *Contratos empresariais*. Salvador: JusPodivm, 2022, p. 361.

[8] THEODORO JR., Humberto. *Contratos de colaboração empresarial*. Rio de Janeiro: Forense, 2019, p. 350.

[9] KALKOSHKI, Alireza Azadi; ABADI, Mohsen Hossein. Franchise contract in international business law. *Revista de Direito da Cidade*, v. 11, n. 2, [S. l.], p. 257-277 (258), 2020. Disponível em: https://www.e-publicacoes.uerj.br/rdc/article/view/38084. Acesso em: 29 fev. 2024.

[10] MARTINS, Fran. *Curso de direito comercial*: contratos e obrigações comerciais. 19. ed. Rio de Janeiro: Forense, 2019, p. 384.

[11] Disponível em: https://www.abf.com.br/wp-content/uploads/2022/05/Pesquisa_Desempenho_4_Trimestre.pdf. Acesso em: 12 maio 2022.

[12] BITTI, Eugênio José Silva. *Fatores determinantes do crescimento de redes de franquia no Brasil*. 2012. Tese (Doutorado em Engenharia de Produção) – Escola Politécnica, Universidade de São Paulo, São Paulo, 2012, p. 16. Acesso em: 23 jan. 2024.

Nesse contexto, o que se tem é um franqueador, detentor de uma marca, produto ou tipo de serviço ou tecnologia, que, mediante determinada remuneração, concede os direitos de uso, num determinado local, sobre essa marca, produto, tipo de serviço, ou tecnologia a outro empresário, sendo que este último fica responsável pelos investimentos necessários para a utilização dessa marca ou fornecimento desse produto ou serviço, bem como obrigado a seguir os procedimentos indicados pelo franqueador para a exploração dessa concessão e o respectivo atendimento da demanda. Com isso, o franqueador também transmite a reputação ligada ao produto fornecido ou serviço prestado.

Muitas vezes, o contrato de franquia traz a obrigação de exclusividade ou semiexclusividade para o franqueado na distribuição do produto. Isso significa que o franqueado não poderá explorar a prestação de outros serviços ou disponibilizar quaisquer outros produtos, na exclusividade, ou apenas os que puderem concorrer com o do franqueador, na semiexclusividade.

Embora não sejam imprescindíveis à sua caracterização, o franqueador geralmente presta assistência ao franqueado, assim como normalmente se obriga pelos investimentos em propaganda ou na divulgação da própria marca.

Trata-se de contrato complexo, inserido dentro dos instrumentos de colaboração[13], que envolve várias operações: uso de marca, distribuição de produtos ou serviços, transferência de *know-how*, compra e venda, cessão de direitos e prestação de serviços.

Basicamente, tem-se a seguinte operação econômica envolvendo os contratos de franquia:

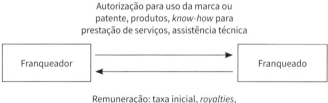

4. CONCEITO

O art. 1º da Lei nº 13.966/2019, que regula o contrato de franquia, apresenta a definição para o instituto (sistema de franquia empresarial). Segundo o dispositivo legal, no sistema de franquia empresarial, um franqueador autoriza por meio de contrato um franqueado a usar marcas e outros objetos de propriedade intelectual, sempre associados ao direito de produção ou distribuição exclusiva ou não exclusiva de produtos ou serviços e também ao direito de uso de métodos e sistemas de implantação e administração de negócio ou sistema operacional desenvolvido ou detido pelo franqueador, mediante remuneração direta ou indireta, sem caracterizar relação de consumo ou vínculo empregatício em relação ao franqueado ou a seus empregados, ainda que durante o período de treinamento.

Diante dessa definição, o contrato de franquia é um instrumento de colaboração[14] que pode ser definido como aquele por meio do qual um empresário titular de um modelo de negócio empresarial (franqueador) fornece os elementos da organização da empresa, como a marca – e/ou uma patente, tecnologia e/ou *know-how* –, entre outros elementos, para o uso de outro empresário (franqueado),

---

[3] TOMAZETTE, Marlon. *Contratos empresariais*. Salvador: JusPodivm, 2022, p. 361.
[4] FRANCO, Vera Helena de Mello. *Contratos*: direito civil e empresarial. 4. ed. São Paulo: Revista dos Tribunais, 2013, p. 283.

prestando-lhe a respectiva assistência técnica para implementação do negócio, mediante o pagamento de remuneração, além de, previamente, definir o formato operacional e mercadológico[15].

Em resumo, a lógica da franquia é a estruturação de um canal de distribuição, por meio do qual o franqueador, detentor do negócio (marca, tecnologia de produção e distribuição), permite que um terceiro distribua em nome próprio produtos, serviços e/ou tecnologia por meio de um contrato de franquia[16].

Fran Martins explica que geralmente o franqueado é empresário ou sociedade empresária que se forma para as atividades da franquia, o que não exclui a possibilidade de ser uma empresa já formada. Nesse ponto, o autor evidencia que franqueador e franqueado devem ser empresários, porquanto a franquia se configura como uma operação empresarial[17].

Ainda de acordo com a definição apresentada *supra*, não será caracterizado o vínculo empregatício nem entre o franqueador e o franqueado, nem entre os empregados do franqueado e o franqueador, de modo que essas relações não se sujeitam às normas trabalhistas. Esse entendimento, inclusive, já havia sido originalmente previsto no art. 2º da Lei n. 8.955/94[18], tendo sido reforçado pela nova Lei de Franquia.

Essa independência do franqueado é a principal característica da franquia. A autonomia do franqueado é preservada para a exploração do seu negócio e como forma de impedir a caracterização do vínculo empregatício. Não há subordinação hierárquica, mas sim autonomia.

Isso não implica a constatação de que a autonomia é irrestrita, ilimitada. Na realidade, a autonomia pode ser relativa, uma vez que podem existir obrigações impostas pelo franqueador que restringem o franqueado, embora ainda remanesça independente do franqueador. Essa limitação tem o objetivo de assegurar padrões de qualidade para garantir que, em qualquer das unidades, os consumidores gozem da mesma experiência e para que a marca não sofra alterações em sua imagem perante os terceiros[19].

Como sujeitos distintos e autônomos, assim, o franqueado e o franqueador deverão responder por seus próprios atos praticados[20].

Na mesma linha, a Lei de Franquia, adotando entendimento jurisprudencial consolidado[21], estabeleceu que, além de não caracterizar vínculo empregatício, a relação entre o franqueador e o franqueado também não configura relação de consumo, motivo pelo qual sobre ela não podem incidir os dispositivos do Código de Defesa do Consumidor. Cumpre esclarecer que a relação

---

[15] RICHTER, Marina. *A relação de franquia no mundo empresarial e as tendências da jurisprudência brasileira*. 3. ed. São Paulo: Almedina, 2021, p. 19.

[16] SISTER, Tatiana Dratovsky. *Contratos de franquia*: origem, evolução legislativa e controvérsias. São Paulo: Almedina, 2020, p. 21.

[17] MARTINS, Fran. *Curso de direito comercial*: contratos e obrigações comerciais. 19. ed. Rio de Janeiro: Forense, 2019, p. 385.

[18] "Art. 2º. Franquia empresarial é o sistema pelo qual um franqueador cede ao franqueado o direito de uso de marca ou patente associado ao direito de distribuição exclusiva ou semi-exclusiva de produtos ou serviços e, eventualmente, também ao direito de uso de tecnologia de implantação e administração de negócio ou sistema operacional desenvolvidos ou detidos pelo franqueador mediante remuneração direta ou indireta, sem que, no entanto, fique caracterizado vínculo empregatício. (Revogado)"

[19] FERREIRA NETO, Ermiro. *Contratos normativos*. São Paulo: Almedina, 2023, p. 117.

[20] MARTINS, Fran. *Curso de direito comercial*: contratos e obrigações comerciais. 19. ed. Rio de Janeiro: Forense, 2019, p. 386.

[21] Apesar de a Lei n. 8.955/94 ser silente, o STJ já havia abordado o tema referente à existência ou não de relação de consumo entre franqueador e franqueado, no REsp 632.958/AL, j. 4-3-2010, Rel. Min. Aldir Passarinho Jr., entendendo que: "O contrato de franquia, por sua natureza, não está sujeito ao âmbito de incidência da Lei 8.078/1990, eis que o franqueado não é consumidor de produtos ou serviços da franqueadora, mas aquele que os comercializa junto a terceiros, estes sim, os destinatários finais". Essa decisão foi seguida no AgRg no REsp 1.336.491/SP, Rel. Min. Marco Buzzi, j. 27-11-2012. No mesmo sentido, REsp 687.322/RJ, Rel. Min. Carlos Alberto Menezes Direito, j. 21-9-2006.

entre franqueador e franqueado é interempresarial e será sempre assim interpretada, com as regras que regem a interpretação dos contratos comerciais, sem aplicação do Código de Defesa do Consumidor[22].

No que tange à remuneração, dentre as diversas formas de calculá-la, a mais comum é aquela em que o franqueado paga uma taxa inicial de filiação ou taxa de franquia no início do contrato, além de uma remuneração periódica pelo uso da marca, da tecnologia ou do sistema cedido pelo franqueador (*royalties*), que geralmente corresponde a um percentual sobre o volume de negócios realizados pelo franqueado. Pode ser também exigida, além da taxa, uma caução em dinheiro que tem por objetivo a garantia da futura aquisição de mercadorias[23]. Também pode ser prevista remuneração pela aquisição ou aluguel de equipamentos, publicidade, seguro, aquisição de mercadorias, dentre outras situações.

Como se percebe, é a franquia um modelo de contrato complexo, que envolve outras espécies contratuais, como de fornecimento, de prestação de serviços e assistência, de cessão de tecnologia etc.[24]

5. VANTAGENS E DESVANTAGENS PARA AS PARTES

Para o franqueador, a principal vantagem é a expansão dos negócios com a utilização de capital de terceiros, que fica responsável pelos custos de produção ou distribuição do produto ou da prestação de serviços. Assim, o franqueador, além de não despender capital próprio, ainda recebe uma remuneração pela concessão do direito de uso da marca ou de distribuição do produto ou autorização de prestação do serviço por ele desenvolvido. Desse modo, o franqueador não arca com os custos do estabelecimento nem com os encargos trabalhistas que incidem sobre o exercício da atividade, tampouco detém responsabilidade sobre as dívidas do franqueado.

Por sua vez, para o franqueado, a vantagem consiste no fato de não precisar desenvolver um produto ou *know-how* para exercer a atividade empresarial. O modelo já vem pronto e ele ainda se aproveita da reputação do produto perante o consumidor e da publicidade feita pelo franqueador, além de geralmente dispor de assistência técnica. Seu risco de insucesso também diminui em relação a um negócio ainda não testado e desconhecido pelo público.

Nas palavras de Fábio Konder Comparato, a franquia "acresce a essa licença de exploração de marca um conjunto de serviços, que se destinam a permitir ao franqueado – ainda que pequena ou média empresa – enfrentar a concorrência com os recursos tecnológicos da grande empresa"[25].

Além dos benefícios ao franqueador e ao franqueado, o próprio consumidor também pode ser beneficiado pelo instituto da franquia, com a facilitação da aquisição em diversos pontos de venda, a uniformização do preço das lojas, possibilidade de trocas em mais de uma localidade etc.

Como desvantagens para o franqueador, podemos citar os problemas de inadequação e de indisciplina do franqueado, que podem prejudicar a imagem da marca ou de determinado produto ou serviço. Nesse sentido, como o comportamento inapropriado na prestação por parte do franqueado pode causar um impacto negativo sobre a marca, de alguma maneira, o franqueador, optando pela

---

[22] Sobre os critérios de interpretação dos contratos comerciais, ver: WAISBERG, Ivo. *Direito de preferência para a aquisição de ações*: conceito, natureza jurídica e interpretação. São Paulo: Quartier Latin, 2016, p. 108-116.

[23] MARTINS, Fran. *Curso de direito comercial*: contratos e obrigações comerciais. 19. ed. Rio de Janeiro: Forense, 2019, p. 387.

[24] FRANCO, Vera Helena de Mello. *Contratos*: direito civil e empresarial. 4. ed. São Paulo: Revista dos Tribunais, 2013, p. 284.

[25] COMPARATO, Fábio Konder. Franquia e concessão de venda no Brasil: da consagração ao repúdio? *Revista de Direito Mercantil, Industrial, Econômico e Financeiro*, v. 18, ano 14, São Paulo, 1975, p. 56.

franquia, aumenta o "risco de destruição do sistema"[26]. Tal risco também pode ser alimentado pela possibilidade de o franqueado divulgar os segredos do negócio[27].

Já o franqueado tem como desvantagem principal a pequena autonomia empresarial, na medida em que deve seguir as regras impostas pelo franqueador para implementação de seu negócio. Além disso, o custo para a aquisição e a remuneração decorrente da exploração podem ser fatores de complicação para o franqueado[28].

6. NATUREZA JURÍDICA E CLASSIFICAÇÃO DO CONTRATO DE FRANQUIA

Como o contrato de franquia é complexo e resulta da combinação de diversos contratos empresariais, tem ele natureza mista[29]. Apesar de ser um produto híbrido de outros contratos, trata-se de contrato típico[30].

Embora os contratos de franquia fossem por ela disciplinados, a Lei n. 8.955/94 praticamente não tratava do contrato em si, nem mesmo das obrigações e direitos das partes, restringindo-se a determinar que o instrumento em questão deveria ser sempre escrito e assinado na presença de duas testemunhas, bem como ter validade independentemente de ser levado a registro perante cartório ou órgão público.

Com o advento da nova Lei de Franquia, foram previstos alguns dispositivos que tratam do contrato de franquia propriamente dito e o caracterizam. A título de exemplo, destaca-se o art. 7º[31], que estabelece que referido instrumento deve ser escrito em português e regido pela lei brasileira, ou, em caso de contrato de franquia internacional, que deve ser feita tradução para a língua portuguesa, custeada pelo franqueador, podendo os contratantes optar por eleger contratualmente o foro de um de seus países de domicílio para resolução de eventuais disputas.

Ainda, no que diz respeito aos contratos internacionais, estabeleceu-se, nos termos dos §§ 2º[32] e 3º[33] do art. 7º da nova Lei de Franquia, respectivamente, que tais contratos são aqueles que têm liame em mais de um sistema jurídico e que as partes contratantes deverão manter representante legal ou procurador domiciliado no país do foro definido.

---

[26] KALKOSHKI, Alireza Azadi; ABADI, Mohsen Hossein. Franchise contract in international business law. *Revista de Direito da Cidade*, v. 11, n. 2, [S. l.], p. 266, 2020. Disponível em: https://www.e-publicacoes.uerj.br/rdc/article/view/38084. Acesso em: 29 fev. 2024.

[27] KALKOSHKI, Alireza Azadi; ABADI, Mohsen Hossein. Franchise contract in international business law. *Revista de Direito da Cidade*, v. 11, n. 2, [S. l.], p. 266, 2020. Disponível em: https://www.e-publicacoes.uerj.br/rdc/article/view/38084. Acesso em: 29 fev. 2024.

[28] KALKOSHKI, Alireza Azadi; ABADI, Mohsen Hossein. Franchise contract in international business law. *Revista de Direito da Cidade*, v. 11, n. 2, [S. l.], p. 267, 2020. Disponível em: https://www.e-publicacoes.uerj.br/rdc/article/view/38084. Acesso em: 29 fev. 2024.

[29] SISTER, Tatiana Dratovsky. *Contratos de franquia*: origem, evolução legislativa e controvérsias. São Paulo: Almedina, 2020, p. 31.

[30] MARTINS, Fran. *Curso de direito comercial*: contratos e obrigações comerciais. 19. ed. Rio de Janeiro: Forense, 2019, p. 388.

[31] "Art. 7º Os contratos de franquia obedecerão às seguintes condições: I – os que produzirem efeitos exclusivamente no território nacional serão escritos em língua portuguesa e regidos pela legislação brasileira; II – os contratos de franquia internacional serão escritos originalmente em língua portuguesa ou terão tradução certificada para a língua portuguesa custeada pelo franqueador, e os contratantes poderão optar, no contrato, pelo foro de um de seus países de domicílio."

[32] "Art. 7º [...] § 2º Para os fins desta Lei, entende-se como contrato internacional de franquia aquele que, pelos atos concernentes à sua conclusão ou execução, à situação das partes quanto a nacionalidade ou domicílio, ou à localização de seu objeto, tem liames com mais de um sistema jurídico."

[33] "Art. 7º [...] § 3º Caso expresso o foro de opção no contrato internacional de franquia, as partes deverão constituir e manter representante legal ou procurador devidamente qualificado e domiciliado no país do foro definido, com poderes para representá-las administrativa e judicialmente, inclusive para receber citações."

Além disso, nos termos do § 1º do art. 7º da nova Lei de Franquia, previu-se a possibilidade de as partes escolherem a arbitragem como mecanismo para a solução de eventual controvérsia decorrente do contrato de franquia.

No entanto, embora a nova Lei de Franquia tenha previsto dispositivos específicos sobre o contrato de franquia, ainda não há regras sobre as obrigações e os direitos advindos dessa espécie de contrato. Na realidade, a nova Lei de Franquia, assim como a Lei n. 8.955/94 fazia, trata, com profundidade, da Circular de Oferta de Franquia (COF), a ser analisada *infra*, que consiste em documento preparatório e informativo essencial para a formação do contrato, mas que não pode ser confundido com o contrato em si, que deverá ser mais amplo no que se refere às obrigações e direitos que existirão entre as partes.

A existência de uma lei específica sobre franquia, mas que aborda mais a COF do que as regras contratuais, ainda cria uma controvérsia sobre a classificação desse tipo de contrato como típico ou atípico.

Típico é o contrato cujo regramento encontra-se suficientemente traçado em lei. Nesse caso, a autonomia privada fica limitada pela moldura contratual prevista, muitas vezes definidora dos direitos e deveres das partes ou, ao menos, das suas premissas e extensões caso nada diverso seja contratado.

Atípico é o contrato que não tem previsão legislativa, cuja autonomia privada é ampla, ressalvadas as limitações da teoria geral dos contratos e das obrigações, incluindo as regras de formação e capacidade.

Ocorre que existe uma zona cinzenta entre o típico e o atípico. Se por um lado é fácil qualificar um contrato como típico quando existe um regramento legal amplo sobre ele, como no caso da compra e venda do Código Civil, por outro lado seria simples classificar um contrato como atípico quando nada sobre ele é mencionado na legislação.

No entanto, muitas vezes alguns contratos são mencionados sem ter um regramento amplo. Ou seja, sua nomenclatura é reconhecida e, às vezes, alguma regra sobre ele se traça, seja fiscal, seja penal, por exemplo. É o caso do *leasing*, previsto e até conceituado para efeitos fiscais (Lei n. 6.099/74).

É pacífico afirmar que a simples menção a determinado contrato em lei não o torna típico, pois é necessário que o regramento sobre ele tenha certa amplitude para que seja possível lhe atribuir a tipicidade. O ponto que resta controverso é qual a amplitude suficiente para essa caracterização.

Na nossa visão, o regramento legal deve ser suficiente para impactar a formação do contrato em sua essencialidade. Nesse sentido, oportuno é o pensamento de Humberto Theodoro Jr.: "não é o maior ou o menor volume de regras legais que torna um contrato típico ou atípico. O que importa é, no ordenamento jurídico, ocorrer o reconhecimento de que a um certo *nomen iuris* corresponde um negócio jurídico identificado por um objeto determinado e por uma finalidade específica. Disso resulta uma identificação de direitos e obrigações entre os contratantes que se fazem presentes como efeitos naturais do contrato típico ou nominado"[34].

O contrato de franquia talvez seja aquele que se encontra mais ao centro dessa zona cinzenta. Existe uma lei específica sobre o sistema de franquia; a lei conceitua o sistema de franquia, não exatamente o contrato; o foco da lei é a COF, documento obrigatório sobre a franquia oferecida, mas que não se confunde com o contrato.

---

[34] THEODORO JR., Humberto. *Contratos de colaboração empresarial*. Rio de Janeiro: Forense, 2019, p. 355.

A visão dos que defendem a atipicidade[35] reside na insuficiência do arcabouço legislativo quanto ao contrato em si, pois, diferentemente de muitos contratos típicos, a COF refere-se em grande parte às informações sobre a credibilidade e condição financeira do franqueador, bem como sobre o negócio em si (requisitos para exercê-lo, histórico, situação da marca e outros direitos de propriedade intelectual, informações sobre os demais franqueados etc.).

Por outro lado, ao tratar da COF, especialmente nos incisos VIII, IX e XIII do art. 2º[36], a Lei de Franquia, assim como originalmente disposto na Lei n. 8.955/94, refere-se a elementos essenciais do contrato, como os pontos de preço, investimento, taxas e obrigações do franqueador. O inciso XI do mesmo artigo[37] dispõe sobre a obrigatoriedade de definição de território e exclusividade ou preferência de atuação. E o § 2º do art. 2º[38] prevê a anulabilidade do contrato por ofensa à obrigação de entrega da COF no prazo mínimo, bem como pela veiculação de informações inverídicas (art. 4º[39]).

Assim sendo, parece-nos que não é possível afirmar que as disposições da lei não se apliquem de forma intensa à formação do contrato e, também, talvez em outra medida, à sua execução, já que prevê um conteúdo mínimo por meio da COF do próprio instrumento contratual, atingindo, inclusive, a própria anulação eventual do contrato. Enfim, ao que nos parece, esse conteúdo normativo tem suficiente efeito sobre o contrato para dar a tipicidade ao contrato de franquia.

---

[35] Fábio Ulhoa Coelho opina pela atipicidade do contrato de franquia (COELHO, Fábio Ulhoa. *Curso de direito comercial*: direito de empresa. 16. ed. São Paulo: Saraiva, 2012, v. 1, p. 187-188); assim como Marino, que o qualifica como "atípico puro", mas reconhecendo que a classificação de típico para qualquer contrato tem ligação com a suficiência de sua regulação (MARINO, Francisco Paulo de Crescenzo. Classificação dos contratos. *In*: JABUR, Gilberto Haddad; PEREIRA JR., Antônio Jorge (coord.). *Direito dos contratos*. São Paulo: Quartier Latin, 2006, p. 25). Mamede, por sua vez, diz haver uma tipicidade incipiente (MAMEDE, Gladston. *Direito empresarial brasileiro*: teoria geral dos contratos. São Paulo: Atlas, 2010, v. 5, p. 125). Marlon Tomazette defende que se trata de um contrato atípico, uma vez que a lei não define direitos e deveres dos contratantes – "não definindo os seus contornos essenciais, não há tipicidade" (TOMAZETTE, Marlon. *Contratos empresariais*. Salvador: JusPodivm, 2022, p. 375).

[36] "Art. 2º Para a implantação da franquia, o franqueador deverá fornecer ao interessado Circular de Oferta de Franquia, escrita em língua portuguesa, de forma objetiva e acessível, contendo obrigatoriamente: [...] VIII – especificações quanto ao: a) total estimado do investimento inicial necessário à aquisição, à implantação e à entrada em operação da franquia; b) valor da taxa inicial de filiação ou taxa de franquia; c) valor estimado das instalações, dos equipamentos e do estoque inicial e suas condições de pagamento; IX – informações claras quanto a taxas periódicas e outros valores a serem pagos pelo franqueado ao franqueador ou a terceiros por este indicados, detalhando as respectivas bases de cálculo e o que elas remuneram ou o fim a que se destinam, indicando, especificamente, o seguinte: a) remuneração periódica pelo uso do sistema, da marca, de outros objetos de propriedade intelectual do franqueador ou sobre os quais este detém direitos ou, ainda, pelos serviços prestados pelo franqueador ao franqueado; b) aluguel de equipamentos ou ponto comercial; c) taxa de publicidade ou semelhante; d) seguro mínimo; [...] XIII – indicação do que é oferecido ao franqueado pelo franqueador e em quais condições, no que se refere a: a) suporte; b) supervisão de rede; c) serviços; d) incorporação de inovações tecnológicas às franquias; e) treinamento do franqueado e de seus funcionários, especificando duração, conteúdo e custos; f) manuais de franquia; g) auxílio na análise e na escolha do ponto onde será instalada a franquia; e h) leiaute e padrões arquitetônicos das instalações do franqueado, incluindo arranjo físico de equipamentos e instrumentos, memorial descritivo, composição e croqui."

[37] "Art. 2º Para a implantação da franquia, o franqueador deverá fornecer ao interessado Circular de Oferta de Franquia, escrita em língua portuguesa, de forma objetiva e acessível, contendo obrigatoriamente: [...] XI – informações relativas à política de atuação territorial, devendo ser especificado: a) se é garantida ao franqueado a exclusividade ou a preferência sobre determinado território de atuação e, neste caso, sob que condições; b) se há possibilidade de o franqueado realizar vendas ou prestar serviços fora de seu território ou realizar exportações; c) se há e quais são as regras de concorrência territorial entre unidades próprias e franqueadas.

[38] "§ 2º Na hipótese de não cumprimento do disposto no § 1º, o franqueado poderá arguir anulabilidade ou nulidade, conforme o caso, e exigir a devolução de todas e quaisquer quantias já pagas ao franqueador, ou a terceiros por este indicados, a título de filiação ou de *royalties*, corrigidas monetariamente."

[39] "Art. 4º Aplica-se ao franqueador que omitir informações exigidas por lei ou veicular informações falsas na Circular de Oferta de Franquia a sanção prevista no § 2º do art. 2º desta Lei, sem prejuízo das sanções penais cabíveis."

Em razão disso, podemos dizer que se trata de um contrato típico, como outros autores defendem[40], já que a Lei n. 13.966/2019 atinge o conteúdo do negócio jurídico que será celebrado entre as partes.

Além de típico, o contrato de franquia também pode ser classificado como:

i) *complexo*, uma vez que se tem um sistema de relações entre as partes, segundo definição da própria lei. Do contrato de franquia "participam aspectos de relações trabalhistas, marcas e patentes, contratos preliminares, distribuição etc."[41], assim, é possível dizer que resulta da combinação de distintos tipos de contratos[42];

ii) *consensual*, pois depende do consenso mútuo das partes;

iii) *bilateral ou sinalagmático*, porque prevê a existência de obrigações para ambas as partes, uma franqueadora e outra franqueada, lembrando que isso não significa que apenas duas pessoas podem contratar. Pode haver pluralidade em ambos os polos. Nesse sentido, enquanto o franqueador tem a obrigação de ceder o *know-how* e/ou autorizar o uso da marca pelo franqueado, este último deverá pagar a remuneração devida[43], entre outras obrigações;

iv) *formal e solene*, pois a lei exige forma escrita, nos termos do art. 7º da Lei n. 13.966/2019. Ademais, embora não seja necessário seu registro em cartório, deve ser registrado no INPI, nos termos do art. 211 da Lei n. 9.279/96, se houver transferência de tecnologia[44];

v) *oneroso*, porque há transferência de direitos e vantagens entre as partes. Mesmo na hipótese em que o franqueado não é obrigado a pagar taxa inicial, ele deverá remunerar o franqueador, mediante porcentagens do seu lucro, o que representa, para o franqueador, a retribuição por ter a marca concedido[45];

vi) *comutativo*, pois há previsão de equivalência entre as prestações de cada uma das partes;

vii) *de execução sucessiva ou continuada*, porque envolve prestações periódicas e contínuas, não só em relação à remuneração devida pelo franqueado, mas também de assistência técnica por parte do franqueador;

viii) *celebrado intuitu personae*, uma vez que o franqueador observa certas características específicas do franqueado, para garantir a qualidade do fornecimento ao consumidor final. Para Alexandre David Santos, o caráter personalíssimo é uma das principais características do

---

[40] "É um contrato: a) típico: que encontrou acolhida na Lei 8.955/1994" (FRANCO, Vera Helena de Mello. *Contratos*: direito civil e empresarial. 4. ed. São Paulo: Revista dos Tribunais, 2013, p. 285). "Após a promulgação da Lei n. 8.955, de 15.12.1994, apesar de controvérsia na doutrina, passou-se a entender que esse contrato adquiriu tipicidade por haver regulação. Cabe ressalvar, contudo, que o conteúdo da legislação cuida mais detidamente da Circular de Oferta de Franquia, que deve ser entregue ao franqueado sob pena de anulabilidade (art. 4º)" (MARTINS, Fran. *Curso de direito comercial*: contratos e obrigações comerciais, 19. ed. Rio de Janeiro: Forense, 2019, p. 388); "Há quem defenda que o contrato de franquia é um contrato típico, por estar regulamentado nas disposições de Lei específica (a atual Lei n. 13.966, de 26.12.2019 – Nova Lei de Franquia), que revogou a Lei n. 8.955, de 15 de dezembro de 1994. Parece-nos ser esta a posição mais acertada" (SISTER, Tatiana Dratovsky. *Contratos de franquia*: origem, evolução legislativa e controvérsias. São Paulo: Almedina, 2020, p. 27). "Este contrato foi tipificado no direito brasileiro pela Lei n. 8.955, de 15 de dezembro de 1994, revogada pela Lei n. 13.966/2019" (PEREIRA, Cario Mário da Silva. *Instituições de direito civil*: contratos. 25. ed. Rio de Janeiro: Forense, 2022, p. 376).

[41] VENOSA, Sílvio de Salvo. *Direito civil*: contratos. 23. ed. Barueri: Atlas, 2023, p. 759.

[42] FRANCO, Vera Helena de Mello. *Contratos*: direito civil e empresarial. 4. ed. São Paulo: Revista dos Tribunais, 2013, p. 285.

[43] RICHTER, Marina Nascimbem Bechtejew. *A relação de franquia no mundo empresarial e as tendências da jurisprudência brasileira*. 3. ed. São Paulo, 2021, p. 75-76.

[44] Nesse sentido, TOMAZETTE, Marlon. *Contratos empresariais*. Salvador: JusPodivm, 2022, p. 372.

[45] MARTINS, Fran. *Curso de direito comercial*: contratos e obrigações comerciais. 19. ed. Rio de Janeiro: Forense, 2019, p. 388.

contrato de franquia, pelo fundamento de que o perfil do franqueado é essencial para que o negócio seja bem-sucedido[46]. Insta salientar que, "por seu caráter *intuitu personae* ou personalíssimo, o contrato não comporta cessão total ou parcial, salvo ajuste a respeito"[47].

Por parte do franqueado, também há essa preocupação no momento da escolha da franquia à qual pretende aderir. Aliás, a preocupação com esse aspecto é tão grande que a própria lei determina que certas características das partes sejam reveladas na COF. Assim, diversos dados do franqueador devem ser apresentados, como seu histórico e sua qualificação completa, balanços e demonstrações financeiras dos dois últimos anos[48]. Quanto ao franqueado, essa circular deverá especificar o perfil do franqueado ideal, no que se refere à experiência anterior, nível de escolaridade e outras que o franqueador entender serem importantes[49];

i) *é um contrato comercial*, uma vez que franqueado e franqueador deverão ser empresários e o contrato é celebrado com fins comerciais[50], sujeito às regras de interpretação atinentes aos contratos comerciais;

ii) *é um tipo de contrato de colaboração utilizado por empresários*[51].

Além disso, é muito comum que o contrato de franquia seja de adesão, sendo que a uniformidade de relações com os diversos franqueados é uma das características da operação, até porque essa padronização faz parte do próprio negócio, de modo que o consumidor não seja capaz de distinguir o produto ou serviço fornecido ou prestado por um ou outro franqueado.

Em verdade, com base na Lei de Liberdade Econômica, especialmente no que prevê o art. 421-A, "os contratos civis e empresariais presumem-se paritários e simétricos até a presença de elementos concretos que justifiquem o afastamento dessa presunção", e em função do silêncio da Lei n. 13.966/2019, é necessário observar o caso concreto para reconhecer se deve ou não ser considerado um contato de adesão[52].

Se assim for, o franqueado não terá a opção de discutir as cláusulas contratuais, ou poderá discutir apenas algumas delas. Nesse aspecto, embora não precise ocorrer necessariamente, a prática demonstra que, com a pouca margem de discussão das cláusulas, o contrato de franquia é normalmente de adesão[53].

7. PREVISÕES CONTRATUAIS

Conforme ensina Fábio Ulhoa Coelho, "o elemento indispensável à configuração do contrato [de franquia] é a prestação de serviços de organização empresarial, ou, por outra, o acesso a um conjunto de informações e conhecimentos, detido pelo franqueador, que viabilizam a redução dos riscos na criação do estabelecimento do franqueado"[54]. Além do mais, como o que se busca é a formação de uma rede homogênea dos franqueados, a franquia é dotada de cláusulas padronizadas[55].

---

[46] SANTOS, Alexandre David. *Comentários à nova lei de franquia*. 2. ed. São Paulo: Almedina, 2023, p. 220-221.

[47] NADER, Paulo. *Curso de direito civil*. 8. ed. Rio de Janeiro: Forense, 2016, v. 3, p. 619.

[48] Incisos I, II e III do art. 2º da Nova Lei de Franquia.

[49] Inciso VI do art. 2º da Nova Lei de Franquia.

[50] MARTINS, Fran. *Curso de direito comercial*: contratos e obrigações comerciais. 19. ed. Rio de Janeiro: Forense, 2019, p. 388.

[51] TOMAZETTE, Marlon. *Contratos empresariais*. Salvador: JusPodivm, 2022, p. 361.

[52] TOMAZETTE, Marlon. *Contratos empresariais*. Salvador: JusPodivm, 2022, p. 374.

[53] TOMAZETTE, Marlon. *Contratos empresariais*. Salvador: JusPodivm, 2022, p. 374.

[54] COELHO, Fábio Ulhoa. *Curso de direito comercial*: direito de empresa. 16. ed. São Paulo: Saraiva, 2012, v. 1, p. 187.

[55] COELHO, Fábio Ulhoa. *Curso de direito civil*: contratos. 2. ed. São Paulo: Thomson Reuters Brasil, 2020, v. 3, p. 54.

Capítulo 3 • Contrato de franquia

O autor ainda esclarece que o contrato abrange, portanto, três situações: o *management*, que se refere à própria administração do negócio, com práticas de controle de custos, gestão de pessoas e de estoques; o *engineering*, que se relaciona à organização do espaço (local e instalações); e o *marketing*, que inclui não apenas a publicidade do produto ou serviço, mas também a forma como é colocado à disposição do consumidor. Enfim, o contrato deve descrever o *modus operandi* do negócio, a ser seguido pelo franqueado[56].

Além de toda a estrutura do negócio, dos produtos e da tecnologia a serem fornecidos pelo franqueador, e de todas as formas de remuneração e quaisquer outras contraprestações devidas pelo franqueado, alguns outros elementos geralmente compõem o contrato de franquia.

Para Fran Martins, as cláusulas essenciais para que se caracterize um contrato como de franquia são as que "se referem ao prazo do contrato, à delimitação do território e da localização, às taxas de franquia, às cotas de vendas, ao direito de o franqueado vender a franquia e ao cancelamento ou à extinção do contrato"[57].

Sobre o prazo, é importante que seja previsto um período mínimo, com especificação das condições de renovação[58]. Geralmente, o prazo é determinado e varia de um a cinco anos[59].

Há, também, a questão da exclusividade. Especialmente quando se trata de uma franquia que implica a constituição de um estabelecimento aberto ao público, o franqueador pode exigir exclusividade de marca e de produtos ou serviços. Isso significa que o franqueado não poderá oferecer outros produtos ou serviços que não os do franqueador em seu estabelecimento empresarial.

Por outro lado, o franqueador também poderá estar vinculado a uma obrigação de manter a exclusividade territorial do franqueado, ou seja, fica impedido de celebrar um contrato de franquia com outro empresário que deseje se estabelecer a uma pequena distância do primeiro. É importante que as partes delimitem essa distância, que pode variar de acordo com o negócio, o tamanho da cidade e até a própria necessidade do produto em determinada região. Esse ponto é muito importante, pois o franqueado pode ter seu negócio prejudicado por outro franqueado instalado nas redondezas; isso faria com que os franqueados competissem entre si, e não apenas com os concorrentes de outras marcas, produtos ou serviços. Importante, também, na medida em que, havendo silêncio das partes, não haverá a exclusividade territorial[60].

A impossibilidade de o franqueado realizar vendas ou prestar serviços fora de seu território ou realizar exportações, se for o caso, deve constar do contrato.

Nesse aspecto, a Lei de Franquia, em seu art. 2º, X, determina que deverá ser esclarecida a política de atuação territorial, com a especificação na COF se é garantida ao franqueado a exclusividade ou a preferência sobre determinado território de atuação e, nesse caso, sob que condições; se há possibilidade de o franqueado realizar vendas ou prestar serviços fora de seu território ou realizar exportações; e se há e quais são as regras de concorrência territorial entre unidades próprias e franqueadas.

Como já foi comentado, o franqueador deverá receber remuneração do franqueado. Além disso, também poderá ser fixada uma "cota de vendas, sem o que o franqueador não conheceria o interesse do franqueado"[61].

---

[56] COELHO, Fábio Ulhoa. *Curso de direito comercial*: direito de empresa. 16. ed. São Paulo: Saraiva, 2012, v. 1, p. 187.

[57] MARTINS, Fran. *Curso de direito comercial*: contratos e obrigações comerciais. 19. ed. Rio de Janeiro: Forense, 2019, p. 390.

[58] VENOSA, Sílvio de Salvo. *Direito civil*: contratos. 23. ed. Barueri: Atlas, 2023, p. 759.

[59] MARTINS, Fran. *Curso de direito comercial*: contratos e obrigações comerciais. 19. ed. Rio de Janeiro: Forense, 2019, p. 390.

[60] TOMAZETTE, Marlon. *Contratos empresariais*. Salvador: JusPodivm, 2022, p. 382.

[61] MARTINS, Fran. *Curso de direito comercial*: contratos e obrigações comerciais. 19. ed. Rio de Janeiro: Forense, 2019, p. 390.

Comuns também são a cláusula de confidencialidade em relação ao *know-how* ou segredo de indústria a que o franqueado teve acesso, bem como a cláusula de não concorrência, inclusive após o término do contrato.

Por fim, as cláusulas sobre o cancelamento ou extinção do contrato devem estar presentes para evidenciar os motivos que podem causar tal extinção[62]. Convém notar que a Lei n. 13.966/2019 não regulamentou as formas de extinção do contrato de franquia[63], o que permite reiterar a importância de as partes acordarem tal matéria.

Como em outras modalidades contratuais de execução continuada, haverá a extinção do contrato: a) por advento do termo final; b) quando for de prazo indeterminado, pela denúncia de uma das partes; c) por inadimplemento[64]; d) pelo distrato; e) pela impossibilidade superveniente da prestação ou onerosidade excessiva[65].

Tatiana Sister classifica a extinção[66] pela (i) invalidação ou dissolução do contrato por motivos anteriores ou concomitantes à sua formação e pela (ii) dissolução do contrato por causas supervenientes à sua formação.

Na invalidação ou dissolução do contrato, a autora explica que a extinção pode ocorrer por vícios que resultem em nulidade ou anulabilidade dos contratos, o que pode ser chamado de extinção anômala[67]. Como exemplo, a própria Lei n. 13.966/2019, no art. 2º, § 2º, disciplina a hipótese de não apresentação tempestiva da COF. Nesse caso, "na hipótese de não cumprimento do disposto no § 1º, o franqueado poderá arguir anulabilidade ou nulidade, conforme o caso, e exigir a devolução de todas e quaisquer quantias já pagas ao franqueador, ou a terceiros por este indicados, a título de filiação ou de *royalties*, corrigidas monetariamente".

No que se refere às hipóteses de dissolução por causa superveniente, também causa de extinção anômala, Sister leciona que os contratos continuados podem ser dissolvidos por (a) resolução, (b) resilição ou (c) rescisão[68].

Em suma, na resolução, há inexecução de obrigação, circunstância na qual a parte prejudicada possui a possibilidade promover ação de cumprimento do contrato ou sua resolução, podendo, ainda, pedir perdas e danos[69].

A hipótese da resilição (ou denúncia unilateral) diz respeito ao modo de extinção em função de manifestação de um dos contratantes. Vale dizer que, nessa modalidade, não há o imediato dever de indenizar. É modalidade proveitosa em contratos de prazo indeterminado, no qual uma das partes almeja se libertar do vínculo. A denúncia não precisa de justificação[70].

---

[62] MARTINS, Fran. *Curso de direito comercial*: contratos e obrigações comerciais. 19. ed. Rio de Janeiro: Forense, 2019, p. 391.

[63] SISTER, Tatiana Dratovsky. *Contratos de franquia*: origem, evolução legislativa e controvérsias. São Paulo: Almedina, 2020, p. 75.

[64] FRANCO, Vera Helena de Mello. *Contratos*: direito civil e empresarial. 4. ed. São Paulo: Revista dos Tribunais, 2013, p. 287.

[65] THEODORO JR., Humberto. *Contratos de colaboração empresarial*. Rio de Janeiro: Forense, 2019, p. 392.

[66] "Referida extinção pode decorrer tanto do termo final de vigência do contrato firmado a prazo determinado (caducidade), como da manifestação de vontade das partes em encerrar o contrato" (SISTER, Tatiana Dratovsky. *Contratos de franquia*: origem, evolução legislativa e controvérsias. São Paulo: Almedina, 2020, p. 76).

[67] SISTER, Tatiana Dratovsky. *Contratos de franquia*: origem, evolução legislativa e controvérsias. São Paulo: Almedina, 2020, p. 80.

[68] SISTER, Tatiana Dratovsky. *Contratos de franquia*: origem, evolução legislativa e controvérsias. São Paulo: Almedina, 2020, p. 82.

[69] SISTER, Tatiana Dratovsky. *Contratos de franquia*: origem, evolução legislativa e controvérsias. São Paulo: Almedina, 2020, p. 82.

[70] SISTER, Tatiana Dratovsky. *Contratos de franquia*: origem, evolução legislativa e controvérsias. São Paulo: Almedina, 2020, p. 85-86.

Capítulo 3 • Contrato de franquia

A resilição unilateral é exceção, ocorrendo "nos casos expressos na lei, como o mandato e o depósito, e nos contratos de duração firmados por prazo indeterminado, a denúncia se afigura como forma legítima de extinção do vínculo obrigacional"[71].

A rescisão, que somente pode ser obtida por via judicial, é modalidade em que houve lesão, sendo semelhante à hipótese de anulabilidade[72]. Não se pode perder de vista, também, a resolução por onerosidade excessiva, a qual exige "(i) a superveniência do fato gerador do desequilíbrio ao momento da celebração do contrato e antes de seu fim, e (ii) o enriquecimento indevido do credor"[73].

8. TIPOS DE FRANQUIA

Há diversos tipos de contrato de franquia.

A *International Franchise Association* (IFA)[74] classifica os contratos de franquia em dois tipos: o de marca e produto e o *uniform business format*. O primeiro é o tipo em que o franqueador concede ao franqueado a venda dos seus produtos ou prestação dos serviços por ele desenvolvidos, geralmente exigindo exclusividade. O franqueado goza de certa autonomia, não havendo necessidade de seguir normas rígidas estabelecidas pelo franqueador quanto a procedimentos e gestão.

Já no segundo tipo, também chamado de *business format franchising*, o franqueador fornece, além da marca, dos produtos e dos serviços, todo o sistema de administração e operação do negócio, estabelecendo regras rígidas em relação aos procedimentos adotados, restando pouca liberdade ao franqueado para executá-los. Ou seja, transfere para este as técnicas que devem ser utilizadas para a produção ou venda do produto, ou para a prestação do serviço, com o respectivo suporte técnico e sob a condição de que sejam sempre observadas.

Na União Europeia, o Regulamento da Comissão das Comunidades Europeias (CEE) n. 4.087/88 (Considerando n. 3)[75] trata dos contratos de franquia enumerando as seguintes categorias:

i) *franquia industrial ou de produção*, que se refere à fabricação e venda de produtos em conformidade com as orientações do franqueador e utilizando a marca deste. Assim, o franqueador transferirá seu *know-how* ao franqueado, que deverá fabricar o produto conforme as especificações determinadas por esse franqueador. A venda não necessariamente será feita ao consumidor final – já que pode, muitas vezes, ser realizada para outros franqueados que exploram a venda ao varejo. Na franquia industrial, o franqueador e o franqueado desenvolvem empresas industriais[76];

ii) *franquia de distribuição*, que diz respeito à venda de bens produzidos pelo franqueador ou por quem for autorizado por ele (muitas vezes outro empresário que detenha a franquia industrial). O franqueado, nesse caso, possui o estabelecimento em que efetua a venda, em geral, aos consumidores finais. Nesse estabelecimento, formatado conforme determinação

---

[71] THEODORO JR., Humberto. *Contratos de colaboração empresarial*. Rio de Janeiro: Forense, 2019, p. 401.

[72] SISTER, Tatiana Dratovsky. *Contratos de franquia*: origem, evolução legislativa e controvérsias. São Paulo: Almedina, 2020, p. 88.

[73] THEODORO JR., Humberto. *Contratos de colaboração empresarial*. Rio de Janeiro: Forense, 2019, p. 410.

[74] Disponível em: https://www.franchise.org/faqs/basics/what-is-a-franchise. Acesso em: 24 maio 2024.

[75] Regulamento (CEE) n. 4087/88 da Comissão de 30 de novembro de 1988 relativo à aplicação do n. 3 do artigo 85º do Tratado a certas categorias de acordos de franquia. *Jornal Oficial das Comunidades Europeias*, n. L 359, p. 46-52, 1988. Disponível em: https://op.europa.eu/pt/publication-detail/-/publication/f1228382-2fad-4ff0-9335-4d4cc2c31157/language-pt. Acesso em: 24 maio 2024.

[76] VENOSA, Sílvio de Salvo. *Direito civil*: contratos. 23. ed. Barueri: Atlas, 2023, p. 758.

do franqueador, o franqueado utilizará a marca cujo uso lhe foi cedido. A franquia de distribuição é geralmente utilizada no setor de gêneros alimentícios[77].

iii) *franquia de serviços*, que se refere à prestação de serviços nos moldes determinados pelo franqueador e utilizando sua marca.

Nas franquias de espécies e de produtos, serviços e distribuição, não há necessidade de padronização intensa, o que confere maior liberdade ao franqueado[78].

Sem embargo, nas franquias denominadas *business format franchising* há um elevado nível de padronização, o que significa dizer que os franqueados aderem ao negócio com baixo grau de liberdade[79].

Sílvio Venosa explica que "na *business format franchising*, o espectro da concessão é mais amplo, com controle rígido de normas. É concedida ao franqueado toda a competência e estrutura do negócio. O franqueador desenvolve um negócio cujo modelo formatado é transferido aos franqueados, os quais deverão seguir uma série de regras. Concede-se o uso da marca registrada, nome comercial, logotipo, planos de comercialização, assistência técnica etc. (...) No *business format*, o franqueador presta assistência total e permanente ao franqueado"[80].

Há outros tipos de franquia identificados pela doutrina brasileira, sendo o mais comum a franquia-mestre, ou *master franchising*, ou franquia-piloto. Nessa espécie, um franqueador celebra contrato de franquia com um franqueado, que, por sua vez, não vai fabricar nem distribuir o produto nem prestar o serviço, mas atuar como administrador da franquia e franqueador de terceiros subfranqueados.

Na *master franchising*, o que se transfere, nessa operação, é o direito de explorar uma franquia. Essa estrutura é muito comum em situações envolvendo pessoas situadas em países diferentes, em que o proprietário da marca e da tecnologia pretende investir em outro país por meio de franquias.

Nesse contexto, seria uma opção lógica, uma vez que, segundo Verçosa, "do ponto de vista estrutural, o criador do negócio, ao optar pelo seu crescimento por meio da franquia, havendo dividido o território no qual pretende operar em grandes regiões nacionais ou internacionais, para estas designa franqueados *masters* ou pilotos (*master franchising*) os quais, por sua vez, receberão o poder de escolher subfranqueados, que atuarão em áreas geográficas mais restritas, sob seu comando direto, bem como do titular da rede, indiretamente. Desta forma, o sistema adquire eficácia, sem a necessidade do estabelecimento pelo idealizador do negócio de mecanismos diretos de operação nas áreas remotas"[81].

O conceito de máster-franqueado está presente no Decreto n. 7.708/2012. Nos termos da lei, é máster-franqueado ou subfranqueador a pessoa jurídica ou física responsável pelo desenvolvimento de uma cadeia de unidades do franqueador originário que atenda exclusivamente determinada área geográfica, ou seja, a totalidade de um país ou parte dele.

---

[77] FRANCO, Vera Helena de Mello. *Contratos*: direito civil e empresarial. 4. ed. São Paulo: Revista dos Tribunais, 2013, p. 284.

[78] VERÇOSA, Haroldo Malheiros Duclerc. *Direito comercial*: os contratos empresariais em espécie (segundo a sua função jurídico-econômica). São Paulo: Revista dos Tribunais, 2014, p. 149.

[79] VERÇOSA, Haroldo Malheiros Duclerc. *Direito comercial*: os contratos empresariais em espécie (segundo a sua função jurídico-econômica). São Paulo: Revista dos Tribunais, 2014, p. 149.

[80] VENOSA, Sílvio de Salvo. *Direito civil*: contratos. 23. ed. Barueri: Atlas, 2023, p. 754.

[81] VERÇOSA, Haroldo Malheiros Duclerc. *Direito comercial*: os contratos empresariais em espécie (segundo a sua função jurídico-econômica). São Paulo: Revista dos Tribunais, 2014, p. 149.

Desse modo, o máster-franqueado, ao mesmo tempo, será franqueado em sua relação inicial com o franqueador. Ao lado disso, figurará como se fosse franqueador em relação aos novos franqueados[82].

Com o avanço da máster-franquia, surgiu a "franquia de desenvolvimento de área" (*area development franchise*), que se refere à hipótese em que "o franqueador contrata um franqueado, um representante de área, para que este busque futuros franqueados em determinado território"[83]. Nesse cenário, o negócio final será realizado entre o franqueador original e o novo franqueado.

Além disso, há também a "franquia de canto" (*corner franchising*), na qual um estabelecimento cede parte de seu espaço para uma atividade franqueada, como é o caso de pequenos espaços cedidos em *shopping centers*[84].

9. AS PARTES

No contrato de franquia, as partes são o franqueador e o franqueado.

Temos, de um lado, o franqueador, também chamado de concedente, que é o detentor da marca, da patente do produto, do *know-how*, ou, ainda, da licença para explorá-los por meio de franquia (por exemplo, no caso de franquia-mestre).

Deve o franqueador ser um empresário, que produz determinado produto, presta um serviço ou simplesmente detém o direito de uso de uma marca ou patente.

Como exposto anteriormente, antes da celebração do contrato de franquia, o franqueador deve apresentar ao franqueado a COF, nos termos do art. 2º da nova Lei de Franquia, que deverá conter informações relevantes sobre si, como seu histórico, sua razão social, as empresas a que esteja ligado, balanços e demonstrações financeiras dos dois últimos exercícios, pendências judiciais que podem ter impacto na franquia.

De outro lado, temos o franqueado, ou licenciado, que pode ser qualquer empresário que tenha condições de exercer a atividade e pagar pelo direito de exercê-la. Pode ser pessoa jurídica ou física, tanto que a nova Lei de Franquia, seguindo o exemplo da lei anterior, menciona, em seu art. 2º, VI, o nível de escolaridade como item que pode ser exigido pelo franqueador. A COF especificará o perfil exigido para que uma pessoa se torne um franqueado.

Importante destacar que existe uma relação de subordinação entre franqueador e franqueado em virtude da exploração da marca, patente ou exploração das licenças, em que o segundo se submete ao primeiro, sem que isso caracterize qualquer forma de vínculo empregatício ou relação de consumo. Trata-se de característica essencial dessa espécie de contrato.

10. OBRIGAÇÕES DAS PARTES

Como já visto, o franqueador tem o dever de, dependendo do tipo de franquia: (i) conceder o direito de uso da marca ou de distribuição do produto; (ii) fornecer o produto ou a tecnologia para produzi-lo ou para que o serviço seja prestado; (iii) realizar o treinamento das equipes que atuarão no exercício da atividade; (iv) transmitir o modelo de gestão que deverá ser utilizado, por meio de manuais, cursos etc.

Além disso, como anteriormente exposto, a Lei n. 13.966/2019 determina que o franqueador apresente ao interessado em se tornar um franqueado a COF.

---

[82] TOMAZETTE, Marlon. *Contratos empresariais*. Salvador: JusPodivm, 2022, p. 393.

[83] VENOSA, Sílvio de Salvo. *Direito civil*: contratos. 23. ed. Barueri: Atlas, 2023, p. 757.

[84] VENOSA, Sílvio de Salvo. *Direito civil*: contratos. 23. ed. Barueri: Atlas, 2023, p. 757.

O franqueado, por sua vez, além do dever de pagar a respectiva remuneração ao franqueador pelo direito de uso da marca, da tecnologia ou das técnicas de gestão, ou de distribuição do produto, tem o dever de observar essas técnicas e as demais regras impostas pelo franqueador para o exercício da atividade.

Conforme exposto *supra*, em alguns casos, há a obrigatoriedade de exclusividade, principalmente por parte do franqueado, que muitas vezes só pode produzir ou distribuir o produto do franqueador. Essa obrigação, como supracitado, também pode ser imposta ao franqueador, que não poderá permitir a instalação de outra franquia do seu produto num determinado território, evitando, assim, a competição entre franqueados.

De forma convencional, as partes podem ainda contratar obrigações. Nesse aspecto, pode-se estabelecer que o franqueador deverá prestar assistência financeira, seja por meio de assessoria ou obtenção de créditos; ou poderão instituir cláusula de não concorrência entre o franqueador e o franqueado; convencionar a locação ou sublocação do espaço físico etc.[85].

11. CIRCULAR DE OFERTA DE FRANQUIA (COF)

Trata-se de documento preparatório e informativo, previsto pela lei no intuito de garantir ao franqueado pleno conhecimento do negócio que poderá celebrar, evitando, assim, que ele incorra em erro ou venha a assumir riscos desconhecidos ou excessivos. A COF pretende promover a simetria informacional entre as partes. Assegura que ao futuro franqueado sejam informadas as indicações claras, objetivas e acessíveis sobre a franquia ofertada[86].

Este é, na verdade, o maior escopo da lei: impor o dever de transparência que deve reger a relação entre as partes[87]. Em outras palavras, a Lei de Franquia, assim como a lei anterior, prevê um dever de informação para o franqueador.

O dever de informação do franqueador é relevante e está de acordo com o princípio da boa-fé objetiva, o qual precisa ser respeitado pelos contratantes na fase pré-contratual, na celebração do ajuste, na sua execução e após sua extinção[88]. Esse dever de informação é relevante na medida em que, apenas após o conhecimento de todas as informações necessárias a respeito da franquia, o franqueado poderá decidir se fará ou não parte da rede de franquia[89].

Nesse contexto, essa circular, cuja apresentação pelo franqueador ao franqueado é obrigatória, deve conter as seguintes informações:

i) *sobre o franqueador*: histórico, sua qualificação completa e de todas as empresas a que esteja diretamente ligado, indicando seus respectivos CNPJs, balanços e demonstrações financeiras dos últimos dois anos, indicação das pendências judiciais relacionadas ao sistema de franquia ou que possam vir a afetar o funcionamento desta;

ii) *sobre o negócio*: descrição detalhada da franquia e das atividades que deverão ser desempenhadas pelo franqueado, o total de investimento necessário, situação da marca franqueada

---

[85] TOMAZETTE, Marlon. *Contratos Empresariais*. Salvador: JusPodivm, 2022, p. 387-388.

[86] THEODORO JR., Humberto. *Contratos de colaboração empresarial*. Rio de Janeiro: Forense, 2019, p. 380.

[87] Segundo Fábio Ulhoa Coelho, "trata-se de diploma legal do gênero denominado *disclosure statute* pelo direito norte-americano. Ou seja, encerra normas que não regulamentam propriamente o conteúdo de determinada relação jurídico-contratual, mas apenas impõem o dever de transparência nessa relação" (COELHO, Fábio Ulhoa. *Curso de direito comercial*: direito de empresa. 16. ed. São Paulo: Saraiva, 2012, v. 1, p. 187).

[88] THEODORO JR., Humberto. *Contratos de colaboração empresarial*. Rio de Janeiro: Forense, 2019, p. 380.

[89] THEODORO JR., Humberto. *Contratos de colaboração empresarial*. Rio de Janeiro: Forense, 2019, p. 380

Capítulo 3 • Contrato de franquia

e outros direitos de propriedade intelectual relacionados à franquia, relação completa dos franqueados e terceiros ligados a eles;

iii) *sobre o franqueado*: o perfil exigido;

iv) *obrigações do franqueado*: todas as remunerações devidas, por exemplo taxa inicial, taxas periódicas, aluguel de equipamentos, taxa de publicidade, além dos itens que o franqueado deverá adquirir e os que lhe serão fornecidos independentemente de taxa específica, obrigações após o término do contrato de franquia, especialmente sobre *know-how*, confidencialidade e não concorrência;

v) *direitos do franqueado*: relação dos itens que serão fornecidos pelo franqueador e se ensejam o pagamento de alguma taxa, exclusividade ou preferência territorial e em que condições, a possibilidade de realizar vendas fora do seu território ou exportações;

vi) indicação de situações em que são aplicadas penalidades, multas ou indenizações e dos respectivos valores;

vii) o modelo do contrato-padrão e, se for o caso, o pré-contrato de franquia, bem como a especificação do prazo contratual e das condições de renovação, se houver.

A COF não se caracteriza como pré-contrato ou contrato preliminar. O uso da nomenclatura "pré-contrato" pode ser considerado uma falha técnica, na medida em que o correto seria Contrato Preliminar, como previsto nos arts. 462 a 466 do CC[90]. Mas, para além da terminologia, o "pré-contrato" aparece na hipótese em que haveria uma promessa de contratar, definindo, previamente, os elementos da futura contratação pelas partes[91].

Pela COF, há a mera apresentação das informações necessárias ao franqueado, o que dispensa sua anuência a tanto ou vincula o franqueado a qualquer obrigação.

Não é o que ocorre com um contrato de pré-franquia, hipótese em que, "mesmo com a prestação das informações devidas, as partes podem não ter firmado ainda a convicção no sentido de uma contratação definitiva"[92]. Nessa hipótese, as partes celebram um contrato preliminar. O objetivo é realizar um teste, vivenciar a experiência da franquia. Importante notar que, na pré-franquia, o núcleo é a experiência, não sendo, portanto, uma promessa de contratar[93].

Nota-se que, após o prazo de experiência, o interessado e o franqueado poderão optar por duas saídas: (a) se houver a contratação, será celebrado um contrato definitivo; (b) do contrário, poderão ser impostas obrigações de sigilo e cláusula de não concorrência[94].

Segundo o § 2º do art. 2º da Lei n. 13.966/2019, se a COF não for entregue ao candidato a franqueado no prazo mínimo de 10 dias antes da assinatura do contrato ou pré-contrato de franquia ou ainda do pagamento de qualquer tipo de taxa pelo franqueado ao franqueador ou à empresa ou pessoa ligada a este, o franqueado poderá arguir a anulabilidade do contrato ou ver reconhecida a nulidade do contrato e exigir a devolução de todas as quantias que já houver pago ao franqueador ou a terceiros por ele indicados, a título de taxa de filiação e *royalties*, devidamente corrigidas mais perdas e danos.

A diferença da imposição das invalidades à COF, nulidade ou anulabilidade, é explicada por Rizzardo Filho e Figueiredo. Para os autores, "pode-se dizer que 'a falta de entrega da COF' gera

---

[90] SANTOS, Alexandre David. *Comentários à nova lei de franquia – Lei n. 13.966/2019*. 2. ed. São Paulo: Almedina, 2023, p. 245.

[91] TOMAZETTE, Marlon. *Contratos empresariais*. Salvador: JusPodivm, 2022, p. 384.

[92] TOMAZETTE, Marlon. *Contratos empresariais*. Salvador: JusPodivm, 2022, p. 384.

[93] TOMAZETTE, Marlon. *Contratos empresariais*. Salvador: JusPodivm, 2022, p. 384.

[94] TOMAZETTE, Marlon. *Contratos empresariais*. Salvador: JusPodivm, 2022, p. 384.

nulidade, pois se trata de solenidade considerada essencial para a validade do contrato de franquia, conforme inciso V do art. 166 do Código Civil. De outro lado, a entrega da COF 'fora do prazo determinado pelo § 1º do art. 2º', e a entrega da COF com omissão ou falsidade de informações, conforme art. 4º da nova lei, geram também anulabilidade. Nesses casos, a solenidade ocorreu – não foi preterida, mas de forma viciada"[95].

A doutrina e a jurisprudência reconhecem que a anulação não pode ser requerida se não for oportunamente alegada, ou seja, deverá ser analisado se o pedido foi realizado em tempo oportuno[96]. Assim, "se a despeito da não entrega da circular no prazo fixado na lei, as partes celebram o negócio e o executam durante determinado lapso temporal, a ausência do documento estará sanada, razão pela qual não se anulará mais a franquia por esse motivo"[97]. Nesse sentido, jurisprudência estadual[98].

Nesse sentido, é importante delinear sucintas diferenças entre os institutos da nulidade e anulabilidade para que se alcance a melhor interpretação do dispositivo. Primeiramente, o ato que produz efeitos legais é aquele que preenche a totalidade dos requisitos de existência, validade e eficácia. Na lógica do nosso ordenamento, serão nulos os negócios jurídicos que coincidirem com o que prevê o art. 166 do CC[99]. Assim, a "nulidade do negócio jurídico possui alto teor de gravidade, diante da violação de comandos legais de caráter público, o que torna o ato inexistente, isto é, como se nunca tivesse existido, cuja declaração judicial produz efeitos *ex tunc*, destituindo o ato desde o seu nascedouro"[100]. Noutra ponta, tem-se os defeitos que não possuem a força de levar o negócio jurídico à nulidade, causando mera anulabilidade, "situação em que o ato é destituído a partir de determinado pronunciamento judicial, produzindo efeitos *ex nunc*, ou seja, não retroage no tempo"[101].

No caso das franquias, a arguição de nulidade ocorrerá quando houver desrespeito à forma do negócio, quando forem violados os requisitos do art. 2º arrolados *supra*. Nesse cenário, será possível o reconhecimento da inexistência do ato com a consequência devolução dos valores, retornando ao estado inicial – por isso nulidade. Por outro lado, quando houver decisão de anulabilidade, os atos praticados não perderão seus efeitos, quer dizer, a sentença terá efeito *ex nunc*, não retroagindo[102].

Na Lei n. 8.955/94, a precisão era de anulabilidade do contrato em razão do não cumprimento da obrigação da COF no prazo. A escolha do legislador na nova lei, ao acrescentar a possibilidade de

---

[95] RIZZARDO FILHO, Arnaldo; FIGUEIREDO, Raif Daher Hardman de. Função, elementos e vícios da Circular de Oferta de Franquia: uma análise crítica do art. 2º, § 2º, da Lei 13. 966/19. *Revista dos Tribunais*, v. 1026, p. 197-209, abr./2021.

[96] THEODORO JR., Humberto. *Contratos de colaboração empresarial.* Rio de Janeiro: Forense, 2019, p. 385.

[97] THEODORO JR., Humberto. *Contratos de colaboração empresarial.* Rio de Janeiro: Forense, 2019, p. 385.

[98] "Ainda que a Circula de Oferta de Franquia não tenha sido entregue no prazo legal, não se pode acolher, no caso concreto, o pedido de anulação do contrato porque a apelante na condição de franqueada exerceu a atividade empresarial por mais de 2 (dois) anos consecutivos, sem ao menos apresentar qualquer reclamação formal no tocante a esse fato. Também, não é crível que a franqueada não tenha recebido as informações necessárias no tocante à Circular de Oferta de Franquia, e mesmo assim, tenha livremente firmado o contrato de franquia, e se aventurado no exercício da atividade empresarial por mais 2 (dois) anos. Ausentes provas documentais de que ao longo da relação contratual a franqueada tenha realizado reclamação formal a respeito das diversas irregularidades que imputa à franqueadora, não há que se falar em nulidade do contrato em razão da não entrega da COF, pois evidente a sua aceitação tácita" (TJSP, 2ª Câmara Reservada de Direito Empresarial do Tribunal de Justiça de São Paulo, Apelação Cível n. 1001364-48.2020.8.26.0144. Rel. Ricardo Negrão. j. 20-9-2022).

[99] "Art. 166. É nulo o negócio jurídico quando: I – celebrado por pessoa absolutamente incapaz; II – for ilícito, impossível ou indeterminável o seu objeto; III – o motivo determinante, comum a ambas as partes, for ilícito; IV – não revestir a forma prescrita em lei; V – for preterida alguma solenidade que a lei considere essencial para a sua validade; VI – tiver por objetivo fraudar lei imperativa; VII – a lei taxativamente o declarar nulo, ou proibir-lhe a prática, sem cominar sanção."

[100] SANTOS, Alexandre David. *Comentários à nova lei de franquia.* 2. ed. São Paulo: Almedina, 2023, p. 147.

[101] SANTOS, Alexandre David. *Comentários à nova lei de franquia.* 2. ed. São Paulo: Almedina, 2023, p. 148.

[102] SANTOS, Alexandre David. *Comentários à nova lei de franquia.* 2. ed. São Paulo: Almedina, 2023, pp. 148-151.

Capítulo 3 • Contrato de franquia

nulidade, tem gerado discussões, dado que "termos adotados indistintamente estão fora da boa técnica profissional e trazem problemas mesmo para os mais brilhantes advogados do setor"[103].

O art. 4º da Lei n. 13.966/2019 anota que será aplicado ao franqueador que omitir informações exigidas por lei ou veicular informações falsas na CPF a sanção prevista no § 2º do art. 2º – sanção registrada *supra* –, sem prejuízo das sanções penais cabíveis.

12. TRANSFERÊNCIA DE TECNOLOGIA

O § 1º do art. 1º da Lei n. 13.966/2019 disciplina que, para os fins da autorização contida no *caput*[104], "o franqueador deve ser titular ou requerente de direitos sobre as marcas e outros objetos de propriedade intelectual negociados no âmbito do contrato de franquia, ou estar expressamente autorizado pelo titular".

Segundo o art. 211 da Lei n. 9.279/96, que regula direitos e obrigações relativos à propriedade industrial, o INPI fará o registro dos contratos que impliquem transferência de tecnologia, contratos de franquia e similares para produzirem efeitos em relação a terceiros.

Assim, se um dos aspectos essenciais do contrato de franquia for a outorga de uso da marca, ele, necessariamente, deverá ser registrado no INPI, o qual, por sua vez, tem o prazo de 30 dias, a partir da data do pedido, para proferir a decisão relativa ao registro.

Sem o registro, o negócio não poderá produzir efeitos perante o Fisco, com a dedução dos *royalties* pagos pelo uso da marca, nem perante o Banco Central, o que inviabiliza a remessa de recursos ao exterior.

Vale mencionar que os consumidores não podem ser prejudicados pela falta de registro, sendo que ambos, franqueador e franqueado, têm responsabilidades em relação a eles independentemente do registro no INPI.

13. A EVENTUAL CONFIGURAÇÃO DE RELAÇÃO DE CONSUMO ENTRE O FRANQUEADOR E O CONSUMIDOR FINAL DO FRANQUEADO

A despeito de a Lei de Franquia ter estabelecido, em seu art. 1º, que o contrato de franquia não caracteriza relação de consumo entre franqueador e franqueado, entendimento que já era consolidado no STJ[105], a discussão que se pode ter é sobre a eventual configuração de relação de consumo entre o franqueador e o consumidor final do franqueado.

Nesse caso, quando se trata de franquia relativa à venda de produto, não há muita dúvida, pois o produto alienado pertence ao franqueador, sendo certo que tanto ele quanto o franqueado fazem parte da cadeia de fornecedores nos termos do Código de Defesa do Consumidor.

---

[103] SANTOS, Alexandre David. *Comentários à nova lei de franquia*. 2. ed. São Paulo: Almedina, 2023, p. 19.

[104] Art. 1º da Lei n. 13.966/2019: "Esta Lei disciplina o sistema de franquia empresarial, pelo qual um franqueador autoriza por meio de contrato um franqueado a usar marcas e outros objetos de propriedade intelectual, sempre associados ao direito de produção ou distribuição exclusiva ou não exclusiva de produtos ou serviços e também ao direito de uso de métodos e sistemas de implantação e administração de negócio ou sistema operacional desenvolvido ou detido pelo franqueador, mediante remuneração direta ou indireta, sem caracterizar relação de consumo ou vínculo empregatício em relação ao franqueado ou a seus empregados, ainda que durante o período de treinamento".

[105] O entendimento já havia sido consolidado na jurisprudência do STJ. Nesse sentido, cita-se o Recurso Especial 687.332, de 2006, de relatoria do Ministro Carlos Alberto Menezes Direito: "Contrato de fiança. Relação entre o franqueador e franqueado. Lei n. 8.955/94. Código de Defesa do Consumidor. Fiança. Exoneração. 1. A relação entre o franqueador e o franqueado não está subordinada ao Código de Defesa do Consumidor". O AgRg no Recurso Especial n. 1.193.293/SP ressaltou tal posicionamento: 1. Conforme entendimento firmado por esta Corte, o critério adotado para determinação da relação de consumo é o finalista. Desse modo, para caracterizar-se como consumidora, a parte deve ser destinatária final econômica do bem ou serviço adquirido".

Nos termos do art. 18 do CDC, os fornecedores de produtos de consumo duráveis ou não duráveis respondem solidariamente pelos vícios de qualidade ou quantidade que os tornem impróprios ou inadequados ao consumo a que se destinam ou lhes diminuam o valor, assim como por aqueles decorrentes da disparidade, com as indicações constantes do recipiente, da embalagem, rotulagem ou mensagem publicitária, respeitadas as variações decorrentes de sua natureza, podendo o consumidor exigir a substituição das partes viciadas.

Assim, já se decidiu que o Código de Defesa do Consumidor pode ser aplicado a toda a cadeia produtiva no caso de dano ao consumidor final do produto ou serviço objeto do contrato de franquia: "pode-se compreender o contrato de franquia, sob o ângulo consumerista, tal qual um contrato de representação ou mesmo de revenda, de forma que se aplica a extensão da responsabilidade civil a todos aqueles que integram a cadeia de inserção do bem no mercado, nos termos do CDC, inclusive aos franqueadores"[106]

Nesse caso, o tribunal de origem (TJSP) havia decidido que "a franqueadora tem a aparência de fornecedora do serviço, pois coloca a sua marca e sinais distintivos, bem como promove publicidade naquilo que é oferecido ao consumidor, aplicando-se, assim, a teoria da aparência. Logo, não há dúvidas de que a agravante é a fornecedora aparente do serviço, de acordo com o disposto nos arts. 3º, 12 e 14 do CDC".

Nesse sentido, decidiu o STJ, no Recurso Especial n. 1.426.578/SP, que:

> 1. Os contratos de franquia caracterizam-se por um vínculo associativo em que empresas distintas acordam quanto à exploração de bens intelectuais do franqueador e têm pertinência estritamente inter-partes. 2. Aos olhos do consumidor, trata-se de mera intermediação ou revenda de bens ou serviços do franqueador – fornecedor no mercado de consumo, ainda que de bens imateriais. 3. Extrai-se dos arts. 14 e 18 do CDC a responsabilização solidária de todos que participem da introdução do produto ou serviço no mercado, inclusive daqueles que organizem a cadeia de fornecimento, pelos eventuais defeitos ou vícios apresentados. Precedentes. 4. Cabe às franqueadoras a organização da cadeia de franqueados do serviço, atraindo para si a responsabilidade solidária pelos danos decorrentes da inadequação dos serviços prestados em razão da franquia[107].

No entanto, numa franquia de serviços, a discussão poderá ser mais controversa, pois o prestador de serviço é exclusivamente o franqueado e apenas a situação concreta poderá imputar ou não ao franqueador alguma responsabilidade para os termos consumeristas.

Mesmo assim, o STJ, no Agravo Interno no Agravo em Recurso Especial, reconheceu a responsabilidade solidária da franqueadora em razão de danos decorrentes dos serviços prestados pela franqueada. Convém, assim, citar trecho da ementa:

> Agravo interno no agravo em recurso especial. Ação de reparação de danos decorrentes de procedimento estético realizado por empresa franqueada. Responsabilidade solidária da franqueadora. CDC, arts. 14 e 18. Recurso não provido. 1. Cuida-se de ação de reparação por danos materiais e morais decorrentes de procedimento estético, inicialmente proposta apenas contra a empresa franqueada. A franqueadora, contudo, interveio espontaneamente nos autos, e foi admitida como assistente litisconsorcial. 2. A Corte de origem julgou procedente a pretensão indenizatória em relação à franqueada, mas entendeu não ser possível reconhecer a responsabilidade solidária da franqueadora, sob o fundamento de que o contrato de franquia, por si só, não

---

[106] STJ, REsp 1.426.578/SP, j. 26-5-2015, Rel. Min. Marco Aurélio Bellizze. Nesse mesmo sentido, destacam-se os seguintes julgados do STJ: AgRg no AREsp 398.786/PR, Rel. Min. Marco Buzzi, j. 16-2-2016; AgInt no AREsp 278.198/SP, Rel. Min. Raul Araújo, j. 18-6-2019; AgRg no AREsp 759.656/SP, Rel. Min. Maria Isabel Gallotti, j. 24-9-2019; AREsp 1.831.033/SP, Rel. Min. Humberto Martins, j. 8-4-2021.

[107] STJ, REsp n. 1.426.578/SP, 3ª T., Rel. Min. Marco Aurélio Bellizze, j. 23-6-2015.

faz presumir relação de consumo entre a franqueadora e a autora da ação. 3. O Superior Tribunal de Justiça, todavia, já decidiu pela responsabilidade solidária da franqueadora pelos danos decorrentes dos serviços prestados em razão da franquia. Com efeito, 'extrai-se dos arts. 14 e 18 do CDC a responsabilização solidária de todos que participem da introdução do produto ou serviço no mercado, inclusive daqueles que organizem a cadeia de fornecimento, pelos eventuais defeitos ou vícios apresentados" (3ª Turma, REsp n. 1.426.578/SP, Rel. Min. Marco Aurélio Bellizze, *DJe* 22-9-2015).

Pela análise da jurisprudência, deve-se apurar, no caso a caso, a ingerência da franqueadora sobre a atuação da franqueada[108].

Para Ermiro Neto, ainda que a franqueada tenha autonomia patrimonial e jurídica, a grande maioria das condutas da franqueada estão previstas no contrato normativo de franquia, o que permite atribuir à franqueadora a responsabilidade por danos causados pela franqueada a terceiros[109].

14. APLICAÇÃO DA CLÁUSULA DE NÃO CONCORRÊNCIA APÓS O TÉRMINO DO CONTRATO DE FRANQUIA

A existência de cláusula de não concorrência imposta ao franqueado é bastante comum nessa modalidade de contrato, inclusive prevendo-se que continuará válida e eficaz mesmo após a extinção do contrato. Esse tipo de cláusula, inclusive, já era prevista na Lei n. 8.955/94, tendo sido mantida no art. 2º, XV, *b*, que determina que deve constar da COF a seguinte informação: "XV – situação do franqueado, após a expiração do contrato de franquia, em relação a: (...) b) implantação de atividade concorrente da atividade do franqueador".

O STJ já decidiu pela validade desse tipo de cláusula no REsp n. 1.203.109/MG, Rel. Min. Marco Aurélio Bellizze, j. 5-5-2015:

> Recurso especial. Direito civil. Contrato empresarial associativo. Incidência do Código de Defesa do Consumidor. Afastada. Pedido e causa de pedir. Teoria da substanciação. Julgamento *extra petita*. Não caracterizado. Extinção do vínculo contratual. Cláusula de não concorrência. Limite temporal e espacial. Abusividade. Não ocorrência. 1. Demanda em que se debate a validade e eficácia de cláusula contratual de não concorrência, inserida em contrato comercial eminentemente associativo. (...) 5. A funcionalização dos contratos, positivada no art. 421 do CC, impõe aos contratantes o dever de conduta proba que se estende para além da vigência contratual, vinculando as partes ao atendimento da finalidade contratada de forma plena. 6. São válidas as cláusulas contratuais de não concorrência, desde que limitadas espacial e temporalmente, porquanto adequadas à proteção da concorrência e dos efeitos danosos decorrentes de potencial desvio de clientela – valores jurídicos reconhecidos constitucionalmente. 7. Recurso especial provido. Especificamente em relação à cláusula de não concorrência no contrato de franquia, o TJSP decidiu, na Apelação Cível n. 1037412-39.2018.8.26.0576, Rel. Des. Fortes Barbosa, j. 14-11-2019:

> "Assim, não há que se cogitar de abusividade, tendo o franqueado adquirido o direito de usar a marca e do *know-how* da franqueadora, visando a exploração de um modelo de negócio já testado, adotando o sistema operacional de gestão e os padrões de qualidade e eficiência, sabendo, de antemão, que deveria, se extinta a relação contratual, respeitar a restrição temporária ao restabelecimento no mesmo ramo empresarial.

> A cláusula de não concorrência, na prática, tem como objetivo resguardar a transferência de tal *expertise*, protegendo o franqueado a respeito das informações compartilhadas, devendo, pois, prevalecer. Nada há, concretamente, de abusivo, pois persiste uma delimitação específica, de tempo e atividade,

---

[108] FERREIRA NETO, Ermiro. *Contratos normativos*. São Paulo: Almedina, 2023, p. 117.

[109] FERREIRA NETO, Ermiro. *Contratos normativos*. São Paulo: Almedina, 2023, p. 117.

restringindo a eficácia da cláusula, sem interditar o exercício de uma atividade profissional pelos réus, mas apenas evitando uma sobreposição com aquela mantida pela rede franqueada"[110].

Sendo um contrato empresarial e pelo seu conteúdo de organização empresarial, não pode realmente haver dúvida sobre a legalidade de uma cláusula de não concorrência, em homenagem à própria boa-fé.

Evidentemente que tal disposição deve ter limitação temporal, como já é tradição no nosso direito, seja no próprio Código Civil (art. 1.147, relativo ao trespasse), seja no direito concorrencial, conforme jurisprudência dominante do Cade.

Convém notar que texto recente de Alexandre David Santos conclui que "o estudo das cláusulas dos dez contratos de grandes franqueadoras revelou a conclusão de que todas as cláusulas analisadas, que representam 50% dos segmentos atualmente existentes, possuem riscos de relativização, ante as ausências de requisitos essenciais e/ou estratégicos e/ou de eficiência"[111].

Segundo o autor, tal resultado corrobora a "proposição de modulação das cláusulas de não concorrência ao caso concreto, consubstanciada nos requisitos essenciais, estratégicos e de eficiência"[112].

15. APLICAÇÃO DA CLÁUSULA DE NÃO UTILIZAÇÃO DO *KNOW-HOW* E CONFIDENCIALIDADE APÓS O TÉRMINO DO CONTRATO DE FRANQUIA

A cláusula de confidencialidade, prevista também no inciso XV, *a*, do art. 2º da Lei n. 13.966/2019, refere-se à situação do franqueado após a expiração do contrato de franquia em relação a *know-how*, informações confidenciais e segredo de indústria, comércio, finanças e negócios a que venha a ter acesso em função da franquia.

O objetivo de tal cláusula é impedir que o franqueado utilize o *know-how* que adquiriu durante a vigência do contrato de franquia para a constituição de novo negócio, bem como garantir que ele mantenha sigilo sobre tais conhecimentos e técnicas a que teve acesso.

Ainda que possa ser discutida a vedação à concorrência, na omissão da cláusula contratual, diante da aplicação do princípio da boa-fé e da vedação à concorrência desleal, a cláusula contratual confere maior segurança jurídica ao franqueador. Procura-se impedir que o franqueado se utilize dos segredos de negócio a que teve acesso contratualmente após a resolução do contrato em descumprimento à cláusula contratual que veda essa utilização e configura o comportamento do ex-franqueado como evidente ato passível de coibição e responsabilização[113].

---

[110] Nesse mesmo sentido, ver os seguintes julgados do TJSP: AgIn 0087724-62.2011.8.26.0000, Rel. Des. Adherbal Acquati, j. 12-7-2011; AI 2089061-08.2018.8.26.0000, Rel. Des. Fortes Barbosa, j. 4-7-2018; Ap. 1003861-82.2016.8.26.0100, Rel. Des. Azuma Nishi, j. 4-11-2020; AI 2248625-52.2020.8.26.0000, Rel. Des. Azuma Nishi, j. 2-3-2021; AI 2230318-50.2020.8.26.0000, Rel. Min. J. B. Franco de Godoi, j. 29-9-2021.

[111] SANTOS, Alexandre David. *Comentários à nova lei de franquia – Lei n. 13.966/2019*. 2. ed. São Paulo: Almedina, 2023, p. 244.

[112] SANTOS, Alexandre David. *Comentários à nova lei de franquia – Lei n. 13.966/2019*. 2. ed. São Paulo: Almedina, 2023, p. 244.

[113] O TJSP acatou a alegação de ofensa a tal cláusula em ação em que a franqueada, após rescindir o contrato, constituiu negócio semelhante ao do franqueador, produzindo os mesmos produtos e oferecendo-os em estabelecimento muito parecido com os moldes adotados pelo franqueador. No acórdão da Ap 990.10.109287-5, j. 19-5-2010, Rel. Des. Heraldo de Oliveira, o Tribunal decidiu: "O que se verifica é que a apelada firmou o contrato de franquia, assimilou todo o *know-how*, da apelante do período de [...], e simplesmente resiliu o contrato, e utiliza os mesmos métodos que eram utilizados pela antiga franqueadora, vendendo as mesmas coisas, da mesma forma, e com o estabelecimento assemelhado ao da apelante, com a mesma cor vermelha e o mesmo padrão, só trocando o nome [...], e no mesmo local. De sorte que está plenamente caracterizada a infração a confidencialidade do contrato, e com isso enseja o pagamento de multa pré-fixada [...]".

No mesmo sentido, ver seguintes julgados do TJSP: Ap 1025962-14.2014.8.26.0100, Rel. Des. Ramon Mateo Jr., j. 10-4-2015; Ap 0050114-77.2009.8.26.0114, Rel. Des. Ricardo Negrão, j. 29-5-2017.

16. A ARBITRAGEM E O CONTRATO DE FRANQUIA

Além das possíveis cláusulas expostas em tópico *supra*, o contrato de franquia pode prever cláusula de competência para solução de conflitos. As partes poderão livremente estabelecer cláusula de eleição de foro ou de arbitragem[114].

A escolha do uso da arbitragem nos conflitos de franquia pode ser decorrente de algumas vantagens, como exposto por Pastore[115].

A primeira seria a celeridade. A solução mais rápida do conflito poderá afetar menos a relação jurídica entre as partes e, ainda, reduzir efeitos negativos que possam recair sobre a marca ou patentes licenciadas.

A confidencialidade também é um grande benefício. As partes poderão evitar a exposição do conflito, o que impediria que outros franqueados pudessem ser incentivados também a demandar contra o franqueador, bem como se evitaria que terceiros contratantes com o franqueado pudessem alterar suas contratações em virtude de um aumento do risco.

A segurança jurídica também é um ponto a ser considerado. Diante da especialidade da matéria, as partes podem preferir retirar a análise do Poder Judiciário e contar com a especialização de árbitros[116].

Sem prejuízo dos pontos positivos, há de se ter em mente que, geralmente, são os contratos de franquia estabelecidos por adesão. Nesse contexto, se comprovada a hipossuficiência do aderente, bem como a dificuldade do acesso à justiça, a cláusula deverá ser afastada[117].

O art. 4º, § 2º, da Lei de Arbitragem deixa claro que "nos contratos de adesão, a cláusula compromissória só terá eficácia se o aderente tomar a iniciativa de instituir a arbitragem ou concordar, expressamente, com a sua instituição, desde que por escrito em documento anexo ou em negrito, com a assinatura ou visto especialmente para essa cláusula".

Do artigo, é possível extrair duas situações, uma em que o aderente toma iniciativa e outra em que concorda expressamente, por meio de documento específico ou em negrito, mediante assinatura especialmente para a cláusula[118].

---

[114] TOMAZETTE, Marlon. *Contratos empresariais*. Salvador: JusPodivm, 2022, p. 400.

[115] PASTORE, Ana Cláudia; CAHALI, Francisco José; RODOVALHO, Thiago. O uso de ADRS nas disputas de franquia. *Revista Brasileira de Arbitragem, Arbitragem e Mediação em Matéria de Propriedade intelectual*, CBAr & IOB, 2014, p. 169-170.

[116] PASTORE, Ana Cláudia; CAHALI, Francisco José; RODOVALHO, Thiago. O uso de ADRS nas disputas de franquia. *Revista Brasileira de Arbitragem, Arbitragem e Mediação em Matéria de Propriedade intelectual*, CBAr & IOB, 2014, p. 169-170.

[117] TOMAZETTE, Marlon. *Contratos empresariais*. Salvador: JusPodivm, 2022, p. 400.

[118] SANTOS, Alexandre David. *Comentários à nova lei de franquia – Lei n. 13.966/2019*. 2. ed. São Paulo: Almedina, 2023, p. 184.

Capítulo 4
CONTRATO DE *KNOW-HOW*

1. DEFINIÇÃO

Oriundo da língua inglesa, o termo *know-how* é a abreviação da expressão *know how to do it*, que pode ser livremente traduzida para o português como "saber como fazer algo". Nesses termos, o contrato de *know-how* é o instrumento por meio do qual uma parte transmite à outra seu conhecimento sobre o processo de produção de determinado produto, ou ainda determinada técnica que auxilie na cadeia produtiva ou comercial.

Tal tipo de contrato é oriundo de nossa era empresarial, fruto da Revolução Industrial que valorizou o conhecimento de técnicas e processos produtivos no âmbito da maquinofatura, proporcionando enorme aumento da produção e circulação de bens e serviços por meio das empresas. Não por outro motivo, as partes envolvidas são, necessariamente, empresárias (a cedente, que transfere seu conhecimento sobre determinada técnica ou processo produtivo, e a cessionária, que adquire o chamado *know-how*).

O objeto do contrato de *know-how* consubstancia-se na transferência de um empresário a outro de determinados conhecimentos ou técnicas novas ou secretas, "que podem ser aplicadas ou podem dar lugar à criação de produtos de maneira vantajosa para quem aplica esses conhecimentos e essas técnicas"[1].

A contrapartida do contrato pode ser o pagamento de *royalty*. O pagamento dos *royalties* pode ser realizado de uma só vez, com entrada inicial e porcentagens de vendas, somente com porcentagens de vendas ou pelo pagamento de importâncias fixas. Além disso, há também a hipótese de permuta de um *know-how* por outro de valor equivalente[2].

Daí a denominação de tal instrumento, por alguns autores, de "contrato de transferência de tecnologia"[3]. Nesse cenário, a celebração de contratos de *know-how* é bastante comum no âmbito internacional, transferindo o empresário de determinado país (geralmente, mais desenvolvido) sua tecnologia, a qual muitas vezes é produto de investimentos de longo prazo do respectivo pelo governo[4], ao estrangeiro.

Complementa Sílvio de Salvo Venosa que o conhecimento transferido não precisa ser unicamente tecnológico, mas também de cunho de técnica comercial. Diante disso, o autor conceitua o contrato de *know-how* "como o contrato pelo qual uma parte, o cedente, obriga-se a fornecer a outra, o

---

[1] MARTINS, Fran. *Contratos e obrigações comerciais*. 16. ed. Rio de Janeiro: Forense, 2010, p. 452.

[2] DINIZ, Maria Helena. *Curso de direito civil brasileiro*: teoria das obrigações contratuais e extracontratuais. São Paulo: Saraiva, 2023, v. 3, p. 293.

[3] BITTAR, Carlos Alberto. *Contratos comerciais*. 5. ed. Rio de Janeiro: Forense Universitária, 2008, p. 220-222; VENOSA, Silvio de Salvo. *Direito civil*: contratos em espécie. 14. ed. São Paulo: Atlas, 2014, v. 3, p. 581.

[4] PRADO, Mauricio Curvelo de Almeida. *Contrato internacional de transferência de tecnologia*: patente e *know how*. Porto Alegre: Livraria do Advogado, 1997, p. 27-30 (Série Direito e Comércio Internacional).

Capítulo 4 • Contrato de *know-how*

cessionário, informação e assessoria, fruto de estudo, investigação ou experiência, para aplicação de conhecimentos técnicos necessários, a fim de obter produto ou serviço"[5].

2. CARACTERÍSTICAS

Destaque-se que o *know-how* transmitido deve, necessariamente, ser novo ou secreto[6]. Do contrário, não haveria necessidade de formalização de contrato – geralmente oneroso – para transferência dos conhecimentos ou técnicas de um empresário a outro, os quais seriam amplamente difundidos no respectivo ramo de atividade empresarial.

Não por outro motivo, o Comitê Executivo da Câmara de Comércio Internacional, em sua 65ª Sessão, estabeleceu resolução que dispõe que "o *know-how* que tem um caráter secreto é um bem apresentando um valor econômico e a lei deve protegê-lo"[7].

Assim, podemos concluir que o objeto do contrato de *know-how* constitui bem imaterial (afinal, trata-se de conhecimento ou técnica, ainda que por vezes possa vir acompanhado de desenhos industriais ou outros bens tangíveis), o qual possui valor patrimonial e, justamente por isso, normalmente é oferecido a título oneroso[8].

Como conclui Fran Martins, trata-se o *know-how* de "um bem imaterial de valor patrimonial e que, por isso mesmo, pode ser transferido a outrem"[9]. Por esse motivo, há quem defenda que tal bem imaterial pode ser utilizado para integralizar o capital social de determinada sociedade quando o instrumento contratual tiver caráter definitivo[10].

Nesse contexto, esclarece-se que o contrato de *know-how* pode ser em caráter definitivo, por meio de cessão, no qual o cedente efetivamente transfere o conhecimento ao cessionário, por prazo indeterminado ou sem limitação. Quando tal transferência ocorrer por certo prazo, por outro lado, trata-se de licença, devendo o licenciado se abster de utilizar o *know-how* transmitido (pois, como exposto, trata-se de segredo), em que pese tê-lo aprendido[11].

---

[5] VENOSA, Sílvio de Salvo. *Direito civil*: contratos. 23. ed. Barueri: Atlas, 2023, p. 586.

[6] Ensina Fran Martins que "Por segredo entende-se o fato de não ser o *know-how* do conhecimento de terceiros, pertencendo apenas a uma pessoa. E por novidade deve-se entender o fato de ser o processo a pôr em prática um processo original, de uso não comum para os fins a que se destina. O segredo é o que diferencia o *know-how* da invenção patenteada, pois essa tem uma publicidade legal. A novidade pode ser, entretanto, apenas relativa, isto é, constituir o processo original apenas para aquele a quem é transferido o *know-how*" (MARTINS, Fran. *Contratos e obrigações comerciais*. 16. ed. Rio de Janeiro: Forense, 2010, p. 452).

[7] MARTINS, Fran. *Contratos e obrigações comerciais*. 16. ed. Rio de Janeiro: Forense, 2010, p. 453-454.

[8] Nada obsta, todavia, que as partes livremente pactuem pela transferência a título gratuito.

[9] MARTINS, Fran. *Contratos e obrigações comerciais*. 16. ed. Rio de Janeiro: Forense, 2010, p. 453-454. E complementa: "O *know-how* é, para a grande maioria dos autores que o estudaram, considerado, hoje, um bem imaterial, segundo a denominação dada por Kohler a certos bens incorpóreos. Como um bem imaterial, incorpóreo, pode ser formado por elementos diversos, até mesmo corpóreos, como no caso em que a transferência desse bem se faz através de desenhos e gráficos que configuram o modo de procedimento. E em se tratando de um bem tem valor patrimonial, razão pela qual a sua transferência pode ser feita, como em regra o é, a título oneroso (podendo, entretanto, ser a título gratuito, como acontece com a transferência de *know-how* para países subdesenvolvidos ou em vias de desenvolvimento)".

[10] RAMUNNO, Pedro A. L.; RISI, João Marcelo Novaes. Reflexões sobre a conferência de *know-how* para integralização de capital social: aspectos societários. *Revista de Direito Bancário e do Mercado de Capitais*, v. 85, jul./set. 2019, p. 161-190.

[11] Conforme leciona Fran Martins (MARTINS, Fran. *Contratos e obrigações comerciais*. 16. ed. Rio de Janeiro: Forense, 2010, p. 454). Silvio de Salvo Venosa, por outro lado, defende que o contrato de licença é distinto do de *know-how*. Em suas palavras: "Alguns autores entendem que o contrato de licença integra o de *know-how*, o que nem sempre ocorre.

Como todos os negócios ora vistos, esse contrato é atípico, porém perfeitamente compreendido pelo direito consuetudinário mercantil. Como características, temos que o licenciante, titular de patente, desenho ou modelo industrial, concede ao licenciado, por tempo determinado ou indeterminado, autorização para utilização, sob exclusiva responsabilidade deste, segundo a forma convencionada, mediante o pagamento de um preço. Há figuras semelhantes que se aproximam da licença, como a cessão de pa-

O *know-how* possui proteção no campo da concorrência desleal, o que significa que seu segredo deverá ser preservado, no interesse do titular e do próprio desenvolvimento do negócio. A violação de tal obrigação é tipificada como crime contra a organização da propriedade intelectual[12].

Ademais, trata-se o contrato de *know-how* de contrato atípico na legislação pátria – apesar de o INPI permitir sua averbação para que este produza efeitos perante terceiros[13].

Tal contrato também pode ser caracterizado como bilateral, porque enseja obrigações a ambos os contratantes, e *intuitu personae*, visto que o cessionário disponibiliza seu conhecimento novo ou secreto a empresário determinado, que não pode transmiti-lo a terceiros.

Assim, podemos definir o contrato de *know-how* como o instrumento atípico, geralmente oneroso, bilateral e *intuitu personae*, por meio do qual um empresário transmite a outro seu conhecimento novo, secreto ou exclusivo sobre o processo de produção de determinado produto, ou ainda determinada técnica que auxilie na cadeia produtiva ou comercial.

3. DIFERENÇAS E SEMELHANÇAS ENTRE *KNOW-HOW* E OUTRAS FIGURAS

Não se deve confundir o presente contrato com o contrato de informação técnica. Conforme Venosa, a informação técnica, raramente, representará contrato autônomo, estando, geralmente, inserida num negócio de franquia ou *know-how*. Além disso, o *know-how* é mais abrangente que a informação técnica, já que esta se refere a entrega de planos, estudos, desenhos, plantas, manuais, folhetos etc. para serem utilizados pelo cessionário[14].

Ao seu turno, aproxima-se o contrato de *know-how* com o de assistência técnica. Ambos se aproximam na medida em que a empresa assistente se compromete ao fornecimento dos conhecimentos e a experiência que detém. A assistente também se obriga a fornecer padrão de qualidade, aconselhamento de aquisição de equipamentos e mão de obra especializada, métodos e sistemas de trabalho. Nesse sentido, reconhece-se também que a assistência técnica está conectada à manutenção, atividade pela qual a assistente também, comumente, se obriga[15].

Há também o contrato de consultoria, pelo qual o consultor se obriga a oferecer opinião sobre determinada questão. Tem-se, por exemplo, o parecer elaborado por um jurista. Venosa trata a consultoria como prestação de serviços, que pode ser regida pela legislação trabalhista, se forem obedecidos certos pressupostos. De forma geral, o consultor é autônomo, constituído em pessoa jurídica e sem vínculo empregatício com o consulente. Outrossim, tal contrato pode se resumir a uma só consulta, bem como poderá ser de duração[16].

---

tente de invenção, que implica alienação do direito" (VENOSA, Silvio de Salvo. Direito civil: contratos em espécie. 14. ed. São Paulo: Atlas, 2014, v. 3, p. 585).

[12] DINIZ, Maria Helena. *Curso de direito civil brasileiro*: teoria das obrigações contratuais e extracontratuais. São Paulo: Saraiva, 2023, v. 3, p. 293.

[13] Disponível em: https://www.gov.br/inpi/pt-br/servicos/perguntas-frequentes/transferencia-de-tecnologia#tipos. Acesso em: 5 dez. 2021.

[14] VENOSA, Sílvio de S. *Direito civil*: contratos. Rio de Janeiro: Atlas, 2024, v. 3, p. 703.

[15] VENOSA, Sílvio de S. *Direito civil*: contratos. Rio de Janeiro: Atlas, 2024, v. 3, p. 703.

[16] VENOSA, Sílvio de S. *Direito civil*: contratos. Rio de Janeiro: Atlas, 2024, v. 3, p. 703.

Capítulo 5
CONTRATOS BANCÁRIOS

1. INTRODUÇÃO HISTÓRICA SOBRE A ATIVIDADE BANCÁRIA

A análise dos contratos bancários mostra relevância no contexto social existente, notadamente diante de dois fatores: "seu objeto precípuo – a intermediação de crédito – e sua capacidade de influir no meio circulante, isto é, de criar moeda escritural"[1].

Embora a origem exata do surgimento das primeiras instituições bancárias não possa ser precisada, a atividade bancária origina-se das operações de câmbio realizadas principalmente nas feiras medievais.

Sua origem remonta a uma necessidade "de se verificar, valorar e transportar moeda e metais preciosos dentro de uma cidade ou alémfronteiras"[2]. Ao banqueiro cumpria a atividade de câmbio e custódia dessas moedas e metais.

No Brasil, o desenvolvimento bancário iniciou-se a partir de 1808 com a chegada da Família Real. Em decorrência da fuga contra avanços do exército francês, a Família Real portuguesa aportou no Brasil e, com a chegada da Corte, era imprescindível uma instituição bancária para a vida na colônia, cujas relações econômicas se intensificavam. D. João VI criou o primeiro Banco do Brasil[3], instituição que viria a prevalecer no mercado vindouro, mantendo-se ativo até os dias presentes.

Com a independência, a atividade bancária no Brasil, na primeira metade do século XIX, não era matéria cuja relevância pudesse encontrar espaço nas opções políticas num Império recém-estabelecido[4].

Com os recursos financeiros excedentes a partir da proibição do tráfico de pessoas escravizadas no Brasil e a alta do preço do café no mercado europeu, os grandes negociantes passaram a se inserir cada vez mais na gestão do Estado. Com a necessidade de exportação dos produtos nacionais, os interesses políticos eram orientados à inserção em um capitalismo global, com o aumento da dependência de financiamento desse novo mercado e da circulação de recursos financeiros.

A atividade bancária começava a se fortalecer no Brasil na mão desses mesmos negociantes, ainda que em movimento naturalmente vinculado à economia agrária preponderante na economia do período[5]. Em 1853, o governo imperial constituiu um novo Banco do Brasil, oriundo da fusão do Banco do Brasil, fundado por Mauá em 1851, e do Banco Comercial do Rio de Janeiro[6].

---

[1] WAISBERG, Ivo; GORNATI, Gilberto. *Direito bancário*: contratos e operações bancárias. 2. ed. rev. e atual. São Paulo: Saraiva, 2016, p. 15.

[2] NEGRÃO, Ricardo. *Curso de direito comercial e de empresa*: títulos de crédito e contratos empresariais. 9. ed. São Paulo: Saraiva Educação, 2020, v. 2, p. 349.

[3] COSTA NETO, Yttri Corrêa da. *Bancos oficiais no Brasil*: origem e aspectos de seu desenvolvimento. Brasília: Banco Central do Brasil, 2004, p. 13.

[4] WAISBERG, Ivo; GORNATI, Gilberto. *Direito bancário*: contratos e operações bancárias. 2. ed. rev. e atual. São Paulo: Saraiva, 2016, p. 15.

[5] WAISBERG, Ivo; GORNATI, Gilberto. *Direito bancário*: contratos e operações bancárias. 2. ed. rev. e atual. São Paulo: Saraiva, 2016, p. 18.

[6] COSTA NETO, Yttri Corrêa da. *Bancos oficiais no Brasil*: origem e aspectos de seu desenvolvimento. Brasília: Banco Central do Brasil, 2004, p. 13.

A partir de 1885 diversas leis foram aprovadas para autorizar o governo a emitir moeda. Ainda que inicialmente fosse orientada a auxiliar temporariamente os bancos de depósitos na Corte diante da escassez de meios de pagamento e como forma de permitir o desenvolvimento dos negócios, houve necessidade de uma reforma monetária para permitir a emissão de moeda lastreada em títulos e moeda metálica[7].

O Decreto n. 3.403/1888, ao promover a reforma do sistema bancário, garantiu liquidez ao mercado. Assegurou que o Tesouro disponibilizasse recursos aos bancos para que estes pudessem emprestar à lavoura, estimulando fortemente a atividade bancária do período, que se proliferou ainda mais a partir da República.

É por meio do crédito que ocorre o desenvolvimento das atividades produtiva e mercantil. O capital acumulado pelo banco e depositado para sua guarda por terceiro permitia que a instituição emprestasse mais recursos. Ao produtor, o crédito permitia recursos financeiros para o desenvolvimento de sua atividade, assim como aumentava a capacidade de aquisição de seus produtos e serviços pelos consumidores[8].

Na Idade Média, aqueles que possuíam excedentes de capital atuavam como tomadores de crédito em troca de remuneração e juros, variando empréstimos entre monarcas, reinos, aristocratas, burgueses e agremiações econômicas. É a partir da Revolução Industrial que houve aumento significativo do fluxo de capital devido ao financiamento das atividades, ganhos dos bancos e pagamento de salários, levando à institucionalização das casas bancárias e sua atuação dentro de um sistema financeiro[9].

2. DISCIPLINA JURÍDICA

O direito bancário abrange institutos ligados a diversas disciplinas jurídicas.

A normatização e monitoramento bancários são feitos mediante a intervenção do Estado no domínio econômico, integrando o direito público, especialmente o direito constitucional, direito administrativo e direito econômico. No entanto, o direito bancário se desenvolve mormente dentro do direito administrativo, pois a autorização de funcionamento de instituições financeiras e a fiscalização e controle exercidos pelo Banco Central expressam o poder de polícia da administração, de modo que o direito bancário público é regido pelos princípios e normas do direito administrativo.

O direito bancário não dispõe de autonomia científica, já que depende do conteúdo de disciplinas do direito público e do direito privado, dada a complexidade de seu objeto. As instituições bancárias mantêm uma variedade de relações jurídicas tanto de direito público quanto de direito privado ao regularem relações entre particulares levando em conta suas repercussões no mercado e nas atividades bancárias como um todo. Em outras palavras, as relações regidas pelo direito bancário têm influência sobre as demais relações de mesma natureza, atuais e futuras, assim como na oferta da moeda e seu custo no mercado, tendo repercussões sobre todo o domínio econômico[10].

A doutrina também aponta para o caráter instrumental do direito bancário, contemplando valores como segurança jurídica e a função social e econômica do crédito, regulamentando a atividade econômica. Não significa dizer que não possui finalidade, tendo em vista que o direito bancário busca a circulação da moeda e resguardar seu valor[11].

---

[7] LUNA, Francisco Vidal. *História econômica e social do Brasil*: o Brasil desde a república. São Paulo: Saraiva, 2016, p. 37.

[8] DINIZ, Gustavo Saad. *Curso de direito comercial*. São Paulo: Atlas, 2019, p. 701.

[9] DINIZ, Gustavo Saad. *Curso de direito comercial*. São Paulo: Atlas, 2019, p. 702.

[10] MIRAGEM, Bruno. *Direito bancário*. São Paulo: Revista dos Tribunais, 2013, p. 32.

[11] MIRAGEM, Bruno. *Direito bancário*. São Paulo: Revista dos Tribunais, 2013, p. 32.

Capítulo 5 • Contratos bancários

São duas as relações típicas do direito bancário: a primeira, entre os bancos e órgãos ou agentes fiscalizatórios da atividade bancária; a segunda, são as relações negociais mantidas entre os bancos e particulares[12].

Quanto a essa primeira, ao Estado cabe regular a atividade bancária e garantir a estabilidade institucional.

A regulação da atividade econômica é necessária na medida em que a atividade bancária e financeira gere os recursos econômicos nacionais. A moeda nacional depende do bom funcionamento das instituições financeiras para servir adequadamente à sua função tríplice de medida de valor (medindo comparativamente o valor dos bens), reserva de valor (permitindo economia de recursos por meio do acúmulo) e meio de pagamento (padrão de valor para a troca de bens e serviços). Para que se tenha um sistema econômico estável, é necessária uma moeda estável[13].

A estabilidade do mercado bancário é fiscalizada mediante intervenção estatal, produzindo normas compulsórias aos integrantes do Sistema Financeiro Nacional e produzindo efeitos aos demais agentes econômicos de mercado, por exemplo, quanto a exigências de depósitos compulsórios por parte de instituições financeiras que ditam o ritmo das atividades econômicas do mercado, ou da decisão de Conselho de Política Monetária acerca do índice de remuneração de títulos públicos.

A supervisão e a regulação bancária são feitas pelo Conselho Monetário Nacional (CMN), dotado de competência normativo-regulatória (arts. 3º e 4º da Lei n. 4.595/64) e o Banco Central do Brasil (Bacen), com competência para fiscalizar e controlar as instituições integrantes do sistema financeiro (arts. 9º e 10 da Lei n. 4.595/64), caracterizando relações de administração. Já as relações mantidas entre bancos e particulares são características do direito privado, regidas pelas legislações de direito civil, empresarial e de consumo[14].

O Sistema Financeiro Nacional regula as relações financeiras e econômicas, surtindo efeitos sobre a oferta da moeda, o sistema de preços, a produção de bens e serviços, custeio de serviços públicos, investimentos públicos e privados em diversas áreas do direito[15].

São seus objetivos principais a proteção à economia popular e à poupança nacional, a manutenção da estabilidade do sistema financeiro e das atividades de seus agentes econômicos, a transparência da informação desses agentes, a proteção do sigilo das operações e dos negócios com clientes[16].

O objetivo regulatório, pressuposto da preservação do sistema financeiro, é a confiança de que as instituições financeiras cumprirão com as obrigações de restituir os valores depositados e realizar as respectivas remunerações, além da previsibilidade da regulação jurídica sobre as operações contratadas[17].

O Sistema Financeiro Nacional é instituído pelo art. 1º da Lei n. 4.595/64, contando com previsão constitucional do art. 192, em que se determina que "o sistema financeiro nacional, estruturado de forma a promover o desenvolvimento equilibrado do País e a servir aos interesses da coletividade, em todas as partes que o compõem, abrangendo as cooperativas de crédito, será regulado por leis complementares que disporão, inclusive, sobre a participação do capital estrangeiro nas instituições que o integram".

---

[12] TOMAZETTE, Marlon. *Contratos empresariais*. Salvador: JusPodivm, 2022, p. 673.

[13] MIRAGEM, Bruno. *Direito bancário*. São Paulo: Revista dos Tribunais, 2013, p. 33.

[14] MIRAGEM, Bruno. *Direito bancário*. São Paulo: Revista dos Tribunais, 2013, p. 32.

[15] MIRAGEM, Bruno. *Direito bancário*. São Paulo: Revista dos Tribunais, 2013, p. 96.

[16] MIRAGEM, Bruno. *Direito bancário*. São Paulo: Revista dos Tribunais, 2013, p. 96.

[17] MIRAGEM, Bruno. *Direito bancário*. São Paulo: Revista dos Tribunais, 2013, p. 96.

Acerca dos integrantes do Sistema Financeiro Nacional, estabelece o *caput* do art. 17 da Lei n. 4.595/64 que "consideram-se instituições financeiras, para os efeitos da legislação em vigor, as pessoas jurídicas públicas ou privadas, que tenham como atividade principal ou acessória a coleta, intermediação ou aplicação de recursos financeiros próprios ou de terceiros, em moeda nacional ou estrangeira, e a custódia de valor de propriedade de terceiros".

Também o art. 18, § 1º, determina que "além dos estabelecimentos bancários oficiais ou privados, das sociedades de crédito, financiamento e investimentos, das caixas econômicas e das cooperativas de crédito ou a seção de crédito das cooperativas que a tenham, também se subordinam às disposições e disciplinas desta lei no que for aplicável, as bolsas de valores, companhias de seguros e de capitalização, as sociedades que efetuam distribuição de prêmios em imóveis, mercadoria ou dinheiro, mediante sorteio de títulos de sua emissão ou por qualquer forma, e as pessoas físicas ou jurídicas que exerçam, por conta própria ou de terceiros, atividade relacionada com a compra e venda de ações e outros quaisquer títulos, realizando, nos mercados financeiros e de capitais, operações ou serviços de natureza dos executados pelas instituições financeiras".

O rol citado no art. 18 é meramente exemplificativo, sendo certo que são também admitidas as instituições financeiras que exercem a atividade mencionada no art. 17 da Lei n. 4.595/64 e que sejam vinculadas à atuação especializada das operações que realizam. As instituições estrangeiras requerem autorização mediante decreto do Presidente da República para atuarem em território nacional (art. 10, § 2º, da Lei n. 4.595/64)[18].

Quanto à segunda relação jurídica, entre as instituições financeiras e os particulares, as operações típicas ou exercício de crédito se traduzem no recolhimento e consequente distribuição de recursos, essenciais para que as instituições financeiras exerçam sua função primordial de intermediação de crédito. Subdividem-se em operações bancárias ativas e passivas.

As operações bancárias ativas são aquelas em que a instituição financeira exerce o papel de credora da relação ao conceder crédito aos seus clientes. Já nas operações bancárias passivas, a instituição que recebe valores de seus clientes, sendo destes sua devedora[19].

Há ainda operações atípicas, que são aquelas que não envolvem a intermediação de crédito e sim uma prestação de serviços de caráter acessório às atividades de intermediação, não fazendo parte, portanto, das operações creditícias propriamente ditas.

3. DOS CONTRATOS BANCÁRIOS

A definição dos contratos bancários é controvertida na doutrina. De um lado, alguns autores asseveram que todos aqueles contratos que envolvam operações de crédito podem ser considerados contratos bancários, ao passo que outros entendem que os contratos bancários são aqueles que tenham a participação de instituições financeiras.

Nenhuma das duas teorias é plenamente satisfatória: a primeira, porque existe grande rede protetiva que só se justifica pela participação das instituições financeiras; a segunda, porque a instituição financeira pode celebrar contratos variados com objetivos diversos como limpeza e vigilância, não sendo justificável o tratamento especial dado aos contratos bancários.

No âmbito do mercado financeiro, dois tipos principais de agentes podem ser identificados: os poupadores (superavitários) e os tomadores (deficitários)[20]. No âmbito do mercado financeiro,

---

[18] MIRAGEM, Bruno. *Direito bancário*. São Paulo: Revista dos Tribunais, 2013, p. 100.

[19] TOMAZETTE, Marlon. *Contratos empresariais*. Salvador: JusPodivm, 2022, p. 673.

[20] TOMAZETTE, Marlon. *Contratos empresariais*. Salvador: JusPodivm, 2022, p. 664.

os agentes que precisam de recursos (tomadores) buscam aqueles em que há sobras de recursos (poupadores) para que ambos possam suprir a respectiva necessidade.

Os contratos bancários são os negócios jurídicos celebrados no âmbito dessa atividade e com a participação de uma instituição financeira. Sua finalidade é, nos contratos típicos bancários, possibilitar a coleta, custódia, intermediação ou aplicação de recursos financeiros, próprios ou de terceiros pela instituição financeira. Trata-se dos contratos de intermediação, em que a instituição financeira realiza o depósito de recursos financeiros ou a custódia de valores, e em que o depositário de recursos financeiros realiza contratos de mútuos com terceiros com a utilização dos recursos depositados ou de recursos próprios.

Nada impede que outros contratos sejam celebrados com instituições financeiras. Poderão as instituições financeiras realizar operações bancárias atípicas ou operações não bancárias no seu dia a dia (contrato de trabalho, por exemplo). As instituições financeiras poderão celebrar contratos que não objetivam, diretamente, a coleta, intermediação e aplicação dos recursos. Referem-se esses contratos a operações bancárias acessórias, correlatas à atividade bancária.

Tais contratos acessórios, por não coletarem, intermediarem ou aplicarem recursos na atividade profissional fim da instituição financeira, não precisam sequer necessariamente ser explorados por instituições financeiras, mas também podem ser desenvolvidos por demais empresários. São as atividades de aluguel de cofre ou de cobrança de devedores, por exemplo.

Entretanto, somente será considerado contrato bancário se tiver como objeto a finalidade profissional da instituição financeira, a coleta, custódia, intermediação ou aplicação dos recursos pela instituição financeira, atividade privativa desta.

Desse modo, pode-se classificar esses contratos típicos em quatro espécies, conforme sua função: (1) coleta; (2) intermediação; ou (3) aplicação de recursos financeiros (próprios ou de terceiros; em moeda nacional ou estrangeira); e (4) custódia de valor de propriedade de terceiros[21] por instituição financeira.

Em todas elas, de modo geral, os contratos bancários se submetem ao Código de Defesa do Consumidor caso haja relação de consumo, e a instituição financeira poderá ser caracterizada como fornecedora de serviços diante de um consumidor. É nítido, com a observação da relação formada no contrato bancário bem como das características intrínsecas dos serviços prestados pelas instituições financeiras, diante da definição do consumidor como destinatário final do serviço prestado, que o contrato, se decorrente de relação de consumo, configura relação de consumo. O respaldo se encontra ainda no texto legal[22] e nas Súmulas 297[23] e 285[24] do STJ. Somente o exame do caso concreto dirá se estamos diante de uma relação de consumo ou não.

Os contratos tipicamente bancários podem ser divididos em duas espécies: os de operações ativas e os de operações passivas.

Nos contratos de operações ativas, as instituições financeiras fornecem recursos a terceiros e se tornam credoras. São exemplos de operações ativas o contrato de mútuo e o desconto bancário.

---

[21] NEGRÃO, Ricardo. *Curso de direito comercial e de empresa*: títulos de crédito e contratos empresariais. 9. ed. São Paulo: Saraiva Educação, 2020, v. 2, p. 352-353.

[22] Art. 3º, § 2º, do Código de Defesa do Consumidor: "§ 2º Serviço é qualquer atividade fornecida no mercado de consumo, mediante remuneração, inclusive as de natureza bancária, financeira, de crédito e securitária, salvo as decorrentes das relações de caráter trabalhista".

[23] Sumula 297: "O Código de Defesa do Consumidor é aplicável às instituições financeiras" (2ª S., j. 12-5-2004, *DJ* 8-9-2004).

[24] Súmula 285: "Nos contratos bancários posteriores ao Código de Defesa do Consumidor incide a multa moratória nele prevista" (2ª S., j. 28-4-2004, *DJ* 13-5-2004).

A segunda espécie são as operações passivas, em que as instituições financeiras são depositárias de recursos financeiros e se tornam devedoras. Como exemplo, o contrato de depósito bancário[25].

Os contratos tipicamente bancários exigem a presença de uma instituição financeira ou equiparada, cuja atividade é privativa[26]. A Lei n. 4.595/64 centrou a regulamentação do Sistema Financeiro Nacional nas instituições financeiras, que são definidas pela prática de atividade privativa consistente nas operações de intermediação relativas a dinheiro e ao câmbio[27].

Nesse sentido, o art. 17 da Lei n. 4.595/64, ao conceituar instituição financeira, a define como as pessoas jurídicas públicas ou privadas, que tenham como atividade principal ou acessória a coleta, intermediação ou aplicação de recursos financeiros próprios ou de terceiros, em moeda nacional ou estrangeira, e a custódia de valor de propriedade de terceiros.

Em função da relevância dessa atividade e de seu impacto perante o patrimônio de terceiros, as instituições financeiras somente poderão funcionar no país mediante prévia autorização do Banco Central. Caso estrangeiras, por autorização prévia por decreto do Poder Executivo (art. 18 da Lei n. 4.595/64).

Como instituição financeira, sua constituição obrigatoriamente deverá ser realizada sob o tipo de sociedade anônima, com exceção das chamadas cooperativas de crédito.

Dentre as diversas espécies de instituições financeiras, figuram os bancos, mas não apenas. Também são instituições financeiras as sociedades de crédito, financiamento e investimentos, das caixas econômicas e das cooperativas de crédito ou a seção de crédito das cooperativas.

4. ENCARGOS NOS CONTRATOS BANCÁRIOS

Não há, no Brasil, legislação genérica e abrangente aplicável aos contratos bancários.

A ausência de disciplina típica contratual, entretanto, não prescinde de intensa discussão a respeito da possibilidade ou não de incidência de diversos encargos nos referidos contratos.

4.1. Correção monetária

A correção monetária é a proteção do valor da moeda no tempo em virtude da deterioração causada pela inflação. Na definição de Waisberg e Gornati, "é um mecanismo de manutenção do valor do dinheiro ao longo do tempo em que perdurar a relação pactuada entre as partes (adimplidas ou não as obrigações)"[28].

A correção monetária possui duas espécies: (i) contratual ou convencional; e (ii) legal.

Na correção monetária convencional, as partes, dentro da sua autonomia, podem fixar "não só cláusulas corretivas de valor da prestação obrigacional, como também, que caso esta venha a ser descumprida, durante o atraso, não sofra a relação contratual, primitiva, qualquer alteração em seu valor"[29].

---

[25] SACRAMONE, Marcelo. *Manual de direito empresarial*. 2. ed. São Paulo: Saraiva Educação, 2021, p. 559-561.

[26] SALOMÃO NETO, Eduardo. *Direito bancário*. 3. ed. rev. e ampl. São Paulo: Trevisan, 2020, p. 199.

[27] NEGRÃO, Ricardo. *Curso de direito comercial e de empresa*: títulos de crédito e contratos empresariais. 9. ed. São Paulo: Saraiva Educação, 2020, v. 2, p. 350.

[28] WAISBERG, Ivo; GORNATI, Gilberto. *Direito bancário*: contratos e operações bancárias. 2. ed. rev. e atual. São Paulo: Saraiva, 2016, p. 83.

[29] AZEVEDO, Álvaro Villaça. *Curso de direito civil*: teoria geral das obrigações e responsabilidade civil. 13. ed. São Paulo: Saraiva Educação, 2019, p. 206.

Capítulo 5 • Contratos bancários

Por outro lado, pode a correção ser oriunda de disposição normativa. A Lei n. 14.905/2024 alterou o Código Civil para dispor que, não cumprida a obrigação, responderá o devedor por perdas e danos, mais juros, atualização monetária e honorários de advogado. Conforme art. 389, parágrafo único, do CC, na hipótese de o índice de atualização monetária não ter sido convencionado ou não estar previsto em lei específica, será aplicada a variação do Índice Nacional de Preços ao Consumidor Amplo (IPCA).

4.2. Juros

Se a correção monetária pretende a preservação do valor da moeda, os juros pretendem a remuneração pela utilização ou não devolução do capital alheio.

Conceitualmente, os juros poderão ser caracterizados como "um pagamento, que se faz, para utilização de capital alheio, com ou sem concordância do titular deste. São frutos civis, advêm de uma importância em dinheiro, que se considera principal, com relação a eles (acessórios)"[30].

No que se refere às espécies, os juros podem ser compensatórios ou moratórios.

Os juros compensatórios, também chamados remuneratórios, são devidos pela utilização do recurso financeiro de terceiro. Os juros moratórios, por seu turno, são devidos pelo atraso na devolução do capital ao terceiro.

Outrossim, podem ser legais ou convencionais, é dizer, fixados por lei ou pactuados entre as partes. No que se refere ao regime de capitalização, podem ser simples ou compostos[31].

A Lei n. 14.905/2024 alterou a disciplina dos juros no Código Civil. Em seu art. 406, determinou-se que quando os juros não forem convencionados, ou quando o forem sem taxa estipulada, ou quando provierem de determinação de lei, eles serão fixados de acordo com a taxa legal. Essa taxa corresponderá à taxa referencial do Sistema Especial de Liquidação e de Custódia (Selic), deduzido o índice de atualização monetária[32].

---

[30] AZEVEDO, Álvaro Villaça. *Curso de direito civil*: teoria geral das obrigações e responsabilidade civil. 13. ed. São Paulo: Saraiva Educação, 2019, p. 188.

[31] ASSUMPÇÃO, Marcio Calil de. A comissão de permanência e os encargos remuneratórios e moratórios nos contratos bancários. *In*: ASSUMPÇÃO, Marcio Calil de; BRAGANÇA, Gabriel J. de Orleans e (org.). *Direito bancário*: estudos da comissão de direito bancário OAB/SP. São Paulo: Quartier Latin, 2018, p. 219.

[32] Nesse sentido, o STJ, em sua Corte Especial, determinou o precedente REsp 1.795.982/SP, Rel. Min. Raul Araújo, j. 21-8-2024: "CIVIL. RECURSO ESPECIAL. INTERPRETAÇÃO DO ART. 406 DO CÓDIGO CIVIL. RELAÇÕES CIVIS. JUROS MORATÓRIOS. TAXA LEGAL. APLICAÇÃO DA SELIC. RECURSO PROVIDO. 1. O art. 406 do Código Civil de 2002 deve ser interpretado no sentido de que é a SELIC a taxa de juros de mora aplicável às dívidas de natureza civil, por ser esta a taxa 'em vigor para a atualização monetária e a mora no pagamento de impostos devidos à Fazenda Nacional'. 2. A SELIC é taxa que vigora para a mora dos impostos federais, sendo também o principal índice oficial macroeconômico, definido e prestigiado pela Constituição Federal, pelas leis de direito econômico e tributário e pelas autoridades competentes. Esse indexador vigora para todo o sistema financeiro-tributário pátrio. Assim, todos os credores e devedores de obrigações civis comuns devem, também, submeter-se ao referido índice, por força do art. 406 do CC. 3. O art. 13 da Lei 9.065/95, ao alterar o teor do art. 84, I, da Lei 8.981/95, determinou que, a partir de 1º de abril de 1995, os juros moratórios 'serão equivalentes à taxa referencial do Sistema Especial de Liquidação e de Custódia – SELIC para títulos federais, acumulada mensalmente'. 4. Após o advento da Emenda Constitucional 113, de 8 de dezembro de 2021, a SELIC é, agora também constitucionalmente, prevista como única taxa em vigor para a atualização monetária e compensação da mora em todas as demandas que envolvem a Fazenda Pública. Desse modo, está ainda mais ressaltada e obrigatória a incidência da taxa SELIC na correção monetária e na mora, conjuntamente, sobre o pagamento de impostos devidos à Fazenda Nacional, sendo, pois, inconteste sua aplicação ao disposto no art. 406 do Código Civil de 2002. 5. O Poder Judiciário brasileiro não pode ficar desatento aos cuidados com uma economia estabilizada a duras penas, após longo período de inflação galopante, prestigiando as concepções do sistema antigo de índices próprios e independentes de correção monetária e de juros moratórios, justificável para uma economia de elevadas espirais inflacionárias, o que já não é mais o caso do Brasil, pois, desde a implantação do padrão monetário do Real, vive-se um cenário de inflação relativamente bem controlada. 6. É inaplicável às dívidas civis a taxa de juros moratórios prevista no art. 161, § 1º, do CTN, porquanto este

Quanto aos juros contratuais, a Lei n. 14.905/2024 pretendeu justamente disciplinar a aplicação dos juros convencionais e os limites do Decreto n. 22.626/33 (Lei de Usura), o que gerava intensa discussão jurisdicional.

O Decreto n. 22.626/33 proíbe, nos termos do seu art. 1º, a convenção de juros compensatórios superiores ao dobro da taxa legal, a qual, por ocasião do art. 1.062 do CC de 1916, era de 6% ao ano. Por seu turno, o art. 591 do CC de 2002 impedia a fixação de juros compensatórios nos contratos de mútuo superiores à taxa de pagamento de impostos devidos à Fazenda Nacional, a qual era de 1% ao mês, nos termos do art. 161 do CTN.

Por seu turno, quanto às instituições financeiras, quando a EC n. 40/2003 retirou da Constituição Federal a limitação à cobrança de juros a 12% ao ano, vigorava a Lei n. 4.595/64, que determinava que as taxas de juros remuneratórios dos mútuos bancários deveriam seguir o disciplinado pelo CMN.

Nesse aspecto, o STJ, por meio do REsp n. 1.061.530/RS, fixou, sob o regime de Recurso Repetitivo, que os juros remuneratórios, no âmbito do Sistema Financeiro Nacional, são de livre pactuação pelas partes, de modo que as instituições financeiras não se sujeitariam à limitação da Lei da Usura, e não estariam limitadas aos juros de 12% ao ano, e somente se constatada a abusividade de sua fixação no caso concreto deverá ser aplicada a taxa média para as operações equivalentes segundo o apurado pelo Banco Central.

Quanto aos juros moratórios, entendia-se que, na omissão de legislação específica, os juros somente poderiam ser convencionados até o limite de 1% ao mês, conforme Súmula 379 do STJ e diante da proibição da Lei da Usura.

A partir da promulgação da Lei n. 14.905/2024, a taxa legal é a taxa referencial do Selic, deduzido o índice de atualização monetária, nos termos do art. 406 do CC. O STJ, inclusive, já havia consagrado, através do Tema Repetitivo 112, que "a taxa de juros moratórios a que se refere o art. 406 do CC/2002 é a taxa referencial do Sistema Especial de Liquidação e Custódia – Selic".

A limitação de sua fixação convencional ao dobro da taxa legal, nos termos da Lei n. 14.905/2024, que já não vigorava para os contratos bancários quanto aos juros remuneratórios, passa a ser expressamente excluída em diversas hipóteses. Nesses termos, não valerá se o contrato for celebrado entre pessoas jurídicas, se a obrigação for representada por títulos de crédito ou valores mobiliários ou contraída perante instituições financeiras, fundos, sociedades de arrendamento mercantil, organizações da sociedade de interesse público e que se dedicam à concessão de crédito ou realizada nos mercados financeiros, de capitais ou de valores mobiliários.

Acerca da possibilidade de cumular juros compensatórios e moratórios, como explica Luiz Antonio Scavone Jr.[33], enquanto os juros compensatórios possuem origem na simples utilização do capital, os juros moratórios encontram sua gênese no atraso na restituição do capital – representando pena imposta ao devedor moroso. Assim, a cumulação se faz plenamente possível.

---

dispositivo trata do inadimplemento do crédito tributário em geral. Diferentemente, a norma do art. 406 do CC determina mais especificamente a fixação dos juros pela taxa aplicável à mora de pagamento dos impostos federais, espécie do gênero tributo. 7. Tal entendimento já havia sido afirmado por esta Corte Especial, por ocasião do julgamento do EREsp 727.842/SP, no qual se deu provimento àqueles embargos de divergência justamente para alinhar a jurisprudência dos Órgãos Colegiados internos, no sentido de que 'a taxa dos juros moratórios a que se refere o referido dispositivo é a taxa referencial do Sistema Especial de Liquidação e Custódia – SELIC, por ser ela a que incide como juros moratórios dos tributos federais' (Rel. Min. Teori Albino Zavascki, j. 8-9-2008, *DJe* 20-11-2008). Deve-se reafirmar esta jurisprudência, mantendo-a estável e coerente com o sistema normativo em vigor. 8. Recurso especial provido".

[33] SCAVONE JR., Luiz Antonio. *Juros no direito brasileiro*. 5. ed. Rio de Janeiro: Forense, 2014, p. 185.

Capítulo 5 • Contratos bancários

O STJ, inclusive, reconheceu, na Súmula 12, que "em desapropriação, são cumuláveis juros compensatórios e morosos". Especificamente na seara dos contratos bancários, tema do presente tópico, o STJ, no REsp n. 194.262/PR, decidiu sobre sua possibilidade[34].

4.3. Capitalização

A capitalização ou anatocismo é a incidência de juros sobre juros anteriormente incluídos no saldo devedor. Trata-se de "um mecanismo incidente sobre os encargos de juros também previsto contratualmente, que tem por escopo a incidência de cálculo de juros sobre os juros já anteriormente calculados, somando-se ao montante de capital descoberto"[35].

O Código Civil, em seu art. 591, disciplina que "destinando-se o mútuo a fins econômicos, presumem-se devidos juros, os quais, sob pena de redução, não poderão exceder a taxa a que se refere o art. 406, permitida a capitalização anual". Ocorre que o art. 406, como explicado *supra*, sofreu alteração significativa: antes, a regra era que, na ausência da fixação da taxa, os juros moratórios deveriam ser fixados conforme a taxa que estivesse em vigor para a mora do pagamento de impostos devido à Fazenda; agora, pela nova redação, a taxa legal corresponderá à Selic.

Ainda antes dessa alteração, entendia-se que a MP n. 2.170-36/2001 (e já anteriormente a MP n. 1.963-17/2000) autorizava a capitalização dos juros cobrados pelas instituições financeiras. Segundo o art. 5º, *caput*, da MP n. 2.170-36, "nas operações realizadas pelas instituições integrantes do Sistema Financeiro Nacional, é admissível a capitalização de juros com periodicidade inferior a um ano".

Referidas medidas provisórias tinham força de lei até que outra ulterior as revogasse e conferiam a possibilidade de as instituições financeiras praticarem juros capitalizados. Como norma especial, não teriam sido derrogadas pelo Código Civil, que se aplicava apenas para as demais pessoas e não para as instituições integrantes do Sistema Financeiro Nacional.

4.4. Comissão de permanência

A comissão de permanência apareceu, pela primeira vez, em 1966, com disposição no item XIV da Resolução Bacen n. 15. Posteriormente, em 1967, sobreveio a Circular Bacen n. 77 e, em 1976, a Carta-Circular n. 197. Após 20 anos da primeira aparição, foi editada a Resolução CMN n. 1.129/86, que facultou aos bancos comerciais, bancos de desenvolvimento, bancos de investimento, caixas econômicas, cooperativas de crédito, sociedades de crédito, financiamento e investimento e sociedades de arrendamento mercantil cobrar de seus devedores por dia de atraso no pagamento ou na liquidação de seus débitos, além de juros de mora na forma da legislação em vigor, "comissão de permanência", que será calculada às mesmas taxas pactuadas no contrato original ou à taxa de mercado do dia do pagamento[36].

---

[31] "COMERCIAL. CONTRATO BANCÁRIO. CUMULAÇÃO DE JUROS REMUNERATÓRIOS E MORATÓRIOS. POSSIBILIDADE. Em contratos bancários, afigura-se possível a cobrança cumulada de juros remuneratórios e moratórios, após o inadimplemento, desde que pactuados, como na espécie. Recurso especial conhecido e provido" (STJ, REsp n. 194.262/PR, 4ª T., Rel. Min. Cesar Asfor Rocha. J. 8-2-2000). No mesmo sentido, cita-se: TJSP, 22ª Câmara de Direito Privado, Apelação Cível 1055995-40.2021.8.26.0100, Rel. Des. Roberto Mac Cracken, j. 4-3-2022; TJSP, 11ª Câmara de Direito Privado, Apelação Cível 1032305-95.2021.8.26.0224, Rel. Des. Renato Rangel Desiano, j. 22-8-2022; e TJSP, 22ª Câmara de Direito Privado, Apelação Cível 1055995-40.2021.8.26.0100, Rel. Des. Roberto Mac Cracken, j. 4-3-2022.

[35] WAISBERG, Ivo; GORNATI, Gilberto. *Direito bancário*: contratos e operações bancárias. 2. ed. rev. e atual. São Paulo: Saraiva, 2016, p. 94.

[36] ASSUMPÇÃO, Marcio Calil de. A comissão de permanência e os encargos remuneratórios e moratórios nos contratos bancários. *In*: ASSUMPÇÃO, Marcio Calil de; BRAGANÇA, Gabriel J. de Orleans e (org.). *Direito bancário*: estudos da comissão de direito bancário OAB/SP. São Paulo: Quartier Latin, 2018, p. 210-211.

A competência do CMN para essa disciplina repousa no art. 4º, VI, da Lei n. 4.595/64, a qual conferiu a esse órgão a competência de regular o crédito em todas as suas modalidades e as operações creditícias em todas as suas formas, inclusive aceites, avais e prestações de quaisquer garantias por parte das instituições financeiras.

Trata-se de cláusula penal. A comissão pode ser definida como "um encargo estabelecido em contratos celebrados no âmbito do mercado financeiro, que incide exclusivamente em caso de mora ou inadimplemento do tomador de recursos"[37].

Como encargo contratual, a comissão incide tanto para atualizar o valor do dinheiro no tempo, como o faz a correção monetária, quanto para remunerar a operação financeira realizada, haja vista que sua incidência é decorrente do inadimplemento do devedor[38].

Sua incidência exige a legitimidade apenas de instituições financeiras para sua cobrança e a existência de duas condições futuras aos contratantes. A primeira é o inadimplemento do devedor. A segunda é a definição da taxa de juros de mercado na época da inadimplência e que especificará o valor da comissão de permanência que incidirá sobre as obrigações do devedor[39].

Diante da natureza da comissão de permanência, a qual gerou diversas controvérsias jurisdicionais sobre sua incidência nos contratos bancários, o STJ assentou diversos posicionamentos.

Nos termos da Súmula 30 do STJ, a comissão de permanência e a correção monetária são inacumuláveis. Isso porque a comissão de permanência já embutiria a atualização do valor da moeda no tempo, de modo que teria a mesma função da correção monetária.

Por seu turno, diante de sua função também de remuneração pela utilização do capital no tempo, a comissão de permanência tampouco poderia ser cumulada com os juros remuneratórios ou com os juros moratórios. Nos termos das Súmulas 296 e 472 do STJ, a cobrança de comissão de permanência excluirá a exigibilidade dos juros remuneratórios, moratórios e da multa contratual. Diante de sua função, sua incidência não poderá ultrapassar a soma desses encargos previstos no contrato.

Por fim, é necessário esclarecer que o Banco Central, por meio da Resolução n. 4.558/2017, revogou a Resolução n. 1.129/86 e, por consequência, a comissão de permanência. Vale ressaltar que a resolução de 2017 foi posteriormente revogada, por força da Resolução n. 4.882/2020, porém sem nova admissibilidade da comissão de permanência. A comissão apenas poderá ser admitida em contratos firmados anteriormente a 1º de setembro de 2017.

4.5. Multa contratual

Como esclarece Caio Mário da Silva Pereira, "toda obrigação, de qualquer espécie, pode receber o reforço de uma cláusula penal"[40].

Também fundamentada no conceito de cláusula penal, regida pelo Código Civil, a multa contratual adquire caráter punitivo quando presente nos contratos bancários. Conforme o art. 408 do

---

[37] ASSUMPÇÃO, Marcio Calil de. A comissão de permanência e os encargos remuneratórios e moratórios nos contratos bancários. *In*: ASSUMPÇÃO, Marcio Calil de; BRAGANÇA, Gabriel J. de Orleans e (org.). *Direito bancário*: estudos da comissão de direito bancário OAB/SP. São Paulo: Quartier Latin, 2018, p. 211.

[38] WAISBERG, Ivo; GORNATI, Gilberto. *Direito bancário*: contratos e operações bancárias. 2. ed. rev. e atual. São Paulo: Saraiva, 2016, p. 86.

[39] ASSUMPÇÃO, Marcio Calil de. A comissão de permanência e os encargos remuneratórios e moratórios nos contratos bancários. *In*: ASSUMPÇÃO, Marcio Calil de; BRAGANÇA, Gabriel J. de Orleans e (org.). *Direito bancário*: estudos da comissão de direito bancário OAB/SP. São Paulo: Quartier Latin, 2018, p. 212.

[40] PEREIRA, Caio Mário da Silva. *Instituições de direito civil*: teoria geral das obrigações. 25. ed. Rio de Janeiro: Forense, 2012, p. 144.

CC, "incorre de pleno direito o devedor na cláusula penal, desde que, culposamente, deixe de cumprir a obrigação ou se constitua em mora".

A multa, que decorre de mora do mutuário, deve ser convencionada com a obrigação ou em ato posterior[41]. Como sua imposição decorre da inexecução do contrato, a multa não se confunde com a correção monetária ou com os juros moratórios, pois não pretende a atualização da moeda ou a remuneração pela não disponibilização do capital, mas a imposição de penalidade pelo descumprimento da obrigação convencionada.

Importante observar que a multa pode ser convencionada referindo-se apenas a alguma cláusula específica ou ao descumprimento integral da obrigação, bem como simplesmente à mora do devedor. Nos casos em que a multa seja estipulada referindo-se à mora ou alguma obrigação específica de qualquer determinada cláusula, o credor poderá exigir, no caso cabível, o cumprimento da obrigação principal cumulada com o pagamento do devido pela multa contratual.

A multa não é ilimitada. Conforme determina o art. 412 do CC, o valor da cláusula penal se limita, obrigatoriamente, ao valor da obrigação principal do contrato. Além disso, pode o juiz determinar a redução do valor da multa, no caso em que a obrigação tenha sido parcialmente realizada ou se for o valor excessivo, considerando em juízo, para tal, a natureza e finalidade do negócio jurídico.

Se houver mais de um devedor e sendo a obrigação indivisível, na hipótese em que um destes cometa falta, todos se obrigam pela pena, no limite de suas cotas, podendo o culpado, causador da aplicação da pena, ser demandado pela integralidade da multa. Nessa hipótese, cabe àqueles desprovidos da culpa ação regressiva em face do ensejador da aplicação da pena convencional.

No caso de obrigações divisíveis, o cenário se altera. O devedor inadimplente incorre por si só na pena, esta relativa apenas à sua cota na obrigação principal.

Cumpre observar que a cláusula penal tem como objetivo suprir o inadimplemento da obrigação e, portanto, não se requer que o credor apresente prova de que sofreu prejuízo para que se exija a pena acordada convencionalmente. Caso haja a comprovação de prejuízo, entretanto, e tendo sido convencionada a possibilidade de indenização suplementar, pode o credor exigir, ao limite do prejuízo comprovado, a suplementação do valor da multa para que seja sanado o dano.

5. GARANTIAS

As garantias têm enorme relevância para a atividade comercial, dada sua importância para a redução dos riscos de inadimplemento na obtenção de crédito sobre o qual se assenta a vida mercantil[42]. As garantias são incentivos para que a relação creditícia seja firmada, à medida que objetiva equilibrar os riscos dosados pelas partes e trazem maior segurança ao credor[43].

É de ressaltar que a exigência da constituição de garantias não se trata, apenas, de uma relação de boa prática na concessão do crédito. Em face das instituições financeiras e diante de sua relevância na dinâmica de mercado e na intermediação dos recursos financeiros, a Lei n. 7.192, em seu art. 4º, parágrafo único, considera delituosa a gestão temerária de instituição financeira, o que poderá ocorrer diante da desconsideração dos riscos por ocasião das contratações e da ausência de garantias para mitigá-los[44].

---

[41] ASSUMPÇÃO, Marcio Calil de. A comissão de permanência e os encargos remuneratórios e moratórios nos contratos bancários. *In*: ASSUMPÇÃO, Marcio Calil de; BRAGANÇA, Gabriel J. de Orleans e (org.). *Direito bancário*: estudos da comissão de direito bancário OAB/SP. São Paulo: Quartier Latin, 2018, p. 230.

[42] VASCONCELOS, Luís Miguel Pestana de. *Direito das garantias*. 2. ed. Coimbra: Almedina, 2016, p. 22.

[43] SADDI, Jairo. *Crédito e Judiciário no Brasil*: uma análise de direito e economia. São Paulo: Quartier Latin, 2007, p. 33 e s.

[44] SALOMÃO NETO, Eduardo. *Direito bancário*. 3. ed. rev. e ampl. São Paulo: Trevisan, 2020, p. 325.

O conceito de garantia não é uníssono. O conceito plurívoco pode ser definido como os instrumentos de (i) reforço de um crédito; (ii) mecanismo de proteção à fruição e outras garantias que, sem relação direta com obrigações preexistentes, impõem-se sobre riscos-fatos; ou (iii) a partir de suas fontes[45].

Sob esse conceito, podem-se apontar duas principais classificações para a garantia: as garantias em sentido amplo (da fruição, atuariais, da obrigação) e as especiais, que determinarão diversas classificações da palavra "garantia" no direito privado.

Quanto às garantias em sentido amplo, a doutrina lusófona entende a garantia num contexto de vinculação ao crédito e função de garantia. Nesse sentido, Menezes Leitão afirma que "garantia" representa uma expressão prática jurídica[46]. Por sua vez, quanto às garantias especiais, Pestana de Vasconcelos afirma que as garantias especiais consistem num reforço conferido ao crédito[47].

De forma análoga à doutrina lusófona, na definição francesa, percebe-se a diferenciação entre *garantie* e *sûreté*: a primeira aborda noção mais ampla, funcional; a segunda diz respeito a um conceito restrito e abrange apenas as garantias que se adicionam à relação obrigacional garantida[48]. Transportando para a realidade brasileira, o equivalente a *sûreté* é garantia especial, "compreenderia relações acessórias com a finalidade de reforçar a posição do credor"[49].

Na doutrina brasileira, Arnold Wald, com uma classificação geral, aduz que as "garantias podem ser agrupadas, conforme a finalidade visada, em medidas que reforçam o vínculo obrigacional, medidas simplesmente conservatórias e medidas de execução"[50]. A primeira *espécie* consistiria em reforço de garantia. Já a segunda, em medidas judiciais acautelatórias que precedem a execução definitiva. Por fim, as terceiras dizem respeito às medidas que garantem a satisfação do credor sobre o patrimônio do devedor.

A despeito das diversas classificações, no Código Civil brasileiro, a palavra "garantia", na maioria das vezes, refere-se ao reforço no cumprimento das obrigações pelo devedor. Nesse sentido, pode-se tentar caracterizar uma definição estrita de garantia e relacionada à finalidade de assegurar o adimplemento de uma obrigação, como é majoritariamente apontado pela doutrina[51].

Podem-se qualificar como garantia em sentido estrito ou funcional, nesse aspecto, "todas as promessas de pagamento ou vantagens concedidas ao credor em caráter subsidiário ou acessório em relação a uma dívida principal, de forma que, desaparecendo a dívida principal, também a garantia perca a razão de ser"[52]. No direito privado, adquire função de garantia o conjunto de mecanismos destinados a mitigar a consequência de um risco[53].

---

[45] SILVA, Fábio Rocha Pinto e. *Garantias das obrigações*: uma análise sistemática do direito das garantias e uma proposta abrangente para a sua reforma. São Paulo: IASP, 2017, p. 26.

[46] LEITÃO, Luís Manuel Teles de Menezes. *Garantias das Obrigações*. 4. ed. Coimbra: Almedina, 2012, p. 14.

[47] VASCONCELOS, Luís Miguel Pestana de. *Direito das garantias*. 2. ed. Coimbra: Almedina, 2016, p. 47 e s.

[48] SILVA, Fábio Rocha Pinto e. *Garantias das obrigações*: uma análise sistemática do direito das garantias e uma proposta abrangente para a sua reforma. São Paulo: IASP, 2017, p. 28.

[49] SILVA, Fábio Rocha Pinto e. *Garantias das obrigações*: uma análise sistemática do direito das garantias e uma proposta abrangente para a sua reforma. São Paulo: IASP, 2017, p. 30.

[50] WALD, Arnoldo. *Direito civil*. 19. ed. São Paulo: Saraiva, 2010, v. 2, p. 171-172.

[51] SILVA, Fábio Rocha Pinto e. *Garantias das obrigações*: uma análise sistemática do direito das garantias e uma proposta abrangente para a sua reforma. São Paulo: IASP, 2017, p. 33.

[52] SALOMÃO NETO, Eduardo. *Direito bancário*. 3. ed. rev. e ampl. São Paulo: Trevisan, 2020, p. 325.

[53] SILVA, Fábio Rocha Pinto e. *Garantias das obrigações*: uma análise sistemática do direito das garantias e uma proposta abrangente para a sua reforma. São Paulo: IASP, 2017, p. 57.

Dentre as referidas garantias, pode-se classificá-las conforme suas fontes. Nesse âmbito, podem-se delimitar as convencionais[54] (decorrentes de negócio jurídico particular), legais e processuais. As primeiras são oriundas de contratos e se materializam na fiança, penhor, hipoteca, anticrese, alienação e cessão fiduciária, entre outras. Por outro lado, algumas garantias decorrem da lei e têm nela a fonte de sua existência. Por fim, as processuais são constituídas por decisões judiciais (processuais).

As garantias podem ser classificadas ainda em garantias gerais e especiais. A primeira é chamada de "geral", pois compreende todos os bens do devedor. Tem fulcro legal no art. 391 do CC[55], e permite ao credor, com auxílio do judiciário, atacar diretamente o patrimônio do devedor, mediante o inadimplemento de obrigações.

Dentre as garantias especiais, caracterizadas por lei ou por contrato e que asseguram a proteção de determinado credor em face do devedor ou de seu patrimônio ou parte dele, pode-se diferenciá-las em garantias reais e pessoais[56].

Sobre o tema, a título de explicação, do direito português se pode extrair que "I – Os credores gozam sobre os devedores: A – garantia geral ou comum a todos os credores. Podem fazer-se pagar à custa do património do devedor; B – garantias especiais, que reforçam a geral e são estabelecidas privativamente, por lei ou negócio jurídico em benefício de certo credor ou classe de credores. II – As garantias especiais são de natureza: A – pessoal, quando uma outra pessoa, além do devedor, fica adstrita a realizar a prestação se o devedor inicial a não prestar; B – real, quando determinados bens do devedor ou de terceiros ficam afectados ao pagamento da dívida, podendo o credor satisfazer o seu crédito à custa desses bens, preferencialmente a outros credores"[57].

Paralelamente, no âmbito nacional, entende-se que "admitem-se, contudo, para reforçar a obrigação, outras garantias, ditas especiais para distingui-las da geral. Essas garantias podem consistir na indicação de outra pessoa, cujo patrimônio ficará vinculado ao pagamento; ou na apresentação de determinados bens, vinculados ao adimplemento da específica obrigação"[58].

Ainda sobre o tema, o Conselho da Justiça Federal, órgão instituído em 2017 com o objetivo de prevenir conflitos e de monitorar a gestão dos precedentes, determinou, em seu Enunciado n. 422: "a expressão 'garantias especiais' constante do art. 300 do CC/2002 refere-se a todas as garantias, quaisquer delas, reais ou fidejussórias, que tenham sido prestadas voluntária e originariamente pelo devedor primitivo ou por terceiro, vale dizer, aquelas que dependeram da vontade do garantidor, devedor ou terceiro para se constituírem"[59].

As garantias reais versam sobre determinado objeto conferido em garantia. Diferentemente da fidejussória, a garantia pode ser instituída tanto por terceiros quanto pelo devedor originário. Isso

---

[54] Sobre o tema, Fábio Rocha Pinto e Silva determina que a fonte das garantias especiais convencionais reside, exclusivamente, no contrato, dada a necessária comunhão de vontades para formação da garantia. Rotula, ainda, as garantias especiais convencionais: "As *garantias especiais* convencionais *decorrem de contratos*: Fiança, penhor, hipoteca, anticrese, alienação e cessão fiduciária. *Sua fonte será sempre um contrato*, porque a constituição da garantia depende de acordo de vontades. A noção e a teoria dos contratos, portanto, são essenciais para a compreensão das garantias especiais." (SILVA, Fábio Rocha Pinto e. *Garantias das obrigações*: uma análise sistemática do direito das garantias e uma proposta abrangente para a sua reforma. São Paulo: IASP, 2017, p. 36).

[55] "Art. 391. Pelo inadimplemento das obrigações respondem todos os bens do devedor."

[56] SILVA, Fábio Rocha Pinto e. *Garantias das obrigações*: uma análise sistemática do direito das garantias e uma proposta abrangente para a sua reforma. São Paulo: IASP, 2017, p. 107.

[57] Tribunal da Relação de Évora, Sumário do processo n. 2945/04-2, Rel. Maria Alexandre Santos, j. 17-1-2006.

[58] NEVES, José Roberto de Castro. As garantias do cumprimento da obrigação. *Revista da EMERJ*, v. 11, n. 44, Rio de Janeiro, EMERJ, 2008, p. 190-191.

[59] Conselho da Justiça Federal – Comissão de Trabalho de Obrigações e Contratos, Enunciado n. 422.

porque, sem prejuízo da garantia composta pelo patrimônio completo do devedor, pode o objeto, que já garante a dívida através da garantia geral, ser oferecido em garantia especial e real pelo devedor, de forma que atrela-se à dívida, "representando garantia mais forte, sujeita aos regimes da preferência e da sequela, conforme o caso"[60]. São garantias reais a hipoteca, o penhor e a anticrese no direito brasileiro.

Com a garantia real, um ou mais bens ficarão necessariamente atrelados ao adimplemento da respectiva obrigação garantida, estabelecendo, factualmente, uma preferência[61].

Por seu turno, as garantias pessoais ou fidejussórias são aquelas em que determinada pessoa (garantidor) se compromete a, na falta do devedor principal, suportar a dívida assumida[62]. Trata-se de garantias "dadas *intuitu personae*, em confiança à pessoa determinada, natural, portanto, que não se estendam ao novo devedor sem a prévia concordância dos garantidores"[63]. Sabendo que não se sujeitam à publicidade, as garantias fidejussórias não são oponíveis perante terceiros, da mesma maneira que se encontrariam sujeitas, evidentemente, à diminuição do patrimônio do garantidor[64].

Para além da referida classificação, a dinâmica empresarial impõe o surgimento de novas modalidades utilizadas para o reforço na obrigação de adimplemento ou redução do risco de inadimplemento. É o caso, por exemplo, da classificação oferecida por Pedro Romano Martinez e Pedro Fuzeta da Ponte[65]. Ambos defendem a inclusão do seguro de crédito e a garantia autônoma no rol de garantias pessoais, bem como os privilégios especiais e o direito de retenção no rol de garantias reais. Há, assim, o surgimento de novas garantias que não se confundem com a classificação tradicional entre as garantias reais e fidejussórias, como garantias típicas de alienação fiduciária, cessão fiduciária e reserva de domínio e outras atípicas, como o *leasing* como garantia, venda com pacto de retrovenda, que demandam o alargamento do conceito de garantias reais[66], de modo a integrar outras formas de propriedade-garantia[67].

5.1. Garantias pessoais

As garantias pessoais são aquelas de caráter obrigacional, em que o garantidor assume uma obrigação de adimplir a prestação perante o credor. Trata-se de obrigação personalíssima, em que

---

[60] SILVA, Fábio Rocha Pinto e. *Garantias das obrigações*: uma análise sistemática do direito das garantias e uma proposta abrangente para a sua reforma. São Paulo: IASP, 2017, p. 110.

[61] SILVA, Fábio Rocha Pinto e. *Garantias das obrigações*: uma análise sistemática do direito das garantias e uma proposta abrangente para a sua reforma. São Paulo: IASP, 2017, p. 109.

[62] GAGLIANO, Pablo Stolze. *Manual de direito civil*. 2. ed. São Paulo: Saraiva Educação, 2018, p. 672.

[63] NADER, Paulo. *Curso de direito civil*. 8. ed. São Paulo: Forense, 2016, v. 2, p. 285.

[64] SILVA, Fábio Rocha Pinto e. *Garantias das obrigações*: uma análise sistemática do direito das garantias e uma proposta abrangente para a sua reforma. São Paulo: IASP, 2017, p. 108.

[65] MARTINEZ, Pedro Romano; PONTE, Pedro Fuzeta da. *Garantias de cumprimento*. 5. ed. Coimbra: Almedina, 2006, p. 7-12. Sobre a proposta de classificação dos autores, defende Fábio Rocha: "131. As garantias especiais tiveram sua noção corretamente ampliada. A família das garantias especiais das obrigações inclui as garantias pessoais e as garantias reais. Há, no entanto, importante inovação, ao admitirem os autores, entre o rol de garantias pessoais, o seguro de crédito e a garantia autônoma. Da mesma forma, os privilégios especiais e o direito de retenção foram incluídos entre as garantias reais, ampliando seu espectro tradicional, mais restritivo" (SILVA, Fábio Rocha Pinto e. *Garantias das obrigações*: uma análise sistemática do direito das garantias e uma proposta abrangente para a sua reforma. São Paulo: IASP, 2017, p. 128).

[66] A jurisprudência nacional também anota a necessária distinção entre os direitos reais de garantia e direitos reais em garantia, de modo que, dentre outros pontos, altere a sujeição do crédito aos efeitos da recuperação judicial. Nesse sentido: TJSP, 2ª Câmara de Direito Empresarial, Apelação Cível 1003330-37.2021.8.26.0362, Rel. Des. Maurício Pessoa, j. 13-6-2023.

[67] SILVA, Fábio Rocha Pinto e. *Garantias das obrigações*: uma análise sistemática do direito das garantias e uma proposta abrangente para a sua reforma. São Paulo: IASP, 2017, p. 110.

Capítulo 5 • Contratos bancários

uma pessoa se compromete a responder pelo adimplemento das obrigações assumidas pelo devedor, caso este não o faça[68].

Ao contrário das garantias reais, a vinculação não incide sobre determinado bem apenas. O garantidor compromete-se a liquidar a dívida com todo o seu patrimônio ou até certo limite[69].

As garantias podem ser de duas espécies, a fiança e o aval.

O aval é garantia tipicamente cambiária. Trata-se de obrigação de garantia conferida por um terceiro na relação cambiária ou por um dos signatários coobrigados do título de crédito. A presente garantia é regulada pelo Decreto-lei n. 57.663/66 (Lei Uniforme de Genebra – LUG) e pelo Código Civil (em casos de títulos atípicos)[70].

Modalidade de garantia fidejussória, o avalista assegura o avalizado de que a obrigação constante do título de crédito será satisfeita pelo devedor ou por si (art. 30 da LUG).

Ele pode ser escrito no próprio título de crédito ou em folha anexa. Consiste na assinatura do avalista no anverso do título ou, caso no seu verso, com a identificação de que se trata de aval.

Pelo aval, o avalista se coobriga na mesma medida de seu avalizado. Assinado o aval, o avalista passa a ser coobrigado pela obrigação prevista no título de crédito perante todos os credores do avalizado. Ao satisfazer a obrigação, o avalista se sub-rogará nos direitos emergentes do título contra a pessoa do avalizado e contra os demais coobrigados anteriores do título, como o sacado, o sacador, os endossantes anteriores, os avalistas anteriores e o avalizado[71]. Como todas as obrigações cambiárias, a obrigação decorrente de aval é autônoma em relação às demais, inclusive em relação à obrigação do avalizado. A autonomia implica que a obrigação do avalista se mantém mesmo no caso de a obrigação garantida do avalizado ser nula, a menos que a nulidade seja resultante de um vício de forma, como vício que descaracteriza a própria letra como título de crédito[72].

O aval não se confunde com a fiança. Embora sejam ambas garantias pessoais, a natureza da fiança é diversa, não é autônoma e assegura benefício de ordem ao fiador sobre o afiançado, em regra.

A fiança é uma garantia comum, prevista no Código Civil. O art. 818 do CC esclarece que, "pelo contrato de fiança, uma pessoa garante satisfazer ao credor uma obrigação assumida pelo deve-

---

[68] WAISBERG, Ivo; GORNATI, Gilberto. *Direito bancário*: contratos e operações bancárias. 2. ed. rev. e atual. São Paulo: Saraiva, 2016, p. 117.

[69] WAISBERG, Ivo; GORNATI, Gilberto. *Direito bancário*: contratos e operações bancárias. 2. ed. rev. e atual. São Paulo: Saraiva, 2016, p. 117.

[70] WAISBERG, Ivo; GORNATI, Gilberto. *Direito bancário*: contratos e operações bancárias. 2. ed. rev. e atual. São Paulo: Saraiva, 2016, p. 118.

[71] Conforme ensina Álvaro Azevedo, "é o caso, por exemplo, do avalista, em uma nota promissória, que paga sozinho o valor nela consignado. Embora exista a solidariedade entre o emitente (que promete pagar) desse título de crédito e o avalista, aquele, na verdade, é o devedor, pois obteve, integralmente, os benefícios advindos da relação jurídica. Realmente, o emitente promete pagar ao favorecido o valor consignado no título, porque dessa soma se aproveitou. O avalista é um mero garantidor, que, pela solidariedade, advinda da lei, é co-obrigado nesse mesmo título. Se esse avalista pagar sozinho todo o valor da nota promissória, poderá reembolsar-se pelo total pago, não se cogitando, neste caso, de cotas, pois aqui não se trata da hipótese prevista, em regra geral, no art. 283, que pressupõe devedores todos os coobrigados. Aqui, cogitamos da co-obrigatoriedade, mas na qual somente um é devedor beneficiado, ou, melhor dizendo, somente um, na realidade, é o devedor. Os outros devedores prestaram, como avalistas, um favor jurídico, sem qualquer benefício" (AZEVEDO, Álvaro Villaça. *Curso de direito civil*: teoria geral das obrigações e responsabilidade civil. 13. ed. São Paulo: Saraiva Educação, 2019, p. 120-121).

[72] Art. 32, LU: "O dador de aval é responsável da mesma maneira que a pessoa por ele afiançada. A sua obrigação mantém-se, mesmo no caso de a obrigação que ele garantiu ser nula por qualquer razão que não seja um vício de forma. Se o dador de aval paga a letra, fica sub-rogado nos direitos emergentes da letra contra a pessoa a favor de quem foi dado o aval e contra os obrigados para com esta em virtude da letra".

dor, caso este não a cumpra". Do mandamento legal, pode-se inferir que a fiança é sempre um contrato entre o fiador e o credor afiançado[73].

Diferentemente do aval, a fiança é um contrato acessório[74]. A validade ou invalidade da obrigação afiançada repercute na fiança, de modo que eventual vício da obrigação principal produzirá efeitos sobre o contrato de fiança celebrado. Nesse sentido, o fiador poderá opor as exceções pessoais do afiançado em face do credor.

Ademais, o contrato de fiança gera obrigação subsidiária para o fiador. O fiador será obrigado a satisfazer sua obrigação desde que o afiançado, chamado a adimplir sua obrigação, não o faça[75], a menos que o fiador tenha renunciado expressamente ao seu benefício de ordem.

A fiança se aperfeiçoa com forma escrita, no mesmo documento do qual a dívida relativa a ela está prevista ou em documento apartado. A fiança, outrossim, pode ser (i) convencional, gratuita ou onerosa (fiança bancária); (ii) judicial (caução); ou (iii) legal[76].

No caso da fiança bancária tem-se um contrato oneroso. A função de fiador será ocupada por um banco, por meio de uma remuneração a ser paga pelo sujeito garantido[77].

Sua celebração entre o fiador e credor beneficiário dispensa a anuência do afiançado. O art. 820 do CC estabelece a possibilidade de estipular a fiança "ainda que sem consentimento do devedor ou contra a sua vontade".

O fiador se sub-rogará na posição do credor se adimplir com sua obrigação e poderá exigir o crédito do devedor afiançado com todas as suas condições. Nos termos do art. 831 do CC, "o fiador que pagar integralmente a dívida fica sub-rogado nos direitos do credor; mas só poderá demandar a cada um dos outros fiadores pela respectiva cota".

Na prática bancária "no caso de dívida a ser amortizada em prestações a restrição contratual do direito de sub-rogação do fiador até que a totalidade do devido à instituição financeira seja quitado. Do contrário, em virtude da sub-rogação o fiador concorre, pelas parcelas por ele eventualmente quitadas, com o credor principal, com risco de diminuir o quinhão deste em caso de insolvência do devedor"[78].

5.2. Garantias reais

O direito real de garantia é um direito sobre o bem[79]. Ao contrário das garantias fidejussórias, as modalidades de garantia real incidem sobre determinada coisa e não sobre o patrimônio do garantidor[80].

---

[73] SALOMÃO NETO, Eduardo. *Direito bancário*. 3. ed. rev. e ampl. São Paulo: Trevisan, 2020, p. 327.

[74] LÔBO, Paulo. *Direito civil*: parte geral. 12. ed. São Paulo: SaraivaJur, 2023, v. 1, p. 154.

[75] FRANCO, Vera Helena de Mello. *Contratos*: direito civil e empresarial. 4. ed. rev., atual. e ampl. São Paulo: Revista dos Tribunais, 2013, p. 224.

[76] WAISBERG, Ivo; GORNATI, Gilberto. *Direito bancário*: contratos e operações bancárias. 2. ed. rev. e atual. São Paulo: Saraiva, 2016, p. 119.

[77] FRANCO, Vera Helena de Mello. *Contratos*: direito civil e empresarial. 4. ed. rev., atual. e ampl. São Paulo: Revista dos Tribunais, 2013, p. 231.

[78] SALOMÃO NETO, Eduardo. *Direito bancário*. 3. ed. rev. e ampl. São Paulo: Trevisan, 2020, p. 328.

[79] "O direito real de garantia é direito sobre o bem, móvel ou imóvel, quanto ao valor dele. Nem se lhe retira *substantia*, nem *usus*, nem *fructus*, nem *habitatio*. Ainda quando se trata de anticrese, o fruto apenas solve. O titular do direito real de garantia sofre as oscilações do valor, como o dono sofreria sozinho." (PONTES DE MIRANDA, Francisco Cavalcanti. *Tratado de direito privado*. 2. ed. Atualizado por Vilson Rodrigues Alves. São Paulo: Revista dos Tribunais, 2000, t. XX, p. 80.)

[80] MONTEIRO, Washington de Barros; DABUS, Carlos Alberto Maluf. *Curso de direito civil*. 39. ed. São Paulo: Saraiva, 2009, v. 3, p. 395.

Capítulo 5 • Contratos bancários

São modalidades de garantias de direito real o penhor, a hipoteca e a anticrese.

No que se refere aos bens móveis, o penhor é garantia real que gera a obrigação de entrega de bem pelo devedor (ou um terceiro) ao credor como garantia. Pelo penhor, transfere-se a posse do bem ao próprio credor, a qual deverá ser restituída quando ocorrer o adimplemento total da dívida que fora garantida[81].

Há exceção à transmissão da posse. Há hipóteses em que a coisa pode permanecer em posse do próprio devedor, como nos casos de penhor industrial e rural[82]. Quando se trata de títulos e valores mobiliários, além disso, os documentos relativos à propriedade são, no mais das vezes, mantidos na posse de um terceiro (o agente fiduciário).

A lógica que fundamenta essas exceções repousa no art. 1.431 do CC, segundo o qual "no penhor rural, industrial, mercantil e de veículos, as coisas empenhadas continuam em poder do devedor, que as deve guardar e conservar". Não obstante, "a transferência da posse só pode ser exigida para bens corpóreos, e não para os direitos simplesmente equiparados a móveis pelo Código Civil"[83].

Independentemente da hipótese do penhor, não há a transferência da propriedade do bem, que remanesce no patrimônio do garantidor/devedor[84]. O bem móvel permanecerá onerado até a satisfação do débito principal e, caso alienado a terceiro, poderá ser perseguido pelo credor diante de seu direito de sequela em face de todo e qualquer terceiro.

Sobre a contratação[85], o penhor deve ser contratado por escritura pública ou instrumento particular, assinado pelas partes e duas testemunhas. Após, o instrumento deverá ser registrado perante o registro de títulos e documentos competente.

Quanto aos seus elementos, o art. 1.424 do CC dispõe que o contrato de penhor deve conter: (i) o valor do crédito, sua estimação, ou valor máximo; (ii) o prazo fixado para pagamento; (iii) a taxa dos juros, se houver; (iv) o bem dado em garantia com suas especificações.

O penhor, nesse sentido, pode ser constituído sobre coisa atual ou futura. Para essa hipótese, é necessário que o instrumento indique que a garantia receberá eficácia assim que os ativos passarem a existir[86].

Na hipótese de inadimplemento da obrigação principal, o penhor permitirá a execução do bem móvel e sua alienação. A venda poderá ser "judicial (via leilão no âmbito da execução de título extrajudicial) ou extrajudicial, desde que prevista expressamente no referido instrumento"[87].

---

[81] WAISBERG, Ivo; GORNATI, Gilberto. *Direito bancário*: contratos e operações bancárias. 2. ed. rev. e atual. São Paulo: Saraiva, 2016, p. 126.

[82] SILVA, Fábio Rocha Pinto e. *Garantias hipotecária e fiduciária imobiliária em contratos não habitacionais*: limites da sua aplicação prática e inadequação do direito positivo. 2013. Dissertação (Mestrado), Faculdade de Direito, Universidade de São Paulo, São Paulo, 2013, p. 14.

[83] SALOMÃO NETO, Eduardo. *Direito bancário*. 3. ed. rev. e ampl. São Paulo: Trevisan, 2020, p. 333.

[84] SILVA, Fábio Rocha Pinto e. *Garantias hipotecária e fiduciária imobiliária em contratos não habitacionais*: limites da sua aplicação prática e inadequação do direito positivo. 2013. Dissertação (Mestrado), Faculdade de Direito, Universidade de São Paulo, São Paulo, 2013, p. 14.

[85] SILVA, Fábio Rocha Pinto e. *Garantias hipotecária e fiduciária imobiliária em contratos não habitacionais*: limites da sua aplicação prática e inadequação do direito positivo. 2013. Dissertação (Mestrado), Faculdade de Direito, Universidade de São Paulo, São Paulo, 2013, p. 14.

[86] SALOMÃO NETO, Eduardo. *Direito bancário*. 3. ed. rev. e ampl. São Paulo: Trevisan, 2020, p. 333.

[87] WAISBERG, Ivo; GORNATI, Gilberto. *Direito bancário*: contratos e operações bancárias. 2. ed. rev. e atual. São Paulo: Saraiva, 2016, p. 127.

A venda é obrigatória. No direito brasileiro, é vedado o pacto comissório, de modo que o credor não poderá "atribuir a si a pertinência da posição jurídica patrimonial objeto da garantia"[88]. O art. 1.428 do CC expõe que "é nula a cláusula que autoriza o credor pignoratício, anticrético ou hipotecário a ficar com o objeto da garantia, se a dívida não for paga no vencimento".

A vedação ao pacto comissório não impede, entretanto, a dação em pagamento. Após o vencimento da obrigação, havendo o consentimento do credor, pode o devedor entregar ao credor a coisa dada em garantia como forma de pagamento de sua obrigação. Nesse cenário, para que seja legalmente aceito, é preciso que não exista, no momento da contratação e até seu vencimento, qualquer ajuste obrigando a dação[89].

Se o penhor é a garantia real sobre bem móvel, a hipoteca incide sobre bem imóvel.

Pela definição a hipoteca consiste em classificá-la como direito real de garantia que confere ao credor o direito de ser pago pelo valor de certas coisas imóveis ou equiparadas, pertencentes a devedor ou a terceiro, com preferência sobre os demais credores que não gozem de privilégio especial ou prioridade de registro[90].

Na hipoteca, não havendo o cumprimento da obrigação, o credor poderá vender o imóvel, após a penhora em processo de execução, para satisfazer a dívida e com prioridade no recebimento em face dos demais credores e da ordem de preferência das averbações no registro[91]. Além de bem imóvel, o art. 1.473 do CC elenca outros objetos possíveis de hipoteca e que se equiparam aos imóveis para tal fim, tais como estradas de ferro, recursos naturais, navios etc.

A constituição da hipoteca é formal e onerosa. A hipoteca deve ser contratada através de escritura pública, registrada perante o registro de imóveis competente e, nesse cenário, apenas será considerada constituída após formalizado o registro[92].

Em função do registro, a hipoteca possui eficácia *erga omnes* e permanecerá vigente ainda que o bem seja alienado a terceiro. É o direito de sequela próprio dos direitos de garantia.

Há controvérsia quanto à hipoteca judicial, prevista no art. 495 do CPC e no art. 167, I, 2, da Lei n. 6.015/73, que assegura que o credor de prestação em dinheiro ou convertida a tal poderá, por mera apresentação da sentença perante o cartório de registro imobiliário, independentemente de ordem judicial, averbar oneração na matrícula de imóvel do devedor de forma a garantir seu cumprimento. Para Fábio Rocha Pinto e Silva, a partir do advento do CPC/2015, "a hipoteca judiciária passa a representar uma enorme vantagem em relação à penhora, por duas razões: ao contrário da penhora, realizada no curso do processo de execução, a hipoteca poderá ser registrada desde a sentença condenatória de primeira instância, no processo de conhecimento; ainda, ao contrário da penhora, a hipoteca judiciária conservará o grau de preferência na insolvência do devedor"[93].

---

[88] HADDAD, Luís Gustavo. *A proibição do pacto comissório no direito brasileiro*. 2013. Tese (Doutorado em Direito Civil) – Faculdade de Direito, Universidade de São Paulo, São Paulo, 2013, p. 24.

[89] SALOMÃO NETO, Eduardo. *Direito bancário*. 3. ed. rev. e ampl. São Paulo: Trevisan, 2020, p. 334.

[90] VASCONCELOS, Luís Miguel Pestana de. *Direito das garantias*. 2. ed. Coimbra: Almedina, 2016, p. 22 e 196.

[91] SILVA, Fábio Rocha Pinto e. *Garantias hipotecária e fiduciária imobiliária em contratos não habitacionais*: limites da sua aplicação prática e inadequação do direito positivo. 2013. Dissertação (Mestrado), Faculdade de Direito, Universidade de São Paulo, São Paulo, 2013, p. 15.

[92] SILVA, Fábio Rocha Pinto e. *Garantias hipotecária e fiduciária imobiliária em contratos não habitacionais*: limites da sua aplicação prática e inadequação do direito positivo. 2013. Dissertação (Mestrado), Faculdade de Direito, Universidade de São Paulo, São Paulo, 2013, p. 16.

[93] SILVA, Fábio Rocha Pinto e. *Garantias das obrigações*: uma análise sistemática do direito das garantias e uma proposta abrangente para a sua reforma. São Paulo: IASP, 2017, p. 462.

Para Silva, a hipoteca judiciária (ou qualquer outra garantia processual acautelatória) não poderá recair sobre bem impenhorável. Afasta tal lógica, entretanto, ao mencionar que a constituição da garantia processual acautelatória pode se dar uma vez verificada o estabelecimento de exceção às regras de impenhorabilidade. Menciona, a título de exemplo, as possibilidades do art. 3º da Lei n. 8.009/90 para o bem de família[94]. Sendo o hipotecário casado, será necessária "a anuência do outro cônjuge mediante a coleta de sua assinatura no documento da hipoteca, conforme determina o art. 1.647, I, do Código Civil brasileiro"[95].

Sobre as diferenças e semelhanças com o penhor, convém demonstrar que, para a hipoteca, também é vedado o pacto comissório. De forma contrária, não é permitida a venda amigável do objeto de garantia na hipoteca[96].

Por fim, quanto à anticrese, sua conceituação decorre do próprio art. 1.506 do CC, que dispõe que pode o devedor ou outrem por ele, com a entrega do imóvel ao credor, ceder-lhe o direito de perceber, em compensação da dívida, os frutos e rendimentos.

Pontes de Miranda define a anticrese como "direito real pelo qual se garante o adimplemento por percepção dos frutos do bem imóvel e imputação ao quanto devido"[97].

Nesse sentido, Maria Helena Diniz aponta que a anticrese é "convenção, mediante a qual o credor, retendo um imóvel do devedor, percebe, em compensação da dívida, os seus frutos e rendimentos para conseguir a soma de dinheiro emprestada, imputando na dívida, e até o seu resgate, as importâncias que for recebendo"[98]. Convém assinalar os *caracteres jurídicos* da anticrese apontados pela autora[99], quais sejam:

i) Representa um direito real de garantia.

ii) Requer a capacidade das partes. Nesse ponto, interessante notar que o devedor anticrético deverá gozar de capacidade de dispor o imóvel, mas não há impedimento de que terceiro ceda ao credor o direito de perceber frutos e rendimentos de um bem de raiz que lhe pertence, com a finalidade de quitar a dívida do devedor.

iii) A anticrese não confere preferência ao anticresista no pagamento do crédito com a devida importância obtida na excussão do bem onerado.

iv) O credor anticrético apenas poderá aplicar as rendas auferidas com a retenção do bem no pagamento da obrigação garantida.

v) Para ser constituída, a anticrese requer escritura pública e registro em cartório imobiliário, sendo nula a anticrese que o cônjuge convencionar sem o consentimento do outro — salvo se for casamento em regime de separação absoluta de bens.

vi) Será sempre de coisa imóvel alienável, uma vez que se fosse de bem móvel seria penhor e não anticrese.

vii) Requer a tradição real do bem imóvel.

---

[94] SILVA, Fábio Rocha Pinto e. *Garantias das obrigações*: uma análise sistemática do direito das garantias e uma proposta abrangente para a sua reforma. São Paulo: IASP, 2017, p. 462.

[95] WAISBERG, Ivo; GORNATI, Gilberto. *Direito bancário*: contratos e operações bancárias. 2. ed. rev. e atual. São Paulo: Saraiva, 2016, p. 128.

[96] SALOMÃO NETO, Eduardo. *Direito bancário*. 3. ed. rev. e ampl. São Paulo: Trevisan, 2020, p. 339.

[97] PONTES DE MIRANDA, Francisco Cavalcanti. *Direito das coisas*. São Paulo: Revista dos Tribunais, 2012, t. XXI, p. 208.

[98] DINIZ, Maria Helena. *Curso de direito civil brasileiro*: direito das coisas. São Paulo: SaraivaJur, 2024, v. 4, p. 191.

[99] DINIZ, Maria Helena. *Curso de direito civil brasileiro*: direito das coisas. São Paulo: SaraivaJur, 2024, v. 4, p. 191-192.

A anticrese será extinta em razão do seguinte: (i) pagamento da dívida, uma vez que representa direito acessório; (ii) término do prazo legal (15 anos a partir de sua constituição, conforme o art. 1.423 do CC); (iii) perecimento do bem anticrético; (iv) desapropriação; (v) renúncia do anticresista; (vi) excussão de outros credores na hipótese de o anticrético não opor direito de retenção; (vii) resgate do bem dado em anticrese[100].

6. CONTRATOS BANCÁRIOS EM ESPÉCIE

No âmbito dos contratos bancários típicos, pode-se diferenciá-los em contratos bancários com operações ativas ou passivas, cada qual subdividido em diversas espécies.

6.1. Depósito bancário

6.1.1. Conceito e elementos

O contrato de depósito é definido pelo Código Civil em seu art. 627. Ele consiste no contrato em que o depositário recebe e guarda um objeto móvel até que o depositante por ele reclame.

No âmbito das operações bancárias de intermediação de recursos, o depósito bancário se enquadra nas operações passivas do banco, uma vez que o banco figura como depositário dos recursos recebidos pelos depositantes e passa a ter a obrigação de restituir os bens quando a parte depositante requerer[101].

Pode-se conceituar o depósito bancário como "a operação bancária segundo a qual uma pessoa entrega ao banco determinada importância em dinheiro, ficando o mesmo com a obrigação de devolvê-la no prazo e nas condições convencionadas"[102]. De modo semelhante, o depósito bancário, relativo ao contexto das operações bancárias, é o "contrato celebrado entre o depositante e a instituição financeira, por meio do qual a instituição financeira, em uma operação passiva (a sua principal operação nessa modalidade), encarrega-se do ônus de guardar os bens ali depositados, devendo restituí-los, em mesma espécie, quando da manifestação do depositante para tanto e/ou dentro de prazo razoável estabelecido entre as partes contratantes"[103].

Na definição, a essência do contrato bancário é o depósito de soma de dinheiro junto a uma instituição autorizada, sendo esta obrigada a devolvê-la conforme pactuado[104].

Na espécie, o depositário deverá ser necessariamente instituição financeira autorizada e o objeto depositado será sempre dinheiro. Como o recurso financeiro é bem móvel fungível, ao banco depositário cumprirá restituir o *quantum* depositado na mesma quantidade e qualidade, mas poderá fazer uso da soma depositada da forma que lhe aprouver durante o período, ressalvadas as determinações das autoridades financeiras reguladoras[105].

Trata-se da mais comum das operações bancárias[106]. É por meio desse tipo de contrato que as instituições financeiras produzem lastro para realizar suas aplicações financeiras[107]. Nesse sentido, "a

---

[100] DINIZ, Maria Helena. *Curso de direito civil brasileiro*: direito das coisas. São Paulo: SaraivaJur, 2024, v. 4, p. 194.

[101] RIZZARDO, Arnaldo. *Contratos de crédito bancário*. São Paulo: Revista dos Tribunais, 2003, p. 26.

[102] MARTINS, Fran. *Contratos e obrigações comerciais*. 15. ed. Rio de Janeiro: Forense, 2000, p. 433.

[103] WAISBERG, Ivo; GORNATI, Gilberto. *Direito bancário*: contratos e operações bancárias. 2. ed. rev. e atual. São Paulo: Saraiva, 2016, p. 135.

[104] TOMAZETTE, Marlon. *Contratos empresariais*. Salvador: JusPodivm, 2022, p. 674.

[105] TOMAZETTE, Marlon. *Contratos empresariais*. Salvador: JusPodivm, 2022, p. 674-675.

[106] SALOMÃO NETO, Eduardo. *Direito bancário*. 3. ed. rev. e ampl. São Paulo: Trevisan, 2020, p. 267.

[107] WAISBERG, Ivo; GORNATI, Gilberto. *Direito bancário*: contratos e operações bancárias. 2. ed. rev. e atual. São Paulo: Saraiva, 2016, p. 135.

Capítulo 5 • Contratos bancários

instituição depositária utiliza os valores depositados para trabalhá-los como lastro para outras operações financeiras. Dessa forma, teríamos 'duas naturezas' para o contrato de depósito: a de depósito propriamente dito e a de mútuo"[108].

Essa natureza de mútuo, entretanto, não se caracteriza no depósito bancário justamente em virtude da finalidade do contrato bancário que é permitir a intermediação do recurso pela instituição financeira. Não há o intuito do depositante de emprestar recurso financeiro ao banco ou do banco em tomar recurso do depositante e remunerá-lo por tal disponibilização.

Sobre a comparação com o mútuo, Salomão observa nessa discussão certa esterilidade, porquanto "o Código Civil, no art. 645, dispõe simplesmente que o depósito de coisas fungíveis se rege pelas regras do mútuo, e não que seja propriamente um mútuo"[109]. Por esse raciocínio, Salomão conclui que o Código Civil, com o inciso II do art. 592, promove uma regra supletiva "referente ao mútuo de dinheiro, segundo a qual seu prazo será de 30 dias na falta de convenção expressa entre as partes e na ausência de prova em contrário"[110].

Dessa forma, no contrato de depósito bancário, ao contrário dos demais contratos de depósito, o depositante transfere a titularidade dos recursos financeiros ao banco. Perante a instituição financeira depositária, o depositante se torna credor apenas de uma determinada obrigação de restituição dos valores quando requerido[111].

Por essa lógica, o contrato de depósito bancário possui elementos peculiares. Ele é celebrado no interesse do depositante, possuindo este a faculdade de requerer sua restituição a qualquer momento, exceto no caso de falência da instituição financeira. Realizado no interesse do depositante, o depositário poderá ter que devolver os juros convencionados sobre os valores depositados.

Além de afastar a natureza de mútuo do depósito, também se afasta sua natureza de depósito irregular. Pontes de Miranda reconhece o depósito bancário como um depósito irregular, tendo em vista ser depósito de bens fungíveis em que a propriedade do dinheiro é transferida ao banco (arts. 645 e 587 do CC)[112]. Igualmente, Arnaldo Rizzardo entende pela natureza irregular do depósito, eis que são mantidos todos os seus elementos essenciais, a guarda e responsabilidade acerca do montante recebido[113].

Diversamente, parte majoritária da doutrina entende o depósito como contrato atípico com disciplina jurídica própria. Não poderia ser considerado depósito irregular em função da dupla disponibilidade de valores, em que a quantia depositada pode ser usada tanto pelo banco quanto pelo depositante. Outro argumento seria de que a custódia não estaria no cerne do contrato, de modo que seria relação creditícia fiduciária[114], cuja principal qualidade é a dupla disponibilidade de valores[115].

---

[108] WAISBERG, Ivo; GORNATI, Gilberto. *Direito bancário*: contratos e operações bancárias. 2. ed. rev. e atual. São Paulo: Saraiva, 2016, p. 135.

[109] SALOMÃO NETO, Eduardo. *Direito bancário*. 3. ed. rev. e ampl. São Paulo: Trevisan, 2020, p. 268.

[110] SALOMÃO NETO, Eduardo. *Direito bancário*. 3. ed. rev. e ampl. São Paulo: Trevisan, 2020, p. 268.

[111] NEGRÃO, Ricardo. *Curso de direito comercial e de empresa*: títulos de crédito e contratos empresariais. 9. ed. São Paulo: Saraiva Educação, 2020, v. 2, p. 355.

[112] PONTES DE MIRANDA, José Cavalcanti. *Tratado de direito privado*. Atualizado por Vilson Rodrigues Alves. Campinas: Bookseller, 2003, v. 42, §§ 4.664.

[113] RIZZARDO, Arnaldo. *Contratos de crédito bancário*. 7. ed. São Paulo: Revista dos Tribunais, 2007, p. 38.

[114] COVELLO, Sergio Carlos. *Contratos bancários*. 4. ed. São Paulo: Leud, 2001, p. 74.

[115] TOMAZETTE, Marlon. *Contratos empresariais*. Salvador: JusPodivm, 2022, p. 675.

Nesse sentido, Orlando Gomes assevera que o depósito bancário é um misto entre o mútuo e o depósito, porém dispõe de peculiaridades que impedem a aplicação das regras desses dois contratos[116].

As referidas peculiaridades tornam o contrato de depósito bancário um contrato atípico, cuja aplicação da disciplina do mútuo ou do depósito irregular não é adequada. A possibilidade de o depositário requerer a devolução dos recursos financeiros depositados a qualquer momento impede a aplicação das regras do mútuo ao depósito bancário. Da mesma forma, o depósito dos recursos é feito no interesse do depositante e não do depositário, ainda que haja a transferência da propriedade dos valores depositados, que poderão ser utilizados pelo depositário até o requerimento do depositante. É de se notar que, mesmo sendo obrigado a restituir a importância depositada, o banco depositário pode fazer o uso do dinheiro depositado da forma que lhe interessar[117].

O contrato de depósito bancário é considerado contrato real. Não basta a convenção das partes contraentes. O contrato somente se aperfeiçoa com a entrega do dinheiro à instituição financeira depositária[118].

Além de contrato real, é também contrato unilateral. Apenas haverá obrigação para uma das partes contratantes, o depositário. Realizado o depósito dos valores para a caracterização do contrato, o depositário passa a ter a obrigação de devolução dos valores depositados e do pagamento dos juros convencionados quando houver o requerimento de devolução pelo depositante[119].

O contrato de depósito bancário poderá ser gratuito ou oneroso, a depender da convenção de pagamento dos juros pelo banco depositário[120].

Trata-se de um contrato não solene, porque não possui forma particular para sua validade[121].

6.1.2. Modalidades

O depósito pode ser classificado em três espécies, quanto ao prazo de restituição dos valores: depósito à vista, a pré-aviso e a prazo.

O depósito à vista é o que o banco deverá restituir as quantias depositadas ao depositante, mediante mero requerimento deste e a qualquer tempo.

Com base nas Resoluções CMN n. 2.025/93, 2.747/2000 e 2.953/2002, os contratos de depósitos à vista se confundem, de forma conceitual, com o contrato de conta-corrente bancária. "Pelo conceito trabalhado nas referidas Resoluções, as normas compreendem a acepção econômica de que o banco depositário não fará o respectivo contrato de depósito com outras partes, gratuitamente. Desse modo, a despeito de a restituição ser feita à vista, geralmente haverá uma taxa de administração, cobrada pelo banco, para que haja a abertura da conta de depósito (este item deverá estar expresso no contrato, mesmo que haja período de carência para a referida cobrança)"[122].

---

[116] GOMES, Orlando. *Contratos.* 18. ed. Rio de Janeiro: Forense, 1999, p. 367.

[117] TOMAZETTE, Marlon. *Contratos empresariais.* Salvador: JusPodivm, 2022, p. 674.

[118] SACRAMONE, Marcelo. *Manual de direito empresarial.* 2. ed. São Paulo: Saraiva Educação, 2021, p. 561.

[119] FRANCO, Vera Helena de Mello. *Contratos:* direito civil e empresarial. 4. ed. rev., atual. e ampl. São Paulo: Revista dos Tribunais, 2013, p. 201.

[120] FRANCO, Vera Helena de Mello. *Contratos:* direito civil e empresarial. 4. ed. rev., atual. e ampl. São Paulo: Revista dos Tribunais, 2013, p. 201.

[121] FRANCO, Vera Helena de Mello. *Contratos:* direito civil e empresarial. 4. ed. rev., atual. e ampl. São Paulo: Revista dos Tribunais, 2013, p. 201.

[122] WAISBERG, Ivo; GORNATI, Gilberto. *Direito bancário:* contratos e operações bancárias. 2. ed. rev. e atual. São Paulo: Saraiva, 2016, p. 137.

Capítulo 5 • Contratos bancários

O depósito a pré-aviso deverá ser restituído mediante solicitação do depositante, a qual, entretanto, por regra contratual previamente estipulada, permite ao banco determinado prazo a partir da solicitação para o cumprimento. Assim, o depositante deve comunicar a intenção de levantar valores com antecedência, sendo que a partir do aviso passará a ser contado o prazo fixo em contrato para que ocorra a devida restituição[123].

No depósito a prazo fixo, a restituição apenas poderá ser solicitada à instituição financeira depositária após determinado prazo delimitado no contrato[124]. Há a previsão de cláusulas contratuais fixando prazo de carência no qual não se pode requerer a restituição do montante. Ao final do prazo, o valor poderá ser restituído, sendo equiparado a um depósito à vista[125].

6.1.3. Certificados de Depósito Bancário (CDBs) e Recibos de Depósito Bancário (RDBs)

No interior da modalidade de depósito a prazo, pode haver contratos que estipulam regras sobre uma remuneração dos valores, como é o caso da poupança[126]. Nesse sentido, há, também, os instrumentos de captação Certificados de Depósitos Bancários (CDBs) e Recibos de Depósitos Bancários (RDBs), que são, assim, "a contrapartida da efetuação de depósitos a prazo em instituições financeiras"[127].

Na verdade, é possível entender os CDBs e os RDBs como instrumentos do depósito a prazo. Até porque, como explica Nelson Abrão, "os depósitos a prazo fixo são feitos contra simples recibo ou emissão de certificado de depósito bancário (art. 30 da Lei n. 4.728, de 14-7-1965), título de crédito equiparado à nota promissória (art. 30, § 5º), negociável, transferível por endosso (§ 2º)"[128].

Noutros termos, os CDBs e os RDBs são "títulos de renda fixa emitidos por bancos, nos quais o investidor 'empresta' dinheiro para o banco e recebe em troca o pagamento de juros desse empréstimo. Ou seja, esses tipos de investimento envolvem uma promessa de pagamento futuro do valor investido, acrescido da taxa pactuada no momento da transação"[129].

A previsão legal dos CDBs estava presente no art. 30 da Lei n. 4.728/65, posteriormente revogado pela Lei n. 13.986/2020, que passa a discipliná-los. Os RBDs não possuem disciplina própria em lei, mas encontram-se regulados pela Resolução CMN n. 3.454/2007.

O CDB, consoante definição do art. 30 da Lei n. 13.986/2020, é título de crédito nominativo, transferível e de livre negociação, representativo de promessa de pagamento, em data futura, do valor depositado junto ao emissor, acrescido da remuneração convencionada. Deverá ser emitido por instituições financeiras que captem recursos de depósito a prazo (art. 31 da Lei n. 13.986/2020).

Os requisitos reclamados pela lei, presentes no art. 32, são a denominação "Certificado de Depósito Bancário"; o nome da instituição financeira emissora; o número de ordem, o local e a data de emissão; o valor nominal; a data de vencimento; o nome do depositante; a taxa de juros, fixa ou flutuante, admitida a capitalização, ou outras formas de remuneração, inclusive baseadas em índices ou taxas de conhecimento público; e a forma, a periodicidade e o local de pagamento.

---

[123] WAISBERG, Ivo; GORNATI, Gilberto. *Direito bancário*: contratos e operações bancárias. 2. ed. rev. e atual. São Paulo: Saraiva, 2016, p. 137.

[124] SACRAMONE, Marcelo. *Manual de direito empresarial*. 2. ed. São Paulo: Saraiva Educação, 2021, p. 561.

[125] SACRAMONE, Marcelo. *Manual de direito empresarial*. 2. ed. São Paulo: Saraiva Educação, 2021, p. 561.

[126] WAISBERG, Ivo; GORNATI, Gilberto. *Direito bancário*: contratos e operações bancárias. 2. ed. rev. e atual. São Paulo: Saraiva, 2016, p. 137.

[127] SALOMÃO NETO, Eduardo. *Direito bancário*. 3. ed. rev. e ampl. São Paulo: Trevisan, 2020, p. 296.

[128] ABRÃO, Nelson. *Direito bancário*. 18. ed. São Paulo: Saraiva Educação, 2019, p. 130.

[129] COMISSÃO DE VALORES MOBILIÁRIOS. *O mercado de valores mobiliários brasileiro*. 3. ed. Rio de Janeiro: Comissão de Valores Mobiliários, 2014, p. 89.

A emissão do CDB poderá ser realizada sob forma escritural, por meio do lançamento em sistema eletrônico do emissor. Além disso, poderá ser transferido por meio de endosso. Sendo emitido por forma escritural, o endosso ocorrerá "exclusivamente por meio de anotação específica no sistema eletrônico da instituição emissora ou, quando tenha sido depositado em depositário central, por meio de anotação específica no sistema eletrônico correspondente" (§ 1º do art. 34 da Lei n. 13.986/2020).

Trata-se de título executivo extrajudicial. O CDB permite ao seu titular a execução judicial dos valores expressos no título. Para o cumprimento dessa obrigação da instituição financeira, não poderá haver óbice decorrente de qualquer penhora, arresto, sequestro, busca ou apreensão relacionada a crédito contra a instituição emissora. Não se impede, entretanto, a penhora ou constrição do CDB por obrigação de seu titular.

Nos CDBs, é vedada a prorrogação do prazo de vencimento. Sem embargo, havendo nova contratação, é admitida a renovação do CDB com lastro na quantia depositada na data de seu vencimento e sua remuneração (parágrafo único do art. 38).

Já os RDBs são simples documentos de legitimação[130]. Como tal, não se transferem por endosso, nem possuem valor patrimonial que permita que sobre eles recaia qualquer forma de constrição ou penhora.

Eles são "apenas um documento representativo de um valor entregue à instituição financeira, é o próprio crédito contra a instituição que deve ser transferido por meio de cessão de crédito ordinária, nos termos do Código Civil"[131].

6.1.4. Extinção do contrato

O fim do contrato de depósito se dá com a restituição dos valores ao depositante, bem como pela recusa de restituição e constituição da instituição financeira em mora.

Sua extinção poderá ocorrer, também, por meio do encerramento de conta-corrente, o que resulta na restituição do depósito (que era interdependente ao contrato de conta-corrente)[132].

Não se extingue o contrato pela mera ausência do pedido de restituição dos valores. Como já decidiu o STJ, enquanto vigorar o contrato de depósito, "o direito de resgatar o bem depositado pode ser exercido pelo seu titular como decorrência lógica do pacto, mostrando-se tal providência uma parte ínsita do sinalagma subjacente à avença"[133].

Encerrado o contrato de depósito, entretanto, sem que os valores sejam requeridos pelo depositante, aplica-se, para os depósitos em geral, o prazo de 25 anos para a extinção da relação jurídica (art. 1º da Lei n. 2.313/54), sendo que quaisquer movimentações ou reclamações do depositante impedem que se inicie esse prazo. Não havendo movimentação ou reclamação e findo o prazo de 25 anos, o montante será transferido ao Tesouro Nacional, que deverá manter os depósitos à disposição dos titulares em conta remunerada pelo prazo de 5 anos. Ao final desse prazo, os valores são revertidos para o Tesouro Nacional, ressaltando-se que não podem os bancos se apropriar dos valores depositados[134].

---

[130] SALOMÃO NETO, Eduardo. *Direito bancário*. 3. ed. rev. e ampl. São Paulo: Trevisan, 2020, p. 298-299.

[131] SALOMÃO NETO, Eduardo. *Direito bancário*. 3. ed. rev. e ampl. São Paulo: Trevisan, 2020, p. 299.

[132] MIRAGEM, Bruno. *Direito bancário*. São Paulo: Revista dos Tribunais, 2013, p. 339.

[133] STJ, REsp 995.375/SP 2007/0237308-8, 4ªT., Rel. Min. Luis Felipe Salomão, j. 4-9-2012, *DJe* 1º-10-2012.

[134] TOMAZETTE, Marlon. *Contratos empresariais*. Salvador: JusPodivm, 2022, p. 679.

Capítulo 5 • Contratos bancários

6.2. Contrato de conta-corrente bancária

6.2.1. Definição

De forma geral, o contrato de conta-corrente pode ser definido como aquele em que duas pessoas convencionam realizar remessas recíprocas de valores, anotando os débitos e créditos e que resultarão numa verificação posterior do saldo da conta, mediante balanço das entradas e saídas de valores.

Sob a perspectiva bancária, o presente contrato, em sentido amplo, é o registro contábil das operações efetuadas com clientes e terceiros. Em seu sentido estrito, "é o contrato pelo qual o banco assume função de caixa, obrigando-se a cobrar e pagar no interesse do cliente"[135].

Pelo contrato de conta-corrente, o contratante, denominado correntista, passa a realizar suas atividades financeiras por meio da instituição bancária. O correntista efetua a remessa de valores, por meio de ordens de depósito, e deduz valores, por meio de ordens de débitos ou de pagamentos de terceiros. Efetua, assim, saques de valores para si, ou a transferência de recursos a terceiros, mediante a utilização de cartões de débito ou cheques[136].

Pelo contrato de conta-corrente, a instituição financeira também presta os serviços bancários ao correntista. Além de disponibilizar ao correntista um serviço de caixa para que ele realize suas transações financeiras, o banco poderá realizar suas operações ativas, como a cobrança de valores de terceiros, o recebimento de transferências bancárias e pagamentos à ordem do correntista.

Trata-se de operação passiva realizada pelas instituições financeiras[137]. Em que pese também se revele como operação passiva como o depósito bancário, além de permitir também a captação de recursos para o banco, com este não se confunde. Ainda que o depósito bancário possa ser realizado em conta-corrente[138] ou exigir sua abertura[139], o contrato de conta-corrente não pressupõe a transferência de valores à instituição financeira, assim como permite o lançamento de valores por ambas as partes contratantes e não a mera obrigação de a instituição financeira depositária devolver os recursos quando solicitados pelo depositante.

O contrato de conta-corrente bancária pode ser classificado como consensual, uma vez que se aperfeiçoa com o encontro de vontade das partes[140]. Não se exige o depósito de valores para seu aperfeiçoamento. A remessa de valores para a conta é considerada pressuposto para a prestação dos serviços pela instituição financeira e consistente na movimentação de valores à ordem desse.

Por não exigir nenhuma forma específica para sua validade, trata-se de contrato não solene.

Revela-se ainda como contrato bilateral. Prestações são impostas a ambas as partes contratantes. À instituição financeira é imposta a obrigação de prestar serviços e realizar as remessas de valores a terceiros conforme ordem do cliente. Ao cliente contratante é imposta a obrigação de remeter valores à conta para a manutenção do seu saldo[141].

---

[135] FRANCO, Vera Helena de Mello. *Contratos*: direito civil e empresarial. 4. ed. rev., atual. e ampl. São Paulo: Revista dos Tribunais, 2013, p. 208.

[136] WAISBERG, Ivo; GORNATI, Gilberto. *Direito bancário*: contratos e operações bancárias. 2. ed. rev. e atual. São Paulo: Saraiva, 2016, p. 141.

[137] WAISBERG, Ivo; GORNATI, Gilberto. *Direito bancário*: contratos e operações bancárias. 2. ed. rev. e atual. São Paulo: Saraiva, 2016, p. 140

[138] FRANCO, Vera Helena de Mello. *Contratos*: direito civil e empresarial. 4. ed. rev., atual. e ampl. São Paulo: Revista dos Tribunais, 2013, p. 206.

[139] SALOMÃO NETO, Eduardo. *Direito bancário*. 3. ed. rev. e ampl. São Paulo: Trevisan, 2020, p. 268.

[140] TOMAZETTE, Marlon. *Contratos empresariais*. Salvador: JusPodivm, 2022, p. 721.

[141] ABRÃO, Nelson. *Direito bancário*. 18. ed. São Paulo: Saraiva Educação, 2019, p. 224.

Trata-se, ainda, de contrato oneroso. Ao banco usualmente é assegurada a cobrança de comissões pela manutenção do contrato de conta-corrente ou em função das operações realizadas pelo cliente, enquanto ao cliente é assegurado o benefício da prestação do serviço bancário[142].

A cobrança de tarifas pelas instituições financeiras de seus correntistas está disciplinada pela Resolução CMN n. 3.919/2010. Pela resolução, proíbe-se a cobrança de serviços bancários essenciais a pessoas físicas[143], embora se possa cobrar pela prestação dos demais serviços, como cartão de crédito, administração de fundos de investimento, certificado digital, corretagem, custódia de títulos etc.[144].

Caracteriza-se, ademais, como contrato de execução continuada, cujo cumprimento se prolonga no tempo justamente para atender às diversas transações do cliente, bem como de adesão, cujas cláusulas contratuais são pré-estipuladas e não admitem alteração pelo cliente[145].

6.2.2. Modalidades

O contrato de conta-corrente bancária possui natureza autônoma[146], tendo sido, originalmente, um pacto acessório, que evoluiu para um contrato principal com características próprias[147].

Não mais se apresenta como um contrato acessório a uma operação de crédito ou a um contrato de depósito. O contrato de conta-corrente permite a realização das operações bancárias pelo correntista e a prestação dos diversos serviços bancários.

Por seu turno, ele não se confunde com o contrato de conta-corrente comercial. Ao contrário deste, o contrato de conta-corrente bancária não permite a remessa de valores ou a realização de movimentações pela instituição financeira independentemente da anuência do correntista. Apenas o correntista pode dispor dos valores da conta-corrente, sendo que a instituição financeira exerce função meramente mensuradora das operações financeiras realizadas, "sem poder praticar operações ativas"[148]. A compensação dos valores, ademais, é realizada imediatamente e não apenas ao final do contrato[149].

---

[142] ABRÃO, Nelson. *Direito bancário*. 18. ed. São Paulo: Saraiva Educação, 2019, p. 224.

[143] "Art. 2º É vedada às instituições mencionadas no art. 1º a cobrança de tarifas pela prestação de serviços bancários essenciais a pessoas naturais, assim considerados aqueles relativos a: I – conta de depósitos à vista: a) fornecimento de cartão com função débito; b) fornecimento de segunda via do cartão referido na alínea 'a', exceto nos casos de pedidos de reposição formulados pelo correntista decorrentes de perda, roubo, furto, danificação e outros motivos não imputáveis à instituição emitente; c) realização de até quatro saques, por mês, em guichê de caixa, inclusive por meio de cheque ou de cheque avulso, ou em terminal de autoatendimento; d) realização de até duas transferências de recursos entre contas na própria instituição, por mês, em guichê de caixa, em terminal de autoatendimento e/ou pela internet; e) fornecimento de até dois extratos, por mês, contendo a movimentação dos últimos trinta dias por meio de guichê de caixa e/ou de terminal de autoatendimento; f) realização de consultas mediante utilização da internet; g) fornecimento do extrato de que trata o art. 19; h) compensação de cheques; i) fornecimento de até dez folhas de cheques por mês, desde que o correntista reúna os requisitos necessários à utilização de cheques, de acordo com a regulamentação em vigor e as condições pactuadas; e j) prestação de qualquer serviço por meios eletrônicos, no caso de contas cujos contratos prevejam utilizar exclusivamente meios eletrônicos."

[144] WAISBERG, Ivo; GORNATI, Gilberto. *Direito bancário*: contratos e operações bancárias. 2. ed. rev. e atual. São Paulo: Saraiva, 2016, p. 143.

[145] FRANCO, Vera Helena de Mello. *Contratos*: direito civil e empresarial. 4. ed. rev., atual. e ampl. São Paulo: Revista dos Tribunais, 2013, p. 208.

[146] TOMAZETTE, Marlon. *Contratos empresariais*. Salvador: JusPodivm, 2022, p. 721.

[147] FRANCO, Vera Helena de Mello. *Contratos*: direito civil e empresarial. 4. ed. rev., atual. e ampl. São Paulo: Revista dos Tribunais, 2013, p. 210.

[148] TOMAZETTE, Marlon. *Contratos empresariais*. Salvador: JusPodivm, 2022, p. 720.

[149] TOMAZETTE, Marlon. *Contratos empresariais*. Salvador: JusPodivm, 2022, p. 720.

Capítulo 5 • Contratos bancários

O contrato de conta-corrente bancária pode ser, de acordo com a titularidade, unipessoal ou coletivo[150]. Será unipessoal quando for de titularidade exclusiva de um indivíduo. Será coletivo quando for de uma pluralidade de indivíduos[151].

Como subespécie, a conta-corrente bancária coletiva pode ser caracterizada como conjunta ou indivisível. Será conjunta quando a movimentação puder ser realizada pelos correntistas conjunta ou individualmente, havendo solidariedade ativa e passiva de todos os titulares[152].

Na conta-corrente coletiva indivisível, por seu turno, a movimentação apenas poderá ser realizada mediante a presença de todos os titulares. Nesse caso, pode ser negociado com o banco a responsabilidade dos titulares, mas, caso silente o contrato, deverá prevalecer a solidariedade[153].

6.2.3. Extinção do contrato de conta-corrente bancária

O contrato de conta-corrente bancária pode ser extinto, como os demais contratos, pelo advento do termo final, se seu prazo for determinado. No entanto, na maioria dos casos, os contratos de conta-corrente bancária são pactuados por tempo indeterminado, de modo que sua extinção dependerá exclusivamente da vontade das partes[154].

Nesse sentido, a jurisprudência tem admitida a resilição do contrato por prazo determinado, desde que com prévia notificação[155]. No mesmo sentido, já decidiu o STJ, no AgInt no AREsp n. 1.478.859/SP, que a notificação prévia deve ocorrer[156].

Também será rescindido se não houver saldo disponível na conta para a movimentação ou se faltar movimentação por mais de 25 anos. Nessa situação, o saldo será recolhido pelo Tesouro Nacional e, num prazo de 5 anos, poderão os proprietários reclamar por seus bens. Findo o prazo, não havendo o recolhimento dos bens, eles deverão integrar o patrimônio nacional (Lei n. 2.313/54).

A falência do correntista implica a extinção do contrato de conta-corrente. Nos termos do art. 121 da Lei n. 11.101/2005, as contas-correntes com o devedor falido consideram-se encerradas no momento de decretação da falência. Será, por essa razão, apurado o respectivo saldo para a massa falida.

---

[150] ABRÃO, Nelson. *Direito bancário*. 18. ed. São Paulo: Saraiva Educação, 2019, p. 226.

[151] WAISBERG, Ivo; GORNATI, Gilberto. *Direito bancário*: contratos e operações bancárias. 2. ed. rev. e atual. São Paulo: Saraiva, 2016, p. 141.

[152] "Na conta corrente bancária coletiva e solidária, cada cotitular possui o direito de movimentar a integralidade dos fundos disponíveis, sendo *que a solidariedade se estabelece apenas entre os correntistas e a instituição financeira mantenedora da conta, mas não em relação a terceiros. Precedentes*" (STJ, 3ª Turma, REsp 1.836.130/RS, Rel. Min. Nancy Andrighi, j. 10-3-2020, *DJe* 12-3-2020).

[153] WAISBERG, Ivo; GORNATI, Gilberto. *Direito bancário*: contratos e operações bancárias. 2. ed. rev. e atual. São Paulo: Saraiva, 2016, p. 141.

[154] RIZZARDO, Arnaldo. *Contratos de crédito bancário*. 6. ed. São Paulo: Revista dos Tribunais, 2003, p. 71.

[155] "5. *Emergindo do encerramento irregular da conta corrente sem a prévia notificação do correntista para que pudesse reorganizar eventuais transações bancárias pendentes*, maculando a justa expectativa que nutria na continuidade da relação, a culminação, diante da abrupta interrupção de seu fluxo financeiro, da desorganização e do comprometimento de suas finanças, provocando-lhe desassossego e angústia e afetando seu bem-estar e sua tranquilidade, denota-se que o havido, encerrando ato ilícito, *encerra fato gerador do dano moral, legitimando que lhe seja assegurada compensação pecuniária mensurada de conformidade com os princípios da proporcionalidade e da razoabilidade*" (TJDFT, Acórdão 1788217, 07003446620228070011, 1ªT., Rel. Des. Teófilo Caetano, j. 16-11-2023, *DJe* 7-12-2023).

[156] "4. O encerramento do contrato de conta-corrente, como corolário da autonomia privada, *consiste em um direito subjetivo exercitável por qualquer das partes contratantes, desde que observada a prévia e regular notificação*. 4.1. A esse propósito, destaca-se que a Lei n. 4.595/1964, recepcionada pela Constituição Federal de 1988 com status de lei complementar e regente do Sistema Financeiro Nacional, atribuiu ao Conselho Monetário Nacional competência exclusiva para regular o funcionamento das instituições financeiras (art. 4º, VIII). Ademais, no exercício dessa competência, o Conselho Monetário Nacional, por meio da edição de resoluções do Banco Central do Brasil que se seguiram, destinadas a regulamentar a atividade bancária, expressamente possibilitou o encerramento do contrato de conta de depósitos, por iniciativa de qualquer das partes contratantes, desde que observada a comunicação prévia. A dicção do art. 12 da Resolução BACEN/CMN n. 2.025/1993, com a redação conferida pela Resolução BACEN/CMN n. 2.747/2000, é clara nesse sentido." (STJ, AgInt no AREsp 1.478.859/SP, Rel. Min. Marco Aurélio Belizze, j. 1º-3-2021.)

6.3. Mútuo bancário

6.3.1. Definição

O contrato de mútuo bancário pode ser definido como o empréstimo de recursos financeiros em que o mutuário correntista se obriga a devolver à instituição financeira mutuante o valor recebido, acrescido de juros e encargos contratados, no prazo estabelecido[157].

Trata-se de operação ativa dos bancos, que passam a ocupar a posição de credores na relação jurídica contratual celebrada, enquanto o correntista se torna mutuário e devedor dos valores mutuados.

Configura-se como contrato real. O contrato de mútuo se aperfeiçoa com a efetiva entrega pela instituição financeira do dinheiro ao correntista.

Quanto a essa natureza de contrato real, importa salientar que o mero acordo de vontades entre as partes não satisfaz as condições para a formação de um contrato de mútuo. Sem a entrega dos valores convencionados, o contrato é apenas uma promessa de mútuo, chamado na atividade bancária de abertura de crédito e disciplinado pelos arts. 462 a 466 do CC[158].

No mútuo, sua existência passa a ocorrer com a entrega dos bens fungíveis, isto é, que podem ser trocados por outros na mesma quantidade e qualidade, sendo firmada obrigação de restituir a coisa emprestada. O mutuante será aquele que fornece o capital ou os bens emprestados, enquanto o mutuário é aquele que se beneficia desses recursos e tem a obrigação de restituí-los acrescidos dos juros e encargos contratados[159].

Além de real, o contrato de mútuo é unilateral. Não há obrigações ao mutuante, mas apenas ao mutuário[160]. O contrato de mútuo somente passa a existir após o banco entregar o montante mutuado ao mutuário. Essa entrega da coisa faz parte da formação do contrato, não representando prestação contratual[161].

Após sua celebração e efetiva tradição por parte do banco[162], cumpre ao mutuário a prestação de devolução do montante mutuado, com os juros e encargos contratados.

Ainda que caracterizado como contrato unilateral, trata-se de contrato oneroso, na medida em que gera disponibilidade do dinheiro para o mutuário e remuneração do empréstimo para o banco[163].

O contrato de mútuo bancário, como está submetido ao regramento do mútuo em geral, é um contrato típico. Outrossim, como as obrigações são previamente definidas, caracteriza-se como contrato comutativo[164].

6.3.2. A operação do mútuo

O contrato de mútuo é a principal operação ativa da instituição financeira.

Por meio do contrato, a instituição financeira fornece recursos aos seus correntistas, mediante recursos próprios decorrentes das operações de intermediação financeira.

---

[157] NEGRÃO, Ricardo. *Curso de direito comercial e de empresa*: títulos de crédito e contratos empresariais. 9. ed. São Paulo: Saraiva Educação, 2020, v. 2, p. 358.

[158] SALOMÃO NETO, Eduardo. *Direito bancário*. 3. ed. rev. e ampl. São Paulo: Trevisan, 2020, p. 180.

[159] TOMAZETTE, Marlon. *Contratos empresariais*. Salvador: JusPodivm, 2022, p. 680.

[160] SALOMÃO NETO, Eduardo. *Direito bancário*. 3. ed. rev. e ampl. São Paulo: Trevisan, 2020, p. 217.

[161] SALOMÃO NETO, Eduardo. *Direito bancário*. 3. ed. rev. e ampl. São Paulo: Trevisan, 2020, p. 217.

[162] WAISBERG, Ivo; GORNATI, Gilberto. *Direito bancário*: contratos e operações bancárias. 2. ed. rev. e atual. São Paulo: Saraiva, 2016, p. 145.

[163] TOMAZETTE, Marlon. *Contratos empresariais*. Salvador: JusPodivm, 2022, p. 682.

[164] TOMAZETTE, Marlon. *Contratos empresariais*. Salvador: JusPodivm, 2022, p. 682.

Capítulo 5 • Contratos bancários

As operações passivas lhe permitem a obtenção dos recursos de terceiros superavitários e que são emprestados aos terceiros deficitários. É justamente a diferença de juros convencionados nas operações passivas e que serão pagos aos depositantes e os juros convencionados nas operações ativas e que serão cobrados dos mutuários, o chamado *spread* bancário, que consistirá nos lucros obtidos pela instituição financeira.

Tratando-se o mútuo bancário de operação para fins econômicos e no âmbito da atividade econômica da instituição financeira, presumem-se devidos os juros nos termos do art. 591 do CC.

Sobre os juros e encargos, já tratados na parte geral dos contratos bancários, há discussão sobre a possibilidade de mitigação dos encargos em caso de pagamento antecipado das prestações devidas pelo mutuário. O posicionamento majoritário, seja do judiciário ou da doutrina, é no sentido de que se devem notar duas diferenças na relação contratual. Em se tratando de uma contratação à qual se aplica o Código de Defesa do Consumidor, o mutuário deverá ter direito à redução proporcional de juros e demais encargos. Mas, se tal relação consumerista não for enquadrável, não poderá o mutuário pleitear a redução proporcional dos encargos, salvo se expressamente previsto no instrumento do empréstimo[165].

Nesse aspecto, a Resolução CMN n. 3.516/2007 regulou a cobrança da taxa de liquidação antecipada de pessoas físicas, microempresas e empresas de pequeno porte, proibindo-a. A taxa de liquidação antecipada somente poderia ser cobrada, nos demais casos de relação consumerista, se houvesse contrato que expressamente fizesse tal previsão e sua celebração tivesse ocorrido anteriormente à resolução[166].

6.3.3. Partes envolvidas no contrato de mútuo bancário

O mutuante do contrato de mútuo bancário é necessariamente uma instituição financeira. A princípio, a outra parte, o mutuário, pode ser qualquer sujeito, pessoa física ou jurídica[167].

Sem embargo, o art. 34 da Lei n. 4.595/64 impõe uma restrição, de forma geral, para os mútuos a partes relacionadas à instituição financeira[168]. Pelo artigo, é vedado às instituições financeiras realizar operação de crédito com parte relacionada. Ela consiste nos seus controladores, pessoas físicas ou jurídicas, seus diretores e membros de órgãos estatutários ou contratuais, o cônjuge, o companheiro e os parentes, consanguíneos ou afins, até o segundo grau, dos membros da administração ou controladores ou, ainda, as pessoas físicas ou jurídicas com participação societária qualificada em seu capital. Referidos mútuos com essas pessoas relacionadas poderão ser feitos, excepcionalmente, se forem realizados em condições compatíveis com as de mercado, ou com empresas controladas pela União, no caso das instituições financeiras públicas federais, ou se forem operações de crédito que tenham como contraparte instituição financeira integrante do mesmo conglomerado prudencial ou demais casos autorizados pelo CMN.

Dessa forma, ressalvadas as exceções, há grande liberdade para a contratação de mútuo, sendo possível, até mesmo, a realização de empréstimo para incapazes[169]. Mesmo que não tenha ocorrido a assistência ou a representação, o contrato de mútuo contraído não é inválido. O art. 588 do CC

---

[165] WAISBERG, Ivo; GORNATI, Gilberto. *Direito bancário*: contratos e operações bancárias. 2. ed. rev. e atual. São Paulo: Saraiva, 2016, p. 147.

[166] WAISBERG, Ivo; GORNATI, Gilberto. *Direito bancário*: contratos e operações bancárias. 2. ed. rev. e atual. São Paulo: Saraiva, 2016, p. 147.

[167] TOMAZETTE, Marlon. *Contratos empresariais*. Salvador: JusPodivm, 2022, p. 682.

[168] TOMAZETTE, Marlon. *Contratos empresariais*. Salvador: JusPodivm, 2022, p. 682.

[169] TOMAZETTE, Marlon. *Contratos empresariais*. Salvador: JusPodivm, 2022, p. 683.

determina que o mútuo não será invalidado e que "o mútuo feito a pessoa menor, sem prévia autorização daquele sob cuja guarda estiver, não pode ser reavido nem do mutuário, nem de seus fiadores".

A cobrança do mutuário poderá ser realizada, entretanto, ainda que menor sem representação ou assistência, se o representante ou assistente ratificar a contratação posteriormente, ou se o menor se viu obrigado a contrair o empréstimo para seus alimentos habituais, se o menor agiu de má fé, o empréstimo reverteu em seu benefício ou se ele tiver ganhos com seu trabalho e a cobrança não ultrapassar suas forças.

6.3.4. Modalidades

Diversas são as classificações dos mútuos bancários.

O contrato pode ser de curto ou longo prazo. O empréstimo a curto prazo é conhecido como *hot money*[170].

O mútuo pode ser contratado antecipadamente como uma forma de permitir a disponibilização de recursos financeiros na conta-corrente do correntista cujo saldo disponível tenha ficado negativo. É o contrato de cheque especial, com a conta garantida[171].

Por seu turno, o contrato de mútuo pode ser realizado mediante crédito rotativo. Este consiste na disponibilização de recursos para o capital de giro das empresas mediante aprovação ou sua utilização[172].

Pode ser ainda, dentre as outras modalidades, crédito direto ao consumidor e que se destina ao financiamento com o objetivo de aquisição pelo mutuário de bens ou serviços especificados[173].

6.3.5. Vencimento e restituição antecipada

O prazo de restituição dos valores à instituição financeira deverá ser fixado contratualmente a vencimento certo, ressalvado o caso das debêntures, em que pode haver vencimento indeterminado (art. 55, § 4º, da Lei n. 6.404/76). Não havendo fixação de prazo, aplica-se o prazo de 30 dias para a devolução (art. 562, II, do CC)[174], caso contrário, a restituição poderá ser exigida judicialmente.

Em regra, não poderá o mutuário ser compelido a realizar a devolução de valores antes da data pactuada. No entanto, algumas circunstâncias legais ou contratuais implicam o vencimento e restituição antecipados da obrigação, sendo esta exigível de imediato nos casos de falência do mutuário (art. 77 da Lei n. 11.101/2005) ou de significativa mudança em sua situação econômica (art. 590 do CC).

Não significa que o mutuário possa efetuar a resilição unilateral antecipada do contrato sem os juros antecipados, já que o contrário tem força obrigatória entre as partes, e por isso o prazo pactuado também deve ser observado pelo mutuário[175]. Somente haverá abatimento proporcional dos encargos no caso de aplicabilidade do Código de Defesa do Consumidor ao caso concreto, por força do art. 52, § 2º, do referido diploma legal: "É assegurado ao consumidor a liquidação antecipada do débito, total ou parcialmente, mediante redução proporcional dos juros e demais acréscimos".

---

[170] FRANCO, Vera Helena de Mello. *Contratos*: direito civil e empresarial. 4. ed. rev., atual. e ampl. São Paulo: Revista dos Tribunais, 2013, p. 169.

[171] FRANCO, Vera Helena de Mello. *Contratos*: direito civil e empresarial. 4. ed. rev., atual. e ampl. São Paulo: Revista dos Tribunais, 2013, p. 170.

[172] FRANCO, Vera Helena de Mello. *Contratos*: direito civil e empresarial. 4. ed. rev., atual. e ampl. São Paulo: Revista dos Tribunais, 2013, p. 171.

[173] FRANCO, Vera Helena de Mello. *Contratos*: direito civil e empresarial. 4. ed. rev., atual. e ampl. São Paulo: Revista dos Tribunais, 2013, p. 171.

[174] ABRÃO, Nelson. *Direito bancário*. 18. ed. São Paulo: Saraiva Educação, 2019, p. 113.

[175] COVELLO, Sergio Carlos. *Contratos bancários*. 4. ed. São Paulo: Leud, 2001, p. 162.

Em todo mútuo bancário há a obrigação de restituir o valor recebido no prazo fixado, com juros e encargos convencionados, podendo a obrigação ser exigida à vista ou em parcelas, prevalecendo sempre aquilo que foi pactuado entre as partes. A devolução não será do valor nominal, devendo sofrer a incidência de correção monetária, juros remuneratórios, juros de mora e multa, se for o caso.

Não raramente, é estabelecida em contrato a obrigação de o mutuário conferir ao valor recebido o destino pactuado, sob pena de inadimplência contratual. Nesse particular, é comum que se garanta ao banco o direito de fiscalizar o destino dos recursos, exigindo prestação de informações e entrega de documentos pelo mutuário[176].

6.3.6. Cédula de Crédito Bancário (CCB)

A Cédula de Crédito Bancário (CCB) foi inserida no ordenamento com a finalidade de atender o anseio das instituições financeiras, dado que se trata de instrumento ágil necessário à cobrança judicial dos créditos inadimplidos, já que os títulos contratuais predecessores não atendiam às suas necessidades[177]. Isso ocorreu porque a utilização das cédulas de crédito tradicionais, por mais que eficazes, deveriam ser emitidas em financiamentos para a atividade produtiva, não abarcando qualquer tipo de operação realizada pelos bancos[178]. Dentre as operações ativas dos bancos e que motivam sua emissão pelo cliente, figura o contrato de mútuo bancário.

Conforme o que a Lei n. 10.931/2004 registra em seu art. 26, a CCB é título de crédito emitido, por pessoa física ou jurídica, em favor de instituição financeira ou de entidade a esta equiparada, representando promessa de pagamento em dinheiro, decorrente de operação de crédito, de qualquer modalidade".

A CCB tem natureza jurídica de título de crédito, o que permite afirmar que a ela são aplicáveis as normas cambiais, com as disposições específicas da lei que criou a cédula. A aplicação das normas cambiais encontra previsão no art. 44 da lei, que determina que se aplicam às CCBs, no que não contrariar o disposto nessa lei, a legislação cambial, dispensado o protesto para garantir o direito de cobrança contra endossantes, seus avalistas e terceiros garantidores.

Dentre as características dos títulos de crédito, figuram a literalidade e a autonomia, de modo que vigora "a disciplina do direito no próprio documento e a não oponibilidade das exceções pessoais"[179].

Pelo caráter da literalidade, apenas produzirá efeitos em relação aos contratantes aquilo que constar expressamente no título de crédito. Não integram a relação cartular quaisquer outros elementos não incluídos no título, como condições, por exemplo. Nesses termos, "o título deve trazer todas as regras da relação cartular, podendo excepcionalmente no caso da CCB fazer menção expressa a outro documento que deva ser tomado em consideração na disciplina da relação cartular"[180].

Já a inoponibilidade das exceções pessoais impede que sejam alegadas, para evitar o pagamento da cártula, defesas em face de terceiro que não o titular da cártula. Após circulado o título de crédito, em face do beneficiário ou de qualquer terceiro, o devedor não poderá alegar qualquer impedimento para não efetuar o adimplemento da cártula, exceto aqueles que possuir diretamente contra o portador.

---

[176] TOMAZETTE, Marlon. *Contratos empresariais*. Salvador: JusPodivm, 2022, p. 685.

[177] ROSA JR., Luiz Emygdio Franco da. *Títulos de crédito*. 9. ed. Rio de Janeiro: Forense, 2019, p. 616.

[178] TOMAZETTE, Marlon. *Curso de direito empresarial*: títulos de crédito. São Paulo: SaraivaJur, 2024, v. 2, p. 149.

[179] WAISBERG, Ivo; GORNATI, Gilberto. *Direito bancário*: contratos e operações bancárias. 2. ed. rev. e atual. São Paulo: Saraiva, 2016, p. 177.

[180] SALOMÃO NETO, Eduardo. *Direito bancário*. 3. ed. rev. e ampl. São Paulo: Trevisan, 2020, p. 241.

Da mesma forma, o art. 15 da Lei Uniforme anexa ao Decreto n. 57.663/66, aplicável à CCB, prevê que o endossante, salvo cláusula em contrário, é garante tanto da aceitação como do pagamento da letra.

A CCB é constituída por: (a) emitente, o devedor, que receberá o mútuo ou a linha de crédito e assumirá a obrigação de pagamento; e o (b) beneficiário, qual seja, o credor[181].

Em relação a isso, os parágrafos do art. 26 indicam que a CCB pode ser emitida em favor de instituição nacional ou domiciliada no exterior. Segundo esclarece o § 2º, sendo domiciliada no exterior, poderá ser emitida em moeda estrangeira.

Essa restrição a que o credor seja integrante do Sistema Financeiro Nacional (ou equiparado para fins do SFN) somente se aplica na emissão do título, porquanto "uma vez emitida em favor de pessoa autorizada, a CCB pode circular para terceiros que não tenham essa qualificação. Assim, a referida regra é uma restrição apenas no momento da criação da CCB, não havendo limitação no momento de sua execução, desde que circule nos termos legais"[182].

Conforme art. 28 da Lei n. 10.931/2004, a CCB é título executivo extrajudicial e representa dívida em dinheiro, certa, líquida e exigível.

Dentre os requisitos essenciais da CCB, figuram a denominação "Cédula de Crédito Bancário"; a promessa do emitente de pagar a dívida em dinheiro, certa, líquida e exigível no seu vencimento ou, no caso de dívida oriunda de contrato de abertura de crédito bancário, a promessa do emitente de pagar a dívida em dinheiro, certa, líquida e exigível, correspondente ao crédito utilizado; a data e o lugar do pagamento da dívida e, no caso de pagamento parcelado, as datas e os valores de cada prestação, ou os critérios para essa determinação; o nome da instituição credora, podendo conter cláusula à ordem; a data e o lugar de sua emissão; e a assinatura do emitente e, se for o caso, do terceiro garantidor da obrigação, ou de seus respectivos mandatários.

Além dos requisitos essenciais, podem-se arrolar, também, requisitos instrumentais e acessórios[183].

Os primeiros dizem respeito à forma de exteriorização da cédula, que poderá ser emitida por escrito ou de forma digital. Na hipótese de emissão sob a forma cartular, a CCB será emitida em tantas vias quantas forem as partes que nela intervierem, assinadas pelo emitente e pelo terceiro garantidor, se houver, ou por seus respectivos mandatários, e cada parte receberá uma via. Todavia, apenas a via do credor será negociável, devendo constar nas demais vias a expressão "não negociável".

Ao seu turno, os requisitos acessórios estão presentes no art. 28 e seus parágrafos, sendo considerados acessórios porque disponíveis às partes[184]. Como tal, são considerados os juros sobre a dívida, capitalizados ou não, os critérios de sua incidência e periodicidade de sua capitalização; a atualização monetária; as multas e penalidades na hipótese de mora, dentre outros.

No que se refere às garantias, são admitidas diversas formas. Primeiramente, são admitidas as garantias pessoais e, por ser título de crédito, pode ser aposto o aval[185]. Sobre as garantias reais, o art. 31 da Lei n. 10.931/2004 evidencia que podem ser constituídas por "bem patrimonial de qualquer

---

[181] WAISBERG, Ivo; GORNATI, Gilberto. *Direito bancário*: contratos e operações bancárias. 2. ed. rev. e atual. São Paulo: Saraiva, 2016, p. 181.

[182] WAISBERG, Ivo; GORNATI, Gilberto. *Direito bancário*: contratos e operações bancárias. 2. ed. rev. e atual. São Paulo: Saraiva, 2016, p. 181.

[183] RIZZARDO, Arnaldo. *Títulos de crédito*. Rio de Janeiro: Forense, 2020, p. 252.

[184] RIZZARDO, Arnaldo. *Títulos de crédito*. Rio de Janeiro: Forense, 2020, p. 252.

[185] WAISBERG, Ivo; GORNATI, Gilberto. *Direito bancário*: contratos e operações bancárias. 2. ed. rev. e atual. São Paulo: Saraiva, 2016, p. 183.

Capítulo 5 • Contratos bancários

espécie, disponível e alienável, móvel ou imóvel, material ou imaterial, presente ou futuro, fungível ou infungível, consumível ou não, cuja titularidade pertença ao próprio emitente ou a terceiro garantidor da obrigação principal".

A bem da verdade, com ou sem garantias, as CCBs podem circular, ou seja, podem ser transferidas, mediante endosso do referido título de crédito. Como envolvem um crédito, é certo que elas admitem também a cessão, conforme as regras gerais do direito civil. Quanto à circulação, poderá o título ser endossado ou cedido até para quem não seja instituição financeira, de modo que o endossatário ou o cessionário, mesmo não sendo uma instituição financeira, terá o poder de exercer todos os direitos constantes do título.

Nesse aspecto, caso ocorra a circulação do título a cessionário não caracterizado como instituição financeira, ao endossatário ou cessionário não se aplicarão as restrições à limitação dos juros que não aplicáveis às instituições. Nesse sentido, o STJ entende que "a transmissão por endosso em preto, conquanto indispensável para a conservação das características da Cédula de Crédito Bancário enquanto título cambial, não retira do cessionário que a recebeu por outra forma, a exemplo da cessão civil, o direito de cobrar os juros e demais encargos na forma originalmente pactuada, ainda que não seja instituição financeira ou entidade a ela equiparada"[186].

6.4. Desconto e redesconto bancário

6.4.1. Desconto bancário

O contrato de desconto bancário é o contrato pelo qual o banco antecipa o pagamento de determinado valor de um crédito vincendo em face de terceiro, deduzidos juros e comissões remuneratórios da operação, mediante a transferência do referido crédito instrumentalizado em documento cambiário ou cambiariforme devido por terceiro ou pelo próprio contratante a si próprio[187].

Conforme Nelson Abrão[188], o desconto bancário, *lato sensu*, pode ser definido importando o art. 1.858 do CC italiano, segundo o qual é "o contrato pelo qual o banco, com prévia dedução do juro, antecipa ao cliente a importância de um crédito para com terceiro, ainda não vencido, mediante a cessão do próprio crédito".

Trata-se de operação ativa pela qual a instituição financeira antecipa os valores dos créditos ainda não vencidos ou exigíveis. Isso permite que o empresário descontante dos títulos, a despeito de permitir aos terceiros a satisfação das mercadorias ou prestações de serviço em prazo futuro, possua recursos financeiros para continuar a desenvolver sua atividade empresarial.

A essência do contrato é a transferência dos títulos de crédito ou documentos cambiariformes ao banco, com a antecipação do valor neles instrumentalizado e que somente será exigível do devedor do título em data posterior, deduzidos os juros e encargos incidentes.

Ambos se beneficiam de sua realização. A operação é vantajosa tanto para o banco quanto para o cliente, na medida em que agiliza circulação de recursos para o cliente, que recebe antecipadamente quantia que só receberia depois. De outro lado, o banco aufere lucro na aplicação do desconto.

A transmissão do título é realizada por meio de endosso do título à instituição financeira ou cessão do crédito. A instituição financeira passa a ser titular do crédito e exigirá sua satisfação, quando este se tornar exigível, diretamente do devedor da cártula. Caso inadimplido o título, a instituição financeira endossatária poderá, após o protesto da cártula, cobrar os demais endossantes, solidariamente.

---

[186] STJ, REsp 1.984.424/SP, 3ª T., Rel. Min. Ricardo Villas Bôas Cueva, j. 23-8-2022, *DJe* 26-8-2022.

[87] COVELLO, Sergio Carlos. *Contratos bancários*. 4. ed. São Paulo: Leud, 2001, p. 140.

[88] ABRÃO, Nelson. *Direito bancário*. 18. ed. São Paulo: Saraiva Educação, 2019, p. 120.

Ainda que a transmissão ocorra por cessão de crédito, o cessionário não fica impedido de exigir a satisfação do título do cedente, na hipótese de inadimplemento da obrigação pelo devedor originário. A instituição financeira poderá não apenas executar a cártula em face do devedor principal, como poderá exigir o adimplemento dos demais coobrigados do título, voltar-se em regresso ao seu cedente e, inclusive, redescontar o título perante outra instituição financeira.

O desconto bancário caracteriza-se justamente por esse direito de regresso da instituição. No desconto bancário o cedente do crédito se obriga a adimplir o valor do crédito constante do título caso o devedor originário não satisfaça a obrigação perante a instituição financeira.

6.4.2. Natureza

A natureza do desconto bancário é controversa na doutrina.

Segundo uma corrente, o desconto bancário caracterizar-se-ia como mútuo, no qual o crédito transferido serviria como garantia do empréstimo pactuado. Carvalho de Mendonça, citando Angeloni – autor partidário dessa primeira corrente –, conclui que "não deixam de ser interessantes essas diferenças características entre o desconto e o mútuo, imprimindo àquele a feição de um subtipo deste"[189]. Cita-se também Rizzardo, para quem, "embora transpareça uma troca de valor por um título, os princípios do mútuo regulam a relação contratual, a ponto de assistir ao descontador o direito de receber o montante do descontário caso o devedor do título não o satisfizer. Em outros termos, acontece o mesmo efeito do mútuo na situação de inadimplemento do devedor"[190].

Refutando essa primeira corrente, Messineo afirma que "a estrutura jurídica do desconto é incompatível com qualquer comparação ao mútuo (empréstimo), que é um contrato com prestação de apenas uma parte. O desconto, sendo um contrato com prestações recíprocas, não pode, portanto, ser considerado mútuo"[191]. Fiorentino também se distancia do entendimento de que mútuo e desconto representam, em substância, o mesmo contrato, porque, como explica, "afirmar que o contrato de desconto é um contrato de empréstimo não significa afirmar que ele é um contrato de mútuo. Desconto e mútuo são, hoje, dois contratos distintos e típicos, os quais, apesar de pertencerem ao mesmo gênero, diferenciam-se por algumas características particulares"[192].

Por outro lado, parte da doutrina classifica o desconto bancário como compra e venda do crédito, e, consequentemente, impõe limites do meio de transferência por endosso ou cessão de crédito. Como explica Carvalho de Mendonça, os defensores dessa corrente afirmam que descontar quer dizer vender crédito e, nesse sentido, o banco que desconta títulos concede crédito às firmas que nestes figuram[193]. De fato, concorda o autor que os papéis de crédito comercial possam representar objeto de compra e venda, todavia, não é esse o objeto da transferência dos títulos no desconto: "o desconto constitui operação de crédito; prevalecesse a aludida teoria, ele converter-se-ia em venda à vista, a dinheiro contado, desde que o descontário recebe desde logo a soma. Sobreleva que não se

---

[189] MENDONÇA, José Xavier Carvalho de. *Tratado de direito comercial brasileiro*. 6. ed. Rio de Janeiro: Feitas Bastos, 1961, v. 6, p. 171.

[190] RIZZARDO, Arnaldo. *Contratos de crédito bancário*. 6. ed. São Paulo: Revista dos Tribunais, 2003, p. 79.

[191] "la struttura giuridica dello sconto ripugna ad ogni assimilazione col mutuo (o prestito) che è contratto con prestazione da una sola parte. Lo sconto, essendo contrato con prestazioni corrispettive, non può perciò solo, essere un mutuo." (MESSINEO, Francesco. *Operazioni di Borsa e di Banca*. [S.l.]: Giuffrè, 1954, p. 446.)

[192] "Affermare che il contratto di sconto è un contratto di prestito non significa affermare che esso è un contratto di mutuo. Sconto e mutuo sono oggi due distinti contratti nominati o tipici, i quali, pur se appartengono alio stesso genero, si differenziano per alcuni particolari caratteristiche." (FIORENTINO. *Le operazioni bancarie*. [S.l.]: Jovene, 1952, p. 92.)

[193] MENDONÇA, José Xavier Carvalho de. *Tratado de direito comercial brasileiro*. 6. ed. Rio de Janeiro: Feitas Bastos, 1961, v. 6, p. 174.

Capítulo 5 • Contratos bancários

compreenderia a venda, com a obrigação do vendedor passar a devedor principal, pagando ao comprador soma igual ao preço recebido e mais os juros, o que se viria a dar no caso do devedor direto e principal do título não satisfazê-lo na época do vencimento"[194].

Das diferentes posições, a razão parece indicar que a natureza que melhor se aperfeiçoa ao instituto é a de um contrato autônomo. Sobre essa natureza, Fábio Ulhoa Coelho sustenta que, se o crédito transferido não for pago no vencimento, o banco poderá optar por cobrança judicial do descontário, fundamentando-se no contrato de desconto, hipótese em que o protesto do título descontado é facultativo. No seu entender, "qualquer entendimento diverso no tocante à sua natureza implicaria o reconhecimento ao banco apenas dos direitos decorrentes do endosso ou da cessão. Em outros termos, se fosse negado ao desconto bancário o caráter de negócio jurídico autônomo, a instituição financeira deveria ser tratada simplesmente como uma endossatária (se o objeto do desconto é título de crédito) ou cessionária (se o objeto é diverso, como, p. ex., um contrato administrativo). Como endossatária, ela perderia o direito creditício contra o endossante se não providenciasse o protesto em tempo hábil (salvo a inserção no endosso da cláusula 'sem despesas'), e como cessionária nem sequer teria, em regra, direito de regresso contra o cedente"[195].

6.4.3. Classificação

Inicialmente, na doutrina, há divergência se o contrato de desconto é real ou consensual. Quem argumenta pelo caráter real, alega que ele somente se aperfeiçoa com a transmissão do crédito ao banco.

Nesse sentido, cita-se Rizzardo, que entende que "por reduzir-se o contrato, em última instância, a um empréstimo, eis que ocorrem a entrega de uma soma de dinheiro pelo descontante e a transferência dos títulos pelo cliente, não resta dúvida que sobressai o caráter real"[196]. Fábio Ulhoa Coelho também entende que se trata de um contrato real, uma vez que "se aperfeiçoa com a transferência do crédito ao descontador. A partir de então, fica o banco com a obrigação de antecipar o valor contratado"[197].

Nesse mesmo diapasão, entende Orlando Gomes que o contrato de desconto bancário é real, já que "para sua perfeição, mister se faz não só a entrega do dinheiro pelo banco como a cessão do crédito. Tais atos não constituem execução do contrato, senão pressupostos de sua conclusão"[198].

Todavia, a razão parece estar com a segunda posição, em que o contrato melhor se apresenta como um contrato consensual[199]. Nesse ponto, para Tomazette, "a prática mostra muitos contratos finalizados antes da transferência dos títulos e da entrega do dinheiro. É bem comum que o banco e o cliente cheguem a um acordo de desconto de duplicatas, tendo todos os elementos definidos, antes da entrega de qualquer valor ou de qualquer duplicata"[200].

Entende como típico o contrato Orlando Gomes. Para o autor, "trata-se de contrato típico de operação bancária. Tem o banco direito a exigir o reembolso do que antecipou com o ônus, e não a

---

[194] MENDONÇA, José Xavier Carvalho de. *Tratado de direito comercial brasileiro*. 6. ed. Rio de Janeiro: Feitas Bastos, 1961, v. 6, p. 174.

[195] COELHO, Fábio Ulhoa. *Novo manual de direito comercial*: direito de empresa. 31. ed. São Paulo: Thomson Reuters Brasil, 2020.

[196] RIZZARDO, Arnaldo. *Contratos de crédito bancário*. 6. ed. São Paulo: Revista dos Tribunais, 2003, p. 80.

[197] COELHO, Fábio Ulhoa. *Novo manual de direito comercial*: direito de empresa. 31. ed. São Paulo: Thomson Reuters Brasil, 2020.

[198] GOMES, Orlando. *Contratos*. 18. ed. Rio de Janeiro: Forense, 1999, p. 370.

[199] WAISBERG, Ivo; GORNATI, Gilberto. *Direito bancário*: contratos e operações bancárias. 2. ed. São Paulo: Saraiva, 2016, p. 158.

[200] TOMAZETTE, Marlon. *Contratos empresariais*. Salvador: JusPodivm, 2022, p. 705.

obrigação, de cobrar do devedor do título o valor que representa, visto que somente em caráter subsidiário se dirige contra o cliente"[201]. Independe para o autor, entretanto, a autonomia do contrato, no que se trata de caracterizar sua tipicidade. Mesmo considerando-o contrato autônomo, defende sua tipicidade.

Nesse ponto, como entendemos que se trata de contrato autônomo, não confundido com o mútuo simplesmente, o contrato deverá ser considerado atípico[202]-[203].

Além de contrato autônomo e atípico, trata-se de contrato bilateral, oneroso e comutativo. Assegura-se prestação a ambas as partes, justamente consistente no pagamento do valor antecipado do título e, por seu turno, a satisfação da obrigação caso o devedor originário não o faça. Prestações essas que beneficiam ambas as partes, na medida em que se confere à instituição financeira o lucro decorrente da remuneração descontada do valor do título que lhe foi transferido, e a antecipação do pagamento devido pelo título vincendo, de modo a permitir ao empresário continuar a explorar sua atividade empresarial enquanto o pagamento do título não seria exigível.

Por fim, trata-se de contrato não solene, uma vez que não são exigidas formalidades para sua validade, e comutativo, visto que ambas as partes terão vantagens e sacrifícios previamente estabelecidos[204]. Como é um contrato que se prolonga no tempo, pode ser classificado como contrato de duração[205].

6.4.4. Diferenças entre o desconto bancário e figuras afins

O contrato de desconto bancário assemelha-se ao contrato de *factoring*, ambos relevantes para fomentar a atividade empresarial e assegurar capital de giro aos empresários enquanto o pagamento dos créditos vincendos pelos terceiros ainda não ocorreu.

Mas com o *factoring*, o contrato de desconto bancário não se confunde. Ao contrário do *factoring*, no desconto bancário não há a gestão do faturamento do contratante. No *factoring*, o que se tem é uma atividade comercial mista, a qual envolve a gestão do crédito, ou seja, uma prestação de serviços e a compra dos créditos[206]. Essa prestação de serviços no contrato de *factoring* deve englobar serviços de acompanhamento dos vencimentos, de encaminhamento de cobranças e de indicação de medidas a serem tomadas[207].

Além disso, conforme explica Vera Helena, enquanto no desconto bancário o que se cede é um título ou títulos da escolha do cliente, no *factoring* o que se cede é o próprio faturamento, o que significa que o faturizador deverá prestar os serviços já explicitados[208].

---

[201] GOMES, Orlando. *Contratos*. 18. ed. Rio de Janeiro: Forense, 1999, p. 370.

[202] Nesse mesmo sentido, Orlando Gomes: "Para alguns escritores o desconto bancário é operação de compra de um crédito a prazo, por preço inferior a seu valor nominal. Para outros, mútuo, garantido pelo efeito descontado, ou, ainda, simples cessão de crédito. Tais explicações não satisfazem. Padecem do defeito de se querer aplicar, a institutos próprios do direito comercial, regras de direito civil. Essas explicações decorrem de visão estreita da operação. Seus arautos somente enxergam uma de suas faces, a aquisição do crédito, como nas teorias da compra e da cessão, ou antecipação, como na teoria do mútuo. O desconto é, em verdade, *contrato autônomo resultante da coordenação funcional de elementos próprios de outros contratos, entre os quais o mútuo e a cessão*" (GOMES, Orlando. *Contratos*. 18. ed. Rio de Janeiro: Forense, 1999, p. 370 – grifo nosso).

[203] No mesmo tema, porém em contrário sentido: "entende-se como acertada a posição majoritária que classifica o contrato como espécie de empréstimo com garantia" (SCHONBLUM, Paulo Maximilian W. Mendlowicz. *Contratos bancários*. 4. ed. rev., atual. e ampl. Rio de Janeiro, Forense, 2015).

[204] TOMAZETTE, Marlon. *Contratos empresariais*. Salvador: JusPodivm, 2022, p. 706.

[205] TOMAZETTE, Marlon. *Contratos empresariais*. Salvador: JusPodivm, 2022, p. 706.

[206] TOMAZETTE, Marlon. *Contratos empresariais*. Salvador: JusPodivm, 2022, p. 739.

[207] TOMAZETTE, Marlon. *Contratos empresariais*. Salvador: JusPodivm, 2022, p. 736.

[208] FRANCO, Vera Helena de Mello. *Contratos*: direito civil e empresarial. 4. ed. São Paulo: Revista dos Tribunais, 2013, p. 183.

Capítulo 5 • Contratos bancários

O contrato de desconto bancário é celebrado exclusivamente com instituição financeira, a qual exerce papel de intermediação no empréstimo de recursos e antecipada os valores representados pelos títulos vincendos entregues. Nesse contrato, há, ainda, direito de regresso em face do contratante na hipótese de inadimplemento do devedor originário.

Nesse sentido, como no desconto bancário apenas instituições financeiras e Empresas Simples de Crédito (ESC)[209] podem figurar como descontador, tal contrato não se confunde com o *factoring*, que não exige essa qualidade especial[210] (art. 1º da LC n. 167/2019).

Sobre a responsabilidade no contrato de *factoring*, aliás, já decidiu o STJ que "nessa operação, a faturizada apenas responde pela existência do crédito no momento da cessão, enquanto a faturizadora assume o risco – intrínseco à atividade desenvolvida – da solvabilidade dos títulos cedidos. A jurisprudência desta Corte é firme no sentido de que a faturizadora não tem direito de regresso contra a faturizada em razão de inadimplemento dos títulos transferidos, visto que tal risco é da essência do contrato de *factoring*"[211].

Além disso, o desconto bancário não se confunde com um empréstimo cambiário. Além de transferência dos recursos financeiros em razão da antecipação dos valores devidos nos títulos cambiários ou cambiariformes, o que pressupõe um negócio jurídico anterior praticado com um terceiro, o contrato de desconto bancário envolve a figura de uma cessão de crédito *pro solvendo*, de modo que o descontário será responsável pelo inadimplemento do devedor originário, caso ocorra[212].

Outrossim, os valores entregues pela instituição financeira no desconto bancário são os valores referentes aos créditos que lhe foram transferidos, deduzidas as despesas e juros da operação de desconto, enquanto no mútuo bancário o valor não tem qualquer relação com qualquer operação anterior celebrada pelo mutuário.

6.4.5. Redesconto bancário

O contrato de redesconto bancário é o contrato celebrado por instituição financeira, após a realização de operações de desconto bancário; celebra nova circulação dos títulos em outros bancos, com a antecipação dos referidos valores dos títulos.

Trata-se de um novo desconto do mesmo título de crédito anteriormente descontado. Como operação ativa, a instituição financeira que efetuou o primeiro desconto bancário desconta o mesmo título recebido junto a outra instituição financeira e como forma de recuperar o próprio capital entregue ao descontário original[213].

Como operação interbancária, o redesconto deve seguir o regramento do Banco Central. Não pode ser realizado por instituições financeiras em estado de iliquidez ou sujeitas ao procedimento de saneamento[214].

---

[209] Art. 1º, Lei Complementar n. 167/2019: "A Empresa Simples de Crédito (ESC), de âmbito municipal ou distrital, com atuação exclusivamente no Município de sua sede e em Municípios limítrofes, ou, quando for o caso, no Distrito Federal e em Municípios limítrofes, destina-se à realização de operações de empréstimo, de financiamento e de desconto de títulos de crédito, exclusivamente com recursos próprios, tendo como contrapartes microempreendedores individuais, microempresas e empresas de pequeno porte, nos termos da Lei Complementar n. 123, de 14 de dezembro de 2006 (Lei do Simples Nacional)".

[210] TOMAZETTE, Marlon. *Contratos empresariais*. Salvador: JusPodivm, 2022, p. 702.

[211] STJ, REsp n. 2106765/CE, 3ªT., Rel. Min, Nancy Andrighi. j. 12-3-2024.

[212] FRANCO, Vera Helena de Mello. *Contratos*: direito civil e empresarial. 4. ed. rev., atual. e ampl. São Paulo: Revista dos Tribunais, 2013, p. 173.

[213] ABRÃO, Nelson. *Direito bancário*. 18. ed. São Paulo: Saraiva Educação, 2019, p. 158.

[214] ABRÃO, Nelson. *Direito bancário*. 18. ed. São Paulo: Saraiva Educação, 2019, p. 158.

6.5. Abertura de crédito

6.5.1. Definição

Trata-se de operação normalmente relacionada ao contrato de empréstimo bancário[215].

O contrato de abertura de crédito é também contrato tipicamente bancário. Pelo contrato, a instituição financeira fornece ao contratante a disposição de determinados valores, caso ele necessite para o desenvolvimento de sua atividade. Não há propriamente mútuo, porque os valores são disponibilizados para a utilização pelo contratante, mas não tem imediatamente sua propriedade transferida a ele. A essência da abertura de crédito é a colocação de um crédito à disposição, que poderá ou não ser utilizado pelo seu beneficiário[216].

Trata-se do contrato conhecido como contrato de cheque especial, em que se outorga o direito de utilização de determinado montante de crédito pelo contratante.

Referido contrato é disciplinado nos arts. 3º a 9º da Lei n. 13.476/2017. Pela disposição legal, a menos que convencionado de forma diversa pelas partes contratantes, o contrato deve indicar o valor total do limite de crédito aberto, o prazo de vigência; eventual possibilidade de celebração de mútuos; taxas mínimas e máximas de juros dos mútuos, bem como os demais encargos sobre ele incidentes.

A disponibilização de recursos pela instituição financeira à conveniência do cliente contratante não exige o pagamento de juros sobre o referido montante, imediatamente. Como regra, o cliente apenas pagará juros sobre o montante efetivamente utilizado dos recursos que lhe foram disponibilizados pela instituição financeira.

Embora não seja usual, as partes poderão contratar que será devida eventual remuneração pela mera disponibilização dos recursos à utilização do cliente contratante. Ainda que o cliente não utilize efetivamente os recursos que lhe foram disponibilizados, sua mera possibilidade poderá ser contratualmente remunerada.

Referido contrato, entretanto, sempre pressupõe a concordância expressa do contratante para a disponibilização dos valores em conta. Não basta que o correntista tenha saldo negativo em conta para que haja o contrato de abertura de crédito. O contrato de abertura de crédito é nova relação jurídica e que pressupõe a declaração de vontade do contratante em celebrar o negócio jurídico. Ainda que essa declaração possa ser realizada por meio da aceitação por meios eletrônicos, a abertura de crédito ao correntista exige sua manifestação de vontade para contratar[217].

Referido contrato de disponibilização de crédito não poderá ser considerado título executivo. Diante de um inadimplemento do cliente, o contrato de abertura de crédito não permite a imediata execução, mesmo que acompanhado de extrato da conta-corrente ou do débito, por falta de liquidez.

Ainda que no contrato de abertura conste o valor total do crédito liberado, na execução, o valor a ser cobrado não é a totalidade do crédito, mas sim o valor utilizado com o acréscimo dos encargos

---

[215] WAISBERG, Ivo; GORNATI, Gilberto. *Direito bancário*: contratos e operações bancárias. 2. ed. rev. e atual. São Paulo: Saraiva, 2016, p. 148.

[216] TOMAZETTE, Marlon. *Contratos empresariais*. Salvador: JusPodivm, 2022, p. 691.

[217] WAISBERG, Ivo; GORNATI, Gilberto. *Direito bancário*: contratos e operações bancárias. 2. ed. rev. e atual. São Paulo: Saraiva, 2016, p. 150.

Capítulo 5 • Contratos bancários

215

contratados. Diante desse cenário, era prática dos bancos usar os extratos para comprovar o montante do inadimplemento, o que foi considerado pelo STJ, em razão da unilateralidade na apuração dos valores, insuficiente para a caracterização do título executivo[218]. Nesses termos, a Súmula 233 do STJ determinou que "o contrato de abertura de crédito, ainda que acompanhado de extrato da conta-corrente, não é título executivo".

Ainda que não seja título caracterizado como título executivo extrajudicial, o contrato de abertura de crédito, acompanhado do extrato, é documento escrito para embasar pedido monitório. Conforme Súmula 247 do STJ: "o contrato de abertura de crédito em conta-corrente, acompanhado do demonstrativo de débito, constitui documento hábil ao ajuizamento da ação monitória"[219].

No entanto, como a ação monitória não é mecanismo tão célere quanto a execução, os bancos passaram a vincular notas promissórias aos contratos de abertura de crédito, justamente para tentar assegurar a possibilidade imediata de execução do montante inadimplido[220]. Em razão disso, o STJ, pela Súmula 258, entendeu que "a nota promissória vinculada a contrato de abertura de crédito não goza de autonomia em razão da iliquidez do título que a originou".

A execução foi considerada apenas possível quando houvesse a completa ciência do devedor em relação aos termos e aos valores inadimplidos. Por essa razão, apenas quando houvesse a plena concordância do devedor quanto ao montante, como por meio de uma confissão de dívida *a posteriori*, o crédito poderia ser executado. Nesse sentido, por meio da Súmula 300, o STJ definiu que "o instrumento de confissão de dívida, ainda que originário de contrato de abertura de crédito, constitui título executivo extrajudicial".

A necessária celeridade na exequibilidade do crédito, entretanto, exigiu que referido crédito pudesse ser incorporado em instrumento jurídico que permitisse a imediata cobrança do devedor. Nesse sentido, criou-se a CCB, título de crédito que, por definição legal, se acompanhada dos extratos e planilha com a apuração do valor, caracterizar-se-ia como título executivo líquido, nos termos do art. 28 da Lei n. 10.931/2004[221].

Com efeito, a caracterização da CCB como título executivo extrajudicial é anterior à Lei n. 10.931. Já na MP n. 1.925-1/99 – que instituiu a CCB no Brasil, logo no art. 3º, constava que "a Cédula de Crédito Bancário é título executivo extrajudicial e representa dívida em dinheiro certa, líquida e exigível, seja pela soma nela indicada, seja pelo saldo devedor demonstrado em planilha de cálculo, ou nos extratos da conta-corrente, elaborados conforme previsto no § 2º".

6.5.2. Natureza e classificação

Consoante Nelson Abrão, das aproximações entre o contrato de abertura de crédito e outras figuras, o que oferece maior analogia é o mútuo. Sem embargo, não se confundem, porquanto a abertura de crédito tem essência própria[222].

Em entendimento similar, Orlando Gomes observa que "o que mais distingue esse contrato de outras operações ativas dos bancos é a obrigação que estes assumem. Não transferem eles a quantia que emprestam, mas simplesmente põem-na à disposição do cliente, ou de terceiro. A soma posta à

---

[218] TOMAZETTE, Marlon. *Contratos empresariais*. Salvador: JusPodivm, 2022, p. 697.

[219] SACRAMONE, Marcelo. *Manual de direito empresarial*. 2. ed. São Paulo: Saraiva Educação, 2021, p. 561.

[220] TOMAZETTE, Marlon. *Contratos empresariais*. Salvador: JusPodivm, 2022, p. 698.

[221] TOMAZETTE, Marlon. *Contratos empresariais*. Salvador: JusPodivm, 2022, p. 698.

[222] ABRÃO, Nelson. *Direito bancário*. 18. ed. São Paulo: Saraiva Educação, 2019, p. 162.

disposição permanece na caixa do banco até ser utilizada. Por esse motivo, viram alguns comercialistas, no contrato de abertura de crédito, operação complexa, resultante da combinação de dois contratos distintos, o mútuo e o depósito. Como o cliente não retira imediatamente a soma creditada, mantém-na, no banco, a título de depósito, utilizando-a como lhe convém"[223]_[224].

Se o contrato de mútuo, como contrato real, exige a entrega efetiva da coisa fungível para sua caracterização, o contrato de abertura de crédito não é contrato real, mas pessoal. Ele exige apenas a convenção das partes sobre a disponibilização dos valores que poderão ser utilizados pelo contratante. Enquanto no mútuo há a transferência de determinada quantia do banco para o cliente[225], na abertura de crédito, há uma obrigação de que o banco torne o capital disponível para que o cliente o utilize na medida de sua vontade ou necessidade[226].

Trata-se de um contrato autônomo, atípico diante da falta de regulação de todas as suas hipóteses, e que se caracteriza como consensual, oneroso e bilateral.

Consensual[227] porque o contrato de abertura de crédito não requer a efetiva entrega do dinheiro para que se considere perfeito o contrato. A disponibilização dos valores a serem utilizados pelo contratante é prestação da parte contrária. Basta, para sua convenção, o consenso das partes sobre seus termos. Nesse ponto, é contrato personalíssimo, uma vez que o banco deposita sua confiança no creditado.

Oneroso porque promove benefício a ambos os contratantes. Se o banco tem a obrigação de colocar o valor à disposição do contratante e em seu benefício, ele o remunerará com juros pela utilização do recurso ou mediante tarifa pela mera disponibilização dos valores. Ao imputar prestações a ambas as partes, revela-se como contrato bilateral.

Ainda, é contrato de execução continuada uma vez que durante certo tempo o creditado tem a possibilidade de utilizar o crédito mediante retiradas parceladas; e não solene, porque prescinde de qualquer forma especial para sua existência[228].

6.5.3. Modalidades de abertura de crédito

Inicialmente, convém distinguir algumas modalidades de abertura de crédito. A abertura de crédito pode ser caracterizada de acordo com dois critérios, quais sejam, o da movimentação contábil e o da garantia[229].

De acordo com o critério da movimentação, a abertura poderá ser simples ou em conta-corrente. Será simples na hipótese em que o creditado estiver limitado a retirar o que lhe é colocado à disposição sem que faça qualquer cobertura. Por outro lado, em conta-corrente, de acordo com as retira-

---

[223] GOMES, Orlando. Contratos. 18. ed. Rio de Janeiro: Forense, 1999, p. 368.

[224] Ainda sobre o tema, Orlando Gomes defende a atual desnecessidade de discussão quanto à natureza jurídica do contrato de abertura de crédito, conforme observa: "A natureza jurídica da operação bancária realizada mediante o contrato de abertura de crédito é controvertida, havendo numerosas explicações. Seria, para alguns, simples contrato preliminar de outros contratos; para outros, contrato normativo, contrato misto, promessa de mútuo, e tantas outras relações jurídicas. *Não há maior interesse no exame dessas teorias porque, em verdade, a abertura de crédito é hoje contrato bancário típico, de feição própria, irredutível a outra figura jurídica do direito contratual.* Aproxima-se claramente do mútuo, mas dele se distingue porque sua prestação característica, a disponibilidade, impede a assimilação. Não se pode considerá-lo empréstimo condicional porque o objeto de um contrato é insuscetível de ser posto sob a forma de condição" (grifo nosso) (GOMES, Orlando. Contratos. 18. ed. Rio de Janeiro: Forense, 1999, p. 369).

[225] MIRAGEM, Bruno. Curso de direito do consumidor. 9. ed. Rio de Janeiro: Forense, 2024, p. 486.

[226] MIRAGEM, Bruno. Direito bancário. São Paulo: Revista dos Tribunais, 2013, p. 362.

[227] PONTES DE MIRANDA, José Cavalcanti. Tratado de direito privado. São Paulo: Revista dos Tribunais, 1972, t. XLII, p. 176.

[228] ABRÃO, Nelson. Direito bancário. 18. ed. São Paulo: Saraiva Educação, 2019, p. 164.

[229] ABRÃO, Nelson. Direito bancário. 18. ed. São Paulo: Saraiva Educação, 2019, p. 167.

Capítulo 5 • Contratos bancários

das que fizer, o creditado tem a possibilidade de efetuar reposições, de modo a reestabelecer a disponibilidade[230].

Além disso, no que se refere à garantia, poderá a abertura de crédito ser a descoberto ou garantida. Em termos gerais, na abertura de crédito a descoberto o banco *confia* no seu creditado, tendo como uma única garantia do reembolso o patrimônio. Noutra ponta, a abertura será garantida quando for acompanhada por garantias, sejam reais ou fidejussórias, apresentadas pelo creditado ou terceiro, podendo ser isoladas ou facultativas[231].

6.5.4. Obrigações das partes

Tendo sido firmado o negócio jurídico entre as partes, deverá o banco disponibilizar o valor pactualmente fixado ao creditado ou terceiro por ele indicado, permitindo que o beneficiário faça uso do crédito concedido mediante pagamentos, descontos ou aceites, através de saque, feito de maneira singular ou por múltiplas operações. Ao beneficiário, por sua vez, incumbe remunerar ao banco pelo crédito concedido, por meio de uma tarifa em conta[232], além de correção monetária e, caso tenham sido pactuados, juros[233]-[234].

A disposição do crédito pela instituição financeira não necessariamente deverá ser feita através de dinheiro. Pode, inclusive, realizar suas obrigações através de fiança, aval ou aceite. Caso seja feito através de aceite, o crédito "se diz de aceitação ou de firma, sendo autorizadas a concedê-las as instituições financeiras que operam no mercado de capitais"[235].

Sendo utilizado o crédito concedido total ou parcialmente, surge outrossim a obrigação do creditado ou terceiro por ele indicado de restituição do *quantum* utilizado acrescido da atualização monetária e juros remuneratórios.

Nesse sentido, Bruno Miragem: "a nosso ver, a abertura do crédito, em si, se dá quando ele se torna disponível, ainda que não seja imediatamente utilizado, ou mesmo nem sequer venha a ser a qualquer tempo utilizado pelo consumidor. Isto não implica, necessariamente, que desde logo será devida remuneração pelo consumidor à instituição bancária, pois, uma vez remunerada por intermédio de juros, este só deverá incidir, de acordo com as regras do contrato de mútuo antes examinado, mediante incidência da taxa sobre o valor do capital efetivamente entregue ao consumidor, sob pena de – assim não o sendo – caracterizar vantagem excessiva e consequente abusividade da conduta da instituição bancária"[236].

O atraso no pagamento poderá ocasionar também a incidência de multa e juros de mora e, não havendo restituição voluntária, o banco poderá exigi-la judicialmente.

Por essa razão, o valor a ser cobrado judicialmente pela instituição financeira não será aquele previsto no contrato, representativo do valor total liberado, e sim o valor utilizado pelo creditado ou terceiro indicado, acrescido dos encargos combinados[237].

---

[230] ABRÃO, Nelson. *Direito bancário*. 18. ed. São Paulo: Saraiva Educação, 2019, p. 167.

[231] ABRÃO, Nelson. *Direito bancário*. 18. ed. São Paulo: Saraiva Educação, 2019, p. 168.

[232] TOMAZETTE, Marlon. *Contratos empresariais*. Salvador: JusPodivm, 2022, p. 696.

[233] RIZZARDO, Arnaldo. *Contratos*. Rio de Janeiro: Forense, 2023, p. 1309.

[234] "O contrato de abertura de crédito observa duas espécies de remuneração da instituição bancária: a primeira, por intermédio de uma taxa de abertura de crédito; a segunda, por meio de juros incidentes sobre o valor sacado pelo creditado"(MIRAGEM, Bruno. *Curso de direito do consumidor*. 9. ed. Rio de Janeiro: Forense, 2024, p. 486).

[235] GOMES, Orlando. *Contratos*. 18. ed. Rio de Janeiro: Forense, 1999, p. 368.

[236] MIRAGEM, Bruno. *Curso de direito do consumidor*. 9. ed. Rio de Janeiro: Forense, 2024, p. 486 (grifo nosso).

[237] TOMAZETTE, Marlon. *Contratos empresariais*. Salvador: JusPodivm, 2022, p. 697.

6.5.5. Extinção do contrato

O contrato de abertura de crédito poderá ser extinto de diversas formas, quais sejam: (i) superveniência do termo, quando houver tempo estipulado; (ii) mediante notificação de qualquer parte, se for de tempo indeterminado; (iii) pela insolvência ou falência do creditado, que acarretam o vencimento antecipado da dívida e sua exigibilidade (Lei de Falências n. 11.101/2005, art. 77); (iv) em razão de morte ou incapacidade superveniente, já que é um contrato personalíssimo; (v) quando um banco não mais estiver apto, por causa objetiva a ele estranha, a cumprir a prestação (proibição do Bacen, por exemplo); (vi) pela falta de pagamento de juros e comissões, pelo creditado; (vii) pela exaustão do crédito causada pelo uso total que o creditado dele fez; (viii) pela falta de efetivação da garantia prometida[238].

6.6. Cartão de crédito

6.6.1. Definição

O uso de cartão de crédito como meio de pagamento é realidade presente e que ainda cresce na sociedade brasileira[239].

Conforme ensina Abrão, seu uso significativo iniciou nos Estados Unidos, na década de 1920, quando emitidos por grandes empresas comerciais que almejavam assegurar a constância de alguns clientes e, assim, conferia-lhes certas facilidades. Sem embargo, foi na década de 1950 que o cartão de crédito recebeu sua feição como conhecida, permitindo a aquisição a prazo de bens e serviços. Além dos Estados Unidos, o cartão de crédito foi transplantado para a Europa e, de lá, para todo o mundo. No Brasil, foi introduzido na década de 1960[240].

De modo geral, o cartão de crédito pode ser conceituado como "um documento comprobatório cujo titular goza de um crédito determinado perante certa instituição financeira, o qual o credencia a efetuar compras de bens e serviços a prazo e saques de dinheiro a título de mútuo"[241]. Assim, é o contrato cujo objeto é "a disponibilidade de crédito ao seu titular mediante autorização para uso do cartão como meio de pagamento em rede de estabelecimentos comerciais credenciados pela administradora do cartão"[242].

6.6.2. Arranjo de pagamento

A operação de cartão de crédito precisa ser compreendida por meio do arranjo de pagamento entre os agentes.

Em 9 de outubro de 2013, a Lei n. 12.865 foi promulgada pelo Governo Federal, a qual dispôs, além de outras coisas, sobre os arranjos de pagamentos e as instituições de pagamento integrantes do Sistema de Pagamentos Brasileiro (SPB). Arranjo de pagamento, conforme o art. 6º, I, da Lei n. 12. 865/2013, é o "conjunto de regras e procedimentos que disciplina a prestação de determinado serviço de pagamento ao público aceito por mais de um recebedor, mediante acesso direto pelos usuários finais, pagadores e recebedores". Por isso, pode-se dizer que "o arranjo se

---

[238] ABRÃO, Nelson. *Direito bancário*. 18. ed. São Paulo: Saraiva Educação, 2019, p. 173.

[239] MIGUEL NETO, Abrão Jorge; NUNES, Carolina Neves do Patrocínio. Contratos bancários de cartão de crédito: considerações sobre a não participação dos instituidores de arranjos de pagamento. *In*: ASSUMPÇÃO, Marcio Calil de; BRAGANÇA, Gabriel J. de Orleans e (org.). *Direito bancário*: estudos da Comissão de Direito Bancário OAB/SP. São Paulo: Quartier Latin, 2018, p. 21.

[240] ABRÃO, Nelson. *Direito bancário*. 18. ed. São Paulo: Saraiva Educação, 2019, p. 192.

[241] ABRÃO, Nelson. *Direito bancário*. 18. ed. São Paulo: Saraiva Educação, 2019, p. 193.

[242] MIRAGEM, Bruno. *Direito bancário*. São Paulo: Revista dos Tribunais, 2013, p. 424.

caracteriza como uma rede de contratos, que prevê as condições para a prestação dos serviços de pagamento"[243].

O SPB passou a abarcar entidades cujas operações não possuem necessariamente a natureza de atividades realizadas por instituições financeiras. Como exemplo, tem-se o caso das bandeiras de cartões de pagamento, atualmente instituidores de arranjos de pagamentos[244].

Na verdade, como explica Thiago do Amaral Santos, qualquer instituição financeira, de pagamento e demais autorizadas a funcionar pelo Banco Central, pode participar do arranjo de pagamento; é permitido, ainda, que outras empresas não reguladas pelo Bacen possam aderir ao arranjo, como é o caso da instituição domicílio, o prestador do serviço de rede e o subcredenciador. Nesse sentido, ainda que determinadas empresas não sejam reguladas, havendo aprovação de sua participação no arranjo de pagamento, elas se tornarão indiretamente reguladas[245].

Compreende essa operação, além da bandeira ou instituidor, o emissor, o titular do cartão ou aderente, o fornecedor e as credenciadoras[246].

Cabe aos instituidores a obrigação de criar o arranjo e organizar seu funcionamento, conforme disciplinado pela Circular n. 3.682/2013 do Bacen e pelo regulamento a ela anexo[247]. Em síntese, a bandeira possui a tecnologia que viabiliza a comunicação entre credenciador e emissor[248].

Os arranjos de pagamento são estabelecidos e administrados por seu respectivo instituidor, o qual estabelece regras e os procedimentos aplicáveis aos serviços de pagamento prestados. Nesse sentido, nos arranjos de pagamento abertos, o instituidor estabelece as condições aplicáveis aos que pretendam participar do arranjo (instituições de pagamento, instituições financeiras e outros prestadores de serviço), desde que manifestem seu interesse em aderir às condições firmadas no regulamento respectivo[249].

Por seu turno, emissores são "instituições financeiras ou não, autorizadas pelas bandeiras a emitir os respectivos cartões de crédito, que mantêm relacionamento contratual com os portadores ou usuários dos cartões e são responsáveis pela cobrança dos gastos feitos por estes com cartões e repasse dos valores coletados às credenciadoras, para que estas paguem os estabelecimentos"[250].

Além dos emissores, há também credenciadoras, "sociedades não financeiras responsáveis pelo credenciamento de estabelecimentos e pela captura, transmissão, processamento e liquidação financeira das operações realizadas com cartões de crédito"[251]. As credenciadoras, importante dizer, são

---

[243] SANTOS, Thiago do Amaral. *Responsabilidade civil das credenciadoras pelo risco da atividade*: a prevenção de danos pelo *chargeback*. São Paulo: [S.n.], 2024, p. 43.

[244] MIGUEL NETO, Abrão Jorge; NUNES, Carolina Neves do Patrocínio. Contratos bancários de cartão de crédito: considerações sobre a não participação dos instituidores de arranjos de pagamento. *In*: ASSUMPÇÃO, Marcio Calil de; BRAGANÇA, Gabriel J. de Orleans e (org.). *Direito bancário*: estudos da Comissão de Direito Bancário OAB/SP. São Paulo: Quartier Latin, 2018, p. 22.

[245] SANTOS, Thiago do Amaral. *Responsabilidade civil das credenciadoras pelo risco da atividade*: a prevenção de danos pelo *chargeback*. São Paulo. [S.n.], 2024, p. 49.

[246] ABRÃO, Nelson. *Direito bancário*. 18. ed. São Paulo: Saraiva Educação, 2019, p. 193.

[247] MIGUEL NETO, Abrão Jorge; NUNES, Carolina Neves do Patrocínio. Contratos bancários de cartão de crédito: considerações sobre a não participação dos instituidores de arranjos de pagamento. *In*: ASSUMPÇÃO, Marcio Calil de; BRAGANÇA, Gabriel J. de Orleans e (org.). *Direito bancário*: estudos da Comissão de Direito Bancário OAB/SP. São Paulo: Quartier Latin, 2018, p. 23.

[248] MIGUEL NETO, Abrão Jorge; NUNES, Carolina Neves do Patrocínio. Contratos bancários de cartão de crédito: considerações sobre a não participação dos instituidores de arranjos de pagamento. *In*: ASSUMPÇÃO, Marcio Calil de; BRAGANÇA, Gabriel J. de Orleans e (org.). *Direito bancário*: estudos da Comissão de Direito Bancário OAB/SP. São Paulo: Quartier Latin, 2018, p. 23.

[249] SANTOS, Thiago do Amaral. *Responsabilidade civil das credenciadoras pelo risco da atividade*: a prevenção de danos pelo *chargeback*. São Paulo: [S.n.], 2024, p. 43.

[250] SALOMÃO NETO, Eduardo. *Direito bancário*. 3. ed. rev. e ampl. São Paulo: Trevisan, 2020, p. 425.

[251] SALOMÃO NETO, Eduardo. *Direito bancário*. 3. ed. rev. e ampl. São Paulo: Trevisan, 2020, p. 425.

instituições de pagamento; e estas, por sua vez, não são instituições financeiras, pois apenas prestam serviços de pagamento[252].

Além das credenciadoras, há também eventualmente o subcredenciador, figura que consiste em intermediário entre os estabelecimentos comerciais e uma ou mais credenciadoras, que exerce a mesma atividade destas, pois "habilita usuário final recebedor para a aceitação de instrumento de pagamento emitido por instituição de pagamento ou por instituição financeira participante de um mesmo arranjo de pagamento" (art. 2º do Regulamento Anexo da Resolução Bacen n. 150/2021)[253].

Fechando essa estrutura, estão os estabelecimentos, fornecedores de produtos e/ou serviços que são credenciados a aceitar esse meio de pagamento e, ao lado deles, os portadores ou usuários, que são os utilizadores do cartão[254].

Para a atividade de cartão de crédito, os emissores poderão prestar serviços de (i) disponibilização de saque de recursos; (ii) execução da instrução de pagamento; (iii) gestão de conta de pagamento; e (iv) emissão do instrumento de pagamento. Paralelamente, as credenciadoras deverão realizar o credenciamento de estabelecimentos comerciais para aceitação do cartão, bem como a execução da remessa de fundos, por meio de repasse do valor das transações[255].

Por seu turno, o usuário ou titular do cartão paga normalmente uma tarifa anual pela possibilidade de utilização do cartão e recebe determinado crédito limitado ao valor correspondente à análise realizada pela administradora do cartão e/ou instituição financiadora. Ele poderá realizar operações a descoberto, devendo restituir o valor quando cobrado[256].

Dessa forma, três fluxos deverão ocorrer no arranjo de pagamentos[257-258].

O primeiro é o fluxo de autorização. Efetuada a aquisição do produto ou do serviço, a credenciadora requer informações ao instituidor do arranjo de pagamento para identificar o emissor do cartão e verificar a segurança do cartão. O instituidor encaminha informação da compra ao emissor, que deverá aprovar ou reprovar a transação, respondendo ao instituidor, que repassará a informação à credenciadora e, esta repassa ao estabelecimento comercial para finalizar a autorização da compra.

No fluxo de cálculo, avaliam-se os créditos e os débitos dos participantes. A credenciadora, após a aprovação da venda do produto ou serviço, comunica o instituidor do arranjo a respeito do preço da transação, o qual encaminha para a verificação do emissor. Com a resposta deste, o instituidor

---

[252] SANTOS, Thiago do Amaral. *Responsabilidade civil das credenciadoras pelo risco da atividade*: a prevenção de danos pelo *chargeback*. São Paulo: [S.n.], 2024, p. 51.

[253] SANTOS, Thiago do Amaral. *Responsabilidade civil das credenciadoras pelo risco da atividade*: a prevenção de danos pelo *chargeback*. São Paulo: [S.n.], 2024, p. 54.

[254] SALOMÃO NETO, Eduardo. *Direito bancário*. 3. ed. rev. e ampl. São Paulo: Trevisan, 2020, p. 425.

[255] SANTOS, Thiago do Amaral. *Responsabilidade civil das credenciadoras pelo risco da atividade*: a prevenção de danos pelo *chargeback*. São Paulo: [S.n.], 2024, p. 51.

[256] WAISBERG, Ivo; GORNATI, Gilberto. *Direito bancário*: contratos e operações bancárias. 2. ed. rev. e atual. São Paulo: Saraiva, 2016, p. 154.

[257] SANTOS, Thiago do Amaral. *Responsabilidade civil das credenciadoras pelo risco da atividade*: a prevenção de danos pelo *chargeback*. São Paulo: [S.n.], 2024, p. 61.

[258] Diante disso, a operação da contratação do cartão de crédito pode ser apresentada da seguinte maneira: "o usuário contrata uma prestação de serviço por parte do administrador do cartão de crédito (instituição financeira ou não), a partir da qual possuirá os meios para contratar a compra de produtos ou serviços de um terceiro fornecedor. Este, por sua vez, celebra um contrato com o administrador do cartão para que o pagamento realizado pelo usuário seja aceito e seja garantida a reversão do crédito em favor desse fornecedor. De outro lado, na relação entre usuário e administrador, outras duas obrigações são vinculadas a um terceiro financiador da operação, de modo que a operação consiga viabilizar-se economicamente" (WAISBERG, Ivo; GORNATI, Gilberto. *Direito bancário*: contratos e operações bancárias. 2. ed. rev. e atual. São Paulo: Saraiva, 2016, p. 153).

aprova os dados da compra e venda e determina ao emissor a elaboração da fatura a ser paga pelo titular do cartão.

Por seu turno, no fluxo de liquidação, ocorre o lançamento dos créditos na conta do estabelecimento comercial vendedor ou prestador do serviço e débito na conta do titular do cartão. Os valores serão creditados ao estabelecimento na data da liquidação, mediante a transferência dos recursos do emissor à credenciadora, que os repassa ao estabelecimento empresarial. Na outra ponta, o portador pagará a fatura devida emitida pelo emissor do cartão[259].

Por isso, diz-se que o cartão de crédito se presta a duas finalidades: possibilidade de realizar dispêndios sem ter o porte efetivo do numerário no momento da contratação e possibilidade de saques de numerário em caixas eletrônicos[260].

6.6.2.1. *Emissor*

O emissor de cartão de crédito consiste, segundo o art. 3º, II, da Resolução Bacen n. 80/2021, na "instituição de pagamento que gerencia conta de pagamento de usuário final pagador, do tipo pós-paga, e disponibiliza transação de pagamento com base nessa conta".

No âmbito desses fluxos do arranjo de pagamento, é de se ressaltar a contratação entre emissor e usuário do cartão. Tal contrato estabelece que o usuário poderá fazer uso do cartão, dentro de um limite, para efetuar pagamentos em estabelecimentos credenciados. Ressalta-se que o limite é relativo (a) ao valor e (b) ao tempo, ambos sendo cumulativamente aplicados: em (a), cada cliente possui um limite máximo de crédito; em (b), não é absoluto e faz referência à data mensal convencionada de vencimento dos pagamentos relativos às compras efetuadas[261].

Os emissores podem ser instituições financeiras ou não. Especialmente quando não for instituição financeira, o emissor pode manter com tais instituições um tipo de relacionamento contratual baseado em promessa de abertura de crédito[262].

Exclusivamente, o contrato de cartão de crédito é estabelecido entre usuário e emissor, cujas atribuições constituem a administração e o financiamento das operações disponibilizadas com o cartão[263]. Vale comentar, nesse ínterim, que a Resolução Bacen n. 96/2021 reconhece, em seu art. 4º, a possibilidade do aparecimento da figura do representante[264]. O § 3º do referido artigo prevê que, "no caso de conta de pagamento de pessoa incapaz, nos termos da legislação vigente, também deverá ser identificado e qualificado o responsável que a assistir ou a representar".

---

[259] SANTOS, Thiago do Amaral. *Responsabilidade civil das credenciadoras pelo risco da atividade*: a prevenção de danos pelo *chargeback*. São Paulo: [S.n.], 2024, p. 61.

[260] SALOMÃO NETO, Eduardo. *Direito bancário*. 3. ed. rev. e ampl. São Paulo: Trevisan, 2020, p. 423.

[261] SALOMÃO NETO, Eduardo. *Direito bancário*. 3. ed. rev. e ampl. São Paulo: Trevisan, 2020, p. 425.

[262] SALOMÃO NETO, Eduardo. *Direito bancário*. 3. ed. rev. e ampl. São Paulo: Trevisan, 2020, p. 425.

[263] MIGUEL NETO, Abrão Jorge; NUNES, Carolina Neves do Patrocínio. Contratos bancários de cartão de crédito: considerações sobre a não participação dos instituidores de arranjos de pagamento. *In*: ASSUMPÇÃO, Marcio Calil de; BRAGANÇA, Gabriel J. de Orleans e (org.). *Direito bancário*: estudos da Comissão de Direito Bancário OAB/SP. São Paulo: Quartier Latin, 2018, p. 25.

[264] "Art. 4º As instituições referidas no art. 1º, para fins da abertura de conta de pagamento, devem adotar procedimentos e controles que permitam verificar e validar a identidade e a qualificação do titular da conta e, quando for o caso, de seus representantes, bem como a autenticidade das informações por eles fornecidas, inclusive mediante confrontação dessas informações com as disponíveis em bancos de dados de caráter público ou privado. § 1º Considera-se qualificação as informações que permitam às instituições apreciar, avaliar, caracterizar e classificar o titular da conta de pagamento com a finalidade de conhecer o seu perfil de risco e sua capacidade econômico-financeira. § 2º É admitida a abertura de conta de pagamento com base em processo de qualificação simplificado, desde que estabelecidos limites adequados e compatíveis de saldo e de aportes de recursos para sua movimentação. § 3º No caso de conta de pagamento de pessoa incapaz, nos termos da legislação vigente, também deverá ser identificado e qualificado o responsável que a assistir ou a representar. § 4º As informações de identificação e de qualificação do titular da conta de pagamento e de seus representantes, quando houver, devem ser mantidas atualizadas pelas instituições."

Além disso, há no Brasil a figura dos correspondentes bancários, que são "empresas (pessoas jurídicas), como as lotéricas ou banco postal, contratadas pelos bancos e demais instituições autorizadas pelo Banco Central (BC) para prestar serviços de atendimento aos seus clientes e usuários"[265]. Dentre os seguintes serviços oferecidos pelos correspondentes, em nome da instituição financeira contratante, está o serviço de receber e encaminhar propostas de "abertura de contas, empréstimos e financiamentos, cartões e/ou operações de câmbio"[266].

Nesse sentido, o emissor, em troca de um percentual, efetua o pagamento pelo titular do cartão[267]. Nesse viés, ressalta-se que a bandeira não tem participação no contrato de cartão de crédito, no mesmo sentido, também não participa da estipulação ou cobrança de encargos contratuais e/ou despesas[268].

Para que o cartão seja obtido, o indivíduo que o pretende "formula um pedido escrito ao emissor, no qual transcreve uma série de informações de caráter pessoal e patrimonial, vindo, no verso da fórmula impressa, as cláusulas contratuais que deverão vigorar entre as partes"[269].

Nesse sentido, havendo aceitação das cláusulas anteriormente previstas pelo emissor, afirma-se que se trata de um contrato por adesão[270]. Outro possível caminho é o envio espontâneo do cartão. Por essa forma, a aceitação do cliente é deduzida pelo uso do cartão[271].

Ainda na relação emissor-usuário, sabe-se que, em razão da administração, as administradoras costumam exigir dos clientes uma remuneração anual, a título de manutenção do sistema. Ademais, além das anuidades pela disponibilização do cartão, poderão ser estipuladas contratualmente as taxas de juros e multas decorrentes dos pagamentos das transações realizadas pelo titular.

6.6.2.2. Credenciadora

A credenciadora é responsável pelo cadastramento, controle e pagamento dos estabelecimentos empresariais fornecedores dos produtos e prestador dos serviços.

Os emissores do cartão contratam as credenciadoras para o relacionamento com os fornecedores, prevendo "a obrigação do emissor de transferir recursos advindos dos usuários do cartão para a credenciadora honrar as obrigações junto aos fornecedores, bem como a obrigação da credenciadora de transferir os valores aos fornecedores"[272].

Há, também, possibilidade adotada por algumas bandeiras de que o emissor e a credenciadora sejam o mesmo sujeito. Se isso ocorrer, "o emissor assume também as funções da credenciadora e paga os fornecedores diretamente com os recursos recebidos dos usuários"[273].

Com o fito de assegurar maior aceitação do seu cartão, a credenciadora deve dispor de uma rede numerosa de fornecedores credenciados[274]. Para que isso seja possível, existem contratos indepen-

---

[265] Disponível em: https://www.bcb.gov.br/meubc/faqs/p/quem-sao-correspondentes-no-pais. Acesso em: 12 ago. 2024.

[266] Disponível em: https://www.bcb.gov.br/meubc/faqs/p/servicos-oferecidos. Acesso em: 12 ago. 2024.

[267] ABRÃO, Nelson. *Direito bancário*. 18. ed. São Paulo: Saraiva Educação, 2019, p. 193.

[268] MIGUEL NETO, Abrão Jorge; NUNES, Carolina Neves do Patrocínio. Contratos bancários de cartão de crédito: considerações sobre a não participação dos instituidores de arranjos de pagamento. *In*: ASSUMPÇÃO, Marcio Calil de; BRAGANÇA, Gabriel J. de Orleans e (org.). *Direito bancário*: estudos da Comissão de Direito Bancário OAB/SP. São Paulo: Quartier Latin, 2018, p. 26.

[269] ABRÃO, Nelson. *Direito bancário*. 18. ed. São Paulo: Saraiva Educação, 2019, p. 194.

[270] ABRÃO, Nelson. *Direito bancário*. 18. ed. São Paulo: Saraiva Educação, 2019, p. 194.

[271] ABRÃO, Nelson. *Direito bancário*. 18. ed. São Paulo: Saraiva Educação, 2019, p. 194.

[272] SALOMÃO NETO, Eduardo. *Direito bancário*. 3. ed. rev. e ampl. São Paulo: Trevisan, 2020, p. 428.

[273] SALOMÃO NETO, Eduardo. *Direito bancário*. 3. ed. rev. e ampl. São Paulo: Trevisan, 2020, p. 428.

[274] SALOMÃO NETO, Eduardo. *Direito bancário*. 3. ed. rev. e ampl. São Paulo: Trevisan, 2020, p. 428.

dentes pelos quais os fornecedores se obrigam a aceitar tal cartão como meio de pagamento, sem que haja acréscimo do preço[275]. Outrossim, "podem os fornecedores também convencionar com a credenciadora o pagamento a esta de uma taxa ou comissão sobre as vendas efetuadas por meio do cartão, como compensação pelo incremento de vendas propiciado"[276].

6.6.2.3. Bandeira

Emissores e credenciadores podem manter relação contratual com determinada bandeira. Eles podem se relacionar "a uma marca ligada a um sistema de processamento e cadastramento de fornecedores unificado, que permite que os fornecedores ligados a várias credenciadoras diferentes, operadoras da mesma bandeira, se somem em uma só rede"[277].

A bandeira não participa do contrato do cartão de crédito, que é estabelecido entre usuário e emissor. A ausência do instituidor do arranjo de pagamento no contrato de cartão de crédito tem como consequência a não legitimidade passiva da representante da bandeira para "nenhuma das ações judiciais propostas por usuários de cartões e motivadas por questões oriundas daquele contrato que lhe é estranho"[278]. Como exemplo, diz-se que a bandeira não pode ser ré em demandas que discutem: "a) encargos contratuais; b) cancelamento de cartão de crédito; c) transação de pagamento não autorizada; d) transação fraudulenta; e) cobranças indevidas em geral; f) emissão de cartão não solicitado"[279].

6.6.3. Fim do contrato de cartão de crédito

O cartão de crédito carrega consigo o tempo determinado (validade). Admite-se a renovação por recondução tácita em que novo cartão será emitido[280].

O contrato pode ser extinto, antes do prazo, quando o titular do cartão, em razão de descumprimentos obrigacionais, não mais gozar da confiança do emissor ou por outros eventos, como a morte, interdição ou falência[281].

Ressalta-se que a perda de vigência antes do determinado não prejudica direito adquirido de terceiros, como fornecedores, que devem ser pagos pelo emissor[282].

O titular, por sua vez, também pode dar fim ao contrato, sem justa causa, antes do prazo estabelecido. Nessa situação, o indivíduo renuncia aos benefícios do cartão[283].

Por fim, convém comentar sobre o uso abusivo, que, segundo Abrão, pode ocorrer (i) pelo próprio titular ou (ii) por terceiro que encontrar ou furtar: "I – No caso de uso ardiloso do cartão além do limite do crédito, ou de vigência exaurida, o emissor não fica responsável pelo pagamento das despesas; cabe ao fornecedor acionar civilmente o comprador fraudulento para se fazer pagar,

---

[275] SALOMÃO NETO, Eduardo. *Direito bancário*. 3. ed. rev. e ampl. São Paulo: Trevisan, 2020, p. 428.

[276] SALOMÃO NETO, Eduardo. *Direito bancário*. 3. ed. rev. e ampl. São Paulo: Trevisan, 2020, p. 429.

[277] SALOMÃO NETO, Eduardo. *Direito bancário*. 3. ed. rev. e ampl. São Paulo: Trevisan, 2020, p. 431.

[278] MIGUEL NETO, Abrão Jorge; NUNES, Carolina Neves do Patrocínio. Contratos bancários de cartão de crédito: considerações sobre a não participação dos instituidores de arranjos de pagamento. *In*: ASSUMPÇÃO, Marcio Calil de; BRAGANÇA, Gabriel J. de Orleans e (org.). *Direito bancário*: estudos da Comissão de Direito Bancário OAB/SP. São Paulo: Quartier Latin, 2018, p. 26.

[279] MIGUEL NETO, Abrão Jorge; NUNES, Carolina Neves do Patrocínio. Contratos bancários de cartão de crédito: considerações sobre a não participação dos instituidores de arranjos de pagamento. *In*: ASSUMPÇÃO, Marcio Calil de; BRAGANÇA, Gabriel J. de Orleans e (org.). *Direito bancário*: estudos da Comissão de Direito Bancário OAB/SP. São Paulo: Quartier Latin, 2018, p. 26.

[280] ABRÃO, Nelson. *Direito bancário*. 18. ed. São Paulo: Saraiva Educação, 2019, p. 199.

[281] ABRÃO, Nelson. *Direito bancário*. 18. ed. São Paulo: Saraiva Educação, 2019, p. 199.

[282] ABRÃO, Nelson. *Direito bancário*. 18. ed. São Paulo: Saraiva Educação, 2019, p. 199.

[283] ABRÃO, Nelson. *Direito bancário*. 18. ed. São Paulo: Saraiva Educação, 2019, p. 199.

além de poder processá-lo por estelionato. II – Em caso de extravio ou furto, o titular deve avisar imediatamente o emissor. A partir do momento em que este recebe o aviso, o portador se exonera (confira-se RE 81.931, *RTJ*, 76:943)"[284].

6.7. Vendor e compror

6.7.1. Vendor

O contrato de vendor é um contrato bancário ativo. Trata-se de operação em que a instituição financeira realiza um financiamento do devedor por meio da aquisição dos créditos e pagamento de determinado preço com o desconto de uma taxa de intermediação. A instituição financeira adquire o crédito do vendedor e financia referido pagamento do título pelo comprador, mediante o pagamento de uma taxa de intermediação.

O contrato de vendor é um contrato complexo, que envolve distintas espécies contratuais e que objetivam viabilizar uma venda financiada. Ele se instrumentaliza por meio da assinatura de um convênio, pelo qual, após um contrato de compra e venda entre o vendedor e o comprador, há a cessão pelo vendedor dos títulos emitidos em face de compradores, com garantia fidejussória ou real do vendedor na hipótese de inadimplemento pelos compradores, devedores principais das referidas obrigações. Simultaneamente, há um financiamento dos devedores para o pagamento dos referidos títulos, mediante um contrato de abertura de crédito que envolve tanto o vendedor quanto o comprador[285]-[286].

Como explica a Min. Nancy Andrighi, no REsp n. 1.309.047/MT, "a operação de vendor envolve, de um lado, a transferência de crédito da empresa vendedora à instituição financeira, e esta, mediante taxa de intermediação, paga-lhe o valor de venda à vista. De outro lado, a instituição financeira financia o comprador, que lhe pagará o valor da venda com os acréscimos decorrentes do prazo concedido"[287].

Na verdade, o que se tem no contrato de vendor é um feixe de contratos entre a instituição financeira e empresas parceiras. Por isso, tem-se "uma triangulação de relações mútuas entre vendor, a instituição financeira e as empresas parceiras (vendora/fornecedora e compradora) e, em cada vértice, não há uma única relação, mas um feixe contratual entre as partes. Daí a designação dos contratos de no jargão bancário, de convênio, contrato-mãe ou contrato-guarda-chuva"[288].

Dessas operações, por exemplo, pode-se evidenciar entre o contratante do vendor e a instituição financeira um contrato de desconto. No mesmo sentido, entre a compradora e a mesma instituição, como explica a Ministra, "a tipicidade da relação contratual não é assim tão óbvia, poden-

---

[284] ABRÃO, Nelson. *Direito bancário*. 18. ed. São Paulo: Saraiva Educação, 2019, p. 199.

[285] SILVA, Reinaldo Marques da Silva. O contrato de vendor e os deveres laterais ou anexos. Banco, fornecedor e consumidor cooperam com lealdade e boa-fé para a concretização do contrato. *Revista Jus Navigandi*, Teresina, ano 22, n. 5.081, 30 maio 2017. Disponível em: https://jus.com.br/artigos/57813. Acesso em: 10 jan. 2022.

[286] Segundo Waisberg e Gornati, "usa-se o termo vendor (originariamente significando vendedor, em língua inglesa) para designar o negócio jurídico no qual há o comprometimento de um banco perante um fornecedor de produtos ou serviços, com a abertura de crédito em favor de terceiros adquirentes desses fornecimentos, com a finalidade de financiar essas aquisições mediante a prestação de uma garantia fidejussória por parte do fornecedor" (WAISBERG, Ivo; GORNATI, Gilberto. *Direito bancário*: contratos e operações bancárias. 2. ed. rev. e atual. São Paulo: Saraiva, 2016, p. 160).

[287] STJ, 3ª Turma, REsp n. 1.309.047/MT, Rel. Min. Nancy Andrighi, Rel. p/ acórdão Min. João Otávio de Noronha. j. 27-8-2013.

[288] STJ, 3ª Turma, REsp n. 1.309.047/MT, Rel. Min. Nancy Andrighi, Rel. p/ acórdão Min. João Otávio de Noronha. j. 27-8-2013.

Capítulo 5 • Contratos bancários

do ser formalizada mediante abertura de crédito rotativo, utilização de cláusula-mandato ou, ainda, por instrumento contratual próprio a cada disponibilização de valores"[289].

Como uma vantagem, pode-se dizer que o vendor, por se caracterizar como uma cessão de crédito do vendedor, possibilita que o consumidor parcele suas compras enquanto o vendedor recebe o pagamento à vista da instituição financeira que faz a intermediação. Assim, o vendor permite que o consumidor aumente seu poder de compra (dada a possibilidade de parcelamento) e que o fornecedor mantenha seu capital de giro, uma vez que o parcelamento poderia causar um déficit no caixa de pequenas e médias empresas. Noutros termos, o vendedor, dentro da presente modalidade, consegue "financiar" a venda através da intermediação do banco, possibilitando, consequentemente, que o cliente compre de forma parcelada.

6.7.2. Compror

O contrato de compror é em todo semelhante ao vendor. Ele se diferencia deste último em função de a instituição financeira contratar diretamente com o comprador da mercadoria ou da prestação do serviço um financiamento justamente para o adimplemento desse contrato de compra e venda. O financiamento ocorre diretamente ao comprador, o qual poderá utilizá-lo para a satisfação do débito decorrente do contrato de compra e venda ou prestação de serviço.

O cliente da instituição financeira, nesses termos, terá a disponibilidade de realizar a satisfação do preço à vista, mediante a disponibilização pela instituição financeira de uma linha de crédito. Por meio da antecipação do pagamento do preço, dessa forma, o comprador poderá obter vantagens nessa negociação com o vendedor, o qual, por outro lado, não terá participação direta no contrato com a instituição financeira[290].

Satisfeito o preço da mercadoria ou serviço contrato pelo comprador diretamente pela instituição financeira, ao comprador, pelo contrato de compror, incumbirá o pagamento do financiamento realizado pela instituição financeira, acrescido dos encargos pela intermediação e da exigência de eventual garantia para tanto[291].

Diferenciando o vendor do compror, enquanto o vendor representa um crédito para que a empresa receba à vista e parcele os valores para seus clientes, o compror representa crédito para que a empresa pague seus fornecedores à vista e negocie melhor suas compras.

---

[289] STJ, 3ª Turma, REsp n. 1.309.047/MT, Rel. Min. Nancy Andrighi, Rel. p/ acórdão Min. João Otávio de Noronha. j. 27-8-2013.

[290] WAISBERG, Ivo; GORNATI, Gilberto. *Direito bancário*: contratos e operações bancárias. 2. ed. rev. e atual. São Paulo: Saraiva, 2016, p. 160-161.

[291] WAISBERG, Ivo; GORNATI, Gilberto. *Direito bancário*: contratos e operações bancárias. 2. ed. rev. e atual. São Paulo: Saraiva, 2016, p. 162.

Capítulo 6
ARRENDAMENTO MERCANTIL OU *LEASING*

1. HISTÓRICO

Em 1941, foi editado, nos Estados Unidos, o *Lend Lease Act*, que permitia ao exército emprestar material bélico e outros itens aos aliados do país, que poderiam, terminada a Segunda Guerra Mundial ou decorrido o prazo acordado, devolvê-los ou adquiri-los. Como alguns aliados não dispunham mais de recursos para adquirir esses equipamentos e os outros itens, a solução encontrada pelos EUA foi uma espécie de empréstimo com elementos de locação e opção de devolução ou aquisição ao final. Embora esse tenha sido um ato político, deu os contornos a esse instituto que passaria a ser utilizado para outras situações.

Em 1952, D. P. Boothe Junior estruturou, também nos Estados Unidos, negócio semelhante ao que hoje se entende por arrendamento mercantil, quando, ao receber uma encomenda vultosa e perceber que não teria capacidade de produzir o volume solicitado, acordou com um banco a aquisição de equipamentos por este para seu uso. A ideia deu certo e se espalhou, pois havia, na época, dificuldades para obter crédito a médio prazo enquanto havia a necessidade de renovação de equipamentos da indústria, dado o avanço tecnológico que estava em curso.

Na década de 1960, o instituto foi se espalhando pela Europa e chegou ao Brasil em 1967, tendo sido regulamentado apenas no âmbito tributário, pela Lei n. 6.099/74, ainda em vigor.

Diversas resoluções do CMN e circulares do Bacen tratam do *leasing*, por envolver uma operação de crédito. Atualmente, o normativo que trata do assunto é a Resolução CMN n. 2.309/96.

2. IMPORTÂNCIA ECONÔMICA

O contrato de arrendamento mercantil, ou *leasing*, vem sendo instrumento de utilização ou de aquisição de bens por aqueles, pessoas físicas ou jurídicas, que ou não dispõem de recursos suficientes para a aquisição imediata de determinado bem ou não desejam imobilizar seu capital para tal finalidade.

O contrato de *leasing* permite que o arrendatário utilize determinado bem, pertencente ao arrendador, mediante o pagamento de certa quantia acordada, havendo a possibilidade de, ao final do prazo estipulado, o arrendatário renovar a locação do bem, adquiri-lo mediante o pagamento do preço residual ou devolvê-lo ao arrendador.

Essa configuração permite, ainda, que haja uma constante renovação no caso de equipamentos, que podem ser substituídos assim que se tornem ultrapassados ou que surja um substituto mais moderno. Também permite que o valor do equipamento seja pago com o que ele produzir.

O fato de que o contrato possibilita à parte o pagamento a prestações com opção de compra, renovação ou devolução permite que o arrendatário utilize bens que não teria condições de comprar mediante o pagamento à vista[1].

---

[1] SCHONBLUM, Paulo Maximilian W. Mendlowicz. *Contratos bancários*. 4. ed. rev., atual. e ampl. Rio de Janeiro, Forense, 2015, p. 174.

Capítulo 6 • Arrendamento mercantil ou *leasing*

Ao arrendador também há vantagens. Ele se conserva na propriedade do bem, cujo uso é cedido a terceiro, de modo que fica protegido de possível insolvência do arrendatário[2].

Nesse aspecto, o bem pertence, geralmente, no *leasing* financeiro, a uma instituição financeira que o adquiriu por solicitação do arrendatário (*leasing* financeiro). No *leasing* operacional, a propriedade é do próprio fabricante, o qual, geralmente, obriga-se, contratualmente, à prestação de serviços de manutenção.

Podem ser objeto de arrendamento mercantil os bens móveis – uma grande parte é de equipamentos comerciais ou industriais, tendo havido uma época em que era muito comum o *leasing* de veículos – e imóveis – principalmente aqueles destinados a atividades industriais ou comerciais, havendo a possibilidade, ainda, de ser utilizado para fins habitacionais.

Diante disso, pode-se distinguir o *leasing* de acordo com a espécie de bens, classificando-o como (i) *leasing* mobiliário ou (ii) *leasing* imobiliário[3].

3. CONCEITO E NATUREZA JURÍDICA

A lei não prevê um conceito de arrendamento mercantil, sendo um contrato atípico[4], como se verá *infra*.

No entanto, a legislação tributária traz um conceito legal para esse fim, no parágrafo único do art. 1º da Lei n. 6.099/74, com redação dada pela Lei n. 7.132/83.

Segundo referido artigo, em seu parágrafo único, "considera-se arrendamento mercantil, para os efeitos desta lei, o negócio jurídico realizado entre pessoa jurídica, na qualidade de arrendadora, e pessoa física ou jurídica, na qualidade de arrendatária, e que tenha por objeto o arrendamento de bens adquiridos pela arrendadora, segundo especificações da arrendatária e para uso próprio desta".

Além de ser uma definição exclusiva para os efeitos da referida lei, tal conceituação não é completa, visto que se trata, na verdade, de uma relação contratual complexa, que envolve, dependendo do tipo de *leasing*, locação, promessa de compra e venda, operação de crédito e até opção de compra. Em alguns casos, pode haver, também, elementos do mandato, quando o arrendatário negocia a aquisição do bem junto ao vendedor. E, nos contratos de *leasing* operacional (explicados *infra*), pode envolver, ainda, prestação de serviços técnicos.

Athos Gusmão Carneiro afirma que o contrato de *leasing* permite a "imediata utilização dos bens mediante o pagamento de contraprestações em quantias, prazos e condições predeterminadas, aberta sempre a opção de, ao término do prazo contratual, adquirir os bens mediante o pagamento de um preço residual, também contratualmente fixado"[5].

Para Vera Helena de Mello Franco, define-se "o arrendamento mercantil (*leasing*) como o negócio jurídico realizado entre a pessoa física ou jurídica (arrendatário) e pessoa jurídica (arrendadora) que tenha por objeto bens adquiridos por esta, conforme as especificações do arrendatário e para seu uso"[6].

---

[2] GOMES, Orlando. *Contratos*. Rio de Janeiro: Forense, 2022.

[3] GOMES, Orlando. *Contratos*. Atualizado por Antonio Junqueira de Azevedo e Francisco p. de Crescenzo Marino. 26. ed. Rio de Janeiro: Forense, 2007, p. 575.

[4] Sobre a classificação de contratos entre típicos e atípicos, ver nossos comentários ao contrato de franquia nesta obra.

[5] CARNEIRO, Athos Gusmão. O contrato de *leasing* financeiro e as ações revisionais. *RDB*, v. 2, p. 11, maio-ago. 1998. Esta foi a definição que mencionamos em: WAISBERG, Ivo; GORNATI, Gilberto. *Direito bancário*: contratos e operações bancárias. São Paulo: Quartier Latin, 2012, p. 168.

[6] FRANCO, Vera Helena de Mello. *Contratos*: direito civil e empresarial. 4. ed. rev., atual. e ampl. São Paulo: Revista dos Tribunais, 2013, p. 131.

No entendimento de Fran Martins, é o "o contrato segundo o qual uma pessoa jurídica arrenda a uma pessoa física ou jurídica, por tempo determinado, um bem comprado pela primeira de acordo com as indicações da segunda, cabendo ao arrendatário a opção de adquirir o bem arrendado findo o contrato, mediante um preço residual previamente fixado"[7].

Pelas diversas exposições, podemos defini-lo como o contrato segundo o qual o arrendatário utiliza determinado bem de propriedade do arrendador, pagando-lhe a quantia pelo período previsto no contrato, ao final do qual este último poderá optar por tríplice alternativa. Poderá renovar a locação desse bem, adquiri-lo mediante o pagamento do preço residual, ou devolvê-lo ao arrendador.

Não se pode dizer que se trata de mera locação, uma vez que na locação, embora até se preveja o direito de preferência de aquisição em determinadas situações, a aquisição não se trata de elemento essencial do contrato. No caso do arrendamento mercantil, deve haver essa possibilidade, inclusive com a definição *a priori* do valor residual a ser pago no caso de ser exercida a opção de compra pelo arrendatário. Além disso, as contraprestações pagas pelo arrendatário já devem abranger os custos do arrendador, que é quem produziu o bem – muitas vezes de acordo com a vontade do arrendatário – ou o adquiriu conforme instruções do arrendatário, assim como seu lucro.

Embora tenha havido a regulamentação tributária do instituto, já destacada, por meio da Lei n. 6.099/74, a qual determinou, inclusive, os itens que devem constar do instrumento (art. 5º), não se pode dizer que há uma lei específica regulando esse negócio jurídico em si, até porque há diversas situações em que se está diante de uma operação de arrendamento mercantil não alcançada pela lei tributária. Aliás, o próprio art. 2º da lei prevê que "não terá o tratamento previsto na lei o arrendamento de bens contratado entre pessoas jurídicas direta ou indiretamente coligadas ou interdependentes, assim como o contratado com o próprio fabricante". Com isso, admitem-se outras formas de arrendamento mercantil distintas das previstas no referido diploma legal. Isto é, um contrato que não siga os preceitos da referida lei continuará sendo *leasing* se contiver os elementos essenciais, apenas sem o efeito fiscal oriundo daquela lei.

Por essa razão e por não haver determinação suficiente e abrangente dos direitos e deveres das partes na lei, mas tão somente parcial e com finalidade exclusiva, podemos afirmar que se trata de contrato atípico[8]. Aliás, a definição da referida lei, como já destacado, não abrangeria o *leasing* operacional.

Além de atípico, trata-se de um contrato misto, uma vez que abrange elementos de outros tipos contratuais, principalmente a locação e a promessa de compra e venda. Por ser misto, sua interpretação deve levar em consideração a analogia aos contratos típicos a que suas partes se assemelham, mas sempre tendo como fio condutor a operação complexa resultante e sua finalidade econômica.

Comparato afirma que se trata de um negócio complexo. O fundamento utilizado é que "a estrutura do contrato comporta várias declarações de vontade, as quais não se justapõem umas às outras, mas combinam-se entre si em função da unidade de causa"[9]. Nesse sentido, como explica o autor, não há um acordo de locação com posterior promessa de venda que possa resultar numa compra e venda – em realidade, conforme explica, o arrendamento tem como elemento essencial

---

[7] MARTINS, Fran. *Curso de direito comercial*: contratos e obrigações comerciais. 19. ed. Rio de Janeiro: Forense, 2019, p. 357.

[8] Mancuso entende ser o contrato típico, não obstante o caráter fiscal da lei e sua pouca abrangência, mas em razão da sedimentação e do regramento constante das resoluções do Conselho Monetário Nacional (MANCUSO, Rodolfo de Camargo. *Leasing*. 3. ed. São Paulo: Revista dos Tribunais, 2002, p. 45). No mesmo sentido, RIZZARDO, Arnaldo. *Contratos*. 6. ed. Rio de Janeiro: Forense, 2006, p. 1254; e VENOSA, Sílvio de Salvo. *Direito civil*: contratos em espécie. 7. ed. São Paulo: Atlas, 2007, p. 545.

[9] COMPARATO, Fabio K. O irredentismo da nova contabilidade e as operações de *leasing*. *Revista de Direito Mercantil, Industrial, Econômico e Financeiro*, n. 68, p. 418, out./dez. 1987.

Capítulo 6 • Arrendamento mercantil ou *leasing*

a opção de compra. Assim, nessa operação, a relação locatícia e a promessa de venda se entrelaçam e se combinam entre si[10].

Sem prejuízo, Comparato atenta para o fato de que existe coligação negocial a partir do instante em que se considerar o *leasing* "na globalidade de operações, envolvendo a compra original do bem pela empresa arrendadora"[11].

Nesse sentido, como há um entrelaçamento de situações jurídicas dependentes de manifestação da vontade dos contratantes, entende-se que o arrendamento mercantil não se mostra como simples locação[12]. Nessa toada, diz-se que não é simples locação pelo fato de que, ao final, tem o arrendatário a opção de poder adquirir o bem, devolvê-lo ao arrendador ou fazer novo arrendamento[13]. A opção é um direito potestativo ou formador, o que significa que o titular da opção constitui uma nova relação jurídica simplesmente em razão da manifestação unilateral de vontade[14].

Não se considera uma simples compra, porque os valores gastos são desembolsados a título de locação, o que significa que não se compra (simplesmente) o bem no *leasing*, já que poderá ser devolvido ao final[15]. Nesse cenário, se é mais do que uma locação, o *leasing* é menos do que compra e venda, porque a opção de compra é um direito do arrendatário, e não uma obrigação[16].

Além disso, também não é compra e venda com reserva de domínio porque, no presente contrato, não há a transferência da propriedade de início, tampouco sob condição[17].

Não se deve confundir, tampouco, o contrato de arrendamento com o de alienação fiduciária. Não há, no arrendamento, a propriedade resolúvel do bem, mas propriedade plena por parte da arrendadora que tem a possibilidade de transferir ao arrendatário em caso da opção de compra.

Por fim, o *leasing* se diferencia do financiamento na medida em que "não há amortização de dívida com os valores pagos, que se destinam aos fins específicos do contrato"[18].

Em suma, a verdadeira causa, a diferença específica que singulariza o *leasing*, é a alternativa deixada à escolha do arrendatário[19]. A bem da verdade, a alternativa se refere a uma tripla possibilidade: "exercer a opção de compra, dar por findo o arrendamento devolvendo a coisa, ou renovar o contrato"[20].

O contrato de arrendamento mercantil ainda pode ser classificado como (i) consensual, pois implica consenso mútuo das partes; (ii) formal, pois exige a forma escrita; (iii) bilateral, porque prevê obrigações a ambas as partes; (iv) oneroso, porque há transferência de direitos e vantagens

---

[10] COMPARATO, Fabio K. O irredentismo da nova contabilidade e as operações de *leasing*. *Revista de Direito Mercantil, Industrial, Econômico e Financeiro*, n. 68, p. 418, out./dez. 1987.

[11] COMPARATO, Fabio K. O irredentismo da nova contabilidade e as operações de *leasing*. *Revista de Direito Mercantil, Industrial, Econômico e Financeiro*, n. 68, p. 418, out./dez. 1987.

[12] NEGRÃO, Ricardo. *Curso de direito comercial e de empresa*. 12. ed. São Paulo: SaraivaJur, 2023, v. 2, p. 160.

[13] TOMAZETTE, Marlon. *Contratos empresariais*. Salvador: JusPodivm, 2022, p. 538.

[14] COMPARATO, Fabio K. O irredentismo da nova contabilidade e as operações de *leasing*. *Revista de Direito Mercantil, Industrial, Econômico e Financeiro*, n. 68, p. 419, out./dez. 1987.

[15] TOMAZETTE, Marlon. *Contratos empresariais*. Salvador: JusPodivm, 2022, p. 538.

[16] COMPARATO, Fabio K. O irredentismo da nova contabilidade e as operações de *leasing*. *Revista de Direito Mercantil, Industrial, Econômico e Financeiro*, n. 68, p. 418, out./dez. 1987.

[17] TOMAZETTE, Marlon. *Contratos empresariais*. Salvador: JusPodivm, 2022, p. 538.

[18] TOMAZETTE, Marlon. *Contratos empresariais*. Salvador: JusPodivm, 2022, p. 538.

[19] COMPARATO, Fabio K. O irredentismo da nova contabilidade e as operações de *leasing*. *Revista de Direito Mercantil, Industrial, Econômico e Financeiro*, n. 68, p. 420, out./dez. 1987.

[20] COMPARATO, Fabio K. O irredentismo da nova contabilidade e as operações de *leasing*. *Revista de Direito Mercantil, Industrial, Econômico e Financeiro*, n. 68, p. 419, out./dez. 1987.

entre as partes; (v) comutativo, pois há previsão de equivalência entre as prestações de cada uma das partes; (vi) de execução sucessiva ou continuada, porque envolve prestações periódicas e contínuas; (vii) de execução diferida, visto que oferece uma tríplice escolha ao final; (viii) é pessoal (*intuitu personae*), porque os contratantes "têm em mira a figura recíproca da outra parte, mormente a arrendatária, somente podendo contratar *leasing* entre nós, em princípio, quem a lei autorizar"[21].

Segundo a Lei n. 6.099/74, o contrato de arrendamento mercantil deverá conter o prazo, o valor das contraprestações, a opção de compra ou de renovação do contrato, como faculdade do arrendatário, e o preço para opção de compra ou o critério para sua fixação (art. 5º).

A Resolução CMN n. 2.309 trata de maneira mais pormenorizada dos itens que devem ser especificados no contrato (art. 7º). Mas como já mencionado, a caracterização de um contrato como de arrendamento mercantil não está adstrita aos elementos dos referidos diplomas, que têm função tributária ou regulatória e, portanto, têm seus efeitos restritos a esses fins.

Tradicionalmente, o *leasing* envolve três agentes: (1) o arrendante ou arrendador, que é a empresa de *leasing*, autorizada e fiscalizada pelo Banco Central, com atuação financeira, que se encarrega de arrendar o bem ao arrendatário; (2) o arrendatário, aquele que necessita do bem; e (3) o fornecedor do bem, o terceiro que aliena o bem. Há possibilidade de a figura do fornecedor desaparecer e, também, a possibilidade em que o arrendante é o próprio arrendatário[22].

Ressalta-se que a coisa locada ficará sempre na posse do arrendatário, característica que marca o *leasing*[23].

4. BENS QUE PODEM SER OBJETO DE *LEASING*

Historicamente, está o *leasing* ligado ao arrendamento de equipamentos, terrenos e edificações. Nesse sentido, comenta-se que a Lei n. 6.099/74 não delimitou o objeto desse contrato, mas estabeleceu que devem ser os bens adquiridos pela arrendadora de acordo com as especificações da arrendatária.

Posteriormente, a Resolução n. 2.309/96 determinou que podem ser objeto de *leasing* quaisquer bens móveis e imóveis[24]. Dessa forma, o art. 11 da referida resolução estabelece que: "podem ser objeto de arrendamento bens móveis, de produção nacional ou estrangeira, e bens imóveis adquiridos pela entidade arrendadora para fins de uso próprio da arrendatária, segundo as especificações desta". No que se refere aos bens de produção estrangeira, a Lei n. 6.099/74, refletindo o espírito da política centralizadora que buscava influir nas relações sociais e econômicas[25], em seu art. 10, impõe que "somente poderão ser objeto de arrendamento mercantil os bens de produção estrangeira que forem enumerados pelo Conselho Monetário Nacional, que poderá, também, estabelecer condições para seu arrendamento a empresas cujo controle acionário pertencer a pessoas residentes no exterior".

O CMN, segundo a lei, inscrito no art. 23, está autorizado a "expedir normas que visem a estabelecer mecanismos reguladores das atividades previstas nesta lei, inclusive excluir modalidades de operações do tratamento nela previsto e limitar ou proibir sua prática por determinadas categorias

---

[21] VENOSA, Sílvio de Salvo. *Direito civil*: contratos. 23. ed. Barueri: Atlas, 2023, p. 772.

[22] VENOSA, Sílvio de Salvo. *Direito civil*: contratos. 23. ed. Barueri: Atlas, 2023, p. 773.

[23] VENOSA, Sílvio de Salvo. *Direito civil*: contratos. 23. ed. Barueri: Atlas, 2023, p. 772.

[24] PANUCCI FILHO, Roberto. *Leaseback*. Dissertação (Mestrado em Direito Civil) – Faculdade de Direito da Universidade de São Paulo, São Paulo, 2014, p. 103.

[25] RIZZARDO, Arnaldo. *Leasing*. 9. ed. Curitiba: Juruá, 2020, p. 161.

de pessoas físicas ou jurídicas", bem como "enumerar restritivamente os bens que não poderão ser objeto de arrendamento mercantil, tendo em vista a política econômico-financeira do País".

Rizzardo, sobre os bens móveis aptos a servirem ao arrendamento mercantil, arrola o seguinte: aviões para uso comercial ou privado; embarcações; veículos e equipamentos para transporte em geral; equipamentos para processamento de dados; calculadoras e computadores; equipamentos para bancos; equipamentos, máquinas e móveis para escritórios; equipamentos para a agricultura; equipamentos para a indústria de construção; equipamentos para a produção industrial; equipamentos para terraplanagem e escavações; equipamentos para a televisão, o rádio e cinema; vagões e tanques; equipamentos para a refrigeração; motores, compressores e máquinas operatrizes; guindastes, caminhões tombadeiras, betoneiras e similares[26].

No *leasing* de bens imóveis, modalidade em que uma empresa arrenda um prédio necessário para a atividade econômica ou moradia, integram a relação as edificações, as acessões e os terrenos onde funcionam as indústrias, supermercados etc.[27].

O STJ, no REsp n. 28.925/RJ, sob relatoria do Ministro Sálvio de Figueiredo Teixeira, decidiu que "o contrato de arrendamento mercantil pode ter por objeto bem imóvel sendo que, com seu descumprimento, tem a arrendadora à sua disposição os interditos possessórios"[28].

5. TIPOS DE ARRENDAMENTO MERCANTIL E RESPECTIVAS OPERAÇÕES ECONÔMICAS

5.1. Arrendamento mercantil financeiro

O arrendamento mercantil financeiro é o tipo mais comum, também denominado *leasing* bancário ou *full payout lease*. De acordo com esse negócio jurídico, uma pessoa jurídica autorizada a atuar como arrendadora adquire, de um terceiro, produtor ou importador, um bem no interesse e para uso do arrendatário. É, portanto, modalidade em que "uma empresa se dedica habitual e profissionalmente a adquirir bens produzidos por outros para arrendá-los, mediante uma retribuição estabelecida, a uma empresa que deles necessite"[29].

Consoante Rizzardo, o *leasing* financeiro é identificado pelo financiamento que faz o locador, isto é, "o fabricante ou importador não figuram como locadores. Há uma empresa que desempenha este papel, a cuja finalidade ela se dedica. Ocorre a aquisição do equipamento pela empresa de *leasing*, que contrata o arrendamento com o interessado"[30].

O objeto dessa modalidade de *leasing* é o benefício fiscal que a empresa e o cliente usufruem, com as deduções do imposto de renda[31].

A operação econômica pode ser expressa na figura seguinte:[32]

---

[26] RIZZARDO, Arnaldo. *Leasing*. 9. ed. Curitiba: Juruá, 2020, p. 162.
[27] RIZZARDO, Arnaldo. *Leasing*. 9. ed. Curitiba: Juruá, 2020, p. 163.
[28] STJ, 4ª Turma, REsp 28.925-RJ, Rel. Min. Sálvio de Figueiredo Teixeira, j. 9-10-1995, *DJ* 6-11-1995.
[29] MARTINS, Fran. *Curso de direito comercial*: contratos e obrigações comerciais. 19. ed. Rio de Janeiro: Forense, 2019, p. 360.
[30] RIZZARDO, Arnaldo. *Leasing*. 9. ed. Curitiba: Juruá, 2020, p. 46.
[31] RIZZARDO, Arnaldo. *Leasing*. 9. ed. Curitiba: Juruá, 2020, p. 47.
[32] Conforme WAISBERG, Ivo; GORNATI, Gilberto. *Direito bancário*: contratos e operações bancárias. São Paulo: Quartier Latin, 2012, p. 171.

Em que:

1 = Contrato entre arrendador e arrendatário para aquisição de bens.

2 = Aquisição dos bens pelo arrendador, em seu próprio nome.

3 = Transferência da propriedade do bem para o arrendador.

4 = Transferência da posse do bem para o arrendatário.

Portanto, é uma operação trilateral[33]: (1) o arrendatário, que é quem vai utilizar o bem; (2) o arrendador, que deve ser uma pessoa jurídica autorizada a atuar como tal nos termos do parágrafo único do art. 1º da Lei n. 6.099/74, que adquire o bem; e (3) o vendedor do bem, geralmente seu produtor ou seu importador.

No *leasing* financeiro, a arrendadora não é a produtora ou proprietária primitiva do bem que vai ser arrendado. Nesse cenário, o arrendatário deverá escolher e indicar o bem, e entrar em contato com o vendedor, havendo a possibilidade de discutir o preço. Sendo assim, a empresa de *leasing* recebe a indicação do bem, adquire e arrenda ao cliente[34].

Note-se que o valor é integralmente despendido pelo arrendador, que obterá, até o final do prazo contratado, todo o valor do investimento mais seu lucro. Isso quer dizer que todas as prestações deverão ser pagas, ainda que o arrendatário devolva o bem antes do prazo determinado – em alguns casos, a devolução antecipada não é permitida. Por isso, o nome *full payout lease*. Ademais, deve ser acordado o valor para o exercício de opção de compra pelo arrendatário.

A Resolução CMN n. 2.309/96 determina as características que devem estar presentes na operação para que ela seja classificada como arrendamento mercantil financeiro: (a) que as contraprestações e demais pagamentos previstos no contrato, devidos pela arrendatária, sejam normalmente suficientes para que a arrendadora recupere o custo do bem arrendado durante o prazo contratual da operação e, adicionalmente, obtenha um retorno sobre os recursos investidos; (b) que as despesas de manutenção, assistência técnica e serviços correlatos à operacionalidade do bem arrendado sejam de responsabilidade da arrendatária; (c) que o preço para o exercício da opção de compra seja livremente pactuado, podendo ser, inclusive, o valor de mercado do bem arrendado.

Nessa lógica, o art. 5º da Lei n. 6.099/74 disciplina as disposições que deverão constar nos contratos de *leasing*, quais sejam: a) prazo do contrato; b) valor de cada contraprestação por períodos determinados, não superiores a um semestre, a menos que autorizado pelo CMN em contrário; c) opção de compra ou renovação de contrato, como faculdade do arrendatário; d) preço para opção de compra ou critério para sua fixação, quando for estipulada essa cláusula.

Nesse tipo de arrendamento, as despesas com a manutenção do bem são de responsabilidade do arrendatário. Outrossim, há a possibilidade de o arrendador cobrar do arrendatário o valor residual garantido (VRG).

5.1.1. Valor residual garantido (VRG)

Na modalidade financeira de arrendamento mercantil, o arrendador adquire o bem, conforme as necessidades e orientações do arrendatário. Ou seja, o arrendador não era o dono do bem e não o produziu, sendo que ele não faz parte da sua atividade empresarial. Assim sendo, o bem, em si mesmo, pouco lhe interessa. Seu interesse é exclusivo na operação de crédito.

---

[33] GOMES, Orlando. *Contratos*. Rio de Janeiro: Forense, 2022, p. 511.

[34] MARTINS, Fran. *Curso de direito comercial*: contratos e obrigações comerciais. 19. ed. Rio de Janeiro: Forense, 2019, p. 360.

Capítulo 6 • Arrendamento mercantil ou *leasing*

Como efetuou o desembolso de determina quantia para a aquisição desse bem, é justo que o arrendador seja ressarcido do valor despendido e que ainda receba os custos financeiros do que despendeu, além de obter seu lucro.

No entanto, isso pode não ocorrer se o arrendatário devolver o bem ou não pagar mais as prestações devidas. O arrendador terá, então, que alienar o bem no mercado e é possível que não obtenha o ressarcimento nem do valor pago, muito menos dos custos financeiros ou que obtenha lucro.

A fim de reduzir os prejuízos do arrendador em relação aos custos de aquisição do bem, foi criado o valor residual garantido (VRG), que nada mais é que a garantia de que esse arrendador receberá um valor mínimo com a venda do bem na hipótese de não ser exercida a opção de compra pelo arrendatário ou não ser prorrogado o contrato. Em caso de o tomador optar pela opção de compra, o VRG servirá como preço[35].

Segundo Arnoldo Wald, o VRG "trata-se, portanto, de um instrumento de equilíbrio contratual para manutenção dos benefícios decorrentes do contrato para ambas as partes, sem que nenhuma delas sofra prejuízo"[36].

Muitas vezes, o VRG é antecipado, cobrado em parcelas, sem que isso ocasione a descaracterização do contrato de *leasing*, como muito já se discutiu. Até 2003, a descaracterização era o entendimento majoritário, tendo ensejado, inclusive, a edição da Súmula 263 do STJ, que dizia que "a cobrança antecipada do valor residual (VRG) descaracteriza o contrato de arrendamento mercantil, transformando-o em compra e venda à prestação".

No entanto, no julgamento do REsp 443.143/GO, o STJ entendeu que o pagamento antecipado do VRG não implica a descaracterização do contrato de arrendamento mercantil e cancelou a Súmula 263. Pouco tempo depois, editou a Súmula 293, com a seguinte redação: "a cobrança antecipada do valor residual garantido (VRG) não descaracteriza o contrato de arrendamento mercantil".

Importante mencionar que muitas vezes o VRG pago antecipadamente contribui para a redução do valor das parcelas devidas pelo arrendatário e poderá ser abatido do preço de aquisição se o arrendatário quiser exercer essa opção.

Ainda há muita discussão a respeito da obrigatoriedade ou não de restituição pelo arrendador dos valores pagos a título de VRG na hipótese de devolução do bem e alienação a terceiro.

Sobre a questão, o STJ já decidiu, em recurso repetitivo, que "nas ações de reintegração de posse motivadas por inadimplemento de arrendamento mercantil financeiro, quando o produto da soma do VRG quitado com o valor da venda do bem for maior que o total pactuado como VRG na contratação, será direito do arrendatário receber a diferença, cabendo, porém, se estipulado no contrato, o prévio desconto de outras despesas ou encargos contratuais"[37]. O julgamento foi corroborado pela Súmula 564 do STJ, em idêntica redação[38].

Assim, o arrendador ficará obrigado a devolver a quantia excedente se o preço de venda, somado ao VRG antecipado, for superior ao do VRG previsto em contrato.

---

[35] ZANFERDINI, Flávia de Almeida Montingelli; ANDRADE, Alexandre Soares; LIMA, Ticiani Garbellini Barbosa. A restituição do valor residual garantido nos contratos de leasing. *Revista Reflexão e Crítica do Direito*, Ribeirão Preto, v. 1, n. 1, p. 71-86, jan.-dez. 2013.

[36] WALD, Arnoldo. Inexistência de direito líquido e certo à restituição do valor residual garantido no contrato de arrendamento mercantil: princípio da boa-fé objetiva. *RDB* v. 31, p. 122, jan.-mar. 2006.

[37] STJ, REsp 1.099.212/RJ, Rel. Min. Massami Uyeda, j. 27-2-2013.

[38] Súmula 564 do STJ: "No caso de reintegração de posse em arrendamento mercantil financeiro, quando a soma da importância antecipada a título de valor residual garantido (VRG) com o valor da venda do bem ultrapassar o total do VRG previsto contratualmente, o arrendatário terá direito de receber a respectiva diferença, cabendo, porém, se estipulado no contrato, o prévio desconto de outras despesas ou encargos pactuados".

5.1.2. Arrendamento mercantil operacional

O arrendamento mercantil operacional pode ser chamado de *renting*, que é justamente o arrendamento feito diretamente pelo fabricante do bem, sem intermediários, e com a respectiva assistência técnica e por prazo curto, menor do que a vida econômica do bem.

Conceitualmente, nessa modalidade de *leasing*, não há intermediário. A relação é direta entre o arrendatário e o fornecedor do bem, que figura como arrendador e, geralmente, também fornece serviços de manutenção[39]. Para Gomes, o *leasing* operacional é "um contrato de locação a que se liga indissoluvelmente o pacto de assistência técnica aos bens alugados"[40].

Nesse sentido, é uma operação bilateral. Sua operação econômica consiste em:

Em que:
1 = Contrato entre arrendador e arrendatário para arrendamento de bens.
2 = Transferência da posse do bem para o arrendatário e prestação de serviços de manutenção.
3 = Pagamento do valor do arrendamento.

Contrariando a doutrina tradicional, a Resolução CMN n. 2.309/96 determinou que essa modalidade é privativa dos bancos múltiplos com carteira de arrendamento mercantil e das sociedades de arrendamento mercantil (art. 6º), deixando de fora os fornecedores (produtores ou importadores).

O que se tem, então, não é a proibição de que o produtor ou importador do bem realize operações de *leasing*, mas apenas que esse tipo de operação não obterá o benefício fiscal previsto na Lei n. 6.099/74. A lei fiscal expressamente exclui, no seu art. 2º, as operações de "arrendamento de bens contratado entre pessoas jurídicas direta ou indiretamente coligadas ou interdependentes, assim como o contratado com o próprio fabricante" (*caput*), prevendo, ainda, que somente farão jus ao tratamento ali previsto "as operações realizadas ou por empresas arrendadoras que fizerem dessa operação o objeto principal de sua atividade ou que centralizarem tais operações em um departamento especializado com escrituração própria" (§ 2º).

Para as operações de arrendamento mercantil operacional, o art. 6º da Resolução CMN n. 2.309/96 prevê as seguintes características:

> I – as contraprestações a serem pagas pela arrendatária contemplem o custo de arrendamento do bem e os serviços inerentes a sua colocação à disposição da arrendatária, não podendo o valor presente dos pagamentos ultrapassar 90% (noventa por cento) do custo do bem;
> II – o prazo contratual seja inferior a 75% (setenta e cinco por cento) do prazo de vida útil econômica do bem;
> III – o preço para o exercício da opção de compra seja o valor de mercado do bem arrendado;
> IV – não haja previsão de pagamento de valor residual garantido.
> § 1º As operações de que trata este artigo são privativas dos bancos múltiplos com carteira de arrendamento mercantil e das sociedades de arrendamento mercantil.
> § 2º No cálculo do valor presente dos pagamentos deverá ser utilizada taxa equivalente aos encargos financeiros constantes do contrato.

---

[39] BULGARELLI, Waldirio. *Contratos mercantis*. 11. ed. São Paulo: Atlas, 1999, p. 382.
[40] GOMES, Orlando. *Contratos*. Rio de Janeiro: Forense, 2022, p. 514.

Capítulo 6 • Arrendamento mercantil ou *leasing*

§ 3º A manutenção, a assistência técnica e os serviços correlatos à operacionalidade do bem arrendado podem ser de responsabilidade da arrendadora ou da arrendatária.

Outra característica dessa espécie de arrendamento mercantil é a possibilidade de rescisão a qualquer tempo. Nesse sentido, haverá a devolução do bem sem a previsão de pagamento do VRG, para os casos em que o arrendador se submeter à regulamentação do CMN.

5.1.3. *Leaseback* ou *leasing* de retorno ou, ainda, *sale and leaseback*

O *leaseback* caracteriza-se pela venda, pelo proprietário, de determinado bem a uma instituição que realiza operações de *leasing* e, imediatamente, o arrenda. O proprietário transfere sua propriedade e se torna arrendatário do seu antigo bem, com a opção de compra desse mesmo bem no futuro[41]. O objetivo é desmobilizar os recursos da empresa, sendo deveras eficiente para tanto.

Trata-se de operação bilateral, em que o próprio interessado aliena o bem ao fornecedor e o recebe de volta a título de *leasing*[42]. Da mesma forma que no *leasing* financeiro, será reservado ao locatário o direito de opção para compra dos bens, em caso de recompra[43]. A Resolução CMN n. 2.309/96 prevê essa configuração (art. 13), ressaltando, no entanto, que deverá ser realizada por meio de arrendamento mercantil financeiro. Segundo o dispositivo: "as operações de arrendamento mercantil contratadas com o próprio vendedor do bem ou com pessoas a ele coligadas ou interdependentes somente podem ser contratadas na modalidade de arrendamento mercantil financeiro, aplicando-se a elas as mesmas condições fixadas neste regulamento".

A interpretação art. 28 e seu inciso I da Resolução permite afirmar que às sociedades coligadas ou interdependentes está vedado o *leaseback* para fins de benefício na tributação[44].

É possível contratar o *leaseback* com entidades domiciliadas no exterior, o que se caracteriza como captação de recursos no exterior, podendo ser vantajoso para o arrendatário, que poderá se beneficiar de incentivos fiscais, como a redução da alíquota do imposto de renda na fonte ou imposto sobre operações de crédito, câmbio e/ou seguro[45]. Nesse caso, haveria uma exportação apenas escritural.

5.1.4. *Self leasing*

Pode dar-se por duas formas distintas: ou o próprio fabricante arrenda o bem, ou vários empresários do mesmo grupo figuram como arrendador, arrendatário e vendedor[46].

Trata-se de operação consigo mesmo ou entre empresários integrantes do mesmo grupo, sendo que a definição de coligada ou interdependente para fins da Lei n. 6.099/74 foi dada pelo art. 27 da Resolução CMN n. 2.309/96. Tal operação é vedada às entidades autorizadas a praticar operações de arrendamento mercantil, conforme dispõe o art. 28 da referida resolução. Mas outras entidades poderão contratá-lo, sem benefício fiscal, por vedação do art. 2º da Lei n. 6.099/74.

6. *DUMMY CORPORATION*

Sociedade entre investidores e arrendatários que, com os valores arrecadados por meio de emissão de debêntures, adquire os bens e os arrenda aos arrendatários. É chamada de *dummy corporation*

---

[41] BULGARELLI, Waldirio. *Contratos mercantis*. 11. ed. São Paulo: Atlas, 1999, p. 383.

[42] GOMES, Orlando. *Contratos*. Rio de Janeiro: Forense, 2022, p. 511.

[43] GOMES, Orlando. *Contratos*. Rio de Janeiro: Forense, 2022, p. 514.

[44] RIZZARDO, Arnaldo. *Leasing*. 9. ed. Curitiba: Juruá, 2020, p. 50.

[45] PEREIRA, Caio Mário da Silva. *Instituições de direito civil*: contratos. 25. ed. Rio de Janeiro: Forense, 2022, p. 223.

[46] BULGARELLI, Waldirio. *Contratos mercantis*. 11. ed. São Paulo: Atlas, 1999, p. 383.

ou de *société de paille* (sociedade de palha) porque, na verdade, os investidores são representados por um *trustee*, que recebe os aluguéis e os repassa aos investidores[47].

Para Tomazette, "os investidores seriam os reais arrendantes, mas utilizam uma sociedade de palha (testa de ferro, laranja) para fazer o papel de arrendante e lhe repassar os valores"[48].

É modalidade não disciplinada no Brasil, tendo pouco uso[49].

7. PARTES

7.1. Como arrendadores

A Resolução CMN n. 2.309/96 (art. 1º) prevê que somente as pessoas jurídicas que tenham como objeto principal de sua atividade a prática de operações de arrendamento mercantil, os bancos múltiplos com carteira de arrendamento mercantil e as instituições financeiras que estejam autorizadas a contratar operações de arrendamento com o próprio vendedor do bem ou com pessoas jurídicas a ele coligadas ou interdependentes poderão realizar operações de arrendamento mercantil com o tratamento tributário previsto na Lei n. 6.099/74.

Como não há regulamentação específica do contrato de arrendamento mercantil – apenas no âmbito tributário – nem vedação, isso significa que qualquer pessoa, física ou jurídica, pode realizar operações de arrendamento mercantil, mas nem todas serão beneficiadas pelas disposições da Lei n. 6.099/74.

As instituições previstas no art. 1º da Resolução CMN n. 2.309/96 devem seguir as regras do CMN e do Banco Central para as operações de *leasing*, enquanto as outras pessoas não.

Assim, os produtores, fornecedores e importadores de bens poderão realizar a operação, embora não com tratamento benéfico em termos tributários. O mesmo em relação a pessoas coligadas ou interdependentes que contratam entre si e aqueles que contratam o *self leasing*.

Uma vedação do CMN a que se deve atentar é a prevista no art. 29, segundo a qual as sociedades de arrendamento mercantil não podem celebrar contratos de mútuo com pessoas físicas e jurídicas não financeiras. Ou seja, a captação de recursos pelas sociedades de arrendamento mercantil não pode se dar junto a pessoas físicas ou jurídicas não financeiras.

7.2. Como arrendatários

Qualquer pessoa capaz de contratar pode ser parte de um contrato de arrendamento mercantil, mas, dependendo de quem é essa pessoa, as normas que incidirão sobre o contrato serão distintas.

A Lei n. 6.099/74 trata das situações que não estão sujeitas ao tratamento tributário em razão das pessoas contratantes. Isso ocorre quando a operação é feita entre coligadas ou pessoas com relação de interdependência, bem como os administradores da própria sociedade de arrendamento, seus cônjuges e parentes até o segundo grau, e o próprio fabricante do bem arrendado (art. 28 da Resolução CMN n. 2.309/96).

7.3. Como vendedor

Ainda que o contrato de *leasing* tenha como partes o arrendatário e o arrendador, poderá também existir a figura do vendedor do bem.

---

[47] BULGARELLI, Waldirio. *Contratos mercantis*. 11. ed. São Paulo: Atlas, 1999, p. 383.

[48] TOMAZETTE, Marlon. *Contratos empresariais*. Salvador: JusPodivm, 2022, p. 545.

[49] TOMAZETTE, Marlon. *Contratos empresariais*. Salvador: JusPodivm, 2022, p. 545.

Capítulo 6 • Arrendamento mercantil ou *leasing*

Na hipótese de o *leasing* não ser operacional, em que o fabricante se confunde com o próprio arrendador, o vendedor poderá ser terceiro que se relaciona com o arrendador do bem e celebra com ele contrato de venda.

O vendedor assegura ao arrendador a propriedade da coisa alienada e responde pela evicção. Nada impede, entretanto, que ele responda diretamente ao arrendatário, como uma estipulação a favor de terceiro[50].

8. OBRIGAÇÕES DOS CONTRATANTES

Além de pagar as prestações devidas pelo uso do bem, o arrendatário é responsável por sua conservação, o que inclui o pagamento dos encargos decorrentes do uso (por exemplo, os impostos que incidirem sobre o bem) e a indenização ao arrendador pelo perecimento do bem. Assim, obriga-se a: (i) manter o bem em bom estado; (ii) suportar riscos e possíveis prejuízos; (iii) pagar os encargos relativos ao bem de qualquer natureza; (iv) restituir ao final do contrato, caso não opte pela compra ou prorrogação do prazo[51].

Ao final do prazo estipulado, ele deverá devolver o bem, adquiri-lo pelo valor residual ou prorrogar o contrato. No caso de optar pela aquisição, deverá pagar o valor residual (diferente do valor residual garantido, conforme explicado *infra*).

Na hipótese de rescisão do contrato antes do vencimento, o arrendatário deverá pagar o valor residual garantido se o arrendamento for feito na modalidade financeira. Se o arrendamento for operacional, o contrato poderá ser rescindido antes do prazo sem a obrigação do pagamento das parcelas do valor residual garantido, mas incidirão todos os demais encargos e penalidades previstos contratualmente[52].

Já o arrendador tem o dever de adquirir o bem que foi pelo arrendatário indicado, no caso de arrendamento financeiro ou operacional realizado por entidades autorizadas pela Resolução CMN n. 2.309/96, e de permitir que seja utilizado pelo arrendatário até o momento da opção, com a transferência da posse a ele.

Ao arrendador é, ainda, imputada a obrigação de aceitar a opção realizada pelo arrendatário ao final do contrato. Se o arrendatário optar pela compra, deverá o arrendador vender os bens arrendados, assim como deverá renovar o contrato caso seja esta a opção do arrendatário. Caso ele opte pela não aquisição ou renovação do contrato, deve o arrendador suportar a devolução do bem.

9. DISPOSIÇÕES ESSENCIAIS DO CONTRATO

Segundo a Resolução CMN n. 4.977/2021, os contratos de arrendamento mercantil devem ser formalizados por instrumento público ou particular (art. 6º).

Devem conter a descrição do bem, de tal forma que permita sua perfeita identificação.

O segundo requisito é o prazo do arrendamento. Pelo art. 7º da resolução, o benefício tributário apenas é conferido se o contrato respeitar prazos mínimos.

Para o arrendamento financeiro, o prazo mínimo é de dois anos, quando se tratar de arrendamento de bens com vida útil igual ou inferior a cinco anos; e de três anos, quando se tratar de arrendamento de bens com vida útil superior a cinco anos. Para o arrendamento mercantil operacional, o prazo mínimo é de 90 dias.

---

[50] MARTINS, Fran. *Curso de direito comercial: contratos e obrigações comerciais*. Rio de Janeiro: Forense, 2019. p. 365.

[51] NOGUEIRA, Ricardo José Negrão. Curso de Direito Comercial e de Empresa - vol. 2. São Paulo: SaraivaJur, SaraivaJur. p. 161.

[52] NOGUEIRA, Ricardo José Negrão. Curso de Direito Comercial e de Empresa - vol. 2. São Paulo: SaraivaJur, SaraivaJur. p. 161

No contrato de arrendamento mercantil, ainda, deverão constar o valor das contraprestações, os critérios de reajuste e a forma de pagamento das parcelas.

Deverão também constar as condições para o exercício pelo arrendatário do direito de optar pela renovação do contrato, pela devolução dos bens ou pela aquisição dos bens arrendados. Nesse aspecto, deverá ser estabelecido o preço para o exercício de aquisição do bem ou critério utilizável na sua fixação.

Ainda deverão ser expressos a taxa dos encargos financeiros da operação; as despesas e os encargos adicionais, como assistência técnica, manutenção e serviços inerentes à operacionalidade dos bens arrendados; as condições para eventual substituição dos bens arrendados; as responsabilidades da arrendatária em decorrência de uso indevido ou impróprio dos bens arrendados e nas hipóteses de inadimplemento do contrato ou destruição, perecimento ou desaparecimento dos bens arrendados.

Especificamente, convém tratar com mais atenção do chamado valor residual, que se refere ao valor pelo qual será exercida a opção de compra do bem pelo arrendatário e que deverá estar expresso no contrato.

Nesse aspecto, vale destacar que o valor residual e o VRG não se confundem. O primeiro é o valor combinado para o exercício da opção de compra, enquanto o segundo é um elemento do equilíbrio contratual.

O pagamento do valor residual é um direito do arrendatário. Trata-se do preço contratado pelo exercício da opção de compra do bem arrendado. Caso tenha ocorrido o pagamento antecipado durante o contrato, referidos valores não podem ser retidos pelo arrendador na hipótese de resolução do contrato, pois justamente são referentes a montante devido caso ocorresse a opção de aquisição do bem pelo arrendatário[53].

O valor residual garantido (VRG) é uma obrigação pecuniária do arrendatário e que assegura a remuneração do arrendador pela aquisição do bem do terceiro para arrendá-lo. É a quantia mínima estipulada contratualmente para a liquidação do negócio em caso de o arrendatário não optar pelo exercício do seu direito de compra ou de renovação do contrato.

Por terem natureza distinta, o valor residual e o VRG podem ser cobrados simultaneamente, inclusive antecipadamente, sem que haja confusão entre eles e sem que se caracterize cobrança em duplicidade.

10. CESSÃO E CONTRATO DE ARRENDAMENTO MERCANTIL

Na definição de Sérgio Nascimento, "pela cessão de contrato, o cedente transmite ao cessionário todo o conjunto de direitos, deveres, faculdades, poderes, ônus e sujeições – incluindo direitos potestativos e exceções – derivadas do contrato"[54].

Segundo a disciplina do inciso XII do art. 7º da Resolução n. 2.309, há "a faculdade de a arrendatária transferir a terceiros no País, desde que haja anuência expressa da entidade arrendadora, os seus direitos e obrigações decorrentes do contrato, com ou sem corresponsabilidade solidária".

Nesse sentido, uma vez que o arrendante consentir, os direitos e obrigações da parte arrendatária poderão ser cedidos para o cessionário[55].

---

[53] STJ, REsp 249340-SP, j. 18.05.2000, Rel. Min. Sálvio de Figueiredo Teixeira.

[54] NASCIMENTO, Sérgio Germano. Cessão de contrato. São Paulo: Quartier Latin, 2019, p. 52.

[55] RIZZARDO, Arnaldo. Leasing. 9. ed. Curitiba: Juruá, 2020, p. 212.

No que se refere ao arrendante, além da concordância do arrendatário, não há impedimento de transferência a outrem desde que mantidos os mesmos parâmetros do negócio e subsistam as obrigações assumidas[56].

O art. 22 da Resolução, entretanto, restringe as operações de cessão e aquisição de contratos de arrendamento aos bancos múltiplos com carteira de arrendamento mercantil e às sociedades de arrendamento mercantil.

Adiante, o art. 23 define que a "aquisição de contratos de arrendamento mercantil cujos bens arrendados tenham sido adquiridos com recursos de empréstimos externos ou que contenham cláusula de variação cambial, bem como dos direitos creditórios deles decorrentes, somente pode ser realizada com a utilização de recursos de empréstimos obtidos no exterior".

Em relação à cessão de contratos e direitos creditórios de entidade domiciliada no exterior, o art. 25 da resolução impõe prévia autorização do Banco Central.

11. INADIMPLEMENTO

O contrato de arrendamento mercantil constitui título executivo extrajudicial, se preenchidos os requisitos do art. 784 do CPC.

No caso de inadimplemento do arrendatário, o arrendador estará legitimado a pleitear a rescisão contratual cumulada com sua reintegração na posse do bem. Isso porque, como a propriedade pertence ao arrendador, o inadimplemento caracteriza um esbulho; ou seja, o arrendatário deixa de exercer a posse mansa e pacífica do bem, perdendo o direito de exercê-la.

Além disso, poderá pleitear o pagamento das prestações não pagas, multa, correção monetária, juros e, ainda, perdas e danos, se for o caso.

Nota-se que, como disciplina a Súmula 369 do STJ, "no contrato de arrendamento mercantil (*leasing*), ainda que haja cláusula resolutiva expressa, é necessária a notificação prévia do arrendatário para constituí-lo em mora".

Recebida a notificação para constituí-lo em mora, o arrendatário poderá purgar a mora, com o pagamento do débito, juntamente com os encargos, e prosseguir no contrato.

No *leasing* de veículos, em razão do art. 3º do Decreto-lei n. 911/69, comprovada a mora, o arrendante deverá ajuizar ação de reintegração de posse, que será liminarmente concedida. Após a execução da liminar, terá o devedor o prazo de cinco dias corridos para pagar toda a dívida e, não havendo o pagamento, o arrendante poderá vender o bem a terceiros. Ocorrendo ou não a venda, o processo deverá seguir com defesa em 15 dias da execução da liminar, instrução e sentença[57].

No caso de *leasing* imobiliário, segue-se a regra da alienação fiduciária, isto é, a purgação da mora deverá ocorrer no prazo de 15 dias, por meio do regime da notificação, sem exigência de intimação pessoal ou utilização do cartório de imóveis[58].

Para além da possibilidade de extinção do contrato pelo inadimplemento, poderá o contrato de *leasing* ser extinto pelas demais causas de extinção do contrato por prazo determinado, como o decurso do termo final sem a renovação e pelo distrato.

---

[56] RIZZARDO, Arnaldo. Leasing. 9. ed. Curitiba: Juruá, 2020, p. 213.

[57] TOMAZETTE, Marlon. *Contratos empresariais*. Salvador: JusPodivm, 2022, p. 572.

[58] TOMAZETTE, Marlon. *Contratos empresariais*. Salvador: JusPodivm, 2022, p. 578.

12. TRATAMENTO NA RECUPERAÇÃO JUDICIAL, EXTRAJUDICIAL E FALÊNCIA

O arrendador não se submete aos efeitos da recuperação judicial, tendo em vista que ele é o proprietário do bem e em razão do previsto no § 3º do art. 49 da Lei n. 11.101/2005, prevalecendo os direitos de propriedade sobre a coisa e as condições contratuais. Com isso, o arrendador não habilita seu crédito nem tem direito de voto na assembleia de credores, não podendo exercer qualquer atitude em relação ao plano de recuperação judicial. Por outro lado, se houver o inadimplemento das prestações a ele devidas, poderá, de imediato, executá-las e requerer sua reintegração na posse do bem. O mesmo para o caso de recuperação extrajudicial do arrendatário (art. 161, § 1º).

No entanto, muitos desses bens são essenciais ao funcionamento da empresa e, por essa razão, nos termos da parte final do § 3º do art. 49, os tribunais têm decidido, com razão, no sentido de que não podem ser retirados da posse da empresa e devolvidos ao arrendador durante o chamado *stay period* e enquanto forem essenciais ao cumprimento do eventual plano de recuperação judicial[59], sem prejuízo da eventual modulação deste óbice ao exercício do eventual direito do credor bem como do pagamento pelo uso do bem pela recuperanda.

A competência para a decisão final sobre a essencialidade do bem[60] e o momento e as condições da sua retirada – note-se que muitas empresas utilizam maquinário quase todo arrendado ou alienado fiduciariamente, sendo que sua retirada precoce pode inviabilizar a continuidade de suas atividades essenciais[61] – pertencerá sempre ao juízo da recuperação judicial, enquanto existir, cabendo aos demais juízos, após o encerramento da recuperação judicial, dar também cumprimento ao princípio da preservação da empresa na modulação de suas decisões.

Com o expresso intuito da lei, de recuperar a empresa e manter sua atividade e os empregos que gera, tem-se entendido que retirar um bem essencial necessário ao cumprimento do plano e, consequentemente, à recuperação da empresa, seria esvaziar o instituto e permitir que o direito de um único credor sobressaísse aos interesses econômicos e sociais envolvidos.

Já decidiu o STJ que "com a recuperação judicial, todos os credores direta ou indiretamente são, de alguma forma, atingidos, mesmo aqueles que pela lei não se sujeitam aos efeitos da medida, de modo que nenhum está totalmente livre para satisfazer seu crédito contra uma empresa em recuperação como melhor lhe convier"[62].

Na falência, a lei determina a restituição do bem que se encontre em poder do devedor na data da decretação ao seu proprietário (art. 85 da Lei n. 11.101/2005). Nesse caso, não haverá discussão acerca da essencialidade do bem, dado que não há continuação das atividades da empresa. O único problema seria o pagamento em dinheiro no caso de deterioração do bem: a restituição só poderia ser realizada após o pagamento dos créditos trabalhistas de natureza estritamente salarial vencidos nos três meses anteriores à decretação da falência, até o limite de cinco salários mínimos por trabalhador, sendo pagos tão logo haja disponibilidade em caixa (arts. 86, parágrafo único, e 151).

No caso de sociedades que tenham por objeto a exploração de serviços aéreos de qualquer natureza ou de infraestrutura aeronáutica, os contratos de arrendamento mercantil, além de não se submeterem aos efeitos da recuperação judicial ou extrajudicial, não serão suspensos, respeitadas as

---

[59] Sobre o assunto, ver nosso trabalho sobre a proteção aos ativos essenciais na recuperação judicial: WAISBERG, Ivo. Proteção dos ativos essenciais da recuperanda. *In*: MENDES, Bernardo Bicalho de Alvarenga (org.). *Aspectos polêmicos e atuais da Lei de Recuperação de Empresas*. Belo Horizonte: D'Plácido, 2016.

[60] STJ, REsp 1.263.500/ES (2011/0151185-8), Rel. Min. Maria Isabel Gallotti, j. 5-2-2013; STJ, EDcl nos EDcl no CComp 128.618/MT (2013/0192734-0), Rel. Min. Luis Felipe Salomão, j. 11-3-2015.

[61] STJ, AgRg no CComp 115.998/SP (2011/0036142-7), Rel. Min. Maria Isabel Gallotti, j. 13-8-2014.

[62] STJ, REsp 1.263.500/ES (2011/0151185-8), Rel. Min. Maria Isabel Gallotti, j. 5-2-2013.

questões relacionadas à essencialidade dos bens. No caso de falência, prevalecerão os direitos de propriedade sobre a coisa (art. 199, § 3º).

13. DISCUSSÃO TRIBUTÁRIA

Muita discussão já houve a respeito de qual imposto deveria incidir sobre a operação de arrendamento mercantil, em especial, o arrendamento mercantil financeiro, se o Imposto sobre Serviços (ISS) ou o Imposto sobre Operações Financeiras (IOF).

A discussão chegou ao STF, que decidiu no sentido de que "no *leasing* financeiro prepondera o caráter de financiamento e nele a arrendadora, que desempenha a função de locadora, surge como intermediária entre o fornecedor e o arrendatário" e que "financiamento é serviço, sobre o qual o ISS pode incidir", sendo "irrelevante, nas duas últimas hipóteses – *leasing financeiro* e *leaseback* – existir uma compra"[63].

---

[63] "Recurso extraordinário. Direito tributário. ISS. Arrendamento mercantil. Operação de *leasing* financeiro. Art. 156, III, da Constituição do Brasil. O arrendamento mercantil compreende três modalidades, (i) o *leasing* operacional; (ii) o *leasing* financeiro; e (iii) o chamado *leaseback*. No primeiro caso há locação, nos outros dois, serviço. A lei complementar não define o que é serviço, apenas o declara, para os fins do inc. III do art. 156 da CF. Não o inventa, simplesmente descobre o que é serviço para os efeitos do inc. III do art. 156 da CF. No arrendamento mercantil (*leasing* financeiro), contrato autônomo que não é misto, o núcleo é o financiamento, não uma prestação de dar. E financiamento é serviço, sobre o qual o ISS pode incidir, resultando irrelevante a existência de uma compra nas hipóteses do *leasing* financeiro e do *leaseback*. Recurso extraordinário a que se dá provimento" (STF, Pleno, RE 547245/SC, Rel. Min. Eros Grau, j. 2-12-2009).

Capítulo 7
FACTORING

1. HISTÓRICO

Não há consenso na doutrina a respeito do surgimento do *factoring*. Alguns entendem que tenha surgido na Antiguidade, quando "comerciantes incumbiam a agentes (*factors*), disseminados por lugares diversos, a guarda e venda de mercadorias de sua propriedade"[1], sendo que passaram a ser "uma espécie de comissários itinerantes dos produtores de certas mercadorias, encarregando-se, nos lugares menos desenvolvidos, não só da venda como da cobrança das mercadorias vendidas, pelo que recebiam uma comissão. Posteriormente, contudo, deixaram de lado o recebimento do vendedor e remessa das mercadorias aos compradores para simplesmente encarregar-se da cobrança dessas vendas, quase sempre adiantando aos seus comitentes o valor das faturas que lhes eram encaminhadas e correndo o risco do não pagamento por parte dos compradores de referidas faturas"[2].

Sua configuração moderna, segundo Fábio Konder Comparato, teve origem nos Estados Unidos[3], onde, em 1808, foi constituída a primeira sociedade de *factoring* de que se tem notícia[4], e de onde se espalhou pelo mundo.

2. OPERAÇÃO ECONÔMICA E IMPORTÂNCIA

Diante de uma realidade cada vez mais dinâmica, as empresas devem proteger e reforçar seu capital de giro, uma vez que a alta flexibilidade organizacional é o que as protege de um envelhecimento precoce em função das transformações[5]. Nesse cenário, ensina Comparato que "o reforço ou acréscimo do capital de giro é, em grande parte, função do ativo realizável, e singularmente, dos créditos contra terceiros. É indispensável, portanto, obter a sua regular mobilização financeira, e também preservá-los contra o risco de inadimplemento. Até há pouco tempo, esses objetivos eram atingidos por meio do recurso a técnicas distintas, nas quais se especializaram instituições tradicionais: o financiamento bancário e o seguro de crédito. A operação de *factoring* se destaca pelo fato de englobar ambas essas técnicas, além de compreender também um serviço de gestão de crédito"[6].

---

[1] MARTINS, Fran. *Contratos e obrigações comerciais*. 16. ed. Rio de Janeiro: Forense, 2010, p. 426.

[2] MARTINS, Fran. O contrato de *factoring* e sua introdução no direito brasileiro. *Revista Forense*, ano 74, v. 262, p. 9, abr.-jun. 1978. Outros autores mencionam a Inglaterra, no século XVIII (BULGARELLI, Waldirio. *Contratos mercantis*. 8. ed. São Paulo: Atlas, 1995, p. 534) ou no final do século XIX (NADER, Paulo. *Curso de direito civil*. 7. ed. Rio de Janeiro: Forense, 2013. v. 3, p. 495).

[3] COMPARATO, Fábio Konder. *Factoring*. *Revista de Direito Mercantil, Industrial, Econômico e Financeiro*, v. 6, p. 59-66, 1973.

[4] RIZZARDO, Arnaldo. *Factoring*. 3. ed. São Paulo: Revista dos Tribunais, 2004, p. 27.

[5] COMPARATO, Fábio Konder. *Ensaios e pareceres de direito empresarial*. Rio de Janeiro: Forense, 1978, p. 347-348.

[6] COMPARATO, Fábio Konder. *Ensaios e pareceres de direito empresarial*. Rio de Janeiro: Forense, 1978, p. 348.

A operação econômica do *factoring* pode ser representada da seguinte forma:

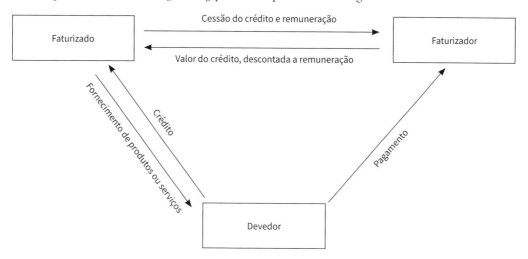

Trata-se de importante instrumento de financiamento das atividades empresariais, ligado às necessidades de capital de giro das empresas, principalmente das pequenas e médias[7], que nem sempre possuem acesso a crédito junto às instituições financeiras. Isso porque o mercado bancário leva em conta principalmente características do tomador a quem vai conceder crédito, o que não acontece necessariamente com as empresas que praticam o *factoring*, que avaliam os créditos advindos dos devedores do empresário.

Em outras palavras, alguns empresários têm dificuldade de obter crédito junto às instituições financeiras, que analisam, na sua concessão, as características do tomador. Para o *factoring*, tais características são irrelevantes, sendo importante a qualidade dos créditos que o faturizador vai adquirir desse empresário. Ou seja, o faturizador adquire a carteira de crédito do empresário ou parte dela, pagando-lhe os valores dos títulos cedidos.

Tal operação se assemelha ao desconto bancário, uma vez que o empresário cede, com exclusividade ou parcialmente, seus créditos à empresa de *factoring*, denominada faturizador ou *factor*, que passará a correr o risco pelo inadimplemento dos devedores.

Assim, o faturizador ou antecipa o pagamento desses créditos cedidos ou efetua o pagamento do valor correspondente na data do seu vencimento, garantindo sempre esse pagamento[8].

Desse modo, o empresário se livra do risco de inadimplemento dos seus devedores e tem certeza de recebimento de tais valores, além de ter os valores parciais decorrentes desses créditos garantidos, fomentando seu capital de giro, essencial à sua atividade, daí a menção a essa operação também como *fomento mercantil*. A grande vantagem do *factoring* é, portanto, a obtenção, pelo faturizado, de capital de giro para sua atividade, independentemente de sua situação econômica.

Outra característica, que torna o *factoring* muito atraente aos empresários, é o serviço de administração de créditos prestado pelo faturizador, que controla os vencimentos e providencia as cobranças. O empresário faturizado, em tese, tem uma melhora de gestão dos créditos, não precisando despender tempo e energia com essa função, podendo dedicar-se mais à atividade-fim do seu negócio.

---

[7] BULGARELLI, Waldirio. *Contratos mercantis*. 11. ed. São Paulo: Atlas, 1999, p. 541.
[8] BULGARELLI, Waldirio. *Contratos mercantis*. 11. ed. São Paulo: Atlas, 1999, p. 541.

244   *Parte Especial*

Outra vantagem é que o recebimento desses valores pode se dar antecipadamente, no momento de aquisição dos títulos pelo faturizador, em vez de ocorrer só na data ou após o vencimento desses créditos. Desse modo, o empresário praticamente recebe tudo à vista, ganhando liquidez e disponibilidade de recursos. Então, pode honrar seus compromissos de imediato, o que pode fazer com que obtenha preços melhores dos seus fornecedores.

3. CONCEITO

O *factoring* foi definido, internacionalmente, na Convenção de Ottawa, Canadá, de maio de 1988, organizada pelo *Unidroit – International Institute for the Unification of Private Law*, da qual o Brasil participou, mas não é signatário.

Segundo a convenção, para que uma operação seja considerada *factoring*, o faturizador terá que desempenhar, no mínimo, duas das seguintes funções perante o faturizado:

i) financiamento, incluindo empréstimos e adiantamentos;

ii) gestão de créditos;

iii) cobrança de recebíveis; e

iv) garantia de crédito.

No Brasil, a Lei n. 8.981/95 chegou a tratar da incidência do imposto de renda sobre o *factoring*, definindo a operação nos seguintes termos: "prestação cumulativa e contínua de serviços de assessoria creditícia, mercadológica, gestão de crédito, seleção e riscos, administração de contas a pagar e a receber, compras de direitos creditórios resultantes de vendas mercantis a prazo ou de prestação de serviços (*factoring*)".

No entanto, esse dispositivo foi revogado.

A operação consta da lista anexa à LC n. 116/2003, que enumerou os serviços sobre os quais incide o ISS, mencionada nos itens 10.04 e 17.23, sendo que este último diz: "assessoria, análise, avaliação, atendimento, consulta, cadastro, seleção, gerenciamento de informações, administração de contas a receber ou a pagar e em geral, relacionados a operações de faturização (*factoring*)".

Muitos projetos de lei regulamentando a operação foram apresentados, mas não foram aprovados até o momento[9].

Assim, pode-se afirmar que não há uma definição legal de *factoring* na legislação brasileira.

Podemos conceituar o *factoring*, então, como o negócio jurídico por meio do qual uma das partes, o faturizador, presta serviços de gestão de créditos e cobranças à outra parte, o faturizado, adquirindo, ainda, total ou parcialmente, os créditos gerados por este, mediante o pagamento de remuneração paga normalmente por meio do desconto do valor do crédito adquirido.

Fábio Ulhoa Coelho define o *factoring* como: "contrato pelo qual um empresário (faturizador) presta a outro (faturizado) serviços de administração do crédito concedido e garante o pagamento das faturas emitidas (*maturity factoring*). É comum, também, o contrato abranger a antecipação do crédito, numa operação de financiamento (*conventional factoring*)"[10].

Em outras palavras, o *factoring* não pode ser resumido a uma simples cessão de créditos, pois envolve, além da garantia dos créditos, o serviço de administração destes.

---

[9]   PL n. 230/1995; PL n. 3.615/2000, que dispõe sobre o fomento mercantil especial de exportações ou *factoring* de exportação; PL n. 3.896/2000, substitutivo do PL n. 3.615/2000, que amplia a regulamentação; e PL n. 13/2007.

[10]   COELHO, Fábio Ulhoa. *Curso de direito comercial: direito de empresa*. 13. ed. São Paulo: Saraiva, 2012. v. 3, p. 163.

Pela definição, tanto a efetiva prestação de serviços pelo faturizador quanto a assunção do risco de insolvência dos créditos cedidos são elementos essenciais do contrato. Ausentes tais aspectos, o negócio jurídico realizado pelas partes pode ser ainda válido, mas de *factoring* não se trata.

Se um empresário apenas adquire créditos de outro empresário, está apenas contratando uma ou várias cessões de crédito, contrato típico do Código Civil. A legalidade das taxas cobradas pela cessão fica a cargo do caso concreto, mas em nenhuma hipótese essa remuneração estará englobando qualquer serviço ou risco de insolvência não assumido contratualmente.

Da mesma forma, se apenas está prestando o serviço de gestão de cobrança, será uma prestação de serviço como outra qualquer.

Importante destacar que o *factoring* não se confunde com o desconto bancário[11], exatamente porque os dois elementos apontados são essenciais, uma vez que no desconto nenhum deles está presente. São estes elementos:

i) a responsabilidade sobre o pagamento dos créditos, que permanece com o cedente – no desconto, há direito de regresso contra o cedente, que inexiste no *factoring*;

ii) a prestação de serviços ao credor original, que não existe na operação de desconto.

Outra diferença, menos relevante, é que, como já mencionado anteriormente, na operação de desconto leva-se em conta o crédito em si e não o conjunto de créditos, que é o considerado normalmente nas operações de *factoring*[12].

Também não pode ser equiparado ao contrato de abertura de crédito, porque não é colocado um crédito à disposição do faturizado, mas são adquiridos os créditos por ele detidos.

Outro contrato que deve ser diferenciado do *factoring* é o de seguro de crédito, segundo o qual o segurado receberá a indenização somente no caso de inadimplemento, sendo que no *factoring* o faturizado receberá o valor do crédito sempre, independentemente de ele ser quitado ou não pelo devedor.

O mútuo também é bastante diferente do *factoring*, uma vez que, por aquele tipo contratual, o mutuário se compromete a devolver os valores que tomou emprestado, o que não ocorre nas operações de faturização.

Por último, vale distingui-lo do *forfaiting*, que talvez seja a figura a que mais se assemelha. Já definimos o *forfaiting* em outra ocasião:

> Constitui-se uma forma de desconto de títulos representativos de importações externas, por meio da qual, com a intermediação do banco, o exportador pode vender suas mercadorias a prazo e receber à vista. Tem como objetivo a antecipação ao exportador dos recursos provenientes de sua exportação, equivalendo a um desconto da cambial por tratar-se da venda de recebíveis ou títulos (obrigações do importador), como: nota promissória, saque ou carta de crédito[13].

---

[11] Sobre o desconto bancário, ver: WAISBERG, Ivo; GORNATI, Gilberto. *Direito bancário*: contratos e operações bancárias. São Paulo: Quartier Latin, 2012, p. 159-161.

[12] Nesse sentido, ver: WAISBERG, Ivo; GORNATI, Gilberto. *Direito bancário*: contratos e operações bancárias. São Paulo: Quartier Latin, 2012, p. 160; SALOMÃO NETO, Eduardo. *Direito bancário*. 2. reimpr. São Paulo: Atlas, 2007, p. 270; BULGARELLI, Waldirio. *Contratos mercantis*. 11. ed. São Paulo: Atlas, 1999, p. 536.

[13] WAISBERG, Ivo; GORNATI, Gilberto. *Direito bancário*: contratos e operações bancárias. São Paulo: Quartier Latin, 2012, p. 107-108.

A grande diferença é que o *forfaiting* é operação típica de instituição financeira, ao contrário do *factoring*, que pode ser realizado por qualquer pessoa, conforme se verá *infra*, além de só se referir a créditos representativos de importações e não a todo o conjunto de créditos pertencentes ao exportador.

4. PARTES, OBRIGAÇÕES E DIREITOS

4.1. Das partes

O contrato de *factoring* envolve, necessariamente, (a) o faturizador, (b) o faturizado (fornecedor ou vendedor) e (c) o comprador do devedor (cliente ou devedor)[14].

O comprador, devedor do título em face do credor originário (faturizado) e depois em face do faturizador, não figura na relação de *factoring*. Ele é devedor decorrente de um contrato anterior, como a compra e venda ou uma prestação de serviço.

O contrato de *factoring* será celebrado entre faturizador e faturizado. O comprador "será necessário tão somente porque serão os créditos que o vendedor tem contra ele que serão cedidos ao faturizador"[15].

Nesse aspecto, a irrelevância do comprador na relação de *factoring* decorre também da desnecessidade de seu consentimento. Como devedor do título a ser faturizado, a transferência do crédito ao faturizador exige a mera notificação do devedor, mas não sua anuência[16]. "Notificado dessa cessão, deve o comprador efetuar o pagamento ao cessionário, no caso, o faturizador. Se, entretanto, não foi notificado da cessão, sua obrigação é pagar ao vendedor (Código Civil, art. 290)"[17].

Quanto ao faturizador, no Brasil, não há uma legislação específica em relação às pessoas que podem exercer a atividade de *factoring*. Seu exercício é livre e não regulado.

Não há necessidade de registro no Banco Central para explorar a atividade, porque as empresas de *factoring* não exercem atividades privativas de instituição financeira, como imporia o art. 17 da Lei n. 4.595/64. Sem prejuízo, se não houver serviço envolvido e a taxa de juros cobrada for maior que a prevista no Código Civil, pode ser caracterizada a agiotagem.

Assim sendo, não se configura, *a priori*, atividade privativa de instituição financeira o *factoring*. Mesmo quando desqualificado no caso concreto, com fundamento na invalidade da remuneração, não se pode atribuir automaticamente o efeito de caracterização como atividade privativa. Esta dependeria de comprovação excepcional de que haveria coleta e intermediação de crédito.

O art. 17 da lei define como bancos as pessoas jurídicas "que tenham como atividade principal ou acessória a coleta, intermediação ou aplicação de recursos financeiros próprios ou de terceiros". Rizzardo evidencia que a empresa de *factoring* jamais será constituída com a finalidade de coleta ou captação de recursos monetários e a intermediação, mas será constituída com o objetivo de aplicar recursos próprios[18].

---

[14] DINIZ, Maria Helena. *Curso de direito civil brasileiro*: teoria das obrigações contratuais e extracontratuais. São Paulo: Saraiva, 2024. v. 3, p. 264.

[15] DINIZ, Maria Helena. *Curso de direito civil brasileiro*: teoria das obrigações contratuais e extracontratuais. São Paulo: Saraiva, 2024. v. 3, p. 264.

[16] TOMAZETTE, Marlon. *Contratos empresariais*. Salvador: JusPodivm, 2022, p. 741-742.

[17] MARTINS, Fran. *Curso de direito comercial*: contratos e obrigações comerciais. Rio de Janeiro: Forense, 2019, p. 380.

[18] RIZZARDO, Arnaldo. *Contratos*. Rio de Janeiro: Forense, 2023, p. 1288.

Evidentemente que a comprovação de uma recorrente desqualificação da atividade de *factoring* de algum agente e a conclusão de que se está profissionalmente dissimulando o empréstimo com juros acima do permitido pode levar a essa configuração no caso concreto.

Novamente, aqui, a essencialidade dos elementos centrais do *factoring*, prestação de serviço e risco de solvência, é relevante para diferenciação da atividade, como decidido pelo STJ:

> Comercial – *Factoring* – Atividade não abrangida pelo sistema financeiro nacional – Inaplicabilidade dos juros permitidos às instituições financeiras.
>
> I – O *factoring* distancia-se de instituição financeira justamente porque seus negócios não se abrigam no direito de regresso e nem na garantia representada pelo aval ou endosso. Daí que nesse tipo de contrato não se aplicam os juros permitidos às instituições financeiras e que as empresas que operam com o *factoring* não se incluem no âmbito do sistema financeiro nacional.
>
> II – O empréstimo e o desconto de títulos, a teor do art. 17 da Lei n. 4.595/64, são operações típicas, privativas das instituições financeiras, dependendo sua prática de autorização governamental.
>
> III – Recurso não conhecido[19].

Por outro lado, há doutrina no sentido de que faturizado deve ser empresário[20]. No entanto, acompanhando entendimento de Marlon Tomazette, entendemos que como não há restrição legal, qualquer pessoa pode figurar como faturizado, apesar de, normalmente, tal posição ser ocupada por agente econômico[21].

Entre faturizado e faturizador haverá uma cessão de créditos, a título oneroso. Esse ato deverá trazer as consequências, quais sejam: "notificação ao comprador da cessão, para que ele pague seu débito ao faturizador; direito de agir o faturizador em nome próprio, na cobrança das dívidas etc."[22].

Ainda sobre a relação *supra*, pela cessão de crédito o cedente "se responsabiliza pela existência da dívida no momento da cessão (Código Civil, art. 295); como o faturizador, com a cessão, assume o risco sobre o recebimento, certamente só terá direito de ação contra o faturizado se a dívida cedida estiver eivada de vício que a invalide, por exemplo, se não se referir a fatura a uma venda efetiva"[23].

No que se refere à posição do faturizador em relação ao comprador, em razão da cessão, aquele se torna credor deste. Por isso, deverá ser o comprador notificado[24].

Figurando como credor, o faturizador pode empregar os meios necessários para haver seu crédito, em hipótese de não pagamento pelo devedor. Ademais, se o comprador incidir em falência ou recuperação judicial, caberá ao faturizador se habilitar nos processos respectivos. O mesmo ocorrerá se for o comprador uma pessoa não empresária, caso em que tiver sua insolvência declarada[25].

---

[9] STJ, REsp 119.705/RS, Rel. Min. Waldemar Zveiter, j. 7-4-1998

[20] "O contrato celebrar-se-á entre faturizador e faturizado, ambos empresários, sejam pessoas físicas ou jurídicas, embora, em regra, o faturizador seja pessoa jurídica, geralmente, instituição financeira, devido aos encargos que assume ao receber o crédito" (DINIZ, Maria Helena. *Curso de direito civil brasileiro*: teoria das obrigações contratuais e extracontratuais. São Paulo: Saraiva, 2024. v. 3, p. 264). "Tanto faturizador como vendedor devem ser empresários ou sociedades empresárias, donde o contrato de faturização ser, por natureza, empresarial" (MARTINS, Fran. *Curso de direito comercial*: contratos e obrigações comerciais. Rio de Janeiro: Forense, 2019, p. 377).

[21] TOMAZETTE, Marlon. *Contratos empresariais*. Salvador: JusPodivm, 2022, p. 741.

[22] MARTINS, Fran. *Curso de direito comercial*: contratos e obrigações comerciais. Rio de Janeiro: Forense, 2019, p. 380.

[23] MARTINS, Fran. *Curso de direito comercial*: contratos e obrigações comerciais. Rio de Janeiro: Forense, 2019, p. 380.

[24] MARTINS, Fran. *Curso de direito comercial*: contratos e obrigações comerciais. Rio de Janeiro: Forense, 2019, p. 380.

[25] MARTINS, Fran. *Curso de direito comercial*: contratos e obrigações comerciais. Rio de Janeiro: Forense, 2019, p. 380.

4.2. Das obrigações e dos direitos

Por parte do faturizador, tem-se as obrigações de: "(i) adimplir com o pagamento referente aos títulos comprados; (ii) observar os prazos avençados; (iii) prestar os serviços de gestão financeira e administrativa, quando contratados; (iv) assumir os riscos inerentes à inadimplência do devedor; (v) notificar o devedor ou acompanhar o cumprimento desta medida pelo faturizado"[26].

Vale dizer que o faturizador, ao receber os créditos transferidos, deverá pagar o faturizado antecipadamente, se for modalidade *convencional*, ou na data de vencimento, se for da espécie *maturity*.

Como direitos, o faturizador poderá selecionar os créditos, cobrar faturas pagas, deduzir sua remuneração do creditado ao faturizado etc.[27].

Deve-se perceber que a remuneração do faturizador é dúplice: comissão fixa sobre o montante dos créditos, mais os juros sobre as quantias financiadas[28].

Por sua vez, o faturizado está obrigado a: "(i) responsabilizar-se pela existência do crédito no momento da cessão; (ii) efetuar o pagamento das comissões pactuadas; (iii) notificar o devedor, quando restar estipulado em contrato; (iv) submeter os créditos que pretende negociar à análise do faturizador, devidamente relacionados em um borderô; e (v) prestar toda e qualquer informação requisitada pelo faturizador no que se referir ao cliente e ou ao crédito negociado"[29].

Noutra ponta, tem o faturizado os direitos de: "(i) receber o valor decorrente da operação de *factoring*, no tempo e modo contratados, deduzidos os custos da remuneração pactuada e demais encargos e taxas inerentes ao negócio; (ii) sempre que requisitar, ser devidamente informado a respeito da liquidação dos créditos negociados, haja vista a relação comercial existente entre o faturizado e o devedor; e (iii) obter informações e relatórios a respeito da gestão financeira e administrativa realizada pelo faturizador, quando contratada"[30]. Outrossim, terá o direito de ser informado sobre a liquidação dos créditos negociados, bem como da gestão financeira e administrativa realizada pelo faturizador (quando esse serviço contratado for)[31].

Por fim, deverá o devedor "(i) efetuar o pagamento do débito na data aprazada e, (ii) se notificado, atentar-se quanto ao detentor do crédito"[32].

4.2.1. A falta de responsabilidade do faturizado pelo inadimplemento do título

A responsabilidade do faturizado exige a análise da natureza da transferência do crédito.

Sobre a natureza da transferência do crédito titularizado pelo faturizado ao faturizador, geralmente, o contrato de *factoring* é celebrado por meio de um contrato guarda-chuva que prevê as regras de escolha dos créditos, além dos serviços prestados, a remuneração, bem como regulamenta o *modus operandi* pelo qual serão realizadas essas transferências. A transmissão dos créditos objeto do contrato de *factoring* é realizada por meio de cessão de crédito, incidindo sobre ela os arts. 286 a 298 do CC, de modo que o cedente não tem responsabilidade sobre o inadimplemento do devedor, salvo estipulação em contrário.

---

[26] SANTOS, Carla Bueno dos. *O contrato de* factoring *no Brasil*. São Paulo: Quartier Latin, 2022, p. 99-100.

[27] RIZZARDO, Arnaldo. *Contratos*. Rio de Janeiro: Forense, 2023, p. 1290.

[28] COMPARATO, Fábio Konder. *Ensaios e pareceres de direito empresarial*. Rio de Janeiro: Forense, 1978, p. 350.

[29] SANTOS, Carla Bueno dos. *O contrato de* factoring *no Brasil*. São Paulo: Quartier Latin, 2022, p. 100.

[30] SANTOS, Carla Bueno dos. *O contrato de* factoring *no Brasil*. Dissertação (Mestrado em Direito) – Faculdade de Direito da Pontifícia Universidade Católica de São Paulo, São Paulo, 2021, p. 95.

[31] SANTOS, Carla Bueno dos. *O contrato de* factoring *no Brasil*. São Paulo: Quartier Latin, 2022, p. 100.

[32] SANTOS, Carla Bueno dos. *O contrato de* factoring *no Brasil*. São Paulo: Quartier Latin, 2022, p. 101.

Capítulo 7 • *Factoring*

No *factoring*, para que não haja a manutenção do risco do faturizado pelo adimplemento do título pelo comprador, o endosso não é admitido e descaracteriza o contrato.

Nesse aspecto, o STJ já decidiu que a assunção do risco pelo faturizador é inerente ao *factoring*:

> Agravo regimental no agravo em recurso especial. Direito processual civil e empresarial. Ausência de prequestionamento. Enunciado 211 da Súmula do STJ. *Factoring*. Ausência de responsabilidade da faturizada pela solvência do devedor do título de crédito, mesmo que a transferência deste tenha se operado por endosso. Arranjo contratual em que o risco do inadimplemento é assumido pela faturizadora. Assunção de risco que se constitui em elemento essencial do contrato. Precedentes. Verbetes sumulares n. 7 e 83 do STJ. Ausência de argumentos aptos a infirmar os fundamentos da decisão agravada. Agravo regimental improvido. (…)
>
> 2. A faturizadora não tem direito de regresso contra a faturizada sob alegação de inadimplemento dos títulos transferidos, porque esse risco é da essência do contrato de *factoring*. Precedentes[33].

Pela cessão de crédito, o cedente não fica livre de toda e qualquer responsabilidade. O cedente responde pela existência do crédito ao tempo em que foi cedido (art. 295), bem como estará sujeito às exceções que competirem ao devedor, inclusive as que ele tinha contra o cedente no momento em que teve conhecimento da cessão (art. 294). Por exemplo, o devedor poderá alegar a ausência da mercadoria adquirida ou que possui defeitos ou era distinta da solicitada, assim como poderá demonstrar que havia efetuado o pagamento ao credor originário.

Nesse sentido, a seguinte decisão do STJ:

> Agravo interno no agravo em recurso especial. Processo civil. Título de crédito. Duplicata de compra e venda. Mercadorias não entregues. Contrato de *factoring*. Mera cessão civil de crédito. Oponibilidade das exceções pessoais. Possibilidade. Agravo não provido.
>
> 1. No contrato de *factoring*, a transferência dos créditos não se opera por simples endosso, mas por cessão de crédito, subordinando-se, por consequência, à disciplina do art. 294 do CC, contexto que autoriza ao devedor a oponibilidade das exceções pessoais em face da faturizadora. Precedentes.
>
> 2. Agravo interno a que se nega provimento[34].

A transmissão por endosso descaracterizaria justamente esse elemento essencial ao contrato de *factoring* e consistente na assunção do risco pelo faturizador.

Caso a transmissão seja feita por meio de endosso, o cedente continuaria responsável pelo pagamento dos títulos, nos termos do art. 15 do Anexo I do Decreto n. 57.663/66, que promulgou a Lei Uniforme de Genebra (LUG)[35], o que contrariaria a assunção do risco pelo faturizador e a garantia do pagamento ao faturizado, características inerentes ao *factoring*.

O que pode ocorrer é que o contrato de *factoring* defina que as futuras transferências de títulos serão realizadas por meio de endosso, mas nesse caso, entre faturizador e faturizado, tais transferên-

---

[33] STJ, AgRg no AgREsp 671.067/PR, Rel. Min. Marco Aurélio Bellizze, j. 23-2-2016.

[34] STJ, AgRg no AgREsp 591.952/SP, Rel. Min. Raul Araújo, j. 19-4-2016. E, ainda, STJ, AgRg no AgREsp 778.255/RJ, Rel. Min. Ricardo Villas Bôas Cueva, j. 15-12-2015: "Agravo regimental no agravo em recurso especial. Civil e processual civil. Execução. Oposição de exceções pessoais. *Factoring*. Possibilidade. Enunciado 83 da Súmula do STJ. Incidência. Ausência de similitude fática. Divergência não reconhecida. 1. A orientação desta Corte é no sentido de que as exceções pessoais originariamente oponíveis pelos devedores ao faturizado são oponíveis à faturizadora, nova credora. Precedentes. 2. A divergência jurisprudencial, nos termos do art. 541, parágrafo único, do CPC e do art. 255, § 2º, do Regimento Interno do STJ, exige similitude fática entre os acórdãos paradigmas e o impugnado, circunstância não evidenciada no caso concreto. 3. Agravo regimental não provido".

[35] Diz o referido artigo: "O endossante, salvo cláusula em contrário, é garante tanto da aceitação como do pagamento da letra".

cias baseadas no contrato-mãe e caracterizadas como fruto de uma operação de *factoring* serão sempre tratadas como cessão de crédito, mantendo sua natureza em consonância com a essencialidade do contrato. A ligação entre a transferência, ainda que por endosso, e a origem do negócio jurídico no contrato de *factoring* farão com que a unicidade da operação entre as partes prevaleça.

Deve-se atentar, ainda, para o fato de que a remuneração cobrada pelo faturizador é calculada, também, sobre o valor do risco assumido, ou seja, é cobrada justamente para isso, não fazendo sentido tal cobrança se o faturizador tiver direito de regresso contra o faturizado. Aliás, o faturizador tem a faculdade de analisar e escolher os créditos que adquirirá, de acordo com suas expectativas de adimplemento, sendo-lhe facultado, ainda, aumentar o preço dependendo dessa expectativa.

Assim sendo, caso se pudesse exigir o pagamento por parte do faturizado, a operação automaticamente estaria desconfigurada, tornando-se um contrato de desconto ou de mútuo. É da sua essência a transferência do risco ao faturizador, com exceção dos casos de inexistência do crédito, de acolhimento das exceções opostas pelo devedor e do pagamento feito por este ao credor originário antes de ter conhecimento da cessão.

Nessa situação, desconfigurado o *factoring*, por não haver prestação de qualquer serviço inerente a essa categoria nem garantia de recebimento dada pelo faturizador, ficando atribuído ao faturizado o risco de solvência, é inexorável a conclusão de que o montante descontado não se configura como comissão ou remuneração por serviço, mas sim como remuneração do dinheiro no tempo, ou seja, juros. E, nesse caso, exatamente por não ser instituição financeira, não poderia, então, o valor cobrado exceder aos juros legais admitidos no Código Civil, sendo imperiosa a readequação desse valor cobrado.

Notemos que a desqualificação do contato como *factoring* não representa sua invalidade ou nulidade como negócio jurídico, mas tão somente uma releitura dos elementos jurídico-econômicos que pode gerar a vedação à cobrança do que exceder os juros legais, pois atinge frontalmente a natureza do montante cobrado.

5. CLASSIFICAÇÃO

Trata-se de figura contratual atípica, uma vez que não há regulamentação específica, formada por elementos de diversos tipos contratuais – e, portanto, mista –, quais sejam, cessão de crédito, financiamento, prestação de serviços, desconto, garantia, assunção de riscos e seguro.

O presente contrato é considerado contrato atípico misto apesar de ser nominado em resoluções e lei. "São exemplos dessa nominação em alguns normativos: a Circular n. 1.359/88, expedida pelo Banco Central do Brasil (Bacen), que reconhece o *factoring* como atividade mercantil mista atípica; a Resolução n. 2.144/95, do Conselho Monetário Nacional (CMN); as Leis n. 8.981/95, 9.065/95, 9.249/95, 9.430/96 e 9.532/97"[36]. O contrato de *factoring* pode ser caracterizado como:

i) bilateral, porque prevê a existência de obrigações para ambas as partes: o faturizado deve ceder os créditos ao faturizador e pagar a devida comissão, enquanto este deverá pagar o valor dos créditos recebidos independentemente de recebê-los dos devedores, além de prestar os serviços de gestão de administração de crédito;

ii) informal, pois não há lei que exija determinada forma, bastando o simples consenso para que se constitua;

---

[36] SOARES, Marcelo Negri. *Contratos de* factoring. São Paulo: Saraiva, 2010, p. 9.

iii) oneroso, porque há transferência de direitos e vantagens entre as partes. O faturizador tem vantagem pela remuneração oriunda da prestação de serviço e do lucro resultante da compra do crédito; por sua vez, o faturizado recebe à vista o que deveria receber a prazo[37];

iv) comutativo, pois há previsão de equivalência entre as prestações de cada uma das partes;

v) de execução sucessiva ou continuada, porque envolve prestações periódicas e contínuas, uma vez que o faturizado cede seus créditos conforme eles são constituídos e a prestação de serviço de gestão de créditos é feita sem interrupção;

vi) celebrado *intuitu personae*. A questão da pessoalidade é característica relevante analisada pelo faturizador na contratação, uma vez que considerável avaliação do comprador pode refletir na qualidade dos títulos e grau de risco[38];

vii) atípico, pois embora a legislação fiscal supramencionada tenha reconhecido a existência do *factoring*, e até apresentado uma definição, não há suficiente regulação para lhe atribuir tipicidade jurídica[39];

viii) misto, pois tal contrato é formado por uma série de outros, alguns típicos, como a cessão de crédito, o mandato e a prestação de serviços[40];

ix) na maioria das vezes é contrato de adesão, sem que haja possibilidade de discussão pelo faturizado dos termos contratuais, mas evidentemente esse elemento depende do caso concreto;

x) o contrato é comercial, sujeito às regras de interpretação dos contratos dessa natureza.

Os tipos de *factoring* mais utilizados são o *conventional* e o *maturity*.

No *conventional factoring*, o faturizador adianta ao faturizado os valores referentes aos créditos cedidos. Segundo Newton De Lucca, "é a forma mais tradicional das operações de faturização, sendo oferecida ao faturizado a mais variada gama de serviços e contratos, compreendendo, geralmente, os seguintes: aquisição à vista dos créditos com renúncia do direito de regresso, gestão de tais créditos, notificação da cessão devedor etc."[41].

Assim, essa espécie abrange, além da disponibilização antecipada dos valores ao faturizado, os serviços de administração do crédito, o financiamento e o seguro. Não há risco ao faturizado, que pode efetuar a cessão do crédito imediatamente após sua constituição, mediante o pagamento de uma comissão.

A outra espécie é denominada *maturity factoring*, segundo a qual o faturizador paga o valor dos créditos ao faturizado apenas no momento do ou após seu vencimento, sem que haja antecipação – e, portanto, financiamento. O que se tem nessa modalidade é apenas o serviço de administração de créditos e o seguro.

Por fim, ressalta-se que o *factoring* pode ser interno, quando realizado dentro de um país ou região, ou exterior, quando a faturização por relativa às operações realizadas fora do país, como ocorre na importação e exportação[42].

---

[37] SANTOS, Carla Bueno dos. *O contrato de* factoring *no Brasil*. São Paulo: Quartier Latin, 2022, p. 56.

[38] SANTOS, Carla Bueno dos. *O contrato de* factoring *no Brasil*. São Paulo: Quartier Latin, 2022, p. 54.

[39] Sobre a tipicidade e atipicidade dos contratos, ver nosso comentário ao contrato de franquia nesta mesma obra.

[40] RIZZARDO, Arnaldo. *Contratos*. Rio de Janeiro: Forense, 2023, p. 1289.

[41] DE LUCCA, Newton. *A faturização no direito brasileiro*. São Paulo: Revista dos Tribunais, 1986, p. 21.

[42] MARTINS, Fran. *Curso de direito comercial*: contratos e obrigações comerciais. Rio de Janeiro: Forense, 2019, p. 378.

6. CLÁUSULAS

Fran Martins, em sua doutrina, arrola as principais cláusulas do contrato de *factoring*, separando-as em essenciais e facultativas.

São essenciais ou obrigatórias as cláusulas relativas à exclusividade das contas do faturizado, à duração do contrato, à faculdade de o faturizador escolher as contas que deseja garantir, aprovando-as, a cláusula relativa à liquidação dos créditos, a sobre a cessão dos créditos ao faturizador, a sobre a assunção dos riscos pelo faturizador e, finalmente, a sobre a remuneração do faturizador[43].

A cláusula de assunção dos riscos pelo faturizador está na essência do *factoring*, porque, nesse contrato, o faturizado realiza uma cessão de créditos ao faturizador. Nesse movimento, o cedente se responsabiliza pela existência da dívida, como determina o art. 295 do CC[44]. Nesse sentido, o faturizador assume o risco do recebimento, sendo conferido a ele o direito de agir apenas nos casos em que a dívida estiver viciada.

Não é outro o entendimento do STJ, segundo o qual a "faturizadora não tem direito de regresso contra a faturizada sob alegação de inadimplemento dos títulos transferidos, porque esse risco é da essência do contrato de *factoring*"[45]. A jurisprudência da Corte aponta que "a faturizada não responde pelo simples inadimplemento de títulos transferidos, salvo se der causa ao inadimplemento do devedor, sendo nula a cláusula de recompra que retira da empresa de *factoring* os riscos inerentes a esse tipo de contrato"[46]. Exemplo de cláusula facultativa é a renovação automática ao ser atingido o fim do contrato. Não se obriga, evidentemente, sua inclusão, porém admite-se. Constitui-se como comum prática sua inclusão.

Também servem de exemplos as cláusulas de exclusividade, que determina a preferência do faturizador na aprovação e aquisição dos créditos do faturizado, e a de globalidade, que obriga o faturizado a ceder a totalidade (globalidade) dos créditos oriundos da atividade empresarial para o faturizador, inibindo o risco deste. Sobre isso, explica Schettini: "Ora, inexistindo tal cláusula o fomentado levaria ao fomentador tão somente aqueles créditos de pagamento duvidoso, fato que, quando pouco, levaria a prática da modalidade negocial em foco se tornar excessivamente cara"[47].

7. EXTINÇÃO DO CONTRATO DE *FACTORING*

A extinção deverá ocorrer na forma geral dos contratos.

O contrato de *factoring* pode ser extinto[48]: (i) por acordo de vontades, uma vez que o contrato é inicialmente constituído em razão de um encontro de vontades; (ii) no caso em que seja alterada qualquer uma das partes do contrato, ou por morte do contratante (por ser *intuitu personae*); (iii) por decorrência do prazo, embora admita-se, e seja de comum prática, a presença de cláusula de renovação automática. Vale mencionar que é comum sua contratação por prazo indeterminado;

---

[43] MARTINS, Fran. *Curso de direito comercial*: contratos e obrigações comerciais. Rio de Janeiro: Forense, 2019, p. 378.

[44] Código Civil de 2002, art. 295: Na cessão por título oneroso, o cedente, ainda que não se responsabilize, fica responsável ao cessionário pela existência do crédito ao tempo em que lhe cedeu; a mesma responsabilidade lhe cabe nas cessões por título gratuito, se tiver procedido de má-fé.

[45] STJ, 4ª Turma, AgInt no AREsp 2.368.404/ES, Rel. Min. Raul Araújo, j. 18-9-2023.

[46] STJ, 4ª Turma, AgInt no AREsp 2.368.404/ES, Rel. Min. Raul Araújo, j. 18-9-2023.

[47] SCHETTINI, Fernando Gomes. Fomento mercantil (*factoring*) e duplicata no direito brasileiro. *Revista Jurídica da Faminas*, v. 2, n. 1, p. 53, 2006.

[48] MARTINS, Fran. *Curso de direito comercial*: contratos e obrigações comerciais. Rio de Janeiro: Forense, 2019, p. 382.

(iv) de forma unilateral, devendo ocorrer aviso-prévio, independentemente da existência de cláusula que preveja a necessidade do aviso-prévio, por meio de denúncia do contrato; (v) em função de não cumprimento das obrigações, hipótese na qual a parte que sofreu o dano poderá requerer, potestativamente, o fim do contrato; (vi) se uma das partes for titular de empresa individual, pode ser extinto em razão de sua morte. Nessa hipótese, assumirão seus representantes todas as obrigações do *de cujus*[49]; (vii) em caso de falência de uma das partes o contrato se extingue, salvas as hipóteses previstas no art. 117 do CC[50].

---

[49] MARTINS, Fran. *Curso de direito comercial*: contratos e obrigações comerciais. Rio de Janeiro: Forense, 2019, p. 382.

[50] "Art. 117. Os contratos bilaterais não se resolvem pela falência e podem ser cumpridos pelo administrador judicial se o cumprimento reduzir ou evitar o aumento do passivo da massa falida ou for necessário à manutenção e preservação de seus ativos, mediante autorização do comitê."

Capítulo 8
CONTRATO DE ALIENAÇÃO E CESSÃO FIDUCIÁRIA EM GARANTIA

1. NEGÓCIOS FIDUCIÁRIOS

O negócio fiduciário tem origem na fidúcia do direito romano[1]. Ao contrário da *fiducia cum amico*, em que havia o empréstimo de uma coisa para sua utilização enquanto não pedida sua devolução, na *fiducia creditore* as partes celebravam contrato de transferência de propriedade do devedor ao credor, como garantia de determinado negócio celebrado anteriormente[2]. Satisfeita a obrigação convencionada, o credor era obrigado a devolver a propriedade transmitida.

Em sua origem, a fidúcia era concebida como "uma convenção, pela qual aquele que recebeu uma coisa ou um direito, pela *mancipatio* ou pela *jure cessio*, se obriga à restituição, quando satisfeito o fim ou preenchida a destinação"[3]. Como a *mancipatio* ou *in jure cessio* não poderiam ter o cumprimento imposto pela justiça romana, esse *pactum fiduciae* baseava-se exclusivamente na confiança do cumprimento pela parte adversa. Entende-se aqui a *mancipatio* ou a *in jure cessio* como formas solenes de aquisição de propriedade[4].

Nesse sentido, explica Caio Mário que "no contrato de fidúcia, havia em verdade dois atos: um de alienação (*mancipatio* ou *in iure cessio*) e outro de retorno condicional ao devedor (*pactum fiduciae*) Em qualquer de suas modalidades, no negócio fiduciário havia uma transferência de coisa ou direito para determinado fim, com a obrigação de realizar o adquirente a sua devolução ao alienante, depois de satisfeita a finalidade pretendida. Para fazer valer o seu direito, a princípio não contava o fiduciante senão com uma sanção moral (*fides fiducia*); mais tarde, porém, foi provido de ação específica (*actio fiduciae contraria*), que representava um desfavor para o fiduciário, por envolver acusação de uma quebra do dever moral de sua parte"[5].

A origem romana do negócio fiduciário importa justamente por conta da fidúcia, da confiança da restituição do bem. A transferência da propriedade de um bem era realizada ao fiduciário pelo fiduciante, mediante acordo acessório de que este transferiria de volta o bem assim que houvesse o cumprimento de determinada obrigação[6]. "Era o contrato pelo qual alguém (o fiduciário) recebia de outrem (o fiduciante) a propriedade sobre uma coisa infungível, mediante a *mancipatio* ou a *in iur cessio*, obrigando-se, de acordo com o estabelecido num *pactum* oposto ao ato de entrega, a restituí-l ao fiduciante, ou a dar-lhe determinada destinação"[7].

---

[1] DEDA, Artur Oscar de Oliveira. *Alienação fiduciária em garantia*: doutrina e jurisprudência. São Paulo: Saraiva, 2000, p. 7.

[2] TERRA, Marcelo. *Alienação fiduciária de imóvel em garantia*: Lei n. 9.514/97, primeiras linhas. Porto Alegre: Safe, 1998, p. 20

[3] SAAD, Renan Miguel. *A alienação fiduciária sobre bens imóveis*. Rio de Janeiro: Renovar, 2001, p. 47.

[4] "Ora, a propriedade quiritária da *res mancipi* só se adquiria com a utilização de uma das formas solenes de aquisição da propri dade: a *mancipatio* ou a *in iure cessio*" (ALVES, José Carlos M. *Direito romano*. Rio de Janeiro: Forense, 2021, p. 307).

[5] PEREIRA, Caio Mário da S. *Instituições de direito civil*: direitos reais. Rio de Janeiro: Forense, 2022. v. IV, p. 381.

[6] NASCIMENTO, Walter Vieira do. *Lições de história do direito*. 10. ed. rev. e aum. Rio de Janeiro: Forense, 1998, p. 152.

[7] ALVES, José Carlos Moreira. *Direito romano*. 3. ed. Rio de Janeiro: Forense, 1992, p. 143.

Capítulo 8 • Contrato de alienação e cessão fiduciária em garantia

Trata-se o negócio fiduciário de um negócio indireto. Como tal, o fim perseguido pelas partes não corresponde exatamente à finalidade típica do negócio celebrado. Ainda que o negócio jurídico seja desejado pelas partes, sua finalidade é diversa daquela tipicamente concebida[8].

No caso do negócio fiduciário, é caracterizado como negócio indireto porque a transferência da propriedade não ocorre pela vontade de o fiduciante conferir ao fiduciário a possibilidade de usar e gozar de todos os direitos sobre o bem, de forma ilimitada. A transferência é realizada para a garantia de uma obrigação principal.

O negócio fiduciário não possui disciplina geral no ordenamento jurídico e é decorrente da autonomia da vontade dos indivíduos. Pode ser caracterizado como o "negócio jurídico inominado pelo qual uma pessoa (fiduciante) transmite a propriedade de uma coisa ou a titularidade de um direito à outra (fiduciário), que se obriga a dar-lhe determinada destinação e, cumprindo esse encargo, retransmitir a coisa ou direito ao fiduciante ou a um beneficiário indicado no pacto fiduciário"[9].

Trata-se de negócio jurídico que tem por base a confiança[10]. O alienante submete-se a risco em virtude da confiança depositada na parte contratante, fiduciário, de que o bem lhe retornará ao seu patrimônio após determinada prestação[11].

Espécie de negócio fiduciário[12], a alienação fiduciária em garantia mantém como origem a mesma fidúcia do direito romano. Sua previsão não fora feita no Código Civil de 1916, mas apenas a partir da n. Lei 4.728/65.

Pela Lei n. 4.728/65, disciplinou-se a alienação fiduciária em garantia de bens móveis no mercado financeiro e de capitais. Seus dispositivos legais foram complementados por norma de natureza processual em 1969, o Decreto-lei n. 911.

Em 1997, fora disciplinada, pela Lei n. 9.514, a alienação fiduciária de imóveis e, com o Código de 2002, e a partir das previsões nos arts. 1.361 a 1.368-B, estabeleceu-se norma geral para todos os tipos de alienação fiduciária em garantia e, especificamente, disciplina para as alienações fiduciárias em garantia de bens móveis infungíveis.

2. CONCEITO E OBJETO DO CONTRATO

A propriedade fiduciária é concebida como a propriedade transferida ao credor na confiança de que será restituída assim que a prestação do devedor for efetivamente cumprida[13]. Esse efeito sobre a propriedade é produzido pelos negócios de alienação fiduciária em garantia e de cessão fiduciária em garantia.

Melhim Namem Chalhub dispõe que a cessão fiduciária e a alienação fiduciária são institutos similares, exercendo a mesma função de garantia do crédito e alicerçando-se nos mesmos fundamentos; enquanto na alienação o objeto do contrato é a transmissão de um bem (móvel ou imóvel), na cessão o objeto é a transmissão de um direito creditório; em ambas, a transmissão do domínio fiduciário ou da titularidade fiduciária subsiste enquanto perdurar a dívida garantida[14].

---

[8] ASCARELLI, Tullio. *Negócio jurídico indireto*. Lisboa: Jornal do Foro, 1965, p. 13.

[9] CHALHUB, Melhim Namem. *Negócio fiduciário*. 2. ed. rev. e ampl. Rio de Janeiro: Renovar, 2000, p. 38.

[10] FRANCO, Vera Helena de Mello. *Contratos*: direito civil e empresarial. 4. ed. rev., atual. e ampl. São Paulo: Revista dos Tribunais, 2013, p. 99. No mesmo sentido, PEREIRA, Caio Mário das Silva. *Instituições de direito civil*: contratos. 17. ed. Rio de Janeiro: Forense, 2013. v. III, p. 394.

[11] TERRA, Marcelo. *Alienação fiduciária de imóvel em garantia*: Lei n. 9.514/97, primeiras linhas. Porto Alegre: Safe, 1998, p. 19.

[12] CHALHUB, Melhim Namem. *Negócio fiduciário*. Rio de Janeiro: Renovar, 2006, p. 154.

[13] MOREIRA ALVES, José Carlos. *Da alienação fiduciária em garantia*. 3. ed. Rio de Janeiro: Forense, 1987, p. 3.

[14] CHALHUB, Melhim Namem. *Alienação fiduciária*: negócio fiduciário. 7. ed. Rio de Janeiro: Forense, 2021, p. 483.

Trata-se de mecanismo originalmente concebido pela Lei de Mercado de Capitais, Lei n. 4.728/67, para impulsionar a captação de recursos financeiros pela facilitação do crédito, permitir um aumento do consumo de bens pela população e, consequentemente, incentivar a economia[15].

Com a ineficiência das garantias reais, notadamente sobre bens móveis, e que não permitia a célere retomada dos bens na hipótese de inadimplemento, como o penhor, novas figuras tornavam-se relevantes. A alienação e a cessão fiduciária tornaram-se mecanismos eficientes para garantir o crédito. A fidúcia, em que se baseavam os institutos, passa a ser assegurada pelo ordenamento jurídico, que empresta exigibilidade à convenção contratual celebrada e assegura o cumprimento pelo fiduciário de sua obrigação de restituição da propriedade da coisa ao fiduciante[16].

A alienação fiduciária em garantia pode ser definida como "o negócio jurídico pelo qual o devedor, para garantir o pagamento da dívida, transmite ao credor a propriedade de um bem, retendo-lhe a posse direta, sob a condição resolutiva de saldá-la"[17].

Em decorrência dessa concepção, o contrato de alienação ou de cessão apresentam-se como contratos bilaterais, onerosos, comutativos, acessórios a um contrato principal e solenes.

O contrato produz obrigações para ambas as partes. O devedor fiduciante deverá transferir a propriedade e a posse indireta da coisa ao fiduciário, além de ser obrigado a cumprir a prestação do contrato principal, sob pena de perder a propriedade indefinidamente da coisa e sua posse. O credor fiduciário adquire o domínio da coisa, ainda que resolúvel, e sua posse indireta, os quais se resolverão se ocorrer o adimplemento do contrato principal, com o retorno da propriedade e posse plena ao fiduciante[18].

Trata-se de contrato comutativo. Além de ambos buscarem benefícios na contratação, as prestações impostas a ambas as partes são previamente conhecidas.

A acessoriedade decorre do fato de que, na alienação e na cessão fiduciária em garantia, a propriedade é transferida pelo devedor fiduciante ao credor fiduciário de forma transitória. Não há a transferência com o intuito de que a propriedade seja alienada de forma definitiva. A transferência ocorre com o objetivo de garantir o cumprimento de uma determinada obrigação principal.

A fidúcia da propriedade é justamente em decorrência dessa natureza. O direito real de propriedade é conferido ao credor para a satisfação da dívida e produz efeitos *erga omnes*, ou seja, em face de todos os terceiros. Trata-se de propriedade com limitações impostas pelo próprio contrato que a originou e vinculada à proteção quanto ao adimplemento de determinada prestação.

Em virtude dessa natureza do contrato, a propriedade fiduciária é resolúvel. Cessa o motivo de sua transferência ao credor a satisfação da obrigação principal, de modo que o bem transferido volta imediatamente ao patrimônio do devedor fiduciante.

Trata-se, ainda, de contrato solene. Ainda que seja controversa a exigência do registro público do contrato, conforme o objeto fiduciariamente cedido, o que se verificará posteriormente, o contrato exige forma escrita. Apesar da controvérsia, a alienação fiduciária em garantia de bem imóvel poderá ser pactuada tanto por escritura pública como por instrumento particular com efeitos de escritura pública[19]. Esse entendimento está fixado no art. 38 da Lei n. 9.514/97, que dispõe sobre o Sistema de Financiamento Imobiliário e institui a alienação fiduciária de bem imóvel, segundo o qual:

---

[15] LIMA, Frederico Henrique Viegas de. *Da alienação fiduciária em garantia de coisa imóvel.* Curitiba: Juruá, 2005, p. 34.

[16] TERRA, Marcelo. *Alienação fiduciária de imóvel em garantia:* Lei n. 9.514/97, primeiras linhas. Porto Alegre: Safe, 1998, p. 22.

[17] GOMES, Orlando. *Alienação fiduciária.* 4. ed. rev. e ampl. São Paulo: Revista dos Tribunais, 1975, p. 62-63.

[18] SILVA, Luiz Augusto Beck da. *Alienação fiduciária em garantia.* 3. ed. Rio de Janeiro: Forense, 1998, p. 49.

[19] BESSA, Mateus Castello Branco Almeida. *Alienação fiduciária de bem imóvel:* questões processuais. São Paulo: Almedina, 2023, p. 80.

Capítulo 8 • Contrato de alienação e cessão fiduciária em garantia

"os atos e contratos referidos nesta lei ou resultantes da sua aplicação, mesmo aqueles que visem à constituição, transferência, modificação ou renúncia de direitos reais sobre imóveis, poderão ser celebrados por escritura pública ou por instrumento particular com efeitos de escritura pública".

Referida forma escrita poderá ser realizada mediante instrumento público ou particular, conforme art. 1.361, § 1º, do CC.

Em regra, o registro público é necessário para conferir a eficácia *erga omnes* exigida por meio da publicidade. Entretanto, os elementos para a constituição da propriedade fiduciária serão diversos conforme o bem objeto da garantia e a legislação que disciplina sua transferência.

3. LEGISLAÇÃO APLICÁVEL E CARACTERÍSTICAS COMUNS

Três são as legislações que versam sobre a propriedade fiduciária transferida em garantia a uma obrigação principal.

Para as coisas móveis infungíveis e norma geral supletiva para as demais espécies, a regulação é feita pelo Código Civil por meio dos arts. 1.361 e seguintes.

Para as coisas móveis fungíveis e direitos, a disciplina é realizada pela Lei n. 4.728/65. Em seu art. 66-B, determina que "é admitida a alienação fiduciária de coisa fungível e a cessão fiduciária de direitos sobre coisas móveis, bem como de títulos de crédito".

Por fim, a alienação fiduciária de coisa imóvel e a cessão fiduciária de direitos creditórios decorrentes de contratos de alienação de imóveis são reguladas pela Lei n. 9.514/97.

Nas três legislações, são característicos da alienação fiduciária em garantia a relação obrigacional, caracterizada pela obrigação de pagamento contraída pelo devedor fiduciante no contrato principal, assim como a obrigação de devolução da coisa quando da satisfação da dívida pelo credor fiduciário.

Há, ainda, um vínculo real consistente na transferência do domínio da coisa ao credor fiduciário, em garantia à dívida contraída pelo contrato principal.

Também a resolubilidade. A coisa transferida ao fiduciário em garantia da satisfação de determinado crédito terá o domínio retornado ao devedor fiduciante tão logo haja a extinção da obrigação principal pelo pagamento. A transferência é justamente para a garantia da referida obrigação, de modo que se resolve com a extinção desta.

4. ELEMENTOS DO CONTRATO DE ALIENAÇÃO FIDUCIÁRIA EM GARANTIA

Como elementos do contrato de alienação fiduciária, tem-se a forma escrita, mediante instrumento público ou particular.

No referido contrato, deverá constar: (i) o valor total da dívida ou sua estimativa; (ii) o prazo ou a época de pagamento; (iii) a taxa de juros, se contratada; e (iv) a descrição da coisa objeto da transferência, com os elementos indispensáveis à sua identificação.

O contrato de cessão fiduciária de coisas móveis e fungíveis se assemelha ao de coisas infungíveis, devendo, nos termos dos arts. 66-B, § 4º, e 18 da Lei de Garantias, conter o total da dívida ou sua estimativa, o local, a data e forma de pagamento, a taxa de juros e a identificação dos direitos creditórios objeto da cessão fiduciária, bem como a cláusula penal, o índice de correção monetária e os demais encargos.

Já quanto ao contrato de alienação fiduciária de coisa imóvel, extraem-se os elementos necessários do art. 24 da Lei de Garantias. Referido dispositivo legal determina que no contrato deverão constar: (i) o valor total da dívida, sua estimativa ou seu valor máximo; (ii) o prazo ou a época de pagamento do empréstimo, bem como as condições de seu pagamento; (iii) a taxa de juros e seus encargos; (iv) cláusula de constituição da propriedade fiduciária com a descrição do imóvel, indicação do título e o modo de aquisição; (v) cláusula que garanta ao fiduciante os direitos de uso e gozo (livre utilização, por sua conta e risco, nos termos da lei), salvo a possibilidade de inadimplência; (vi) a indicação do valor do imóvel e dos seus critérios de revisão, para fins de leilão público; e, por fim, (vii) cláusulas que disponham sobre o funcionamento dos procedimentos previstos nos arts. 26-A[20], 27[21] e 27-A[22] da Lei n. 9.514/97, todos adicionados pela redação dada à lei pelo Marco Legal das Garantias (Lei n. 14.711/2023).

O contrato de alienação fiduciária ou de cessão fiduciária deverá ainda conter todos os demais requisitos definidos no Código Civil para os contratos de alienação fiduciária de bens móveis infungíveis, além dos juros, cláusula penal, correção monetária e demais encargos.

De forma facultativa, o contrato pode consignar outras cláusulas, como as que impõem a incidência penal para o descumprimento (multa, encargos). É vedado, contudo, o pacto comissório, isto é, disposição que possibilite ao credor ficar com a coisa alienada em garantia se a dívida não for paga no vencimento.

Nesse sentido, o art. 1.365 do CC determina que é nula a cláusula que autoriza o proprietário fiduciário a ficar com a coisa alienada em garantia, se a dívida não for paga no vencimento. Isso não significa que a coisa não pode ser dada em pagamento. Desde que haja a anuência do credor fiduciário, o devedor fiduciante poderá dar seu direito eventual à coisa em pagamento da dívida, após o vencimento desta[23].

Por fim, embora seja incontroversa a necessidade de registro do contrato de alienação fiduciária de imóveis, conforme disposto no art. 23 da Lei n. 9.514/97, e na propriedade fiduciária de coisas infungíveis, nos termos do art. 1.361, § 1º, do CC, a doutrina e jurisprudência controvertem sobre a necessidade do registro para a constituição da propriedade fiduciária para as coisas móveis fungíveis e direitos.

A controvérsia é decorrente da omissão do referido requisito na Lei n. 4.728/65, em seu art. 66-B e da aplicação supletiva das normas do Código Civil aos demais tipos de propriedade fiduciária.

Nesses termos, embora a Súmula 60 do TJSP preveja que "a propriedade fiduciária *constitui-se* com o registro do instrumento no registro de títulos e documentos do domicílio do devedor"[24], há posicionamento diverso do STJ pela dispensabilidade do registro[25].

---

[20] Procedimentos de cobrança, purgação de mora, consolidação da propriedade fiduciária e leilão decorrentes de financiamentos para aquisição ou construção de imóvel residencial do devedor, exceto as operações do sistema de consórcio de que trata a Lei n. 11.795, de 8 de outubro de 2008.

[21] Leilão público, após a consolidação da propriedade no nome do fiduciário, para a alienação do imóvel, no prazo de 60 (sessenta) dias, contados da data do registro de que trata o § 7º do art. 26 da mesma lei.

[22] "Art. 27-A. Nas operações de crédito garantidas por alienação fiduciária de 2 (dois) ou mais imóveis, na hipótese de não ser convencionada a vinculação de cada imóvel a 1 (uma) parcela da dívida, o credor poderá promover a excussão em ato simultâneo, por meio de consolidação da propriedade e leilão de todos os imóveis em conjunto, ou em atos sucessivos, por meio de consolidação e leilão de cada imóvel em sequência, à medida do necessário para satisfação integral do crédito."

[23] NEGRÃO, Ricardo. *Curso de direito comercial e de empresa*: títulos de crédito e contratos empresariais. 10. ed. São Paulo: Saraiva Educação, 2021. v. 2, p. 393.

[24] Uma breve análise dos julgados das Câmaras Reservadas de Direito Empresarial permite concluir que, para a Corte Paulista, o registro do instrumento de cessão fiduciária é essencial à exclusão do crédito dos efeitos da recuperação judicial. Nas hipóteses em que não havia registro do contrato, o crédito era considerado quirografário.

[25] STJ, 3ª Turma, REsp 1.412.529, Rel. Min. Marco Aurélio Bellizze, j. 17-12-2015; STJ, 3ª Turma, REsp 1.559.457, Rel. Min. Marco Aurélio Bellizze, j. 17-12-2015.

Capítulo 8 • Contrato de alienação e cessão fiduciária em garantia

Para o órgão superior, o registro não teria sido exigido pela Lei de Mercado de Capitais. A exigência de registro estabelecida como norma geral pelo Código Civil ocorreria apenas de forma supletiva, caso houvesse uma omissão da Lei de Mercado de Capitais, mas não uma dispensa de sua obrigatoriedade. Segundo o posicionamento do STJ, a Lei de Mercado de Capitais não teria exigido o registro como forma de constituição da propriedade fiduciária, de modo que sua exigência pela aplicação de outra legislação a contrariaria. A publicidade conferida pelo registro apenas asseguraria a tutela dos interesses diante de terceiros, mas não seria elemento indispensável para sua constituição[26].

A despeito do posicionamento jurisprudencial do STJ, a exigência de registro para a constituição da propriedade fiduciária parece ser de rigor. O primeiro argumento, formal, é o de que o Código Civil é norma aplicada supletivamente diante de lacuna legal da Lei de Mercado de Capitais (Lei n. 4.728/65). Na omissão desta, o Código Civil estabelece que o registro é requisito não apenas de eficácia perante terceiros, mas da própria transferência da propriedade ao cessionário-fiduciário[27]-[28].

Por seu turno, é efeito inerente ao direito real ser oponível *erga omnes*, a todas as pessoas. Nesse aspecto, não basta a concordância do contratante para a transferência da propriedade, diante de seu direito de sequela perante todo e qualquer terceiro adquirente e, ainda mais, porque haverá o desdobramento da posse. Como a posse direta do bem será conservada com o devedor fiduciante, a transferência da propriedade ao credor fiduciário exigiria o registro para conferir perante todos os terceiros a ciência de que ele seria o titular do domínio e de que poderia fazer a constrição do bem perante todo e qualquer terceiro[29].

---

[26] Nas palavras do relator do acórdão prolatado no julgamento do REsp 1.412.529, Min. Marco Aurélio Bellizze: "como assinalado, todos os direitos e prerrogativas conferidos ao credor fiduciário, decorrentes do contrato de cessão fiduciária (suficiente, em si, a perfectibilizar a propriedade fiduciária, concebida como direito real em garantia) são exercitáveis imediatamente à sua contratação, ostentando, desde então, a condição de titular resolúvel do crédito dado em garantia".

[27] São inúmeros os julgados das Câmaras Especializadas do TJSP nesse sentido: "Recuperação judicial. Crédito garantido por cessão fiduciária em garantia, e que, por tal razão, estaria excluído dos efeitos da recuperação judicial. *Propriedade fiduciária que se constitui pelo registro junto ao cartório de registro de títulos e documentos do domicílio do devedor.* Providência levada a efeito pelas partes. Assim, dá-se provimento ao recurso, com observação, ou seja, para autorizar a devolução dos valores discutidos até o limite da garantia, o que deverá ser observado pelo juízo" (TJSP, 1ª Câmara Reservada de Direito Empresarial, AI 2011883-85.2015.8.26.0000, Rel. Des. Enio Zuliani, j. 26-8-2015). No mesmo sentido: TJSP, 2ª Câmara Reservada de Direito Empresarial, AI 2059568-59.2013.8.26.0000, Rel. Des. Ramon Mateo Jr., j. 29-6-2015; TJSP, 1ª Câmara Reservada de Direito Empresarial, AI 2044851-71.2015.8.26.0000, Rel. Des. Pereira Calças, j. 8-4-2015.

[28] Nesse mesmo sentido é a doutrina de Cesar Amendolara, para quem "uma polêmica que permeia a cessão fiduciária refere-se à necessidade ou não do registro do instrumento de cessão para a constituição da garantia. A nosso ver, à medida em que o art. 66-B da Lei n. 10.931/2004 considera os requisitos do Código Civil de 2002 como também requisitos do contrato de alienação fiduciária e que o Código Civil de 2002, por sua vez, no § 1º do art. 1.361, dispõe que o registro é um requisito de constituição de garantia, não há dúvidas quanto à sua necessidade" (AMENDOLARA, Cesar. Alienação fiduciária como instrumento de fomento à concessão de crédito. *In*: FONTES, Marcos Rolim Fernandes; WAISBERG, Ivo (coord.). *Contratos bancários.* São Paulo: Quartier Latin, 2006, p. 189).

[29] A esse respeito, ensina Moreira Alves: "Ora, ao acentuar que a alienação fiduciária somente valerá contra terceiro se tiver seu instrumento arquivado, por cópia ou microfilme, no registro de títulos e documentos, estabeleceu o referido dispositivo legal que a propriedade fiduciária (que é a garantia real resultante do contrato de alienação fiduciária) necessita desse registro para ser oponível contra terceiros. (...) Antes do registro, o contrato de alienação fiduciária em garantia é apenas título de constituição da propriedade fiduciária, que ainda não nasceu, porquanto seu nascimento depende do competente registro desse título. E não se constituindo, ainda, a propriedade fiduciária, inexiste para o credor garantia real" (MOREIRA ALVES, José Carlos. *Da alienação fiduciária em garantia.* 3. ed. Rio de Janeiro: Forense, 1987, p. 78 e 81; grifamos).

5. DIFERENCIAÇÃO DE OUTROS NEGÓCIOS DE GARANTIA

O contrato de alienação fiduciária consiste num direito real em garantia e não um direito real de garantia[30].

Não há sua confusão com a hipoteca, o penhor ou a anticrese, direitos reais em garantia. Entretanto, o Código Civil de 2002, em seu art. 1.367, determinou a aplicação das normas do penhor à propriedade fiduciária.

Nos direitos reais em garantia, o devedor remanesce com a propriedade plena do bem e não há o desdobramento da posse. A posse direta e indireta é conservada com o devedor. Nos direitos reais de garantia, impõe-se um ônus real sobre a propriedade do bem, o qual possui efeito *erga omnes*[31].

Em virtude do direito real de garantia, o credor poderá perseguir a coisa com quem ela estiver, de modo que lhe é preservado o direito de sequela em face de qualquer terceiro adquirente. O devedor, entretanto, poderá dispor livremente da coisa perante esses terceiros. Na alienação fiduciária em garantia, há verdadeiro direito real em garantia. A propriedade do bem é transferida e permanece com o credor até que haja a satisfação integral da dívida, bem como de todos os encargos dela advindos.

Apenas a posse direta da coisa é conservada com o devedor fiduciante.

O devedor fiduciante, embora continue com a posse direta da coisa diante do desdobramento da posse, não possui o poder de dispor da coisa. A propriedade não poderá ser vendida, pois já foi anteriormente transferida pelo devedor fiduciante ao credor fiduciário. Cumpre observar, entretanto, que a Lei de Garantias prevê a possibilidade de que, mediante expressa concordância do fiduciário, o fiduciante transmita os direitos e obrigações relativos ao imóvel objeto da alienação, inclusive o direito aquisitivo[32-33]. Pode também o fiduciário ceder o crédito, implicando a assunção de todos os direitos e obrigações relativos à propriedade fiduciária em garantia pelo adquirente (art. 28 da Lei de Garantias).

O contrato de alienação fiduciária tampouco se confunde com a compra e venda com reserva de domínio. Ainda que ambas as figuras assegurem que o bem dado em garantia não se sujeitará à recuperação judicial do devedor, nos termos do art. 49, § 3º, da Lei n. 11.101/2005, as figuras contratuais não se confundem.

No contrato de compra e venda com reserva de domínio, há a transferência da propriedade do bem pelo vendedor apenas quando o preço for integralmente satisfeito pelo comprador. Apenas a posse direta do bem é transferida ao comprador por ocasião da celebração do contrato, com a reserva do domínio ao vendedor até o momento em que o preço for integralmente satisfeito[34].

---

[30] "É relevante a classificação da garantia real numa ou noutra categoria em vista da forma de sua efetivação. Quando se cuida de direito real de garantia, a efetivação se alcança mediante expropriação judicial do bem (no bojo de execução individual ou concursal); enquanto a de direito real em garantia faz-se pela consolidação da propriedade do bem garantido no patrimônio do credor. Em outros termos, o titular de direito real em garantia exerce, em relação ao bem onerado, o direito constitucional de propriedade, enquanto o titular de direito real de garantia é apenas credor" (COELHO, Fábio Ulhoa. *Curso de direito civil*. 2. ed. São Paulo: Thomson Reuters Brasil, 2020. v. 4).

[31] FRANCO, Vera Helena de Mello. *Contratos*: direito civil e empresarial. 4. ed. rev., atual. e ampl. São Paulo: Revista dos Tribunais, 2013, p. 102.

[32] Art. 29 da Lei n. 9.514, de 20 de novembro de 1997.

[33] Sobre o direito reaquisitivo da propriedade, explica Chalhub: "Com efeito, 'como subproduto da resolubilidade', surge para o devedor-fiduciante o direito de reaquisição da propriedade, e essa reaquisição encontra-se pendente da realização de uma condição suspensiva, representada pela dívida cujo pagamento o fiduciante se obriga a efetivar; a realização dessa condição (o pagamento) importa necessariamente na extinção da propriedade fiduciária" (CHALHUB, Melhim Namem. *Alienação fiduciária*: negócio fiduciário. 7. ed. Rio de Janeiro: Forense, 2021).

[34] FRANCO, Vera Helena de Mello. *Contratos*: direito civil e empresarial. 4. ed. rev., atual. e ampl. São Paulo: Revista dos Tribunais, 2013, p. 102-103.

Capítulo 8 • Contrato de alienação e cessão fiduciária em garantia

No contrato de alienação fiduciária em garantia, por seu turno, embora também haja o desdobramento da posse, há contrato que procura assegurar a satisfação de um contrato principal de financiamento ou mútuo. Apenas com a satisfação desse contrato principal é que a propriedade se resolverá ao credor fiduciário e se tornará plena nas mãos do devedor fiduciante[35].

Os contratos de alienação fiduciária de coisa móvel infungível, imóvel, e móvel fungível se diferem quanto à forma de excussão e satisfação da dívida inadimplida.

Para as coisas móveis infungíveis, regidas pelo Código Civil, na hipótese de inadimplemento, o credor fica obrigado a vender a coisa, judicial ou extrajudicialmente, para terceiros. O código também é taxativo quanto ao preço da venda, que deve ser aplicado conforme o pagamento do crédito e das despesas de cobrança, bem como a entregar o valor remanescente, se houver, para o devedor fiduciante. Se o valor do bem vendido não satisfizer o valor da dívida, o devedor continua se obrigando pelo restante a ser pago.

Para as coisas imóveis, entretanto, se obriga o credor a vender o imóvel por via de leilão público, no prazo de sessenta dias, a contar do prazo em que for averbada na matrícula do imóvel a consolidação da propriedade em nome do fiduciário, desde que provado o pagamento por este, dos devidos impostos (transmissão *inter vivos*) e, se houver, laudêmio.

A fixação do preço também difere. Para os imóveis, o primeiro leilão realizado não poderá admitir lance menor do que o valor do imóvel (definido, este, no art. 24, VI, parágrafo único, da Lei das Garantias), e se o maior lance assim constituir-se, um segundo leilão será realizado. No segundo leilão, será aceito o maior lance que corresponda pelo menos a todo o valor da dívida, acrescido de todos os encargos. Se não houver lance que corresponda a esse valor, poderá o fiduciário aceitar qualquer lance que corresponda a no mínimo metade do valor da avaliação pecuniária do bem.

Diferente é para a alienação fiduciária de coisa móvel fungível, regulada pela Lei de Mercado de Capitais, art. 66-B. O credor poderá, na hipótese de inadimplemento, vender o bem independentemente de leilão, hasta pública ou qualquer medida, seja ela judicial ou não.

O preço é aplicado no valor do pagamento do crédito bem como todos os encargos relativos ao processo de realização da garantia. O devedor se obriga a entregar o valor remanescente ao devedor, bem como de demonstrativo da operação realizada.

6. MODALIDADES E ELEMENTOS CONSTITUTIVOS

Podem ser caracterizadas as modalidades de alienação fiduciária conforme a natureza dos bens cuja propriedade é transferida do devedor fiduciante ao credor fiduciário.

6.1. Alienação fiduciária em garantia de coisas móveis infungíveis

A alienação fiduciária em garantia de coisas móveis infungíveis é disciplinada pelo Código Civil em seus arts. 1.361 e seguintes. Trata-se de norma geral aplicável, também, aos demais tipos contratuais na omissão das legislações específicas, nos termos do art. 1.368-A.

Quanto ao objeto, a norma legal restringiu-se ao termo *coisa*. Nos termos da redação do art. 1.361 do CC, determinou-se: "considera-se fiduciária a propriedade resolúvel de *coisa móvel infungível* que o devedor, com escopo de garantia, transfere ao credor". Sua regulamentação, dessa forma, restringiu-se aos bens materiais ou corpóreos e infungíveis.

---

[35] FRANCO, Vera Helena de Mello. *Contratos*: direito civil e empresarial. 4. ed. rev., atual. e ampl. São Paulo: Revista dos Tribunais, 2013, p. 103.

Por bens infungíveis, considera-se aquele que não poderá ser substituído por outros da mesma natureza, qualidade e quantidade, nos termos do art. 85 do CC[36].

Não há limitação a bens consumíveis ou inconsumíveis. A coisa móvel poderá também ser atual ou futura, própria ou de terceiro[37]-[38]. Sua inexistência no momento da contratação ou a propriedade ainda ser titularizada por terceiro não impedem a celebração do contrato de alienação fiduciária em garantia.

Desde que a propriedade seja supervenientemente adquirida, seja porque comprada do terceiro, seja porque o bem passa a existir, a garantia contratada se torna eficaz. Nos termos do art. 1.361, § 3º, do CC, a transferência da propriedade fiduciária é tornada eficaz *ex tunc*, desde o arquivamento, pela aquisição posterior de seu domínio.

Quanto aos seus legitimados, poderá constituir a propriedade fiduciária sobre coisas móveis infungíveis qualquer pessoa, seja física ou jurídica[39], tanto como devedor fiduciante como credor fiduciário. Ambos deverão ser pessoas capazes de exercer os atos da vida civil e com poder de dispor sobre seus bens e de adquiri-los ou, caso não sejam plenamente capazes, sejam assistidos ou devidamente representados.

A interpretação de que seria necessário, para figurar na posição de credor fiduciário, necessariamente uma instituição financeira está superada. Tal posição era baseada na restrição existente de contraditório na busca e apreensão dos bens disciplinada pelo Decreto-lei n. 911 e que exigia que os abusos fossem controlados mediante fiscalização pelas agências reguladoras[40].

Não há qualquer restrição à legitimidade pelo Código Civil ao expor os elementos característicos do referido contrato. No silêncio da lei de regência, qualquer pessoa tem liberdade para contratar a alienação fiduciária em garantia.

Quanto aos seus elementos de constituição, nos termos do art. 1.362, o contrato deverá apontar o total da dívida decorrente da obrigação principal, ou, caso não tenha valor líquido, sua estimativa, o prazo e época em que as prestações deverão ser satisfeitas e o juros incidentes, e deverá ser identificada a coisa infungível.

Sua constituição, ainda, pressupõe que o contrato escrito — escritura pública ou particular — seja registrado no registro de títulos e documentos do domicílio do devedor, ou, se veículo automotor, na repartição competente para o licenciamento, com a concomitante anotação no certificado de registro.

No caso de veículo, o registro na repartição competente para o licenciamento é exigência que dispensa o registro no registro de títulos e documentos[41]. Sua inscrição já assegura a publicidade necessária aos terceiros exigida para a concessão dos efeitos *erga omnes*.

---

[36] PEREIRA, Caio Mário da Silva. *Instituições de direito civil*. 21. ed. Rio de Janeiro: Forense, 2005. v. 1, p. 426.

[37] "Embargos de declaração. Impugnação de crédito. Cédula de crédito bancário *garantida por pacto adjeto de alienação fiduciária de bem de terceiro*. Crédito quirografário. Inteligência do Enunciado 6 do Grupo Reservado de Direito Empresarial deste TJSP. Ausência de omissão, contradição, obscuridade ou erro material. Requisitos do art. 1.022 do CPC não preenchidos. Embargos rejeitados (Embargos de Declaração Cível n. 2145285-29.2019.8.26.0000, Rel. Gilson Delgado Miranda, j. 9-10-2019).

[38] Sobre o crédito garantido por terceiro, cumpre observar o Enunciado VI do Colendo Grupo Reservado de Direito Empresarial do E. TJSP: "Enunciado VI – Inaplicável o disposto no art. 49, § 3º, da Lei n. 11.101/2005, ao crédito com garantia prestada por terceiro, que se submete ao regime recuperacional, sem prejuízo do exercício, pelo credor, de seu direito contra o terceiro garantidor".

[39] FARIAS, Cristiano Chaves de. *Direitos reais*. Rio de Janeiro: Lumen Juris, 2009, p. 381.

[40] ALVES, José Carlos Moreira. *Da alienação fiduciária em garantia*. 3. ed. Rio de Janeiro: Forense, 1987, p. 102; SILVA, Luiz Augusto Beck da. *Alienação fiduciária em garantia*. 3. ed. Rio de Janeiro: Forense, 1998, p. 35.

[41] STJ, 2ª Turma, REsp 770315-AL, Rel. Min. Francisco Peçanha Martins, j. 15-5-2006.

Capítulo 8 • Contrato de alienação e cessão fiduciária em garantia

Na alienação fiduciária de coisas móveis infungíveis, o registro é constitutivo da propriedade, nos termos do art. 1.361, § 1º. Como haverá o desdobramento da posse, mas a posse direta será conservada com o devedor fiduciante, o modo de a transferência produzir efeitos *erga omnes* é justamente a publicidade conferida pelo registro.

Com o registro, transfere-se a propriedade fiduciária da coisa móvel infungível. A posse, entretanto, se desdobra.

A posse direta do bem será mantida com o devedor fiduciante, enquanto apenas a posse indireta da coisa será transferida ao credor fiduciário. É o chamado desdobramento da posse.

Com a posse direta da coisa, o devedor fiduciante terá o direito de continuar a usar a coisa conforme sua destinação. Como é considerado depositário do bem enquanto a dívida principal não for satisfeita, deverá atuar com a diligência exigida por sua natureza para a guarda do bem e será responsável por todos os riscos decorrentes da perda e deterioração da coisa, nos termos do art. 1.363 do CC.

O desdobramento da posse se mantém enquanto houver o adimplemento da obrigação principal. Inadimplida, a posse do devedor fiduciante considera-se ilegítima e o bem deverá ser entregue ao credor fiduciário.

Sua não entrega poderá constituí-lo como depositário infiel da coisa, o que permitirá a ação de busca e apreensão do bem, além de eventual ação de execução pelo valor da obrigação não satisfeito.

A constituição do devedor como depositário infiel não permite mais a decretação de sua prisão. Ainda que a Constituição Federal preveja a possibilidade de prisão civil na hipótese do devedor de alimentos e do depositário infiel (art. 5º, LXVII), com o advento do Pacto de São José da Costa Rica, que prevê a dívida de alimentos como única possibilidade de admissão de prisão por dívida (art. 7º, § 7º), houve a revogação dos dispositivos infraconstitucionais que regulamentavam tal hipótese.

Ao interpretar os dispositivos legais, o STF, no RE n. 466.343, determinou a natureza supralegal dos tratados internacionais que versassem sobre direitos humanos, a ponto de considerar que o pacto revogou a legislação infraconstitucional em contrário.

Conforme explica Silvio Beltramelli Neto, "o voto condutor da alteração da posição prevalente no STF, da lavra do Ministro Gilmar Mendes, acabou por dar solução inusitada ao caso da antinomia entre Constituição Federal brasileira (art. 5º, LXVII), de um lado, e o Pacto Internacional sobre Direitos Civis e Políticos (art. 11) e a Convenção Americana sobre Direitos Humanos (art. 7º, 7), de outro, no concernente à prisão do depositário infiel. É que a supralegalidade dos tratados internacionais de direitos humanos não suplanta a possibilidade da prisão em questão, expressamente prevista na Carta Constitucional do Brasil, mas, segundo o STF, ambos os dispositivos internacionais provocam 'efeito paralisante' das normas infraconstitucionais que regulam aquele tipo de prisão, a exemplo do art. 652 do Código Civil. Em suma, o RE 466.343 é paradigmático tanto pela adesão à tese da supralegalidade quanto pela instituição da figura do 'efeito paralisante' dos tratados internacionais de direitos humanos"[42].

Nesse sentido, a Súmula Vinculante 25 consolida esse posicionamento: "É ilícita a prisão civil de depositário infiel, qualquer que seja a modalidade do depósito"[43].

---

[42] BELTRAMELLI NETO, Silvio. *Curso de direitos humanos*. São Paulo: Atlas, 2021, p. 160.

[43] "Em 3 de dezembro de 2008, o Supremo Tribunal Federal, por unanimidade, negou provimento ao Recurso Extraordinário n. 466.343, estendendo a proibição da prisão civil por dívida à hipótese de alienação fiduciária em garantia, com fundamento na Convenção Americana de Direitos Humanos (art. 7º, § 7º). Tal dispositivo proíbe a prisão civil por dívida, salvo no caso de inadimplemento de obrigação alimentícia. Diversamente, a Constituição Federal de 1988, no art. 5º, LXVII, embora estabeleça a proibição da prisão civil por dívida, excepciona as hipóteses do depositário infiel e do devedor de alimentos. O entendimento unânime do Supremo Tribunal Federal foi no sentido de conferir prevalência ao valor da liberdade, em detrimento do valor da propriedade,

Dessa forma, a constituição do devedor como depositário infiel permite apenas medidas constritivas em face de seus bens, mas não de sua pessoa. Se o credor não optar pela execução dos valores que lhe são devidos, poderá promover medida judicial para a constrição do bem, como a busca e apreensão da coisa.

Apreendida ou recebida a coisa pelo inadimplemento da obrigação principal, o credor fiduciário não poderá conservar a propriedade da coisa pela sua vontade. É nulo no direito brasileiro o pacto comissório, que permitiria ao credor fiduciário permanecer com a coisa em sua propriedade.

A coisa alienada fiduciariamente e apreendida ou cuja posse direta foi entregue ao credor fiduciário deverá ser alienada, judicial ou extrajudicialmente. O valor obtido com a alienação deverá ser utilizado para satisfazer o débito do devedor fiduciante e as despesas incorridas com a alienação. Eventual valor remanescente deverá ser devolvido ao devedor, mas, caso o valor não seja suficiente para a satisfação do débito, a diferença poderá, em regra e a depender da modalidade da operação, continuar a ser exigida do devedor mediante ação de execução.

Essa possibilidade de execução do valor remanescente impede que a mera entrega da coisa, diante do inadimplemento da obrigação principal, seja suficiente para satisfazê-la, mas esgota a garantia. A menos que haja anuência do credor fiduciário, a entrega da coisa não é suficiente, por si só, para a satisfação do débito.

A extinção do contrato ocorre pela extinção da obrigação principal, com a devolução da propriedade fiduciária ao devedor fiduciante. Extingue-se também com o perecimento da coisa, a renúncia do credor ao crédito ou a alienação do bem após a consolidação da propriedade[44].

6.2. Alienação fiduciária em garantia de imóveis

A Lei n. 9.514/97 disciplinou a alienação fiduciária de coisa imóvel e a cessão fiduciária de direitos creditórios decorrentes de contratos de alienação de imóveis.

Nos termos do art. 22 da Lei n. 9.514/97, a alienação fiduciária regulada por essa lei é o negócio jurídico pelo qual o devedor, ou fiduciante, com o escopo de garantia, contrata a transferência ao credor, ou fiduciário, da propriedade resolúvel de coisa imóvel.

Nesse aspecto, da mesma forma que nas outras disciplinas legais, a alienação fiduciária caracteriza-se pela transferência da propriedade do imóvel ocorrer de forma resolúvel. A transferência é realizada com a função de garantia. Satisfeita a obrigação principal, o bem deverá retornar ao domínio do devedor fiduciante.

A resolubilidade da transmissão é decorrência da alienação fiduciária. A transferência do domínio faz-se em função da garantia de satisfação da obrigação principal. O credor não pretende a propriedade definitiva da coisa, assim como o devedor não a transfere para que permaneça em definitivo no patrimônio do credor. A transferência ocorre apenas como garantia de satisfação da obrigação principal e enquanto esta não tiver sido ainda realizada[45].

---

em se tratando de prisão civil do depositário infiel, com ênfase na importância do respeito aos direitos humanos. O Supremo firmou, assim, orientação no sentido de que a prisão civil por dívida no Brasil está restrita à hipótese de inadimplemento voluntário e inescusável de prestação alimentícia. Convergiu, ainda, o Supremo Tribunal Federal em conferir aos tratados de direitos humanos um regime especial e diferenciado, distinto do regime jurídico aplicável aos tratados tradicionais. Todavia, divergiu no que se refere especificamente à hierarquia a ser atribuída aos tratados de direitos humanos, remanescendo dividido entre a tese da supralegalidade e a tese da constitucionalidade dos tratados de direitos humanos, sendo a primeira tese a majoritária, vencidos os Ministros Celso de Mello, Cesar Peluso, Ellen Gracie e Eros Grau, que conferiam aos tratados de direitos humanos *status* constitucional" (PIOVESAN, Flávia. *Direitos humanos e o direito constitucional internacional*. São Paulo: SaraivaJur, 2024. p. 57).

[44] CHALHUB, Melhim Namem. *Alienação fiduciária*: negócio fiduciário. 7. ed. Rio de Janeiro: Forense, 2021, p. 303.

[45] FARIAS, Cristiano Chaves de; ROSENVALD, Nelson. *Direitos reais*. 3. ed. Rio de Janeiro: Lumen Juris, 2006, p. 306.

Capítulo 8 • Contrato de alienação e cessão fiduciária em garantia

Trata-se de propriedade temporalmente limitada. Ao contrário da regra geral do direito de propriedade, a propriedade fiduciária é subordinada pela própria lei a uma condição consistente justamente na satisfação da obrigação principal e que a extinguiria[46]. Enquanto referida condição não ocorrer, entretanto, o credor fiduciário se apresenta como proprietário da coisa perante terceiros, com poder de disposição do seu direito, ainda que tenha seu uso e gozo limitados pela posse direta atribuída ao devedor fiduciante e pela resolubilidade do pagamento da obrigação principal[47].

Também há o desdobramento da posse. Na alienação fiduciária de imóveis, o devedor fiduciante transfere a posse indireta do bem ao credor fiduciante e conserva consigo a posse direta da coisa.

Dessa forma, pode-se conceituar o contrato de alienação fiduciária de imóvel como "negócio jurídico pelo qual o devedor, ou fiduciante, com o escopo de garantia, contrata a transferência ao credor, ou fiduciário, da propriedade resolúvel de coisa imóvel"[48].

Referida figura não se confunde com os demais direitos reais de garantia[49], como o penhor, a hipoteca e a anticrese. Os direitos reais de garantia não transmitem a propriedade ao credor, como o faz a alienação fiduciária em garantia. Nos direitos reais de garantia, a propriedade continua com o devedor, embora recaia sobre os bens direitos *erga omnes* de o credor ser satisfeito com prioridade por meio de sua constrição e alienação ou adjudicação.

Para que essa transferência da propriedade fiduciária efetivamente possa ocorrer, todos os elementos essenciais ao contrato devem estar presentes.

Como partes, no contrato de alienação fiduciária, poderão figurar tanto a pessoa física quanto a jurídica. Nos termos do art. 22 da Lei n. 9.514/97, não se exige que a contratação seja feita necessariamente no âmbito e com entidades integrantes do Sistema de Financiamento Imobiliário. Ambas devem apenas ser capazes de contratar e de dispor de seus bens ou devem ter a vontade suprida ou assistida por curadores ou tutores.

Nesse sentido, ainda que tenha sido disciplinada por lei "na qual prepondera a regulamentação de operações típicas dos mercados imobiliário, financeiro e de capitais", o contrato poderá ser celebrado com qualquer pessoa, assim como o seu objeto não é adstrito a uma operação do Sistema de Financiamento Imobiliário, mas abrange a garantia de quaisquer obrigações, como dispõe o art. 51 da Lei n. 10.931/2004[50].

Se decerto o contrato deva versar sobre a transferência de bem imóvel, não há restrição para que ocorresse ou não sua construção. Ainda que na redação originária do art. 22, parágrafo único, posteriormente alterado pela MP n. 2.223/2001 e revogado pela Lei n. 10.931/2004, se mencionasse imóvel concluído ou em construção, o que despertava controvérsia sobre os imóveis sem quaisquer acessões, a interpretação dominante era a de que o *caput* do art. 22, ao versar sobre coisa imó-

---

[46] LIMA, Frederico Henrique Viegas de. *Da alienação fiduciária em garantia de coisa imóvel*. Curitiba: Juruá, 2005, p. 65-66.

[47] GOMES, Orlando. *Direito reais*. 8. ed. Rio de Janeiro: Forense, 1983, p. 214.

[48] TERRA, Marcelo. *Alienação fiduciária de imóvel em garantia*: Lei n. 9.514/97, primeiras linhas. Porto Alegre: Safe, 1998, p. 19.

[49] Define Caio Mário da Silva Pereira: "A noção básica dos direitos reais de garantia ainda é mais simples do que a dos de gozo ou fruição, pois tão somente revela a vinculação de certo bem do devedor ao pagamento da dívida, sem conferir ao credor a fruição da coisa em si; e se em alguns casos retém o credor o objeto em seu poder, apura-se todavia que ou não tem a faculdade de usar a coisa e auferir a sua renda (penhor), ou o rendimento dela é destinado especificamente à liquidação da obrigação garantida (anticrese). Diferem ainda os direitos reais de garantia dos outros de gozo ou fruição, em que estes últimos têm existência autônoma, enquanto que os de garantia são sempre acessórios do direito a que visam assegurar" (PEREIRA, Caio Mário da Silva. *Instituições de direito civil*: direitos reais. 28. ed. Rio de Janeiro: Forense, 2022. v. IV, p. 293).

[50] CHALHUB, Melhim Namem. *Alienação fiduciária*: negócio fiduciário. 7. ed. Rio de Janeiro: Forense, 2021, p. 306.

vel, permitia a alienação fiduciária sobre o terreno, ainda que não houvesse qualquer acessão, desde que fosse suscetível de alienação[51].

O contrato deverá ser celebrado por escrito. Sua formalização deverá ocorrer por escritura pública ou instrumento particular com efeitos de escritura pública, nos termos do art. 38 da Lei n. 9.514/97. Nesse particular, ainda que versem sobre a constituição de direitos sobre imóveis de valor superior a trinta salários mínimos, como dispõe o art. 108 do CC, não há a obrigatoriedade da escritura pública[52].

Referido contrato deverá ainda conter todos os requisitos essenciais para a constituição da alienação fiduciária. Segundo Lima, "os elementos essenciais fornecem ao contrato de alienação fiduciária em garantia de coisa imóvel uma estrutura própria, que o individualiza ao ser comparado com outras espécies contratuais, sobretudo as demais garantias reais e a propriedade resolúvel. Estes elementos essenciais – pela imperiosidade de sua existência – não podem ser afastados pelas partes contratantes, funcionando como um elemento limitador ao princípio da autonomia da vontade"[53].

Nos termos do art. 24 da Lei n. 9.514, o contrato de alienação fiduciária em garantia deverá expor todos os elementos do contrato principal garantido e do bem dado em garantia. Além da especificação das partes contratantes, do objeto do contrato principal, deverão ainda constar o valor do principal da dívida, o prazo e as condições de reposição do empréstimo ou do crédito do fiduciário, a taxa de juros e os encargos incidentes, a cláusula de constituição da propriedade fiduciária, com a descrição do imóvel objeto da alienação fiduciária e a indicação do título e modo de aquisição, a cláusula que permita ao devedor fiduciante, enquanto adimplente, a livre utilização, por sua conta e risco, do imóvel objeto da alienação fiduciária; a indicação, para efeito de venda em público leilão, do valor do imóvel e dos critérios para a respectiva revisão.

Além do preenchimento de todos os requisitos, a propriedade fiduciária precisa, para ser constituída, ter o contrato averbado no cartório de registro de imóveis do local do imóvel. Nos termos do art. 23 da Lei n. 9.514, o ato de averbação é requisito de constituição do contrato de alienação fiduciária.

Desde que preenchidos todos os elementos essenciais do contrato e realizada a averbação no registro competente, a propriedade fiduciária será constituída. Sua existência implica a transferência do domínio, de forma resolúvel, ao credor fiduciário e o desdobramento da posse. O devedor fiduciante permanecerá com a posse direta da coisa enquanto ao credor fiduciário será atribuída a posse indireta do imóvel.

O devedor fiduciante terá, enquanto permanecer adimplente com a obrigação principal, uma pretensão real consistente no direito expectativo de retomar a propriedade do bem dado em garantido quando for cumprida a obrigação principal[54].

Nos termos do art. 25 da Lei n. 9.514/97, satisfeita a dívida, resolve-se automaticamente a propriedade fiduciária, haja vista que não há mais a obrigação a ser garantida. Também são extintos todos os eventuais direitos reais impostos pelo fiduciário sobre a coisa, com a transmissão ao fiduciante de todos os direitos e obrigações inerentes à propriedade da coisa.

---

[51] CHALHUB, Melhim Namem. *Negócio fiduciário*. 2. ed. rev. e ampl. Rio de Janeiro: Renovar, 2000, p. 208.

[52] TERRA, Marcelo. *Alienação fiduciária de imóvel em garantia*: Lei n. 9.514/97, primeiras linhas. Porto Alegre: Safe, 1998, p. 24.

[53] LIMA, Frederico Henrique Viegas de. *Da alienação fiduciária em garantia de coisa imóvel*. Curitiba: Juruá, 2005, p. 108.

[54] MEZZARI, Mário Pazutti. *Alienação fiduciária da Lei n. 9.514/97*. São Paulo: Saraiva, 1998, p. 49-50.

Capítulo 8 • Contrato de alienação e cessão fiduciária em garantia

Por essa razão, cumpre ao credor fiduciário a entrega do respectivo termo de quitação em 30 dias ao fiduciante, sob pena de multa de 0,5% ao mês sobre o valor do contrato[55]. A partir do termo, o oficial do registro imobiliário poderá cancelar o gravame incidente sobre o bem, com a averbação da quitação da dívida principal.

Como forma de adimplemento, também, admite a lei a entrega, em dação em pagamento, da propriedade do imóvel como satisfação da obrigação. A dação pressupõe a concordância ou aceitação do credor fiduciário, a qual não é obrigatória. Sua aceitação permitiria a extinção da dívida principal e a consolidação da propriedade em nome do fiduciante de modo a ser dispensada a realização dos leilões para a alienação do bem[56].

A segunda forma de extinção é o inadimplemento da obrigação principal.

Diante do inadimplemento, é possível a execução judicial da dívida. Por existir obrigação pessoal, além da real, o credor poderá exigir a satisfação do referido crédito. A execução judicial é uma alternativa ao credor fiduciário para a satisfação do crédito, o que não implica a renúncia ao seu direito de propriedade fiduciária.

Outra alternativa, desde que não seja satisfeita a dívida principal, é a consolidação da propriedade fiduciária. Nesse aspecto, é vedado o pacto comissório, como modo de o credor ser satisfeito com a assunção da propriedade fiduciária do bem.

Se houver o inadimplemento, iniciam-se os procedimentos para a consolidação da propriedade do bem. Nesse caso, deve-se aguardar eventual prazo de carência estabelecida no contrato[57].

Decorrido o prazo, o devedor fiduciante deverá ser intimado para exercer seu direito de purgar a mora, o que é feito por meio da intimação pelo oficial do competente registro de imóveis[58]. A intimação deverá ser realizada pessoalmente ou por meio de correio com aviso de recebimento. Caso não encontrado o devedor no seu domicílio informado, sua intimação poderá ser realizada por edital.

A partir da intimação, a purgação da mora poderá ser realizada pelo devedor no prazo de 15 dias. Para tanto, deverá efetuar o pagamento perante o oficial de registro das prestações vencidas e das que se vencerem até a data do pagamento, com todos os demais encargos contratuais, demais despesas de cobrança e, inclusive, as contribuições condominiais.

Caso não purgada a mora e não resolvida a propriedade fiduciária, a propriedade será consolidada no patrimônio do credor e o imóvel será levado a leilão. A consolidação da propriedade fiduciária no patrimônio do credor pressupõe a averbação na matrícula do imóvel e o pagamento do Imposto de Transmissão *Inter Vivos* (ITBI), pelo credor fiduciário. Sua incidência ocorre pela transferência de titularidade plena do imóvel ao credor fiduciário.

A partir da consolidação, o credor deverá promover o leilão público do imóvel no prazo de 60 dias do registro. A previsão da venda permite uma forma mais célere de recuperação do crédito e satisfação do credor. Por essa razão, não é necessário leilão judicial, bastando que seja público.

Consolidada a propriedade no credor fiduciário, este poderá requerer a reintegração de posse antes da venda, conforme art. 30 da Lei n. 9.514/97. A desocupação deverá ocorrer mediante liminar judicial, que determinará a desocupação no prazo de 60 dias[59]. A reintegração de posse, entretan-

---

[55] TERRA, Marcelo. *Alienação fiduciária de imóvel em garantia*: Lei n. 9.514/97, primeiras linhas. Porto Alegre: Safe, 1998, p. 41.

[56] RESTIFFE NETO, Paulo; RESTIFFE, Paulo Sergio. *Propriedade fiduciária imóvel*. São Paulo: Malheiros, 2009, p. 166-167.

[57] TERRA, Marcelo. *Alienação fiduciária de imóvel em garantia:* Lei n. 9.514/97, primeiras linhas. Porto Alegre: Safe, 1998, p. 43.

[58] SILVA, Luiz Augusto Beck da. *Alienação fiduciária em garantia*. 3. ed. Rio de Janeiro: Forense, 1998, p. 180.

[59] SAAD, Renan Miguel. *A alienação fiduciária sobre bens imóveis*. Rio de Janeiro: Renovar, 2001, p. 256.

to, não é condição fundamental para a alienação do imóvel, que poderá ocorrer mesmo sem a reintegração. Nessa hipótese, a reintegração cumprirá ao adquirente do bem.

Conforme esclarece Chalhub, "assegura-se ao fiduciário, seu cessionário ou sucessores, inclusive aquele que vier a adquirir o imóvel em leilão, a reintegração na posse do imóvel, que será concedida liminarmente, para desocupação em sessenta dias"[60].

No primeiro leilão, o bem deverá ser alienado por lance igual ou superior ao valor previsto no contrato para a alienação do imóvel, o que é condição para a constituição da alienação fiduciária em garantia.

Caso infrutífero o primeiro leilão, o bem será submetido a um segundo leilão, que deverá ocorrer nos 15 dias seguintes ao primeiro.

Até o segundo leilão, será garantido ao devedor fiduciante o direito de preferência na aquisição do bem pelo valor da dívida, com o acréscimo das despesas, encargos, condomínio e imposto sobre transmissão arcados pelo credor fiduciário.

No segundo leilão, o bem será submetido à venda por valor igual ou superior ao valor integral da dívida garantida pela alienação fiduciária, das despesas, encargos, tributos e contribuições condominiais. Caso não haja nenhum lance pelo referido valor, o credor fiduciário poderá aceitar, a seu exclusivo critério, lance que corresponda a pelo menos metade do valor de avaliação do bem (art. 27, § 2º, da Lei n. 9.514/97).

Para calcular o valor da dívida, deverão ser considerados, para o segundo leilão, encargos, contribuições e despesas, exemplo, "(a) contribuições condominiais que, à data do leilão, estejam vencidas e não pagas, caso o imóvel seja unidade autônoma integrante de condomínio; (b) contribuições devidas a associações de moradores, que, à data do leilão, estejam vencidas e não pagas, na hipótese de o imóvel integrar conjunto imobiliário com essa característica; (c) taxa de água e esgoto; (d) contas de luz e gás; (e) imposto predial, foro e outros encargos que incidem sobre o imóvel e que estejam vencidos e não pagos à data do leilão; (f) taxa de ocupação de 1% (um por cento) do valor de avaliação do imóvel (Lei n. 9.514/97, art. 24, IV), exigível desde a data da alienação em leilão até a data em que o fiduciário ou seus sucessores vierem a ser imitidos na posse do imóvel (Lei n. 9.514/97, art. 37-A, com a redação dada pela Lei n. 10.931/2004)"[61].

Nesse sentido, com exceção ao direito de preferência que o fiduciante pretérito possui de readquirir o imóvel por preço que corresponda ao saldo devedor, somando os encargos e despesas de consolidação e do leilão, no segundo leilão aceitar-se-á o maior lance oferecido, desde que seja igual ao superior ao valor da dívida presente no contrato[62].

Se for arrematada a coisa e satisfeito o débito, ao credor fiduciário é imputada a obrigação de devolver ao devedor fiduciante o saldo remanescente. A entrega deverá ocorrer no prazo de até cinco dias, compreendido o valor da indenização de benfeitorias, mas deduzidos os valores da dívida e dos encargos. As partes concederão quitação recíproca, nesse ponto.

Se não houver lances acima do valor mínimo, o credor fiduciário adjudicará o bem. Nessa hipótese, tratando-se de financiamento para aquisição ou construção de imóvel residencial do devedor, a menos que operações do sistema de consórcio, a dívida será considerada extinta, nos termos do art. 26, § 5º, da Lei n. 9.514/97.

---

[60] CHALHUB, Melhim Namem. *Alienação fiduciária*: negócio fiduciário. 7. ed. Rio de Janeiro: Forense, 2021, p. 307.

[61] CHALHUB, Melhim Namem. *Alienação fiduciária*: negócio fiduciário. 7. ed. Rio de Janeiro: Forense, 2021, p. 477.

[62] CHALHUB, Melhim Namem. *Alienação fiduciária*: negócio fiduciário. 7. ed. Rio de Janeiro: Forense, 2021, p. 479.

Capítulo 8 • Contrato de alienação e cessão fiduciária em garantia

Caso a dívida principal não seja decorrente de financiamento para a aquisição ou construção do imóvel residencial do devedor, a adjudicação do bem não implica a extinção da dívida e o saldo poderá continuar a ser exigido. Nos termos do art. 27, § 5º, o credor fiduciário ficará investido na livre disponibilidade do imóvel e não precisará ressarcir o devedor fiduciante das benfeitorias. Poderá, assim, continuar a cobrar a diferença inadimplida da obrigação principal.

6.2.1. Locação de imóvel alienado fiduciariamente

Como titular de direito real de aquisição e da posse direta sobre o imóvel alienado fiduciariamente, o devedor fiduciante poderá explorar o imóvel. Poderá, assim, locá-lo a terceiro, com ou sem a concordância do credor fiduciário[63].

A concordância do credor fiduciário exige que este preserve seus efeitos.

Se o imóvel estiver locado com a concordância do credor fiduciário, que poderá ocorrer antes do contrato de alienação fiduciária ou depois, o contrato de locação deverá ser preservado pelo credor na hipótese de ocorrer a consolidação da propriedade fiduciária.

Referida concordância deverá ser realizada, entretanto, por escrito, com cláusula destacada das demais para evidenciar a absoluta ciência do referido credor.

Se, por outro lado, não houver a aquiescência do credor, a locação poderá ser denunciada em 90 dias a contar da consolidação da propriedade fiduciária pelo credor. Pela falta da anuência, o credor não precisará respeitar o contrato celebrado anteriormente pelo devedor e poderá exigir a posse direta da coisa.

Nesse sentido, o art. 37-B da Lei n. 9.514/97 determina que "será considerada ineficaz, e sem qualquer efeito perante o fiduciário ou seus sucessores, a contratação ou a prorrogação de locação de imóvel alienado fiduciariamente por prazo superior a um ano sem concordância por escrito do fiduciário".

A desocupação do bem, entretanto, não será imediata. De modo a assegurar o locatário, com o inadimplemento da obrigação do devedor fiduciante, o credor fiduciário poderá, após a consolidação da propriedade, exigir a desocupação do bem em 30 dias.

O art. 27, § 5º, da Lei n. 9.514/97, nesses termos, excepciona a regra geral da Lei de Locações (n. 8.245/91). Por esta, o sucessor do imóvel já locado somente poderá denunciar o contrato de locação, caso convencionada sua vigência após a aquisição e averbado o contrato no registro de imóveis, se houver sido contratado por prazo indeterminado.

No caso da alienação fiduciária em garantia, essa possibilidade é expressa na lei. A menos que haja aquiescência do credor fiduciário, a consolidação da propriedade torna o credor proprietário pleno do bem, assim como será proprietário pleno o terceiro que vier a adquirir o bem no leilão. Sem que haja a concordância em relação ao contrato de locação, tanto o credor quanto seus sucessores ou o adquirente da propriedade do imóvel no procedimento de leilão poderão exigir a desocupação do bem com a denúncia do contrato de locação[64].

Se não há direito do locatário em assegurar a locação sem aquiescência do credor, tampouco há direito de preferência na aquisição do imóvel locado, seja em relação ao credor fiduciário, seja em relação aos adquirentes do procedimento de leilão.

Enquanto o art. 27 da Lei n. 8.245 determina que o locatário terá direito de preferência no caso de venda do bem em igualdade de condições com o terceiro, o art. 32 da referida Lei de Locações

---

[63] CHALHUB, Melhim Namem. *Alienação fiduciária*: negócio fiduciário. 7. ed. Rio de Janeiro: Forense, 2021, p. 329.

[64] CHALHUB, Melhim Namem. *Alienação fiduciária*: negócio fiduciário. 7. ed. Rio de Janeiro: Forense, 2021, p. 329.

determina que o direito de preferência não alcança os casos de perda da propriedade ou venda por decisão judicial, permuta, doação, integralização de capital, cisão, fusão e incorporação. O art. 32, parágrafo único, da Lei do Inquilinato determina que "nos contratos firmados a partir de 1º de outubro de 2001, o direito de preferência de que trata este artigo não alcançará também os casos de constituição da propriedade fiduciária e de perda da propriedade ou venda por quaisquer formas de realização de garantia, inclusive mediante leilão extrajudicial, devendo essa condição constar expressamente em cláusula contratual específica, destacando-se das demais por sua apresentação gráfica".

Pela própria ressalva legal, nesses termos, não há direito de preferência do locatário em face do credor fiduciário ou dos terceiros que tiverem adquirido o bem pelo procedimento de leilão[65]. Cita-se, nesse sentido, julgado do TJSP:

> Deste modo, não se justifica a pretensão recursal para afastar a penhora sobre o imóvel e que a mesma recaia apenas sobre os direitos do devedor fiduciário, na medida em que a r. decisão agravada assim já decidiu expressamente. Igualmente, a r. decisão agravada reconheceu expressamente a prioridade do crédito do credor fiduciário oriundo de eventual arrematação do bem imóvel[66].

Em face do credor fiduciário, não há direito de preferência porque a alienação fiduciária não implica a transferência plena da propriedade ao credor fiduciário, mas apenas a propriedade resolúvel e em função de uma garantia de satisfação da obrigação principal.

Por seu turno, em relação aos terceiros adquirentes do bem em procedimento de leilão, a transmissão da propriedade em virtude do inadimplemento da obrigação garantida e da consolidação da propriedade no patrimônio do credor é feita como consequência da extinção do direito de propriedade do devedor[67]. Não se trata de alienação voluntária feita pelo devedor fiduciante ou locador, mas em decorrência da perda de seu direito de propriedade, de modo que não haveria direito de preferência do locatário.

6.3. Alienação fiduciária em garantia de bem móvel fungível e direitos

Por fim, a alienação fiduciária poderá versar sobre coisas móveis fungíveis ou direitos. Trata-se da terceira espécie de propriedade fiduciária, a qual é disciplinada pela Lei n. 4.728/65, em seu art. 66-B. Ao regular o mercado financeiro e de captais, disciplinam-se a propriedade fiduciária de coisas móveis fungíveis e a cessão fiduciária de direitos, fungíveis ou infungíveis.

No âmbito do mercado financeiro e de capitais, a alienação fiduciária exigirá requisitos especiais, além de o objeto conferido em propriedade resolúvel ser peculiar.

Quanto ao objeto, o contrato de alienação fiduciária pode versar sobre coisas fungíveis e direitos em garantia de determinada obrigação principal. Como já definido anteriormente, "consiste em negócio jurídico pelo qual o cedente transfere ao cessionário a titularidade de direitos (cessão de direitos creditórios) ou títulos de crédito (cessão fiduciária de títulos de crédito) em face de terceiro com a finalidade de garantir a satisfação de uma dívida"[68].

Na alienação fiduciária de coisas móveis fungíveis, não há o desdobramento da posse, ao contrário das demais espécies de alienações fiduciárias. Há a transmissão da posse indireta e da posse direta

---

[65] CHALHUB, Melhim Namem. *Alienação fiduciária*: negócio fiduciário. 7. ed. Rio de Janeiro: Forense, 2021, p. 331.

[66] TJSP, AI 2222338-18.2021.8.26.0000, Rel. Salles Vieira, j. 26-7-2022.

[67] CHALHUB, Melhim Namem. *Alienação fiduciária*: negócio fiduciário. 7. ed. Rio de Janeiro: Forense, 2021, p. 331.

[68] SACRAMONE, Marcelo; PIVA, Fernanda Neves. Cessão fiduciária de créditos na recuperação judicial: requisitos e limites à luz da jurisprudência. *Revista de Direito Bancário e do Mercado de Capitais*, ano 19, v. 72, p. 133-155, abr.-jun. 2016.

dos bens ao credor fiduciário, a menos que as partes disponham de modo diverso (art. 66-B, § 3º, da Lei n. 4.728/65).

Por conservar a posse direta, o art. 19, IV, da Lei n. 9.514/97 conferiu ao credor fiduciário a conservação da posse dos títulos que instrumentalizam o crédito cedido e a possibilidade de promover as ações de cobrança e execução a que o cedente teria direito. Ao credor fiduciário foi conferido o poder, conforme art. 19, IV, da Lei n. 9.514/97, de dar quitação aos devedores pela satisfação das obrigações.

Nessa forma de alienação fiduciária, o credor fiduciário poderá amortizar seu crédito pela utilização diretamente das importâncias recebidas dos devedores. Por ter a posse direta dos bens, confere-se ao credor a possibilidade de, diante das importâncias provenientes dos terceiros para a satisfação dos referidos débitos, creditar ao devedor cedente os valores recebidos até a final liquidação da dívida e encargos (art. 19, § 1º, da Lei n. 9.514/97).

Ao contrário das demais formas de alienação fiduciária, na hipótese de inadimplemento ou mora da obrigação garantida, o credor cessionário "poderá vender a terceiros o bem objeto da propriedade fiduciária independentemente de leilão, hasta pública, ou qualquer outra medida judicial ou extrajudicial, devendo aplicar o preço da venda no pagamento do seu crédito e das despesas decorrentes da realização da garantia, entregando ao devedor o saldo, se houver, acompanhado do demonstrativo da operação realizada", nos termos do art. 66-B, § 3º, da Lei n. 4.728/65.

Em virtude da amplitude de poderes, a constituição da propriedade fiduciária sobre a coisa móvel fungível ou direitos pressupõe requisitos diversos.

Quanto à legitimidade, exige-se que o credor fiduciário seja submetido à fiscalização pelo Banco Central. Para a doutrina[69] e a jurisprudência[70], a aplicação da Lei do Mercado de Capitais para disciplinar essa espécie de propriedade condiciona a legitimidade para figurar como credor fiduciário às instituições financeiras, às sociedades a elas equiparadas e entidades estatais ou paraestatais.

É o que bem esclarece Rizzardo. Para o autor, "todas as sociedades de crédito, financiamento e investimento, autorizadas a funcionar pelo Banco Central do Brasil, podem figurar nas operações com alienação fiduciária em garantia, regidas pelo Decreto-lei n. 911/69. Não as demais pessoas jurídicas, eis que a Lei n. 4.728/65 foi criada para disciplinar o mercado de capitais e dar segurança às empresas de financiamento ao consumidor"[71].

Quanto ao objeto, este precisa ser lícito, possível e determinado ou determinável. Os bens móveis fungíveis ou direitos poderão ser tanto já existentes quanto futuros.

O direito de crédito é chamado, na nomenclatura econômica, de recebível. Ele poderá ser performado, quando o crédito já é existente, ainda que não tenha sido satisfeito por ocasião do contrato celebrado. Ou poderá ser a performar, assim considerado o recebível que, no momento da contratação, ainda não tenha existência. Nessa última hipótese, o crédito ainda não fora contraído perante terceiro.

Essa existência futura e incerta, entretanto, fez com que a doutrina controvertesse sobre a possibilidade de constituição da cessão fiduciária.

---

[69] MOREIRA ALVES, José Carlos. *Da alienação fiduciária em garantia*. 3. ed. Rio de Janeiro: Forense, 1987, p. 120.

[70] STF, 2ª Turma, RE 111.219, Rel. Min. Aldir Passarinho, j. 10-12-1987; STF, 1ª Turma, RE 92.736, Rel. Min. Thompson Flores, j. 24-6-1980; TJSP, 1ª Câmara Reservada de Direito Empresarial, AI 2078905-92.2017.8.26.0000, Rel. Des. Hamid Bdine, j. 4-10-2017.

[71] RIZZARDO, Arnaldo. *Contratos*. 19. ed. Rio de Janeiro: Forense, 2021, p. 1225.

Cláudia Patrícia Borges de Azevedo e Paulo Calheiros, por exemplo, sustentam que, "em primeiro lugar, não parece possível estabelecer uma garantia sobre algo incerto. O cliente da empresa mutuária pode inadimplir o título contra ele emitido. Ou, ainda, por causa alheia como divergências comerciais, o título pode deixar de ser performado. Esta incerteza não se coaduna com as garantias em geral, em especial aos limites legais específicos previstos para o caso de alienação fiduciária (...). Devem ainda as partes se ater a outras exigências próprias para que o contrato que envolva garantia fiduciária obedeça à regularidade formal necessária, como o registro perante o cartório competente e a individualização pormenorizada dos títulos dados em garantia – algo que é bastante difícil quando se trata de títulos de crédito, ao menos em comparação com outros bens móveis"[72-73].

Em sentido diverso, Pontes de Miranda sustenta que o crédito futuro poderá ser perfeitamente cedido, desde que especificado[74]. No mesmo sentido, para Jorge Lobo, os créditos garantidos por cessão fiduciária de recebíveis podem ser tanto os créditos presentes (performados) quanto os futuros (a performar), pois não haveria qualquer diferenciação entre eles pelo Código Civil[75-76].

7. DIREITOS E OBRIGAÇÕES DAS PARTES CONTRATANTES

As obrigações impostas às partes decorrem da lei e das próprias estipulações do contrato.

O devedor fiduciante é o possuidor direto da coisa objeto da alienação fiduciária. Como possuidor direto, ele poderá utilizá-la livremente e retirar seus frutos enquanto permanecer adimplente com a obrigação principal.

---

[72] AZEVEDO, Patrícia Borges de; CALHEIRO, Paulo. A relação entre as empresas em recuperação e a atividade bancária. *In*: LAZZARINI, Alexandre Alves; KODAMA, Thais; CALHEIROS, Paulo (org.). *Recuperação de empresas e falência*: aspectos práticos e relevantes da Lei n. 11.101/2005. São Paulo: Quartier Latin, 2014, p. 116-117.

[73] O posicionamento doutrinário fora também seguido por parte substancial da jurisprudência. Nesse sentido: "Recuperação judicial. Agravo de instrumento contra a decisão que determinou a restituição de valores descontados de contas bancárias de recuperandas. (...) Não há dúvida de que, em relação aos créditos performados, tem a recuperanda livre disposição sobre estes bens. O mesmo não se pode afirmar em relação aos créditos a performar, que sequer existiam, no momento da celebração do ajuste. Na constituição de garantias, devem ser observados princípios básicos, dentre eles, o princípio da especialização, que exige perfeita individualização do valor garantido, o que não se pode verificar nos créditos a performar, cuja existência sequer pode ser confirmada, visto que podem, ou não, vir a existir. Também cumpre observar que os créditos a performar têm destinação específica no desenvolvimento e na manutenção futuros da empresa. No caso em exame os créditos a performar estão atrelados ao pagamento de fornecedores da recuperanda, que já entregaram os bens de consumo adquiridos pelos clientes no supermercado. Não há dúvida, portanto, de que estes créditos têm afetação na rotina da empresa, isto é, estão vinculados de maneira direta e imediata à atividade empresarial essencial – oferecimento de bens de consumo no mercado. (...) Recurso parcialmente provido apenas para afastar a imposição de multa diária referente à obrigação pecuniária – restituição dos valores indevidamente retidos pelo agravante, mantida a multa no que se refere ao cumprimento da obrigação de não fazer – não desconto dos créditos pretendidos das contas bancárias, considerando-se, ademais, a nulidade da garantia referente aos créditos a performar" (TJSP, 2ª Câmara Reservada de Direito Empresarial, AI 2029505-80.2015, Rel. Des. Carlos Alberto Garbi, j. 11-11-2015).

[74] PONTES DE MIRANDA, José Cavalcanti. *Tratado de direito privado*. 3. ed. São Paulo: Revista dos Tribunais, 1984. t. XXIII, p. 275.

[75] LOBO, Jorge. Cessão fiduciária em garantia de recebíveis performados e a performar. *In*: ABRÃO, Carlos Henrique; ANDRIGHI, Fátima Nancy; BENETI, Sidnei (coord.). *10 anos de vigência da Lei de Recuperação e Falência*. São Paulo: Saraiva, 2015, p. 87-88.

[76] O posicionamento doutrinário foi acompanhado também pela jurisprudência. "Recurso especial. Contrato de cessão fiduciária em garantia de recebíveis. Ausência de diferença entre créditos a serem performados após a decisão de processamento da recuperação judicial e aqueles já performados até aquele marco temporal. Constituição da propriedade fiduciária com a contratação. Entendimento desta corte nesse sentido. Recurso especial provido" (STJ, REsp n. 1.979.903, Rel. Min. Marco Aurélio Bellizze, j. 28-8-2023). Nesse sentido já decidiu o Tribunal de Justiça de São Paulo: "Se não há nenhuma dúvida de que pode haver alienação fiduciária de bens sobre coisas móveis, creio que também não pode haver dúvida de que a alienação fiduciária pode ter por objeto coisas ou fatos futuros, visto que o atual Código Civil, assim como o revogado, dedica uma seção ao contrato aleatório ou, seja, aquele que diz respeito a coisas ou fatos futuros (cf. arts. 458 a 461 do atual Código Civil e arts. 1.118 a 1.121 do revogado Código Civil de 1916)" (TJSP, 1ª Câmara Reservada de Direito Empresarial, AI 6276594300, Rel. Des. Romeu Ricupero, j. 28-7-2009). Em sentido idêntico, TJSP, AI 2021503-92.2013.8.26.0000, Rel. Des. Teixeira Leite, j. 6-2-2014.

Capítulo 8 • Contrato de alienação e cessão fiduciária em garantia

De modo a proteger a referida posse direta, o devedor fiduciante poderá propor ações possessórias para reaver a posse do bem ou impedir sua turbação em face de terceiros, assim como praticar todo o ato necessário à conservação do bem.

Tem o devedor fiduciante, ainda, o direito de reaver a propriedade plena do bem, automaticamente, quando houver a satisfação integral do contrato principal que lhe deu causa. Caso inadimplente e a coisa tenha sido alienada para a liquidação do débito, terá o devedor fiduciante o direito de receber o remanescente do valor do leilão, após satisfeita a dívida e seus encargos[77].

Por seu turno, o devedor fiduciante tem obrigação de a) pagar a dívida e os respectivos encargos financeiros, nas condições pactuadas, bem como as penas pecuniárias pela mora ou pelo inadimplemento; b) pagar os encargos incidentes sobre o bem, tais como a taxa de licenciamento, o registro no órgão público competente etc.; c) conservar o bem do qual tiver a posse, inclusive mediante adoção de medidas judiciais necessárias a conservar ou recuperar sua posse direta; d) reparar as perdas e danos decorrentes da utilização do bem, respondendo por isso perante terceiros; e) resgatar o eventual saldo da dívida, caso, na hipótese de inadimplemento, o bem tenha sido vendido em leilão e o produto da venda não seja suficiente para amortização integral da dívida[78].

São direitos do fiduciário, ainda, nos termos do art. 19 da Lei de Garantias: (i) conservar e recuperar a posse dos títulos representativos dos créditos cedidos, contra qualquer detentor, inclusive o próprio cedente; (ii) a promoção de intimação aos devedores que não paguem ao cedente, enquanto vigorar o contrato; (iii) utilizar-se das medidas judiciais e extrajudiciais para receber os créditos cedidos, bem como exercer os demais direitos conferidos ao ele no contrato de alienação do imóvel; e (iv) receber diretamente dos devedores os créditos cedidos fiduciariamente.

O contrato que tenha por objeto coisas imóveis apresenta características particulares. O inadimplemento de quaisquer obrigações do fiduciante faculta ao credor a possibilidade de declarar vencidas todas as outras relativas ao mesmo imóvel alienado.

Como direito, possui o fiduciário a reivindicação do objeto da alienação, em hipótese de inadimplemento por parte do devedor, satisfazendo-se o crédito contratado. Observa-se que, apesar da posse indireta do fiduciário, não se faz possível a venda do imóvel alienado, uma vez que seu direito de disposição do bem é resolúvel. Nesse sentido, "em razão da resolutividade da propriedade, caso haja o pagamento pelo devedor fiduciante integral da dívida e dos respectivos encargos construais e legais, o credor fiduciário tem o dever de restituir a propriedade plena do imóvel ao devedor fiduciante, nos exatos termos do art. 25 da Lei n. 9.514, de 1997"[79]. Nesse caso, obriga-se o fiduciário pela entrega do termo de quitação, no prazo de 30 dias após a data de liquidação da dívida.

Na hipótese de inadimplemento, obriga-se o fiduciário, inclusive, à venda do imóvel por via de leilão público.

Cumpre observar a previsão do art. 22, §§ 3º e 4º, da Lei de Garantias, que determina a possibilidade de constituição de alienações fiduciárias sucessivas de propriedade sobre coisa imóvel.

Nessa hipótese, a alienação da propriedade superveniente é suscetível de registro desde o momento em que é celebrado, porém só se tornará eficaz conforme o fim da propriedade fiduciária anteriormente constituída, ou seja, mediante a reintegração do devedor fiduciante na posse do imóvel. Na hipótese de inadimplemento e excussão da garantia, os direitos dos credores fiduciários

---

[77] CHALHUB, Melhim Namem. *Alienação fiduciária*: negócio fiduciário. 7. ed. Rio de Janeiro: Forense, 2021, p. 258.

[78] CHALHUB, Melhim Namem. *Alienação fiduciária*: negócio fiduciário. 7. ed. Rio de Janeiro: Forense, 2021, p. 258.

[79] BESSA, Mateus Castello Branco A. *Alienação fiduciária de bem imóvel*: questões processuais. São Paulo: Almedina, 2023.

posteriores sub-rogam-se no preço obtido, e são canceladas as demais alienações fiduciárias. Os credores fiduciários anteriores detêm prioridade em face dos posteriores.

Como deveres, cabem ao fiduciário: (i) a entrega da mercadoria à qual se tenha obrigado a entregar, ou ao financiamento; (ii) a restituição completa dos direitos de reivindicação e disposição do objeto da alienação assim que a dívida tenha sido integralmente satisfeita; (iii) o respeito aos direitos de uso e gozo da coisa pelo fiduciante, sem interferir com seus direitos de posse direta; (iv) em caso de venda, transferir ao fiduciante a parte do valor da venda extraordinário ao do contrato; e (v) a comprovação da propriedade, se forem bens não identificáveis perante terceiros[80].

O direito de reintegração da posse se estende ao fiduciário, seu cessionário, seus sucessores ou ao arrematante do imóvel após o leilão público, desde que confirmada sua consolidação na posse.

Com o advento do Marco Legal das Garantias, surgiu o art. 853-A do CC, que institui a figura do agente de garantias. Aos credores é facultada a possibilidade de designar um agente de garantias, que atuará em nome próprio, mas em interesse dos credores, judicialmente (para ações que discutam a existência, validade ou eficácia do crédito) ou não, podendo este constituir, levar a registro, gerir e pleitear a execução de garantias. O agente pode executar garantia inclusive extrajudicialmente, desde que esteja prevista a possibilidade para a modalidade selecionada de garantia. O agente assume obrigação fiduciária perante os credores, e responde por seus atos perante todos eles.

O agente de garantias não é insubstituível, podendo ser alterado por força da vontade dos credores que representarem maioria simples dos créditos garantidos. Para essa decisão é formalmente requerida a constituição de assembleia, porém a substituição só se torna eficaz após ser tornada pública nos mesmos termos que foi publicizada a garantia. Para constituir assembleia, seguirá o disposto em instrumento particular de designação do agente de garantias.

O agente dispõe do prazo de 10 dias para pagamento aos credores, contados a partir do recebimento do produto da realização da garantia. Este, enquanto permanecer com o agente, constitui patrimônio separado do dele e não responde por suas obrigações pelo período de 180 dias a contar do recebimento do produto.

O agente de garantias pode, ainda, estabelecer diversos contratos com o devedor, para realizar a pesquisa de ofertas de crédito mais vantajosas entre os fornecedores, auxiliar com as diligências necessárias para a formalização de contratos de operações de crédito ou às garantias reais, intermediar nas resoluções de conflitos relativas a esses contratos ou para prestar outros serviços não vedados em lei.

---

[80] ALMEIDA, Marcus Elidius Michelli de; MOLINA, Fabiana Ricardo. Regime jurídico do contrato de alienação fiduciária em garantia. *Revista Internacional Cosinter de Direito*, ano V, n. IX, p. 637-656, 2º sem. 2019.

Capítulo 9
ACORDO DE ACIONISTAS

1. CONCEITO

O acordo de acionistas poderá ser definido como contrato convencionado por todos ou alguns acionistas da companhia para produzir efeitos em suas relações societárias. Pela composição, os acionistas comporão seus interesses individuais relacionados à negociabilidade de suas participações na companhia, exercício do direito de voto ou poder de controle, "de forma a harmonizar os seus interesses societários e implementar o próprio interesse social"[1].

O acordo de acionistas é disciplinado pelo art. 118 da Lei n. 6.404/76, desde sua redação originária. Sob a perspectiva de Lamy Filho e Bulhões Pedreira, redatores do projeto que veio a se converter na referida lei, a regulamentação do acordo de acionistas coadunava-se perfeitamente com o objetivo da nova Lei de Sociedades Anônimas, de criação e fortalecimento das grandes empresas nacionais[2]. Para cumprir efetivamente o objetivo de "propiciar a formação e a gestão eficiente e responsável da grande empresa", a reforma da legislação societária deveria compreender, para os redatores do projeto, o "incentivo e estímulo ao investidor para aplicar poupanças no mercado de capitais de risco, e, para tanto, cabe reforçar-lhe os direitos, aumentar a publicidade dos atos dos administradores, defendê-lo contra fraude dos gestores, tornar efetiva a posição do acionista como dono e controlador da empresa"[3].

Dessa forma, para que se pudesse criar um ambiente de maior segurança jurídica aos grandes investidores, garantindo a estabilidade dos grupos controladores, ainda mais diante das objeções da doutrina europeia sobre a validade do acordo de acionistas, estabeleceu-se a regulamentação legal do instituto. Caracterizaram-se, assim, seus principais elementos, proporcionando-lhe maior eficácia através da possibilidade de oposição à companhia e da execução específica de seus termos, pois a indenização por perdas e danos, como apregoada anteriormente à vigência da referida lei, não era tida como suficiente para compensar a perda do controle em decorrência da dissolução do grupo controlador[4].

---

[1] EIZIRIK, Nelson. Acordo de acionistas, arquivamento na sede social, vinculação dos administradores da sociedade controlada. *Revista de Direito Mercantil, Industrial e Econômico*, n. 129, p. 45, 2003.

[2] Segundo Lamy Filho, um dos autores do projeto que veio a se converter na referida lei societária, "como organização jurídica da grande empresa na sociedade democrática aberta, o funcionamento da S/A concerne a toda a economia do país, ao crédito público, às várias instituições econômicas, ao próprio sistema econômico-financeiro nacional: bancos e sociedades de investimento, bolsas de valores, estímulos à poupança e incentivos fiscais, favorecimento das fusões e incorporações, facilidades para a abertura de capital, compõem um só e mesmo quadro, de esforço para o desenvolvimento econômico e atualização de instituições, que requer tratamento orgânico e sistemático (...) Há uma nova S/A em surgimento que reclama regulamentação própria e urgente. A reforma se impõe, pois, para que se não obstruam os caminhos do desenvolvimento" (LAMY FILHO, Alfredo. A reforma da Lei de Sociedades Anônimas. *Revista de Direito Mercantil, Industrial e Econômico*, n. 7, p. 132, 1972).

LAMY FILHO, Alfredo. A reforma da Lei de Sociedades Anônimas. *Revista de Direito Mercantil, Industrial e Econômico*, n. 7, p. 137, 1972.

PEDREIRA, José Luiz Bulhões. Acordo de acionistas sobre controle de grupo de sociedades. Validade da estipulação de que os membros do conselho de administração de controladas devem votar em bloco segundo orientação definida pelo grupo controlador. *Revista de Direito Bancário, do Mercado de Capitais e da Arbitragem*, n. 15, p. 239, 2002.

Nesse sentido, a redação original do *caput* do art. 118 da Lei n. 6.404/76 determinava que "os acordos de acionistas, sobre a compra e venda de suas ações, preferência para adquiri-las, o exercício do direito de voto, deverão ser observados pela companhia quando arquivados na sua sede"; e o § 3º garantia a eficácia desses acordos ao determinar que "nas condições previstas no acordo, os acionistas podem promover a execução específica das obrigações assumidas".

Pela Lei n. 10.303/2001, a redação do *caput* do art. 118 da Lei n. 6.404/76 fora alterada para incluir, dentre as matérias objeto do acordo de acionista, o poder de controle. Por seu turno, a possibilidade de execução específica foi complementada pela imposição aos órgãos de deliberação da companhia do não cômputo do voto contrário e da possibilidade de a parte prejudicada votar diretamente com as ações pertencentes ao acionista ausente ou omisso, inclusive em se tratando de conselheiro de administração eleito nos termos do acordo.

2. NATUREZA DO ACORDO DE ACIONISTAS

Historicamente, a doutrina controvertia sobre a natureza do acordo de acionistas.

Para uma primeira corrente doutrinária, o acordo de acionistas não se confundia com a esfera social. Para essa corrente, ainda que o acordo produzisse efeitos na sociedade, o acordo regularia os interesses privados dos acionistas, de modo que seria estranho ao estatuto da sociedade. Tratava-se de contrato, regulado pelo direito das obrigações e princípios gerais do direito, cuja disciplina extrapolava a Lei de Sociedades Anônimas.

Para Teixeira e Guerreiro, adeptos dessa corrente, "importa assinalar que os acordos de acionistas geram direitos e obrigações reguladas substancialmente pelo direito comum e não pelo direito das sociedades, muito embora seus efeitos jurídicos digam respeito à participação acionária em determinada companhia, em seus vários possíveis desdobramentos. Malgrado deva a sociedade observá-los e, pois, reconhecê-los, é ela parte estranha ao acordo"[5].

Com a Lei n. 6.404/76 e a possibilidade de os acordos de acionistas produzirem efeitos sobre a companhia, não havia mais como sustentar a natureza independente do acordo de acionistas como contrato simplesmente regulado pelo direito das obrigações.

Para uma segunda corrente doutrinária, majoritária, o acordo de acionistas se caracterizaria como um contrato parassocial. Como parassocial, os acordos são disciplinados pela legislação societária e, apenas supletivamente, pelas normas de direito obrigacional.

A denominação parassocial implica que os acordos são destinados a regular direitos sociais dos acionistas ou suas relações com a sociedade, em paralelo ao estatuto social. Nas palavras de Oppo, seu precursor, são esses "os acordos estipulados pelos sócios (por alguns ou também por todos), fora do ato constitutivo e do estatuto, para regular entre si ou também nas relações com a sociedade, com os órgãos sociais ou terceiros, seus interesses ou uma conduta social"[6].

Para essa concepção, prevalecente, o acordo de acionistas não se confunde com o estatuto social. Trata-se de acordo parassocial, pois o acordo depende do estatuto social ao regular os direitos conferidos por ele aos sócios e para disciplinar a relação entre os acionistas e a sociedade. Ainda que discipline os interesses dos acionistas contratantes, produz efeitos em relação à sociedade e a terceiros que com ela se relacionem.

---

[5] TEIXEIRA, Egberto Lacerda; GUERREIRO, José Alexandre Tavares. *Das sociedades anônimas no direito brasileiro*. São Paulo Bushatsky, 1979. v. I, p. 305.

[6] OPPO, G. *Contratti parasociali*. Milano: Francesco Vallardi, 1942, p. 507.

3. ESPÉCIES DE ACORDO DE ACIONISTAS

Embora qualquer matéria possa ser disciplinada entre os sócios, desde que não contrarie a lei, o objeto do acordo de acionistas, para que possa produzir todos os seus efeitos em relação à sociedade e aos terceiros, deve concentrar-se em apenas quatro matérias: (i) a compra e venda das ações entre os acionistas; (ii) a preferência para aquisição de ações; (iii) o exercício do direito de voto; (iv) o exercício do poder de controle.

Os acordos de acionistas que versem sobre a compra e venda das ações ou sobre a preferência para sua aquisição são conhecidos como acordos de bloqueio. O objetivo dos referidos acordos é justamente a manutenção das posições acionárias entre os integrantes do acordo de acionistas, de modo a evitar a compra por terceiros estranhos ao acordo ou a alteração de posições acionárias como forma de prevalecer sobre os acionistas do acordo. Em virtude dessas composições, as partes poderão convencionar que apenas poderão vender suas ações a terceiros após oferecerem aos acionistas acordantes, que terão o direito de preferência, ou estabelecerem restrições ao direito de transmitir as ações.

Os acordos de direito de voto ou sobre o exercício do poder de controle, por outro lado, disciplinam a atuação dos acionistas nas deliberações sociais. Embora o direito de voto não possa ser transacionado, o sentido do referido voto poderá ser convencionado entre os acionistas.

Quanto a esse exercício do direito de voto, a redação originária da Lei n. 6.404/64 restringia sua disciplina ao exercício do direito de voto exclusivamente nas deliberações assembleares. Nesse aspecto, corrente fundamentada principalmente nos argumentos de Carvalhosa[7] e Comparato[8] compreendia que a extensão do exercício do voto aos membros do conselho de administração ou da diretoria afrontava o art. 139 da lei, que estabelecia que "as atribuições e poderes conferidos por lei aos órgãos de administração não podem ser outorgados a outro órgão, criado por lei ou pelo estatuto". Como sustentava Comparato, "se assim é relativamente ao estatuto social, que não pode alterar regras de competência privativa estabelecidas em lei, com maioria de razão vale o mesmo raciocínio em relação aos acordos de acionistas, que se situam, na hierarquia normativa, em posição inferior à do estatuto social"[9].

À época, entretanto, já existia corrente minoritária que sustentava a extensão do acordo de acionistas à disciplina do direito de voto em deliberações dos demais órgãos societários. Para Bulgarelli[10], Bulhões Pedreira[11] e Wald[12], a redação do art. 118 não restringia a deliberação que poderia ser objeto do acordo, de modo que a convenção poderia envolver o exercício do voto tanto nas deliberações assembleares quanto nas administrativas da companhia. Segundo Bulgarelli, "em termos hierárquicos pode-se constatar que em primeiro plano está a posição de controlador, pois é o que exerce de fato

---

[7] CARVALHOSA, Modesto. *Acordo de acionistas*. São Paulo: Saraiva, 2011, p. 195 e s.

[8] COMPARATO, Fábio Konder. *Competência privativa do conselho de administração, op.*, p. 88-115; COMPARATO, Fábio Konder. *Ineficácia de estipulação, op. cit.*, p. 174-180.

[9] COMPARATO, Fábio Konder. *Ineficácia de estipulação, op. cit.*, p. 177.

[10] BULGARELLI, Waldirio. Acordo de acionistas de companhia aberta. Extensão do voto vinculado aos membros do conselho de administração para assegurar a uniformidade na execução da política empresarial traçada pelo grupo de controle. *Questões atuais de direito empresarial*. São Paulo: Malheiros, 1995, p. 191-200; BULGARELLI, Waldirio. Validade de disposições de acordo de acionistas de votarem em bloco, assegurando a política gerencial única e necessária. *Revista de Direito Mercantil, Industrial, Econômico e Financeiro*, n. 123, p. 186, 2001.

[11] PEDREIRA, José Luiz Bulhões. Acordo de acionistas sobre controle de grupo de sociedades. Validade da estipulação de que os membros do conselho de administração de controladas devem votar em bloco segundo orientação definida pelo grupo controlador. *Revista de Direito Bancário, do Mercado de Capitais e da Arbitragem*, n. 15, p. 226-248, 2002.

[12] WALD, Arnold. *A evolução do regime legal do conselho de administração, op. cit.*, p. 16.

o poder e dita a política da companhia, sendo assim a obediência a essa política efeito natural do acordo ajustado que acompanha o acionista quando administrador"[13]. Desse modo, "sujeita seus signatários ao seu cumprimento, em toda a extensão do convencionado, não se limitando, por este aspecto, apenas ao voto nas assembleias gerais, mas indo alcançar toda a conduta dos signatários, inclusive como administradores"[14].

Com a alteração da Lei n. 6.404/76 pela Lei n. 10.303/2001, a questão fora pacificada por meio da consagração dessa segunda posição doutrinária. A inserção do poder de controle no *caput* do art. 118 denota a possibilidade de seus efeitos serem produzidos em todos os demais órgãos sociais.

Embora o art. 116 já caracterizasse o poder de controle como o também adquirido pelo acordo e o art. 118 já disciplinasse o acordo de voto, de modo que o exercício do poder de controle, a ser realizado por meio do voto, já poderia ser compreendido como regulado, a alteração legal evidenciou a possibilidade direta de produção dos efeitos nos demais órgãos da sociedade, notadamente os administrativos. A inclusão dos §§ 8º e 9º assegurou expressamente que o acordo de acionistas poderia disciplinar o exercício do direito de voto nos demais órgãos societários e como uma forma de disciplinar todas as consequências do exercício do poder de controle obtido.

4. PARTES LEGÍTIMAS

Como negócio jurídico, o acordo de acionistas exige que os contratantes sejam plenamente capazes ou tenham a incapacidade suprida, se absoluta, pela substituição da vontade pelo respectivo curador ou, se relativa, pela assistência do tutor.

Além da capacidade, que envolve uma inaptidão interna[15], exige-se uma particular legitimidade dos contrates, decorrente de uma relação do sujeito com o objeto do negócio. A legitimidade condiciona a oponibilidade dos efeitos desejados pelas partes frente a terceiros, ainda que o negócio jurídico permaneça eficaz entre as partes contratantes[16].

Para a produção de todos os efeitos societários pelo acordo de acionistas, pela Lei n. 6.404/76, exige-se dos contratantes a condição de acionistas. Sua falta não invalida o acordo, mas ele terá apenas efeitos *interpartes*.

Ainda que não figurassem como partes os administradores necessariamente, pois os acionistas que estivessem em tais posições poderiam disciplinar os respectivos direitos de voto enquanto tais, o poder de controle estenderia os efeitos dessa regulação do acordo para os demais órgãos sociais e vincularia os administradores eleitos nos termos do acordo, ainda que dele não tivessem figurado como partes.

Nas palavras de Bulgarelli, os controladores "certamente o fizeram para traçar uma política para a companhia obter o interesse social, nos seus três níveis, o que demanda uma orientação uniforme na conduta dos convenentes, quer como acionistas quer como administradores, pois, como é curial,

---

[13] BULGARELLI, Waldirio. Acordo de acionistas de companhia aberta. Extensão do voto vinculado aos membros do conselho de administração para assegurar a uniformidade na execução da política empresarial traçada pelo grupo de controle. *Questões atuais de direito empresarial*. São Paulo: Malheiros, 1995, p. 195.

[14] BULGARELLI, Waldirio. Acordo de acionistas de companhia aberta. Extensão do voto vinculado aos membros do conselho de administração para assegurar a uniformidade na execução da política empresarial traçada pelo grupo de controle. *Questões atuais de direito empresarial*. São Paulo: Malheiros, 1995, p. 199.

[15] RODRIGUES, Silvio. *Direito civil*: parte geral. 30. ed. São Paulo, Saraiva, 2000. v. I, p. 53, nota 37.

[16] JUNQUEIRA DE AZEVEDO, Antônio. *Negócio jurídico*: existência, validade e eficácia. São Paulo: Saraiva, 1986, p. 58-60.

Capítulo 9 • Acordo de acionistas

adquiriram a qualidade de controladores"[17]. A vinculação do administrador eleito nos termos do acordo, dessa forma, seria uma consequência lógica da necessidade de fixação dessa orientação uniforme, ainda que este possa não figurar como tal no acordo.

5. EFICÁCIA

Para que possa produzir todos os seus efeitos, a Lei n. 6.404/76 exigiu que alguns requisitos fossem preenchidos para garantir a publicidade ao acordo de acionistas.

Como negócio jurídico, o acordo de acionistas vale entre as partes. A vinculação de vontade obriga os contratantes independentemente de quaisquer formalidades.

O princípio da relatividade veda que efeitos diretos do negócio jurídico repercutam sobre a esfera de terceiros não contratantes. Apenas efeitos indiretos decorrentes do reconhecimento da contratação, mas não obrigações, podem recair sobre a esfera de terceiros não contratantes[18].

Esse reconhecimento do acordo e a produção dos efeitos reflexos perante terceiros exigiram que fosse conferida publicidade ao acordo de acionistas. Sem os requisitos de publicidade exigidos, o acordo permanece válido e eficaz perante as partes contratantes. Apenas perante os demais acionistas e terceiros é que o acordo não poderá ser oposto. Dessa forma, "uma vez que o registro acima indicado não é condição de validade e eficácia do acordo entre as partes, mas requisito para que se possa vincular a sociedade e terceiros ao pactuado, não se trata de dever legal imposto às partes, mas de ônus que deverão cumprir caso desejarem que o ajuste produza os efeitos reflexos previstos em lei"[19].

Para que esses efeitos reflexos possam ocorrer e essa relação jurídica possa ser reconhecida por aqueles que não são partes, o acordo deverá contar com as partes legitimadas, versar sobre uma das quatro matérias específicas e, por fim, ter a publicidade estabelecida na forma da lei preenchida.

Dois são os requisitos de publicidade estipulados pelo art. 118 da Lei n. 6.404/76.

O primeiro requisito é para a produção dos efeitos em face da companhia. Nos termos do art. 118, *caput*, os acordos tornar-se-iam oponíveis à companhia "quando arquivados na sua sede".

Na lição de Comparato, "o arquivamento do instrumento do acordo na sede da companhia procura estender à própria sociedade os efeitos da convenção naquilo em que ela entende, diretamente, com o seu funcionamento regular, isto é, o exercício do voto em assembleia"[20]. Da mesma forma, para Eizirik, "os efeitos decorrentes dos acordos de voto produzem-se essencialmente perante a companhia, na medida em que é no âmbito dos órgãos sociais que os convenentes e os administradores por eles indicados devem proferir o voto de acordo com as disposições pactuadas (...). Assim, o arquivamento do acordo de acionistas na sede social destina-se a impor à companhia a observância das cláusulas referentes ao exercício do direito de voto ou do poder de controle, impedindo-a de computar o voto manifestado em sentido contrário daquele previamente ajustado"[21].

O segundo requisito é para a produção dos efeitos em face de terceiros. Nos termos do art. 118, § 1º, "as obrigações ou ônus decorrentes desses acordos somente serão oponíveis a terceiros, depois de averbados nos livros de registro e nos certificados das ações, se emitidos".

---

[17] BULGARELLI, Waldirio. Acordo de acionistas de companhia aberta. Extensão do voto vinculado aos membros do conselho de administração para assegurar a uniformidade na execução da política empresarial traçada pelo grupo de controle. *Questões atuais de direito empresarial*. São Paulo: Malheiros, 1995, p. 195.

[18] LEÃES, Luiz G. p. de Barros. *Parecer, op. cit.*, p. 163.

[19] LEÃES, Luiz G. p. de Barros. *Parecer, op. cit.*, p. 164.

[20] COMPARATO, Fábio Konder. *Validade e eficácia de acordo de acionista, op. cit.*, p. 60.

[21] EIZIRIK, Nelson. Acordo de acionistas, arquivamento na sede social, vinculação dos administradores da sociedade controlada. *Revista de Direito Mercantil, Industrial e Econômico*, n. 129, p. 47, 2003.

Não se trata aqui mais de efeitos *interna corporis*. A publicidade assegurada pela averbação deveria produzir efeitos perante não acionistas, os quais seriam interessados na aquisição de ações emitidas pela sociedade e vinculados a um acordo de preferência para sua aquisição ou de compra e venda.

Em sentido contrário, Salomão Filho sustenta a concomitância das duas formas de publicidade, independentemente do tipo de acordo de acionistas. Para o autor, tanto os acordos que versassem sobre a compra e venda de ações ou a preferência para adquiri-las deveriam ser registrados na companhia, assim como também o acordo de voto deveria ser averbado nos livros de registro e nos certificados das ações. Ambos os acordos poderiam afetar os valores das ações e seriam relevantes para os adquirentes, de modo que deveria ser a todos assegurada a publicidade[22].

6. CUMPRIMENTO DAS OBRIGAÇÕES PREVISTAS NO ACORDO

Como acordo parassocial, realizado *a latere* do estatuto social, mas com a função de complementá-lo, os termos do acordo de acionistas, desde que devidamente arquivados e respeitem o interesse social, devem ser cumpridos pelos órgãos sociais.

Por conta desses efeitos, antes da alteração da Lei n. 6.404/76, a mesa da assembleia geral de acionistas, nesse sentido, deveria considerar ineficazes os votos proferidos pelos acionistas submetidos ao acordo de acionistas arquivado, se verificasse que os votos teriam sido proferidos contra os termos do acordo. Mas não só. Para Salomão Filho, "da mesma forma que cabe aos administradores zelar pelo respeito ao estatuto e à lei, inadmitindo votos contrários a estes, cabe a eles também zelar pelo cumprimento do acordo"[23].

O voto em contrariedade ao acordo não seria considerado inválido, pois não possuiria nenhum vício de vontade ou social. Por contrariar os termos do acordo de acionistas, o voto deveria ser considerado apenas ineficaz. Como o presidente da assembleia não poderia inicialmente alterar o sentido do voto proferido contrariamente ao acordo, caberia a ele simplesmente suspender a deliberação para permitir aos interessados submeterem a matéria à decisão judicial[24]. Haverá a anulabilidade da deliberação assemblear somente se o voto não computado, por contrariar os termos do acordo, fosse determinante para reverter o sentido da deliberação tomada[25].

A mera suspensão da deliberação e a exigência de recurso ao Poder Judiciário comprometiam a exequibilidade e eficácia do acordo de acionistas convencionado e poderiam prejudicar o desenvolvimento regular das atividades corporativas.

Para tornar o cumprimento das obrigações convencionadas mais efetivo, permite a lei a execução específica de suas obrigações, nos termos do art. 118, § 3º. Pela execução específica, prevista desde a redação originária da lei, o acionista não ficaria adstrito à indenização das perdas e danos decorrentes de um descumprimento das obrigações de voto. A execução específica das obrigações

---

[22] SALOMÃO FILHO, Calixto. *O novo direito societário*. 2. ed. São Paulo, Malheiros, 2002, p. 105.

[23] SALOMÃO FILHO, Calixto. *O novo direito societário*. 2. ed. São Paulo, Malheiros, 2002, p. 105; compartilha desse posicionamento GUERREIRO, José Alexandre Tavares. Execução específica do acordo de acionistas. *Revista de Direito Mercantil, Industrial e Econômico*, n. 41, p. 67, 1981. Em sentido contrário, ainda antes da Lei n. 10.303/2001: Celso Barbi Filho. Para o autor, como não havia até então regra expressa para o não cômputo do voto, mesmo que o voto fosse proferido contrariamente ao acordo, não se poderia o presidente da assembleia deixar de computá-lo. Segundo o autor, "cabendo-lhe apenas suspender a deliberação ou devolver o conflito à assembleia, que decidirá por maioria, frustrando o acordo" (BARBI FILHO, Celso. *Acordo de acionistas, op. cit.*, p. 102-103).

[24] CARVALHOSA, Modesto. *Acordo de acionistas*. São Paulo: Saraiva, 2011, p. 246.

[25] GUERREIRO, José Alexandre Tavares. Execução específica do acordo de acionistas. *Revista de Direito Mercantil, Industrial e Econômico*, n. 41, p. 67, 1981. No mesmo sentido, COMPARATO, Fábio Konder. *Validade e eficácia de acordo de acionistas op. cit.*, p. 71; e CARVALHOSA, Modesto. *Acordo de acionistas*. São Paulo: Saraiva, 2011, p. 246.

Capítulo 9 • Acordo de acionistas

permite que o acionista requeira, mediante processo judicial, o suprimento judicial das obrigações de votar a que se vinculou o acionista, de modo que a sentença judicial produzirá todos os efeitos da declaração de vontade suprida e substituirá o voto do acionista.

Pela execução específica, estabelece o § 3º que "nas condições previstas no acordo, os acionistas podem promover a execução específica das obrigações assumidas". Nesse aspecto, os acionistas poderão, ainda que por manifestação judicial, exigir que a declaração de voto pactuada seja proferida após ter ocorrido a anulação da assembleia geral em que o voto fora fundamental para a obtenção ou não da maioria ou a suspensão pelo presidente do órgão social. "Assim, se A pretendeu vender suas ações, sem assegurar a preferência aos demais membros do acordo, estes poderão invalidar a transferência efetuada e, depositando o valor das ações, adquirilas coativamente"[26].

Convém anotar que, para Carvalhosa, "não se trata de execução do acordo de acionistas, tampouco de sentença ou decisão condenatória. O que existirá é um comando judicial ou arbitral em processo de conhecimento substitutivo da vontade da parte (sentença ou decisão arbitral constitutiva transitada em julgado), o qual dispensará ulterior processo executivo"[27]. A título de comentário, o mesmo autor nega que o acordo de acionistas possui natureza de título executivo extrajudicial. Conforme explica:

> Convém, desde logo, anotar que o acordo de acionistas, seja de voto (controle ou minoritário), seja de regular compra e venda de ações (opção ou preferência), não constitui título executivo extrajudicial. Por isso, não pode ser objeto do capítulo de execução de uma sentença terminativamente proferida. Insista-se: o acordo de acionistas não é, de per si, título extrajudicial, pelo que não se pode cogitar, a não ser por absoluta aberração, que possa ser provisoriamente executado, vale dizer, objeto de tutela antecipada ou ação cautelar[28].

Esse entendimento também é acompanhado por Celso Barbi Filho, o qual anota que "o acordo de acionistas não pode constituir título executivo extrajudicial. Ele tem natureza jurídica contratual e, para que sejam identificadas as obrigações dele decorrentes, é necessário que seja interpretado por quem tenha poder de dizer com quem está o direito naquela questão. Só depois é que tais obrigações poderão ser executadas especificamente. Verifica-se, assim, que a execução do acordo de acionistas é sempre precedida de uma fase jurisdicional cognitiva"[29].

No mesmo sentido, Marlon Tomazette ensina que "tratase de uma ação eminentemente constitutiva, na medida em que a sentença contém uma declaração que modifica uma situação jurídica anterior"[30].

Para uma contrária corrente doutrinária, o acordo assume a natureza de título executivo. Araken de Assis defende que a ação de execução é aquela que nasce, desde o princípio, com força executiva, portanto que possui eficácia imediata, e que gerará um ato aplicável exclusivamente ao patrimônio do vencedor. Usa em sua obra o exemplo da ação de despejo, na qual o domínio do imóvel não é de mais alguém além do locador. Nesse sentido, ensina: "exemplo ainda mais expressivo se encontra na sentença do art. 501, por sem dúvida executiva. Até autor italiano identificava, neste caso, atividade executiva na própria sentença, fenômeno inexplicável a partir da enumeração de apenas três classes de provimentos (declaratório, constitutivo e condenatório). No entanto, existindo o registro do

---

[26] TOMAZETTE, Marlon. *Curso de direito empresarial*: teoria geral e direito societário. São Paulo: SaraivaJur, 2024. v. 1, p. 236.

[27] CARVALHOSA, Modesto. *Acordo de acionistas*. São Paulo: Saraiva, 2011, p. 328-329.

[28] CARVALHOSA, Modesto. *Acordo de acionistas*. São Paulo: Saraiva, 2011, p. 364.

[29] BARBI FILHO, Celso. *Acordo de acionistas*. Belo Horizonte: Del Rey, 1993, p. 162.

[30] TOMAZETTE, Marlon. *Curso de direito empresarial*: teoria geral e direito societário. São Paulo: SaraivaJur, 2024. v. 1, p. 237.

pré-contrato, a pretensão do art. 501 é real, porque o registro outorga o direito real de aquisição (art. 1.225, VII, do CC)"[31].

Para essa corrente doutrinária, no caso, o título executivo "compõe o próprio ato decisório. É o que ocorre na espécie do art. 501 do NCPC"[32].

Não se trata, na execução específica, de condenação do signatário a proferir declaração de vontade. Pelo próprio Código de Processo Civil, a vontade do signatário será substituída pelo comando judicial, produzindo todos os efeitos da vontade suprida[33]. Conforme disserta Guerreiro, a finalidade objetiva da execução específica "será, pois, a de transformar coativamente o inadimplemento da obrigação contratada e descumprida em cumprimento equivalente, de sorte que o acionista faltoso, ao invés de se sujeitar ao interesse da parte contrária, vencedora da ação, tenha que cumprir o avençado, mesmo contra sua vontade, desde que o dever não cumprido tenha se caracterizado, na sentença, como bem efetivamente tutelado pelo direito"[34].

A demora do procedimento de execução específica, entretanto, impedia a plena proteção dos interesses convencionados. A necessidade de anulação da deliberação societária e o suprimento judicial da vontade da parte contratante impediam a satisfação tempestiva dos interesses protegidos.

Pela Lei n. 10.303/2001 tentou-se garantir maior segurança jurídica aos acordos e proteger efetivamente o desempenho do poder de controle. Para tanto, foi inserido o § 8º ao art. 118. Pelo dispositivo legal, conferiu-se expressamente ao presidente da assembleia geral a obrigação de não computar o voto proferido com infração do acordo devidamente arquivado na companhia. Assegurou-se também que os administradores eleitos nos termos do acordo de acionistas ficassem vinculados aos seus termos.

Nesse aspecto, além do presidente da mesa da assembleia, o dever de não computar o voto proferido com infração de acordo de acionistas foi imputado também ao presidente do "órgão colegiado de deliberação da companhia". Dessa forma, o presidente do conselho de administração e/ou da diretoria, quando esta atuar de maneira colegiada, tem a obrigação de não computar o voto contrário aos termos do acordo de acionistas arquivado na sede da companhia[35].

De forma a evitar a judicialização necessária e a mera suspensão das deliberações, houve a inserção do § 9º no art. 118 da Lei n. 6.404/76. O acordo de acionistas, pelo dispositivo legal, poderá ter

---

[31] ASSIS, Araken de. *Manual da execução*. 18. ed. São Paulo: Revista dos Tribunais, 2016, p. 128.

[32] ASSIS, Araken de. *Manual da execução*. 18. ed. São Paulo: Revista dos Tribunais, 2016, p. 145.

[33] ARAGÃO, Paulo Cezar. A disciplina do acordo de acionistas na reforma da Lei das Sociedades por Ações (Lei n. 10.303, de 2001). *In*: Lobo, Jorge (coord.). *Reforma da Lei das Sociedades Anônimas*. 2. ed. Rio de Janeiro, Forense, 2002, p. 372.

[34] GUERREIRO, José Alexandre Tavares. Execução específica do acordo de acionistas. *Revista de Direito Mercantil, Industrial e Econômico*, n. 41, p. 44, 1981. "A execução específica, com efeito, pode não configurar execução *stricto sensu*, como tal entendida aquela titulada nos termos dos arts. 583, 584 e 585 do CPC. Mas não deixa de ser execução, já por se localizar, na sistemática da lei processual, no título reservado aos processos de execução, já por resultar em provimento jurisdicional de efeitos concretos, consistentes nas prestações enunciadas nos arts. 639 e 641" (GUERREIRO, José Alexandre Tavares. Execução específica do acordo de acionistas. *Revista de Direito Mercantil, Industrial e Econômico*, n. 41, p. 48, 1981).

[35] A questão da vinculação dos administradores a acordos de acionistas vem ganhando relevância, especialmente em razão do significativo número de acordos vigentes que contêm previsões vinculantes do voto de membros do conselho de administração. Nesse sentido, pesquisa empírica realizada por Gorga e Gelman em 2012 constatou que, dos 58 acordos de acionistas vigentes à época nos segmentos especiais de listagem da BM&FBovespa, 40 continham previsões de vinculação do voto de conselheiros.

Em seu estudo, Gorga e Gelman criticam a vinculação dos membros do conselho de administração das companhias a acordos de acionistas, sustentando que estes estariam esvaziando a competência de tal órgão de administração, por estarem "operando, de fato e de forma crescente, como um instrumento de anulação do dever de independência e comprometimento do pleno exercício das funções do conselho de administração. Neste contexto, o interesse do controlador representado no acordo de acionistas não pode ser presumido como de acordo com o interesse social da companhia". GORGA, Érica; GELMAN, Marina. O esvaziamento crescente do conselho de administração como efeito da vinculação de seu voto a acordos de acionistas no Brasil. Disponível em: http://www.ibgc.org.br/userfiles/files/1o_Colocado.pdf.

Capítulo 9 • Acordo de acionistas

seu cumprimento exigido pelos próprios acionistas contratantes. Além do voto contrário não ser computado pelos presidentes da assembleia ou dos órgãos de administração, a abstenção de voto ou o não comparecimento de um dos acionistas vinculados ao acordo ou administrador eleito nos termos deste em quaisquer dos órgãos sociais asseguram "à parte prejudicada o direito de votar com as ações pertencentes ao acionista ausente ou omisso e, no caso de membro do conselho de administração, pelo conselheiro eleito com os votos da parte prejudicada".

Para Bertoldi, o dispositivo deveria ser considerado inconstitucional por violar o monopólio da jurisdição por parte do Poder Judiciário. Segundo o autor, "não há que se admitir a alegação de que o signatário do acordo de acionistas que se sente prejudicado está exercendo a 'autotutela', nos termos permitidos por nosso direito, como ocorre nas hipóteses de exercício do direito de retenção de benfeitorias necessárias e úteis por parte do possuidor de boa-fé, ou então o direito de não cumprir obrigação assumida em contrato bilateral na hipótese de inadimplemento da outra parte. Em nenhuma das situações estamos diante da substituição da vontade do inadimplente por um terceiro que se sente prejudicado pela ação ou omissão do inadimplente. Uma coisa é o exercício legítimo de um direito independentemente da manifestação prévia do Poder Judiciário, outra completamente diferente é exercer um direito (direito de voto) em nome de outra pessoa, sem sua expressa concordância. Repita-se, o poder de se substituir à vontade de qualquer dos signatários de acordo de acionista pertence exclusivamente ao Estado-juiz"[36].

Entretanto, em posição majoritária, sustenta-se que o § 9º não violaria o princípio da inafastabilidade da tutela jurisdicional, "pois a norma em questão não afasta a matéria da apreciação do Poder Judiciário, não obstante provocar inversão de papéis na lide; a parte do acordo prejudicada pela ausência ou abstenção de voto, ou seja, a própria comunhão dos controladores, que deveria figurar como autora na execução específica judicial do acordo, agora passará a ser ré em eventual demanda proposta pela parte que se absteve de votar ou se ausentou"[37].

Pela nova redação dos dispositivos, não se exige necessariamente mais o recurso ao Poder Judiciário diante de uma violação ao acordo de acionistas. Eventual não comparecimento, abstenção ou manifestação de voto contrário aos termos assegura, de maneira imediata, o cumprimento dos termos do acordo.

A substituição do voto ocorre mesmo que o acionista não tenha comparecido à deliberação, porque manifestou previamente sua vontade e vinculou-se à declaração de voto. Essa prévia vinculação permite que haja a substituição de seu voto na assembleia, como forma de cumprir o convencionado[38].

Ainda que o § 9º somente se refira à substituição de voto quando houver a abstenção ou o não comparecimento, a possibilidade de substituição deve também ser estendida à hipótese de voto contrário aos seus termos. Nesse aspecto, Pontes de Miranda considera o exercício do voto tanto como um *facere* como um *non facere*[39], de modo que o não comparecimento se equipararia ao inadimplemento.

Pela mesma razão, Aragão sustenta a interpretação extensiva do § 9º. O voto deveria ser substituído por um voto de algum signatário do acordo na hipótese de o votante ter manifestado voto

---

[36] BERTOLDI, Marcelo M. (coord.). *Reforma da Lei das Sociedades Anônimas*. 2. ed. São Paulo: Revista dos Tribunais, 2002, p. 95.

[37] CARVALHOSA, Modesto. *Comentários à Lei de Sociedades Anônimas*. 3. ed. São Paulo: Saraiva, 2002, v. 3, p. 544.

[38] CARVALHOSA, Modesto. *Comentários à Lei de Sociedades Anônimas*. 3. ed. São Paulo: Saraiva, 2002, v. 3, p. 538.

[39] PONTES DE MIRANDA, José Cavalcanti. *Tratado de direito privado*. 2. ed. Rio de Janeiro: Borsoi, 1964, p. 298.

contrário aos termos pactuados, independentemente da necessidade de suspensão da assembleia ou da deliberação do órgão coletivo de administração[40].

Logo, desde que o arquivamento tenha sido realizado, o descumprimento do acordo pela declaração de voto em sentido diverso do acordado ou o não comparecimento do votante exigem que o presidente da assembleia geral ou do órgão colegiado de deliberação da companhia, de modo que aplicável ao presidente do conselho de administração e à diretoria, não compute o voto proferido e assegure à parte prejudicada o direito de votar com as ações pertencentes ao acionista ausente ou omisso e, no caso de membro do conselho de administração, pelo conselheiro eleito com os votos da parte prejudicada (art. 118, §§ 8º e 9º, da LSA).

7. VINCULAÇÃO DOS ADMINISTRADORES E O INTERESSE SOCIAL

Pelos §§ 8º e 9º do art. 118 da LSA, os administradores eleitos nos termos do acordo de acionistas devem votar nos órgãos deliberativos nos termos do acordo, que os vincula. A vinculação aos termos do acordo de acionistas, entretanto, apenas ocorrerá se o acordo de acionistas não violar o interesse social.

Conforme art. 154 da LSA, o administrador exerce uma *função* na companhia. Seus poderes são atribuídos pelo ordenamento jurídico para "lograr os fins e no interesse da companhia". Por essa razão, o § 1º do art. 154 determina que o administrador eleito por grupo ou classe de acionistas tem, para com a companhia, os mesmos deveres que os demais, não podendo, ainda que para defesa do interesse dos que o elegeram, faltar a esses deveres.

Apenas dentro desse interesse social o administrador judicial, nesses termos, ficaria vinculado ao acordo. Reforça o argumento o fato de que o próprio acordo de acionistas não poderá eximir o acionista expressamente da responsabilidade do exercício do direito de voto ou do poder de controle (art. 118, § 2º), os quais devem ser exercidos no interesse da companhia (art. 115) e devem fazer a companhia realizar seu objeto e cumprir sua função social (art. 116).

Nas definições de Jaeger[41] e Mignoli[42], o interesse social deve ser caracterizado como o interesse de um hipotético sócio médio. Consiste na vontade de um sócio livre de interesse extrassocial. O interesse social decorreria da comunhão voluntária de interesses a alcançar o objetivo comum que motivou os sócios a constituírem a sociedade, consistente na maximização da utilidade pessoal através da comunhão coletiva de esforços e capitais. Dessa forma, o interesse social deve se pautar no escopo-meio de adequação dos meios necessários à obtenção de dividendos pela companhia e no escopo-fim de distribuição de dividendos.

Apenas dentro dos limites dessa comunhão de interesses dos acionistas e que molda o interesse social é que o princípio majoritário dos votos poderia especificar a melhor vontade da companhia para atendê-lo e como forma de efetivar o contrato plurilateral com a ulterior especificação da vontade dos contratantes diante de um caso concreto.

Por consequência, a vinculação do administrador ao acordo de acionista somente ocorrerá se ele estiver compreendido dentro do interesse social. Nesse mesmo sentido, Aragão sustenta que "dir-se--ia talvez que essa nova disposição representa contradição insanável com o já referido § 1º do art. 154

---

[40] Segundo o autor, "havendo mandatário indicado e presente, o presidente deverá abster-se de computar, ao amparo do § 8º, o voto do acionista mandante inadimplente e computar o voto do mandatário, no sentido do convencionado" (ARAGÃO, Paulo Cezar. A disciplina do acordo de acionistas na reforma da Lei das Sociedades por Ações (Lei n. 10.303, de 2001). *In*: Lobo, Jorge (coord.). *Reforma da Lei das Sociedades Anônimas*. 2. ed. Rio de Janeiro, Forense, 2002, p. 374).

[41] JAEGER, Pier Giusto. *L'interesse sociale*. Milano: Giuffrè, 1972, p. 93.

[42] MIGNOLI, Ariberto. L'interesse sociale. *Rivista delle Società*. Milano: Giuffrè, 1958, p. 743.

Capítulo 9 • Acordo de acionistas

da lei, quanto ao fato de que o conselheiro sempre deve votar no interesse da companhia, mas a objeção não tem procedência, já que permanece em vigor a regra do § 2º do art. 118, quanto ao fato de que o acordo de acionistas não exime o acionista da responsabilidade no exercício do direito de voto ou pelo poder de controle"[43].

Dessa forma, se o acordo estiver em evidente conflito com o interesse social, o administrador não estará vinculado aos seus termos. Entretanto, se dentro do interesse social, o administrador eleito nos termos do acordo fica vinculado por seu voto, sob pena de responsabilizar-se solidariamente pelos prejuízos que vier a causar a companhia e a terceiros.

8. A CESSÃO DAS AÇÕES E A VINCULAÇÃO DO TERCEIRO ADQUIRENTE AOS TERMOS DO ACORDO

Inicialmente, reitera-se que, no sentido formal, apenas os acionistas poderão figurar como partes constitutivas do acordo de acionistas[44]. Além disso, como se sabe, o acordo de acionista pode ter como objeto a compra e venda das ações entre os próprios acionistas. Ao versar sobre a compra e venda das ações entre os acionistas ou sobre a preferência para a aquisição de ações, os acordos de acionistas são chamados de acordos de bloqueio. Tais acordos objetivam a manutenção das posições acionárias entre os próprios integrantes do acordo, impedindo que terceiros aumentem suas posições acionárias em comparação ao grupo, ou mesmo evitando o ingresso de terceiros na companhia.

Os acordos de bloqueio podem ser realizados tanto nas companhias abertas quanto nas companhias fechadas. Nas companhias abertas, o acordo de bloqueio impede que as ações averbadas nos termos do acordo sejam negociadas em bolsa ou no mercado de balcão (art. 118, § 3º, da LSA).

Pela composição, as partes no acordo de acionistas podem se comprometer a apenas vender suas ações a terceiros após oferecê-las aos membros do pacto. A garantia da convenção é realizada pela própria companhia, que não aceitará a transferência das participações caso contrária ao pacto parassocial, desde que este preencha os critérios para ser oposta à própria companhia e a terceiros.

Excetuado o exposto *supra*, o acionista poderá livremente ceder suas ações. Nesse cenário, surge a dúvida: o acordo de acionistas vincula os terceiros adquirentes das ações?

Observando o tema pelo ponto de vista do direito civil, conforme o princípio da relatividade dos efeitos do contrato (*res inter alia*), estes deverão vincular apenas aqueles que o negociaram. Como explica Paulo Lôbo, esse princípio é corolário da autonomia privada negocial, porque "significa que o contrato apenas obriga e vincula suas próprias partes, não podendo ser oponível a terceiros"[45]. Importa salientar que esse princípio comporta exceções, como é o caso dos herdeiros, consumidor por equiparação e tutela externa de crédito.

---

[43] ARAGÃO, Paulo Cezar. A disciplina do acordo de acionistas na reforma da Lei das Sociedades por Ações (Lei n. 10.303, de 2001). *In*: Lobo, Jorge (coord.). *Reforma da Lei das Sociedades Anônimas*. 2. ed. Rio de Janeiro, Forense, 2002, p. 50; CARVALHOSA, Modesto. *Comentários à Lei de Sociedades Anônimas*. 3. ed. São Paulo: Saraiva, 2002, v. 3, p. 540.

[44] "No que respeita às partes, cabe, desde logo, invocar a distinção entre parte em sentido formal e parte em sentido substancial. Assim, em sentido formal apenas os acionistas poderão figurar como partes constitutivas do acordo de acionistas. Não cabe, portanto, à própria sociedade, no sentido formal, e muito menos os seus administradores e terceiros figurarem como partes em tal avença, não obstante ser a companhia parte em sentido substancial nos acordos de controle. E nos acordos de bloqueio (preferência e opção) a companhia será parte também formal quando for titular de direito de preferência na aquisição de ações, par a mantê-las em tesouraria (art. 30 da lei societária). Isto posto, no acordo de acionistas, devem as partes ser, todas, titulares de ações. Incluem-se aí os titulares de direitos referentes às ações, que é o caso dos usufrutuários e dos fideicomissário (CARVALHOSA, Modesto. *Acordo de acionistas*. São Paulo: Saraiva, 2011, p. 30-31).

[45] LOBO, Paulo. *Direito civil*: contratos. São Paulo: SaraivaJur, 2024. v. 3, p. 26.

Contrariamente, há cláusulas que preveem a vinculação do terceiro, pela justificativa de que as ações em si estão vinculadas ao acordo, independentemente do seu titular. Sendo assim, os acionistas estariam indiretamente vinculados, sendo, em realidade, diretamente vinculadas apenas as ações[46].

Entretanto, como o acordo de acionistas é um contrato parassocial, deve-se reconhecer a aplicação dos princípios do direito civil, dentre os quais figura a relatividade dos efeitos do contrato[47]. Não é outra a posição de Celso Barbi Filho, o qual conclui que "o acordo de acionistas tem caráter civil e, em função disso, sua validade, antes e depois da lei societária de 1976, é submetida às normas de direito comum, a par das regras gerais do direito societário"[48].

No mesmo sentido Rescio, para quem o acordo de acionista refere-se à pessoa do sócio. O vínculo, no caso do acordo de acionista, faz-se diretamente em razão da pessoa e não pelo simples fato de ser sócio da sociedade. Desse modo, referido vínculo não pode ser estendido ao adquirente de participação social de sócio vinculado ao acordo parassocial[49]. É o posicionamento majoritário da jurisprudência[50].

9. EXTINÇÃO DO ACORDO DE ACIONISTA

O acordo de acionistas poderá ser pactuado tanto por prazo determinado quanto por prazo indeterminado. Em ambos os casos a vigência entre as partes se inicia no momento em que foi firmado. Já a vigência perante terceiro e junto à companhia se inicia a partir do arquivamento em sua sede social[51].

---

[46] Disponível em: https://www.conjur.com.br/2023-ago-11/valle-muricy-terceiros-adquirentes-acordo-acionistas/. Acesso em: 04 jul. 2024.

[47] Nesse sentido, cita-se Nelson Eizirik, segundo o qual "na interpretação do acordo de acionistas, 2 (dois) princípios fundamentos do direito obrigacional devem ser priorizados: (i) autonomia da vontade; e (ii) obrigatoriedade da convenção. A autonomia da vontade apresenta-se sob duplo aspecto: a liberdade de contratar, que constitui a faculdade de concluir ou não determinado contrato; e a liberdade contratual, que é a possibilidade de as partes estabelecerem o conteúdo do contrato. Já o princípio da obrigatoriedade da convenção, limitado apenas pela escusa do caso fortuito, da força maior e da imprevisão, significa que as partes devem fielmente cumprir o pactuado, como se fosse lei, do qual decorre importante consequência: a relatividade das obrigações, que alcançam apenas e tão somente os contratantes. Não há, em princípio, normas de ordem pública aplicáveis, mesmo no caso de o acordo versar sobre ações de companhia aberta, uma vez que são apenas os interesses patrimoniais dos acionistas contratantes que estão em jogo. Os acionistas são inteiramente livres para convencionar ou não o acordo, assim como para estabelecer o seu conteúdo, uma vez que a Lei das S.A. não esgota a relação de matérias que dele podem constar; os limites são apenas a licitude do objeto e a conformidade ao interesse social. O pactuado entre as partes — e somente entre elas — deve ser fielmente seguido, o que justifica a previsão legal de sua execução específica. Assim, na interpretação dos acordos de acionistas devem ser enfatizados (1) o cumprimento das obrigações pactuadas, já que o foram livremente; e (2) a aplicação de seus termos apenas às partes contratantes, exceto no caso do acordo de controle, que pode gerar efeitos para outras companhias vírgulas, 'em cascata'".

[48] BARBI FILHO, Celso. *Acordo de acionistas*. Belo Horizonte: Del Rey, 1993, p. 77-78.

[49] RESCIO, G. A. La distinzione del sociale dal parasociale. *Rivista delle Società*, f. 2, p. 640-641, 1991. Ressalta-se que, na opinião de Comparato, na medida em que o pacto é oponível à companhia e aos terceiros no direito brasileiro, esses não poderiam alegar o desconhecimento do pacto ao adquirirem ações a este vinculadas. Os terceiros ficariam vinculados às obrigações oriundas do pacto desde o momento em que adquirirem as ações. Nas palavras do próprio autor, "as estipulações dos acordos acionários aderem aos valores mobiliários, constituindo parte do complexo de deveres, ônus e responsabilidades que compõem o lado passivo da situação jurídica do acionista. Quer isso dizer que a transferência das ações, gravadas com estipulações de acordos de acionistas regularmente registrados, importa na automática transferência de deveres, ônus e responsabilidades estipulados nesses pactos" (COMPARATO, Fábio Konder. *Acordo de acionistas e interpretação do art. 118 da lei das S/A, op. cit.*, p. 37).

[50] "Acordo de acionistas — Pretendida invalidade porque firmado por inventariante após o trânsito em julgado da partilha das ações — Nulidade tão somente da participação das herdeiras não signatárias, mantidos os termos da avença em relação ao então inventariante — Inteligência do art. 153 do Código Civil — Parte válida que, separada da invalidade, não desnatura a vontade livremente manifestada pelos demais pactuantes — Não comprovação de que uma das partes não teria contratado, se o negócio não pudesse valer na sua totalidade — Aplicação do princípio da vontade hipotética ou conjectural das partes — Decisão mantida — Recurso improvido" (TJSP, 2ª Câmara de Direito Privado, Apelação com revisão n. 0068262-47.1996.8.26.0000, Rel. Francisco de Assis V. Pereira, j. 17-3-1998).

[51] MATTOS FILHO, Ary Oswaldo. *Direito dos valores mobiliários*. Rio de Janeiro: FGV, 2015, p. 479.

9.1. Acordo de acionista por prazo determinado

Conforme determina o § 6º do art. 118 da LSA, o acordo que tiver prazo fixado em função de termo ou condição resolutiva somente poderá ser denunciado de acordo com suas estipulações. Além disso, como qualquer contrato, transcorrido o período contratado, o vínculo será desfeito.

Nesse sentido, explica-se que o termo é um acontecimento futuro e certo que determina o início ou término da eficácia jurídica de um ato negocial. Ao seu turno, a condição é um elemento acidental do negócio jurídico que consiste em um evento futuro e incerto, através do qual os efeitos jurídicos de um negócio se sujeitam ou se resolvem[52].

Sendo assim, a determinação de que o termo ou condição resolutiva representam formas de prazo de vigência do acordo de acionistas tem a intenção de impedir a resilição unilateral antes de sua ocorrência[53].

Mesmo assim, o acordo poderá ser denunciado, antes do prazo ou condição, em razão de ocorrência de situação prevista anteriormente no acordo. Por isso, Ary Oswaldo Mattos Filho entende que "tal comando se torna importante na medida em que significará o desmanche dos interesses que motivaram a sua constituição. Mais relevante ainda se torna o perfeito entendimento de quais serão as cláusulas resolutivas, as quais, uma vez ocorridas terminarão com o vínculo obrigacional criado pelo acordo. Sua ocorrência deverá estar clara e detalhadamente prevista no pacto para se evitar discussões penosas ou mesmo perigosas para a vida da companhia"[54].

Como contrato parassocial e dependente do contrato social ou estatuto da sociedade, ainda que o contrato seja estabelecido por prazo determinado, deve ser aplicada a possibilidade de sua rescisão por motivo justificado antes do termo. A rescisão antes do tempo pactuado poderá ocorrer tanto por vontade das partes quanto por decisão judicial provocada por parte irresignada com sua permanência. Importante esse apontamento, na medida em que a saída do signatário irresignado, nessa segunda hipótese, ocorrerá quando fortemente motivada pela quebra da confiança ou inconveniência de continuar no acordo. Esse cenário pode ser descrito pela perda da *affectio societatis*. Assim, diante do grau da desavença e possíveis consequências dela, o judiciário analisará e julgará pela extinção (ou não) do acordo de tempo determinado[55].

A justa causa para a rescisão do contrato deverá ser comprovada em juízo ou em laudo arbitral (se tiver sido convencionado). Dessa forma, presente a motivação, o pretendente a se retirar deverá notificar os demais, conferindo prazo para o consentimento ou não – nesta última hipótese, restará ao retirante se socorrer de decisão judicial ou arbitral[56].

Em igual sentido, para Carlos Augusto Lobo, na presente modalidade, a retirada de uma das partes somente será admitida por decisão judicial e deverá ser fundada em motivo justo[57]. Para além da retirada de uma das partes, Lobo entende que o acordo por prazo determinado só pode ser resol-

---

[52] GAGLIANO, Pablo S.; PAMPLONA FILHO, Rodolfo Mário Veiga. *Novo curso de direito civil*: parte geral. São Paulo: SaraivaJur, 2024, v.1, p. 179-182.

[53] LOBO, Carlos Augusto da Silveira. Acordo de acionistas. *In*: LAMY FILHO, Alfredo; PEDREIRA, José Luiz Bulhões (org.). *Direito das companhias*. Rio de Janeiro: Forense, 2009, p. 489.

[54] MATTOS FILHO, Ary Oswaldo. *Direito dos valores mobiliários*. Rio de Janeiro: FGV, 2015, p. 480.

[55] MATTOS FILHO, Ary Oswaldo. *Direito dos valores mobiliários*. Rio de Janeiro: FGV, 2015, p. 481.

[56] MATTOS FILHO, Ary Oswaldo. *Direito dos valores mobiliários*. Rio de Janeiro: FGV, 2015, p. 482.

[57] LOBO, Carlos Augusto da Silveira. Acordo de acionistas. *In*: LAMY FILHO, Alfredo; PEDREIRA, José Luiz Bulhões (org.). *Direito das companhias*. Rio de Janeiro: Forense, 2009, p. 497.

vido antes do termo por meio do consenso unânime das partes ou por decisão judicial, a requerimento de qualquer dos sócios, quando verificada sua inexequibilidade[58].

9.2. Acordo de acionista por prazo indeterminado

De forma geral, o término do acordo associativo de prazo indeterminado se realiza por deliberação da maioria absoluta das partes, contando-se os votos na proporção das respectivas ações vinculadas[59].

No que se refere à resilição unilateral, é possível apontar duas correntes, quais sejam: (1) possibilidade de se retirar pelo fato de que não há obrigação eterna; (2) extinção do vínculo por motivo forte, isto é, pela quebra da *affectio societatis*.

No que se refere à primeira posição, Celso Barbi Filho, por exemplo, aponta que "a razão está com a corrente que entende que o acordo de acionistas, que vigore ou venha a vigorar por prazo indeterminado, é passível de resilição unilateral. Tal conclusão se revela mais compatível com toda a construção doutrinária existente sobre o instituto. Com efeito, o acordo de acionistas percorreu um longo caminho até que sua licitude fosse aceita, e dentre os principais argumentos contrários à sua validade estavam, justamente, a manutenção da unidade entre a propriedade da ação e o direito de voto dela decorrente, a proteção à liberdade de voto e a prevalência do método da assembleia geral nas deliberações sociais"[60].

Nesse sentido, conclui Celso Barbi que "admitir-se que o acordo por prazo indeterminado não seja passível de resilição unilateral seria dar caráter de perpetuidade à vinculação contratual do voto, e devolver, por consequência, a razão àqueles que, em tempos idos, propugnavam pela ilicitude das convenções de acionistas"[61].

Na mesma direção, cita-se José Waldecy Lucena, segundo o qual "ninguém há de se vincular *ad aeternum*. A exigência de que o contratante somente possa se liberar se alegar e provar ocorrência de justa causa ou quebra de *affectio societatis* é atentatória da liberdade humana. Situação que ainda mais se agrava se há restrições a que se desfaça de suas ações"[62-63].

Por outro lado, concepção adversa pretende a impossibilidade de resilição mesmo nos contratos com prazo indeterminado.

Modesto Carvalhosa, que se filia a essa posição, entende que, em função da natureza plurilateral dos acordos de controle e dos pactos de voto dos minoritários, não prevalece o princípio da rescindibilidade, mas sim o da dissolução. Assim sendo, conforme explica, não cabe o instituto da rescisão, próprio dos contratos bilaterais. Por isso, se "a avença for por prazo indeterminado, sua dissolução

---

[58] LOBO, Carlos Augusto da Silveira. Acordo de acionistas. *In*: LAMY FILHO, Alfredo; PEDREIRA, José Luiz Bulhões (org.). *Direito das companhias*. Rio de Janeiro: Forense, 2009, p. 497.

[59] LOBO, Carlos Augusto da Silveira. Acordo de acionistas. *In*: LAMY FILHO, Alfredo; PEDREIRA, José Luiz Bulhões (org.). *Direito das companhias*. Rio de Janeiro: Forense, 2009, p. 497.

[60] BARBI FILHO, Celso. *Acordo de acionistas*. Belo Horizonte: Del Rey, 1993, p. 206.

[61] BARBI FILHO, Celso. *Acordo de acionistas*. Belo Horizonte: Del Rey, 1993, p. 207.

[62] LUCENA, José Waldecy. *Das sociedades anônimas*: comentários à lei (arts. 1º a 120). Rio de Janeiro: Renovar, 2009. v. 1, p. 1151.

[63] Carlos Augusto Lobo, ao seu turno, aplicando, por analogia, aos contratos associativos as normas referentes à resolução e dissolução das sociedades, entende que em acordos de prazo indeterminado qualquer das partes poderá se retirar unilateralmente, por meio de notificação às demais partes, com antecedência mínima de 60 (sessenta) dias (art. 1.029 do CC) – ressalta-se que o acordo não terá sua vigência alterada, o que significa que continuará vinculando as demais partes (LOBO, Carlos Augusto da Silveira. Acordo de acionistas. *In*: LAMY FILHO, Alfredo; PEDREIRA, José Luiz Bulhões (org.). *Direito das companhias*. Rio de Janeiro: Forense, 2009, p. 496).

será sempre motivada, ou seja, pela quebra da *affectio* ou por deslealdade ou, ainda, por tempo excessivo que descaracterize o seu objeto"[64].

Por isso, Carvalhosa conclui que "não há nesses contratos, tipicamente plurilaterais, a possibilidade de extinguirem-se automaticamente, por denúncia unilateral, ainda que motivada. A denúncia será objeto de lide, fundada em justa causa, ou seja, *v.g.*, a quebra da *affectio*, ou dissídio de vontades das partes ou pela interpretação conflitante das cláusulas relevantes do pacto, ou abuso ou desvio de direito na sua execução"[65].

De fato, toda a discussão versa sobre o art. 473 do CC, que estabelece que a resilição unilateral dos contratos será admitida nos casos em que a lei expressa ou implicitamente o permita e opera-se mediante denúncia notificada à outra parte. O art. 118 da Lei n. 6.404/76, entretanto, não permite nenhuma interpretação de que a resilição é permitida sobre o acordo de acionista, o que fortalece a primeira posição e equipara as hipóteses de acordo com prazo determinado dos acordos com prazo indeterminado para o fim de analisar a possibilidade de rescisão por vontade manifestada de um dos contratantes.

---

[64] CARVALHOSA, Modesto. *Acordo de acionistas*. São Paulo: Saraiva, 2011, p. 65.

[65] CARVALHOSA, Modesto. *Acordo de acionistas*. São Paulo: Saraiva, 2011, p. 65.

Capítulo 10
CONTRATO DE SEGURO

1. RETROSPECTIVA HISTÓRICA

Como o risco é imprescindível ao desenvolvimento da atividade empresarial[1], o contrato de seguro surge como uma forma de mitigá-lo e permitir ao empresário a proteção no desenvolvimento de suas atividades.

A partir do contrato de seguro, as eventuais perdas poderiam ser suportadas pelo empresário protegido e não mais necessitavam ser rateadas entre todos os parceiros comerciais e investidores do empreendimento arriscado, em detrimento de toda a atividade empresarial[2].

A origem do contrato pode ser apontada por duas teorias. A primeira postula que o contrato de seguro teria se originado das atividades mercantis dos cameleiros nômades que percorriam o deserto inóspito para a compra e venda de animais. Para evitar que na travessia do deserto referidos cameleiros perdessem o camelo, teriam firmado acordo de cooperação entre os cameleiros para que pudessem prestar mútuo auxílio, de modo que a perda seria suportada por todos e não por apenas um deles[3].

Por seu turno, para uma segunda corrente, o contrato de seguro teria surgido no comércio marítimo fenício. Para proteger as embarcações e as cargas de eventuais prejuízos, os fenícios celebravam contratos entre os diversos donos de embarcações para que ressarcissem o dano causado a um deles, diluindo entre todos esses prejuízos[4]. Sob essa concepção, Sílvio Venosa sustenta que "em sua fase inicial, o seguro cobria os navios e as respectivas cargas. A insegurança das viagens aguçou o espírito dos negociantes a especular sobre o risco. O contrato de seguro com os contornos atuais foi surgindo paulatinamente, em decorrência das necessidades sociais, como sói acontecer com os institutos de origem mercantil"[5].

Embora de início anterior, foi a partir do declínio do período renascentista no século XVI que o contrato de seguro passou a ser disciplinado de forma sistêmica, com a criação de uma série de legislações em toda a Europa.

Ainda que tenha ocorrido a disseminação do contrato de seguro ao final do século XVII, com as companhias de seguros Fire Office, a Royal Exchange e a Lloyd's Coffee, esta última em 1692, seu surgimento no Brasil somente ocorre após a vinda da Família Real, em 1808, com o surgimento da Companhia de Seguros Boa-Fé[6].

Os contratos de seguro no Brasil, entretanto, não possuíam legislação específica até meados do século XIX. Eles eram regulados pelas disposições gerais dos contratos e pela convenção das partes.

---

[1] TZIRULNIK, Ernesto. O contrato de seguro. *In*: COELHO, Fábio Ulhoa (coord.). *Tratado de direito comercial*. São Paulo: Saraiva, 2015. v. 5, p. 395.

[2] SILVA, Ivan de Oliveira. *Curso de direito do seguro*. 2. ed. São Paulo: Saraiva, 2012, p. 29.

[3] SILVA, Ivan de Oliveira. *Curso de direito do seguro*. 2. ed. São Paulo: Saraiva, 2012, p. 26-27.

[4] SILVA, Ivan de Oliveira. *Curso de direito do seguro*. 2. ed. São Paulo: Saraiva, 2012, p. 27.

[5] VENOSA, Sílvio de S. *Direito civil*: contratos. Rio de Janeiro: Atlas, 2024. v. 3, p. 552.

[6] RIZZARDO, Arnaldo. *Contratos*. Rio de Janeiro: Forense, 2010, p. 852.

Capítulo 10 • Contrato de seguro

Somente em 1850, a partir do Código Comercial é que o contrato de seguro passou a ser disciplinado por legislação própria brasileira. Embora o código tenha sido revogado em sua segunda parte, pelo Código Civil de 1916, ainda vige a disciplina do seguro marítimo, regulada pelos arts. 666 a 730 do Código Comercial.

Tramitou no Congresso no fim de 2024 o PL n. 2.597/2024, que visou alterar a legislação relativa ao contrato de seguro. O PL n. 3.555, de iniciativa do Deputado Federal José Eduardo Cardozo, iniciou em 2004 e foi revigorado em 2017, pelo Projeto de Lei da Câmara n. 29. O PL n. 2.597/2024 foi sancionado e publicado no dia 10/12/2024, convertendo-se na Lei n. 15.040/2024.

Como a Lei n. 15.040/2024 revoga os dispositivos relativos aos contratos de seguro do Código Civil, ao longo do capítulo serão expostas tanto a disciplina anterior do Código Civil quanto a disciplina prevista no novo marco legal[7].

2. PRINCÍPIOS DO DIREITO DO SEGURO

O direito do seguro possui um conjunto de princípios próprios. Podem ser apontados os principais: (1) previdência, (2) mutualismo, (3) pulverização dos riscos, (4) garantia, (5) princípio da função socioeconômica, (6) licitude[8], (7) máxima boa-fé, (8) cooperação, (9) transparência, (10) da proibição de agravamento do risco, (11) mitigação dos danos sofridos, (12) indenitário, (13) equivalência entre prêmio e risco e (14) transindividualização de interesses[9].

O princípio da previdência é o que decorre da intenção do contratante em preservar pessoas ou coisas de seu interesse, protegendo-se de riscos futuros e incertos que lhes poderiam afetar[10].

O princípio do mutualismo é aquele que decorre do propósito da união de diversas pessoas para que, da união e da cooperação entre todos, resulte a proteção dos interesses do grupo e se previna que o prejuízo patrimonial recaia apenas sobre um dos membros, isoladamente[11]. Conforme Vinícius Mendonça, o princípio da mutualidade é decorrente do princípio da solidariedade (art. 3º da CF) e consiste no vínculo que motiva a criação de um fundo comum que será utilizado para custear possível reparação dos danos provocados por riscos que ataquem os interesses garantidos pelo contrato[12].

Além disso, o princípio da mutualidade orienta tanto a conduta dos segurados (que são obrigados a preservar as mesmas condições fáticas de risco) quanto a conduta da sociedade seguradora (que é obrigada a realizar o cálculo atuarial adequado com a finalidade de que as reservas constituídas sejam suficientes para garantir os riscos). Por isso, a modificação injustificada das características que levaram à criação do vínculo mutualístico afetará diretamente as condições de precificação de risco, além de afetar, consequentemente, a constituição das reservas. Em suma, a violação desse princípio prejudica as bases técnicas de liquidez e solvabilidade das seguradoras[13].

A pulverização dos riscos é justamente essa assunção dos riscos por todos os membros para suportar os prejuízos econômicos que poderiam afetar apenas um deles. O segurador administra os fundos formados pelo prêmio, a contribuição de todos os membros do grupo que pretendem a

---

[7] A Lei pode ser encontrada no *site* da Câmara dos Deputados: https://www2.camara.leg.br/legin/fed/lei/2024/lei--15040-9-dezembro-2024-796661-publicacaooriginal-173706-pl.html. Acesso em: 27 mar. 2025.

[8] SILVA, Ivan de Oliveira. *Curso de direito do seguro*. 2. ed. São Paulo: Saraiva, 2012, p. 37.

[9] MENDONÇA, Vinícius. *Curso de direito do seguro e resseguro*. Indaiatuba: Foco, 2024, p. 118-123.

[10] SILVA, Ivan de Oliveira. *Curso de direito do seguro*. 2. ed. São Paulo: Saraiva, 2012, p. 46.

[11] SILVA, Ivan de Oliveira. *Curso de direito do seguro*. 2. ed. São Paulo: Saraiva, 2012, p. 46-47.

[12] MENDONÇA, Vinícius. *Curso de direito do seguro e resseguro*. Indaiatuba: Foco, 2024, p. 118.

[13] MENDONÇA, Vinícius. *Curso de direito do seguro e resseguro*. Indaiatuba: Foco, 2024, p. 119.

proteção de interesses similares, de modo a assegurar que a prevenção ao risco de sinistro seja compartilhada entre todos os segurados[14]. É justamente essa pulverização a função do seguro, segundo Ulhoa Coelho, para quem é de sua essência "socializar entre as pessoas expostas a determinado risco as repercussões econômicas de sua verificação"[15].

Esse princípio evidencia que a sociedade seguradora precisará buscar meios adequados que possuam o condão de viabilizar o desenvolvimento da atividade. Em razão disso, afirma-se que a formação de redes de pulverização de riscos possui a finalidade de possibilitar tal atividade econômica. Na dinâmica jurídico-financeira, percebe-se que a técnica comumente utilizada para esse fim é a celebração de contratos de cosseguro e resseguro com outras sociedades empresárias, uma vez que permite o compartilhamento de riscos. Percebe-se, assim, que a cessão dos riscos consiste numa saída menos custosa para garantir o adimplemento das obrigações assumidas pela seguradora, além de possibilitar a ampliação da capacidade de absorver novos riscos[16].

Além de só poderem ser tutelados interesses lícitos, o princípio da garantia orienta que o segurador deverá ressarcir o prejuízo econômico suportado pela vítima do dano.

A função socioeconômica do seguro é a pretensão de permitir o desenvolvimento da atividade empresária e a proteção do patrimônio diante da ocorrência de sinistros[17].

O princípio da máxima boa-fé impõe que os contratantes, além de estarem vinculados na conclusão e execução do contrato, deverão cumpri-lo de forma honesta, adequada[18]. Esse princípio estava inscrito no art. 765 do CC e, como se lê, "o segurado e o segurador são obrigados a guardar na conclusão e na execução do contrato, a mais estrita boa-fé e veracidade, tanto a respeito do objeto como das circunstâncias e declarações a ele concernentes"[19].

Pelo princípio da cooperação, segurado e segurador deverão agir de forma ativa para a formação do contrato de seguro, bem como para a manutenção do equilíbrio técnico-atuarial. A cooperação é evidenciada em todas as etapas do contrato, através do cumprimento adequado das obrigações assumidas, quais sejam, a prestação de informações, execução de medidas técnicas e financeiras, entre outras.

O princípio da transparência tem como função assegurar que as partes se portarão de forma transparente: enquanto o segurado deverá revelar todas as informações e características acerca do interesse segurável e do risco sob os quais pode estar submetido, o segurador deverá expor, de forma clara, todas as exigências para a celebração do contrato, bem como as obrigações envolvidas. Em razão desse princípio, aliás, a omissão de dados fundamentais poderá implicar motivo justificável para a não cobertura por parte da segurada.

Intimamente relacionado com o princípio do mutualismo, tem-se o princípio da proibição do agravamento do risco. Este último parte da noção de que o segurado tem a obrigação de se portar ao longo de toda a relação dentro dos limites de conduta esperados por alguém na mesma situação. Como explica Vinícius Mendonça, esse princípio tem como objetivo a redução da probabilidade do risco moral (*moral hazard*), isto é, da "modificação do padrão comportamental do segurado que de

---

[14] SILVA, Ivan de Oliveira. *Curso de direito do seguro*. 2. ed. São Paulo: Saraiva, 2012, p. 47.

[15] COELHO, Fábio Ulhoa (coord.). *Tratado de direito comercial*. São Paulo: Saraiva, 2015. v. 5, p. 206.

[16] MENDONÇA, Vinícius. *Curso de direito do seguro e resseguro*. Indaiatuba: Foco, 2024, p. 119-120.

[17] SILVA, Ivan de Oliveira. *Curso de direito do seguro*. 2. ed. São Paulo: Saraiva, 2012, p. 47-48.

[18] MENDONÇA, Vinícius. *Curso de direito do seguro e resseguro*. Indaiatuba: Foco, 2024, p. 120.

[19] MENDONÇA, Vinícius. *Curso de direito do seguro e resseguro*. Indaiatuba: Foco, 2024, p. 121.

Capítulo 10 • Contrato de seguro

maneira proposital ou culposa influencia a alteração do perfil do risco que havia sido inicialmente informado ao segurador"[20].

Ao lado do princípio da proibição do agravamento do risco está o princípio da mitigação dos danos sofridos, uma vez que não é suficiente que o segurado busque evitar o risco, mas também deverá atuar de maneira ativa com o objetivo de minimizar os danos oriundos dos prejuízos que resultarem na hipótese em que verificado o risco. A finalidade é impedir que o segurado, de forma culposa ou não, aja de para auferir vantagens do dano resultante.

O princípio indenitário surge com o objetivo de "limitar os efeitos prejudiciais incidentes sobre um interesse segurável sob uma perspectiva eminentemente econômica"[21]. Noutros termos, o princípio garante que o segurado seja indenizado no limite do que sofreu com o dano, conforme os limites previstos pela apólice do seguro.

O princípio da equivalência entre risco e prêmio sugere que as obrigações e direitos da relação contratual deverão ser proporcionais, com objetivo de possibilitar que o valor do prêmio seja calculado em razão do interesse segurável submetido a um risco. Podia-se identificar esse princípio no art. 770 do CC, uma vez que, "salvo disposição em contrário, a diminuição do risco no curso do contrato não acarreta a redução do prêmio estipulado; mas, se a redução do risco for considerável, o segurado poderá exigir a revisão do prêmio, ou a resolução do contrato".

Por fim, tem-se o princípio da transindividualização de interesses. Esse princípio tem sua razão na concepção de que "os fundamentos do contrato de seguro ultrapassam as características isoladamente consideradas do indivíduo segurado, uma vez que as suas bases técnicas têm na consideração individual do interesse a finalidade de inseri-lo nas bases coletivas que viabilizam a existência do negócio"[22].

3. CONCEITO

Pontes de Miranda o define como "o contrato pelo qual o segurador se vincula, mediante pagamento de prêmio, a ressarcir ao segurado, dentro do limite que se convencionou, os danos produzidos por sinistro, ou a prestar capital ou renda quando ocorra determinado fato, concernente à vida humana, ou ao patrimônio"[23].

Referida conceituação foi adotada pelo Código Civil de 2002. Conforme esclarecia o art. 757 do CC, o contrato de seguro é aquele em que o segurador se obriga, mediante o pagamento do prêmio, a garantir interesse legítimo do segurado, relativo à pessoa ou à coisa, contra riscos predeterminados, em benefício de terceiro ou dele próprio.

Pelo Código Civil de 2002, houve a ampliação do conceito de contrato de seguro para envolver não apenas o seguro de dano, mas também o de pessoa ou de vida, cujo sinistro não gera simplesmente um prejuízo indenizável. Nesse sentido, o art. 1.432 do CC de 1916 determinava que o contrato de seguro era "aquele pelo qual uma das partes se obriga para com a outra, mediante a paga de um prêmio, a indenizá-la do prejuízo resultante de riscos futuros previstos no contrato".

O art. 1º da Lei n. 15.040/2024 manteve conceito idêntico: "pelo contrato de seguro, a segurado obriga-se, mediante o pagamento do prêmio equivalente, a garantir interesse legítimo do segurado ou do beneficiário contra riscos predeterminados".

---

[20] MENDONÇA, Vinícius. *Curso de direito do seguro e resseguro*. Indaiatuba: Foco, 2024, p. 122.

[21] MENDONÇA, Vinícius. *Curso de direito do seguro e resseguro*. Indaiatuba: Foco, 2024, p. 122.

[22] MENDONÇA, Vinícius. *Curso de direito do seguro e resseguro*. Indaiatuba: Foco, 2024, p. 124.

[23] PONTES DE MIRANDA, José Cavalcanti. *Tratado de direito privado*. 2. ed. Rio de Janeiro: Borsoi, 1964, p. 272.

Trata-se de contrato consensual, bilateral, oneroso, aleatório, de adesão e de execução continuada.

Pelo contrato de seguro, seu objeto é a proteção de um interesse legítimo do segurado e não a coisa ou a pessoa propriamente. Procura-se, pelo contrato, a preservação de um legítimo interesse, patrimonial ou extrapatrimonial do segurado, conforme será descrito na apólice[24].

O interesse legítimo recebe atenção maior na Lei n. 15.040/2024. Conforme seu art. 5º, a eficácia do contrato de seguro depende da existência do interesse legítimo. Nesse sentido, percebe-se que tal interesse não é mais apenas o objeto do contrato de seguro, mas representa condição de eficácia do contrato. Não por outro motivo, o § 1º do mesmo artigo prevê que a superveniência do interesse legítimo tornará eficaz o contrato desde então — ou seja, um contrato de seguro pode existir sem interesse legítimo, mas apenas irradiará efeitos quando surgir o interesse. Do contrário, sendo impossível a existência do interesse, o contrato será nulo (§ 3º). Consoante o § 2º, sendo parcial o interesse legítimo, a ineficácia não atingirá a parte útil. Noutros termos, será eficaz parcialmente, na parte que contém o interesse legítimo. Na hipótese de contrato nulo ou ineficaz, o segurado ou o tomador poderá receber devolução do prêmio, subtraindo-se as despesas realizadas, exceto na hipótese de má-fé (art. 7º).

Aponta-se, ainda, que, extinto o interesse legítimo, o contrato deverá ser resolvido com redução proporcional do prêmio, guardando-se o direito da seguradora às despesas realizadas com a contratação (art. 6º). Além disso, se a redução for relevante, o valor do prêmio deverá ser proporcionalmente reduzindo, ressalvando-se o direito da seguradora às despesas realizadas.

O contrato se aperfeiçoa pelo consentimento das partes quanto ao interesse legítimo a ser protegido e o prêmio a ser pago por essa cobertura. Trata-se, ainda, de contrato bilateral e oneroso porque são atribuídas prestações a ambas as partes, o segurador e o segurado, os quais buscam uma vantagem patrimonial.

A preservação em face do risco desse interesse legítimo descrito na apólice é justamente a prestação devida pelo segurador. Decerto cabe a este a prestação de remunerar o beneficiário, nos termos do contrato, pela ocorrência do sinistro, o fato descrito na apólice e de cuja ocorrência procura o segurado se proteger. Sua prestação, entretanto, ocorre mesmo que o sinistro não tenha ocorrido, na medida em que precisa garantir a preservação do interesse legítimo durante toda a duração do contrato.

Pela ocorrência do fato previsto na apólice, o segurador deverá pagar o montante contratualmente estipulado ao segurado ou beneficiário, chamado indenização, a menos que haja previsão de substituição da coisa, no seguro de dano.

Ao segurado, por seu turno, cumpre a prestação de pagar o prêmio. Este é a contribuição prevista no contrato e mensurada pela seguradora para fazer frente ao risco coberto da apólice[25].

Quanto à aleatoriedade, a doutrina discute sobre sua caracterização no contrato de seguro. Há duas correntes possíveis: aqueles que consideram o contrato de seguro aleatório e os que o consideram comutativo.

Para Pontes de Miranda, por exemplo, o contrato de seguro é aleatório, sob a justificativa de que "a contraprestação, que faz o segurador, no caso de sinistro, não é o objeto da dívida e das obrigações principais do segurador. Tal pagamento é eventual. O segurador contrapresta segurando, as-

---

[24] SILVA, Ivan de Oliveira. *Curso de direito do seguro*. 2. ed. São Paulo: Saraiva, 2012, p. 84.

[25] GOMES, Orlando. *Contratos*. Rio de Janeiro: Forense, 2009, p. 505.

Capítulo 10 • Contrato de seguro

sumindo a álea. O contraente tem interesse no seguro mesmo se o sinistro não vem a ocorrer. No momento da conclusão do contrato de seguro, o segurador presta a contraprestação"[26].

Pedro Alvim também entende que se trata de contrato aleatório, porque "gira em torno do risco, acontecimento futuro e incerto, cujas consequências econômicas o segurado transfere ao segurador, mediante o pagamento do prêmio"[27].

Para a corrente que defende a comutatividade do contrato, as respectivas prestações do segurador e segurado se definem pela prestação da garantia que se tem por objeto e pelo pagamento do prêmio. Segundo Mendonça, para essa corrente, "a prestação da garantia não está diretamente relacionada ao pagamento de uma indenização, mas sim ao compromisso de que a seguradora protegerá o interesse segurável ao longo do prazo de vigência da apólice"[28].

Com esse entendimento, o pagamento de eventual indenização solidifica-se como aspecto acessório do contrato de seguro. Para tal corrente, a obrigação principal do segurador é caracterizada unicamente por uma "prestação de segurança"[29].

Não há transferência do risco do segurado ao segurador. Como elucida Rizzardo, "nunca houve uma transferência dos riscos; o segurado continua com a eventualidade de sofrer o sinistro, e não a seguradora, não passando para esta o risco de contrair, *v.g.*, a moléstia contra a qual se assinou o contrato"[30]. A prestação do segurador é, no contrato do seguro, justamente essa garantia da cobertura na hipótese do sinistro, ou seja, caso o fato previsto na apólice se verifique.

Decerto que, numa operação individual, o risco de esse sinistro ocorrer em face do interesse legítimo de um segurado apenas seria imprevisível. A cobertura de um conjunto de riscos semelhantes permite que a seguradora, por cálculo atuarial, consiga prever o risco estatístico de ocorrer o sinistro entre todos os seus segurados[31]. É por meio do cálculo atuarial que o segurador identifica a probabilidade de ocorrência do sinistro em sua carteira de segurados e, a partir desse cálculo estatístico, mensura o montante que deverá ser exigido de prêmio de cada qual para cobrir esse risco[32].

A apólice é justamente o instrumento pelo qual é celebrado esse contrato de seguro e onde o risco e o montante de indenização serão previstos.

Diante da necessidade de o risco ser diluído entre o grupo de segurados com interesses legítimos homogêneos ou semelhantes, o contrato de seguro geralmente é feito em larga escala e com cláusulas previamente estabelecidas. Apresenta-se, normalmente, como contrato de adesão.

Trata-se, ainda, de contrato de execução continuada, pois as prestações perduram no tempo. A cobertura em face do risco ocorre durante determinado prazo contratado, assim como o pagamento do prêmio é normalmente realizado em diversas prestações ao longo do referido contrato[33].

---

[26] PONTES DE MIRANDA, José Cavalcanti. *Direito das obrigações*. São Paulo: Revista dos Tribunais, 2012. t. XLV, p. 427.

[27] ALVIM, Pedro. *O contrato de seguro*. Rio de Janeiro: Forense, 2001, p. 123. No mesmo sentido, tem-se Rizzardo ("É essencialmente aleatório, considerando que o segurador aceita os riscos sem uma correspondência entre as prestações recebidas e o valor que está sujeito a satisfazer" (RIZZARDO, Arnaldo. *Contratos*. Rio de Janeiro: Forense, 2023, p. 778) e Orlando Gomes ("A natureza aleatória do contrato resulta de sua própria função econômico-social. A vantagem do segurador depende de não ocorrer o sinistro ou de não se verificar o evento, em certo prazo" (GOMES, Orlando. *Contratos*. Rio de Janeiro: Forense, 2022, p. 454).

[28] MENDONÇA, Vinícius. *Curso de direito do seguro e resseguro*. Indaiatuba: Foco, 2024, p. 131.

[29] MENDONÇA, Vinícius. *Curso de direito do seguro e resseguro*. Indaiatuba: Foco, 2024, p. 131.

[30] RIZZARDO, Arnaldo. *Contratos*. Rio de Janeiro: Forense, 2023, p. 851.

[31] TOMAZETTE, Marlon. *Curso de direito empresarial*: teoria geral e direito societário. São Paulo: SaraivaJur, 2024. v. 1, p. 632.

[32] BENEDUCE, Alberto. Il principio mutualístico nelle assicurazioni. *Giornale degli Economisti e Rivista di Statistica*, anno 25, v. 48, n. 1, p. 26, Gennaio 1914.

[33] VENOSA, Sílvio de S. *Direito civil*: contratos. Rio de Janeiro: Atlas, 2024. v. 3, p. 554-558.

4. DISCIPLINA LEGAL

O contrato de seguro era disciplinado pelos arts. 757 a 802 do CC, além de leis especiais. Dentre elas, destacam-se a Lei n. 9.656/98, que dispõe acerca dos planos privados de assistência à saúde, e o Decreto-lei n. 73/66, que trata do Sistema Nacional de Seguros Privados e regula as operações de seguros e resseguros.

A Lei n. 15.040/2024 passará a disciplinar os contratos de seguro após decorrido um ano de sua publicação oficial.

Além da disciplina específica do contrato, o seguro também tem sujeição ao Código de Defesa do Consumidor quando se identificar que o segurado é o destinatário final do seguro contratado e não utilizado no âmbito da atividade empresarial. Aplica-se o Código de Defesa do Consumidor, nesse aspecto, aos seguros de vida, de saúde, contra danos no patrimônio residencial etc.

Quando o objeto do seguro é o insumo do segurado ou os bens utilizados para o desenvolvimento da atividade empresarial, por seu turno, como o seguro de danos aos bens imóveis e ao maquinário da produção, compreendidos no estabelecimento empresarial, não há aplicação do Código de Defesa do Consumidor, tampouco no caso do seguro de crédito e no de responsabilidade civil por acidente trabalhista[34].

5. FORMAÇÃO

O contrato de seguro é um contrato consensual. Sua formação ocorre "pelo simples acordo de vontades, pouco importando que o consentimento das partes deva se manifestar por escrito"[35].

A celebração do contrato decorre do acordo de vontades: a aceitação da proposta pela seguradora realizada pelo segurado ou por seu representante, para a cobertura dos riscos incidentes sobre determinado bem, saúde ou pessoal, contendo todas as informações do interesse que se deseja proteger e a aceitação do segurado sobre o montante do prêmio exigido para a pretensa remuneração em decorrência do sinistro. Em razão disso, Tomazette, por exemplo, entende que "não há necessidade de pagamento ou de qualquer outra formalidade adicional para o aperfeiçoamento do contrato, sendo suficiente o encontro de vontade para que se tenha o contrato aperfeiçoado"[36].

A forma escrita, apesar de não ser da essência do contrato, é forma de sua demonstração. Colabora para esse entendimento a previsão do art. 759 do CC, segundo o qual "a emissão da apólice deverá ser precedida de proposta escrita com a declaração dos elementos essenciais do interesse a ser garantido e do risco".

Especificamente, a proposta representa uma manifestação de vontade que deve ser firmada por quem propõe (ou seu representante legal ou pelo corretor de seguros), excetuando-se a contratação mediante bilhete. A anuência da proposta poderá ocorrer de forma expressa ou tácita. Por fim, o ato do segurador de emitir a apólice substitui sua manifestação formal[37].

A apólice é emitida pela seguradora como um documento probatório do contrato[38]. Em alguns casos específicos, a prova do seguro ocorre por meio de bilhete de seguro, admitindo propostas verbais e envolvendo, em geral, seguros padronizados[39]. Embora ambos sejam mais comuns, o contrato de seguro também pode ser demonstrado pela carta de garantia e pela nota de cobertura.

---

[34] COELHO, Fábio Ulhoa (coord.). *Tratado de direito comercial.* São Paulo: Saraiva, 2015. v. 5, p. 209.

[35] GOMES, Orlando. *Contratos.* Rio de Janeiro: Forense, 2009, p. 519.

[36] TOMAZETTE, Marlon. *Curso de direito empresarial:* teoria geral e direito societário. São Paulo: SaraivaJur, 2024. v. 1, p. 639.

[37] MIRAGEM, Bruno; PETERSEN, Luiza. *Direito dos seguros.* Rio de Janeiro: Forense, 2022, p. 216.

[38] TOMAZETTE, Marlon. *Curso de direito empresarial:* teoria geral e direito societário. São Paulo: SaraivaJur, 2024. v. 1, p. 642.

[39] PASQUALOTTO, *op. cit.,* p. 88.

Esses documentos, aliás, valem para comprovar a garantia assegurada até mesmo antes da concepção da apólice[40].

Segundo Pedro Alvim, os bilhetes de seguro "obedecem a um padrão que nivela todos os segurados na mesma posição. Esta peculiaridade limita seu campo de aplicação. Só prestam para os ramos de seguro que se prestam à massificação, através de uma cobertura tipo, com as mesmas condições para todos os segurados". É exemplo desse bilhete de seguro o DPVAT, cujas condições de indenização, independentemente da condição pessoal do segurado, são pré-estipuladas para cada espécie de dano[41].

Tanto o bilhete quanto a apólice podem circular[42]. Em se tratando de instrumento à ordem, a transferência da apólice ou do bilhete só produzirá efeitos em relação ao segurador mediante aviso escrito assinado pelo cedente e pelo cessionário (art. 785, § 1º, do CC).

Podem ser à ordem, de modo que serão transferíveis por endosso na própria cártula. Nessa hipótese, determinava o § 2º do art. 785 que a apólice ou o bilhete à ordem só se transfere por endosso em preto, datado e assinado pelo endossante e pelo endossatário.

Ou, ainda, poderão ser ao portador, de modo que sua titularidade será transferível mediante simples tradição, com exceção do seguro de pessoas, cuja modalidade de transmissão não se admite.

Embora transmissíveis, a apólice e o bilhete não são títulos de crédito. Sua circulação apenas ocorrerá se houver a transferência simultânea do interesse assegurado. Nesse aspecto, a alienação de um veículo poderá exigir a transferência do contrato de seguro ao novo proprietário[43].

A transferência do bilhete e da apólice, além disso, para o cumprimento da remuneração em face do novo segurado, exige que as obrigações perante a seguradora sejam cumpridas, como o pagamento do prêmio exigido[44].

6. O SISTEMA NACIONAL DE SEGUROS PRIVADOS

A exploração da atividade securitária é controlada pelo poder público, dada sua relevância socioeconômica. O Decreto-lei n. 73/66, a Lei das Seguradoras (LS), instituiu o Sistema Nacional de Seguros Privados, que é composto por cinco organismos ou sociedades (art. 8º da LS). O Conselho Nacional de Seguros Privados (CNSP), o qual regula a política e a atividade dos seguros privados; a Superintendência dos Seguros Privados (Susep), autarquia ligada ao Ministério da Fazenda responsável pelo controle e fiscalização dos mercados de seguro, previdência privada aberta, capitalização e resseguro; resseguradores; sociedades autorizadas a exercer suas atividades profissionais nas áreas de seguro privado, resseguro, capitalização, entidades de previdência aberta; e corretores de seguro habilitados.

O revogado art. 192, II, da CF determinava que lei complementar iria dispor acerca da "autorização e funcionamento dos estabelecimentos de seguro, resseguro, previdência e capitalização, bem como do órgão oficial fiscalizador". Por isso, o Decreto-lei n. 73/66 foi recepcionado no ordenamento jurídico como lei complementar[45].

---

[40] TOMAZETTE, Marlon. *Curso de direito empresarial*: teoria geral e direito societário. São Paulo: SaraivaJur, 2024. v. 1, p. 643.

[41] TOMAZETTE, Marlon. *Curso de direito empresarial*: teoria geral e direito societário. São Paulo: SaraivaJur, 2024. v. 1, p. 642.

[42] TOMAZETTE, Marlon. *Curso de direito empresarial*: teoria geral e direito societário. São Paulo: SaraivaJur, 2024. v. 1, p. 642.

[43] TOMAZETTE, Marlon. *Curso de direito empresarial*: teoria geral e direito societário. São Paulo: SaraivaJur, 2024. v. 1, p. 643.

[44] FRANCO, Vera Helena de Mello. *Contratos*: direito civil e empresarial. 4. ed. rev., atual. e ampl. São Paulo: Revista dos Tribunais, 2013, p. 286-287.

[45] SILVA, Ivan de Oliveira. *Curso de direito do seguro*. 2. ed. São Paulo: Saraiva, 2012, p. 50.

Dentre as competências atribuídas a cada órgão, ao CNSP compete privativamente fixar as regras gerais do Sistema Nacional de Seguros Privados, regulamentar a organização, composição e funcionamento das seguradoras, fiscalizar os contratos de seguro e aplicar as sanções pertinentes, bem como julgar e processar em segunda instância os recursos de decisões feitas pela Susep, conforme art. 32 do Decreto-lei n. 73/66.

A Susep, por seu turno, é entidade autárquica dotada de personalidade jurídica de direito público. Possui autonomia administrativa financeira e lhe foi atribuída a função de fiscalizar a composição, organização, funcionamento e as atividades das empresas que exerçam a exploração de seguros privados[46]. É a Susep que orienta o cumprimento das regulamentações e determina as condições para as apólices, planos de operações e tarifas que deverão ser utilizadas no mercado[47].

A Susep também tem autonomia para aplicar multa pecuniária, suspensão temporária do exercício da profissão ou cancelamento de registro aos corretores de seguro (art. 128 da LS).

As seguradoras e corretores de seguro que infringirem normas expressas da política nacional de seguros delineada pelo CNSP terão sanções aplicadas pela Susep, sendo que, havendo pena pecuniária, os valores serão revertidos aos cofres da Susep. Outrossim, os diretores, gerentes e fiscais das seguradoras responderão subsidiária e solidariamente por perdas e danos causados a terceiros.

7. RESSEGURO

Como escreve Pontes de Miranda, "o segurador pode contratar seguro com outro do bem que segurou. Com isso, o segurador adquire cobertura dos riscos que ele assumiu. Alivia-se de parte da álea, sem ter lançado mão da comunhão de seguro"[48].

O resseguro é um mecanismo que distribui o risco objeto do contrato de seguro entre duas empresas. A seguradora, pelo contrato, dilui seu risco de remuneração na hipótese de ocorrência do sinistro com uma resseguradora, de modo que parcela da prestação da remuneração possa ser por ela coberta caso ocorra o sinistro[49].

Determina o art. 60 da Lei n. 15.040/2024, que, pelo contrato de resseguro, a resseguradora, mediante o pagamento do prêmio equivalente, garante o interesse da seguradora contra os riscos próprios de sua atividade, decorrentes da celebração e da execução de contratos de seguro.

---

[46] SILVA, Ivan de Oliveira. *Curso de direito do seguro*. 2. ed. São Paulo: Saraiva, 2012, p. 54.

[47] "Art. 36. Compete à Susep, na qualidade de executora da política traçada pelo CNSP, como órgão fiscalizador da constituição, organização, funcionamento e operações das sociedades seguradoras: a) processar os pedidos de autorização, para constituição, organização, funcionamento, fusão, encampação, grupamento, transferência de controle acionário e reforma dos estatutos das sociedades seguradoras, opinar sobre os mesmos e encaminhá-los ao CNSP; b) baixar instruções e expedir circulares relativas à regulamentação das operações de seguro, de acordo com as diretrizes do CNSP; c) fixar condições de apólices, planos de operações e tarifas a serem utilizadas obrigatoriamente pelo mercado segurador nacional; d) aprovar os limites de operações das sociedades seguradoras, de conformidade com o critério fixado pelo CNSP; e) examinar e aprovar as condições de coberturas especiais, bem como fixar as taxas aplicáveis; f) autorizar a movimentação e liberação dos bens e valores obrigatoriamente inscritos em garantia das reservas técnicas e do capital vinculado; g) fiscalizar a execução das normas gerais de contabilidade e estatística fixadas pelo CNSP para as sociedades seguradoras; h) fiscalizar as operações das sociedades seguradoras, inclusive o exato cumprimento deste decreto-lei, de outras leis pertinentes, disposições regulamentares em geral, resoluções do CNSP e aplicar as penalidades cabíveis; i) proceder à liquidação das sociedades seguradoras que tiverem cassada a autorização para funcionar no País; j) organizam seus serviços, elaborar e executar seu orçamento. k) fiscalizar as operações das entidades autorreguladoras do mercado de corretagem, inclusive o exato cumprimento deste decreto-lei, de outras leis pertinentes, de disposições regulamentares em geral e de resoluções do Conselho Nacional de Seguros Privados (CNSP), e aplicar as penalidades cabíveis; e. l) celebrar convênios para a execução dos serviços de sua competência em qualquer parte do território nacional, observadas as normas da legislação em vigor" (Disponível em: https://www2.camara.leg.br/legin/fed/declei/1960-1969/decreto-lei-73-21-novembro-1966-374590-normaatualizada-pe.html. Acesso em: 04 set. 2024).

[48] PONTES DE MIRANDA, José Cavalcanti. *Direito das obrigações*. São Paulo: Revista dos Tribunais, 2012. t. XLV, p. 439.

[49] COELHO, Fábio Ulhoa (coord.). *Tratado de direito comercial*. São Paulo: Saraiva, 2015. v. 5, p. 220.

Trata-se de contrato pelo qual a seguradora reduz o risco da liquidação da remuneração na hipótese de sinistro, cujo montante poderá ser em muito superior ao valor arrecadado com os prêmios pagos pelos segurados e decorrente de eventual incorreção no cálculo atuarial realizado.

Via de regra, o resseguro abrange a totalidade do interesse do segurado, incluído o interesse da seguradora quanto à recuperação dos efeitos da mora no cumprimento dos contratos de seguro, bem como as despesas de salvamento, regulação e liquidação de sinistros, sendo que não há prejuízo de disposição contratual que vise o contrário.

Mas não somente em razão da incorreção do cálculo atuarial o sinistro poderá ocorrer fora do esperado pela seguradora, como também em virtude do surgimento de mudanças institucionais que ampliam as obrigações das seguradoras ou uma alteração do comportamento dos agentes ou catástrofes a ponto de majorar os riscos em comparação à média estatística[50].

No contrato de resseguro, ao contrário do contrato de seguro, não há vínculo entre o segurado e a resseguradora. O contrato de resseguro é realizado diretamente entre a seguradora e a resseguradora.

O contrato tampouco se confunde com o cosseguro, em que mais de uma companhia seguradora é contratada para cobrir uma parte do risco segurado. Nesse contrato, o segurado mantém vínculos diretamente com ambas as companhias da operação[51].

No contrato de resseguro, o ressegurador poderá assumir parte de determinado risco, ou poderá estabelecer um percentual de cobertura de toda a carteira da seguradora, por exemplo um percentual das indenizações da seguradora seria pelo ressegurador coberto. Pode-se, ainda, ressegurar apenas eventuais riscos que extrapolem a quantidade calculada, como as resultantes de eventuais catástrofes[52].

Pedro Alvim entende que o resseguro e o cosseguro possuem a mesma finalidade (pulverizar o risco), mas diferem no tratamento técnico-jurídico: "a superveniência do resseguro é negócio jurídico estranho ao segurado. Embora o segurador compartilhe sua obrigação com o ressegurador, continua como responsável exclusivo perante o segurado"[53].

A Constituição Federal de 1988 atribuía, até 1996, ao Instituto de Resseguros do Brasil (IRB) a função de órgão ressegurador oficial, sendo que as seguradoras estavam obrigadas por lei a ressegurar junto ao IRB em tudo aquilo que excedesse o limite técnico de cada ramo da atividade securitária. A EC n. 13/96 eliminou a referência de "órgão oficial ressegurador" de modo a permitir a abertura de mercado de resseguros por lei ordinária.

O IRB teve sua composição societária e denominação alteradas em 1997, sendo hoje conhecido como IRB-Brasil Resseguros S/A (IRB-Brasil Re)[54], sociedade de economia mista dotada de personalidade jurídica própria e de autonomia administrativa e financeira para o exercício de suas funções.

Destarte, o resseguro não é mais monopólio estatal, de modo que atualmente as seguradoras podem contratar resseguro ou assumir os riscos diretamente, sem a obrigatoriedade de contratar resseguro. As companhias resseguradoras operantes necessitam apenas cumprir os requisitos junto à Susep (art. 4º, parágrafo único, do Decreto-lei n. 73/66)[55].

---

[50] COELHO, Fábio Ulhoa (coord.). *Tratado de direito comercial*. São Paulo: Saraiva, 2015. v. 5, p. 221.

[51] FERREIRA, Waldemar. *Tratado de direito comercial*. São Paulo: Saraiva, 1963, p. 591-594.

[52] COELHO, Fábio Ulhoa (coord.). *Tratado de direito comercial*. São Paulo: Saraiva, 2015. v. 5, p. 221.

[53] ALVIM, Pedro. *O contrato de seguro*. Rio de Janeiro: Forense, 2001, p. 356.

[54] COELHO, Fábio Ulhoa (coord.). *Tratado de direito comercial*. São Paulo: Saraiva, 2015. v. 5, p. 220.

[55] COELHO, Fábio Ulhoa (coord.). *Tratado de direito comercial*. São Paulo: Saraiva, 2015. v. 5, p. 221.

Uma vez recebida a proposta de contrato de resseguro pela empresa resseguradora, se contado o prazo de 20 dias, e tiver havido silêncio por parte da resseguradora, forma-se o contrato[56].

A LC n. 126/2007, alterou vários artigos do Decreto-lei n. 73/66 dispondo sobre resseguro, retrocessão, operações de cosseguro, contratações de seguro fora do Brasil e em moeda estrangeira, com o objetivo de abrir o mercado de seguros nacional. Dispunha a LC n. 126 sobre três categorias de resseguradores: o ressegurador local, o ressegurador admitido e o ressegurador eventual (art. 4º, I, II e III, da LC n. 126).

A primeira categoria, do ressegurador local, caracterizava-se por ser sociedade anônima com sede no Brasil que tem por único objetivo o resseguro e a retrocessão, sendo seu funcionamento autorizado pela Susep. A segunda categoria é o ressegurador admitido, o qual consiste em empresário sediado no exterior com escritório de representação no Brasil e cadastrado pela Susep para realizar operações de resseguro e retrocessão no Brasil. Por fim, há o ressegurador eventual, também sediado no exterior, mas sem escritório de representação no Brasil e não cadastrado pela Susep, que satisfaz às normas regulamentares para realizar resseguros e retrocessões[57].

O resseguro poderá ser total ou parcial: será total quando a totalidade do risco for repassada para o ressegurador, chamado de cessionário; será parcial, quando o ressegurador assumir responsabilidade apenas por parte dos riscos[58].

Além disso, poderá ser de várias modalidades, sendo elas, segundo Fran Martins, as seguintes: "resseguro de cota (*quota-share*), em que o segurador cede parte de sua carteira global sobre certo risco, sendo indenizado dos prejuízos em percentagem igual à da cessão; o resseguro por excesso de responsabilidade (*excess of liability*); o resseguro do excedente do sinistro (*excess of loss*); e o resseguro por excesso de perdas (*stop loss*)"[59]. No mesmo sentido, Pontes de Miranda entendia que, de forma geral, o segurador *ressegura* o que foi segurado por outro de acordo com cota predeterminada de todos os riscos que foram antevistos (resseguro em cota), ou também dos riscos que o segurador julgue conveniente segurar, ou, por fim, de parte do valor segurado (resseguro até certa soma)[60].

Além disso, poderá ser obrigatório ou facultativo. O resseguro obrigatório opera em qualquer circunstância, ao passo que o facultativo depende da vontade do cedente[61].

Tendo sido demandada pelo cumprimento de contrato de seguro que veio por gerar contrato de resseguro, a seguradora deverá notificar, judicialmente ou não, dentro do prazo de resposta, a resseguradora, para que lhe comunique o ajuizamento da ação, sem prejuízo de disposição contratual em contrário. À resseguradora é facultado o direito de intervir na causa como assistente simples, nos termos do Código de Processo Civil. Ademais, não pode ser oposto ao segurado, ao beneficiário ou a terceiro, pela seguradora, o descumprimento de obrigações por parte da resseguradora[62].

Para a resseguradora, sem prejuízo do disposto no art. 14, parágrafo único, da LC n. 126/2007[63], os créditos devidos ao segurado, beneficiário e/ou terceiro prejudicado têm preferência perante

---

[56] Art. 60, § 1º, da Lei n. 15.040/2024.

[57] COELHO, Fábio Ulhoa (coord.). *Tratado de direito comercial*. São Paulo: Saraiva, 2015. v. 5, p. 221.

[58] MARTINS, Fran. *Curso de direito comercial*: contratos e obrigações comerciais. 19. ed. Rio de Janeiro: Forense, 2019. v. 3, p. 296.

[59] MARTINS, Fran. *Curso de direito comercial*: contratos e obrigações comerciais. 19. ed. Rio de Janeiro: Forense, 2019. v. 3, p. 296.

[60] PONTES DE MIRANDA, José Cavalcanti. *Direito das obrigações*. São Paulo: Revista dos Tribunais, 2012. t. XLV, p. 440.

[61] MARTINS, Fran. *Curso de direito comercial*: contratos e obrigações comerciais. 19. ed. Rio de Janeiro: Forense, 2019. v. 3, p. 296.

[62] Art. 62, *caput*, §§ 1º e 2º, da Lei n. 15.040/2024.

[63] "Art. 14. Os resseguradores e os seus retrocessionários não responderão diretamente perante o segurado, participante, beneficiário ou assistido pelo montante assumido em resseguro e em retrocessão, ficando as cedentes que emitiram o contrato integralmente responsáveis por indenizá-los. Parágrafo único. Na hipótese de insolvência, de decretação de liquidação ou de falência da cedente, é permitido o pagamento direto ao segurado, participante, beneficiário ou assistido, da parcela de indenização ou

Capítulo 10 • Contrato de seguro

quaisquer outros créditos devidos pela resseguradora à seguradora, na hipótese em que se encontre sob direção fiscal, intervenção ou sob liquidação[64].

8. COSSEGURO E MULTIPLICIDADE DE SEGUROS

Na definição do art. 33 do Marco Legal dos Seguros, "ocorre cosseguro quando 2 (duas) ou mais seguradoras, por acordo expresso entre si e o segurado ou o estipulante, garantem o mesmo interesse contra o mesmo risco, ao mesmo tempo, cada uma delas assumindo uma cota de garantia".

Pode-se caracterizar uma multiplicidade de seguros na hipótese em que mais de uma seguradora conferir cobertura simultânea ao mesmo risco. Para ser caracterizado como múltiplo, o seguro deve ser realizado para a cobertura do mesmo risco, separadamente, por dois ou mais seguradores.

Como se vislumbra mais do que um segurador contratado, percebe-se que tal modalidade pode representar uma abertura para enriquecimento indevido, na medida em que o segurado, agindo de má-fé, tem a possibilidade de contratar inúmeros seguros com a finalidade de receber maior valor de indenização por um mesmo dano e que supere o próprio prejuízo causado.

Para que se evite que a cobertura possa superar o prejuízo sofrido, na pluralidade de seguros, o segurado deverá avisar, no seguro de dano, os seguradores posteriores a respeito do contrato de seguro anteriormente celebrado e somente poderá exigir de cada qual o seguro contratado se a soma não superar o valor total do dano recebido. Os seguradores, em caso de o segurado se omitir, de forma culposa, não estão subordinados ao ressarcimento. Inobstante, com o regular aviso, o segurado deverá exigir de cada um o ressarcimento devido no limite do contrato e desde que o total não extrapole o que representara o dano. Nesse sentido, o segurador que realizou o pagamento possui o direito de regresso em face dos demais seguradores.

Nesse sentido, o art. 782 do CC prevê a obrigatoriedade de comunicação ao novo segurador. Tem-se que "o segurado que, na vigência do contrato, pretender obter novo seguro sobre o mesmo interesse, e contra o mesmo risco junto a outro segurador, deve previamente comunicar sua intenção por escrito ao primeiro, indicando a soma por que pretende segurar-se".

A multiplicidade de seguros é diferente do cosseguro. Neste último, o seguro incide sobre mesmo bem, ou a riscos relativos ao mesmo bem, mas é realizado por duas ou mais seguradoras de forma quotizada, de modo a não se sobreporem[65].

No cosseguro, cada segurador suporta sua cota de risco, não havendo a possibilidade de regresso[66]. Por isso, não se fala em responsabilidade solidária. Sobre o tema, disciplina o art. 761 do CC que "quando o risco for assumido em cosseguro, a apólice indicará o segurador que administrará o contrato e representará os demais, para todos os seus efeitos". Nesse sentido, o art. 35 da nova lei determina que "a cosseguradora líder administra o cosseguro, representando as demais na formação e na execução do contrato, e as substitui, ativa ou passivamente, nas arbitragens e nos processos judiciais".

Nessa senda, quando a ação for proposta somente contra a cosseguradora líder, ela deverá, no prazo de resposta, informar a existência do cosseguro e proceder à notificação judicial ou extrajudicial das cosseguradoras (art. 35, § 1º). Além disso, a sentença proferida contra a líder atingirá as demais fazendo coisa julgada em relação a elas, que serão executadas nos mesmos autos.

---

benefício correspondente ao resseguro, desde que o pagamento da respectiva parcela não tenha sido realizado ao segurado pela cedente nem pelo ressegurador à cedente, quando: I – o contrato de resseguro for considerado facultativo na forma definida pelo órgão regulador de seguros; II – nos demais casos, se houver cláusula contratual de pagamento direto."

[64] Art. 65 da Lei n. 15.040/2024.

[65] PONTES DE MIRANDA, José Cavalcanti. *Direito das obrigações*. São Paulo: Revista dos Tribunais, 2012. t. XLV, p. 434.

[66] PONTES DE MIRANDA, José Cavalcanti. *Direito das obrigações*. São Paulo: Revista dos Tribunais, 2012. t. XLV, p. 434.

Como cada cosseguradora é responsável por uma cota de garantia, não haverá solidariedade entre elas, salvo previsão em contrário.

Miragem e Petersen[67], inclusive, apontam que o cosseguro é uma espécie de seguro múltiplo, mas com a pluralidade de seguradores que dividem em cotas a integralidade do seguro; no entanto, como escrevem, reconhecer a divisão em cota-parte significa que não haverá solidariedade entre os seguradores (que serão responsáveis por suas partes). Assim, como concluem, via de regra, um dos seguradores (denominado líder) representa os demais, respondendo pela distribuição percentual da garantia entre os diversos seguradores.

Por conta dessa dinâmica, no cosseguro é possível a emissão de apenas uma apólice, a qual valerá para a todas as seguradoras[68]. Mas, conforme prevê o art. 34 da Lei n. 15.040/2024, "o cosseguro poderá ser documentado em 1 (um) ou mais instrumentos contratuais emitidos por cada uma das cosseguradoras com o mesmo conteúdo". Visando garantir segurança, o § 1º indica que o documento probatório do contrato deverá apontar a existência do cosseguro, as seguradoras participantes e a cota da garantia assumida por cada uma. Ao seu turno, o § 2º fixa que, não sendo identificada a cosseguradora líder no instrumento, os interessados devem dirigir-se àquela que emitiu o documento probatório ou a cada uma das emitentes, se o contrato for documentado em diversos instrumentos.

Além do exposto, a nova lei prevê o *seguro cumulativo*, que ocorrerá quando "a distribuição entre várias seguradoras for feita pelo segurado ou pelo estipulante por força de contratações independentes, sem limitação a uma cota de garantia" (art. 36). No seguro cumulativo de dano, o segurado terá a obrigação de comunicar a cada seguradora a existência dos demais contratos. Além disso, será reduzida proporcionalmente a importância segurada de cada contrato, quando a soma das importâncias seguradas, nos seguros cumulativos de dano, superar o valor do interesse, desde que haja coincidência de garantia entre os seguros cumulados (§ 2º).

9. RETROCESSÃO

A retrocessão é operação de compartilhamento de risco mediante a qual uma resseguradora contrata outra resseguradora para tutelar o excedente das responsabilidades aceitas em contrato. É o resseguro do resseguro ou resseguro em segundo grau.

Nesse sentido, pode-se definir o contrato de retrocessão como a "operação de transferência de riscos de resseguro de resseguradores, para resseguradores ou de resseguradores para sociedades seguradoras locais".

Os contratos de retrocessão são normalmente formados por cota-parte, em que cada ressegurador assume fração do risco que supera o limite do ressegurador primário ou retrocessor e for pactuado como sujeito de divisão entre este e o retrocedente[69].

Como explicam Bruno Miragem e Luiza Petersen, "a retrocessão pode ser automática, quando é previsto no contrato entre o ressegurador e o retrocessionário certo limite a partir do qual transfere-se a responsabilidade assumida em resseguro; ou avulsa, na qual se exige a aceitação expressa do retrocessionário com relação às responsabilidades a serem transferidas pelo ressegurado"[70].

---

[67] MIRAGEM, Bruno; PETERSEN, Luiza. *Direito dos seguros*. Rio de Janeiro: Forense, 2022, p. 231.

[68] MARTINS, Fran. *Curso de direito comercial*: contratos e obrigações comerciais. 19. ed. Rio de Janeiro: Forense, 2019. v. 3, p. 296.

[69] FUNDAÇÃO ESCOLA NACIONAL DE SEGUROS. *Legislação e organização profissional*. Supervisão e coordenação metodológica da Diretoria de Ensino e Pesquisa; assessoria técnica de Liliana Caldeira. 8. ed. Rio de Janeiro: Funenseg, 2004, p. 16.

[70] MIRAGEM, Bruno; PETERSEN, Luiza. *Direito dos seguros*. Rio de Janeiro: Forense, 2022, p. 234.

10. SOCIEDADES SEGURADORAS

Dada a importância das companhias seguradoras nas atividades securitárias, o Código Civil determina que "somente pode ser parte, no contrato de seguro, como segurador, entidade para tal fim legalmente autorizada". Ademais, conforme o art. 24 do Decreto-lei n. 73, poderão "operar em seguros privados apenas sociedades anônimas ou cooperativas, devidamente autorizadas"[71].

A autorização deverá ser feita pelo Poder Executivo federal (art. 1.123, parágrafo único, do CC), podendo, contudo, ser cassada a permissão caso infrinja a sociedade em disposição de ordem pública ou caso pratique atos contrários aos fins declarados no seu estatuto (art. 1.125 do CC)[72].

No caso das sociedades de seguro, o órgão do Poder Executivo federal que tem competência para autorizar o exercício das atividades securitárias e de cassar referida permissão é o CNSP, sendo que a Susep é responsável pelo processamento dos pedidos de autorização[73].

Diante de sua relevância social, as seguradoras não podem pedir recuperação judicial ou ser sujeitas à falência (art. 2º, II, da Lei n. 11.101), exceto se, decretada a liquidação extrajudicial, o ativo for insuficiente para o pagamento de no mínimo metade dos credores quirografários, ou se houver fundados indícios da ocorrência de crime falimentar (art. 26 da Lei n. 10.190/2001)[74]. Elas estão sujeitas a regime de insolvência próprio, em que um agente nomeado pela Susep será responsável por promover a liquidação extrajudicial, liquidando o ativo e realizando o passivo em benefício dos interesses dos credores[75].

11. CORRETORES DE SEGURO

Os corretores de seguro são pessoas físicas ou jurídicas de direito público ou privado legalmente autorizadas a angariar e promover contratos de seguro entre seguradoras e segurados (art. 1º da Lei n. 4.594/64, que regula a profissão). Exercem a intermediação entre seguradores e segurados.

No entanto, o art. 122 do Decreto-lei n. 73/66 retirou a possibilidade de corretagem entre pessoas de direito público:

> Art. 122. O corretor de seguros, pessoa física ou jurídica, é o intermediário legalmente autorizado a angariar e promover contratos de seguro entre as sociedades seguradoras e as pessoas físicas ou jurídicas de direito privado.

O corretor de seguro não apenas aproxima as partes interessadas na contratação do seguro, sendo também responsável por aconselhar, averiguar a solvabilidade da seguradora e a índole pessoal do segurado, elaborar propostas adequadas às particularidades de cada operação, conferir as apólices emitidas, realizar a adequação dos riscos às garantias ao longo da vigência do contrato, bem como outros procedimentos necessários ao bom andamento do negócio[76].

É o corretor de seguros, portanto, profissional autônomo que deverá realizar a intermediação entre as partes contratantes, prezando pelos interesses do segurado e comportando-se como seu verdadeiro assessor, promovendo o equilíbrio no mercado de seguros[77].

---

[71] MARTINS, Fran. *Curso de direito comercial*: contratos e obrigações comerciais. 19. ed. Rio de Janeiro: Forense, 2019. v. 3, p. 288.

[72] SILVA, Ivan de Oliveira. *Curso de direito do seguro*. 2. ed. São Paulo: Saraiva, 2012, p. 62.

[73] SILVA, Ivan de Oliveira. *Curso de direito do seguro*. 2. ed. São Paulo: Saraiva, 2012, p. 63.

[74] SILVA, Ivan de Oliveira. *Curso de direito do seguro*. 2. ed. São Paulo: Saraiva, 2012, p. 63.

[75] SILVA, Ivan de Oliveira. *Curso de direito do seguro*. 2. ed. São Paulo: Saraiva, 2012, p. 63.

[76] KRIEGER FILHO, Domingos Afonso. *Seguro no Código Civil*. Florianópolis: OAB/SC, 2005, p. 134.

[77] SILVA, Ivan de Oliveira. *Curso de direito do seguro*. 2. ed. São Paulo: Saraiva, 2012, p. 68.

Para esse aconselhamento, não poderá ser representante da seguradora. Sua obrigação é de assessorar o segurado tanto na contratação do seguro quanto na ocorrência do sinistro, de modo que necessita ser autônomo e independente. Exatamente para preservar essa autonomia é que o art. 17 da Lei n. 4.594/64 proíbe expressamente a participação do corretor de seguro nos quadros de uma seguradora.

Como requisito para o exercício da profissão, exige-se prévia habilitação técnica e registro em entidade autorreguladora do mercado de corretagem ou na Susep, nos termos definidos pelo CNSP (art. 2º da Lei n. 4.594/64). Ademais, o art. 3º traz rol de requisitos para a pessoa física ou jurídica que deseja exercer a corretagem:

> Art. 3º O interessado na obtenção do título a que se refere o artigo anterior, o requererá ao Departamento Nacional de Seguros Privados e Capitalização, indicando o ramo de seguro a que se pretenda dedicar, provando documentalmente:
>
> a) ser brasileiro ou estrangeiro com residência permanente;
>
> b) estar quite com o serviço militar, quando se tratar de brasileiro ou naturalizado;
>
> c) não haver sido condenado por crimes a que se referem as Seções II, III e IV do Capítulo VI do Título I; os Capítulos I, II, III, IV, V, VI e VII do Título II; o Capítulo V do Título VI; Capítulos I, II e III do Título VIII; os Capítulos I, II, III e IV do Título X e o Capítulo I do Título XI, parte especial do Código Penal;
>
> d) não ser falido;
>
> e) ter habilitação técnico-profissional referente aos ramos requeridos.

Os requisitos trazidos nas alíneas *a* e *b* são comuns ao exercício de profissões técnicas no Brasil. Já as alíneas *c* e *d*, que requerem que o corretor de seguro não tenha cometido alguns crimes (como crimes contra a inviolabilidade do domicílio ou contra o patrimônio) e que não seja falido, indicam a intenção do legislador de inserir aspecto moral na profissão de corretagem[78].

Quanto ao preenchimento do requisito constante na alínea *e*, dependerá da conclusão de curso técnico-profissional de seguros, oficial ou reconhecido, ou apresentar atestado de exercício profissional anterior à Lei n. 4.594/64 fornecido por sindicato de classe ou pelo Departamento Nacional de Seguros Privados e Capitalização (art. 4º da Lei n. 4.594/64). Nesse ínterim, a Circular Susep n. 127/2000 disciplina o requerimento da habilitação do profissional de seguros.

O corretor de seguro representa os interesses do segurado diante de uma seguradora de forma autônoma e independente, sem se vincular a qualquer seguradora. Distingue-se da figura do agente de seguro, que renuncia sua independência e autonomia para vender os seguros que a companhia que ele representa comercializa, sem ser regulado pela Susep. Desse modo, diferentemente do corretor, o agente não precisa ser grande conhecedor dos seguros nem ter capacitação para elaborar apólices para seus clientes; seu papel é apenas vender os seguros e garantir que o contrato flua da melhor forma possível.

Por esse motivo, a seguradora que o agente de seguro representa será responsável pelos erros e falhas por ele cometidas no exercício da profissão, respondendo diretamente pelos prejuízos. Nesse sentido, o art. 775 do CC previa que "os agentes autorizados do segurador se presumem seus representantes para todos os atos relativos aos contratos que agenciarem".

O corretor de seguro não é representante da seguradora a não ser que se apresente como tal, oferecendo produtos com representação exclusiva ou atuando nas instalações da seguradora entre-

---

[78] SILVA, Ivan de Oliveira. *Curso de direito do seguro*. 2. ed. São Paulo: Saraiva, 2012, p. 65-66.

Capítulo 10 • Contrato de seguro

gando cartões de visita com seu nome associado ao logotipo da seguradora ou que apresente outras condutas que indiquem a existência de relação de representação com a seguradora[79].

12. CLASSIFICAÇÃO

Trata-se de contrato bilateral, consensual, oneroso, não solene, formal, nominado, comutativo e de adesão.

A natureza bilateral ou sinalagmática do contrato advém da interdependência de obrigações geradas tanto para o segurador quanto para o segurado. Ao segurador cabe o pagamento da quantia estipulada, caso ocorra o sinistro; ao segurado, o pagamento do prêmio. O segurado é, simultaneamente, devedor de dívida certa e credor de dívida condicional[80].

Para Bruno Miragem e Luiza Parente, trata-se de contrato bilateral, "uma vez que dá origem a obrigações de ambas as partes contratantes (segurador e tomador/segurado). Da mesma forma, é sinalagmático, tomando-se em conta que as prestações das partes são interdependentes. Ao segurador cumpre prestar a garantia durante toda a vigência do contrato e satisfazer o direito ao crédito de indenização ou ao capital segurado, conforme o caso, uma vez realizado o sinistro (evento aleatório previsto no contrato). Ao tomador/segurado (conforme a configuração do contrato), cumpre a prestação principal de pagamento do prêmio"[81]. No mesmo sentido, citam-se Stolze e Pamplona[82], Fran Martins[83] e Venosa[84].

Quanto ao sinalagma das prestações, aponta Gomes que a obrigação do segurador não consiste no pagamento de indenização, de modo que a necessidade de sua prestação somente ocorreria se estivesse presente o sinistro. A prestação do segurador é justamente a garantia do risco, ainda que o sinistro não aconteça.

No contrato de seguro, há tutela de interesse do segurado que deseja se proteger contra risco, de modo que o segurador assume o risco em troca do recebimento do prêmio enquanto perdurar o contrato. Ainda que não haja o sinistro, o segurador cumprirá sua obrigação, pois continua obrigado a ressarcir eventual dano, e o segurado satisfaz a parte que lhe toca do contrato ao efetuar o pagamento do prêmio[85].

Ainda, para Gomes, o contrato de seguro é consensual. Ele independe de qualquer pagamento para ser aperfeiçoado. O pagamento do prêmio ou da indenização pelo sinistro são formas de execução do contrato e não de sua celebração[86].

---

[79] MARTINS, João Marcos Brito. *O contrato de seguro*: comentado conforme as disposições do Código Civil, Lei n. 10.406, de 10 de janeiro de 2002. 2. ed. Rio de Janeiro: Forense Universitária, 2005, p. 86.

[80] PLANIOL, Marcel; RIPERT, Georges. *Traité pratique de droit civil français*. Paris: Chevalier, 1930.

[81] MIRAGEM, Bruno; PETERSEN, Luiza. *Direito dos seguros*. Rio de Janeiro: Forense, 2022, p. 204.

[82] "O seguro (...) é também contrato bilateral, com obrigações para ambos os contratantes, embora o sinalagma não se manifeste com tamanha nitidez" (GAGLIANO, Pablo S.; PAMPLONA FILHO, Rodolfo. *Novo curso de direito civil*: contratos. Rio de Janeiro: GEN, 2023. v. 4, p. 225).

[83] "É bilateral porque, aperfeiçoado, cria obrigações para o segurador (garantir o interesse, ocorrendo o risco) e para o segurado (pagar o prêmio)" (MARTINS, Fran. *Curso de direito comercial*: contratos e obrigações comerciais. 19. ed. Rio de Janeiro: Forense, 2019. v. 3, p. 291).

[84] "É bilateral ou sinalagmático, porque depende da manifestação de vontade de ambos os contratantes, que se obrigam reciprocamente. O segurado assume a obrigação de pagar o prêmio e não agravar os riscos, entre outras. O segurador obriga-se a pagar o valor contratado no caso de sinistro. A esse negócio se aplica o princípio da exceção de contrato não cumprido (art. 476)" (VENOSA, Sílvio de S. *Direito civil*: contratos. Rio de Janeiro: Atlas, 2024. v. 3, p. 554).

[85] GOMES, Orlando. *Contratos*. Rio de Janeiro: Forense, 2009, p. 517-518.

[86] GOMES, Orlando. *Contratos*. Rio de Janeiro: Forense, 2009, p. 505.

É oneroso porque ocasiona gastos e benefícios para ambas as partes contratantes: o segurado paga o prêmio, em troca precavendo-se contra risco; o segurador recebe o prêmio e aufere lucro, mas, simultaneamente, deve realizar o pagamento das despesas administrativas e operacionais, além de efetuar todas as contraprestações decorrentes dos sinistros cobertos nas apólices contratadas.

É um contrato não solene. Os direitos estadunidense e americano permitiam o seguro oral[87], ao passo que o italiano e o argentino estabelecem que a forma escrita do contrato tem natureza[88] meramente probatória, não importando a título de constituição do vínculo contratual.

No Brasil, o Código Civil de 1916 deixava clara a solenidade do contrato ao estabelecer que o seguro "não obriga antes de reduzido a escrito, e considera-se perfeito desde que o segurador remete a apólice ao segurado, ou faz nos livros o lançamento usual da operação".

Contudo, no Código Civil de 2002, o art. 758 determinava apenas que a *prova* do contrato de seguro realiza-se com exibição da apólice ou do bilhete do seguro, e, na falta deles, por documento comprobatório do pagamento do respectivo prêmio. Assim, o requisito da forma escrita do contrato mediante apólice, bilhete do seguro ou qualquer outro documento não é da substância do contrato, constituindo *ad probationem tantum*, isto é, forma não essencial ou somente necessária a título de prova do ato jurídico.

O contrato é formal, pois a exigência de remessa do instrumento do contrato ao segurado não constitui entrega efetiva do bem objeto do contrato para que se considere um contrato real. É este, inclusive, o entendimento do STJ: "o contrato de seguro se aperfeiçoa quando o consumidor assina e entrega a proposta bem como paga a primeira parcela do prêmio, sendo desnecessária a prévia emissão da apólice"[89].

Os contratos de seguro são nominados ou típicos pois possuem denominação legal própria e estão previstos e regulados pela legislação com um padrão definido[90].

Cuida-se de contrato comutativo, ainda que essa natureza não seja pacífica.

Segundo Orlando Gomes[91], o contrato deveria ser considerado aleatório. O segurador terá vantagem dependendo da ocorrência ou não do sinistro ou de não se verificar o evento em determinado prazo: na primeira hipótese, terá auferido prêmio sem realizar contraprestação (como não houve o sinistro, não precisou indenizar); na segunda, ainda que tenha que cumprir com o pagamento pactuado, como ocorre no seguro de vida, a longevidade do segurado é maior vantagem para o segurador. Igualmente, o segurado é beneficiado quando evita uma perda tendo pagado somente insignificante parcela do prêmio. Como o contrato de seguro repousa num fato futuro e incerto, poderá ocorrer ganho ou perda para as partes contratantes, sendo impossível precisar qual delas será beneficiada ou prejudicada. Nesse aspecto, Orlando Gomes insiste que a aferição de vantagem ainda assim dependerá dos eventos que ocorrerem no prazo do contrato, não sendo possível avaliá-los ou prevê-los quando da formação do contrato[92].

---

[87] DOBBYN, John F. *1981 Insurance law*. 2. ed. 2. tir. St. Paul, Minn., West, 1991, p. 33-34. BIRDS, John. *Modern insurance law*. 4. ed. London, Sweet & Maxwell, 1997, p. 79.

[88] DONATI, Antigono; PUTZOLU, Giovanna Volpe. *Manuale di diritto delle assicurazioni*. 4. ed. Milano: Giuffrè, 1995, p. 128-129. STIGLITZ, Rubén S. *El contrato de seguro*. Buenos Aires, Abeledo-Perrot, 1994, p. 27-32. STIGLITZ, Rubén S. *Derecho de seguros*. Buenos Aires: Abeledo-Perrot, 1996, p. 114-117.

[89] STJ, 3ª Turma, REsp 1.485.876/PR, Rel. Min. Ricardo Villas Bôas Cueva, j. 16-6-2016.

[90] MONTEIRO, Washington de Barros; DABUS, Carlos Alberto Maluf. *Curso de direito civil*. 39. ed. São Paulo: Saraiva, 2009, p. 29.

[91] GOMES, Orlando. *Contratos*. Rio de Janeiro: Forense, 2009, p. 506.

[92] GOMES, Orlando. *Contratos*. Rio de Janeiro: Forense, 2009, p. 518.

No entanto, essa classificação é controversa sob o argumento de a exigência legal de que o segurador deva ser empresário que atue profissionalmente no ramo de seguros neutraliza o risco e descaracteriza a natureza aleatória do contrato, na medida em que o cálculo atuarial exigido para a contratação do seguro implica que o segurador deve mensurar, no conjunto de segurados como um todo, o percentual de sinistros que ocorrerá em sua carteira. Ademais, a prestação do segurador não é propriamente a remuneração pela ocorrência do sinistro, mas a proteção de que, caso o sinistro efetivamente ocorra, ele tutelará os interesses segurados do risco.

Nesse aspecto, Fábio Ulhoa defende a natureza comutativa do contrato na medida em que a seguradora, na vigência do contrato, vale-se do prêmio pago pelos segurados para honrar com os compromissos firmados na hipótese de sinistro e, desse modo, inexistiria álea contraída pela seguradora[93].

Similarmente, Ivan de Oliveira Silva argumenta que a álea incide sobre o sinistro e não sobre a prestação do segurador, sendo prevista no contrato de maneira inequívoca, na medida em que o segurador garante o risco de que o sinistro possa ocorrer e não a remuneração específica apenas. Defende, portanto, a classificação dos contratos de seguro como comutativos tendo em vista que as partes estabelecem suas obrigações no momento da celebração do negócio jurídico: enquanto o segurado paga o prêmio, o segurador se obriga a garantir o interesse legítimo do segurado, obrigação esta que se manifesta em todos os momentos do contrato e não só quando da ocorrência do sinistro[94].

Destarte, o segurador atuará como garantidor do interesse legítimo do segurado independentemente da ocorrência do sinistro. É incorreto afirmar que há incerteza quanto ao cumprimento da obrigação do segurador na vigência do contrato, pois a obrigação é certa, uma vez que a obrigação de garantir permeia toda a dimensão temporal do contrato. Por sua vez, também o segurado sabe desde o início do contrato de sua obrigação de pagamento do prêmio. Logo, tanto as obrigações do segurador quanto as do segurado são predefinidas e aceitas logo na formação do contrato[95].

O contrato faz-se mediante adesão. O segurador incorpora cláusulas habituais e fixas, estas pré-regulamentadas pelo Estado, no instrumento do contrato de seguro, a *apólice*, a fim de padronizar as condições para seu grande número de segurados. Aos segurados, por sua vez, cabe-lhes a aceitação ou não das condições ali previstas.

A padronização dos contratos é decorrente da necessidade de contratação de grande quantidade de seguros com riscos idênticos, justamente para diluir a hipótese de ocorrência do sinistro por meio dos cálculos atuariais para a fixação do prêmio exigido. Essa necessidade de socialização dos riscos contratados impede que os contratos sejam individualizados, como regra.

Além disso, diz-se que se trata de um contrato de duração, porque será celebrado por um prazo dentro do qual o interesse do segurado estará garantido diante dos riscos previstos. Nesse sentido, define o inciso XI do art. 2º da Circular Susep n. 642/2021, que a vigência do seguro é o "intervalo contínuo de tempo durante o qual está em vigor o contrato de seguro, podendo ser fixada em anos, meses, dias, horas, minutos, jornada, viagem ou trecho, ou outros critérios, conforme estabelecido no plano de seguro"[96].

Miragem e Petersen apontam, ainda, que "a previsão do seguro intermitente, no qual o segurado pode deflagrar os períodos em que a garantia contratada será eficaz conforme exposição do inte-

---

[93] COELHO, Fábio Ulhoa (coord.). *Tratado de direito comercial.* São Paulo: Saraiva, 2015. v. 5, p. 211-212.

[94] SILVA, Ivan de Oliveira. *Curso de direito do seguro.* 2. ed. São Paulo: Saraiva, 2012, p. 112-114.

[95] SILVA, Ivan de Oliveira. *Curso de direito do seguro.* 2. ed. São Paulo: Saraiva, 2012, p. 114.

[96] MIRAGEM, Bruno; PETERSEN, Luiza. *Direito dos seguros.* Rio de Janeiro: Forense, 2022, p. 205.

resse ao risco, não desnatura o caráter duradouro, uma vez dentro de um mesmo período de vigência do contrato (p. ex., art. 10 da Circular Susep n. 642/2021)"[97].

Quanto ao regime jurídico, poderão ser civis ou empresariais, a depender do estipulante do seguro. O contrato será empresarial quando o contratante for empresário que busca no seguro proteger ou estimular o desenvolvimento de sua atividade econômica; caso contrário, o seguro será civil. São empresariais os seguros de responsabilidade civil por acidente de trabalho, de crédito, os rurais ou o de transporte. Podem-se citar como exemplos de seguros civis o de vida, residencial, acidentes pessoais e saúde. Assim, no seguro civil é contratante qualquer interessado que deseja proteger a si mesmo ou a seu patrimônio contra determinado risco. Há ainda seguros que podem ser tanto civis quanto empresariais, como o seguro automobilístico[98].

Os seguros civis sujeitam-se ao Código de Defesa do Consumidor sempre que o contratante ou o segurado puderem ser considerados destinatários finais do serviço securitário, sendo que o segurado e beneficiário são considerados consumidores (art. 2º do CDC) e a seguradora é fornecedora (art. 3º, *caput* e § 2º, do CDC). No seguro empresarial, só há aplicação da lei para tutelar os consumidores se demonstrado que estes são vulneráveis em face da seguradora, caso contrário, presume-se que dispõe o empresário de meios socioeconômicos e culturais para se informar adequadamente antes da celebração de qualquer contrato, inclusive acerca do início e fim das obrigações assumidas[99].

13. ESPÉCIES

No ordenamento jurídico brasileiro, predomina o conceito unitário de seguro, ou seja, a noção de que há somente um contrato do qual podem decorrer várias espécies ou subespécies. Em todas elas, o fator comum é a garantia de interesse legítimo e de indenização ou compensação do dano, seja ele patrimonial ou pessoal[100].

Pontes de Miranda explica que "o que se segura não é propriamente o bem, razão por que, nas expressões 'seguro de bens' ou 'seguro de coisas' e 'seguro de responsabilidade', há elipse. O que se segura é o *status quo* patrimonial ou do ser humano (acidentes, vida). Segura-se o interesse positivo como se segura o interesse negativo. Assim, há o seguro contra incêndio, o seguro de vida, o seguro de responsabilidade, que é o seguro para indenizar o que resulte da dívida ou obrigação que nasça ao segurado"[101].

As operações de seguro são classificadas na lei conforme a natureza do risco e da influência que este exerce no contrato, particularmente quanto às incumbências do segurador. São elas: a) seguros de dano ou dos ramos elementares; e b) seguros de pessoa[102].

Os seguros de dano (ou ramos elementares) eram disciplinados pelos arts. 778 a 788 do CC e concernem à cobertura dos riscos relacionados a acidentes. Nessa modalidade, o segurador contrai a obrigação de indenizar o segurado na ocorrência do sinistro. São objeto do contrato a proteção contra o risco ao patrimônio (bens, valores, direitos)[103]. São exemplos dessas operações "os seguros para a cobertura dos riscos de fogo, transportes, acidentes e outros acontecimentos danosos"[104].

---

[97] MIRAGEM, Bruno; PETERSEN, Luiza. *Direito dos seguros*. Rio de Janeiro: Forense, 2022, p. 205.

[98] COELHO, Fábio Ulhoa (coord.). *Tratado de direito comercial*. São Paulo: Saraiva, 2015. v. 5, p. 215.

[99] COELHO, Fábio Ulhoa (coord.). *Tratado de direito comercial*. São Paulo: Saraiva, 2015. v. 5, p. 217.

[100] RIZZARDO, Arnaldo. *Contratos*. Rio de Janeiro: Forense, 2023, p. 863.

[101] PONTES DE MIRANDA, José Cavalcanti. *Direito das obrigações*. São Paulo: Revista dos Tribunais, 2012. t. XLV, p. 415.

[102] GOMES, Orlando. *Contratos*. Rio de Janeiro: GEN, 2022, p. 455.

[103] COELHO, Fábio Ulhoa (coord.). *Tratado de direito comercial*. São Paulo: Saraiva, 2015. v. 5, p. 212.

[104] GOMES, Orlando. *Contratos*. Rio de Janeiro: GEN, 2022, p. 455.

Essa modalidade se subdivide em seguro de danos diretos e seguro de danos indiretos, que para alguns é chamado de seguro de responsabilidade civil. No primeiro caso, a cobertura do seguro abrange as perdas e danos com relação ao patrimônio do segurado, como o seguro de automóveis. Na segunda subespécie, também conhecido como seguro de responsabilidade civil, a seguradora deverá cobrir indenizações provenientes de responsabilidade civil, independentemente se esta é contratual ou extracontratual[105].

Os principais seguros empresariais são justamente seguros de dano e podem ser apontados como os seguros agrícolas, de crédito, de responsabilidade civil e de transporte.

Os seguros agrícolas garantem o empresário contra risco de perda de plantação por fenômenos meteorológicos (chuva, seca, geada), doenças e pragas, iniciando sua vigência no plantio e terminando na colheita. Subdivide-se em seguro de produtividade ou de custeio. No primeiro, a fim de garantir o lucro esperado pelo produtor agrícola, a seguradora indenizará com base na diferença entre a receita esperada e a receita real obtida, considerando a colheita e o preço do produto no mercado. No segundo, a seguradora indenizará o valor gasto na produção perdida, viabilizando o replantio ou ao menos impedindo o prejuízo da empresa agrícola[106].

Os seguros de crédito são contratados pelo empresário que fornece créditos a outros empresários ou consumidores para precaver-se contra insolvência do devedor (chamado de garantido). Em caso da inadimplência do garantido, a seguradora deverá indenizar no valor do crédito insatisfeito pelo devedor. É o caso, por exemplo, do fabricante que contrata seguro de crédito para o caso de qualquer um de seus distribuidores vier a falir. É requisito dessa modalidade de seguro a globalidade, em que o segurado deve desembolsar prêmio em relação a todos os créditos de mesma natureza que conceder, e não apenas aqueles de maior risco. Isso porque os recursos para indenizar os segurados pelos sinistros advêm dos prêmios pagos para créditos de menor risco[107].

No seguro de responsabilidade civil, busca o segurado precaver-se contra o risco de ter que indenizar terceiros, arcando a seguradora com todas as perdas e danos que decorrerem do sinistro. Tal modalidade garante o interesse do segurado em detrimento da imputação de eventual responsabilidade civil, contratual ou não, bem como de seu reconhecimento. O seguro garante, também, o interesse de terceiros prejudicados à indenização. É o exemplo de fornecedor que contrata o seguro para evitar responder por acidentes de consumo como resultado de seus produtos ou serviços (art. 787 do CC), ou do profissional da área da saúde que procura se precaver contra danos derivados da imperícia[108].

Os seguros de responsabilidade civil subdividem-se em *occurrence basis* ou *claim basis*. Nos primeiros, a seguradora é obrigada a indenizar o segurado por qualquer sinistro que ocorre na vigência do contrato. Nos segundos, a indenização só deverá ocorrer se, além do sinistro, a vítima promova ação judicial contra o segurado durante o tempo de contrato[109]. No mais, o credor da indenização devida pelo segurado tem ação direta em face da seguradora[110].

Por fim, no seguro de transportes, a seguradora deverá suportar os riscos do transporte, indenizando se a carga vier a sofrer avaria ou é extraviada enquanto é levada ao estabelecimento do ven-

---

[105] TOMAZETTE, Marlon. *Curso de direito empresarial*: teoria geral e direito societário. São Paulo: SaraivaJur, 2024. v. 1, p. 632.

[106] COELHO, Fábio Ulhoa (coord.). *Tratado de direito comercial*. São Paulo: Saraiva, 2015. v. 5, p. 218.

[107] COELHO, Fábio Ulhoa (coord.). *Tratado de direito comercial*. São Paulo: Saraiva, 2015. v. 5, p. 218.

[108] COELHO, Fábio Ulhoa (coord.). *Tratado de direito comercial*. São Paulo: Saraiva, 2015. v. 5, p. 218.

[109] COELHO, Fábio Ulhoa (coord.). *Tratado de direito comercial*. São Paulo: Saraiva, 2015. v. 5, p. 218-219.

[110] TZIRULNIK, Ernesto; CAVALCANTI, Flávio de Queiroz; PIMENTEL, Ayrton. *O contrato de seguro no novo Código Civil brasileiro*. São Paulo: IBDS, 2002, p. 138-156.

dedor. No transporte marítimo há três coberturas de maior amplitude. Na primeira, a cláusula A, o segurado está protegido contra todos os riscos, exceto os de vício de produto, deficiência de embalagem, uso de armas de guerra. Na cláusula B, o segurado é garantido nas hipóteses de avaria ou perda total da carga, não sendo coberto o risco de mercadoria extraviada ou roubada. Na cobertura básica de menor amplitude (cláusula C), só há indenização nos casos de acidente envolvendo veículo transportador ou operações de carga e descarga. Havendo omissões contratuais, vigoram as previsões dos arts. 666 a 730 do Código Comercial. Os seguros de transporte por outros meios, como aéreo, ferroviário ou rodoviário, também possuem cláusulas similares restringindo ou ampliando a cobertura[111]. Vale observar que, nos termos da Lei n. 15.040/2024 (Marco Legal dos Seguros), no seu art. 9º, § 4º, determina-se que a cobertura dos seguros de transporte, bem como dos seguros de responsabilidade civil que se relacionem à atividade do transporte de bens, inicia-se apenas "quando as mercadorias são de fato recebidas pelo transportador e cessa com a efetiva entrega ao destinatário".

Os seguros de pessoa, por seu turno, visam à proteção do segurado em face de riscos à sua existência, integridade física e saúde. A seguradora deverá realizar sua contraprestação tanto no caso de morte quanto no de sobrevivência do segurado ou, ainda, em acidentes pessoais com morte[112]. Nesses casos não há reparação de um dano e, portanto, não há indenização propriamente dita, mas uma remuneração ao beneficiário em decorrência do referido sinistro. São dessa categoria os seguros sociais, com destaque para os seguros de vida *strictu sensu* e os seguros contra acidentes[113].

São exemplos os seguros contra acidentes de trabalho ou pessoais. A Lei n. 8.213/91 define o acidente de trabalho em seu art. 19: "acidente do trabalho é o que ocorre pelo exercício do trabalho a serviço de empresa ou de empregador doméstico ou pelo exercício do trabalho dos segurados referidos no inciso VII do art. 11 desta lei, provocando lesão corporal ou perturbação funcional que cause a morte ou a perda ou redução, permanente ou temporária, da capacidade para o trabalho". Para que se verifique o acidente de trabalho, é necessário que se prove o nexo causal tríplice entre o evento danoso, o trabalho e a incapacidade ou morte decorrentes[114].

Já o seguro de acidentes pessoais resguarda os riscos de morte e de lesão. A seguradora se obriga ao pagamento de um montante determinado ao segurado ou, no caso de sua morte, ao beneficiário. Também estão abrangidos pela cobertura os custos relativos à assistência médica e hospitalar.

Os contratos de seguro, portanto, têm objetos diversos e obedecem a diferentes regras, sendo principalmente distintos pela natureza do risco: enquanto os seguros de dano ensejam a obrigação de indenizar do segurador na ocorrência do sinistro, nos seguros de pessoa não há que se falar em indenização[115], pois "a vida, jurídica e economicamente falando, não pode ser objeto de avaliação, não tem preço"[116]. Assim, a liquidação no seguro de dano consiste no ressarcimento do prejuízo auferido, ao passo que a liquidação, no seguro de vida, corresponde ao cumprimento da obrigação pecuniária estipulada em contrato[117]. De todo modo, a liquidação do seguro jamais pode importar no enriquecimento do segurado, caso contrário, passaria a ser de seu interesse a ocorrência do evento danoso.

---

[111] COELHO, Fábio Ulhoa (coord.). *Tratado de direito comercial.* São Paulo: Saraiva, 2015. v. 5, p. 219.

[112] COELHO, Fábio Ulhoa (coord.). *Tratado de direito comercial.* São Paulo: Saraiva, 2015. v. 5, p. 212.

[113] GOMES, Orlando. *Contratos.* Rio de Janeiro: GEN, 2022, p. 455.

[114] NASCIMENTO, Tupinambá Miguel Castro do. *Comentários à Lei de Acidente do Trabalho.* 5. ed. Rio de Janeiro: Aide, 1984, p. 32-33.

[115] MESSINEO, Francesco. *Dottrina generale del contratto.* 3. ed. Milão: Giuffrè, 1948.

[116] COELHO, Fábio Ulhoa (coord.). *Tratado de direito comercial.* São Paulo: Saraiva, 2015. v. 5, p. 212.

[117] COELHO, Fábio Ulhoa (coord.). *Tratado de direito comercial.* São Paulo: Saraiva, 2015. v. 5, p. 212.

Exatamente por essa diferenciação é que o conceito de contrato de seguro do art. 1.432 do CC de 1916 foi atualizada pelo legislador em 2002. Na antiga lei civil, definia-se o contrato de seguro como aquele pelo qual uma das partes se obriga, mediante pagamento de prêmio, a indenizar a outra o prejuízo resultante de riscos previstos contratualmente. A fim de abarcar a espécie do seguro de pessoas, na qual inexiste indenização, o art. 757 do CC de 2002 estatuía como obrigação do segurador a garantia de "interesse legítimo de segurado, relativo à pessoa ou a coisa, contra riscos predeterminados".

O contrato de seguro também será categorizado conforme o método utilizado para a cobertura de risco, podendo ser de prêmio fixo ou variado. No seguro de prêmio fixo, o segurado firma contrato com companhia seguradora e a contribuição é imutável, uma vez fixada contratualmente.

Já no seguro de prêmio variado, também denominado seguro mútuo, várias pessoas assumem mutuamente a responsabilidade pelo dano que vier a ocorrer pelo risco assumido. Cada integrante do seguro mútuo poderá ser beneficiado ou prejudicado conforme tenha direito a pleitear indenização ou conforme seja obrigado a concorrer para realizar o pagamento a outrem.

Destarte, no seguro a prêmio fixo as funções de segurador e segurado são desempenhadas por pessoas distintas, enquanto no seguro mútuo cada segurador ocupa também o papel de segurado uns dos outros. Em geral, aqueles que compartilham o prejuízo não exercem propriamente o papel de segurador, pertencendo à pessoa jurídica formada pela associação dos interessados. Nesse caso, em vez do prêmio, os segurados contribuem com cotas para o pagamento de despesas administrativas e dos prejuízos efetivos. Por conta disso, a contribuição é variável.

Os seguros mútuos são cíveis, pois sua formação independe da participação de empresários, podendo ser constituída pelos interessados por meio de uma sociedade seguradora. Desse modo, não há *animus lucrandi*, já que as cotas pagas pelos interessados atendem ao valor das despesas administrativas e prejuízos verificados. Segundo Orlando Gomes, "a partilha de excesso verificado quando a soma das cotizações recebidas é superior à dos riscos verificados não pode ser considerada objeto da sociedade. Não se constitui para esse fim, e a permissão para que o distribua sob a forma de dividendo demonstra, precisamente, que não tem finalidade lucrativa"[118].

As sociedades de seguros mútuos tinham suas normas disciplinadas no Código Civil de 1916, mas atualmente são reguladas por leis especiais[119]. Dentre as principais regras, destacam-se a proporcionalidade das entradas suplementares e dos dividendos a cada associado, a fixação das cotas conforme o valor dos respectivos seguros e a faculdade de considerar, na determinação das cotas, riscos distintos e estabelecê-los em duas ou mais categorias.

Ademais, como subespécies de seguros de dano, merecem destaque os seguros imobiliários, que envolvem a concessão de financiamentos habitacionais e a construção e desenvolvimento de uma incorporação. Distinguem-se em quatro grupos. O primeiro, os seguros habitacionais relacionados ao Sistema Financeiro da Habitação, que buscam a proteção de danos físicos nos imóveis, a morte e a invalidez permanente[120].

O segundo grupo busca cobrir riscos habitacionais de imóveis não financiados pelo Sistema Financeiro da Habitação. Tem como papel garantir a proteção de riscos relativos à morte, invalidez permanente, acidentes, incêndio etc.[121].

---

[118] GOMES, Orlando. *Contratos*. Rio de Janeiro: GEN, 2022, p. 456.

[119] Decreto-lei n. 2.063/40; Decreto-lei n. 3.908/41; Decreto-lei n. 4.609/42; Decreto-lei n. 7.377/45; e Decreto-lei n. 8.934/46.

[120] RIZZARDO, Arnaldo. *Contratos*. Rio de Janeiro: Forense, 2023, p. 898.

[121] RIZZARDO, Arnaldo. *Contratos*. Rio de Janeiro: Forense, 2023, p. 898.

O terceiro grupo é o seguro de fiança locatícia, disciplinado pelo art. 37, III, da Lei n. 8.245/91, que busca cobrir riscos relativos às obrigações decorrentes do contrato de aluguel[122].

O quarto grupo é composto por seguros previstos na Lei de Condomínio n. 4.591/64 relativo à construção dos edifícios, atingindo tanto as unidades autônomas como as partes comuns[123]. A respeito, dita o art. 1.346 do CC: "É obrigatório o seguro de toda a edificação contra o risco de incêndio ou destruição, total ou parcial".

Há ainda o seguro à conta de outrem, que estava previsto no art. 767 do CC. Nos termos do referido dispositivo legal, "no seguro à conta de outrem, o segurador pode opor ao segurado quaisquer defesas que tenha contra o estipulante, por descumprimento das normas de conclusão do contrato, ou de pagamento do prêmio". Trata-se de seguro realizado a favor de outrem pelo estipulante, que assume a direção e administração do seguro em atenção ou a favor de terceiros, contratando e contraindo todas as obrigações perante a seguradora.

13.1. Seguros de danos

Originalmente, o contrato de seguro surgiu para cobrir perdas ou danos nas coisas e evoluiu para cobrir outros bens protegíveis como a morte ou o alcance de certo tempo de vida. O Código Civil de 1916 não limitou o objeto de seguro à cobertura de coisas ou bens econômicos, trazendo normas para o seguro de vida e o seguro mútuo e, posteriormente, leis paralelas regulamentaram a cobertura de danos e interesses com o seguro de saúde, de acidente do trabalho, incapacidade total ou parcial[124].

O seguro de danos abrange prejuízos sofridos pelo indivíduo a seu patrimônio, devendo o segurador desembolsar o valor referente à indenização do dano. Rizzardo esclarece que não se pode restringir essa espécie aos danos nas coisas. Trata-se de seguro que "visa a cobertura de prejuízos ou de desfalques nos bens e inclusive nas pessoas", já que o surgimento dos eventos pactualmente previstos como doença, incapacidade e acidentes muitas vezes causam desfalques que exigem estabelecimento da integridade do ser humano[125]. Cumpre ressaltar que o valor da garantia pactuada, bem como o valor da indenização securitária, não pode ser superior ao valor do interesse segurado, ressalvadas as exceções legais[126].

Para Vinícius Mendonça, "o seguro de danos é a modalidade securitária que tem por fim garantir o legítimo interesse segurável sobre um bem ou sobre um conjunto de bens suscetível a um dano sob uma perspectiva eminentemente patrimonial"[127]. Pode-se conceituar "o dano ou prejuízo como a lesão a um interesse jurídico tutelado – patrimonial ou não –, causado por ação ou omissão do sujeito infrator"[128]. Nesse sentido, para que o dano seja indenizável, é preciso que se conjugue: (a) a violação de um interesse jurídico patrimonial ou extrapatrimonial de uma pessoa física ou jurídica; (b) certeza do dano; e (c) subsistência do dano. O primeiro requisito diz respeito à agressão a um bem tutelado. O segundo requisito garante que, apenas, o dano efetivo e certo será indenizável. Por fim,

---

[122] RIZZARDO, Arnaldo. *Contratos*. Rio de Janeiro: Forense, 2023, p. 898.

[123] RIZZARDO, Arnaldo. *Contratos*. Rio de Janeiro: Forense, 2023, p. 898.

[124] RIZZARDO, Arnaldo. *Contratos*. Rio de Janeiro: Forense, 2023, p. 871.

[125] RIZZARDO, Arnaldo. *Contratos*. Rio de Janeiro: Forense, 2023, p. 871.

[126] Art. 89 da Lei n. 15.040/2024.

[127] MENDONÇA, Vinícius. *Curso de direito do seguro e resseguro*. Indaiatuba: Foco, 2024, p. 179.

[128] GAGLIANO, Pablo S.; PAMPLONA FILHO, Rodolfo. *Novo curso de direito civil*: contratos. São Paulo: SaraivaJur, 2023. v. 4, p. 267.

o último requisito significa que, para haver a possibilidade de exigir a indenização, é necessário que o dano subsista no momento de sua exigibilidade[129].

Garantem-se todos os danos decorrentes de acidentes, sendo os mais comuns dessa modalidade os seguros de fogo e de transporte. Pertence a essa categoria também o seguro de crédito, mediante o qual ao segurador é transferido o risco de inadimplemento dos devedores.

Na vigência do Código Civil de 1916, parte da doutrina considerava que pertenciam à categoria de seguro de danos aqueles sofridos pelo próprio indivíduo ou por terceiro, com destaque aos seguros de acidente de trabalho. Esse debate foi solucionado a partir do Código Civil de 2002, ao dispor sobre o "seguro de pessoa" em vez de "seguro de vida", de modo que o seguro de acidentes pessoais é disciplinado como modalidade de seguro de pessoa. No caso de acidentes de trabalho, a regulamentação é feita pelo direito do trabalho[130].

Quanto ao modo de adimplemento do objeto segurado, a Circular Susep n. 621/2021 dispõe em seu art. 47 que "as condições contratuais poderão admitir, para fins de indenização, preferencialmente, as hipóteses de pagamento em dinheiro, reposição ou reparo do bem ou prestação de serviços, sem prejuízo de outras formas pactuadas mediante acordo entre as partes".

O Código Civil, por seu turno, estabelece a prioridade do pagamento em dinheiro, a menos que convencionado de forma diversa pelas partes. Segundo disciplinava o art. 776, o segurador é obrigado a pagar em dinheiro o prejuízo resultante do risco assumido, salvo se convencionada a reposição da coisa.

Na modalidade de seguro de dano, a garantia prometida não pode ultrapassar o valor do interesse segurado no momento da conclusão do contrato, sob pena de perder a garantia e continuar obrigado ao pagamento do prêmio, sem prejuízo de eventual ação penal (arts. 778 e 766 do CC). Equipara-se a hipótese às declarações falsas do segurado. Como aponta Maria Helena Diniz, "se a inexatidão na declaração daquele *quantum* não resultou de má-fé do segurado, o segurador poderá rescindir o contrato ou cobrar, mesmo depois do sinistro, a diferença do prêmio (CC, arts. 778 c/c 766 e parágrafo único)"[131]. A vedação do seguro de dano como enriquecimento do beneficiário é complementada pelo art. 778, que impede não apenas o benefício excedente no momento da contratação do seguro, mas também no momento da ocorrência do sinistro. Conforme o dispositivo legal, "a indenização não pode ultrapassar o valor do interesse segurado no momento do sinistro, e, em hipótese alguma, o limite máximo da garantia fixado na apólice, salvo em caso de mora do segurador".

O seguro abrangerá a totalidade dos danos verificados, inclusive dos danos causados em outros bens, não só no bem segurado, e os danos decorrentes da tentativa de evitar o sinistro, diminuir as consequências do dano ou salvar a coisa. Por exemplo, em acidente de veículo, o seguro cobre não só os danos ao veículo do segurado, mas também ao proprietário de outros veículos e vítimas envolvidos no acidente[132].

É possível contratar novo seguro sobre o mesmo interesse. A contratação de mais do que um seguro somente poderá ocorrer para cobrir os mesmos riscos em tudo aquilo não abrangido no seguro anterior, na importância que falta para a cobertura da parte não abrangida no seguro anterior, contanto que seja feita comunicação ao primeiro segurador (art. 782 do CC).

---

[129] GAGLIANO, Pablo S.; PAMPLONA FILHO, Rodolfo. *Novo curso de direito civil*: contratos. São Paulo: SaraivaJur, 2023. v. 4, p. 269.

[130] GOMES, Orlando. *Contratos*. Rio de Janeiro: GEN, 2022, p. 458.

[131] DINIZ, Maria Helena. *Curso de direito civil brasileiro*: teoria das obrigações contratuais e extracontratuais. São Paulo: SaraivaJur, 2024. v. 3, p. 550.

[132] RIZZARDO, Arnaldo. *Contratos*. Rio de Janeiro: Forense, 2023, p. 873.

A contratação do seguro poderá incluir cobertura parcial do dano, sendo também possível, em casos em que o sinistro ocorreu apenas parcialmente, que a cobertura também seja parcial. Não há, assim, qualquer impedimento de que se contrate apenas a cobertura parcial pelo seguro, até porque poderá o segurado não ter capacidade financeira para arcar com a integralidade do prêmio exigido, se a cobertura fosse total. Nessa hipótese de cobertura parcial, a indenização também será proporcional à cobertura do interesse protegido. É o que determina o art. 783: "salvo disposição em contrário, o seguro de um interesse por menos do que valha acarreta a redução proporcional da indenização, no caso de sinistro parcial".

Em suma, a indenização que será recebida pelo segurado não poderá ser maior que o valor do interesse segurado no instante do sinistro. Além disso, não poderá ser superior em nenhuma caso ao limite máximo previsto na apólice (exceto se o segurador em mora estiver – art. 781 do CC)[133].

São excluídos da cobertura os danos decorrentes de vícios intrínsecos da coisa, quando não declarados pelo segurado (art. 784 do CC). Entende-se por vício intrínseco o "defeito próprio da coisa, que se não encontra normalmente em outras da mesma espécie" (art. 784, parágrafo único, do CC). Ou seja, a omissão ou declaração inexata da apólice acerca de vício acarreta justificada recusa de cobertura.

O contrato é transferível a terceiros com a alienação ou cessão do terceiro segurado (art. 785 do CC), desde que com a concordância do segurador e que não haja previsão em contrário na apólice. Considerando que o contrato é firmado em função do segurado, Rizzardo entende como justa a exigência de concordância do segurador por meio do instrumento firmado ou por ato posterior de aquiescência[134].

Na ocorrência do sinistro e com o consequente pagamento da indenização pela seguradora, o segurador sub-roga-se nos direitos e ações que competirem ao segurado contra o autor do dano (art. 786 do CC).

Os arts. 787 e 788 do CC tratam ainda do seguro de responsabilidade, no qual o segurador se obriga a indenizar o segurado na eventualidade de dano por falta de terceiro, ou de reparação disposta na lei. É exemplo disso o seguro de fidelidade funcional, que existe para satisfazer o prejuízo provocado por funcionários ou empregados que lidam com dinheiro[135].

Essa atuação do terceiro poderá ser dolosa ou culposa para assegurar a proteção pelo contrato do seguro, o que não se confunde com a exigência de que o segurado não tenha praticado ato doloso. Para Pontes de Miranda, "a responsabilidade que se pode segurar é a de ato culposo (não doloso) da pessoa segurada, ou a de fato, ou de ato-fato de outrem, culposo ou doloso, ou de animal. Somente não é segurável a responsabilidade do segurado por fato oriundo de dolo"[136].

No seguro de responsabilidade civil, o segurador "garante o interesse do segurado contra os efeitos da imputação de responsabilidade e do seu reconhecimento, assim como o dos terceiros

---

[133] DINIZ, Maria Helena. *Curso de direito civil brasileiro*: teoria das obrigações contratuais e extracontratuais. São Paulo: SaraivaJur, 2024. v. 3, p. 550.

[134] RIZZARDO, Arnaldo. *Contratos*. Rio de Janeiro: Forense, 2023, p. 874.

[135] GOMES, Orlando. *Contratos*. Rio de Janeiro: GEN, 2022, p. 458.

[136] PONTES DE MIRANDA, José Cavalcanti. *Direito das obrigações*. São Paulo: Revista dos Tribunais, 2012. t. XLVI, p. 114. Segue o autor que "a responsabilidade, que se segura, pode ser própria ou direta como pode ser alheia ou indireta. Responsabilidade própria é a da pessoa que contrata o seguro. Responsabilidade alheia é a de outrem, que o contraente segura. Responsabilidade direta é a responsabilidade do contraente do seguro que depende de ato do contraente ou de fato correspondente a ele (desastre de automóvel, dano causado pelo cavalo que saiu da estribaria). Responsabilidade indireta é a que resulta de ato ou fato de outra pessoa em caso de ter o contraente de por ela responder (menores sob pátrio poder, tutela ou curatela; empregados)" (PONTES DE MIRANDA, José Cavalcanti. *Direito das obrigações*. São Paulo: Revista dos Tribunais, 2012. t. XLVI, p. 114).

Capítulo 10 • Contrato de seguro

prejudicados à indenização"[137]. O risco segurado pode, nesse caso, caracterizar-se pela imputação de responsabilidade ao segurado, da ocorrência do fato gerador que venha a imputar responsabilidade ou meramente da ocorrência da manifestação danosa[138].

Nesse sentido, o segurado, assim que conhecer as consequências de seu ato que poderá lhe acarretar a responsabilidade, deverá comunicar o segurador. A demora da comunicação poderá incidir de forma negativa para o segurado, uma vez que poderá significar uma concausa deflagradora de efeito danoso[139]. Em razão disso, a seguradora, na hipótese em que a demora agravar o dano, poderá se eximir da responsabilidade.

Na hipótese em que for intentada ação contra o segurado, ele deverá avisar o segurador. No caso de ser demandado, "é defeso ao segurado reconhecer sua responsabilidade ou confessar a ação, bem como transigir com o terceiro prejudicado, ou indenizá-lo diretamente, sem anuência expressa do segurador" (art. 787). Ademais, quanto aos dispêndios com a defesa contra a imputação da responsabilidade ao segurado, deverá ser estabelecido limite diverso daquele estabelecido exclusivamente para a indenização dos prejudicados pelo ato[140].

Além do seguro de responsabilidade civil, há diversas outras modalidades de seguro de danos comercializadas no mercado securitário para proteger o patrimônio dos segurados.

Uma das modalidades mais comuns de cobertura de seguro de danos é o seguro de automóvel[141], que visa proteger o segurado dos riscos incidentes sobre o veículo. É setor estratégico do ponto de vista econômico, gerando benefícios para a coletividade e de arrecadação de prêmios[142].

O seguro de danos de automóvel pode ser contratado de modo isolado ou com coberturas conjugadas para aumentar o espectro protetivo. Normalmente são contratos massificados, de modo que suas condições contratuais são previamente estabelecidas pela Susep, incluindo a contratação, liquidação do sinistro e pagamento do prêmio, a fim de garantir que as seguradoras deem tratamento uniforme à coletividade de segurados e reduzindo as chances de litígios[143].

Deve-se apontar que o seguro de automóvel e o de transportes não se confundem. Este último possui a finalidade de garantir o pagamento de danos causados ao objeto do transporte, podendo abranger, inclusive, os danos ocasionados enquanto os bens estão armazenados, contanto que previamente pactuado[144].

Outra modalidade do seguro de danos é o seguro habitacional[145], que busca garantir o adimplemento das prestações financeiras relativas ao imóvel adquirido pelo segurado. É facultativo quando o imóvel é financiado por instituição do mercado financeiro comum ou obrigatória quando contratado para garantir imóvel adquirido pelo Sistema Financeiro de Habitação[146].

---

[137] Art. 98, *caput*, da Lei n. 15.040/2024.

[138] Art. 98, § 1º, da Lei n. 15.040/2024.

[139] "Por imposição do princípio da boa-fé objetiva, tão logo saiba o segurado das consequências de ato seu, suscetível de lhe acarretar a responsabilidade incluída na garantia, comunicará o fato ao segurador (art. 787, § 1º), podendo a demora na comunicação militar em seu desfavor, uma vez que danos consequenciais, derivados da própria mora, não poderiam ser imputados ao segurador, em face da interrupção do nexo causal. Vale dizer, a demora do segurado poderá traduzir uma concausa deflagradora de efeito danoso, em tese não imputável à companhia seguradora, a depender da análise do caso concreto" (GAGLIANO, Pablo S.; PAMPLONA FILHO, Rodolfo. *Novo curso de direito civil*: contratos. São Paulo: SaraivaJur, 2023. v. 4, p. 276).

[140] Art. 98, § 2º, da Lei n. 15.040/2024.

[141] ALVIM, Pedro. *O contrato de seguro*. Rio de Janeiro: Forense, 2001, p. 82.

[142] MENDONÇA, Vinícius. *Curso de direito do seguro e resseguro*. Indaiatuba: Foco, 2024, p. 179.

[143] MENDONÇA, Vinícius. *Curso de direito do seguro e resseguro*. Indaiatuba: Foco, 2024, p. 180.

[144] MENDONÇA, Vinícius. *Curso de direito do seguro e resseguro*. Indaiatuba: Foco, 2024, p. 181.

[145] ALVIM, Pedro. *O contrato de seguro*. Rio de Janeiro: Forense, 2001, p. 85 e 87.

[146] MENDONÇA, Vinícius. *Curso de direito do seguro e resseguro*. Indaiatuba: Foco, 2024, p. 180.

Sobre o seguro habitacional, destaca Juliana de Sousa Feldman: "não se trata, destarte, de um típico contrato de seguro em que segurador e segurado firmam voluntariamente o contrato; no seguro habitacional, a autonomia de vontade das partes, sobretudo do mutuário, é significativamente reduzida, de modo que a celebração do contrato ocorre de forma compulsória, atrelada ao contrato de mútuo, sendo suas cláusulas previamente estabelecidas por normas da Superintendência de Seguros Privados (Susep), tudo com o objetivo de atender às exigências próprias do SFH"[147].

O seguro habitacional também cobre outros riscos relacionados ao imóvel como incêndios ou problemas relacionados ao abalo de estruturas físicas. A cobertura também poderá abranger bens que se encontram no interior do imóvel, desde que previamente pactuado na apólice[148]. Não se confunde, entretanto, com o seguro de condomínio, em que a cobertura abrange não só as unidades imobiliárias como também as áreas comuns da edificação condominial.

Sobre o tema, o STF editou a Súmula 473: "O mutuário do SFH não pode ser compelido a contratar o seguro habitacional obrigatório com a instituição financeira mutuante ou com a seguradora por ela indicada". Também editou a Súmula 31, prevendo que "a aquisição, pelo segurado, de mais de um imóvel financiado pelo Sistema Financeiro da Habitação, situados na mesma localidade, não exime a seguradora da obrigação de pagamento dos seguros".

Poderá haver a contratação do seguro empresarial, que cobre danos sobre bens que integram o estabelecimento empresarial. Através do instrumento, o empresário ou sociedade empresária blindam-se contra eventos que possam afetar diretamente o patrimônio social. Podem contratar a cobertura do seguro empresarial visando proteger o parque industrial ou o estabelecimento e os bens que ali se situam de acidentes como "incêndios, danos elétricos, vendavais, granizo, terremoto etc."[149].

Já o seguro ambiental é voltado para a cobertura de danos causados ao meio ambiente por atividades poluentes, protegendo a mais ampla gama de atingidos, podendo segurar indivíduos especificamente afetados ou grupos coletivos destes, bem como a coletividade genérica ou a fauna e flora do ambiente afetado, a partir da recomposição de danos morais e materiais[150-151].

O seguro de engenharia cobre riscos relacionados à execução de projetos de construção de obras civis, montagem de equipamentos e atividades correlatas, sendo contratado pelo responsável pelas obras para garantir o pagamento da indenização de eventual dano material[152].

Por seu turno, o seguro de diretores e administradores visa cobrir danos causados por membros executivos e dos conselhos de administração da pessoa jurídica em que trabalham, como condutas que podem ensejar a responsabilização quanto à reparação de danos causados a terceiros, sócios ou à

---

[147] FELDMAN, Juliana Sousa. Análise do contrato de seguro habitacional e a exclusão da cobertura por vício de construção à luz do Código de Defesa do Consumidor. *Revista do TRF3*, ano XXXI, n. 145, p. 19, abr.-jun. 2020.

[148] MENDONÇA, Vinícius. *Curso de direito do seguro e resseguro*. Indaiatuba: Foco, 2024, p. 180.

[149] MENDONÇA, Vinícius. *Curso de direito do seguro e resseguro*. Indaiatuba: Foco, 2024, p. 181.

[150] MENDONÇA, Vinícius. *Curso de direito do seguro e resseguro*. Indaiatuba: Foco, 2024, p. 182.

[151] O seguro ambiental, inclusive, é previsto no art. 9º da Lei n. 6.938/81 como instrumento da Política Nacional do Meio Ambiente (PNMA). O seguro, aliás, pode concorrer para a diminuição do risco enquadrável pela autoridade administrativa, como explica Paulo de Bessa Antunes, segundo o qual "o enquadramento do risco é uma presunção *iuris tantum* (relativa), na medida em que a autoridade administrativa poderá definir critérios para alteração do enquadramento do nível de risco da atividade econômica, mediante a demonstração pelo requerente da existência de instrumentos que, a critério do órgão ou da entidade, reduzam ou anulem o risco inerente à atividade econômica, tais como: (1) declaração própria ou de terceiros como substitutivo de documentos ou de comprovantes; (2) ato ou contrato que preveja instrumentos de responsabilização própria ou de terceiros em relação aos riscos inerentes à atividade econômica; (3) contrato de seguro; (4) prestação de caução; ou (5) laudos de profissionais privados habilitados acerca do cumprimento dos requisitos técnicos ou legais. Tais circunstâncias devem constar previamente em atos normativos, cuja fundamentação e razões técnicas que subsidiem à norma devem estar disponíveis no sítio da internet da entidade ou órgão público, como condição de validade" (ANTUNES, Paulo de B. *Direito ambiental*. Rio de Janeiro: GEN, 2023, p. 74).

[152] MENDONÇA, Vinícius. *Curso de direito do seguro e resseguro*. Indaiatuba: Foco, 2024, p. 182.

Capítulo 10 • Contrato de seguro

sociedade[153]. Sobre esse tipo de seguro, já julgou o STJ que o seguro D&O (*Directors and Officers Insurance*) não cobre atos dolosos, impedindo que o administrador diminua seu grau de diligência em razão do seguro[154].

O seguro de riscos cibernéticos é contratado com a finalidade de proteger o segurado de danos provocados a equipamentos (*hardware*) ou programas de computadores (*software*) no exercício de suas atividades ou nas de seus clientes. A cobertura poderá abranger tanto os bens materiais quanto serviços de tecnologia de informação e informática e redes de dados.

O seguro de crédito à exportação cobre os danos a bens exportados em razão dos riscos de inadimplemento financeiro do importador. Visa proteger o exportador contra riscos comerciais, decorrentes do comportamento do importador; riscos políticos, de danos ocasionados pela estrutura política e econômica do país que receberá as mercadorias; e riscos extraordinários, de danos inevitáveis relacionados ao país de destino, como guerras ou catástrofes naturais[155].

Há, também, o seguro-garantia, que representa um seguro de obrigações. A definição do seguro-garantia pode ser encontrada no art. 2º, V, da Circular Susep n. 662, onde consta que se trata de "seguro que tem por objetivo garantir o fiel cumprimento das obrigações garantidas". Assim, no objeto do contrato de seguro-garantia, está a proteção ao risco de inadimplemento de uma obrigação do tomador contra o segurado e em razão de uma relação jurídica, contratual, editalícia, processual ou de qualquer outra natureza[156]. Além disso, registra-se que a indenização somente será efetuada quando verificado o inadimplemento do tomador.

---

[153] MENDONÇA, Vinícius. *Curso de direito do seguro e resseguro*. Indaiatuba: Foco, 2024, p. 182.

[154] "Recurso especial. Civil. Seguro de responsabilidade civil de diretores e administradores de pessoa jurídica (seguro de RC D&O). Renovação da apólice. Questionário de avaliação de risco. Informações inverídicas do segurado e do tomador do seguro. Má-fé. Configuração. Perda do direito à garantia. Investigações da CVM. Prática de *insider trading*. Ato doloso. Favorecimento pessoal. Ato de gestão. Descaracterização. Ausência de cobertura. 1. Cinge-se a controvérsia a definir (i) se houve a omissão dolosa de informações quando do preenchimento do questionário de risco para fins de renovação do seguro de responsabilidade civil de diretores e administradores de pessoa jurídica (seguro de RC D&O) e (ii) se é devida a indenização securitária no caso de ocorrência de *insider trading*. 2. A penalidade para o segurado que agir de má-fé ao fazer declarações inexatas ou omitir circunstâncias que possam influir na aceitação da proposta pela seguradora ou na taxa do prêmio é a perda da garantia securitária (arts. 765 e 766 do CC). Ademais, as informações omitidas ou prestadas em desacordo com a realidade dos fatos devem guardar relação com a causa do sinistro, ou seja, deverão estar ligadas ao agravamento concreto do risco (Enunciado n. 585 da VII Jornada de Direito Civil). 3. Na hipótese dos autos, as informações prestadas pela tomadora do seguro e pelo segurado no questionário de risco não correspondiam à realidade enfrentada pela empresa no momento da renovação da apólice, o que acabou por induzir a seguradora em erro na avaliação do risco contratual. A omissão dolosa quanto aos eventos sob investigação da CVM dá respaldo à sanção de perda do direito à indenização securitária. 4. Os fatos relevantes omitidos deveriam ter sido comunicados mesmo antes de o contrato ser renovado, pois decorre do postulado da boa-fé o dever do segurado '*comunicar ao segurador, logo que saiba, todo incidente suscetível de agravar consideravelmente o risco coberto, sob pena de perder o direito à garantia, se provar que silenciou de má-fé*' (art. 769 do CC). 5. O seguro de RC D&O (*Directors and Officers Insurance*) tem por objetivo garantir o risco de eventuais prejuízos causados por atos de gestão de diretores, administradores e conselheiros que, na atividade profissional, agiram com culpa (Circular Susep n. 541/2016). Preservação não só do patrimônio individual dos que atuam em cargos de direção (segurados), o que incentiva práticas corporativas inovadoras, mas também do patrimônio social da empresa tomadora do seguro e de seus acionistas, já que serão ressarcidos de eventuais danos. 6. A apólice do seguro de RC D&O não pode cobrir atos dolosos, principalmente se cometidos para favorecer a própria pessoa do administrador, o que evita forte redução do grau de diligência do gestor ou a assunção de riscos excessivos, a comprometer tanto a atividade de *compliance* da empresa quanto as boas práticas de governança corporativa. Aplicação dos arts. 757 e 762 do CC. (...) 8. O seguro de RC D&O somente possui cobertura para (i) atos culposos de diretores, administradores e conselheiros (ii) praticados no exercício de suas funções (atos de gestão). Em outras palavras, atos fraudulentos e desonestos de favorecimento pessoal e práticas dolosas lesivas à companhia e ao mercado de capitais, a exemplo do *insider trading*, não estão abrangidos na garantia securitária" (STJ, 3ª Turma, REsp 1.601.555/SP, Rel. Min. Ricardo Villas Bôas Cueva, j. 14-2-2017).

[155] MENDONÇA, Vinícius. *Curso de direito do seguro e resseguro*. Indaiatuba: Foco, 2024, p. 183.

[156] "A garantia é o objeto imediato do contrato de seguro e o interesse é o objeto de garantia" (TZIRULNIK, Ernesto; CAVALCANTI, Flávio Queiroz B.; PIMENTEL, Ayrton. *O contrato de seguro*: de acordo com o novo Código Civil brasileiro. 2. ed. São Paulo: Revista dos Tribunais, 2003, p. 32).

318　　　　　　　　　　　　　　　　　　　　　　　　　　　　　　　　　　　　　*Parte Especial*

Diante disso, o seguro-garantia pode ser definido como a modalidade de seguro de danos que procura garantir a obrigação do tomador em relação ao segurado e beneficiário da cobertura, normalmente vinculado a uma obrigação principal que deve ser realizada pelo tomador e que requer apresentação de garantia do seu cumprimento[157]. Como se percebe, nessa relação securitária há três partes: (i) o segurado, "credor das obrigações assumidas pelo tomador no objeto principal" (Circular Susep n. 662, art. 2º, IV); (ii) o tomador, "devedor das obrigações estabelecidas no objeto principal e contratante do seguro-garantia" (Circular Susep n. 662, art. 2º, IX); e (iii) a seguradora, sociedade de seguros, devidamente autorizada a operar pela Susep e que garante risco coberto.

A obrigação de garantia[158] assumida pelo segurador é, consequentemente, a proteção contra o risco de inadimplemento de obrigações estipulada em referido contrato principal. No entanto, destaca-se que a função social do seguro garantia extravasa uma simples compensação financeira pelos danos sofridos pelo segurado. Afinal, o objetivo principal do seguro-garantia não é simplesmente pagar a indenização ou assumir a execução do contrato em substituição ao tomador, mas sim prevenir a ocorrência do sinistro. Isso é feito por meio do gerenciamento de risco realizado pela seguradora, que monitora o cumprimento do contrato por meio de sua própria equipe ou de prestadores de serviço terceirizados[159].

Por fim, cita-se o seguro rural, modalidade de seguro de danos que almeja a proteção do produtor rural de eventuais prejuízos relativos à produção que poderiam ensejar o inadimplemento de suas obrigações para com terceiros de boa-fé. Poderá, ainda, abranger a produção pecuária e outros interesses relacionados ao patrimônio utilizado para a produção de seu negócio[160].

13.2. Seguros de pessoas

No seguro de pessoas, garante-se a proteção de indivíduos e asseguram-se interesses dos segurados envolvendo dano ou ônus pessoal[161]. Consideram-se as características pessoais do segurado e acontecimentos capazes de gerar ônus patrimonial[162], como a morte, casamento, acidentes, nascimento de filhos, estudos etc.

No seguro de vida, o evento incerto que enseja a contraprestação do segurador pode ser tanto a morte do segurado como sua sobrevivência. São exemplos dessa modalidade de seguro a indenização de um montante quando o segurado atinge idade avançada ou no caso de sua morte.

A cobertura do seguro de pessoas abrange, de acordo com Rizzardo, "dano corporal ou dano que pode ocorrer na pessoa, atingindo sua integridade física, estética, psíquica, moral, traços fisiológicos, a vida ou existência, sua presença na terra e no meio social, seu porte, seu valor"[163]. O seguro abrangerá todos os prejuízos resultantes ou consequentes, inclusive os prejuízos ocorridos na tentativa de evitar o sinistro, minorar o dano ou salvar a coisa (art. 779 do CC), devendo sempre ser considerado o limite da apólice. Se a indenização pactuada for o suficiente para cobrir gastos corporais e físicos, poderá ser incluída também a indenização a título de danos morais. É o

---

[157] MENDONÇA, Vinícius. *Curso de direito do seguro e resseguro.* Indaiatuba: Foco, 2024, p. 183.

[158] "A obrigação de garantia é aquela que tem por escopo ampliar a garantia do credor ou eliminar um risco que pesa sobre ele ou até mesmo as suas consequências" (MELLO, Cleyson de Moraes. *Direito civil*: obrigações. Rio de Janeiro: Freitas Bastos, 2017. v. 2, p. 130).

[159] ALMADA, Beatriz de Mora Campos Mello. *In*: SCHALCH, Débora. *Seguros e resseguros.* São Paulo: Saraiva, 2010, p. 281-298.

[160] MENDONÇA, Vinícius. *Curso de direito do seguro e resseguro.* Indaiatuba: Foco, 2024, p. 183.

[161] RIZZARDO, Arnaldo. *Contratos.* Rio de Janeiro: Forense, 2023, p. 877.

[162] FRANCO, Vera Helena de Mello. *Contratos*: direito civil e empresarial. 4. ed. rev., atual. e ampl. São Paulo: Revista dos Tribunais, 2013, p. 283.

[163] RIZZARDO, Arnaldo. *Contratos.* Rio de Janeiro: Forense, 2023, p. 877.

Capítulo 10 • Contrato de seguro

entendimento do STJ, que consagrou que "o conceito de seguro por danos pessoais compreende o dano moral"[164].

O prêmio poderá ser em pagamento único ou parcelado sob a forma de pensão; ainda, poderá ser vitalício ou temporário.

A obrigação do segurador não consiste no pagamento do montante pactuado na ocasião de sinistro, e sim na garantia do interesse do segurado. Ao contrário do seguro de dano, entretanto, o seguro de vida não tem função indenizatória. Ele pode ser celebrado em favor de terceiro e seu valor pode ser livremente estipulado, sem limitação.

Considerando que a vida e a saúde não poderiam ter valor estimado, o seguro de vida diverge do seguro de dano na medida em que naquele a vida do segurado pode ser objeto de contrato diversas vezes, atribuindo-lhe qualquer valor (art. 789 do CC). Ainda, a contraprestação do seguro de vida deve ser feita integralmente, não havendo avaliação de danos nem qualquer redução, conquanto não é estabelecida relação de proporcionalidade. Só haverá restituição parcial do prêmio em razão do valor de seu resgate.

O seguro também pode ser contratado sobre a vida de outrem, caso em que o proponente é obrigado a declarar, sob pena de falsidade, seu interesse pela preservação da vida do segurado (art. 790 do CC). Presume-se o interesse em caso de cônjuge, ascendente ou descendente do proponente. Sobre o tema, o Enunciado 186 da III Jornada de Direito Civil aponta que "o companheiro dever ser considerado implicitamente incluído no rol das pessoas tratadas no art. 790, parágrafo único, por possuir interesse legítimo o seguro da pessoa do outro companheiro".

O beneficiário do seguro poderá ser substituído, caso não houver previsão no contrato de renúncia dessa faculdade ou se não tiver como causa declarada a garantia de alguma obrigação (art. 791 do CC). Para Tartuce, "o segurador deve ser cientificado dessa substituição. Não havendo esta cientificação, o segurador desobrigar-se-á pagando o capital segurado ao antigo beneficiário, sendo o contrato de seguro extinto"[165].

Se o proponente não apontar o beneficiário na apólice, o Código Civil indica a ordem de sucessão no art. 792: "Na falta de indicação da pessoa ou beneficiário, ou se por qualquer motivo não prevalecer a que for feita, o capital segurado será pago por metade ao cônjuge não separado judicialmente, e o restante aos herdeiros do segurado, obedecida a ordem da vocação hereditária". Estando ausentes tais pessoas, os beneficiados serão aqueles que comprovarem que a morte do seguro impediu que eles mantivessem seu meio de subsistência[166].

É impenhorável o capital estabelecido para cobertura de seguro de vida ou de acidentes pessoais e, portanto, não se presta a garantir obrigações do segurado. Tampouco é patrimônio que pode ser partilhado em herança.

O montante do prêmio e o valor da cobertura são fixados em apólice a partir de tabela fixa da seguradora, havendo também previsão de encargos em caso de atraso ou inadimplemento. O capital do segurado contemplado na apólice é direito indisponível, sendo expressamente vedada sua redução ou qualquer transação que busque reduzir o pagamento do capital[167].

---

[164] Recurso Especial n. 106.326-PR, da 4ª Turma, j. 25-3-1997. Reiterado o entendimento no REsp n. 153.837-SP, da 4ª Turma, de 10-12-1997, Rel. Min. Ruy Rosado de Aguiar no REsp. n. 91.039-RS, da 3ª Turma, de 24-3-1997, Rel. Min. Eduardo Ribeiro; e no REsp n. 97.824-PR, da 3ª Turma, de 5-12-1997, Rel. Min. Eduardo Ribeiro.

[165] TARTUCE, Flávio. *Direito civil*: teoria geral dos contratos e contratos em espécie. Rio de Janeiro: Forense, 2024. v. 3, p. 695.

[166] TARTUCE, Flávio. *Direito civil*: teoria geral dos contratos e contratos em espécie. Rio de Janeiro: Forense, 2024. v. 3, p. 695.

[167] RIZZARDO, Arnaldo. *Contratos*. Rio de Janeiro: Forense, 2023 p. 883.

O prêmio do seguro de vida será fixado por tempo limitado ou enquanto perdurar a vida do segurado (art. 796 do CC). No caso de morte no seguro de vida, pode-se estipular na apólice prazo de carência durante o qual o segurador não responde pela ocorrência do sinistro (art. 797 do CC).

O recebimento do seguro de vida no caso de suicídio do segurado é condicional, pois o beneficiário não terá direito ao capital estipulado quando ocorre nos primeiros dois anos de vigência inicial do contrato ou da sua recondução depois de suspenso (art. 798 do CC). Orlando Gomes traz duas possíveis interpretações para essa regra: sendo a primeira, o período de dois anos seria um prazo de carência, o que seria lúcido à vista da autorização exposta no art. 797 do CC: "No seguro de vida para o caso de morte, é lícito estipular-se um prazo de carência, durante o qual o segurador não responde pela ocorrência do sinistro".

Numa segunda interpretação, que tem sido recepcionada pela jurisprudência nacional, o suicídio no prazo de dois anos é presumido como premeditado e afasta direito à garantia, mas a presunção é meramente relativa (*iuris tantum*). É o que diz o Enunciado 187 da III Jornada de Direito Civil: "No contrato de seguro de vida, presume-se, de forma relativa, ser premeditado o suicídio cometido nos dois primeiros anos de vigência da cobertura, ressalvado ao beneficiário o ônus de demonstrar a ocorrência do chamado 'suicídio involuntário'".

Conforme a referida interpretação, nos termos da Súmula 105 do STF, "salvo se tiver havido premeditação, o suicídio do segurado no período contratual de carência não exime o segurador do pagamento do seguro".

O segurador deverá honrar sua contraprestação ainda que a morte ou a incapacidade do segurado provenha da utilização de meio de transporte mais arriscado, da prestação de serviço militar, da prática de esporte, ou de atos de humanidade em auxílio de outrem. A apólice que contiver cláusula nesse sentido será nula (art. 799 do CC).

Por isso, a hipótese de suicídio não será compreendida nos casos em que não houver *animus* para se matar, isto é, "a prática de esportes arriscados, a recusa a uma cirurgia, a submissão a uma intervenção cirúrgica ou terapia de alto risco, o ato de heroísmo para salvar alguém, o suicídio inconsciente devido a insanidade mental (*RT*, 524:200, 520:253, 464:83, 435:143; STJ, Súmula 61 – cancelada; STF, Súmula 105), o alistamento militar etc."[168]. O seguro também poderá ser estipulado por pessoa natural ou jurídica em favor de um grupo de pessoas a ela vinculado (art. 801 do CC). O estipulante representa o grupo e assume as obrigações diretamente com o segurador, devendo firmar o contrato com o segurador, encarregar-se do pagamento dos prêmios, fiscalizando o cumprimento das obrigações, representando o grupo e providenciando no desconto da parcela do prêmio que cabe a cada membro do grupo. Não cabe ação contra estipulante, apenas contra a seguradora[169].

É unicamente do estipulante que o segurador exigirá o cumprimento das obrigações, por previsão legal expressa (art. 801, § 1º, do CC). Todavia, todas as questões internas relativas a valor do seguro ou condições do pagamento serão dirimidas entre os membros do grupo e a seguradora[170].

À seguradora cabe a reponsabilidade de, no caso de ter sustentado contrato de seguro individual sobre a vida e a integridade física que tenha sido renovado sucessiva e automaticamente por mais de 10 anos, informar ao segurado a recusa em relação à renovação, acompanhando-a de oferta de outro seguro, que contenha garantia parecida, mas apresente preços atualizados, com antecedência mínima de 90 dias. São vedados, nesse caso, carências e direito de recusa de prestação, se for em virtude de fatos preexistentes (art. 124 da Lei n. 15.040/2024).

---

[168] DINIZ, Maria Helena. *Curso de direito civil brasileiro*: teoria das obrigações contratuais e extracontratuais. São Paulo: SaraivaJur, 2024. v. 3, p. 553.

[169] RIZZARDO, Arnaldo. *Contratos*. Rio de Janeiro: Forense, 2023, p. 888.

[170] RIZZARDO, Arnaldo. *Contratos*. Rio de Janeiro: Forense, 2023, p. 888.

Capítulo 10 • Contrato de seguro

Quanto ao seguro de acidentes pessoais, pode ser individual ou coletivo. O primeiro obriga o segurador a realizar a contraprestação ao segurado acidentado cujo nome consta na apólice. Na segunda subespécie, o seguro é feito para abarcar o risco de acidentes em relação a um grupo de pessoas, não mencionados nominalmente em apólice, podendo, por conseguinte, ser substituídos.

Podem ser ainda gerais os seguros de acidentes pessoais, quando o segurador se obriga a indenizar por qualquer acidente que ocorra ao segurado, ou especiais, se o segurador apenas se obriga a responder por determinados acidentes.

Por fim, ao contrário do seguro de danos, no seguro de pessoas, o segurador não pode sub-rogar-se nos direitos e ações do segurado, ou do beneficiário, contra o causador do sinistro (art. 800 do CC). Isso porque não há ressarcimento do dano ocorrido, no seguro de pessoas, mas pagamento de remuneração contratada pela ocorrência do sinistro apenas.

13.2.1. Tipos fundamentais do seguro de vida

O seguro de vida poderá ser *strictu sensu* ou de sobrevivência[171].

O primeiro é aquele em que o evento caracterizador do sinistro e, portanto, determinante do pagamento contratual é a morte do segurado (ou, se previsto, de outrem). Poderá ser firmado por toda a vida do segurado como também ter vigência limitada. Se vitalício, o risco do momento do óbito é coberto; se temporário, o segurador só será obrigado a pagar se a morte ocorrer no período de validade do contrato. O valor do seguro é pago em capital fixo[172].

Para Caio Mário, o seguro *strictu sensu* é aquele em que "o segurado paga o prêmio indefinidamente ou por tempo limitado, assumindo o segurador a obrigação de pagar aos beneficiários o valor do seguro, em função da álea específica da morte do segurado"[173].

Por seu turno, o seguro de sobrevivência é aquele pelo qual o segurado garante a si o direito de receber a apólice contanto que chegue a determinada idade ou esteja vivo no tempo determinado, sendo, portanto, seguro de caráter temporário. O valor do seguro será, via de regra, pago sob a forma de renda[174]. Assim, é aquele em que "se ajusta a liquidação em vida do segurado, após um certo termo ou na ocorrência de um certo evento, inscrevendo-se nesta modalidade o seguro para a velhice, o seguro para custeio de estudos etc."[175].

Há ainda o seguro misto. Menos disseminado, o contrato de seguro misto pode ser definido, como se extrai de Orlando Gomes, como aquele "pelo qual o segurador obriga-se a pagar o seguro se após o decurso de certo tempo o segurado for vivo, mas também o pagará se este morre antes que decorra o tempo previsto"[176].

Em qualquer caso, no seguro de vida e sobre a integridade física, o capital segurado será definido pelo proponente. Não há prejuízo na contratação de mais de um seguro, com a mesma ou diversas seguradoras, sobre o mesmo interesse[177]. Ademais, é lícita a estipulação de seguro de vida com prêmio e capital variáveis[178].

---

[171] PEREIRA, Caio Mário da S. *Instituições de direito civil*: contratos. Rio de Janeiro: Forense, 2024. v. III, p. 436.

[172] GOMES, Orlando. *Contratos*. Rio de Janeiro: GEN, 2022, p. 469.

[173] PEREIRA, Caio Mário da S. *Instituições de direito civil*: contratos. Rio de Janeiro: Forense, 2024. v. III, p. 436.

[174] GOMES, Orlando. *Contratos*. Rio de Janeiro: GEN, 2022, p. 470.

[175] PEREIRA, Caio Mário da S. *Instituições de direito civil*: contratos. Rio de Janeiro: Forense, 2024. v. III, p. 436.

[176] GOMES, Orlando. *Contratos*. Rio de Janeiro: GEN, 2022, p. 469.

[177] Art. 112, *caput*, da Lei n. 15.040/2024.

[178] Art. 112, § 2º, da Lei n. 15.040/2024.

O seguro é mais comumente firmado de forma individual, embora exista em sua modalidade coletiva. Se o seguro individual for contratado em garantia da própria vida e/ou integridade física, torna-se nulo qualquer negócio jurídico que vise à renúncia ou redução do crédito ao capital segurado ou à reserva matemática, independentemente de o fazer direta ou indiretamente. Excluem-se, entretanto, os resgates ou empréstimos técnicos feitos em favor do segurado ou dos beneficiários[179].

No seguro coletivo, mesmo considerando a pluralidade de pessoas, reside o contrato como uno e singular, mas gera efeitos para o grupo de pessoas que contratou. O estipulante, pessoa física ou jurídica, assume as obrigações de pagar o prêmio e demais obrigações pactualmente previstas, mas não será beneficiário de eventuais indenizações nem titular dos interesses segurados (art. 801, § 1º, do CC)[180].

Os segurados, no seguro coletivo, são vinculados ao estipulante (por exemplo, empregador e empregados). Os integrantes podem mudar a qualquer momento (por exemplo, com a entrada e saída dos empregados) e se relacionam diretamente com a seguradora.

O contrato de seguro coletivo apresenta uma forte estabilidade, em especial quando comparado com outros contratos, considerando que o *quorum* mínimo para alteração contratual conta com a concordância de 3/4 dos segurados contratantes (art. 801, § 2º, do CC)[181].

Para que os segurados decidam ou não pela adesão ao seguro coletivo, deverão ser devidamente informados pelo estipulante acerca de todas as condições do contrato, e não pelo segurador, tendo em vista que o estipulante mantém "posição jurídica de representante dos segurados, responsável que é pelo cumprimento de todas as obrigações contratuais assumidas perante o segurador"[182]. O Marco Legal dos Seguros, inclusive, indica em seu art. 31, § 2º, que "o estipulante é o único responsável perante a seguradora pelo cumprimento de todas as obrigações contratuais, inclusive a de pagar o prêmio", salvo a existência de disposição em contrário.

A posição de representante, inclusive, mostra-se delineada na legislação. O art. 123 do Marco Legal dos Seguros indica que a alteração de cláusulas contratuais que possa contradizer o interesse dos segurados e beneficiários deverá ser aprovada – dependendo da anuência expressa – de, ao menos, 3/4 (75%) do grupo segurado. O mesmo vale para a renovação, sendo que a alteração dos termos contratuais deve ser aprovada por ao menos 75% dos segurados.

É comum também a modalidade de seguro de grupo, modalidade de seguro coletivo em que se busca tutelar a vida de pessoas de um mesmo grupo, como operários de uma mesma metalúrgica, professores em uma instituição de ensino ou atletas de um mesmo clube esportivo. Nessa prática, dispensa-se o exame médico e cada relação individual é tida como independente das demais, de modo que a nulidade de uma não acarreta o mesmo efeito sobre as outras[183].

A previsão de isenção de pagamento do capital segurado em caso de morte ou incapacidade que decorre do trabalho, serviços militares, atos humanitários, prática de esporte ou utilização de meio de transporte arriscado é ineficaz[184].

Assim como se permite estipulação de seguro de vida coletivo, entende-se pela possibilidade de indicação do beneficiário do seguro de vida (art. 113 da Lei n. 15.040/2024). Não há óbice, em caso

---

[179] Art. 117 da Lei n. 15.040/2024.

[180] TOMAZETTE, Marlon. *Curso de direito empresarial*: teoria geral e direito societário. São Paulo: SaraivaJur, 2024. v. 1, p. 659-660.

[181] TOMAZETTE, Marlon. *Curso de direito empresarial*: teoria geral e direito societário. São Paulo: SaraivaJur, 2024. v. 1, p. 660.

[182] STJ, 3ªTurma, REsp 1.825.716/SC, Rel. Min. Marco Aurélio Belizze, j. 27-10-2020, *DJe* 12-11-2020.

[183] GOMES, Orlando. *Contratos*. Rio de Janeiro: GEN, 2022, p. 469.

[184] Art. 121 da Lei n. 15.040/2024.

de declaração de última vontade ou de ato entre vivos, quanto à substituição do beneficiário do seguro de vida, salvo a hipótese em que tenha renunciado o segurado. Nessa hipótese, até a devida cientificação da seguradora, a substituição somente gera efeitos perante as partes, mantendo a seguradora exonerada, pagando apenas ao antigo beneficiário[185].

Na hipótese em que não tenha sido estipulado um beneficiário, entretanto, metade do capital segurado será pago ao cônjuge, se existir, devendo o resto ser rateado entre os demais herdeiros do *de cujus*. O mesmo vale caso o beneficiário venha a óbito antes da ocorrência do sinistro. Em caso de separação, cabe ao companheiro do *de cujus* a parte que naturalmente caberia ao cônjuge[186].

Apesar de ser devido aos herdeiros, o capital segurado do seguro sobre a vida e integridade física não é equiparado à herança, em momento algum. Tal raciocínio também se aplica, inclusive, para as garantias de risco de morte do participante nos planos previdenciários complementares[187].

O art. 118 do Marco Legal dos Seguros[188] determina a possibilidade de estipulação de prazo de carência em casos de seguro sobre a vida própria para o caso de morte, bem como para os casos de seguro sobre a integridade física para invalidez por doença. Estipulado o prazo de carência, até devidamente transcorrido o tempo, exime-se a seguradora de responder pela ocorrência do sinistro. Ainda, além de se eximir do pagamento até o fim do prazo, decai o direito de negar o pagamento do capital segurado por preexistência do estado patológico que configura o sinistro.

Quanto à preexistência do estado patológico, entretanto, é lícito à seguradora excluir, da garantia dos seguros de vida ou integridade física, os sinistros cuja causa principal (ou exclusiva) corresponda a estado patológico que já antes existia, evitando o prejuízo desnecessário por risco cuja consumação é previsível. Tal exclusão, entretanto, só pode ser postulada uma vez não tendo sido estipulado o prazo de carência e tendo o segurado omitido a informação[189].

A aplicação da carência, entretanto, é restringida. Não pode estipular-se prazo de carência em renovação ou substituição de contrato de seguro já existente. Isso se aplica, inclusive, perante outras seguradoras. Ademais, a garantia não pode tornar-se inócua em razão do prazo de carência. A razoabilidade deve ser observada, e o ônus gerado pela carência não deve, de maneira alguma, ultrapassar a segurança criada em razão da garantia.

Ainda, o prazo de carência não pode, em qualquer hipótese, ultrapassar metade do prazo de vigência do contrato de seguro. Por fim, tendo ocorrido o sinistro dentro da vigência do prazo de carência, a seguradora é obrigada a devolver ao segurado o valor do prêmio pago (ou a reserva matemática).

Em caso de suicídio voluntário, o beneficiário do seguro de vida só pode receber o capital segurado, se o sinistro tiver ocorrido após completados dois anos de vigência do contrato de seguro de vida (art. 120 da Lei n. 15.040/2024). O suicídio em razão de grave ameaça ou em legítima defesa de terceiro, entretanto, não é compreendido no prazo legal de carência de dois anos previsto no *caput* do art. 120.

Nos casos de seguro de vida e integridade física, os capitais segurados devidos são impenhoráveis (art. 122 do Marco Legal dos Seguros). Também não implicam sub-rogação, quando são pagos.

---

[185] Art. 114, *caput* e parágrafo único, da Lei n. 15.040/2024.

[186] Art. 115 da Lei n. 15.040/2024.

[187] Art. 116 da Lei n. 15.040/2024.

[188] Art. 118 da Lei n. 15.040/2024.

[189] Art. 119 da Lei n. 15.040/2024.

13.3. Seguro de saúde e assistência à saúde

Define-se o seguro como o contrato mediante o qual a seguradora se obriga com relação ao segurado para garantir-lhe o interesse legítimo contra riscos futuros previstos pactualmente (art. 757 do CC).

No seguro-saúde, "o segurador, mediante o pagamento de um prêmio, se obriga a garantir o legítimo interesse do segurado relativo à preservação da sua saúde por meio de coberturas de assistência médica ou odontológica em face de riscos predeterminados"[190]. O segurador se obriga a garantir assistência médico-hospitalar, de maneira que custeia as despesas provenientes de enfermidades, através do pagamento do prêmio, que terá seu número de prestações determinado contratualmente[191].

A comercialização do seguro-saúde será restrita às seguradoras e cooperativas especializadas em seguro-saúde autorizadas pela Agência Nacional de Saúde Suplementar (ANS), sendo sujeita à Lei n. 9.656/98 (Lei de Plano de Assistência à Saúde – LPS), às disposições de contrato de seguro do Código Civil (arts. 757 a 788) e ao Decreto-lei n. 73/66.

A cobertura pode ocorrer através do reembolso de despesas, de maneira que reside com o segurado a liberdade para escolher quem prestará o serviço. Essa modalidade é também chamada de seguro-saúde.

Na modalidade de seguro-saúde ou ressarcimento, as operadoras do seguro-saúde não têm rede de atendimento próprias, sendo sua função o gerenciamento dos prêmios arrecadados a fim de custear as despesas dos segurados. O prêmio é mensal, sendo possível a existência de franquia e coparticipação do segurado no pagamento das despesas a partir de um valor fixo ou percentual dos serviços e procedimentos previstos no contrato de seguro[192].

Vinícius Mendonça, a título de exemplo, elenca que o segurado poderá escolher entre diversas opções de cobertura, como plano odontológico, plano referencial, com cobertura ambulatorial, plano com cobertura hospitalar, ou até mesmo plano com cobertura obstétrica[193].

O contrato poderá também ocorrer através do credenciamento de médicos e hospitais, hipótese na qual o segurado receberá o tratamento médico-hospitalar de que necessita, em detrimento do seu direito de escolha do profissional da área de saúde que prestará o serviço. Trata-se de modalidade chamada de assistência à saúde, em que se encaminha o segurado de maneira voluntária aos profissionais credenciados, para que receba o tratamento necessário[194].

Não se confunde o seguro-saúde com o plano privado de assistência à saúde, pois embora a legislação e as normas da ANS os tratem da mesma forma, são contratos diversos com particularidades jurídicas[195]. Nos planos privados de assistência à saúde, a operadora oferece, mediante o pagamento de determinado montante, a cobertura de serviços médicos ou odontológicos disponibilizados a seus clientes mediante rede própria ou credenciada[196].

Nos planos de assistência, os serviços prestados são organizados na forma do convênio, isto é, os segurados pagam contribuições mensais que equivalem aos gastos com futuros serviços médico-

---

[190] MENDONÇA, Vinícius. *Curso de direito do seguro e resseguro*. Indaiatuba: Foco, 2024, p. 251.

[191] RIZZARDO, Arnaldo. *Contratos*. Rio de Janeiro: Forense, 2023, p. 904.

[192] MENDONÇA, Vinícius. *Curso de direito do seguro e resseguro*. Indaiatuba: Foco, 2024, p. 252.

[193] MENDONÇA, Vinícius. *Curso de direito do seguro e resseguro*. Indaiatuba: Foco, 2024, p. 252.

[194] RIZZARDO, Arnaldo. *Contratos*. Rio de Janeiro: Forense, 2023, p. 904.

[195] RIZZARDO, Arnaldo. *Contratos*. Rio de Janeiro: Forense, 2023, p. 904.

[196] RIZZARDO, Arnaldo. *Contratos*. Rio de Janeiro: Forense, 2023, p. 904.

Capítulo 10 • Contrato de seguro

-hospitalares, podendo o cliente optar pelo pagamento da cobertura por valor fixo ou mediante co-participação.

Na cobertura por valor fixo o cliente pagará o mesmo valor mensalmente para ter acesso à cobertura, ao passo que na cobertura mediante coparticipação o cliente pagará o valor mensal mais outro montante previamente pactuado sobre os serviços utilizados.

As prestadoras de assistência à saúde são pessoas jurídicas que objetivam a prestação de atividades ligadas à saúde, como tratamento médico, atendimento ambulatorial e internação hospitalar. Os segurados pagam mensalmente as despesas com relação a serviços médico-hospitalares futuros[197].

Os planos de assistência à saúde são amplamente regulados pela Lei n. 9.656/98, em grande parte modificada pela MP n. 2177-44. A lei define as operadoras de planos privados de assistência à saúde, a abrangência da assistência à saúde no atendimento das operadoras, previsão de penalidades no caso de infrações etc.

Há três principais modalidades de convênio. A primeira é o convênio que possui rede independente de hospitais, médicos e clínicas, devendo o conveniado optar por ser atendido dentre as opções contratadas pelo convênio. A segunda é o convênio que possui médicos ou hospitais próprios ou previamente selecionados para o conveniado. Por fim, a terceira modalidade de convênio funciona a partir de um sistema de reembolso de despesas, mediante o qual o conveniado opta ser atendido por médico, clínica ou hospital de sua preferência e é posteriormente reembolsado no limite dos valores contratados.

Poderão participar da organização e implementação de serviços de saúde apenas as pessoas jurídicas (art. 1º, § 4º, da Lei n. 9.656). Elas poderão ser sociedades civis ou comerciais, cooperativas ou de autogestão registradas e autorizadas pela ANS.

A fiscalização nos planos de assistência cabe à ANS, diretamente ligada ao Ministério da Saúde, realizando a direção de todo o sistema de planos de assistência à saúde. A ANS é autarquia sob regime especial com autonomia administrativa, financeira, patrimonial e de gestão, atuando em todo o território nacional como órgão de regulação, normatização, controle e fiscalização das atividades que garantam a assistência suplementar à saúde (art. 1º, *caput* e § 1º, da Lei n. 9.961).

A ANS tem como principal finalidade "promover a defesa do interesse público na assistência suplementar à saúde, regulando as operadoras setoriais, inclusive quanto às suas relações com prestadores e consumidores, contribuindo para o desenvolvimento das ações de saúde no País" (art. 3º da Lei n. 9.961).

O órgão normativo do setor é o Conselho de Saúde Suplementar (Consu). Ele é competente para estabelecer e supervisionar a execução de políticas e diretrizes gerais do setor de saúde suplementar, aprovar o contrato de gestão da ANS, supervisionar e acompanhar as ações e o funcionamento da ANS, fixar diretrizes gerais para a constituição, organização, funcionamento e fiscalização das empresas operadoras de produtos de que tratam a Lei n. 9.656/98, e deliberar sobre a criação de câmaras técnicas, de caráter consultivo, de forma a subsidiar as decisões[198].

Outra questão importante na contratação de planos e seguros privados de assistência à saúde é a impossibilidade de exclusão de cobertura quando se verificam doenças e lesões preexistentes à data de contratação após 24 meses de vigência do aludido instrumento contratual. Caberá à seguradora o ônus da prova e da demonstração de conhecimento prévio do beneficiário (art. 11 da Lei n. 9.656).

---

[197] RIZZARDO, Arnaldo. *Contratos*. Rio de Janeiro: Forense, 2023, p. 908.

[198] RIZZARDO, Arnaldo. *Contratos*. Rio de Janeiro: Forense, 2023, p. 912-913.

Durante os 24 meses, há cobertura parcial temporária. Mesmo no prazo de carência, o segurador é obrigado a assistir o beneficiário em caso de emergência sempre que o estado de saúde do segurado indique risco de morte ou lesões irreparáveis[199].

A renovação do contrato é obrigatória após o vencimento, não podendo a operadora recusar a continuação do contrato, direito que cabe unicamente ao segurado. Essa previsão serve para impedir que a seguradora tome atitudes abusivas como fixar prazos inferiores ao período de carência. A suspensão e a rescisão unilateral são autorizadas em caso de falta de pagamento do prêmio ou das prestações, ou do inadimplemento de outras obrigações previstas no contrato[200].

Acerca da recusa de associados, o art. 14 da MP n. 2.177-44 esclarece que, "em razão da idade do consumidor, ou da condição de pessoa portadora de deficiência, ninguém pode ser impedido de participar de planos privados de assistência à saúde". O óbice decorre do princípio da igualdade de todos perante a lei, não podendo haver recusa com base na idade ou em deficiências físicas[201].

Proíbe-se também a interrupção da internação sem alta hospitalar ou autorização médica, a menos que a critério do médico assistente, conforme art. 35-E, IV, da MP n. 2.177-44. A previsão é válida mesmo quando o contrato vence durante o evento, tendo em vista que o sinistro ocorreu quando ainda vigorava o contrato. Assim, a cobertura deverá abranger o lapso restante da internação.

Ademais, o STJ sumulou o entendimento de que "é abusiva a cláusula contratual de plano de saúde que limita no tempo a internação hospitalar do segurado" (Súmula 302). Como aponta Tartuce, inclusive, aquele tribunal superior vem entendendo "que a negativa de internação por parte da seguradora pode gerar danos morais presumidos ao segurado (danos *in re ipsa*), diante das inúmeras e graves lesões à personalidade causadas"[202]-[203].

A variação das contraprestações pagas pelo consumidor pode ocorrer em função de faixa etária, contanto que estejam previstas as faixas etárias e os percentuais de reajuste incidente em cada uma delas no contrato inicial, conforme as normas da ANS (art. 15 da MP n. 2.177-44). Tal disposição tem a função de impedir que seguradoras imponham aos segurados mais vulneráveis e necessitados de assistência acréscimos vultosos nas mensalidades, de modo a impedir a manutenção do contrato.

Ao segurado aposentado, faculta-lhe a continuação do seguro desde que tenha contribuído durante o prazo mínimo de dez anos em plano coletivo, nas mesmas condições de cobertura assistencial de que gozava quando da vigência do contrato, desde que assuma os pagamentos de forma integral (art. 31 da MP n. 2.177-44). Caso a contribuição seja inferior a dez anos, assegura-se a esses aposentados o direito de manutenção como beneficiário de modo que, para cada um ano de contribuição, poderá ter período igual de benefício (art. 31, § 1º, da MP n. 2.177-44).

No que tange ao direito aplicável às operadoras de saúde, o STJ entendeu pela aplicação do Código de Defesa do Consumidor para as entidades que operam no mercado com fins comerciais,

---

[199] RIZZARDO, Arnaldo. *Contratos*. Rio de Janeiro: Forense, 2023, p. 929-930.

[200] RIZZARDO, Arnaldo. *Contratos*. Rio de Janeiro: Forense, 2023, p. 931-933.

[201] RIZZARDO, Arnaldo. *Contratos*. Rio de Janeiro: Forense, 2023, p. 933.

[202] TARTUCE, Flávio. *Direito civil*: teoria geral dos contratos e contratos em espécie. Rio de Janeiro: Forense, 2024. v. 3, p. 669.

[203] "Agravo interno em agravo em recurso especial. Ação de indenização. Plano de saúde. Recusa indevida de cobertura. Dano moral *in re ipsa*. Ocorrência. Súmula 83 do STJ. Agravo interno não provido. 1. O Superior Tribunal de Justiça perfilha o entendimento de que 'conquanto geralmente nos contratos o mero inadimplemento não seja causa para ocorrência de danos morais, a jurisprudência desta Corte vem reconhecendo o direito ao ressarcimento dos danos morais advindos da injusta recusa de cobertura de seguro-saúde, pois tal fato agrava a situação de aflição psicológica e de angústia no espírito do segurado, uma vez que, ao pedir a autorização da seguradora, já se encontra em condição de dor, de abalo psicológico e com a saúde debilitada'" (3ª Turma, REsp 735.168/RJ, Rel. Min. Nancy Andrighi, j. 11-3-2008, *DJe* 26-3-2008).

Capítulo 10 • Contrato de seguro

isto é, cujas atividades são realizadas para auferir lucro, enquanto aquelas entidades com fins assistenciais, sem fins lucrativos, devem ser regidas pelo Código Civil. É o que estabelece a Súmula 608: "aplica-se o Código de Defesa do Consumidor aos contratos de plano de saúde, salvo os administrados por entidades de autogestão".

À seguradora, incluindo seus funcionários, prestadores de serviços e demais pessoas que tenham acesso a dados pessoais e de saúde do segurado em virtude de sua relação com a seguradora, recai o dever de guardar sigilo das informações pessoais prestadas pelo segurado, mesmo na hipótese de o seguro não se concretizar ou do fim da relação contratual[204].

14. ELEMENTOS

São elementos essenciais do contrato de seguro: a) o interesse; b) o objeto (risco); e c) a remuneração (prêmio)[205]. A indenização não é elemento essencial do contrato, haja vista que o sinistro poderá não ocorrer e que a prestação efetivamente devida é a cobertura do risco de ele ocorrer[206].

14.1. Interesse

Segundo Fábio Konder Comparato, "o interesse não é o bem ou a pessoa sujeita ao risco, mas a relação existente entre o segurado ou beneficiário a esse bem ou a essa pessoa"[207]. Por meio do contrato de seguro, o segurado busca proteger interesse legítimo, a pessoa ou coisa, contra evento oneroso. Para legitimar a contratação, deve o segurado manter alguma relação com a pessoa ou coisa sujeitas ao risco. É precisamente essa relação que constitui o interesse no contrato de seguro[208].

Trata-se de objeto do contrato e que motiva propriamente sua contratação. O objeto do seguro seria a compensação para a relação entre o segurado e a pessoa ou coisa, segundo a valorização pactuada[209].

Não se requer uma relação de propriedade em relação ao bem, mas apenas que exista algum impacto econômico envolvido. Ao contrário de uma simples aposta, o evento previsto no sinistro impacta o interesse em relação à coisa ou à pessoa segurada. Por exemplo, é legítimo que o seguro de imóvel seja contratado pelo locatário, ou que o seguro de automóvel seja contratado pelo proprietário ou pelo principal condutor, ainda que este não seja proprietário.

Esse interesse será presumido para cônjuges, ascendentes e descendentes, de modo que pais e filhos poderão segurar-se uns aos outros no seguro de vida, por exemplo (art. 790 do CC). Em outros casos, deve haver uma declaração do interesse relacionando-o com os ônus financeiros que serão suportados pelo segurado na ocorrência de sinistro, sob pena de nulidade. Assegura-se, assim, no seguro de vida, que não possa ser estimulado qualquer benefício a terceiro não relacionado em virtude de um mal que possa acontecer com o segurado.

---

[204] ZANETTI, Andrea Cristina. *Contrato de seguro-saúde*: análise da denúncia sob a perspectiva dos regimes português e brasileiro. São Paulo: Almedina, 2023, p. 88.

[205] KRIEGER FILHO, Domingos Afonso. *Seguro no Código Civil.* Florianópolis: OAB/SC, 2005, p. 31. COMPARATO, Fábio Konder. *Novos ensaios e pareceres de direito empresarial.* Rio de Janeiro: Forense, 1981, p. 353.

[206] Em sentido contrário: CAVALCANTI, Bruno Novaes Bezerra. O contrato de seguro e os seus elementos essenciais. *RIPE – Revista do Instituto de Pesquisas e Estudos*, Bauru, v. 40, n. 45, p. 235, jan.-jun. 2006.

[207] COMPARATO, Fábio Konder. *Novos ensaios e pareceres de direito empresarial.* Rio de Janeiro: Forense, 1981, p. 353.

[208] TOMAZETTE, Marlon. *Curso de direito empresarial*: teoria geral e direito societário. São Paulo: SaraivaJur, 2024. v. 1, p. 633.

[209] FRANCO, Vera Helena de Mello. *Contratos*: direito civil e empresarial. 4. ed. rev., atual. e ampl. São Paulo: Revista dos Tribunais, 2013, p. 292.

328   *Parte Especial*

A relação entre o beneficiário e o segurado e o bem ou a coisa segurada, além de existir, deve ser segurável. Vera Helena de Mello Franco estabelece três requisitos para que um interesse seja considerado segurável: licitude, caráter econômico e presença no momento da celebração[210].

O primeiro requisito é a licitude, não podendo a relação entre o segurado e a coisa ou pessoa ser ilegal, imoral ou contrária à ordem pública. Desse modo, coisas furtadas, roubadas ou que tenham sido obtidas ilicitamente não podem ser seguradas, assim como não se pode segurar armas ilícitas ou drogas ilegais[211].

Quanto ao caráter econômico, a ocorrência do sinistro deve afetar economicamente o segurado ou o beneficiário. No seguro de dano implicará uma redução da propriedade ou do interesse do segurado, ainda que não proprietário, enquanto no seguro de pessoas deverá ser estimado o impacto econômico que o beneficiário ou segurado sofrerão.

Por fim, o interesse deve existir quando da contratação do seguro. Diferentemente da simples aposta, exige-se uma relação entre o objeto ou a pessoa segurada com o beneficiário ou o segurado por ocasião da celebração do contrato. A relação deve ser contemporânea ao contrato, e não surgir exclusivamente a partir dele[212].

14.2. Prêmio

O prêmio é "uma contraprestação calculada com base nos elementos probabilísticos, em relação a uma massa de riscos homogêneos; é, em outras palavras, uma contraprestação determinada com referência a todos os riscos do mesmo tipo assumidos pelo segurador"[213]. O prêmio deverá ser pago no tempo, no lugar e na forma convencionados (art. 19 da Lei n. 15.040/2024). Além disso, salvo disposição em contrário, o prêmio deverá ser pago à vista e no domicílio do devedor.

Assim, a seguradora exerce atividade empresarial, pela qual é remunerada mediante o pagamento do prêmio pelo segurado.

Vera Helena de Mello Franco estabelece como três principais princípios do prêmio: a indivisibilidade, a permanência e a proporcionalidade[214].

O princípio da indivisibilidade diz respeito à obrigação de que o prêmio seja pago integralmente para cada período e cobertura. Se foi fixado prêmio de R$ 5.000,00 para a cobertura de um ano em seguro de automóveis, a cobertura só vigerá o ano todo se houver o pagamento completo do valor. O prêmio deverá ser pago integralmente ainda que o risco ocorra antes. O princípio da permanência reza que o prêmio deverá permanecer no mesmo valor enquanto viger o contrato de seguro. Importante notar que a atualização monetária não implica alteração do seu valor, pois este permanecerá o mesmo, apenas atualizado. O terceiro princípio é o da proporcionalidade do prêmio ao risco assumido. O prêmio puro deverá ser calculado pela seguradora com base em cálculos atuariais e estatísticos, somado às despesas relativas às operações securitárias e o lucro[215].

---

[210] FRANCO, Vera Helena de Mello. *Contratos*: direito civil e empresarial. 4. ed. rev., atual. e ampl. São Paulo: Revista dos Tribunais, 2013, p. 293.

[211] TOMAZETTE, Marlon. *Curso de direito empresarial*: teoria geral e direito societário. São Paulo: SaraivaJur, 2024. v. 1, p. 635.

[212] TOMAZETTE, Marlon. *Curso de direito empresarial*: teoria geral e direito societário. São Paulo: SaraivaJur, 2024. v. 1, p. 635.

[213] DONATI, Antigono; VOLPE PUTZULU, Giovanna. *Manuale di diritto dela assicurazioni*. 4. ed. Milano: Giuffrè, 1995, p. 97.

[214] FRANCO, Vera Helena de Mello. *Contratos*: direito civil e empresarial. 4. ed. rev., atual. e ampl. São Paulo: Revista dos Tribunais, 2013, p. 300.

[215] TOMAZETTE, Marlon. *Curso de direito empresarial*: teoria geral e direito societário. São Paulo: SaraivaJur, 2024. v. 1, p. 638.

Capítulo 10 • Contrato de seguro

Sendo o contrato bilateral, a inocorrência do pagamento do prêmio implica mora. A mora do segurado autoriza o não pagamento (ou a retenção) da indenização, com fundamento no princípio da *exceptio non adimpleti contractus*[216].

O art. 20 da Lei n. 15.040/2024 determina que a mora referente à prestação única ou à primeira parcela do prêmio acarretará a resolução do contrato, exceto convenção, uso ou costume em contrário.

Nesse sentido, o art. 763 do CC prevê que o segurado que estiver em mora não terá o direito a indenização se ocorrer o sinistro antes de sua purgação. O Decreto n. 60.459/67, de igual modo, dispõe que a obrigação do pagamento do prêmio pelo segurado vigerá a partir do dia previsto na apólice ou bilhete de seguro, ficando suspensa a cobertura do seguro até o pagamento do prêmio e demais encargos. Não havendo o pagamento, fica autorizado o cancelamento da apólice[217].

Pelo art. 20, § 1º, a partir da segunda parcela, a mora suspenderá a garantia contratual, sem prejuízo do crédito da seguradora ao prêmio, após notificação do segurado concedendo-lhe prazo não inferior a 15 dias, contado do recebimento, para a purgação da mora. Tal prazo poderá ser alterado se o segurado recusar o recebimento da notificação ou não for encontrado no último endereço informado à seguradora; nessas hipóteses, o prazo se iniciará na data da frustação da notificação.

O art. 23 determina que caberá execução para a cobrança do prêmio, se infrutífera a notificação realizada pela seguradora, e sempre que esta houver suportado o risco que recai sobre o interesse garantido.

14.3. Risco

O objeto do contrato de seguro é o risco que o segurado busca evitar ao contratar o segurador, isto é, a ocorrência de acontecimento futuro previsto na apólice. Não havendo risco, o contrato será nulo por falta do objeto. Nesse sentido, pelo art. 9º da Lei n. 15.040/2024, o contrato de seguro cobre os riscos relativos à espécie de seguro contratada.

Na hipótese de divergência entre a garantia delimitada no contrato e aquela prevista no modelo e contrato (ou até mesmo nas notas técnicas e atuariais), deverá prevalecer o texto mais favorável ao segurado (art. 9º, § 2º).

O risco é a possibilidade de um acontecimento futuro que pode ser oneroso para o segurado, motivando a contratação da cobertura securitária. Não necessariamente o evento será danoso, tendo em vista, por exemplo, os seguros que cobrem nascimento de filhos, tratando-se de evento feliz na vida dos pais, apesar de gerar ônus[218].

Antônio Carlos Otoni Soares define o risco como "o evento futuro e incerto, potencialmente prejudicial aos interesses do segurado. Sua ocorrência poderá provocar-lhe uma diminuição patrimonial, um empobrecimento momentâneo, quando não a própria ruína financeira, evitável através do contrato de seguro. Considerado, objetivamente, como um fato danoso, o risco se transforma em sinistro"[219].

O risco deverá ser possível, lícito, incerto e involuntário[220].

---

[216] VENOSA, Sílvio de S. *Direito civil*: contratos. Rio de Janeiro: Atlas, 2024. v. 3, p. 569.

[217] VENOSA, Sílvio de S. *Direito civil*: contratos. Rio de Janeiro: Atlas, 2024. v. 3, p. 570.

[218] TOMAZETTE, Marlon. *Curso de direito empresarial*: teoria geral e direito societário. São Paulo: SaraivaJur, 2024. v. 1, p. 635-636.

[219] SOARES, Antônio Carlos Otoni. *Fundamento jurídico do contrato de seguro*. São Paulo: Manuais Técnicos de Seguro, 1975, p. 34.

[220] FRANCO, Vera Helena de Mello. *Contratos*: direito civil e empresarial. São Paulo: Revista dos Tribunais, 2009, p. 295.

O contrato de seguro não pode ser firmado contra riscos impossíveis, que cientificamente não podem ocorrer. Impera o princípio da boa-fé objetiva, tendo em vista que é injustificável a contratação de seguros para riscos impossíveis de acontecer, como tempestades de fogo, ataques de dragão ou a queda do céu[221].

O risco também deverá ser futuro e incerto. Só existe sentido contratar o seguro diante de evento que pode vir a acontecer. Poderá o risco ser incerto quanto a sua ocorrência ou ao momento. Por isso, é possível contratar seguro de vida, já que a morte é evento certo, mas não se sabe o momento de sua ocorrência. Será nulo o contrato que tiver como objeto risco já ocorrido (sinistro)[222].

Se o segurador expede a apólice sabendo da ausência do risco contra o qual o segurado busca se proteger, deverá realizar em dobro o pagamento do prêmio pactualmente previsto em benefício do segurado (art. 773 do CC). Sobre o tema, o art. 11 da Lei n. 15.040/2024 dispõe que "o contrato é nulo quando qualquer das partes souber, no momento de sua conclusão, que o risco é impossível ou já se realizou". Nesse sentido, pelo parágrafo único, a parte que tiver conhecimento da impossibilidade ou da prévia realização do risco e, não obstante, celebrar o contrato, pagará à outra o dobro do valor do prêmio.

É necessário que o risco seja involuntário, não podendo decorrer de ato doloso do segurado, ideia que decorre da boa-fé objetiva. Outrossim, é nulo contrato contra ato doloso do segurado, do beneficiário ou de representante de qualquer um deles (art. 762 do CC). Se o dolo é afastado, acidentes culposos são indenizáveis[223].

Não só o risco deverá ser involuntário, mas também o segurado não poderá agravá-lo de forma intencional e relevante (art. 13 da Lei n. 15.040/2024), sob pena de perder a garantia. Nesse cenário, *relevante* será o agravamento que conduzir ao aumento significativo da probabilidade de realização do risco descrito no questionário de avaliação de risco referido no art. 44[224] da lei ou da severidade dos efeitos de tal realização.

Nesse aspecto, decidiu o STJ que "para não haver forte redução do grau de diligência ou a assunção de riscos excessivos pelo gestor, o que comprometeria tanto a atividade de *compliance* da empresa quanto as boas práticas de governança corporativa, a apólice do seguro de RC D&O não pode cobrir atos dolosos, principalmente se cometidos para favorecer a própria pessoa do administrador. De fato, a garantia securitária do risco não pode induzir a irresponsabilidade"[225].

O risco também deverá ser lícito, tendo em vista que o interesse do contrato do seguro também deve ser lícito. Por isso, não poderá ser abarcado na cobertura do seguro o vício intrínseco da coisa segurada não informado pelo segurador (art. 784 do CC), isto é, defeito ou falha interna da coisa que não há em outras da mesma espécie[226].

Conforme o art. 10 da nova lei, o contrato de seguro poderá ser celebrado para todas as classes de risco, exceto por vedação legal. O parágrafo único do mesmo artigo, somado com seus incisos, prevê que será nula a garantia de (i) interesses patrimoniais relativos aos valores das multas e outras penalidades aplicadas em virtude de atos cometidos pessoalmente pelo segurado que caracterizem ilícito criminal; e (ii) contra risco de ato doloso do segurado, do beneficiário ou de

---

[221] TOMAZETTE, Marlon. *Curso de direito empresarial*: teoria geral e direito societário. São Paulo: SaraivaJur, 2024. v. 1, p. 636.

[222] TOMAZETTE, Marlon. *Curso de direito empresarial*: teoria geral e direito societário. São Paulo: SaraivaJur, 2024. v. 1, p. 636.

[223] TOMAZETTE, Marlon. *Curso de direito empresarial*: teoria geral e direito societário. São Paulo: SaraivaJur, 2024. v. 1, p. 636.

[224] Art. 44 da Lei n. 15.040/2024: "O potencial segurado ou estipulante é obrigado a fornecer as informações necessárias à aceitação da proposta e à fixação da taxa para cálculo do valor do prêmio, de acordo com o questionário que lhe submeta a seguradora".

[225] STJ, 3ª Turma, REsp 1.601.555/SP, Rel. Min. Ricardo Villas Bôas Cueva, j. 14-2-2017, *DJe* 20-2-2017.

[226] TOMAZETTE, Marlon. *Curso de direito empresarial*: teoria geral e direito societário. São Paulo: SaraivaJur, 2024. v. 1, p. 637.

Capítulo 10 • Contrato de seguro

representante de um ou de outro, salvo o dolo do representante do segurado ou do beneficiário em prejuízo destes.

Em caso de agravamento do risco, é obrigação do segurado comunicar a situação à seguradora (art. 14 da Lei n. 15.040/2024). Nesse caso, após tomar ciência, a seguradora poderá, no prazo de 20 dias, cobrar a diferença de prêmio ou, se não for tecnicamente possível garantir o novo risco, resolver o contrato, hipótese em que este perderá efeito em 30 dias contados do recebimento da notificação de resolução (art. 14, § 1º).

Apesar do exposto, se o aumento do prêmio for superior a 10% do valor originalmente pactuado, o segurado poderá recusar a modificação no contrato, resolvendo-o no prazo de 15 dias, contado da ciência da alteração no prêmio, com eficácia desde o momento em que o estado de risco foi agravado (art. 15).

Ivan de Oliveira Silva acrescenta que o risco deve ser determinado, não sendo possível que o contrato de seguro abranja todo e qualquer risco possível[227]. Assim, os riscos são limitados, de modo que devem estar expressamente previstos no contrato para serem indenizáveis[228]. Sobre a clareza, da Lei n. 15.040/2024, avançando na discussão, determinou que "os riscos e os interesses excluídos devem ser descritos de forma clara e inequívoca" (art. 9º, § 1º). É necessário diferenciar risco da situação de incerteza individual. Esta é uma sensação humana incalculável, ao passo que o risco é um dado objetivo, sendo que sua incidência e gravidade podem ser auferidas e previstas por cálculos atuariais[229].

A não ocorrência do evento previsto em contrato não implica abono do prêmio (art. 764 do CC), pois o contrato se torna perfeito e acabado quando as partes convencionam sobre o interesse legítimo do segurado e o prêmio, e não com a incidência do sinistro[230].

Pelo art. 12 da Lei n. 15.040/2024, na hipótese de o risco vir a desaparecer, o contrato será resolvido, com a redução do prêmio pelo valor equivalente ao risco a decorrer, ressalvado, na mesma proporção, o direito da seguradora às despesas incorridas com a contratação.

14.4. Partes do contrato de seguro

São partes do contrato de seguro o segurado, o beneficiário e o segurador.

O segurado realiza o pagamento do prêmio para se precaver do risco ou assegurar ao beneficiário a proteção econômica em razão do sinistro sofrido pelo segurado. O segurador, por seu turno, obriga-se a proteger o interesse do segurado se ocorrer o risco pactualmente previsto e a remuneração do beneficiário ou do segurado, caso o sinistro efetivamente ocorra.

Segundo Orlando Gomes, "segurado é, no seguro da própria vida, a parte que se obriga ao pagamento do prêmio, para se premunir do risco"[231]. Da mesma forma que no seguro de dano, segurado é quem tem interesse sobre o bem da vida descrito na apólice e que, segundo as condições pactuadas, mitiga o risco de evento danoso por meio da celebração do contrato de seguro com a seguradora[232].

---

[227] SILVA, Ivan de Oliveira. *Curso de direito do seguro*. 2. ed. São Paulo: Saraiva, 2012, p. 141.

[228] ROCHA, Sílvio Luís Ferreira. *Curso avançado de direito civil*: contratos. Coord. Everaldo Augusto Cambler. São Paulo: Revista dos Tribunais, 2002, v. 3, p. 368.

[229] TZIRULNIK, Ernesto; CAVALCANTI, Flávio Queiroz B.; PIMENTEL, Ayrton. *O contrato de seguro*: de acordo com o novo Código Civil brasileiro. 2. ed. São Paulo: Revista dos Tribunais, 2003, p. 37.

[230] SILVA, Ivan de Oliveira. *Curso de direito do seguro*. 2. ed. São Paulo: Saraiva, 2012, p. 144.

[231] GOMES, Orlando. *Contratos*. Rio de Janeiro: Forense, 2009, p. 514.

[232] SILVA, Ivan de Oliveira. *Curso de direito do seguro*. 2. ed. São Paulo: Saraiva, 2012, p. 119.

O segurado poderá ser pessoa natural ou pessoa jurídica. Neste último caso, poderá ser sociedade empresária ou não empresária, pessoas jurídicas de direito público interno e externo. Também poderão ser sociedades anômalas, como o espólio, massa falida e condomínio, por possuírem interesse legítimo em bens seguráveis[233].

Se pessoa física, não há condições especiais de legitimação. Aplicam-se, portanto, as regras gerais da capacidade de agir.

O segurado tem diversas obrigações. A primeira é a obrigação de agir conforme a boa-fé objetiva em todas as fases contratuais (art. 765 do CC). Nesses termos, deve prestar informações adequadas para a celebração do contrato. A ideia decorre da boa-fé objetiva, mas é reforçada por ter especial relevância nas atividades securitárias. Esse dever de agir deve se manifestar desde o preenchimento da chamada cláusula perfil, que contém as informações fundamentais acerca da cobertura e do custo do seguro até o fim da vigência do contrato.

A omissão ou incorreção das informações por parte do segurado não podem ser admitidas se influenciam na aceitação do contrato ou na fixação da taxa do prêmio (art. 766 do CC). Omissões ou inexatidões de pouca importância não justificam a recusa, apenas quando se trata de informações relevantes para o sinistro ou para o prêmio é que justificarão a perda na cobertura. A respeito, o Enunciado 585 da VII Jornada de Direito Comercial: "Impõe-se o pagamento de indenização do seguro mesmo diante de condutas, omissões ou declarações ambíguas do segurado que não guardem relação com o sinistro".

Não se exige, contudo, que o segurado saiba tudo em relação a sua própria saúde. Caso queira a seguradora informações mais completas acerca do segurado, deve solicitar exames prévios à contratação do contrato. A recusa da cobertura securitária sob alegação de condição preexistente quando não há solicitação desses exames é ilegal, exceto quando demonstrada má-fé (Súmula 609 do STJ).

Nesse sentido, a justificativa do Enunciado 585 da VII Jornada de Direito Comercial estabelece que "conforme os arts. 765 e 766 do Código Civil, em contratos de seguro, é dever das partes guardar a estrita boa-fé na contratação e na respectiva execução, o que envolve o dever de informar todas as circunstâncias que possam influir na aceitação da proposta. Conforme o art. 765, a sanção à conduta contrária do segurado é a perda do direito à garantia. No entanto, declarações inexatas ou ambíguas, até mesmo omissões não justificam a negativa de cobertura securitária caso não guardem relação com a causa do sinistro ou não o tenham influenciado, haja vista que não acarretaram concretamente o agravamento do risco. Não obstante a necessidade de veracidade das declarações, não encontra justificativa jurídica a negativa de pagamento de indenização quando as informações omitidas ou prestadas em desacordo com a realidade dos fatos não concorreram para a ocorrência do dano".

O segurado também tem a obrigação de pagar o prêmio. Ainda que não ocorra o sinistro, o prêmio continuará sendo devido, não sendo possível sua restituição (art. 764 do CC), e, se o segurado estiver em mora com o pagamento do prêmio, perderá direito à cobertura (art. 763 do CC).

Quanto à mora, a Súmula 616 do STJ determina que "a indenização securitária é devida quando ausente a comunicação prévia do segurado acerca do atraso no pagamento do prêmio, por constituir requisito essencial para a suspensão ou resolução do contrato de seguro". Justifica-se na medida em que, enquanto a seguradora não adotar medidas que noticiem ao segurado sua intenção de suspender ou extinguir o contrato, presume-se a intenção de mantê-lo ativo[234].

---

[233] SILVA, Ivan de Oliveira. *Curso de direito do seguro*. 2. ed. São Paulo: Saraiva, 2012, p. 120.

[234] TOMAZETTE, Marlon. *Curso de direito empresarial*: teoria geral e direito societário. São Paulo: SaraivaJur, 2024. v. 1, p. 646.

Capítulo 10 • Contrato de seguro

Desde que comunicado da mora, o segurado que estiver em mora com o pagamento do prêmio não terá direito à indenização caso ocorra o sinistro antes de sua purgação (art. 763 do CC).

As alterações do risco podem acarretar desvantagem significativa para o segurador, importando na desvalorização do prêmio cobrado do seguro[235]. Por conta disso, o segurado tem a obrigação de não o agravar intencionalmente. O agravamento intencional do risco pelo segurado implica exclusão da cobertura[236]. Por seu turno, há a obrigação do segurado de comunicar ao segurador todos os incidentes que possam agravar o risco coberto[237].

O agravamento intencional do risco é uma quebra dos deveres impostos ao segurado, eis que seguradora assume a obrigação sobre risco comum inerente ao segurado e não para um risco agravado[238]. A título de exemplo, a seguradora poderá excluir a cobertura do condutor que se envolve em acidente automobilístico por estar embriagado, exceto se comprove que o acidente teria acontecido independentemente de embriaguez[239].

A Lei n. 15.040/2024 determina, no art. 13, § 1º, que será relevante o agravamento de risco que leve ao aumento significativo e continuado da probabilidade de realização do risco descrito no questionário de avaliação de risco promovido pela seguradora. O questionário em questão é previsto no *caput* do art. 44 da Lei n. 15.040/2024.

No entanto, essa exclusão não pode lesar terceiros, devendo a seguradora indenizar todos os danos causados a terceiros, podendo exercer seu direito de regresso contra o segurado[240].

Cumpre mencionar, ainda, que a prova de que o segurado intencionalmente agravou o risco coberto caberá à seguradora. Uma vez comprovada, está legalmente admitida a negativa de cobertura, tendo em vista não se admitir comportamento malicioso do segurado, de quem se espera que aja de boa-fé na relação e com cuidado com a coisa segurada.

Outrossim, a negativa de cobertura só é legalmente justificável se houver nexo de causalidade entre o sinistro e a conduta do segurado[241].

O risco também é agravado quando o segurado não adota cuidados exigidos no contrato, de modo que perderá a garantia. É o caso de transportadora que deve realizar o transporte com monitoramento ou escolta armada e deixa de fazê-lo, de modo que se considera que o risco foi agravado voluntariamente[242].

O segurado também deve comunicar ao segurador todo incidente que possa de qualquer modo agravar o risco, sendo possível que o segurador decida pela extinção da cobertura caso o risco tenha se tornado grave o suficiente para quebrar a base contratual.

---

[235] SILVA, Ivan de Oliveira. *Curso de direito do seguro*. 2. ed. São Paulo: Saraiva, 2012, p. 147.

[236] Marco Legal dos Seguros (Lei n. 15.040/2024), art. 14º, § 3º. Ademais, o segurado que, culposamente, descumprir o dever informativo detido para com a seguradora, previsto no *caput* do art. 14 do Marco Legal, obriga-se a pagar a diferença de prêmio apurada ou, caso seja a garantia tecnicamente impossível, ou o fato corresponder a tipo de risco que não seja, por praxe, coberto pela seguradora, não fará jus à garantia.

[237] O Marco Legal dos Seguros (Lei n. 15.040/2024) fulcra tanto expressamente no seu art. 14, *caput*. Uma vez ciente do agravamento de risco, a seguradora poderá, no prazo de 20 dias, cobrar eventual diferença no prêmio gerada pelo agravamento. Na hipótese em que não mais possa garantir o novo risco, reserva-se à seguradora o direito de resolver o contrato, encerrando-se os seus efeitos em 30 dias contados do recebimento da notificação de resolução. Ademais, a resolução, neste caso, deverá ser feita através de meio idôneo que, nas suas capacidades, comprove o recebimento da notificação pelo segurado, sendo que a seguradora deverá ressarcir eventual diferença no prêmio, sem prejuízo de ser ressarcida em causa das despesas incorridas com a contratação.

[238] TOMAZETTE, Marlon. *Curso de direito empresarial*: teoria geral e direito societário. São Paulo: SaraivaJur, 2024. v. 1, p. 647.

[239] STJ, 3ª Turma, AgInt no AREsp 1.669.759/PR, Rel. Min. Marco Aurélio Bellizze, j. 19-10-2020, *DJe* 26-10-2020.

[240] TOMAZETTE, Marlon. *Curso de direito empresarial*: teoria geral e direito societário. São Paulo: SaraivaJur, 2024. v. 1, p. 647.

[241] SILVA, Ivan de Oliveira. *Curso de direito do seguro*. 2. ed. São Paulo: Saraiva, 2012, p. 149.

[242] TOMAZETTE, Marlon. *Curso de direito empresarial*: teoria geral e direito societário. São Paulo: SaraivaJur, 2024. v. 1, p. 649.

Diante da comunicação do agravamento, terá a seguradora o prazo decadencial de 15 dias para comunicar o segurado da extinção do contrato. Essa comunicação por parte da seguradora só terá efeito após 30 dias, ocorrendo a extinção no final desse prazo[243]. No caso da resolução do contrato, o segurador deverá restituir a diferença do prêmio ao segurado, evitando o enriquecimento ilícito (art. 769 do CC).

Similarmente, a diminuição considerável do risco enseja a possibilidade, por parte do segurado, de exigir a revisão do prêmio ou a resolução do contrato. Anota-se que a redução ordinária do risco não permite a redução do prêmio estipulado, garantindo o equilíbrio contratual e coibindo o enriquecimento ilícito[244]. Por fim, cumpre observar que, nos temos do art. 17 do Marco Legal dos Seguros (Lei n. 15.040/2024), nos casos de seguro sobre a vida e a integridade física, o relevante agravamento do risco enseja apenas a cobrança da diferença no prêmio pela seguradora.

O segurado também deverá comunicar a ocorrência do sinistro assim que tomar conhecimento do fato, de modo a possibilitar que a seguradora reduza ou impeça os prejuízos tidos pelo segurado. A comunicação também deve ser feita para que o segurado receba a indenização a que faz jus.

A omissão de comunicação pode levar à perda da indenização (arts. 771 do CC e 66[245], *caput*, II e § 1º, da Lei n. 15.040/2024). Todavia, para que a omissão justifique a perda da garantia, é necessário que seja "omissão dolosa, injustificada, que beire a má-fé, ou culpa grave, que prejudique, de forma desproporcional, a atuação da seguradora, que não poderá se beneficiar, concretamente, da redução dos prejuízos indenizáveis com possíveis medidas de salvamento, de preservação e de minimização das consequências"[246]. Em caso de descumprimento culposo do disposto no art. 66, não se implica a perda imediata da indenização, mas apenas a perda do direito à indenização do valor equivalente aos danos decorrentes da omissão, nos termos do § 2º.

As despesas decorrentes dos atos de salvamento previstos no art. 66 da Lei n. 15.040/2024, tomados pelo segurado, beneficiários ou até terceiros, correm por conta da seguradora. Não há óbice para limitação do valor que será pago pela seguradora em razão dos atos de salvamento, sendo que independentemente do montante, não se reduz a garantia do seguro em razão dos dispêndios com a tentativa de salvamento ou de impedimento da ocorrência do sinistro. O limite legal, caso não tenha sido pactuado limite diverso, é de 20% do limite máximo de indenização/capital garantido aplicável ao tipo de sinistro iminente ou verificado. O limite não se aplica, entretanto, para tentativas de salvamento que forem realizadas por recomendação da seguradora para o caso específico, obrigando-se a seguradora ao pagamento da íntegra dos dispêndios relacionados a medidas protetivas/de salvamento que tenham por ela sido recomendadas (art. 67, § 5º, do Marco Legal dos Seguros).

As medidas de salvamento e contenção apresentam-se como obrigações de meio, mas não de fim, o que significa que a eficácia das medidas de salvamento não importa para a manutenção dessa obrigação, de forma que esta persiste na hipótese em que as medidas tenham sido malsucedidas. Além disso, subsiste a obrigação de pagamento pela seguradora mesmo que o prejuízo não supere o valor da franquia contratada.

---

[243] TOMAZETTE, Marlon. *Curso de direito empresarial*: teoria geral e direito societário. São Paulo: SaraivaJur, 2024. v. 1, p. 650.

[244] SILVA, Ivan de Oliveira. *Curso de direito do seguro*. 2. ed. São Paulo: Saraiva, 2012, p. 149.

[245] Ademais, por força do art. 66, I, II e III, ao tomar ciência do sinistro ou da iminência de sua ocorrência, o segurado se obriga, com o objetivo de minorar os prejuízos à seguradora, a: (i) tomar providências que se fizerem necessárias e úteis para evitar ou minorar os efeitos do sinistro; (ii) avisar prontamente a seguradora, por qualquer meio idôneo, e seguir suas instruções para a contenção ou o salvamento; (iii) prestar informações de que disponha sobre o sinistro, suas causas e consequências, sempre questionado a respeito pela seguradora.

[246] STJ, 3ª Turma, REsp 1.546.178/SP, Rel. Min. Ricardo Villas Bôas Cueva, j. 13-9-2016, *DJe* 19-9-2016.

As medidas de contenção e salvamento, entretanto, devem ser razoáveis e adequadas. Fulcra o § 3º do art. 67 do Marco Legal dos Seguros (Lei n. 15.040/2024) que "a seguradora não estará obrigada ao pagamento de despesas com medidas notoriamente inadequadas, observada a garantia contratada para o tipo de sinistro iminente ou verificado". Ademais, conforme o § 2º, despesas de prevenção ordinária, incluindo dispêndios com manutenção, não constituem despesas de salvamento.

Segurador, por seu turno, "é sujeito de direito público ou privado, autorizado, que, mediante o recebimento do prêmio obriga-se a garantir a cobertura de um risco, capital, renda ou outras prestações convencionadas"[247].

A natureza empresarial do contrato de seguros justifica-se pela exigência legal de quem pode figurar como seguradora[248]. Dispõe o parágrafo único do art. 757 do CC que somente podem integrar o contrato de seguro como segurador entidade legalmente autorizada. O art. 2º da Lei n. 15.040/2024 mantém a disciplina ao determinar que "somente podem pactuar contratos de seguro entidades que se encontrem devidamente autorizadas na forma da lei". Por seu turno, o art. 24 do Decreto-lei n. 73/66 determina que "poderão operar em seguros privados apenas sociedades anônimas ou cooperativas, devidamente autorizadas". As sociedades cooperativas deverão operar, apenas, em seguros agrícolas, de saúde e de acidentes do trabalho.

Segundo Orlando Gomes, essas empresas realizam o contrato de seguro com o objetivo de proteção de riscos, de modo a atender ao pagamento das indenizações a partir da quantia arrecadada das contribuições pagas pelos seguradores[249].

As companhias seguradoras dependem de autorização de funcionamento do Poder Executivo para exercer atividades típicas da profissão (art. 757 do CC). A autorização será concedida pelo Ministério da Fazenda por meio da Susep (art. 74 do Decreto-lei n. 73/66). A Susep ainda deverá fiscalizar a constituição, organização, funcionamento e operações das companhias de seguro (art. 36 do Decreto-lei n. 73/66).

Poderá o Poder Executivo a qualquer tempo cassar referida autorização se a sociedade infringir disposição de ordem pública ou praticar atos contrários aos fins declarados no estatuto social (art. 1.125 do CC).

Uma vez constituídas, somente podem atuar no ramo securitário (art. 73 do Decreto-lei n. 73/66), não havendo, contudo, impedimento de que sejam sócias ou acionistas de empresas constituídas para outras finalidades.

Dessa forma, no Brasil, somente poderão atuar no mercado de seguros sociedades anônimas e cooperativas devidamente autorizadas. As cooperativas, constituídas necessariamente na forma de sociedades simples, poderão explorar seguros agrícolas, de saúde e de acidentes trabalhistas (art. 24 e parágrafo único do Decreto-lei n. 73/66).

Para o desenvolvimento de sua atividade, a seguradora deverá realizar cálculos atuariais para estimar a probabilidade de ocorrência de determinado evento danoso e em seguida receber dos sujeitos envolvidos no risco o pagamento de determinada soma (prêmio). Como contraprestação, a seguradora oferece a tutela do interesse do segurado, que em geral toma a forma de promessa de pagamento de pecúnia de natureza indenizatória[250].

---

[247] GRAVINA, Maurício Salomoni. *Direito dos seguros*. 2. ed. São Paulo: Almedina, 2022, p. 273.

[248] GOMES, Orlando. *Contratos*. Rio de Janeiro: Forense, 2009, p. 504.

[249] GOMES, Orlando. *Contratos*. Rio de Janeiro: Forense, 2009, p. 504.

[250] COELHO, Fábio Ulhoa (coord.). *Tratado de direito comercial*. São Paulo: Saraiva, 2015. v. 5, p. 206.

O CNSP exige que cada seguradora mantenha parte de seu patrimônio imobilizado, a fim de garantir a solvabilidade aos segurados e o cumprimento de todas as suas obrigações. Para isso, devem as seguradoras constituir reservas técnicas, fundos especiais, provisões, reservas e fundos determinados em lei especiais para esse fim. Os bens garantidores das reservas técnicas, fundos e previsões somente poderão ser onerados ou alienados com prévia permissão da Susep, autarquia fiscalizatória da atividade de seguro. A ação ou omissão que resultar na insuficiência dessas reservas técnicas e de sua cobertura constitui crime contra a economia popular (arts. 84, 85 e 110 do Decreto-lei n. 73/66).

Assim como o segurado, também a seguradora deve adotar padrão de comportamento adequado na contratação do seguro. A seguradora deverá agir conforme a boa-fé tanto na conclusão como na execução do contrato (art. 765 do CC), prestando informações claras, completas e adequadas sobre a cobertura e as condições do contrato.

A seguradora também tem o dever de emitir a apólice. Assim, o segurado encaminha a proposta escrita com os dados fundamentais sobre o interesse e o risco cobertos; havendo aceitação da seguradora, o contrato se aperfeiçoa e a apólice será emitida[251].

Também deverá pagar a indenização ao segurado ou beneficiário caso ocorra o risco pactualmente previsto (sinistro), ressalvados os casos em que há inadimplência grave por parte do segurado. Em geral, é paga em dinheiro, mas o ressarcimento pode ocorrer mediante a reparação ou reconstrução da coisa segurada[252]. Aplica-se, no entanto, o princípio indenitário segundo o qual se veda que a indenização pelo sinistro ocorra como meio de especulação, a fim de obter enriquecimento ilícito[253].

Dessa forma, no seguro de dano, a indenização em dinheiro não pode ultrapassar o valor do interesse segurado na conclusão do contrato (art. 778 do CC). Por outro lado, no seguro de pessoas não há limite de valor para a indenização, podendo ser livremente fixada (art. 789 do CC), não incidindo, portanto, o princípio indenitário[254].

A indenização deverá ocorrer ainda que o bem seja transferido ou sub-rogado. A transferência do bem objeto de seguro é lícita durante toda a vigência do contrato. Nos seguros de dano, o bem pode ser transferido contanto que também seja transferido o interesse segurado (art. 785 do CC). Pode ocorrer transferência do interesse sem que a transferência seja devidamente formalizada perante a seguradora; nesse caso, só poderá a seguradora recusar cobertura se houver, com a transferência, significativo agravamento do risco[255]. Veja-se a Súmula 465 do STJ: "ressalvada a hipótese de efetivo agravamento do risco, a seguradora não se exime do dever de indenizar em razão da transferência do veículo sem a sua prévia comunicação".

No seguro de dano, o pagamento da indenização pela seguradora recompõe o patrimônio do segurado que havia sido afetado com o sinistro, sub-rogando-se nos direitos deste com o causador do dano (art. 786 do CC). Em outras palavras, a seguradora passa a ter direito de receber indenização do dano, que antes era direito do segurado. A seguradora terá todos os mesmos direitos do segurado indenizado, inclusive com relação aos prazos[256].

---

[251] TOMAZETTE, Marlon. *Curso de direito empresarial*: teoria geral e direito societário. São Paulo: SaraivaJur, 2024. v. 1, p. 652.

[252] ALVIM, Pedro. *O contrato de seguro*. 3. ed. Rio de Janeiro: Forense, 1999, p. 439.

[253] TEPEDINO, Gustavo; KONDER, Carlos Nelson; BANDEIRA, Paula Greco. *Contratos*. Rio de Janeiro: Forense, 2020, p. 485.

[254] TOMAZETTE, Marlon. *Curso de direito empresarial*: teoria geral e direito societário. São Paulo: SaraivaJur, 2024. v. 1, p. 653.

[255] TOMAZETTE, Marlon. *Curso de direito empresarial*: teoria geral e direito societário. São Paulo: SaraivaJur, 2024. v. 1, p. 656.

[256] TOMAZETTE, Marlon. *Curso de direito empresarial*: teoria geral e direito societário. São Paulo: SaraivaJur, 2024. v. 1, p. 657.

Outrossim, é ineficaz perante o segurador qualquer ato transacional praticado pelo segurado junto ao terceiro autor do dano que importe na diminuição ou extinção do direito ao ressarcimento, pela via regressiva, das despesas decorrentes do sinistro[257]. A sub-rogação é direito da seguradora, de modo que não é possível que o segurado maneje direito que não lhe pertence.

Há impedimento da sub-rogação se o causador do dano é parente próximo do segurado (art. 786, § 1º, do CC), isto é, salvo dolo, veda-se a sub-rogação se o autor do dano for cônjuge, ascendente ou descendente do segurado. Isso ocorre para proteger o patrimônio do próprio segurado, que poderia ser afetado pela sub-rogação nesses casos[258].

Tal sub-rogação inexiste para os seguros de pessoa (art. 800 do CC). Sobre isso, Venosa explica que "o código em vigor veda expressamente a sub-rogação nos direitos e ações do segurado ou beneficiário nos seguros pessoais, contra o causador do sinistro (art. 800), no que atende à natureza diversa dessa modalidade de seguro, pois o ofendido continua legitimado a pedir indenização contra o causador do dano, e o recebimento de pagamento securitário, nesse caso, é irrelevante para o terceiro causador do dano"[259].

Além do segurador e do segurado, também poderá figurar no contrato de seguro o estipulante.

A presença do estipulante ocorre porque nem sempre o contratante do seguro é o segurado. A contratação do seguro pode ocorrer pelo estipulante, em face do segurador e em nome do segurado.

Nessa hipótese o prêmio não será pago pelo segurado, mas pelo estipulante[260]. É o chamado prêmio não contributário. Exemplo disso são os seguros de vida feitos pelo empregador em favor de seus funcionários.

Via de regra, o estipulante não é legitimado passivo em ações de cobrança de indenização securitária, exceto no caso de má-fé.

Por fim, ainda figura o beneficiário no contrato de seguro.

O segurado ou o estipulante, ao realizarem estipulação em favor de terceiro, designam pessoa que não faz parte do contrato para receber o seguro quando este tornar-se exigível: o beneficiário.

O Marco Legal dos Seguros, em seu art. 24, define que "o seguro será estipulado em favor de terceiro quando garantir interesse de titular distinto do estipulante, determinado ou determinável".

Segundo Tomazette, "o beneficiário não é exatamente parte do contrato, mas é diretamente afetado positivamente por ele. Ele é o destinatário da indenização na ocorrência do sinistro, possuindo direito de ação contra a seguradora para recebimento do valor"[261]. O beneficiário poderá ser designado de forma simultânea ou após celebração do contrato de seguro. Não ocorrendo a designação, ou se por qualquer motivo não prevalecer a que foi feita, prevê o art. 792 da lei civil que o valor segurado será pago na metade ao cônjuge não separado judicialmente, e a outra metade aos seus herdeiros, obedecendo a ordem de vocação hereditária. Na falta destes, reza o parágrafo único do mesmo dispositivo que o seguro será dado a quem o reclamar, contanto mediante comprovação de que a morte do segurado os privou de meios necessários à subsistência.

O segurado poderá a qualquer tempo refazer a designação e nomear outro beneficiário para o recebimento da indenização, revogando-se a designação antiga *ad nutum*, a não ser que o seguro tenha a garantia de obrigação como causa declarada (art. 791 do CC).

---

[257] STJ, 3ª Turma, AgInt no REsp 1.771.368/DF, Rel. Min. Nancy Andrighi, j. 27-5-2019, *DJe* 29-5-2019.

[258] PASQUALOTTO, *op.cit.,* p. 145.

[259] VENOSA, Sílvio de S. *Direito civil*: contratos. Rio de Janeiro: Atlas, 2024. v. 3, p. 587.

[260] SILVA, Ivan de Oliveira. *Curso de direito do seguro*. 2. ed. São Paulo: Saraiva, 2012, p. 120.

[261] TOMAZETTE, Marlon. *Curso de direito empresarial*: teoria geral e direito societário. São Paulo: SaraivaJur, 2024. v. 1, p. 658.

O beneficiário não necessariamente deverá ser nomeado no contrato, podendo ser feito por ato de última vontade em apólice emitida à ordem. Contudo, a nomeação não é totalmente livre, sendo legalmente impedidos de serem indicados como beneficiários aqueles que não podem receber dele doações, sob pena de nulidade. É o caso do concubino do segurado, por exemplo. O beneficiário deverá ser identificado por lei, vontade anterior ao sinistro ou titularidade do interesse garantido (art. 24, § 1º). Assim, sendo o beneficiário pessoa determinada a título oneroso, tanto a seguradora quanto o estipulante deverão lhe entregar cópia de instrumentos probatórios do contrato de seguro (art. 24, § 2º).

Em vias de assegurar o contrato, o art. 25 do Marco Legal dos Seguros definiu que, sempre que conhecido pelo proponente o interesse alheio, ele deverá ser declarado à seguradora. Além disso, presumir-se-á o seguro por conta própria, exceto quando a seguradora tiver ciência de que o seguro é em favor de terceiro (art. 25, § 1º). No entanto, essa previsão não impede contratação simultânea, uma vez que o art. 26 prevê que o "seguro em favor de terceiro pode coexistir com o seguro por conta própria, ainda que no âmbito do mesmo contrato". Mesmo assim, salvo previsão em contrário, havendo concorrência de interesses garantidos, prevalecerá a garantia por conta própria, sendo considerada, naquilo que ultrapassar o valor do interesse próprio, como em favor de terceiro, sempre respeitado o limite da garantia (art. 26, parágrafo único).

No que se refere às obrigações do estipulante, a lei determina que ele deverá cumprir com as obrigações e os deveres do contrato, exceto se for dever do segurado ou do beneficiário (art. 27). Nessa toada, o art. 28 permite que o estipulante substitua, em âmbito processual, o segurado ou o beneficiário para exigir, em favor exclusivo destes, o cumprimento das obrigações derivadas do contrato. Em suma, caberá ao estipulante assistir, durante a execução do contrato, o segurado ou o beneficiário.

Sendo contrato de natureza coletiva, será estipulante aquele que contratar o seguro, para um grupo de pessoas, com a seguradora nos termos do contrato para adesão de eventuais interessados (art. 30). Ademais, somente poderá ser estipulante coletivo aquele que possuir vínculo anterior e não securitário com o grupo objetivo do seguro (art. 31).

Nos seguros coletivos, o estipulante representará os segurados e os beneficiários, de modo a formar e executar o contrato, além de responder perante tais sujeitos e a seguradora em razão de atos e omissões (art. 32).

No mais, será nulo o seguro que cubra atos dolosos praticados pelo beneficiário (art. 762 do CC).

14.5. Indenização ou pagamento do capital segurado

No seguro de dano, a indenização é a importância em dinheiro ou a obrigação de reparar a coisa, convencionada entre o segurado e a seguradora, na hipótese de ocorrência do sinistro, e destinada a compensar o prejuízo econômico resultante da implementação do risco.

No seguro de pessoas, diante da falta de aplicação do princípio indenitário e do valor da vida e saúde humana, a seguradora pagará o "capital segurado" ao beneficiário na hipótese de ocorrência do sinistro previsto na apólice.

A menos que estabelecido de forma diversa no contrato de seguro, as apólices devem prever indenizações em dinheiro, haja vista a impossibilidade ou inviabilidade da reposição da coisa no mercado securitário, conforme estabelece o art. 776 do CC: "o segurador é obrigado a pagar em dinheiro o prejuízo resultante do risco assumido, salvo se convencionada a reposição da coisa".

A indenização não visa ao lucro e, por isso, não pode ultrapassar o valor do interesse segurado constante na apólice, exceto quando estiver em mora o segurador (art. 781 do CC). O sinistro delimitará o valor da indenização, tendo em vista que a seguradora deverá apurar os danos e, a partir disso, indenizar o *quantum* devido ao segurado ou ao beneficiário.

A indenização será feita, portanto, dentro dos limites fixados na apólice para recompor os danos suportados pelo segurado ou de forma a compensar o prejuízo sofrido pela ocorrência do sinistro.

É possível a emissão de "apólices com valor determinado", nas quais há a identificação imediata do bem com o respectivo valor nominal de sua indenização. Há também "apólices de valor de mercado" nas quais se prevê que, em caso de sinistro, a indenização ocorrerá segundo o valor de mercado que deve ser apurado no momento do sinistro.

Havendo perda parcial do bem, a seguradora efetuará a indenização na proporção do limite do teto indenizatório previsto no contrato.

Em caso de mora no pagamento da indenização, o segurador deverá atualizar o valor monetariamente segundo índices oficiais regularmente estabelecidos, sem prejuízo da aplicação de juros moratórios (art. 772 do CC).

Na ausência da previsão contratual, a Susep delimita prazo para pagamento de indenização por meio de resoluções para suprir a lacuna legislativa, que normalmente equivale ao período de trinta dias, como nos seguros de automóveis[262].

Ainda, poderá o segurado pleitear em juízo a indenização, acrescida de juros moratórios e perdas e danos, inclusive de danos morais. Assim, a ausência de menção expressa de tempo-limite ao pagamento da indenização por parte da seguradora no contrato não autoriza mora da seguradora, que poderá ser acionada em juízo[263].

A seguradora terá 30 dias (contados a partir da apresentação de reclamação ou do aviso de sinistro) para manifestar-se sobre a cobertura. Caso deixe de cumprir o prazo, decai o direito de recusar a cobertura pela seguradora. Na ocasião da manifestação, a seguradora deve acompanhar a recusa ou aceite de cobertura de todos os elementos necessários à decisão que caracterizou a existência (ou não) da cobertura[264].

Caso seja necessário, a seguradora ou o regulador do sinistro podem solicitar documentos complementares ao interessado, desde que devidamente justifiquem e que sejam documentos de possível produção. Na hipótese em que sejam solicitados os documentos complementares, será suspenso o prazo de 30 dias, até no máximo duas vezes, sendo que recomeça a ser contado um dia útil após o envio dos documentos. O prazo só poderá ser suspenso uma vez, entretanto, nos seguros que tenham como objeto veículos automotores e em todos os outros seguros em que a importância segurada não exceda 500 salários mínimos[265].

Apesar de o prazo de 30 dias ser a regra geral, a Lei n. 15.040/2024 prevê expressamente que a autoridade fiscalizadora poderá fixar prazo superior, não excedente ao prazo de 120 dias, em casos em que a verificação da existência de cobertura implique maior complexidade de apuração.

Uma vez verificada a cobertura, começa a transcorrer o prazo para pagamento da indenização ou do capital segurado. A seguradora dispõe do prazo de 30 dias para efetuar o pagamento. Da mesma forma que com a regulação do sinistro, a seguradora ou o liquidante do sinistro poderão solicitar documentos complementares, hipótese na qual o prazo suspende-se por no máximo duas vezes.

---

[262] SILVA, Ivan de Oliveira. *Curso de direito do seguro*. 2. ed. São Paulo: Saraiva, 2012, p. 154.

[263] SILVA, Ivan de Oliveira. *Curso de direito do seguro*. 2. ed. São Paulo: Saraiva, 2012, p. 154-155.

[264] Art. 86 da Lei n. 15.040/2024.

[265] Art. 86, §§ 2º, 3º e 4º, da Lei n. 15.040/2024.

No mesmo sentido, nos sinistros relacionados a automóveis e em todos os outros seguros em que a importância segurada não exceda 500 salários mínimos (bem como, nesse caso, também de seguros de vida e integridade física), o prazo de pagamento não poderá ser suspenso por mais de uma vez.

Conforme o art. 88 do Marco Legal dos Seguros (Lei n. 15.040/2024), verificada a mora da seguradora, faz-se incidir multa de 2% sobre o montante (indenização ou capital) devido. O valor deve ser corrigido monetariamente, sem prejuízo dos juros legais e perdas e danos, aplicados desde a data em que a indenização ou o capital deveriam ter sido pagos.

15. FRANQUIA

Nos contratos de seguro, é opcional a inclusão da obrigação de o segurado pagar a franquia para fazer jus ao valor previsto de indenização na hipótese da ocorrência do sinistro. Referido valor será estipulado pelas partes, sendo inversamente proporcional ao prêmio: o aumento da franquia implica a diminuição do prêmio e vice-versa[266].

Ivan de Oliveira Lopes define a franquia como "a parcela pecuniária a ser suportada pelo próprio segurado quando da ocorrência do sinistro"[267].

Trata-se de técnica de gestão do risco pela qual se procura incentivar o comportamento diligente do segurado. Pela inserção da franquia, aumenta-se a onerosidade do contrato de seguro e impõe-se determinada soma de dinheiro para que o beneficiário possa ser indenizado[268].

Todas as informações e os termos relativos à franquia deverão constar no contrato de seguro de forma completa e exata, a fim de evitar qualquer arbítrio entre as partes estipulantes se ocorrer o sinistro[269].

A franquia poderá ser simples ou dedutível. Na franquia simples, o segurador se obriga à indenização de todos os prejuízos decorrentes do evento danoso. É raramente utilizada.

Na franquia dedutível, a obrigação de indenizar limita-se aos valores que excederem a franquia. É comumente utilizada nos seguros de dano[270].

16. INSTRUMENTOS DO CONTRATO DE SEGURO

16.1. Proposta de seguro

A proposta de seguro é o instrumento mediante o qual se registram dados relevantes quanto ao risco e o valor do prêmio a ser pago pelo segurado. Não constitui o contrato em si, apenas um conjunto de declarações do segurado com o objetivo de instruir a seguradora para que esta possa realizar cálculos matemáticos do valor da contraprestação do segurado, isto é, o prêmio[271]. Dispõe o art. 759 do CC que "a emissão da apólice deverá ser precedida de proposta escrita com a declaração dos elementos essenciais do interesse a ser garantido e do risco". Similarmente, regula o art. 9º do

---

[266] GUERREIRO, Marcelo da Fonseca. *Seguros privados*: doutrina, legislação e jurisprudência. Rio de Janeiro: Forense Universitária, 2000, p. 41.

[267] SILVA, Ivan de Oliveira. *Curso de direito do seguro*. 2. ed. São Paulo: Saraiva, 2012, p. 155.

[268] MIRAGEM, Bruno; PETERSEN, Luiza. *Direito dos seguros*. Rio de Janeiro: Forense, 2022, p. 71.

[269] SILVA, Ivan de Oliveira. *Curso de direito do seguro*. 2. ed. São Paulo: Saraiva, 2012, p. 156.

[270] ALVIM, Pedro. *O contrato de seguro*. 3. ed. Rio de Janeiro: Forense, 1999, p. 446-447.

[271] SILVA, Ivan de Oliveira. *Curso de direito do seguro*. 2. ed. São Paulo: Saraiva, 2012, p. 159.

Decreto-lei n. 73/66 que "os seguros serão contratados mediante propostas assinadas pelo segurado, seu representante legal ou por corretor habilitado, com emissão das respectivas apólices, ressalvado o disposto no artigo seguinte".

De acordo com o art. 41 do Marco Legal dos Seguros, "a proposta de seguro poderá ser feita diretamente, pelo potencial segurado ou estipulante ou pela seguradora, ou por intermédio de seus representantes". Além disso, aponta-se que o corretor de seguro poderá representar o proponente na formação do contrato (parágrafo único do art. 41).

No mesmo sentido, o art. 1º da Circular Susep n. 251, de 15 de abril de 2004, dispõe que a celebração ou alteração do contrato de seguro somente poderá ser feita mediante proposta assinada pelo proponente ou por seu representante legal, ou, ainda, por expressa solicitação de qualquer um destes, pelo corretor de seguros, exceto quando a contratação se der por meio de bilhete.

A boa-fé deve reger todas as fases do contrato de seguro, inclusive a da proposta. As declarações feitas pelo proponente nessa fase devem ser verdadeiras e exatas sob pena da perda do direito à cobertura com a obrigação do pagamento do prêmio vencido (art. 766 do CC). Por isso, fala-se que os elementos essenciais da contratação do seguro deverão estar na proposta[272].

Via de regra, a proposta de seguro é feita anteriormente à firmação do contrato, já que o consenso dos estipulantes depende da análise prévia das especificidades do risco a ser coberto. Deve-se perceber, nesse ponto, que a proposta do seguro não é uma negociação, porque a proposta representa um documento elaborado pelo segurador a que o segurado deverá aderir ou não[273].

Excepcionalmente, alguns seguros são firmados imediatamente por bilhetes ou *tickets*, como é o caso de seguros por danos pessoais em acidentes de veículos ou de acidentes pessoais de passageiros, em que o segurado paga o prêmio e recebe em troca o comprovante da cobertura[274]. É o que disciplina o art. 10 do Decreto-lei n. 73/66: "é autorizada a contratação de seguros por simples emissão de bilhete de seguro, mediante solicitação verbal do interessado".

Pela nova lei, a proposta, quando feita pela seguradora, não pode conter condições, bem como deverá conter, em suporte duradouro, todos os requisitos necessários para a contratação, o conteúdo integral do contrato e o prazo máximo para sua aceitação (art. 42). Vale dizer que, pelo § 1º do mesmo artigo, suporte duradouro é "qualquer meio idôneo, durável e legível, capaz de ser admitido como meio de prova". Na hipótese de proposta formulada por potencial segurado ou estipulante, não será exigida forma simples (art. 43), bem como simples cotação de seguro não representa proposta de seguro (art. 43, parágrafo único).

Em posse das informações apresentadas na proposta, o segurador não é obrigado a firmar o contrato de seguro, o que decorre da autonomia de vontades. Todavia, deverá a seguradora apresentar resposta quanto à assunção dos riscos informados na proposta dentro de 15 dias, conforme art 2º da Circular Susep n. 251, os quais serão contados a partir da data de seu recebimento.

A ausência de manifestação nesse prazo implica a aceitação tácita da proposta. Por sua vez, deverá haver comunicação formal da recusa ao proponente de forma justificada (art. 2º, §§ 6º e 4º, respectivamente, da Circular Susep n. 251). No entanto, conforme o § 3º do art. 42 da Lei n. 15.040,

---

[272] GRAVINA, Maurício Salomoni. *Direito dos seguros*. 2. ed. São Paulo: Almedina, 2022, p. 372.

[273] "Proposta não é negociação. É documento formulado pelo segurador ao qual o tomador adere. Sabe-se que deve permitir a compreensão do contrato antes do vínculo, mas não se trata de negociação, mas de um instrumento escrito que molda os limites contratuais, acompanhado das condições da contratação. Diferencia-se a 'proposta' das 'negociações preliminares', consideradas atos preparatórios do contrato, assim como não se confunde com a 'oferta ao público' e o 'convite para contratar', em que o contrato não foi perfectibilizado" (GRAVINA, Maurício Salomoni. *Direito dos seguros*. 2. ed. São Paulo: Almedina, 2022, p. 371).

[274] SILVA, Ivan de Oliveira. *Curso de direito do seguro*. 2. ed. São Paulo: Saraiva, 2012, p. 159.

"a aceitação da proposta feita pela seguradora somente se dará pela manifestação expressa de vontade ou por ato inequívoco do destinatário".

Quando a seguradora não for a proponente, recebida a proposta, ela terá o prazo máximo de 25 dias para cientificar sua recusa ao proponente, ao final do qual será considerada aceita (art. 49). Vale dizer que, pelo § 1º, "considera-se igualmente aceita a proposta pela prática de atos inequívocos, tais como o recebimento total ou parcial do prêmio ou sua cobrança pela seguradora".

Poderá a seguradora solicitar informações e documentos complementares para análise e aceitação do risco ou da alteração da proposta, caso em que haverá suspensão do prazo de 15 dias, voltando a correr a partir da data da entrega da documentação solicitada (art. 2º, § 3º, da Circular Susep n. 251). Também poderá a seguradora promover vistoria prévia da coisa mencionada na proposta, às suas expensas, mediante a qual tomará conhecimento do estado de conservação do bem e de sua existência.

A nova lei também prevê a vistoria prévia, de modo que o § 2º do art. 49 fixa que a seguradora poderá solicitar esclarecimentos ou produção de exames periciais, e o prazo para a recusa terá novo início, a partir do atendimento da solicitação ou da conclusão do exame pericial.

Pelo art. 44 do Marco Legal dos Seguros, o estipulante ou potencial segurado é obrigado a fornecer as informações necessárias à aceitação da proposta e à fixação da taxa para cálculo do valor do prêmio, de acordo com o questionário da seguradora. Nesse cenário, o descumprimento doloso de tal dever acarretará a perda da garantia, sem prejuízo da dívida de prêmio e da obrigação de ressarcir as despesas efetuadas pela seguradora (art. 44, § 1º). Ao seu turno, o descumprimento culposo acarretará a redução da garantia proporcionalmente à diferença entre o prêmio pago e o que seria devido caso prestadas as informações posteriormente reveladas (art. 44, § 2º).

A seguradora deve informar o potencial segurado ou estipulante sobre as informações relevantes que devem ser fornecidas para a celebração do contrato de seguro. Além disso, deve esclarecer, em suas comunicações e questionários, as possíveis consequências do descumprimento do dever de prestar essas informações (art. 46 da Lei n. 15.040/2024). Na hipótese de seguro que exija informações contínuas, a omissão do segurado importará na perda da garantia, sem prejuízo da dívida do prêmio (art. 47). Conforme a nova lei, a sanção de perda da garantia será aplicável ainda que a omissão seja detectada após a ocorrência do sinistro. No entanto, a própria lei traz consigo uma exceção à sanção, uma vez que prevê que "o segurado poderá afastar a aplicação da sanção de perda da garantia consignando a diferença de prêmio e provando a casualidade da omissão e sua boa-fé" (§ 2º do art. 47).

Caso a seguradora opte por não promover a vistoria prévia, não poderá negar cobertura com base na sua ausência. A dispensa da vistoria prévia presume, pois, a aceitação dos dados informados pelo proponente quando da elaboração da proposta[275].

Após a formação do contrato, a seguradora não poderá invocar omissões em sua proposta de seguro (§ 2º do art. 42).

No que se refere ao prazo do contrato, a Lei n. 15.040/2024 determina que o contrato, salvo previsão específica, presume-se celebrado para vigorar pelo prazo de um ano (art. 52).

Quando o seguro for de renovação automática, a seguradora deverá, em até 30 dias antes de seu término, cientificar o contratante de sua decisão de não renovar ou das eventuais modificações que pretenda fazer para a renovação (art. 53). A omissão da seguradora renovará o contrato automaticamente (§ 1º do art. 53), bem como poderá o segurado recusar o novo contrato a qualquer tempo antes do início de sua vigência (§ 2º do art. 53).

---

[275] SILVA, Ivan de Oliveira. *Curso de direito do seguro*. 2. ed. São Paulo: Saraiva, 2012, p. 163-164.

16.2. Cobertura provisória

O estipulante poderá solicitar cobertura provisória para precaver-se do risco enquanto o segurador examina a proposta, sendo emitida, nesses casos, garantia provisória. Trata-se de contrato preliminar que se torna perfeito e acabado com a análise do risco pelo segurador, sendo importante denotar que a oferta da cobertura provisória não implica a aceitação da proposta por parte do segurador[276].

Ao contrário do contrato de seguro, cuja forma deverá ser necessariamente escrita, a cobertura provisória poderá ser firmada oralmente, competindo ao segurado o ônus de comprová-lo em juízo, se for o caso[277].

A aceitação da proposta culmina na expedição da chamada apólice de seguro.

16.3. Apólice do contrato de seguro

Ao instrumento do contrato de seguro dá-se o nome de apólice.

A apólice não é, em si, o contrato de seguro. Este é o acordo de vontade entre o segurado ou estipulante e o segurador. A apólice, por seu turno, é o instrumento do contrato e onde são incluídas as cláusulas do contrato[278].

O contrato de seguro é estabelecido por meio de uma série de operações voltadas à cobertura de riscos homogêneos, abrangendo diversas áreas e de modo a assegurar a uniformidade nas relações jurídicas entre as partes do contrato. Por essa razão, trata-se de contrato de adesão, em regra, com cláusulas padronizadas e que dispensam negociações prévias, em regra[279].

A apólice, tal como o bilhete de seguro, é meio de prova do contrato de seguro (art. 758 do CC), embora não seja exauriente. O contrato poderá ser demonstrado por outras formas[280].

O art. 760 do CC estabelece as exigências do conteúdo da apólice de seguro: a) os riscos assumidos; b) o início e o fim de sua validade; c) o limite da garantia e o prêmio devido; e, quando for o caso, d) o nome do segurado e do beneficiário.

---

[276] SILVA, Ivan de Oliveira. *Curso de direito do seguro*. 2. ed. São Paulo: Saraiva, 2012, p. 164.

[277] SILVA, Ivan de Oliveira. *Curso de direito do seguro*. 2. ed. São Paulo: Saraiva, 2012, p. 165.

[278] GAGLIANO, Pablo S.; PAMPLONA FILHO, Rodolfo. *Novo curso de direito civil*: contratos. São Paulo: SaraivaJur, 2023. v. 4, p. 262.

[279] GOMES, Orlando. *Contratos*. Rio de Janeiro: Forense, 2009, p. 519-520.

[280] O STJ reconhece que o rol do artigo não é estanque, o que significa que a prova poderá ocorrer por outros meios: "Recurso especial. Direito civil e processual civil. Ação regressiva ajuizada por seguradora em face do suposto causador do dano. Juntada da apólice do seguro. Ausência. Extinção do processo. Impossibilidade. Ilegitimidade ativa não ocorrente. Peça dispensável à propositura da ação regressiva. Acervo probatório suficiente à comprovação da titularidade do direito. 1. A ausência nos autos de documentação considerada pelo acórdão como essencial ao desate da controvérsia (apólice do seguro), de regra, não deveria conduzir à declaração de ilegitimidade ativa. Em boa verdade, a falta de documento alegadamente necessário ao reconhecimento do direito vindicado pelo autor é questão que transita em outra seara; a) ou se trata de documento indispensável à propositura da ação (art. 283 do CPC), cuja ausência enseja a inépcia da inicial (art. 284, *caput*, do CPC), que somente pode ser declarada depois de oportunizada a emenda da peça vestibular (art. 284, parágrafo único, do CPC); b) ou se trata de não comprovação de fato constitutivo do direito do autor (art. 333, I, do CPC), circunstância que conduziria à improcedência do pedido. 2. Porém, no caso concreto, em que não se carreou aos autos a apólice do seguro, não se verifica hipótese de inépcia da inicial, porque a indigitada peça não consubstancia documento indispensável à propositura da ação, nos termos do art. 283 do CPC. Na mesma linha, a ausência do mencionado documento, por si só, não conduz à improcedência do pedido, porquanto, com base nas demais provas reconhecidas pelas instâncias ordinárias, está suficientemente demonstrado o direito alegado na inicial – salvo a existência de outros fatos extintivos, modificativos ou impeditivos que poderão ser verificados oportunamente. 3. *Embora o art. 758 do Código Civil faça alusão à apólice, bilhete ou pagamento do prêmio como meios de prova do contrato de seguro, é certo também que não exclui outras formas aptas à comprovação da relação securitária. Vale dizer que a citada norma indica que se considera provado o contrato de seguro mediante a exibição da apólice, bilhete ou pagamento do prêmio, não se excluindo, aprioristicamente, outros tipos de prova*" (STJ, 4ª Turma, REsp n. 1.130.704/MG, Rel. Min. Luis Felipe Salomão, *DJe* 17-4-2013).

Ressalte-se que a apólice deve conter declaração exata e específica quanto ao início e o fim de sua validade, por ano, mês, dia e hora[281].

Como aponta Orlando Gomes, podem as apólices ser divididas em simples ou flutuantes. As apólices simples têm o objeto determinado e insubstituível uma vez pactuado em contrato. Por sua vez, nas apólices flutuantes há previsão de substituição da coisa segurada e o seguro se faz mediante soma global[282].

As apólices podem ser nominativas, à ordem ou ao portador (art. 760 do CC). As apólices nominativas exigem que se conste obrigatoriamente o nome dos segurados. Nas apólices à ordem, autoriza-se sua transferência mediante endosso em preto, datado e assinado por ambos, endossante e endossatário (art. 785, § 2º, do CC). As apólices ao portador não indicam o segurado, podendo ser transferidas por simples entrega mediante cessão de crédito[283].

Para Gonçalves, "as apólices nominativas podem ser transferidas mediante cessão civil, e as à ordem, por endosso. Naquelas, alienada a coisa que se ache no seguro, transfere-se ao adquirente o contrato, pelo prazo que ainda faltar"[284].

A apólice contém cláusulas necessárias e facultativas. As primeiras contêm os elementos essenciais do contrato. São exemplos as cláusulas que definem: (i) as partes; (ii) o objeto contratual; (iii) sua duração ou seu prazo de vigência; (iv) o valor do seguro; e (v) o prêmio a ser pago. Nas segundas, estabelecem-se os direitos e obrigações dos contratantes.

Além das cláusulas, pode-se fazer especificação quanto às condições do seguro. Dividem-se em gerais e especiais, sendo as primeiras aplicadas ao coletivo de "seguradores" ou "segurados". São imutáveis, comuns entre as diferentes amostras de contratos[285].

Já as condições especiais são aquelas definidas no âmbito do interesse particular das partes em cada caso concreto. Estas são definidas conforme a vontade dos contratantes, variando largamente no mundo fenomênico, de contrato para contrato. Observa-se que quando há conflito indubitável entre a interpretação das cláusulas, prevalece a especial sobre a geral[286].

No seguro de vida, são proibidas as apólices ao portador (art. 760, parágrafo único, do CC). Alternativamente, a nota de cobertura que precede a apólice gera os mesmos efeitos[287].

A apólice deverá mencionar os exatos limites dos riscos assumidos pela seguradora, a fim de excluir o arbítrio e a eventual interpretação das partes acerca do sinistro. A contraprestação do segurador será delimitada à exata cobertura delineada na apólice[288].

Deverá constar, ainda, na apólice o início e o término da vigência da garantia, de modo a formalizar os momentos em que a seguradora deverá ser responsabilizada pelos riscos que promete indenizar. Também deverá constar o limite da garantia e o prêmio declarado, assim como o nome do segurado e do beneficiário, quando for o caso[289].

Logo, a apólice deverá conter conjunto de informações essenciais que demonstrem os limites do contrato firmado entre as partes. O segurado tem direito da posse da apólice com todas as infor-

---

[281] GOMES, Orlando. *Contratos*. Rio de Janeiro: Forense, 2009, p. 509.

[282] GOMES, Orlando. *Contratos*. Rio de Janeiro: Forense, 2009, p. 509.

[283] GOMES, Orlando. *Contratos*. Rio de Janeiro: Forense, 2009, p. 509.

[284] GONÇALVES, Carlos Roberto. *Direito civil brasileiro*: contratos e atos unilaterais. 17. ed. São Paulo: Saraiva, 2020, p. 528.

[285] GOMES, Orlando. *Contratos*. Rio de Janeiro: GEN, 2022, p. 468.

[286] GOMES, Orlando. *Contratos*. Rio de Janeiro: GEN, 2022, p. 468.

[287] GOMES, Orlando. *Contratos*. Rio de Janeiro: GEN, 2022, p. 468.

[288] SILVA, Ivan de Oliveira. *Curso de direito do seguro*. 2. ed. São Paulo: Saraiva, 2012, p. 170.

[289] SILVA, Ivan de Oliveira. *Curso de direito do seguro*. 2. ed. São Paulo: Saraiva, 2012, p. 171-172.

Capítulo 10 • Contrato de seguro

mações e dados do contrato de seguro, devendo o segurador emitir a apólice de imediato sob pena de violar o princípio da boa-fé objetiva e o direito à informação de que detém o segurado[290].

16.4. Regulação de sinistro

A regulação ou liquidação do sinistro é um conjunto de providências tomadas pela seguradora para conferir se a cobertura estipulada no contrato de seguro abrange o evento danoso ocorrido. O que se busca pela regulação é evitar fraudes, em benefício da massa dos segurados, acionistas e a segurança do mercado de seguros.

Por meio desse procedimento, a seguradora visa conferir as informações dadas pelo segurado ou outros interessados no seguro mediante o aviso de sinistro, bem como fixar o valor da indenização.

A regulação do sinistro também servirá para solicitar informações ao segurado e conferir sua veracidade, pedir documentos comprobatórios do evento danoso, avaliar a extensão dos danos e qual quantia deverá ser desembolsada pelo segurador. Também haverá avaliação quanto à cobertura do evento danoso, se o segurado agiu com lealdade, boa-fé objetiva no curso do contrato e especificamente se o fez no momento do sinistro. Outrossim, a seguradora poderá requisitar documentos para a transferência de propriedade do bem e preparar o processo de regulação para o pagamento da indenização prevista pactualmente, se for o caso.

Anote-se que a regulação do sinistro será feita às expensas da seguradora, sendo certo que é valor incluído nos prêmios pagos pelo segurado.

O segurado ou interessado informará a seguradora da ocorrência do evento previsto em apólice por meio do aviso de sinistro, mediante o qual deverá informar a ocorrência do evento danoso previsto no contrato logo que o saiba.

Nesse ínterim, deverá o segurado tomar todas as providências para minorar as consequências do sinistro, não agravar o dano e preservar o que sobrou da coisa segurada. A garantia da coisa por meio da apólice não permite a desídia por parte do seu dono ou possuidor.

Na regulação do sinistro, é possível que a seguradora realize diligências em alguns locais para apurar a veracidade das informações prestadas pelo segurado. Normalmente há vistoria no local dos fatos e constatação do bem, além de entrevistas com aqueles que presenciaram o evento danoso ou que apresentem informações relevantes acerca dos fatos.

Contudo, nenhuma dessas providências poderá intimidar o segurado ou colocá-lo em situação vexatória. A regulação do sinistro deve atender a uma série de critérios éticos para garantir os direitos do segurado, atendendo ao chamado de princípio da mínima invasão na vida privada do segurado, sob pena de incorrer em danos materiais e/ou morais decorrentes de ato ilícito.

A esse propósito, cumpre trazer a regra exposta pelo art. 187 do CC, de que também comete ato ilícito o titular de um direito que, ao exercê-lo, excede manifestamente os limites impostos pelo seu fim econômico ou social, pela boa-fé ou pelos bons costumes. Assim, não poderá a seguradora, sob o pretexto de indícios de fraude no aviso de sinistro, por meio de seus representantes, invadir a vida do segurado, o que decorre da máxima constitucional do art. 5º, X, da CF.

O aviso do sinistro enseja sua regulação por parte da seguradora, contanto que esse procedimento respeite o princípio da mínima invasão do segurador na vida privada do segurado.

---

[290] SILVA, Ivan de Oliveira. *Curso de direito do seguro*. 2. ed. São Paulo: Saraiva, 2012, p. 172.

346   *Parte Especial*

17. EXTINÇÃO DO CONTRATO

A extinção do contrato pode se dar: (a) pelo decurso de prazo do contrato; (b) por mútuo consentimento; (c) pela ocorrência do evento contratualmente previsto; (d) pela cessação do risco; (e) pela inexecução das obrigações contratuais; (f) por causas de nulidade ou anulabilidade[291].

Acerca da primeira hipótese de extinção pela passagem do tempo previsto no contrato, o art. 774 do CC disciplina importante norma de recondução contratual. Segundo o dispositivo, a recondução tácita do contrato pelo mesmo prazo, mediante expressa cláusula contratual, não poderá operar mais de uma vez. Em outras palavras, a conclusão do tempo de vigência previsto em contrato não implica a automática extinção do contrato, podendo ser estendido por igual período uma única vez e contanto que haja cláusula contratual autorizadora. Assim, a extinção do contrato pelo transcurso do lapso temporal previsto na apólice não necessariamente implica a extinção da obrigação da seguradora de garantir o interesse legítimo segurado.

Essa norma tem por objetivo a proteção do consumidor, eis que a renovação automática por tempo indeterminado impediria a recomposição atuarial e o acompanhamento constante do risco e suas consequentes flutuações. Por isso será nula a cláusula da apólice determinando renovação imediata por tempo indeterminado, sendo autorizada apenas a renovação uma vez pelo mesmo prazo do contrato anterior.

Atingindo o contrato o fim específico dentro do tempo estipulado em apólice, haverá a extinção do contrato com a consequente extinção da obrigação da seguradora[292]. A morte do segurado extinguirá o contrato de seguro por toda a vida. Por sua vez, o seguro de sobrevivência extingue-se na hipótese em que o segurado sobreviva até certo tempo ou atinja a idade pactuada[293].

O seguro também será extinto pela inexecução contratual. Em caso de não pagamento do prêmio pelo segurado, poderá o segurador rescindir o contrato e exigir a quantia estipulada no contrato. O segurado tem a faculdade de realizar resgate da apólice, recebendo parte do que pagou ao segurador, ou redução da apólice, em que recebe soma proporcionalmente inferior à prevista, respectivamente[294].

A extinção também ocorrerá nas hipóteses de omissão ou inexatidão das informações providas pelo segurado, hipótese que autoriza a exclusão de cobertura e obriga o segurado ao prêmio vencido. A seguradora poderá ainda cobrar a diferença do prêmio mesmo após a ocorrência do sinistro, caso a inexatidão ou omissão das declarações não resultar de má-fé do segurado (art. 766, *caput* e parágrafo único, do CC).

A aplicação dessa extinção exposta pelo art. 766, no entanto, é condicionada à verificação de três requisitos. O primeiro, de que a omissão ou inexatidão seja deliberada; o segundo, que influencie na aceitação da proposta ou na taxa de prêmio; e, por fim, que exista nexo de causalidade entre o sinistro e a omissão ou inexatidão[295].

Anote-se que não poderá haver na apólice previsão de resilição unilateral do contrato em favor de qualquer uma das partes estipulantes, sob pena de prejudicar o equilíbrio e a equidade entre as partes. Caso contrário, a vigência do contrato dependeria da vontade da seguradora, deixando o se-

---

[291] VENOSA, Sílvio de S. *Direito civil*: contratos. Rio de Janeiro: Atlas, 2024. v. 3, p. 587; GOMES, Orlando. *Contratos*. Rio de Janeiro: GEN, 2022, p. 470.

[292] SILVA, Ivan de Oliveira. *Curso de direito do seguro*. 2. ed. São Paulo: Saraiva, 2012, p. 184.

[293] GOMES, Orlando. *Contratos*. Rio de Janeiro: GEN, 2022, p. 470.

[294] GOMES, Orlando. *Contratos*. Rio de Janeiro: GEN, 2022, p. 470.

[295] KRIEGER FILHO, Domingos Afonso. *Seguro no Código Civil*. Florianópolis: OAB/SC, 2005, p. 100.

Capítulo 10 • Contrato de seguro

gurado exposto a seu livre-arbítrio quanto ao fiel cumprimento de suas obrigações de garantir-lhe interesse legítimo[296].

O óbice encontra, inclusive, fulcro legal. A Lei n. 15.040/2024 prevê expressamente, no art. 9º, § 5º, a proibição de cláusula contratual que permita a extinção unilateral pela seguradora ou que subtraia da eficácia do instrumento, além das situações previstas em lei.

A vedação da resilição unilateral assegura, de um lado, que a seguradora garanta a cobertura do risco no prazo pactuado, e, de outro, que o segurado pague o prêmio, sem que nenhuma das partes possa eximir-se de seus deveres contratuais. Estando ambas as partes obrigadas ao fiel cumprimento do contrato nos termos acordados, o inadimplemento de qualquer uma delas autoriza ajuizamento da competente ação judicial para reclamar o cumprimento do contrato ou pleitear perdas e danos[297].

A utilização total da importância segurada é modo de dissolução que ocorre com o esgotamento da quantia coberta pela apólice de seguro, pois fora desembolsada em favor do segurado ou do beneficiário. Assim, o contrato poderá ser extinto ainda que antes do prazo de expiração de sua vigência, exceto no caso dos seguros compreensivos ou conjugados, em que não implicará a extinção a não ser que a natureza for acessória e tiver sido utilizado o valor segurado da cobertura principal[298].

18. PRESCRIÇÃO

O art. 206 do CC estabelece os prazos prescricionais aplicáveis às operações securitárias. A lei civil estabelece que, nos contratos de seguro, os prazos prescricionais serão de um ou três anos, conforme adequação da situação fática ao § 1º, II, ou ao § 3º, IX.

O prazo seria de um ano quando o fato envolvesse pleito do segurado em face do segurador e vice-versa. Ainda que diante da extinção do contrato, se o segurado fosse acionado judicialmente por terceiro prejudicado com relação a sinistro abrangido pela apólice, teria um ano da data da citação para exercer pretensão em face da seguradora. Se o segurado promovesse voluntariamente a reparação de danos a terceiro, com a autorização da seguradora, ainda assim teria o prazo de um ano para promover ação competente contra a seguradora[299].

Sobre o prazo de um ano, o STJ, em 1994, por meio da Súmula 101, previu que "ação de indenização do segurado em grupo contra a seguradora prescreve em um ano". O STF, ao seu turno, na Súmula 151, estabeleceu que "prescreve em um ano a ação do segurador sub-rogado para haver indenização por extravio ou perda de carga transportada por navio".

Com o Marco Legal dos Seguros (Lei n. 15.040/2024), revoga-se o instrumento presente no inciso II do § 1º do art. 206 do CC. Seu substituto, art. 126 do Marco Legal, prevê condições mais específicas para cada prazo prescricional.

Determina, primeiramente, que prescrevem em um ano, contado a partir da data quando se tomou ciência do respectivo fato gerador, (i) a pretensão da seguradora para a cobrança do prêmio ou qualquer outra pretensão contra o segurado e o estipulante do seguro, (ii) a pretensão dos Intervenientes corretores de seguro, agentes ou representantes de seguro e estipulantes para a cobrança de suas remunerações; (iii) as pretensões das cosseguradoras entre si; e (iv) as pretensões entre seguradoras, resseguradoras e retrocessionárias.

---

[296] SOARES, Antônio Carlos Otoni. *Fundamento jurídico do contrato de seguro.* São Paulo: Manuais Técnicos de Seguro, 1975, p. 216-217.

[297] SOARES, Antônio Carlos Otoni. *Fundamento jurídico do contrato de seguro.* São Paulo: Manuais Técnicos de Seguro, 1975, p. 216-217.

[298] SOARES, Antônio Carlos Otoni. *Fundamento jurídico do contrato de seguro.* São Paulo: Manuais Técnicos de Seguro, 1975, p. 157.

[299] SILVA, Ivan de Oliveira. *Curso de direito do seguro.* 2. ed. São Paulo: Saraiva, 2012, p. 203.

Em segundo lugar, determina que prescreve em um ano, contado a partir da ciência da recepção da recusa expressa e motivada da seguradora, a pretensão do segurado para exigir indenização, capital, reserva matemática, prestações vencidas de rendas temporárias ou vitalícias e restituições de prêmio em seu favor.

Por fim, prescrevem em três anos, contados da ciência do respectivo fato gerador, as pretensões dos beneficiários ou terceiros prejudicados para exigir da seguradora indenização, capital, reserva matemática e prestações vencidas de rendas temporárias ou vitalícias.

O marco para a contagem do prazo prescricional varia conforme o tipo de seguro. Em se tratando de seguro de responsabilidade civil, o prazo será contado da citação do segurado da lide. Nos demais seguros, a contagem do prazo será iniciada quando o segurado tomar conhecimento do fato gerador da pretensão patrimonial[300].

O prazo será de três anos quando as pessoas atingidas pelo evento danoso não participaram diretamente do contrato de seguro, isto é, em pretensão de terceiro prejudicado ou de beneficiário em seguros de responsabilidade civil. A prescrição será suspensa, e não interrompida, enquanto não houver manifestação da seguradora a respeito do pagamento ou negativa da cobertura. Caso contrário, poderia a seguradora aguardar o transcurso do lapso prescricional e apresentar a negativa de indenização em seguida. Desse modo, deverá ser suspenso o prazo prescricional até a manifestação da seguradora, computando-se o prazo anterior à comunicação do sinistro[301].

---

[300] SILVA, Ivan de Oliveira. *Curso de direito do seguro*. 2. ed. São Paulo: Saraiva, 2012, p. 203.

[301] SILVA, Ivan de Oliveira. *Curso de direito do seguro*. 2. ed. São Paulo: Saraiva, 2012, p. 210-211.

Referências

ABRÃO, Nelson. *Direito bancário*. 18. ed. São Paulo: Saraiva Educação, 2019.

AGUIAR JR., Ruy Rosado de. Os contratos nos Códigos Civis francês e brasileiro. *Revista CEJ*, São Paulo, n. 9, mar. 2023.

ALMADA, Beatriz de Mora Campos Mello. *In*: SCHALCH, Débora. *Seguros e resseguros*. São Paulo: Saraiva, 2010.

ALMEIDA, Marcus Elidius Michelli de; MOLINA, Fabiana Ricardo. Regime jurídico do contrato de alienação fiduciária em garantia. *Revista Internacional Cosinter de Direito*, ano V, n. IX, 2º sem. 2019.

ALVES, José Carlos Moreira. *Da alienação fiduciária em garantia*. 3. ed. Rio de Janeiro: Forense, 1987.

ALVES, José Carlos Moreira. *Direito romano*. 3. ed. Rio de Janeiro: Forense, 1992.

ALVES, José Carlos Moreira. *Direito romano*. Rio de Janeiro: Forense, 2021.

ALVIM, Pedro. *O contrato de seguro*. 3. ed. Rio de Janeiro: Forense, 1999.

ALVIM, Pedro. *O contrato de seguro*. Rio de Janeiro: Forense, 2001.

AMENDOLARA, Cesar. Alienação fiduciária como instrumento de fomento à concessão de crédito. *In*: FONTES, Marcos Rolim Fernandes; WAISBERG, Ivo (coord.). *Contratos bancários*. São Paulo: Quartier Latin, 2006.

ANDRADE, Darcy Bessone de Oliveira. *Do contrato*: teoria geral. 3. ed. Rio de Janeiro: Forense, 1987.

ANTUNES, José Engrácia. *Direito dos contratos comerciais*. Coimbra: Almedina, 2009.

ANTUNES, José Engrácia. *Direito dos contratos comerciais*. Coimbra: Almedina, 2012.

ANTUNES, José Engrácia. *Direito dos contratos comerciais*. 4. reimpr. da ed. 2009. Coimbra: Almedina, 2015.

ANTUNES, Paulo de B. *Direito ambiental*. Rio de Janeiro: Barueri [SP]: Atlas, 2023.

ARAGÃO, Paulo Cezar. A disciplina do acordo de acionistas na reforma da Lei das Sociedades por Ações (Lei n. 10.303, de 2001). *In*: Lobo, Jorge (coord.). *Reforma da Lei das Sociedades Anônimas*. 2. ed. Rio de Janeiro: Forense, 2002.

ASCARELLI, Tullio. *Corso di diritto commerciale*: introduzione e teoria dell'impresa. 3. ed. Milano: Giuffrè, 1962.

ASCARELLI, Tullio. *Negócio jurídico indireto*. Lisboa: Jornal do Foro, 1965.

ASCARELLI, Tullio. *O contrato plurilateral*: problemas das sociedades anônimas e direito comparado. 2. ed. São Paulo: Saraiva, 1969.

ASCARELLI, Tullio. *Panorama do direito comercial*. São Paulo: Saraiva, 1947.

ASQUINI, Alberto. *Profili dell'impresa*. Tradução: Fábio Konder Comparado. *Revista de Direito Mercantil*, n. 104.

ASSIS, Araken de. *Manual da execução*. 18. ed. São Paulo: Revista dos Tribunais, 2016.

ASSUMPÇÃO, Marcio Calil de. A comissão de permanência e os encargos remuneratórios e moratórios nos contratos bancários. *In*: ASSUMPÇÃO, Marcio Calil de; BRAGANÇA, Gabriel J. de Orleans e (org.). *Direito bancário*: estudos da Comissão de Direito Bancário OAB/SP. São Paulo: Quartier Latin, 2018.

AZEVEDO, A. J. *Negócio jurídico*: existência, validade e eficácia. São Paulo: Saraiva, 1974.

AZEVEDO, Álvaro Villaça. *Curso de direito civil*: contratos típicos e atípicos. São Paulo: Saraiva Educação, 2019.

AZEVEDO, Álvaro Villaça. *Curso de direito civil*: teoria geral das obrigações e responsabilidade civil. 13. ed. São Paulo: Saraiva Educação, 2019.

AZEVEDO, Antônio Junqueira de. *Negócio jurídico*: existência, validade e eficácia. 4. ed. São Paulo: Saraiva, 2002.

AZEVEDO, Patrícia Borges de; CALHEIRO, Paulo. A relação entre as empresas em recuperação e a atividade bancária. *In*: LAZZARINI, Alexandre Alves; KODAMA, Thais; CALHEIROS, Paulo (org.). *Recuperação de empresas e falência*: aspectos práticos e relevantes da Lei n. 11.101/2005. São Paulo: Quartier Latin, 2014.

BARBI FILHO, Celso. *Acordo de acionistas*. Belo Horizonte: Del Rey, 1993.

BARRETO FILHO, Oscar. *Teoria do estabelecimento comercial*: fundo de comércio ou fazenda mercantil. 2. ed. São Paulo: Saraiva, 1988.

BELTRAMELLI NETO, Silvio. *Curso de direitos humanos*. São Paulo: Atlas, 2021.

BENEDUCE, Alberto. Il principio mutualístico nelle assicurazioni. *Giornale degli Economisti e Rivista di Statistica*, anno 25, v. 48, n. 1, Gennaio 1914.

BERTOLDI, Marcelo M. (coord.). *Reforma da Lei das Sociedades Anônimas*. 2. ed. São Paulo: Revista dos Tribunais, 2002.

BESSA, Mateus Castello Branco Almeida. *Alienação fiduciária de bem imóvel*: questões processuais. São Paulo: Almedina, 2023.

BETTI, E. *Teoria geral do negócio jurídico*. Tradução: Fernando Miranda. Coimbra: Coimbra Editora, 1969. t. I.

BEVILÁQUA, Clóvis. *Theoria geral do direito civil*. 2. ed. Rio de Janeiro: Francisco Alves, 1929.

BIANCA, Cesare Massimo. *Diritto civile*: il contratto. Milano: Giuffrè, 1998.

BIRDS, John. *Modern insurance law*. 4. ed. London, Sweet & Maxwell, 1997.

BITTAR, Carlos Alberto. *Contratos comerciais*. 5. ed. Rio de Janeiro: Forense Universitária, 2008.

BITTAR FILHO, Carlos Alberto. A classificação dos contratos no direito brasileiro vigente. *Brasília*, ano 39, n. 154, abr./jun. 2002.

BITTI, Eugênio José Silva. *Fatores determinantes do crescimento de redes de franquia no Brasil*. Tese (Doutorado em Engenharia de Produção) – Escola Politécnica da Universidade de São Paulo, São Paulo, 2012.

BOITEUX, Fernando Netto. *Contratos mercantis*. São Paulo: Dialética, 2001.

Referências

BONAVIDES, Paulo. *Do Estado liberal ao Estado social*. 6. ed. rev. e ampl. São Paulo: Malheiros, 1996.

BULGARELLI, Waldirio. Acordo de acionistas de companhia aberta. Extensão do voto vinculado aos membros do conselho de administração para assegurar a uniformidade na execução da política empresarial traçada pelo grupo de controle. *Questões atuais de direito empresarial*. São Paulo: Malheiros, 1995.

BULGARELLI, Waldirio. *Comentários à Lei das Sociedades Anônimas*. São Paulo: Saraiva, 1978. v. 4.

BULGARELLI, Waldirio. *Contratos mercantis*. 8. ed. São Paulo: Atlas, 1995.

BULGARELLI, Waldirio. *Contratos mercantis*. 11. ed. São Paulo: Atlas, 1999.

BULGARELLI, Waldirio. Validade de disposições de acordo de acionistas de votarem em bloco, assegurando a política gerencial única e necessária. *Revista de Direito Mercantil, Industrial, Econômico e Financeiro*, n. 123, 2001.

CABRAL DE MONCADA, Luis S. *Direito económico*. 2. ed. Coimbra: Editora Coimbra, 1988.

CAMINHA, Uinie; LIMA, Juliana Cardoso. Contrato incompleto: uma perspectiva entre direito e economia para contratos de longo termo. *Revista Direito GV*, v. 10, n. 1, jan./jun. 2014.

CARNACCHIONI, Daniel Eduardo. *Curso de direito civil*: contratos em espécie. São Paulo: Revista dos Tribunais, 2015.

CARNEIRO, Athos Gusmão. O contrato de *leasing* financeiro e as ações revisionais. *RDB*, v. 2, maio-ago. 1998.

CARVALHO SANTOS, J. M. *Código Civil brasileiro interpretado*. 7. ed. Rio de Janeiro: Freitas Bastos, 1961. v. XVIII.

CARVALHOSA, Modesto. *Acordo de acionistas*. São Paulo: Saraiva, 2011.

CARVALHOSA, Modesto. *Comentários à Lei de Sociedades Anônimas*. 3. ed. São Paulo: Saraiva, 2002. v. 3.

CASTELLS, Manuel. *A sociedade em rede*. 2. ed. Tradução: Roneide Venâncio Majer. São Paulo: Paz e Terra, 1999. v. 1.

CATEB, Alexandre Bueno; GALLO, José Alberto Albeny. *Breves considerações sobre a teoria dos contratos incompletos*. UC Berkeley, 2007.

CAVALCANTI, Bruno Novaes Bezerra. O contrato de seguro e os seus elementos essenciais. *RIPE — Revista do Instituto de Pesquisas e Estudos*, Bauru, v. 40, n. 45, jan.-jun. 2006.

CAVALLI, Cássio Machado. *Direito comercial*: passado, presente e futuro. Rio de Janeiro: Elsevier; FGV, 2012.

CHALHUB, Melhim Namem. *Alienação fiduciária*: negócio fiduciário. 7. ed. Rio de Janeiro: Forense, 2021.

CHALHUB, Melhim Namem. *Negócio fiduciário*. 2. ed. rev. e ampl. Rio de Janeiro: Renovar, 2000.

CHALHUB, Melhim Namem. *Negócio fiduciário*. Rio de Janeiro: Renovar, 2006.

COASE, Ronald. The nature of the firm. *In*: *The firm, the market and the law*. Chicago: The University of Chicago Press, 1990.

COELHO, Fábio Ulhoa. A interpretação dos negócios jurídicos após a lei das liberdades econômicas. In: CRUZ, André Santa; DOMINGUES, Juliana Oliveira; GABAN, Eduarda Molan (org.). *Declaração de Direitos de Liberdade Econômica*: comentários à lei 13.874/2019. Salvador: JusPodivm, 2020.

COELHO, Fábio Ulhoa. *Curso de direito civil*. 2. ed. São Paulo: Thomson Reuters Brasil, 2020. v. 4.

COELHO, Fábio Ulhoa. *Curso de direito civil*. 5. ed. São Paulo: Saraiva, 2012. v. 3.

COELHO, Fábio Ulhoa. *Curso de direito civil*: contratos. 2. ed. São Paulo: Thomson Reuters Brasil, 2020. v. 3.

COELHO, Fábio Ulhoa. *Curso de direito comercial*. 17. ed. São Paulo: Revista dos Tribunais, 2016. v. 3.

COELHO, Fábio Ulhoa. *Curso de direito comercial*: direito de empresa. 16. ed. São Paulo: Saraiva, 2012. v. 1.

COELHO, Fábio Ulhoa. *Curso de direito comercial*: direito de empresa – empresa e estabelecimento; títulos de crédito. 24. ed. rev. e atual. São Paulo: Thomson Reuters Brasil, 2021. v. 1.

COELHO, Fábio Ulhoa. *Curso de direito comercial*: direito de empresa. 14. ed. São Paulo: Saraiva, 2016. v. 3.

COELHO, Fábio Ulhoa. *Curso de direito comercial*: direito de empresa. 17. ed. São Paulo: Saraiva, 2013. v. 1.

COELHO, Fábio Ulhoa. *Curso de direito comercial*: direito de empresa. 13. ed. São Paulo: Saraiva, 2012. v. 3.

COELHO, Fábio Ulhoa. *Manual de direito comercial*. São Paulo: Revista dos Tribunais, 2016.

COELHO, Fábio Ulhoa. *Novo manual de direito comercial*: direito de empresa. 31. ed. São Paulo: Thomson Reuters Brasil, 2020.

COELHO, Fábio Ulhoa. *Curso de direito civil*: contratos. 5. ed. São Paulo: Saraiva, 2012.

COELHO, Fábio Ulhoa (coord.). *Tratado de direito comercial*. São Paulo: Saraiva, 2015. v. 5.

COMISSÃO DE VALORES MOBILIÁRIOS. *O mercado de valores mobiliários brasileiro*. 3. ed. Rio de Janeiro: Comissão de Valores Mobiliários, 2014.

COMPARATO, Fábio Konder. *Ensaios e pareceres de direito empresarial*. Rio de Janeiro: Forense, 1978.

COMPARATO, Fábio Konder. Estado, empresa e função social. *Revista dos Tribunais*, ano 85, v. 732, 1996.

COMPARATO, Fábio Konder. *Factoring. Revista de Direito Mercantil, Industrial, Econômico e Financeiro*, v. 6, 1973.

COMPARATO, Fábio Konder. Franquia e concessão de venda no Brasil: da consagração ao repúdio? *Revista de Direito Mercantil, Industrial, Econômico e Financeiro*, v. 18, ano 14, São Paulo, 1975.

COMPARATO, Fábio Konder. Função social da propriedade dos bens de produção. *XII Congresso Nacional de Procuradores de Estado*, Salvador, 1986.

COMPARATO, Fábio Konder. O irredentismo da nova contabilidade e as operações de *leasing*. *Revista de Direito Mercantil, Industrial, Econômico e Financeiro*, n. 68, out./dez. 1987.

COMPARATO, Fábio Konder. *Novos ensaios e pareceres de direito empresarial*. Rio de Janeiro: Forense, 1981.

Referências

COMPARATO, Fábio Konder. *O poder de controle na sociedade anônima*. 6. ed. Rio de Janeiro: Forense, 2014.

CORDEIRO, Antônio Menezes. *Direito comercial*. 3. ed. Coimbra: Almedina, 2012.

COSTA, Judith Martins. *A boa-fé no direito privado*: sistema e tópica no processo obrigacional. São Paulo: Revista dos Tribunais, 1999.

COSTA, Mário Júlio de Almeida. *Direito das obrigações*. 7. ed. rev. Coimbra: Almedina, 1999.

COSTA NETO, Yttri Corrêa da. *Bancos oficiais no Brasil*: origem e aspectos de seu desenvolvimento. Brasília: Banco Central do Brasil, 2004.

COSTA, Philomeno Joaquim da. *Autonomia do direito comercial*. São Paulo: [*S.n.*], 1956.

COTTINO, G. *L'impossibilità sopravvenuta della prestazione e la responsabilità del debitore*. Milano: Giuffrè, 1955.

COVELLO, Sergio Carlos. *Contratos bancários*. 4. ed. São Paulo: Leud, 2001.

DALLARI, Dalmo de Abreu. *A constituição na vida dos povos*: da Idade Média ao século XXI. 2. ed. São Paulo: Saraiva, 2013.

DALLARI, Dalmo de Abreu. *Elementos de teoria geral do Estado*. 20. ed. São Paulo: Saraiva, 1998.

DEDA, Artur Oscar de Oliveira. *Alienação fiduciária em garantia*: doutrina e jurisprudência. São Paulo: Saraiva, 2000.

DELGADO, Mário Luiz. O direito de empresa e a unificação do direito privado. Premissas para superação da autonomia científica do "direito comercial". *In*: DELGADO, Mário Luiz (coord.). *Novo Código Civil*: questões controvertidas – direito de empresa. São Paulo: Método, 2010. v. 9.

DEL NERO, João Alberto Schützer. O significado jurídico da expressão "função social da propriedade". *Revista da Faculdade de Direito de São Bernardo do Campo*, n. 3, 1997.

DE LUCCA, Newton. *A faturização no direito brasileiro*. São Paulo: Revista dos Tribunais, 1986.

DINIZ, Gustavo Saad. *Curso de direito comercial*. São Paulo: Atlas, 2019.

DINIZ, Maria Helena. *Compêndio de introdução à ciência do direito*. 26. ed. São Paulo: Saraiva, 2017.

DINIZ, Maria Helena. *Curso de direito civil brasileiro*: direito das coisas. São Paulo: SaraivaJur, 2024. v. 4.

DINIZ, Maria Helena. *Curso de direito civil brasileiro*: teoria das obrigações contratuais e extracontratuais. 38. ed. São Paulo: SaraivaJur, 2022.

DINIZ, Maria Helena. *Curso de direito civil brasileiro*: teoria das obrigações contratuais e extracontratuais. São Paulo: Saraiva, 2023. v. 3.

DINIZ, Maria Helena. *Curso de direito civil brasileiro*: teoria das obrigações contratuais e extracontratuais. São Paulo: SaraivaJur, 2024. v. 3.

DINIZ, Maria Helena. *Curso de direito civil brasileiro*: direito de empresa. São Paulo: Saraiva, 2008. v. 8.

DINIZ, Maria Helena. *Curso de direito civil brasileiro*: teoria geral do direito civil. 29. ed. São Paulo: Saraiva, 2012. v. 1.

DINIZ, Maria Helena. *Lei de Introdução às Normas do Direito Brasileiro interpretada*. 19. ed. São Paulo: Saraiva, 2017.

DOBBYN, John F. *1981 Insurance law*. 2. ed. 2. tir. St. Paul, Minn., West, 1991.

DONATI, Antigono; PUTZOLU, Giovanna Volpe. *Manuale di diritto delle assicurazioni*. 4. ed. Milano: Giuffrè, 1995.

DONATI, Antigono; VOLPE PUTZULU, Giovanna. *Manuale di dirittto dela assicurazioni*. 4. ed. Milano: Giuffrè, 1995.

EIZIRIK, Nelson. Acordo de acionistas, arquivamento na sede social, vinculação dos administradores da sociedade controlada. *Revista de Direito Mercantil, Industrial e Econômico*, n. 129, 2003.

FARIAS, Cristiano Chaves de. *Direitos reais*. Rio de Janeiro: Lumen Juris, 2009.

FARIAS, Cristiano Chaves de; ROSENVALD, Nelson. *Curso de direito civil*: contratos. 5. ed. São Paulo: Atlas, 2015.

FARIAS, Cristiano Chaves de; ROSENVALD, Nelson. *Direitos reais*. 3. ed. Rio de Janeiro: Lumen Juris, 2006.

FELDMAN, Juliana Sousa. Análise do contrato de seguro habitacional e a exclusão da cobertura por vício de construção à luz do Código de Defesa do Consumidor. *Revista do TRF3*, ano XXXI, n. 145, abr.-jun. 2020.

FÉRES, Marcelo Andrade. *Estabelecimento empresarial*: trespasse e efeitos obrigacionais. São Paulo: Saraiva, 2007.

FERREIRA NETO, Ermiro. *Contratos normativos*. São Paulo: Almedina, 2023.

FERREIRA, Waldemar Martins. *Instituições de direito comercial*. 3. ed. São Paulo: Freitas Bastos, 1951.

FERREIRA, Waldemar Martins. *Tratado de direito comercial*. São Paulo: Saraiva, 1963.

FERRO-LUZZI, Paolo. *I contratti associativi*. Milano: Giuffrè, 1976.

FIORENTINO. *Le operazioni bancarie*. [*S.l.*]: Jovene, 1952.

FORGIONI, Paula A. *Contratos empresariais*: teoria geral e aplicação. 4. ed. rev., atual. e ampl. [*S.l.*]: [*S.n.*], 2019.

FORGIONI, Paula A. *Contratos empresariais*: teoria geral e aplicação. 5. ed. rev., atual. e ampl. São Paulo: Thomson Reuters Brasil, 2020.

FORGIONI, Paula A. *A evolução do direito comercial brasileiro*: da mercancia ao mercado. São Paulo: Revista dos Tribunais, 2009.

FORGIONI, Paula A. *A evolução do direito comercial brasileiro*: da mercancia ao mercado. 2. ed. São Paulo: Revista dos Tribunais, 2012.

FORGIONI, Paula A. *Os fundamentos do antitruste*. 7. ed. São Paulo: Revista dos Tribunais, 2014.

FORGIONI, Paula A. A interpretação dos negócios empresariais no novo Código Civil brasileiro. *Revista de Direito Mercantil, Industrial, Econômico e Financeiro*, n. 130, 2003.

FORGIONI, Paula A. *Teoria geral dos contratos empresariais*. São Paulo: Revista dos Tribunais, 2009.

FRADERA, Véra Jacob. Art. 7º: Liberdade contratual e a função social do contrato: art. 421 do Código Civil. *In*: MARQUES NETO, Floriano Peixoto; RODRIGUES JR., Otavio Luiz; LEONARDO, Rodrigo Xavier (coord.). *Comentários à Lei de Liberdade Econômica*: Lei n. 13.874/2019. São Paulo: Thomson Reuters Brasil, 2019.

Referências

FRANCO, Vera Helena de Mello. *Contratos*: direito civil e empresarial. São Paulo: Revista dos Tribunais, 2009.

FRANCO, Vera Helena de Mello. *Contratos*: direito civil e empresarial. 4. ed. rev., atual. e ampl. São Paulo: Revista dos Tribunais, 2013.

FUNDAÇÃO ESCOLA NACIONAL DE SEGUROS. *Legislação e organização profissional*. Supervisão e coordenação metodológica da Diretoria de Ensino e Pesquisa; assessoria técnica de Liliana Caldeira. 8. ed. Rio de Janeiro: Funenseg, 2004.

GAGLIANO, Pablo S. *Manual de direito civil*. 2. ed. São Paulo: Saraiva Educação, 2018.

GAGLIANO, Pablo S.; PAMPLONA FILHO, Rodolfo Mário Veiga. *Novo curso de direito civil*: contratos. Rio de Janeiro: GEN, 2023. v. 4.

GAGLIANO, Pablo S.; PAMPLONA FILHO, Rodolfo Mário Veiga. *Novo curso de direito civil*: contratos. São Paulo: SaraivaJur, 2023. v. 4.

GAGLIANO, Pablo S.; PAMPLONA FILHO, Rodolfo Mário Veiga. *Novo curso de direito civil*: parte geral. São Paulo: SaraivaJur, 2024. v. 1

GAGLIANO, Pablo S.; PAMPLONA FILHO, Rodolfo Mário Veiga. *Novo curso de direito civil*: contratos. São Paulo: SaraivaJur, 2024. v. 4.

GALGANO, Francesco. Lex mercatoria. Tradução: Erasmo Valladão. *Revista de Direito Mercantil, Industrial, Econômico e Financeiro*, ano XLII, mar. 2003.

GALGANO, Francesco. The new lex mercatoria. *Annual Survey of International & Comparative Law*, v. 2, jan. 1995.

GODOY, Cláudio Luiz Bueno de. *Código Civil Comentado*. 2. ed. Barueri: Manole, 2008.

GODOY, Cláudio Luiz Bueno de. *Função social do contrato*. 4. ed. São Paulo: Saraiva, 2012.

GOMES, Orlando. *Alienação fiduciária*. 4. ed. rev. e ampl. São Paulo: Revista dos Tribunais, 1975.

GOMES, Orlando. Aspectos jurídicos do dirigismo econômico. *In*: GOMES, Orlando; VARELLA, Antunes. *Direito econômico*. São Paulo: Saraiva, 1977.

GOMES, Orlando. Autonomia privada e negócio jurídico. *Novos temas de direito civil*. Rio de Janeiro: Forense, 1983.

GOMES, Orlando. *Contratos*. 18. ed. Rio de Janeiro: Forense, 1999.

GOMES, Orlando. *Contratos*. 24. ed. Rio de Janeiro: Forense, 2001.

GOMES, Orlando. *Contratos*. Atualizado por Antonio Junqueira de Azevedo e Francisco P. de Crescenzo Marino. 26. ed. Rio de Janeiro: Forense, 2007.

GOMES, Orlando. *Contratos*. Rio de Janeiro: Forense, 2009.

GOMES, Orlando. *Contratos*. Rio de Janeiro: Forense, 2022.

GOMES, Orlando. *Direito reais*. 8. ed. Rio de Janeiro: Forense, 1983, p. 214.

GOMES, Orlando. *Transformações gerais do direito das obrigações*. São Paulo: Revista dos Tribunais, 1967.

GOMES, Orlando; VARELA, Antunes. *Direito econômico*. São Paulo: Saraiva, 1977.

GONÇALVES, Carlos Roberto. *Contratos e atos unilaterais*. 17. ed. São Paulo: Saraiva Educação, 2020. v. 3.

GONÇALVES, Carlos Roberto. *Direito civil brasileiro*: contratos e atos unilaterais. 17. ed. São Paulo: Saraiva, 2020.

GONÇALVES, Carlos Roberto. *Direito civil brasileiro*: contratos e atos unilaterais. 18. ed. São Paulo: Saraiva Educação, 2021. v. 3.

GONÇALVES, Carlos Roberto. *Direito civil*: direito das obrigações – parte especial: contratos. 22. ed. São Paulo: Saraiva Educação, 2020.

GORGA, Érica; GELMAN, Marina. *O esvaziamento crescente do conselho de administração como efeito da vinculação de seu voto a acordos de acionistas no Brasil*. Disponível em: http://www.ibgc.org.br/userfiles/files/1o_Colocado.pdf.

GRAU, Eros Roberto. *A ordem econômica na Constituição de 1988*. São Paulo: Malheiros, 2015.

GRAU, Eros Roberto; FORGIONI, Paula. *O Estado, a empresa e o contrato*. São Paulo: Malheiros, 2005.

GRAVINA, Maurício Salomoni. *Direito dos seguros*. 2. ed. São Paulo: Almedina, 2022.

GUDEL, Paul J. *Relational contract theory and the concept of exchange. Buffalo Law Review*, v. 46, n. 763, 1998.

GUEDES, Marco Aurélio Peri. *Estado e ordem econômica e social*: a experiência constitucional da República de Weimar e a Constituição brasileira de 1934. Rio de Janeiro: Renovar, 1998.

GUERREIRO, José Alexandre Tavares. Execução específica do acordo de acionistas. *Revista de Direito Mercantil, Industrial e Econômico*, n. 41, 1981.

GUERREIRO, Marcelo da Fonseca. *Seguros privados*: doutrina, legislação e jurisprudência. Rio de Janeiro: Forense Universitária, 2000.

HADDAD, Luís Gustavo. *A proibição do pacto comissório no direito brasileiro*. Tese (Doutorado em Direito Civil) – Faculdade de Direito, Universidade de São Paulo, São Paulo, 2013.

HUBERMAN, Leo. *História da riqueza do homem*. 21. ed. Tradução: Waltensir Dutra. Rio de Janeiro: LTC, [*s.d.*].

HUGON, Paul. *História das doutrinas econômicas*. 14. ed. São Paulo: Atlas, 1989.

IRTI, Natalino. Concetto giuridico di mercato e doveri di solidarietà. *In*: IRTI, Natalino. *L'ordine giuridico del mercato*. 4. ed. Roma: Laterza, 2001, p. 81).

IRTI, Natalino. *La edad de la descodificación*. Tradução: Luis Rojo Ajuria. Barcelona: Jose Maria Bosh Editor, 1992.

JAEGER, Pier Giusto. *L'interesse sociale*. Milano: Giuffrè, 1972.

JUNQUEIRA DE AZEVEDO, Antônio. *Negócio jurídico*: existência, validade e eficácia. São Paulo: Saraiva, 1986.

KALKOSHKI, Alireza Azadi; ABADI, Mohsen Hossein. Franchise contract in international business law. *Revista de Direito da Cidade*, v. 11, n. 2, 2020.

KELSEN, Hans. *Teoria pura do direito*. 8. ed. São Paulo: WMF Martins Fontes, 2009.

KRIEGER FILHO, Domingos Afonso. *Seguro no Código Civil*. Florianópolis: OAB/SC, 2005.

LAMY FILHO, Alfredo. A reforma da Lei de Sociedades Anônimas. *Revista de Direito Mercantil, Industrial e Econômico*, n. 7, 1972.

Referências

LARENZ, Karl. *Derecho civil*: parte general. Tradução: Miguel Izquierdo e Macias Picaeva. Madrid: Editoriales de Derecho Reunidas, 1978.

LARENZ, Karl. *Derecho de obligaciones*. Tradução: Jaime Santos Briz. Madrid: Revista de Derecho Privado, [s.d.]. t. 1.

LEÃES, Luiz Gastão Paes de Barros. A disciplina do direito de empresa no novo Código Civil Brasileiro. *RDM*, v. 128, 2002.

LEHMEN, Alessandra. O contrato de agência comercial no direito internacional. Contratos empresariais. In: FRADERA, Véra Maria Jacob de; ESTEVEZ, André Fernandes; RAMOS, Ricardo Ehrensperger (coord.). *Contratos empresariais*. São Paulo: Saraiva, 2015.

LEITÃO, Luís Manuel Teles de Menezes. *Garantias das Obrigações*. 4. ed. Coimbra: Almedina, 2012.

LIMA, Frederico Henrique Viegas de. *Da alienação fiduciária em garantia de coisa imóvel*. Curitiba: Juruá, 2005.

LOBO, Carlos Augusto da Silveira. Acordo de acionistas. *In*: LAMY FILHO, Alfredo; PEDREIRA, José Luiz Bulhões (org.). *Direito das companhias*. Rio de Janeiro: Forense, 2009.

LOBO, Jorge. Cessão fiduciária em garantia de recebíveis performados e a performar. *In*: ABRÃO, Carlos Henrique; ANDRIGHI, Fátima Nancy; BENETI, Sidnei (coord.). *10 anos de vigência da Lei de Recuperação e Falência*. São Paulo: Saraiva, 2015.

LÔBO, Paulo Luiz Netto. *Comentários ao Código Civil*. São Paulo: Saraiva, 2003.

LÔBO, Paulo. *Direito civil*: contratos. 4. ed. São Paulo: Saraiva, 2018.

LÔBO, Paulo. *Direito civil*: contratos. 9. ed. São Paulo: SaraivaJur, 2023. v. 3.

LÔBO, Paulo. *Direito civil*: contratos. São Paulo: SaraivaJur, 2024. v. 3.

LÔBO, Paulo. *Direito civil*: parte geral. 12. ed. São Paulo: SaraivaJur, 2023. v. 1.

LOUREIRO, L. G. *Curso completo de direito civil*. 2. ed. São Paulo: Método, 2009.

LUCENA, José Waldecy. *Das sociedades anônimas*: comentários à lei (arts. 1º a 120). Rio de Janeiro: Renovar, 2009. v. 1.

LUHMANN, Niklas. *O direito da sociedade*. Tradução: Saulo Krieger; tradução das citações em latim: Alexandre Agnolon. São Paulo: Martins Fontes, 2016.

LUNA, Francisco Vidal. *História econômica e social do Brasil*: o Brasil desde a República. São Paulo: Saraiva, 2016.

MACEDO JR., Ronaldo Porto. *Contratos relacionais e defesa do consumidor*. São Paulo: Revista dos Tribunais, [*s.d.*].

MADEIRA, Hélcio Maciel França. *Digesto de Justiniano*, Livro 1, ed. bilíngue. São Paulo: Revista dos Tribunais, 2000.

MAIA, Paulo Carneiro. *Da retrovenda*. São Paulo: Saraiva, 1956.

MAINE, Henry Summer. *Ancient law*: its connection with early history of society, and its relation to modern ideas. London: [*S.n.*], 1906.

MAMEDE, Gladston. *Direito empresarial brasileiro*: teoria geral dos contratos. São Paulo: Atlas, 2010. v. 5.

MANCUSO, Rodolfo de Camargo. *Leasing*. 3. ed. São Paulo: Revista dos Tribunais, 2002.

MARCONDES, Sylvio. *Problemas de direito mercantil*. São Paulo: Max Limonad, 1970.

MARCONDES, Sylvio. *Questões de direito mercantil*. São Paulo: Saraiva, 1977.

MARINO, Francisco Paulo de Crescenzo. Classificação dos contratos. *In*: JABUR, Gilberto Haddad; PEREIRA JR., Antônio Jorge (coord.). *Direito dos contratos*. São Paulo: Quartier Latin, 2006.

MARQUES, Cláudia Lima. *Contratos no Código de Defesa do Consumidor*: o novo regime das relações contratuais. 8. ed. rev., atual. e ampl. São Paulo: Revista dos Tribunais, 2016.

MARQUES, Cláudia; BENJAMIN, Antônio; MIRAGEM, Bruno. *Comentários ao Código de Defesa do Consumidor*. 4. ed. São Paulo: Revista dos Tribunais, 2013.

MARTINEZ, Pedro Romano; PONTE, Pedro Fuzeta da. *Garantias de cumprimento*. 5. ed. Coimbra: Almedina, 2006.

MARTINS, Fran. *Contratos e obrigações comerciais*. 15. ed. Rio de Janeiro: Forense, 2000.

MARTINS, Fran. *Contratos e obrigações comerciais*. 16. ed. Rio de Janeiro: Forense, 2010.

MARTINS, Frans. *Contratos e obrigações comerciais*. 16. ed. rev. e aum. Rio de Janeiro: Forense, 2010.

MARTINS, Fran. *Curso de direito comercial*. 22. ed. Rio de Janeiro: Forense, 1998.

MARTINS, Fran. *Curso de direito comercial*: contratos e obrigações comerciais. 19. ed. rev., atual. e ampl. por Gustavo Saad Diniz. Rio de Janeiro: Forense, 2019.

MARTINS, Fran. O contrato de *factoring* e sua introdução no direito brasileiro. *Revista Forense*, ano 74, v. 262, abr.-jun. 1978.

MARTINS, João Marcos Brito. *O contrato de seguro*: comentado conforme as disposições do Código Civil, Lei n. 10.406, de 10 de janeiro de 2002. 2. ed. Rio de Janeiro: Forense Universitária, 2005.

MARTINS, Sergio Pinto. *Direito do trabalho*. 39. ed. São Paulo: SaraivaJur, 2023.

MARTINS-COSTA, Judith. *A boa-fé no direito privado*: critérios para a sua aplicação 2. ed. São Paulo: Saraiva Educação, 2018.

MASSIMO, Bianca. *Diritto civile 3*: il contratto. 2. ed. Milão: Giuffrè, 2015.

MATHEWSON, G. F; WINTER, R. A. The Economics of Franchise Contract. *The Journal of Law & Economics* 28, n. 3, 1985.

MATTOS FILHO, Ary Oswaldo. *Direito dos valores mobiliários*. Rio de Janeiro: FGV, 2015.

MELITO, Giancarllo. Contrato de distribuição. *In*: FERNANDES, Wanderley. *Contratos empresariais*: contratos de organização da atividade econômica. São Paulo: Saraiva, 2011.

MELLO, Cleyson de Moraes. *Direito civil*: obrigações. Rio de janeiro: Freitas Bastos, 2017. v. 2.

MENDONÇA, José Xavier Carvalho de. *Tratado de direito comercial brasileiro*. 6. ed. Rio de Janeiro: Feitas Bastos, 1961. v. 6.

MENDONÇA, José Xavier Carvalho de. *Tratado de direito comercial brasileiro*. atual. por Ricardo Negrão. São Paulo: Bookseller, 2000. v. 1, t. 1.

MENDONÇA, Vinícius. *Curso de direito do seguro e resseguro*. Indaiatuba: Foco, 2024.

MESSINEO, Francesco. *Dottrina generale del contratto*. 3. ed. Milão: Giuffrè, 1948.

Referências

MESSINEO, Francesco. *Manuale di diritto civile e comerciale*. [*S.l.*]: Giuffrè, 1957. v. I.

MESSINEO, Francesco. *Operazioni di Borsa e di Banca*. [*S.l.*]: Giuffrè, 1954.

MEZZALIRA, Samuel. *Conexão contratual no direito civil brasileiro*. Dissertação (mestrado em Direito) – Faculdade de Direito da Universidade de São Paulo, São Paulo, 2011.

MEZZARI, Mário Pazutti. *Alienação fiduciária da Lei n. 9.514/97*. São Paulo: Saraiva, 1998.

MIGNOLI, Ariberto. L'interesse sociale. *Rivista delle Società*. Milano: Giuffrè, 1958.

MIGUEL NETO, Abrão Jorge; NUNES, Carolina Neves do Patrocínio. Contratos bancários de cartão de crédito: considerações sobre a não participação dos instituidores de arranjos de pagamento. *In*: ASSUMPÇÃO, Marcio Calil de; BRAGANÇA, Gabriel J. de Orleans e (org.). *Direito bancário*: estudos da Comissão de Direito Bancário OAB/SP. São Paulo: Quartier Latin, 2018.

MIRAGEM, Bruno. *Curso de direito do consumidor*. 9. ed. Rio de Janeiro: Forense, 2024.

MIRAGEM, Bruno. *Direito bancário*. São Paulo: Revista dos Tribunais, 2013.

MIRAGEM, Bruno; PETERSEN, Luiza. *Direito dos seguros*. Rio de Janeiro: Forense, 2022.

MONTEIRO, Washington de Barros; DABUS, Carlos Alberto Maluf. *Curso de direito civil*. 39. ed. São Paulo: Saraiva, 2009, v. 3.

MORAES FILHO, Evaristo de. *Sucessão nas obrigações e teoria da empresa*. Rio de Janeiro: Forense, 1960. v. 1.

MOREIRA ALVES, José Carlos. *Da alienação fiduciária em garantia*. 3. ed. Rio de Janeiro: Forense, 1987.

MOTA PINTO, Carlos Alberto da. *Teoria geral do direito civil*. 4. ed. Coimbra: Editora Coimbra, 2005.

NADER, Paulo. *Curso de direito civil*. 7. ed. Rio de Janeiro: Forense, 2013. v. 3.

NADER, Paulo. *Curso de direito civil*. 8. ed. Rio de Janeiro: Forense, 2016. v. 3.

NADER, Paulo. *Curso de direito civil*. 8. ed. São Paulo: Forense, 2016. v. 2.

NADER, Paulo. *Curso de direito civil*: contratos. 9. ed. Rio de Janeiro: Forense, 2018. v. 3.

NASCIMENTO, Sérgio Germano. Cessão de contrato. São Paulo: Quartier Latin, 2019.

NASCIMENTO, Tupinambá Miguel Castro do. *Comentários à Lei de Acidente do Trabalho*. 5. ed. Rio de Janeiro: Aide, 1984.

NASCIMENTO, Walter Vieira do. *Lições de história do direito*. 10. ed. rev. e aum. Rio de Janeiro: Forense, 1998.

NEGRÃO, Ricardo. *Curso de direito comercial e de empresa*: títulos de crédito e contratos empresariais. 9. ed. São Paulo: Saraiva Educação, 2020. v. 2.

NEGRÃO, Ricardo. *Curso de direito comercial e de empresa*: títulos de crédito e contratos empresariais. 10. ed. São Paulo: Saraiva Educação, 2021. v. 2.

NEGRÃO, Ricardo. *Curso de direito comercial e de empresa*: títulos de crédito e contratos empresariais. 12. ed. São Paulo: SaraivaJur, 2023. v. 2.

NEGRÃO, Ricardo. *Curso de direito comercial e de empresa*: títulos de crédito e contratos empresariais. São Paulo: SaraivaJur, 2024. v. 2.

NEGRÃO, Ricardo. *Manual de direito comercial e de empresa*. 2. ed. São Paulo: Saraiva, 2011. v. 2.

NEGRÃO, Ricardo. *Manual de direito comercial e de empresa*: teoria geral da empresa e direito societário. São Paulo: Saraiva, 2013. v. 1.

NEVES, José Roberto de Castro. As garantias do cumprimento da obrigação. *Revista da EMERJ*, v. 11, n. 44, 2008.

NEVES, Thiago Ferreira Cardoso. *Contratos mercantis*. São Paulo: Atlas, 2013.

NITSCHKE, Guilherme Carneiro Monteiro (org.). Comentário ao artigo 113 §§ 1º e 2º do Código Civil: interpretação contratual a partir da Lei da Liberdade Econômica. In: MARTINS-COSTA, Judith; NITSCHKE, Guilherme Carneiro Monteiro. *Direito Privado na Lei da Liberdade Econômica*: comentários. São Paulo: Almedina, 2022.

NORONHA, Fernando. *O direito dos contratos e seus princípios fundamentais (autonomia privada, boa-fé, justiça contratual)*. São Paulo: Saraiva, 1994.

NUSDEO, Fábio. *Curso de economia*: introdução ao direito econômico. São Paulo: Revista dos Tribunais, 1997.

OPPO, G. *Contratti parasociali*. Milano: Francesco Vallardi, 1942.

PANUCCI FILHO, Roberto. *Leaseback*. Dissertação (Mestrado em Direito Civil) – Faculdade de Direito da Universidade de São Paulo, São Paulo, 2014.

PASTORE, Ana Cláudia; CAHALI, Francisco José; RODOVALHO, Thiago. O uso de ADRS nas disputas de franquia. *Revista Brasileira de Arbitragem, Arbitragem e Mediação em Matéria de Propriedade intelectual*, CBAr & IOB, 2014.

PEDREIRA, José Luiz Bulhões. Acordo de acionistas sobre controle de grupo de sociedades. Validade da estipulação de que os membros do conselho de administração de controladas devem votar em bloco segundo orientação definida pelo grupo controlador. *Revista de Direito Bancário, do Mercado de Capitais e da Arbitragem*, n. 15, 2002.

PELA, Juliana Krueger. Risco e contratos empresariais: a aplicação de resolução por onerosidade excessiva. *In*: SZTAJN, Rachel; SALLES, Marcos Paulo de Almeida; TEIXEIRA, Tarcisio (coord.). *Direito empresarial*: estudos em homenagem ao professor Haroldo Malheiros Duclerc Verçosa. São Paulo: Instituto dos Advogados de São Paulo, 2015.

PELUSO, Cezar. *Código Civil comentado*. 12. ed. São Paulo: Manole, 2018.

PELUSO, Cezar. *Código Civil comentado*: doutrina e jurisprudência: Lei n. 10.406 de 10.01.2002. Santana de Parnaíba [SP]: Manole, 2023, p. 701.

PEREIRA, Caio Mário da Silva. *Instituições de direito civil*. 21. ed. Rio de Janeiro: Forense, 2005. v. 1.

PEREIRA, Caio Mário da S. *Instituições de direito civil*: contratos. Rio de Janeiro: Forense, 2024. v. III.

PEREIRA, Caio Mário da S. *Instituições de direito civil*: direitos reais. Rio de Janeiro: Forense, 2022. v. IV.

PEREIRA, Caio Mário da Silva. *Instituições de direito civil*: contratos. 17. ed., rev. e atual. por Caitlin Mulholland. Rio de Janeiro: Forense, 2013. v. 3.

Referências

PEREIRA, Caio Mário da Silva. *Instituições de direito civil*: contratos. 25. ed. Rio de Janeiro: Forense, 2022.

PEREIRA, Caio Mário da Silva. *Instituições de direito civil*: direitos reais. 28. ed. Rio de Janeiro: Forense, 2022. v. IV.

PEREIRA, Caio Mário da Silva. *Instituições de direito civil*: teoria geral das obrigações. 25. ed. Rio de Janeiro: Forense, 2012.

PEREIRA, Caio Mário das Silva. *Instituições de direito civil*: contratos. 17. ed. Rio de Janeiro: Forense, 2013. v. III.

PEREIRA, Caio Mário. *Instituições de direito civil*. 21. ed. Rio de Janeiro: Forense, 2017. v. III.

PERLINGIERI, Pietro. *Perfis de direito civil*. 3. ed. rev. e ampl. Tradução: Maria Cristina de Cicco. Rio de Janeiro: Renovar, 1997.

PINHEIRO, Armando Castelar; SADDI, Jairo. *Direito, economia e mercados*. Rio de Janeiro: Elsevier, 2005.

PIOVESAN, Flávia. *Direitos humanos e o direito constitucional internacional*. São Paulo: SaraivaJur, 2024.

PLÁCIDO E SILVA, O. J. *Tratado do mandato e prática das procurações*. 3. ed. Rio de Janeiro: Guaíra, 1959. v. I.

PLANIOL, Mareei; RIPERT, Georges. *Traité pratique de droit civil français*. Paris: Chevalier, 1930.

PONTES DE MIRANDA, Francisco Cavalcanti. *Direito das coisas*. São Paulo: Revista dos Tribunais, 2012. t. XXI.

PONTES DE MIRANDA, Francisco Cavalcanti. *Tratado de direito privado*. 2. ed. Atualizado por Vilson Rodrigues Alves. São Paulo: Revista dos Tribunais, 2000. t. XX.

PONTES DE MIRANDA, José Cavalcanti . *Fontes e evolução do direito civil brasileiro*. Rio de Janeiro: [*S.n.*], 1928. v. CCXIV.

PONTES DE MIRANDA, José Cavalcanti. *Direito das obrigações*. São Paulo: Revista dos Tribunais, 2012. t. XLV.

PONTES DE MIRANDA, José Cavalcanti. *Direito das obrigações*: compra e venda. Troca. Contrato estimatório. Atualizado por Claudia Lima Marques. São Paulo: Revista dos Tribunais, 2012.

PONTES DE MIRANDA, José Cavalcanti. *Direito das obrigações*: consequências do inadimplemento, exceções de contrato não adimplido, ou adimplido insatisfatoriamente, e de inseguridade... Atual. por Ruy Rosado de Aguiar Jr. e Nelson Nery Jr. São Paulo: Revista dos Tribunais, 2012.

PONTES DE MIRANDA, José Cavalcanti. *Direito das obrigações*: mútuo, mútuo a risco... Atual. por Bruno Miragem. São Paulo: Revista dos Tribunais, 2012.

PONTES DE MIRANDA, José Cavalcanti. *Direito das obrigações*: negócios jurídicos bilaterais e negócios jurídicos plurilaterais... Atual. por Cláudia Lima Marques e Bruno Miragem. São Paulo: Revista dos Tribunais, 2012.

PONTES DE MIRANDA, José Cavalcanti. *Tratado de direito privado*. 2. ed. Rio de Janeiro: Borsoi, 1964.

PONTES DE MIRANDA, José Cavalcanti. *Tratado de direito privado*. 3. ed. São Paulo: Revista dos Tribunais, 1984. t. XLIII.

PONTES DE MIRANDA, José Cavalcanti. *Tratado de direito privado*. 3. ed. São Paulo: Revista dos Tribunais, 1984. t. XXIII.

PONTES DE MIRANDA, José Cavalcanti. *Tratado de direito privado*. Atualizado por Vilson Rodrigues Alves. Campinas: Bookseller, 2003. v. 42.

PONTES DE MIRANDA, José Cavalcanti. *Tratado de direito privado*. São Paulo: Revista dos Tribunais, 1972. t. XLII.

PONTES DE MIRANDA, José Cavalcanti. Tratado de direito privado: negócios jurídicos. Representação. Forma. Conteúdo. Prova. atual. por Marcon Bernardes de Mello e Marcos Ehnhardt Jr. São Paulo: Revista dos Tribunais, 2012.

POSNER, Richard A. The Law and Economics of Contract Interpretation. *Texas Law Review*, 2004.

PRADO, Mauricio Curvelo de Almeida. *Contrato internacional de transferência de tecnologia*: patente e *know how*. Porto Alegre: Livraria do Advogado, 1997, p. 27-30 (Série Direito e Comércio Internacional).

PRATA, Ana. *A tutela constitucional da autonomia privada*. Coimbra: Almedina, 1982.

RAMOS, Renata. Comentários ao art. 7º. O princípio da intervenção mínima contra a retórica da "função social do contrato". *In:* CRUZ, André Santa; DOMINGUES, Juliana Oliveira; GABAN, Eduardo Molan. *Lei da Liberdade Econômica*: Lei n. 13.874/2019 comentada artigo por artigo. Salvador: JusPodivm, 2020.

RAMOS, Renata. O princípio da intervenção mínima contra a retórica da "função social do contrato". In: CRUZ, André Santa; DOMINGUES, Juliana Oliveira; GABAN, Eduarda Molan (org.). *Declaração de direitos de liberdade econômica*: comentários à Lei n. 13.874/2019. Salvador: JusPodivm, 2020.

RAMUNNO, Pedro A. L.; RISI, João Marcelo Novaes. Reflexões sobre a conferência de *know-how* para integralização de capital social: aspectos societários. *Revista de Direito Bancário e do Mercado de Capitais*, v. 85, jul./set. 2019.

REALE, Miguel. *Lições preliminares de direito*. 27. ed. São Paulo: Saraiva, 2002.

REALE, Miguel. Visão geral do Projeto de Código Civil. *In:* CNJ; CEJ; TRF3. *Comentários sobre o projeto do Código Civil brasileiro*. Brasília: CJF, 2002.

RENNER, Karl. *Gli istituti del diritto privato e la loro funzione sociale*: un contributo alla critica del diritto civile. Tradução: Cornelia Mittendorfer. Bologna: Il Mulino, 1981.

REQUIÃO, Rubens. *Curso de direito comercial*. atual. por Rubens Edmundo Requião. 25. ed. São Paulo: Saraiva, 2003. v. 1.

REQUIÃO, Rubens. *Da representação comercial*: comentários à Lei n. 4.886, de 9 de dezembro de 1965, à Lei n. 8.420, de 8 de maio de 1992, e ao Código Civil de 2002. Rio de Janeiro: Forense, 2008.

RESCIO, G. A. La distinzione del sociale dal parasociale. *Rivista delle Società*, f. 2, p. 640-641, 1991.

RESTIFFE NETO, Paulo; RESTIFFE, Paulo Sergio. *Propriedade fiduciária imóvel*. São Paulo: Malheiros, 2009.

RIBEIRO, Joaquim de Sousa. *O problema do contrato*: as cláusulas contratuais gerais e o princípio da liberdade contratual. Coimbra: Almedina, 1999.

Referências

RICHTER, Marina Nascimbem Bechtejew. *A relação de franquia no mundo empresarial e as tendências da jurisprudência brasileira*. 3. ed. São Paulo, 2021.

RICHTER, Marina. *A relação de franquia no mundo empresarial e as tendências da jurisprudência brasileira*. 3. ed. São Paulo: Almedina, 2021.

RIZZARDO FILHO, Arnaldo; FIGUEIREDO, Raif Daher Hardman de. Função, elementos e vícios da Circular de Oferta de Franquia: uma análise crítica do art. 2º, § 2º, da Lei 13. 966/19. *Revista dos Tribunais*, v. 1026, abr. 2021.

RIZZARDO, Arnaldo. *Contratos*. 6. ed. Rio de Janeiro: Forense, 2006.

RIZZARDO, Arnaldo. *Contratos*. 11. ed. Rio de Janeiro: Forense, 2010.

RIZZARDO, Arnaldo. *Contratos*. 15. ed. Rio de Janeiro: Forense, 2015.

RIZZARDO, Arnaldo. *Contratos*. 19. ed. Rio de Janeiro: Forense, 2021.

RIZZARDO, Arnaldo. *Contratos*. 20. ed. Rio de Janeiro: Forense, 2022.

RIZZARDO, Arnaldo. *Contratos*. Rio de Janeiro: Forense, 2023.

RIZZARDO, Arnaldo. *Contratos de crédito bancário*. 6. ed. São Paulo: Revista dos Tribunais, 2003.

RIZZARDO, Arnaldo. *Contratos de crédito bancário*. 7. ed. São Paulo: Revista dos Tribunais, 2007.

RIZZARDO, Arnaldo. *Factoring*. 3. ed. São Paulo: Revista dos Tribunais, 2004.

RIZZARDO, Arnaldo. *Leasing*. 9. ed. Curitiba: Juruá, 2020.

RIZZARDO, Arnaldo. *Responsabilidade civil*. 4. ed. Rio de Janeiro: Forense, 2009.

RIZZARDO, Arnaldo. *Títulos de crédito*. Rio de Janeiro: Forense, 2020.

ROCCO, Alfredo. *Princípios de direito comercial*. Tradução: Ricardo Rodrigues Gama. Campinas: LZN, 2003.

ROCHA, Sílvio Luís Ferreira da. *A oferta no Código de Defesa do Consumidor*. São Paulo: Lemos, 1997.

ROCHA, Sílvio Luís Ferreira. *Curso avançado de direito civil*: contratos. Coord. Everaldo Augusto Cambler. São Paulo: Revista dos Tribunais, 2002. v. 3.

RODRIGUES JR., Otavio Luiz. *Código civil comentado*: compra e venda, troca, contrato estimatório: artigos 481 a 537. Coordenado por Álvaro Villaça Azevedo. São Paulo: Atlas, 2008. v. 6, t. 1.

RODRIGUES, Silvio. *Direito civil*: parte geral. 30. ed. São Paulo, Saraiva, 2000. v. I.

RODRIGUEZ JR., Otavio; LEONARDO, Rodrigo Xavier; PRADO, Augusto Cézar Lukascheck. A liberdade contratual e a função social do contrato. alteração do art. 421 A do Código Civil: art 7º. *In*: MARQUES NETO, Floriano Peixoto; RODRIGUES JR., Otavio Luiz; LEONARDO, Rodrigo Xavier (coord.). *Comentários à Lei da Liberdade Econômica*: Lei n. 13.874/2019. São Paulo: Thomson Reuters Brasil, 2019.

ROPPO, Enzo. *O contrato*. Tradução: Ana Coimbra e M. Januário C. Gomes. Coimbra: Almedina, 2009.

ROSA JR., Luiz Emygdio Franco da. *Títulos de crédito*. 9. ed. Rio de Janeiro: Forense, 2019.

ROSENVALD, Nelson. Comentários ao art. 421 do Código Civil. *In*: PELUSO, Cezar (coord.). *Código Civil comentado*. 2. ed. Barueri: Manole, 2008.

SAAD, Renan Miguel. *A alienação fiduciária sobre bens imóveis*. Rio de Janeiro: Renovar, 2001.

SACRAMONE, Marcelo Barbosa. *Manual de direito empresarial*. 2. ed. São Paulo: Saraiva Educação, 2021.

SACRAMONE, Marcelo Barbosa. *Manual de direito empresarial*. 4. ed. São Paulo: SaraivaJur, 2023.

SACRAMONE, Marcelo; PIVA, Fernanda Neves. Cessão fiduciária de créditos na recuperação judicial: requisitos e limites à luz da jurisprudência. *Revista de Direito Bancário e do Mercado de Capitais*, ano 19, v. 72, abr.-jun. 2016.

SADDI, Jairo. *Crédito e Judiciário no Brasil*: uma análise de direito e economia. São Paulo: Quartier Latin, 2007.

SALGADO, Joaquim Carlos. *A ideia da justiça em Kant*. 2. ed. Belo Horizonte: UFMG, 1995.

SALOMÃO FILHO, Calixto. *O novo direito societário*. 2. ed. São Paulo, Malheiros, 2002.

SALOMÃO NETO, Eduardo. *Direito bancário*. 2. reimpr. São Paulo: Atlas, 2007.

SALOMÃO NETO, Eduardo. *Direito bancário*. 3. ed. rev. e ampl. São Paulo: Trevisan, 2020.

SANTOS, Alexandre David. *Comentários à nova lei de franquia – Lei n. 13.966/2019*. 2. ed. São Paulo: Almedina, 2023, p. 245.

SANTOS, Carla Bueno dos. *O contrato de* factoring *no Brasil*. Dissertação (Mestrado em Direito) – Faculdade de Direito da Pontifícia Universidade Católica de São Paulo, São Paulo, 2021.

SANTOS, Carla Bueno dos. *O contrato de* factoring *no Brasil*. São Paulo: Quartier Latin, 2022.

SANTOS, Thiago do Amaral. *Responsabilidade civil das credenciadoras pelo risco da atividade*: a prevenção de danos pelo *chargeback*. São Paulo: [*S.n.*], 2024.

SCAFF, Fernando Facury. *Responsabilidade civil do Estado intervencionista*. São Paulo: Saraiva, 1990.

SCAVONE JR., Luiz Antonio. *Juros no direito brasileiro*. 5. ed. Rio de Janeiro: Forense, 2014.

SCHERKERKEWITZ, Iso Chaitz. *Contratos de distribuição e o novo contexto do contrato de representação comercial*. São Paulo: Revista dos Tribunais, 2011.

SCHETTINI, Fernando Gomes. Fomento mercantil (*factoring*) e duplicata no direito brasileiro. *Revista Jurídica da Faminas*, v. 2, n. 1, 2006.

SCHIMIDT, Karsten. *Handelsrecht*, 597. Köln: Carl Heymanns, 1999.

SCHONBLUM, Paulo Maximilian W. Mendlowicz. *Contratos bancários*. 4. ed. rev., atual. e ampl. Rio de Janeiro, Forense, 2015.

SILVA, Américo Luis Martins da. *Contratos Comerciais*: atualizado de acordo com o novo Código Civil. Rio de Janeiro: Forense, 2004.

SILVA, Fábio Rocha Pinto e. *Garantias das obrigações*: uma análise sistemática do direito das garantias e uma proposta abrangente para a sua reforma. São Paulo: IASP, 2017.

SILVA, Fábio Rocha Pinto e. *Garantias hipotecária e fiduciária imobiliária em contratos não habitacionais*: limites da sua aplicação prática e inadequação do direito positivo. 2013. Dissertação (Mestrado), Faculdade de Direito, Universidade de São Paulo, São Paulo, 2013.

SILVA, Ivan de Oliveira. *Curso de direito do seguro*. 2. ed. São Paulo: Saraiva, 2012.

SILVA, Luiz Augusto Beck da. *Alienação fiduciária em garantia*. 3. ed. Rio de Janeiro: Forense, 1998.

Referências

SILVA, Reinaldo Marques da Silva. O contrato de vendor e os deveres laterais ou anexos. Banco, fornecedor e consumidor cooperam com lealdade e boa-fé para a concretização do contrato. *Revista Jus Navigandi*, Teresina, ano 22, n. 5.081, 30 maio 2017. Disponível em: https://jus.com.br/artigos/57813. Acesso em: 10 jan. 2022.

SINGER, Paul. *Aprender economia*. 9. ed. São Paulo: Brasiliense, 1988.

SISTER, Tatiana Dratovsky. *Contratos de franquia*: origem, evolução legislativa e controvérsias. São Paulo: Almedina, 2020.

SOARES, Antônio Carlos Otoni. *Fundamento jurídico do contrato de seguro*. São Paulo: Manuais Técnicos de Seguro, 1975.

SOARES, Marcelo Negri. *Contratos de* factoring. São Paulo: Saraiva, 2010.

STIGLITZ, Rubén S. *El contrato de seguro*. Buenos Aires, Abeledo-Perrot, 1994.

STIGLITZ, Rubén S. *Derecho de seguros*. Buenos Aires: Abeledo-Perrot, 1996.

SZTERLING, Fernando. *A função social da empresa no direito societário*. Dissertação (mestrado em Direito Comercial) – Faculdade de Direito da Universidade de São Paulo, São Paulo, 2003.

TARTUCE, Flávio. *Direito civil*: lei de introdução e parte geral. 16. ed. Rio de Janeiro: Forense, 2020.

TARTUCE, Flávio. *Direito civil*: teoria geral dos contratos e contratos em espécie. 12. ed. Rio de Janeiro: Forense, 2017. v. 3.

TARTUCE, Flávio. *Direito civil*: teoria geral dos contratos e contratos em espécie. Rio de Janeiro, Forense, 2021. v. 3.

TARTUCE, Flávio. *Direito civil*: teoria geral dos contratos e contratos em espécie. Rio de Janeiro: Forense, 2024. v. 3.

TARTUCE, Flávio. *Manual de direito do consumidor*: direito material e processual. 6. ed. São Paulo: Método, 2017.

TEIXEIRA, Carla Noura. *Manual de direito internacional público e privado*. 5. ed. São Paulo: Saraiva Educação, 2020.

TEIXEIRA, Egberto Lacerda; GUERREIRO, José Alexandre Tavares. *Das sociedades anônimas no direito brasileiro*. São Paulo: Bushatsky, 1979. v. I.

TEPEDINO, Gustavo. *As relações de consumo e a nova teoria contratual*: temas de direito civil. Rio de Janeiro: Renovar, 1999.

TEPEDINO, Gustavo; KONDER, Carlos Nelson; BANDEIRA, Paula Greco. *Contratos*. Rio de Janeiro: Forense, 2020.

TERRA, Marcelo. *Alienação fiduciária de imóvel em garantia*: Lei n. 9.514/97, primeiras linhas. Porto Alegre: Safe, 1998.

THEODORO JR., Humberto. *Contratos de colaboração empresarial*. Rio de Janeiro: Forense, 2019.

THEODORO JR., Humberto. *O contrato e sua função social*. 4. ed. rev., atual. e ampl. Rio de Janeiro: Forense, 2014.

THEODORO JR., Humberto; THEODORO DE MELLO, Adriana Mandim. *Contratos de colaboração empresarial*. Rio de Janeiro: Forense, 2019.

TOMAZETTE, Marlon. *Contratos empresariais*. Salvador: JusPodivm, 2022.

TOMAZETTE, Marlon. *Curso de direito empresarial*: teoria geral e direito societário. 4. ed. São Paulo: Atlas, 2012. v. 1.

TOMAZETTE, Marlon. *Curso de direito empresarial*: teoria geral e direito societário. São Paulo: SaraivaJur, 2024. v. 1.

TOMAZETTE, Marlon. *Curso de direito empresarial*: títulos de crédito. São Paulo: SaraivaJur, 2024. v. 2.

TZIRULNIK, Ernesto. O contrato de seguro. *In*: COELHO, Fábio Ulhoa (coord.). *Tratado de direito comercial*. São Paulo: Saraiva, 2015. v. 5.

TZIRULNIK, Ernesto; CAVALCANTI, Flávio de Queiroz; PIMENTEL, Ayrton. *O contrato de seguro no novo Código Civil brasileiro*. São Paulo: IBDS, 2002.

TZIRULNIK, Ernesto; CAVALCANTI, Flávio Queiroz B.; PIMENTEL, Ayrton. *O contrato de seguro*: de acordo com o novo Código Civil brasileiro. 2. ed. São Paulo: Revista dos Tribunais, 2003.

VARELA, Antunes. *Das obrigações em geral*. 13. reimpr. 10. ed. de 2000, rev. e atual. Coimbra: Almedina, 2016. v. 1.

VASCONCELOS, Luís Miguel Pestana de. *Direito das garantias*. 2. ed. Coimbra: Almedina, 2016.

VENOSA, Sílvio de S. *Direito civil*: contratos. Rio de Janeiro: Atlas, 2024. v. 3.

VENOSA, Silvio de Salvo. *Direito civil*: contratos em espécie. 14. ed. São Paulo: Atlas, 2014. v. 3.

VENOSA, Sílvio de Salvo. *Direito civil*: contratos em espécie. 7. ed. São Paulo: Atlas, 2007.

VENOSA, Sílvio de Salvo. *Direito civil*: contratos. 23. ed. Barueri: Atlas, 2023.

VERÇOSA, Haroldo Malheiros Duclerc. *Contratos mercantis e a teoria geral dos contratos*: o Código Civil de 2002 e a crise do contrato. São Paulo: Quartier Latin, 2010.

VERÇOSA, Haroldo Malheiros Duclerc. *Curso de direito comercial*. 2. ed. São Paulo: Malheiros, 2008.

VERÇOSA, Haroldo Malheiros Duclerc. *Direito comercial*: os contratos empresariais em espécie (segundo a sua função jurídico-econômica). São Paulo: Revista dos Tribunais, 2014.

WAISBERG, Ivo. Autorização prévia da cessão de contrato nos contratos de adesão. *Revista do Instituto dos Advogados de São Paulo*, ano 3, v. 6, jul./dez. 2000.

WAISBERG, Ivo. Da não sucessão pelo adquirente por dívidas trabalhistas e tributárias na aquisição de unidades produtivas isoladas perante a Lei 11.101/2005. *Revista de Direito Empresarial e Recuperacional*, n. 0, ano 1, jan./mar. 2010.

WAISBERG, Ivo. *Direito de preferência para a aquisição de ações*: conceito, natureza jurídica e interpretação. São Paulo: Quartier Latin do Brasil, 2016.

WAISBERG, Ivo. Proteção dos ativos essenciais da recuperanda. In: MENDES, Bernardo Bicalho de Alvarenga (org.). *Aspectos polêmicos e atuais da Lei de Recuperação de Empresas*. Belo Horizonte: D'Plácido, 2016.

WAISBERG, Ivo; GORNATI, Gilberto. *Direito bancário*: contratos e operações bancárias. São Paulo: Quartier Latin, 2012.

WAISBERG, Ivo; GORNATI, Gilberto. *Direito bancário*: contratos e operações bancárias. 2. ed. rev. e atual. São Paulo: Saraiva, 2016.

WALD, Arnoldo. *Direito civil*. 19. ed. São Paulo: Saraiva, 2010. v. 2.

WALD, Arnoldo. Inexistência de direito líquido e certo à restituição do valor residual garantido no contrato de arrendamento mercantil: princípio da boa-fé objetiva. *RDB*, v. 31, jan.-mar. 2006.

WINDSCHEID, Bernardo. *Diritto delle pandette*. Tradução: Cario Fadda e Paolo Emílio Bensa. Torino: Unione Topográfica, 1925.

YAMASHITA, Hugo Tubone. *A análise dos arranjos híbridos de contratação*: a expressão do fenômeno cooperativo entre o mercado e a hierarquia. Tese (doutorado em Direito) – Faculdade de Direito da Universidade de São Paulo, São Paulo, 2020.

ZANETTI, Andrea Cristina. *Contrato de seguro-saúde*: análise da denúncia sob a perspectiva dos regimes português e brasileiro. São Paulo: Almedina, 2023.

ZANFERDINI, Flávia de Almeida Montingelli; ANDRADE, Alexandre Soares; LIMA, Ticiani Garbellini Barbosa. A restituição do valor residual garantido nos contratos de leasing. *Revista Reflexão e Crítica do Direito*, v. 1, n. 1, jan.-dez. 2013.